国家出版基金项目
NATIONAL PUBLICATION FOUNDATION

"十三五"
国家重点图书
出版规划项目

海外藏
中国民俗文化
珍稀文献

王霄冰 主编

德国巴伐利亚州立图书馆藏中国契约文书

Chinese Traditional Contracts in Bavarian State Library in Munich (Germany)

刁统菊 王艺璇 编

陕西师范大学出版总社

图书代号　SK22N0167

图书在版编目（CIP）数据

德国巴伐利亚州立图书馆藏中国契约文书／刁统菊，王艺璇编．—西安：陕西师范大学出版总社有限公司，2021.12

（海外藏中国民俗文化珍稀文献／王霄冰主编）

"十三五"国家重点图书出版规划项目　国家出版基金项目

ISBN 978-7-5695-2672-1

Ⅰ．①德… Ⅱ．①刁… ②王… Ⅲ．①契约—文书—中国 Ⅳ．①D923.64

中国版本图书馆CIP数据核字（2021）第239921号

德国巴伐利亚州立图书馆藏中国契约文书
DEGUO BAFALIYA ZHOULI TUSHUGUAN CANG ZHONGGUO QIYUE WENSHU

刁统菊　王艺璇　编

出 版 人	刘东风
责任编辑	邓　微
责任校对	张旭升
出版发行	陕西师范大学出版总社
	（西安市长安南路199号　邮编710062）
网　　址	http://www.snupg.com
印　　制	陕西龙山海天艺术印务有限公司
开　　本	787mm×1092mm　1/16
印　　张	42.75
插　　页	4
字　　数	135千
图　　幅	347
版　　次	2021年12月第1版
印　　次	2021年12月第1次印刷
书　　号	ISBN 978-7-5695-2672-1
定　　价	360.00元

读者购书、书店添货或发现印装质量问题，请与本公司营销部联系、调换。
电话：（029）85307864　85303635　传真：（029）85303879

"十三五"国家重点图书出版规划项目

国家社科基金重大项目"海外藏珍稀中国民俗文献与文物资料整理、研究暨数据库建设"（项目编号：16ZDA163）阶段性成果

海外藏中国民俗文化珍稀文献
编委会

主　编

王霄冰

编　委（以姓氏笔画为序）

刁统菊　　王　京　　王加华

白瑞斯（德，Berthold Riese）　　刘宗迪

李　扬　　肖海明　　张　勃　　张士闪

张举文（美，Juwen Zhang）

松尾恒一（日，Matsuo Koichi）

周　星　　周　越（英，Adam Y. Chau）

赵彦民　　施爱东　　黄仕忠　　黄景春

梅谦立（法，Thierry Meynard）

海外藏中国民俗文化珍稀文献
总序

◎ 王霄冰

民俗学、人类学是在西方学术背景下建立起来的现代学科，其后影响东亚，在建设文化强国的大战略之下，成为当前受到国家和社会各界广泛重视的学科。16世纪，传教士进入中国，开始关注中国的民俗文化；19世纪之后，西方的旅行家、外交官、商人、汉学家和人类学家在中国各地搜集大批民俗文物和民俗文献带回自己的国家，并以文字、图像、影音等形式对中国各地的民俗进行记录。而今，这些实物和文献资料经过岁月的沉淀，很多已成为博物馆和图书馆等公共机构的收藏品。其中，不少资料在中国本土已经散佚无存。

这些民俗文献和文物分散在全球各地，数量巨大并带有通俗性和草根性特征，其价值难以评估，且不易整理和研究，所以大部分资料迄今未能得到披露和介绍，学者难以利用。本人负责的2016年度国家社科基金重大项目"海外藏珍稀中国民俗文献与文物资料整理、研究暨数据库建设"（项目编号：16ZDA163）即旨在对海外所存的各类民俗资料进行摸底调查，建立数据库并开展相关的专题研究。目的是抢救并继承这笔流落海外的文化遗产，同时也将这部分研究资料纳入中国民俗学和人类学的学术视野。

所谓民俗文献，首先是指自身承载着民俗功能的民间文本或图像，如家谱、宝卷、善书、契约文书、账本、神明或祖公图像、民间医书、宗教文书等；其次是指记录一定区域内人们的衣食住行、生产劳动、信仰禁忌、节日和人生礼仪、口头传统等的文本、图片或影像作品，如旅行日记、风俗纪闻、老照片、风俗画、民俗志、民族志等。民俗文物则是指反映民众日常生活文化和风俗习惯的代表性实物，如生产工具、生活器具、建筑装饰、服饰、玩具、戏曲文物、神灵雕像等。

本丛书所收录的资料，主要包括三大类：

第一类是直接来源于中国的民俗文物与文献（个别属海外对中国原始文献的翻刻本）。如元明清三代的耕织图，明清至民国时期的民间契约文书，清代不同版本的"苗图"、外销画、皮影戏唱本，以及其他民俗文物。

第二类是17—20世纪来华西方人所做的有关中国人日常生活的记录和研究，包括他们对中国古代典籍与官方文献中民俗相关内容的摘要和梳理。需要说明的是，由于原书出自西方人之手，他们对中国与中国文化的认识和理解难免带有自身文化特色，但这并不影响其著作作为历史资料的价值。其中包含的文化误读成分，或许正有助于我们理解中西文化早期接触中所发生的碰撞，能为中西文化交流史的研究提供鲜活的素材。

第三类是对海外藏或出自外国人之手的民俗相关文献的整理和研究。如对日本东亚同文书院中国调查手稿目录的整理和翻译。

我们之所以称这套丛书为"海外藏中国民俗文化珍稀文献"，主要是从学术价值的角度而言。无论是来自中国的民俗文献与文物，还是出自西方人之手的民俗记录，在今天均已成为难得的第一手资料。与传世文献和出土文物有所不同的是，民俗文献和文物的产生语境与流通情况相对比较清晰，藏品规模较大且较有系统性，因此能够反映特定历史时期和特定区域中人们的日常生活状况。同时，我们也可借助这些文献与文物资料，研究西方人的收藏兴趣与学术观念，探讨中国文化走向世界的方式与路径。

是为序。

2020年12月20日于广州

鸣谢

衷心感谢德国巴伐利亚州立图书馆东方与亚洲部（Bayerische Staatsbibliothek, Orient- und Asienabteilung）提供全书契约图片，并允许出版。

编排说明 / 1

巴伐利亚州立图书馆藏中国契约文书的民俗学研究 / 001

土地买卖契约 / 053

河北地区契约 / 055

崇祯二年（1629）河北省献县郝亦昌卖地契、光绪七年（1881）
　周郁文银两征收执照 / 056

康熙四十八年（1709）彰德府磁州涉县鹿明□卖地契 / 058

乾隆十七年（1752）河北省涉县马玉卖地契 / 060

同治元年（1862）河北省涉县辽城乡张天禄卖地契 / 062

光绪四年（1878）河北省深县刘福泽卖地契 / 064

光绪四年（1878）河北省深县徐玉央卖房契 / 066

光绪二十四年（1898）河北省蔚县赵鸟莺卖地契 / 067

光绪二十八年（1902）河北省深县徐宝堂卖地契 / 071

宣统年间河北省深县徐鸣岂卖地契 / 072

宣统元年（1909）河北省深县徐鸣嶙买地契 / 075

民国元年（1912）河北省肃宁县树本堂买地契 / 076

民国十年（1921）河北省西蒿科村程彭太买地契 / 078

民国十一年（1922）河北省深县徐□庚卖地契、民国十九年（1930）深县
　　徐永富买地契 / 080

民国十八年（1929）河北省蔚县武茂卖地契 / 082

民国二十年（1931）河北省涉县王二孩、王四孩卖地契 / 084

成吉思汗纪元七三五年（1940）河北省蔚县单猴村段洁臣卖地契 / 086

民国三十一年（1942）河北省涉县李春喜土地补契 / 090

民国三十二年（1943）河北省涉县崔永太土地补买契 / 093

民国三十二年（1943）河北省涉县杨双井土地补契 / 094

民国三十三年（1944）河北省涉县韩□元土地补买契 / 097

民国三十四年（1945）冀南区元城县霍维卖地契 / 099

民国三十五年（1946）河北省深县王景常卖地契 / 100

1951年河北省武安县李耒的卖房契 / 103

1953年河北省徐□氏卖房契 / 104

1968年河北省宣化县张汉志等卖房契 / 106

山西地区契约 / 109

山西省孝义县王氏契约 / 110

乾隆四十一年（1776）山西省孝义县王锡瑞卖地契 / 112

嘉庆十六年（1811）山西省孝义县张兴、张王氏卖地契 / 116

咸丰元年（1851）山西省孝义县王玉龙妻武氏卖地契 / 118

咸丰九年（1859）山西省孝义县张瑞祯、张玉才、张凤义卖房契 / 120

咸丰十年（1860）山西省孝义县王德成卖地契 / 122

同治元年（1862）山西省孝义县王万贵卖地契 / 126

同治八年（1869）山西省孝义县王仕文卖地契 / 128

光绪六年（1880）山西省孝义县王德贤父子卖地契 / 130

光绪十六年（1890）山西省孝义县王玉恭卖地契 / 132

光绪二十三年（1897）山西省孝义县王玉统卖房契 / 134

民国六年（1917）山西省孝义县天盛成租赁契、民国三年（1914）

山西省孝义县张瑞祯卖地契 / 137

民国七年（1918）山西省孝义县王玉让补地契 / 138

民国十五年（1926）山西省孝义县王氏母子卖地契 / 140

民国十九年（1930）山西省孝义县王广明田房草契 / 142

民国十九年（1930）山西省孝义县王福栋田房草契 / 144

民国十九年（1930）山西省孝义县记据合约、民国三年（1914）
　　山西省孝义县王德成卖地契 / 146

民国二十年（1931）山西省孝义县吴钦典房契 / 148

民国二十二年（1933）山西省孝义县王福聚补地契 / 150

山西省文水县李氏契约 / 152

嘉庆二十三年（1818）山西省文水县李氏兄弟分产契 / 154

道光二十二年（1842）山西省文水县李氏兄弟分家契 / 156

道光二十五年（1845）山西省文水县樊俊秀卖地契 / 158

咸丰十一年（1861）山西省文水县闫国典同侄子卖房基地契 / 160

光绪二年（1876）山西省文水县李氏兄弟分地契 / 162

光绪三年（1877）山西省文水县李怀泰典房契 / 163

光绪三年（1877）山西省文水县李浩同母卖房契 / 164

光绪十二年（1886）山西省文水县李艳□卖房基地契 / 166

光绪二十九年（1903）山西省文水县李浩同母卖房契 / 168

光绪三十一年（1905）山西省文水县李增禄卖地契 / 170

民国七年（1918）山西省文水县李建义补买地契 / 174

民国十九年（1930）山西省文水县上河头村张尔宝卖地契 / 176

民国二十一年（1932）山西省文水县李起禄借贷契 / 178

民国二十五年（1936）山西省文水县同志成卖地契 / 180

1952年山西省文水县闫才周卖地契 / 182

1954年山西省文水县阎天长卖地契 / 184

山西省孝义县偏城村高氏契约 / 186

道光十三年（1833）山西省孝义县高太禄卖地契、光绪四年（1878）
　　山西省孝义县韩学文卖地契 / 190

道光十六年（1836）山西省孝义县高光远卖地契 / 192

道光十六年（1836）山西省孝义县刘杰卖地契 / 194

道光十九年（1839）山西省孝义县高杨氏卖地契 / 198

道光十九年（1839）山西省孝义县高门杨氏、高登普卖地契 / 202

道光二十四年（1844）山西省孝义县张吉永典地契 / 204

咸丰四年（1854）山西省孝义县张光举等人卖地契 / 206

咸丰八年（1858）山西省孝义县张舒锦卖地契 / 208

同治元年（1862）山西省孝义县赵锡昌卖地契 / 210

同治三年（1864）山西省孝义县任山、任海卖地契 / 213

同治十一年（1872）山西省孝义县张居敬同男（张）存福卖地契 / 214

光绪三年（1877）山西省孝义县张居忠卖地契 / 216

光绪四年（1878）山西省孝义县张立柱卖地契 / 218

光绪四年（1878）山西省孝义县任昌德卖地契 / 222

光绪四年（1878）山西省孝义县张氏同男（高）世年卖地契 / 224

光绪四年（1878）山西省孝义县高张氏同子高世年卖地契 / 226

光绪二十二年（1896）山西省孝义县张福元卖地契 / 231

光绪二十五年（1899）山西省孝义县刘锡元卖地契、郎希贤卖地契 / 234

光绪二十七年（1901）山西省孝义县张立本卖地契、民国十九年（1930）
　　山西省孝义县高世泗同子卖地契 / 236

民国四年（1915）山西省孝义县高锦春补地契 / 238

民国七年（1918）山西省孝义县赵喻卖破窑契 / 240

民国八年（1919）山西省孝义县刘泉树卖地契 / 242

民国十五年（1926）山西省孝义县赵祥吉卖破窑契 / 244

民国十五年（1926）山西省孝义县郎希贤卖地契 / 246

民国十七年（1928）山西省孝义县高锦堂卖地契 / 248

民国十七年（1928）山西省孝义县高锦春、高锦堂换窑院契 / 250

民国十九年（1930）山西省孝义县高锦秀卖地契 / 251

民国十九年（1930）山西省孝义县赵还祯卖窑院契 / 252

民国十九年（1930）山西省孝义县高世泗同子卖地契 / 254

民国二十年（1931）山西省孝义县张世仁卖地契 / 256

民国二十年（1931）山西省孝义县张书春卖地契 / 258

民国二十年（1931）山西省孝义县张书明卖地契 / 259

民国二十一年（1932）山西省孝义县偏城村村政事务所卖窑院契 / 260

民国二十一年（1932）山西省孝义县高锦春补地契（四亩地） / 262

民国二十一年（1932）山西省孝义县霍万贞等人卖地契 / 263

民国二十一年（1932）山西省孝义县赵法富同子（赵）德金典当契 / 264

民国二十一年（1932）山西省孝义县高锦春补地契（六亩地） / 266

民国二十二年（1933）山西省孝义县霍万亨同侄子（霍）子英
　　卖地契 / 268

民国二十三年（1934）山西省孝义县东曹村郝永成
　　卖地契（八亩地） / 270

民国二十三年（1934）山西省孝义县东曹村郝永成
　　卖地契（五亩地） / 272

民国二十八年（1939）山西省孝义县刘立清转让地契 / 274

民国二十八年（1939）山西省孝义县刘昌富转让地契 / 276

山西省辽州契约 / 277

乾隆四十二年（1777）山西省辽州范刚、范元合买地契及乾隆五十八年（1793）
　　范实买地尾契 / 279

乾隆五十八年（1793）山西省辽州范元分单、道光十年（1830）
　　范元买地尾契 / 281

乾隆六十年（1795）山西省辽州王寿永卖地契、嘉庆二年（1797）山西省

辽州房续祖卖地契、民国五年（1916）山西省辽县范元执照 / 283

嘉庆十八年（1813）山西省辽州范成卖地契、嘉庆十七年（1812）
　　范元买地尾契 / 285

道光十年（1830）山西省辽州王嘉卖地契 / 286

道光十年（1830）山西省辽州范元分单、道光二十一年（1841）
　　范兴吉换房契 / 288

道光十二年（1832）山西省辽州范安常卖地契 / 290

道光二十七年（1847）山西省辽州范兴财分单、道光二十七年山西省
　　辽州范兴贵分单 / 292

光绪五年（1879）山西省辽州杨逢春卖地契 / 295

光绪十八年（1892）山西省辽州范世恩典地契、民国年间山西省辽县
　　范元执照、民国十四年（1925）山西省辽州范玉生典地契 / 296

山西省其他地区契约 / 299

康熙五十二年（1713）山西省介休县李长荣卖房契、康熙五十九年（1720）
　　山西省介休县张世在买地尾契 / 300

康熙五十九年（1720）山西省邓光英卖房契 / 302

康熙五十九年（1720）山西省郭恒玬卖地契 / 304

雍正七年（1729）山西省荆天成卖地契 / 306

乾隆十六年（1751）山西省凤台县侯万登卖房契、乾隆五十五年（1790）
　　山西省凤台县吴永银买地尾契 / 309

乾隆二十八年（1763）山西省汾阳县陈中明卖地契、嘉庆十八年（1813）
　　汾阳县任刘氏卖地尾契 / 311

乾隆四十四年（1779）山西省临丹南里李荣卖地契、嘉庆十二年（1807）
　　山西省霍秀里王永林卖地契 / 313

乾隆四十六年（1781）山西省高良东里李明卖地契 / 314

乾隆五十八年（1793）山西省太平县程思孔卖地契 / 316

嘉庆九年（1804）山西省襄垣县王者佑卖地契 / 318

嘉庆十七年（1812）刘世清同胞兄卖地契、嘉庆十二年（1807）山西省
　　襄陵县徐锺卖地尾契 / 321

嘉庆二十年（1815）山西省崞县张其志卖房契、万历四十年（1612）张天得
　　与张天成分家契、嘉庆二十二年（1817）张其志土地粮收执存照 / 322

道光十六年（1836）山西省五台县郑福□卖地契、宣统元年（1909）
　　山西省五台县梁氏母子卖地契 / 324

道光十七年（1837）山西省太谷县中吾村武胜岫、武胜峯卖地契 / 326

道光十八年（1838）山西省崞县黄有仓卖地契 / 328

道光二十一年（1841）山西省崞县黄如金买地契约 / 329

道光二十二年（1842）山西省文水县于成蛟卖地契 / 330

道光二十八年（1848）山西省平定州杨聚和卖地契 / 332

道光三十年（1850）山西省崞县粟树兰卖地契 / 335

道光三十年（1850）山西省梁万成卖地契 / 336

咸丰四年（1854）山西省交城县辛北都贾学智卖房契 / 339

咸丰九年（1859）山西省交城县闫富卖地契 / 343

咸丰十一年（1861）山西省太谷县王九诚、王九钺卖地契 / 344

同治元年（1862）山西省李朝忠土地执照、光绪十六年（1890）
　　杨庆雨买地尾契、民国年间摊款收据 / 346

同治三年（1864）山西省浑源州张登奎卖地契 / 349

同治六年（1867）山西省崞县赵逢年卖地契 / 350

同治八年（1869）山西省临汾县刘正先卖地契 / 352

同治十一年（1872）山西省孝义县蔚继先卖房契 / 356

光绪三年（1877）山西省五台县杨氏兄弟卖地契 / 358

光绪四年（1878）山西省崞县黄敖敖卖地契 / 360

光绪八年（1882）山西省忻州南乡郭廷智卖地契 / 362

光绪八年（1882）山西省梁承晋、梁嗣晋卖地契 / 365

光绪十二年（1886）山西省崞县张氏母子卖房契 / 366

光绪十五年（1889）山西省崞县黄发富卖房契 / 368

光绪十五年（1889）山西省崞县张氏母子卖房契 / 371

光绪十八年（1892）山西省崞县赵鸿飞卖地契 / 375

光绪十九年（1893）山西省麻沟地邢文粹卖地契 / 378

光绪二十七年（1901）山西省五台县马学渊卖地契 / 382

光绪二十九年（1903）山西省徐沟县边保和卖地契 / 385

光绪三十一年（1905）山西省徐清县南青堆秦宝州卖地契 / 386

光绪三十二年（1906）山西省席耀隆卖地契 / 388

光绪年间山西省焦士昌卖房契、民国年间山西省焦安根卖地契 / 390

光绪年间山西省党庄焦张氏卖地契（六亩地） / 392

光绪年间山西省党庄焦张氏卖地契（二亩地） / 395

宣统元年（1909）山西省任希孟同侄子卖房契 / 396

宣统三年（1911）山西省焦士昌卖房契 / 398

宣统三年（1911）山西省党庄焦双瑞卖地契（三亩地） / 401

宣统三年（1911）山西省党庄焦壮女卖地契 / 403

宣统三年（1911）山西省党庄焦双瑞卖地契（二亩地） / 405

宣统年间山西省大箕村崔谷永卖地契 / 406

民国三年（1914）山西省段文元卖地契 / 408

洪宪元年（1916）山西省卖地契 / 410

民国八年（1919）张喜□借贷契、民国八年山西省张维明卖地契 / 413

民国二十四年（1935）山西省汾阳县李书国田房草契 / 414

民国三十年（1941）山西省襄垣县李继成卖地契 / 418

辽宁地区契约 / 423

光绪五年（1879）辽宁省承禧寺租地契 / 424

康德四年（1937）"满洲帝国"锦州省安如玉卖地契 / 426

山东地区契约 / 429

雍正十年（1732）山东省庆云县范辉祖卖地契、同治年间山东省庆云县

范从宽买地尾契 / 430

同治十一年（1872）山东省李天佑卖房契 / 434

光绪四年（1878）山东省德平县刘德山卖地契 / 436

民国三年（1914）山东省海阳县进增庆卖地契 / 438

民国七年（1918）山东省宫郭氏卖地契 / 443

民国二十四年（1935）山东省威甯县白沙滩庄孙寅俭买地契 / 444

民国三十二年（1943）晋冀鲁豫边区筑先县盛金轩卖地契 / 446

河南地区契约 / 449

嘉庆十六年（1811）河南省涉县靳光川卖地契 / 451

光绪二十三年（1897）河南省七原村汤敬芝卖地契 / 452

宣统元年（1909）河南省侯保隆卖地契 / 454

巴县（今重庆）教会契约 / 457

嘉庆八年（1803）四川简州李氏族人卖地契 / 462

光绪七年（1881）重庆邓文远卖房契 / 464

光绪十三年（1887）重庆真原堂、公义书院买地补契（一）/ 466

光绪十三年（1887）重庆真原堂、公义书院买地补契（二）/ 468

光绪二十三年（1897）重庆龚严山、龚锡龄卖房契 / 471

光绪二十三年（1897）重庆李大兴卖房契 / 472

光绪二十三年（1897）重庆宋树廷父子卖房契 / 474

光绪二十三年（1897）重庆梁兴发卖房契 / 476

光绪二十四年（1898）重庆尹怀德卖房契 / 478

光绪二十五年（1899）重庆邓燡之卖房契 / 480

光绪二十五年（1899）重庆邓燡之请中契 / 482

光绪二十五年（1899）重庆胡静庵等卖房契 / 485

光绪二十七年（1901）重庆陈骏亭等卖房契 / 486

光绪二十八年（1902）重庆体心堂首事卖房契 / 488

光绪三十年（1904）重庆曾李氏同子卖房契 / 490

重庆传教士穆慕理契约（一）：宣统元年（1909）重庆传教士穆慕理
　　转让地契 / 492

重庆传教士穆慕理契约（二）：光绪二十八年（1902）重庆杨炳堂
　　租赁契 / 496

重庆传教士穆慕理契约（三）：光绪二十八年（1902）重庆黄庆合
　　租赁契 / 497

重庆传教士穆慕理契约（四）：光绪二十八年（1902）重庆马兴发
　　租赁契 / 498

重庆传教士穆慕理契约（五）：光绪二十八年（1902）重庆何大顺
　　租赁契 / 500

重庆传教士穆慕理契约（六）：光绪十八年（1892）重庆张鸿顺
　　转当契 / 502

宣统三年（1911）重庆曾蒋氏、曾唐氏母子请中契 / 504

宣统三年（1911）重庆曾唐氏母子卖房契 / 506

民国十年（1921）重庆易信廷卖房契 / 510

民国二十年（1931）重庆启明学校管业证 / 513

民国二十五年（1936）重庆真原堂买地契、1951年重庆外侨
　　房地产申请登记书 / 516

民国二十八年（1939）重庆彭瑞清堂卖房契 / 518

1951年重庆市外侨真原堂传教士房地产申请登记书 / 520

其他地区契约 / 523

道光十四年（1834）胡明卖地契 / 524

道光二十五年（1845）丁氏祠堂卖水田契 / 526

咸丰三年（1853）热河侯安林兑地契 / 528

咸丰四年（1854）苗沟村陆正鸾卖地契、某年郭门田氏卖地契 / 531

光绪三年（1877）□陆县西路北村刘万禄卖地契、某年裴合心

卖地契 / 532

光绪四年（1878）郝耀光卖地契、道光二十二年（1842）郭序林
典当契 / 535

宣统元年（1909）张道文卖地契 / 536

宣统三年（1911）元村苏门张氏卖地契 / 540

民国十年（1921）景县宋金堂卖地契 / 542

民国三十三年（1944）任允让土地补契 / 544

民国三十四年（1945）晋冀鲁豫边区吕村李金刚买地契 / 546

1952年王巧琴卖地契 / 548

典当契约 / 549

康熙三十三年（1694）河北省忻州曹奇秀典地契、乾隆四十八年（1783）
郭复旺买地尾契 / 552

道光二年（1822）山西省介休县郝家堡郝养德典地契 / 555

同治八年（1869）山西省邓玉章转让典地契 / 557

同治九年（1870）山西省北席村吴有银典地契、同治十一年（1872）
山西省北席村王一魁典地契 / 558

光绪十年（1884）山西省王明兼典当补契、民国三年（1914）
胡小蛋买地官契 / 561

光绪三十一年（1905）山西省灵石县闫芝英转让典地契、光绪三十年（1904）
马迁喜买地尾契 / 563

光绪年间山西省孙乃漪转让典地契 / 565

租赁契约 / 567

光绪三十四年（1908）辽宁省承禧寺租地契 / 570

1951年北京市宣武区陈文芳民用公产租赁契约 / 572

1955年北京市宣武区阎国民民用公产租赁契约 / 577

分家契约 / 581

民国六年（1917）张进财分家契 / 584

山西省孟氏兄弟分家契、1954年王长青卖地契 / 586

贺氏叔侄分家契 / 589

赋税凭证 / 591

万历八年（1580）福建汀州府长汀县归户由帖 / 594

顺治七年（1650）河南彰德府磁州王元蛟投税收执 / 595

山东省乐陵张耀晖米执照、江西省赣州府赣县汤氏上下忙执照等
（共六份）/ 596

土地证 / 599

宣统元年（1909）奉天省铁岭朱法庆领地契 / 602

民国十二年（1923）银名财政部执照 / 604

民国十三年（1924）吉林省榆树县王连富土地执照 / 605

民国十七年（1928）奉天省怀德县王凤梧领租地契 / 607

民国三十年（1941）辽东省辽阳县边德第土地执照 / 609

民国三十年（1941）辽西省义县高绍周土地执照 / 611

民国三十八年（1949）晋绥边区山西省崞县南阳店村土地证 / 612

民国三十八年（1949）华北区深县徐荩臣土地房产所有证 / 615

1950年辽西省法库县田宝生房产执照 / 616

1950年陕甘宁边区高郭亮房窑证 / 618

1950年辽西省法库县史久财房产执照 / 620

1950年察哈尔省蔚县周起荣土地房产所有证 / 621

1950年华北区霍县朱壮士土地房产所有证 / 622

1950年北京市李□文、杨玉亨建筑契 / 623

1950年吉林省农安县白布和房屋执照 / 624

1950年热河省刘金祥土地执照 / 625

1951年福建省龙溪县陈金泉等土地房产所有证 / 626

1951年苏南区吴县府邦杰等土地房产所有证 / 628

1951年河北省顺义县土地房产所有证存根 / 630

1951年北京市东营房村孙占斌土地房产所有证 / 632

1951年北京市朱永长房地产所有证 / 634

1951年华北区、1950年山西省土地房产所有证 / 639

1951年松江省巴彦县杜显亭房产执照 / 640

1952年山东省盐山县李印炳土地房产所有证 / 642

1953年辽西省法库县倪广武房产执照 / 643

1953年新疆省土地管业临时执照 / 645

西藏自治区筹备委员会土地所有证 / 646

其他文书 / 649

道光三十年（1850）范元族穴谱 / 651

光绪二十六年（1900）安民告示 / 654

宣统年间满文契约 / 656

民国八年（1919）热河候跻封换地契 / 658

编排说明

一、本书在编排中对所收录的契约进行了命名。标题由立契时间、地点、立契人姓名、契约性质等组成。立契时间在中华人民共和国成立以前的，采用帝王年号纪年，在中华人民共和国成立以后的则用公元纪年。地点根据契纸上的书写文字、官府印章来判断，地址无法判断者则不予标注。契约性质指契约的主题，根据契纸上的名目与实际内容来确定，包括买地、卖地、典地、租赁、借贷、转让、补契、分单、执照、土地所有证等。

二、本书所收录的文书在时间上，最早一份至万历八年（1580），最晚一份至1968年，绝大多数为清至民国时期文书，考虑到资料的完整性，也收录了中华人民共和国成立后表格形式的文书（如土地证）与少数几份不属于民间契约的文书（如官方告示与族穴谱）。

三、本批文书绝大部分为缴纳税费后经过官方盖章的红契，少数为民间私立的白契。其中大部分为连二契或连三契，一般形式为"草契＋官契"，或"草契＋官契＋契尾/民国验契"，有的在契约上还贴有纳税凭证。部分文书由于正反两面均有信息，编者出于保留信息完整性的考虑，对文书双面均予以呈现。

四、本书体例，按契约文书内容分为土地买卖契约、典当契约、租赁契约、分家契约、赋税凭证、土地证及其他文书，共七类。除土地买卖契约外，其他所有类型契约均按立契时序进行编次。由于数量多，为便于读者查看，土地买卖契约先按地域（以省为单位）排列，再以时序编次。出于对文书归户性的考虑，部分土地买卖契约以外的契约随其所属的归户文书一并呈现，如《民国十七年（1928）山西省孝义县高锦春、高锦堂换窑院契》（第250页）归入了前文土地买卖契约中的"高氏契约"部分，在"其他契约"部分则不再重复呈现。

五、本书以山西、河北、重庆地区的土地买卖契约为主，其中具有地域集中性的契约有山西省孝义县、山西省偏城村、山西省辽州、山西省文水县、巴县（今重庆）等地的契约，另有一些散件文书旁涉了其他省份。在编排时，为便于读者查看，成套的文书优先按时间顺序排列在一起。所有地名，一律以契约本身为准，在编排时未与现行行政规划对应。

六、部分契约上除了汉字的数字外还使用了苏州码子书写的数字。苏州码子是一种进位制记数系统，以位置表示大小。记数符号写成两行，首行记数值，第二行记量级和计量单位。其中｜、‖、‖｜、乂、㇠、亠、亠｜、亖、文、十，分别与现今汉字的一二三四五六七八九十相对应。它由算筹演变而来，至明代成为一种完整统一的数码，被商业界作为暗码使用。至清末民初，苏州码子广泛应用于民间，后也用于官方，多见于账册、契约等商业交易文件中。

七、部分文书由于保存问题，破损处难以修复，信息有所缺失，字迹无法辨认，命名或描述时则用"□"来替代。转录契约文字时，编者将原文中的异体字、错别字照录，并在其后添加"[ ]"补充正确的汉字；编者增加的信息，用"（ ）"标注。其中有少量满文契约，由于识别困难，暂未识别。

八、编者秉承认真的态度对德国巴伐利亚州立图书馆藏中国契约文书进行了整理与编排，但由于自身学术素养不够、水平有限，错误在所难免，欢迎读者批评、指正。

巴伐利亚州立图书馆藏中国契约文书的民俗学研究

◎ 刁统菊　王艺璇

一、民间契约文书的研究现状

民间文书是诸多学科关注的重要研究对象。传世文书时间跨度长，从西夏、隋唐五代至宋元明清，而明清至民国时期尤多，其内容也非常丰富，包括契约文书、族谱、乡规民约、各类通告、私人记录、民间藏书等。其中契约文书占据绝大多数，应用范围广泛，如土地流转、水权交易、婚姻文书（如缔结、退婚、和离）、收养招赘、分家析产、合作垦殖、纠纷调解等均有涉及。

自 19 世纪对契约文书的搜集整理与系统研究之后，民间文书所具有的历史文献价值逐渐被学界发现。在中国知网进行检索，检索主题为"契约文书"且不对其他检索项目进行设定时，可发现清水江、敦煌、徽州三地相关文献尤其丰富，另外还有 2006 年在浙江发现的石仓文书和邯郸学院 2013 年收藏的太行山文书。就学术关注度而言，大约从 2010 年开始，学界对契约文书的关注明显增多（参见图 1），这可能与清水江文书在 2009 年开始进入学界视野有关（清水江文书于 2010 年 2 月被列入《中国档案文献遗产名录》）。这些文献分布的学科主要包括历史学、法学、语言学、图书情报与档案管理、农业经济学、理论经济学等。对契约文书关注较多的学科是历史学，学者更重视民间文书所反映的社会经济生活内容，例如郑振满《清至民国闽北六件"分关"的分析——关于地主的家族与经济关系》[①]。

[①] 郑振满：《清至民国闽北六件"分关"的分析——关于地主的家族与经济关系》，载《中国社会经济史研究》1984 年第 3 期。

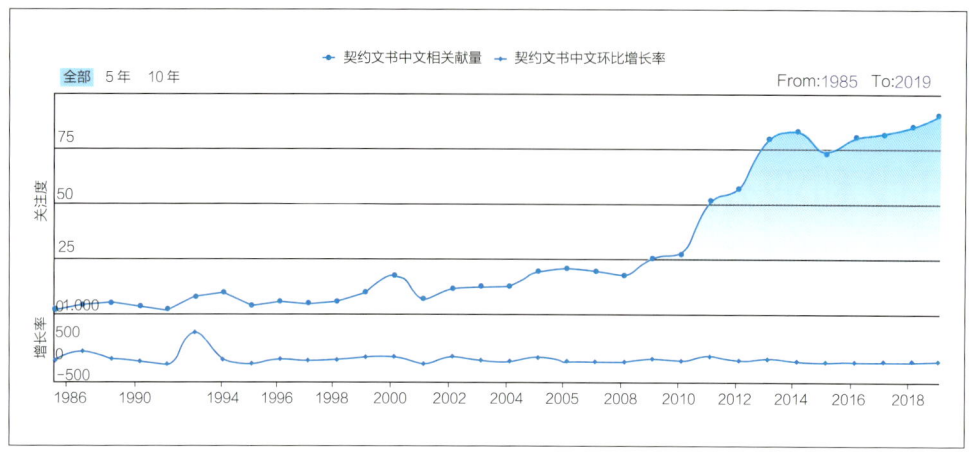

图 1 中国知网检索主题为"契约文书"的学术关注度(2020 年 5 月 1 日截取)

表 1 中国知网检索主题为"契约文书"所获取的文献分布学科(2020 年 5 月 1 日截取)

学科	历史	法学	语言	图书情报档案	农业经济	理论经济学	民族	社会	考古	政治	管理学	区域经济	金融	地理	国民经济
篇数	377	253	204	133	90	81	39	37	23	23	22	20	18	15	13

立契行为在中国民间虽然古已有之,但由于传统文史学研究基本将目光聚焦于上层社会,对民间契约文书的搜集整理与系统研究直至 19 世纪才开始。19 世纪晚期,出于调查中国台湾旧习惯行的目的,日本的民法学者开展了一系列实地社会调查,整理了大量来自民间的第一手历史文献资料,并将其以近代欧洲民法框架编纂为《清国行政法》和《台湾私法》,还出版了由山根幸夫编撰的《契字及简书注解索引》,针对契约文书中的语词条目进行了注解。① 此后,日本东亚研究所和满铁调查部又开启了对中国华北地区的调查,这次调查项目所设定的九个方面的问题中,包括大量关于土地所有权、土地买卖、租佃和农村赋税相关的内容。② 20 世纪初,清政府和北洋政府也分别进行了大范围的民商事惯习调查,

---

① 杨培娜、申斌:《走向民间历史文献学——20 世纪民间文献搜集整理方法的演进历程》,载《中山大学学报》(社会科学版)2014 年第 5 期。
② 赵彦民:《日本满铁调查文献中的中国民俗资料——以〈中国农村惯行调查〉(1—6 卷)为中心》,载《文化遗产》2017 年第 3 期。

后者还出版了《中国民事习惯大全》①和《民事习惯调查报告录》②，整理了各省区上报的民商事调查资料，开启了国内搜集整理契约的大门。自此，民间契约文书正式进入了研究者的视域。

国内研究者中，最早注意到民间契约研究价值的是中国社会经济史学的主要奠基人傅衣凌先生，他从20世纪30年代末开始研究福建永安地区的土地买卖契约，吸取了社会学、经济学与民俗学的长处，注重民间第一手文献的搜集，扩大了史料来源，尝试以民间文献证史，在这一学术思想下著有《福建佃农经济史丛考》，分析了契约中的地权关系和租佃关系。③在傅先生的影响下，国内研究者对于契约文书开展的工作主要可以分为"对一手文献的区域性搜集整理"与"不同视角下的分析研究"两个方面。从对民间契约文书的研究视角出发，我们关注了对契约文书整理方法的研究、对契约本体的研究、法制史角度的研究、经济史角度的研究、社群关系角度的研究及民间观念角度的研究。

第一是对契约文书整理方法的研究。在契约文书的整理方法上，学界比较提倡的是归户原则和"保持文献原来的系统"。在2000年国际徽学研讨会上，安徽大学刘伯山教授针对徽州文书的整理提出了归户性原则，即以户为原则，以文本本身产生的自然顺序进行编排。《徽州文书》与曹树基等主编的《石仓契约》④即以归户性原则整理的典范。⑤归户研究不仅要保留文献内部的关联，还要关注文献的流传过程。在归户整理的基础上，中山大学、厦门大学历史系的研究者们又更进一步，主动进入乡村收集原生态的文献，明确提出"保持文献原来的系统"⑥，这种直接获取文献的方式未经倒卖转手的打乱，保留了更加可靠的家族与其他信息。在收集了大量契约文书资料后，部分收藏机构开始尝试建设数据库来对资料进行整理。例如2007年黄山学院启动的"徽州文书

---

① 施沛生编：《中国民事习惯大全》，上海书店出版社，2002年。
② 前南京国民政府司法行政部编：《民事习惯调查报告录》，胡旭晟等点校，中国政法大学出版社，2000年。
③ 傅衣凌：《福建佃农经济史丛考》，福建协和大学中国文化研究会，1944年。
④ 曹树基、蒋勤、阙龙主编：《石仓契约》（第1—4辑），浙江大学出版社，2011年、2012年、2014年、2015年。
⑤ 刘伯山给《徽州文书》中每一批被发现的文献都写了一则"寻获记"，是关于文书被发现过程的真实记录，以及现在文书保存者获得文书的经过。《石仓契约》也做了类似工作。这一做法应该继续保持。
⑥ 张应强：《清水江文书的收集、整理与研究刍议》，载《原生态民族文化学刊》2013年第3期。

整理及管理软件研究"项目。①上海交通大学"中国地方历史文献数据库（契约文书）"②的最大特色在于录文数量大，识别准确率高，研究团队投入了大量的精力，是一个相当成熟的文献数据库。近年来，该团队再次与厦门大学、中山大学联合搜集出版了《客家珍稀文书丛刊》③，在丛刊编辑过程中，曹树基首创性地提出了"采用地名与人名勾连，从手工勾连过渡到数据库勾连"④的双重整理归户方法。还有中山大学图书馆、凯里学院图书馆对其收藏的徽州文书与清水江文书进行了建库工作，并整理出了数据库中描述元数据的设计想法与著录规范⑤，可供参考借鉴。

第二是对契约本体的研究。对契约本身的研究多从契约史、契约的结构要件、契约的类型和契约语言等方面出发。张传玺《契约史买地券研究》重在展现国家对契约干预逐渐加强和契约制度日益完善的过程⑥；乜小红《中国古代契约发展简史》立足传世文献和出土文献来分析契约条文变化体现的契约关系的发展⑦；冯学伟《明清契约的结构、功能及意义》梳理了国内契约的地域分布和预期储量⑧；2005 年严桂夫、王国健主编的《徽州文书档案》介绍了徽州契约文书档案的发现、收藏情况、形成背景、基本特点，并按类别挑选典型文例介绍了几个基本的文书类型和主要内容⑨；田涛《徽州民间私约研究及徽州民间习惯调查》结合田野调查对民间私约订立的背景和立契行为进行了考证与精读⑩。

对契约文字的研究主要集中在对不同地域的用词研究上。方孝坤《徽州文书

---

① 俞乃华、何广龙、汪柏树：《徽州文书整理及特色数据库建设研究》，载《大学图书情报学刊》2010 年第 1 期；廖峰：《清水江文书信息数据库的建设》，载《贵州大学学报》（社会科学版）2012 年第 2 期。

② 数据库地址：http://dfwx.datahistory.cn/pc/，收录了徽州文书、石仓契约文书、鄱阳湖文书等近 10 万页，其中包括录文 2 万页。

③ 曹树基、陈支平：《客家珍稀文书丛刊》（第 1 辑），广东人民出版社，2019 年。

④ 参见《客家研究新起点：〈客家珍惜文书丛刊出版〉》，https://www.sohu.com/a/333372281_260616。

⑤ 王蕾、申斌：《徽州民间历史文献整理方法研究：以中山大学图书馆馆藏为例》，载《图书馆论坛》2014 年第 4 期；陈洪波、杨存林：《清水江文书数据库建设若干问题研究》，载《现代情报》2013 年第 1 期。

⑥ 张传玺：《契约史买地券研究》，中华书局，2008 年。

⑦ 乜小红：《中国古代契约发展简史》，中华书局，2017 年。

⑧ 冯学伟：《明清契约的结构、功能及意义》，法律出版社，2015 年。

⑨ 严桂夫、王国健：《徽州文书档案》，安徽人民出版社，2005 年。

⑩ 田涛、王宏治、柏桦等主编：《徽州民间私约研究及徽州民间习惯调查》，法律出版社，2014 年。

俗字研究》以《徽州千年契约文书》为基础,运用历史比较、文献对照、文献考释等多种方法对徽州地区宋元以来的十三类俗字和特殊的数字俗字、符号进行了考证①;诸红、黄天艺、闫平凡等人对洛阳、福建、清水江等民间契约中的词语俗字进行了探讨②;陕西师范大学黑维强师生团队对大量不同时代、不同地域契约文书中的词汇用语进行了研究,重点在于考察契约文书词汇的历时演变③;白雪《契约文书中"契约"义词语汇释》根据时代顺序和立契时序性梳理了不同表示契约的词汇,从词汇学的角度进行了考释④。民俗学在解读契约时,同样应该关注俗字这一特殊语言,并结合语言学中的方言研究进行考察。

第三是从法制史角度对契约的研究。早期的契约搜集工作是出于了解民间惯习的目的,因此随之出现了从法制史角度对契约的研究。早在1937年,日本学者仁井田陞所著《唐宋法律文书研究》就已经注意到契约文献本身的价值,并将传统契约上升为法律文书。⑤寺田浩明的《田面田底惯例的法律性——以概念性的分析为主》和《关于清代土地法秩序"惯例"的结构》分别从"一田一主"的土地法和以"秩序"问题为中心的民事法的角度进行研究,其《明清时期法秩序中"约"的性质》还涉及对于"约"这一"形成规范的固有状态"的考察。⑥王昉《成文法、习惯法与传统中国社会中的土地流转》考察了宋代至清代成文法和习惯法在土地流转问题上的影响,指出习惯法的长期存在是由于其能够起

---

① 方孝坤:《徽州文书俗字研究》,人民出版社,2012年。
② 褚红:《洛阳明清契约文书方俗词语考释:兼论对〈汉语方言大词典〉修订的作用》,载《黄河科技大学学报》2013年第6期;黄大艺:《福建民间契约文书名量词研究》,湘潭大学硕士论文,2016年;闫平凡:《浅析清水江文书俗字的价值》,载《贵州大学学报》(社会科学版)2012年第2期。
③ 黑维强、贺雪梅:《论唐五代以来契约文书套语句式的语言文字研究价值及相关问题》,载《敦煌学辑刊》2018年第3期。
④ 白雪:《契约文书中"契约"义词语汇释》,陕西师范大学硕士论文,2016年。
⑤ [日]仁井田陞:《唐宋法律文書の研究》,东京:东方文化学院东京研究所,1937年,转引自田涛:《徽州民间私约研究及徽州民间习惯调查》,法律出版社,2014年,前言第2—3页。
⑥ [日]寺田浩明:《田面田底惯例的法律性——以概念性的分析为主》,见寺田浩明:《权利与冤抑:寺田浩明中国法史论集》,王亚新译,清华大学出版社,2012年,第1—71页;[日]寺田浩明:《关于清代土地法秩序"惯例"的结构》,见寺田浩明:《权利与冤抑:寺田浩明中国法史论集》,王亚新译,清华大学出版社,2012年,第89—112页;刘佳佳:《中国传统法秩序问题与解释方法:寺田浩明中国法制史研究述论》,载《老区建设》2014年第24期;[日]寺田浩明:《明清时期法秩序中"约"的性质》,见寺田浩明:《权利与冤抑:寺田浩明中国法史论集》,王亚新译,清华大学出版社,2012年,第136—181页。

到降低契约达成和执行中的交易费用的作用。①赵晓力《中国近代农村土地交易中的契约、习惯与国家法》基于《中国民事习惯大全》一书中的材料考察了近代土改运动前后的土地交易情况,注意到"亲邻先买权"这一现象证明个人从家庭继承的只是土地的使用权,转让权实际上是着落在整个家族的,因此交易要受到家族的限制。②霍存福《论中国古代契约与国家法的关系:以唐代法律与借贷契约的关系为中心》指出唐代国家法承认民间契约的规则和一定的自由度,但同时也有干涉民间契约的权利,国家法与契约之间存在着矛盾和分歧。③

第四是从经济史角度对契约的研究。在傅衣凌先生做出社会经济史示范后,其学生杨国桢从土地所有制问题入手继续对经济史进行研究,《明清土地契约文书研究》指出中国封建社会的土地所有权不是完全的、自由的土地所有权,其内部结构是国家、乡族两重共同体和私人所有权的结合。这一情况是由个人社会地位身份化、个人不具有独立自由的人格这一基本的社会关系所决定的。④杨国桢《论中国永佃权的基本特征》还对徽州、山东、江浙、闽台、广东等地区的契约进行了区域性的考察。⑤传统社会的永佃制和"一田二主"现象是很多经济史学者关注的问题,明清时期盛行的永佃制使得佃农在不拖欠地租的情况下具有了长期独立的土地使用权,并产生了佃农之间土地转让的交易,使得原来的土地所有权分为了"田底权"和"田面权"。李伏明《制度、伦理与经济发展——明清上海地区社会经济研究(1500—1840)》认为这种不完全的产权分化阻碍了中国近现代化的发展,值得继续探究。⑥其他经济史相关的研究

---

① 王昉:《成文法、习惯法与传统中国社会中的土地流转》,载《法制与社会发展》2004 年第 4 期。
② 赵晓力:《中国近代农村土地交易中的契约、习惯与国家法》,载《北大法律评论》1998 年第 2 期。
③ 霍存福:《论中国古代契约与国家法的关系:以唐代法律与借贷契约的关系为中心》,载《当代法学》2005 年第 1 期;霍存福:《再论中国古代契约与国家法的关系——以唐代田宅、奴婢卖买契约为中心》,载《法制与社会发展》2006 年第 6 期。
④ 杨国桢:《明清土地契约文书研究》,中国人民大学出版社,2009 年。
⑤ 杨国桢:《论中国永佃权的基本特征》,载《中国社会经济史研究》,1988 年第 2 期。
⑥ 李伏明:《制度、伦理与经济发展——明清上海地区社会经济研究(1500—1840)》,中国文史出版社,2005 年,第 178—179 页。

还有对北京、上海等地的房契研究①，对徽州、清水江流域的林契研究②，对四川井盐业的商业契约研究③，等等，皆从多个角度挖掘了契约中的经济信息。

第五是从社群关系角度对契约的研究。契约背后的社群关系也是研究者们关注较多的问题，包括对族群关系、宗族关系和家庭关系的研究。刁统菊、田传江根据鲁南红山峪村的37张地契分析了当地订立契约的习俗，认为外地人通过占有土地和结成姻亲的方式进入新村庄，这种土著化过程的单位并非宗族而是家庭。④该文所运用的契约资料较为单薄，但通过对立契人及其后代的访谈了解了契约订立的背景，使得研究更为立体，这种方法值得借鉴。龙圣在《明清"水田彝"的国家化进程及其族群性的生成——以四川冕宁白鹿营彝族为例》⑤中以其深厚的历史学、民俗学功底，根据对租佃契约的解读得出当时汉人主要通过佃种、购买、押当的方式在彝人居住的地区落脚，还利用一份借约证明晚清时期汉族知识分子对彝族汉化的影响。该研究展示出了解读民间文献并利用其还原历史的重要性。刘道胜《明清徽州宗族关系文书研究》通过考察以宗族为主体的文书，探讨宗族与个体、其他宗族、其他民间组织、地方基层组织、国家等不同主体之间的社会关系，展现了宗族在明清社会治理中的作用。⑥同样从社会治理的角度分析契约文书的还有郑小春《明清徽州宗族与乡村治理：以祁门康氏为中心》⑦和陈瑞《明清时期徽州宗族内部合同条约的控制功能》⑧。潘志成、梁聪《清代锦屏文斗苗寨的宗族与宗族制度——兼及林业经营中的"家族所有制"、"家庭私有制"争议》则指出林业契约不仅是家庭私有制的产物，

---

① 张小林：《清代北京城区房契研究》，中国社会科学出版社，2000年；杜恂诚：《从找贴风俗的改变看近代上海房地产交易效率的提高》，载《上海经济研究》2006年第11期。

② 陈瑞：《明清徽州林业生产发展兴盛原因探论》，载《中国农史》2003年第4期；杨有赓：《清代黔东南清水江流域木行初探》，载《贵州社会科学》1988年第8期。

③ 吴天颖、冉光荣：《四川盐业契约文书初步研究》，见自贡市档案馆、北京经济学院、四川大学合编：《自贡盐业契约档案选辑》，中国社会科学出版社，1985年，第19—300页。

④ 刁统菊、田传江：《土地拥有、流动与家庭的土著化：对鲁南红山峪村37张地契的介绍与初步解读》，载《中国农业大学学报》（社会科学版）2009年第3期。

⑤ 龙圣：《明清"水田彝"的国家化进程及其族群性的生成——以四川冕宁白鹿营彝族为例》，载《社会》2017年第1期。

⑥ 刘道胜：《明清徽州宗族关系文书研究》，安徽大学博士学位论文，2006年。

⑦ 郑小春：《明清徽州宗族与乡村治理：以祁门康氏为中心》，载《中国农史》2008年第3期。

⑧ 陈瑞：《明清时期徽州宗族内部合同条约的控制功能》，载《徽学》2010年第0期，第152—176页。

也有家族共有形式的影响。①阿风《明清时代妇女的地位与权利——以明清契约文书、诉讼档案为中心》通过考察契约中的女性参与，注意到在土地买卖文书中，妇女多是在丈夫去世后，作为男性的代位者行使权利的，并经常有其子/舅等男性亲属伴随出现，她们在宗族体系里并不具有完整的、独立的权利和地位。②

第六是从民间观念和习俗的角度对契约的研究。少数学者也注意到了契约中体现的民间观念与习俗，以分析传统的契约精神为主，如霍存福认为古代中国人有将契约等同于法律的私法自治精神、反对国家强权"约定优先于规定"的契约优先精神和对契约作为制度安排的认可③；而李一鸣的研究则表明汉代民间借贷中除了平等自由和私权意识外，还具有"人情"因素，体现在民间借贷的主体不是个人而是家庭，社会舆论对借贷、还贷、免除负债等行为的影响和重"情"甚于重"法"的观念上④。孙擎同样认为中国传统契约精神有一定的局限性，中国古代缺少成熟的契约法，而受到强烈的伦理道德倾向影响，并且，古代社会对立契身份有着严格限制，不仅契约主体精神缺失，不稳定的契约关系也降低了契约的权威性。⑤在对民间生活观念的研究上，刁统菊《对红山峪村16张地契的民俗学解读》依靠田野作业方法从多个方面描述了民间的立契行为，生动地勾勒出了民间重视土地的思想观念，展现出农民对土地的依赖与眷念。⑥冯学伟对契约中的吉祥语进行了分类整理⑦，但未进行更深入的阐释，契约中的吉祥文化还值得继续挖掘。韩森《传统中国日常生活中的协商》从官、民与鬼神三者之间的"协商"关系入手，分析民与民订立的"现世契约"、民与鬼神订立的"冥世契约"（"买地券"）和官府法律与民间契约的对立并存关系。⑧

---

① 潘志成、梁聪：《清代锦屏文斗苗寨的宗族与宗族制度——兼及林业经营中的"家族所有制"、"家庭私有制"争议》，载《贵州社会科学》2011年第2期。
② 阿风：《明清时代徽州妇女的地位与权利——以明清契约文书、诉讼档案为中心》，社会科学文献出版社，2009年，第28—133页。
③ 霍存福：《中国古代契约精神的内涵及其现代价值——敬畏契约、尊重契约与对契约的制度性安排之理解》，载《吉林大学社会科学学报》2008年第5期。
④ 李一鸣：《试论汉代的民间借贷习俗与官方秩序——兼论汉代民间借贷中的"契约精神"》，载《民俗研究》2018年第1期。
⑤ 孙擎：《对中国传统契约精神的正确解读及科学态度》，载《齐齐哈尔大学学报》（哲学社会科学版）2018年第10期。
⑥ 刁统菊：《对红山峪村16张地契的民俗学解读》，载《民俗研究》2005年第3期。
⑦ 冯学伟：《明清契约中的"吉祥语"和吉祥文化》，载《法制与社会发展》2010年第4期。
⑧ ［美］韩森：《传统中国日常生活中的协商》，鲁西奇译，江苏人民出版社，2008年。

综上所述，前人的研究工作主要包括整理和研究两个方面。① 对契约文书资料进行整理。国内各个契约群都已整理和出版了大量契约资料，为进一步研究打下了基础。整理工作强调归户性原则，保持契约文书固有的系统性，保留了契约被发现时的状态和被发现的过程。② 对契约文书的研究工作分为两种，第一种是以契约本身为研究对象，探究契约史、契约的结构要件、契约的类型和契约语言等多个方面的问题；第二种是将契约文书作为史料，运用在了经济史、法制史、社群关系、民间观念等领域的研究中。

这些研究虽然学科分布不一，但其中所涉内容均为民间习俗，基本都是民俗学也会关心的题目，比如历史学对契约文书的研究范围集中在土地、水利、宗教、婚丧、家族、房屋、习惯法、商业、借贷典当、民间组织等方面，而其中婚丧所讨论的主题是婚姻与继承权研究、退婚文约、合同婚书、卖身婚书、女性葬礼、和离制度、立嗣与收养、继嗣与继产、卖身契、招赘与过继等，家族方面所讨论的主题大多是分家行为、宗族合同、宗族自我管理等方面。正如清水江文书所反映的内容一样，"可以帮助人们更好地认识潜藏在文书背后的族群社会结构及与之相应的血缘秩序、生活秩序、生产秩序、经济秩序、礼俗秩序、宗教秩序，是研究社会变迁和文化变迁不可多得的重要民间史料"[①]，甚至可以说这些文书就是民俗史。相较之下，民俗学主动将民间文书作为研究对象的论著却不多。

民间文书虽是民间用自己的方式对社会、经济生活予以记录，但也蕴藏着区域社会生产和生活方面丰富而珍贵的信息，"反映了普通民众为人处世的基本态度，这也许就是我们的文化遗产"[②]。民俗学研究，不仅考虑某一个群体与社会总体事实之间的联系，也注重民俗事象的传承。对历史上的民俗进行研究，地方志书自然是主要资料，但忽略民间文书显然是不能的。作为民间的一种社会记忆，民间文书既显示出民俗之"民"的主体性，也与官方档案互为补充、相互理解。当然，族谱也常受到民俗学研究者的重视，然而民间文书内容之丰富，远非族谱所能含括、代表。社会史越来越多地关注"民间"和"底层"，目的是通过民间历史材料来理解更为宏观的大历史，重在描摹历史上的社会文化。民俗学以历时的眼光看待民间文书所反映的内容，会对中华民族民俗文化的传承有更深入的理解，而以个案的眼光去研究民间文书涉及的具体家户、家族、区域，也必然会形成新的认识。

---

① 张新民：《清水江文书的整理利用与清水江学科的建立——从〈清水江文书集成考释〉的编纂整理谈起》，载《贵州民族研究》2010 年第 5 期。

② 郑振满：《民间历史文献与经史传统》，载《开放时代》2021 年第 1 期。

二、BSB 契约文书的特征及对其进行民俗学研究的可能

本书所整理的文书，来自德国巴伐利亚州立图书馆所藏的 265 份民间契约（下称 BSB 契约文书），此前尚未被中国契约文书学界认识和注意。德国巴伐利亚州立图书馆成立于 1558 年，是欧洲重要的图书馆，也是世界知名的图书馆。该馆藏有近 1500 万册书籍和 5.9 万份期刊，其收藏以人文科学文献为主，特别是历史学（包括家谱和族徽）、语言学、文学、法学、政治和地理学文献。巴伐利亚州立图书馆所藏的汉籍资源虽已获得国内学界的关注，但其中的契约文书类文献还未曾在国内出版面世，是海外文献出版中缺失的一部分，也是契约文书整理出版中的缺憾。因此，本书的出版将为学界提供一批新的海外收藏的中国文献资料，也可以将巴伐利亚州立图书馆这一资源库介绍给更多学者。我们在此拟对其进行初步的民俗学研究，抛砖引玉，希望引起学界对这批文书的关注。

BSB 契约文书不仅在数量上具有一定规模，同时还具有时间跨度长、分布地区广的特点。年代上从明朝后期（万历和崇祯）开始，较为集中于晚清至民国之间。本册文书中，最早的一份文书产生年代为万历八年（1580），最晚一份文书则至 1968 年，其中包括 2 份明朝契约、162 份清朝契约、71 份民国契约和 29 份中华人民共和国成立初期的契约。其中清朝契约又集中于道光至宣统年间，包括 24 份道光年间契约、11 份咸丰年间契约、14 份同治年间契约、69 份光绪年间契约及 17 份宣统年间契约。时值战争多发、百姓流离、社会变动之际，土地产权的流转也更为频繁。地域上以山西省为主，旁涉河北、辽宁、山东、河南、重庆等多个地区。[①] 地域较为集中的有山西省的 148 份契约（包括孝义县 62 份、文水县 17 份）及重庆巴县教堂的 28 份契约，其余契约散落分布于河北省（31 份）、山东省（8 份）、北京市（5 份）、辽宁省（3 份）、河南省（4 份）、安徽省（1 份）、江西省（1 份）、吉林省（1 份）、福建省（1 份）等多个省市下属的不同乡镇。文书的产生地集中于华北三省与重庆市，地域间跨度大的同时也存在分布零散的问题，后续研究中需要注意其与各地区现存契约之间的联系。

整体而言，BSB 契约文书能够反映出中国民间契约文书的基本特点。多数契约上有买主、卖主、村长、中人和代笔人等按手印、盖姓名章，同时盖有官印、骑缝章，贴有税票，显示出这批契约作为法律文书具有稳定的行文格式，形式

---

① 本处所用数据仅包括能够准确转换为现代行政区划的 230 份契约文书数据，部分原生区域如"热河""元村"等，由于信息不全，在此不做转换。

上大致相同。民间文书特别是土地契约文书，本来就是一个官方介入较多的部分，但从其制作者、制作过程，到发挥作用的场合，保存者、保存理念，一般是私人的，同时正因为是私人的，才具有了独特的价值和意义。前述鲁南红山峪村的地契绝大多数为白契，文字和中人见证共同加持使得文书即使不加盖官印也能在村落共同体内具有效力，从其行文格式大体保持一致也能看出这一点。一般而言，涉及土地交易的契约如果不加盖官印，相当于私立契约，土地受让人就不用缴纳契税，但相应地其土地所有权也得不到官方的保护，这样就显示出白契在村落共同体内部的特殊效用。而BSB契约文书基本都是红契，其上加盖官印，染上了非常浓重的官方色彩。契约文书这种产生与应用于民间而同时又有官方力量在其中参与、维护的特点，充分体现出中国传统社会的礼俗互动与官民关系。

BSB契约文书与官方联系的密切，及其形式上的大体一致也掩盖了民众的个性化表达，导致其民俗学价值长久以来较少受到重视。民间历史文献对于民俗学研究具有特殊价值，是承载民众生活的第一手资料。BSB契约文书不仅记录了民众日常生活中的买卖、典当、租赁、婚姻、分家等行为，同时也具有显著的地理特征，例如"偏城村高氏文书"中多次出现的买卖标的物"厦窑"①"破窑"②及地名"梨树沟"③"盆盆沟"④等，本身就透露出黄土高原特有的沟壑纵横、梁峁起伏、以窑洞为主要居住方式的特点。此外，各地文书都有大量套话的运用，它们既是研究民间语言风格和蕴含于其中的求吉心理的新材料，同时也反映了民众对土地的观念。而与官方联系密切的特点使得我们可以了解到本批契约文书签订的具体时间，若与当时社会发生的历史事件相联系，定能一窥特定的历史事件对当时民众生活造成的影响。

契约文书从立契习俗本身来讲与民俗学的关系非常密切，这一点毋庸置疑。例如一套由巴伐利亚州立图书馆命名为《重庆真原堂文书（1900）》⑤的契约，记载了巴县法国天主教真原堂、体心堂、苏格兰圣经会及教会学校启明学校的买房置地过程。民国年间，传教士在内地大量购买田土房宅，用以出佃吃租、建造教堂、兴办学校刊物。购买过程中存在有强买强卖的情形，甚至引发民众的抗议。

---

① 《同治十一年（1872）山西省孝义县蔚继先卖房契》（第356页）。
② 《民国七年（1918）山西省孝义县赵喻卖破窑契》（第240页）。
③ 《道光十九年（1839）山西省孝义县高杨氏卖地契》（第198页）。
④ 《光绪四年（1878）山西省孝义县张立柱卖地契》（第218页）。
⑤ 其中共计28份契约，买卖人既有外国传教士、教堂，也有巴县当地村民，时间跨度从嘉庆八年（1803）到民国二十八年（1939）。

部分契约格式也与民间普通的土地交易有所不同，但程序已经趋于正规，有完整的交易流程，并经过官方的验证。部分文书在立契上结合中西格式，颇具特色。所谓正规，不止是交易流程，更主要的是入乡随俗，要遵循中国民间买田立契的一般要求①，才能获得受认可的土地所有权。②

我们还应当注意，从民俗学的角度来研究契约文书时，首先关注到的一个问题应该是"谁"，即契约文书中"民"的问题。立契习俗是表现在所有参与到契约活动的个体身上的，考察契约之"民"，应该从契约文本中出现的参与者角度来进行。个体生活世界中为何立契，如何立契，立契行为呈现出怎样的特点，应该是民俗学所关注的重要内容。

我们曾经看过分家文书60余件③，所涉年代从清代乾隆、道光、咸丰、宣统、光绪至民国。从这些文书中难以找到具体区域，仅约略可知是华北地区（较大可能是胶东）。对其中明确说明的分家原因进行总结，发现理由多种多样，有"叔侄代际关系不睦"，"不愿九世同居而只想分居别兄弟"，儿子与孙子终日"口角而伙居不便"，"世乱分居"，"家务繁杂难以料理"，"三子不能同居"，（隔代）"伙居不便"，"四子不和不能同居"，"与其父及子同居不便"，"叔侄不能同居"，（婆媳）"言语不和"，"因人心不古分居各爨"，"年将七旬，不爱操心费力"等十几种明确的表述。分家的原因，并未像鲁南红山峪村的地契一样，为卖地寻求合法、正当、体面的理由（如"因正用不足"）④，而是直接说明分家就是因为同居不便或矛盾纷争而无法同居，甚至矛盾纷争的原因不是婆媳不和，而是兄弟之间、父子之间的不睦。常见的分家情形在兄弟之间，而这里可见分家除了兄弟之间以外，还有父子（叔侄）两代，甚至祖父、父亲、儿子三代人分家。这都说明在该区域内部，长期以来难以形成大家庭几代人同居共爨的传统，同代人或两代人、三代人之间的分家非常常见。

但人们的家族观念又并非淡薄，而是体现在不同方面，例如一份文书内载父辈兄弟四人析居之时感念同胞之情，其中老大老二兄弟没有分家，老大去世后，

---

① 在真原堂与巴县百姓订立的卖地契中仍然依照巴县立契习俗写有"移神出火""移神下圌"等套语，代指搬家等一系列交房后的手续。这些具有中国民间信仰风格的套话也并未因买主是天主教传教士而抹去不写。

② 对BSB契约文书中这批特殊的契约文书，我们另有专文结合地方文献予以研究。在下文有关契约参与者的社会身份一节中，因教会与传教士身份为立契主体中极为特殊的一类，所以在该节中不再专门提及。

③ 这60余份分家文书原件现藏于山东建筑大学地契博物馆，由姜波教授收藏、整理。

④ 刁统菊：《对红山峪村16张地契的民俗学解读》，载《民俗研究》2005年第3期。

其子跟二叔同居几年，后二叔去世，叔兄弟二人"恐世远年延，后人同室操戈"，才又请族人见证分家。此外，几乎所有的分家文书都有"特邀族长众人"或"请凭族姓亲友"字样，作证的中人也常由族长担任。这些字样与民俗学田野作业一起，共同表明1949年前后的分家习俗差别较大。1949年以前，分家涉及分宅、分地、分养老责任，有族长、亲友（舅舅）参与①，彼时家族对财产分割尚有较大的影响力；1949年以后，土地并不在分家资财范围之内，分家时间也逐渐提前，当下甚至提前到订婚之时或婚礼举办后②，分家的见证人也包括了民间精英（大多是基层政府干部），舅舅在主持财产分割问题上的权威也日渐削弱。通过对不同时期分家文书进行研究，再辅以对当代分家习俗的田野考察，可以将分家习俗在地方社会的演变脉络清晰地勾画出来，同时也能够发现其他的问题。

  这些分家文书还体现了人们把文书作为证据的观念。比如，在契约的遵守上，违反契约者会"以不孝论罪"，而不孝被民间视为大罪。另有民国十七年（1928）正月二十六日所立分家文书一份，表明兄弟本已"分炊各度，当时未立分书，延至今日，兄弟各念分书未立，恐有后患，遂邀同族众亲友共议，将前各人应分房宅、地土、器具同东西，立分书，各人收存，以为后日之执，恐后无凭，立分书存证"。兄弟之间分家析产和异姓之间进行土地交易一样，都需要契约立证，这可能是受到中国很长时间内就有的"敬惜字纸"传统的影响，也反映了中国普通民众务实的生活观念和态度。

  倘若民间文书能有明确的区域、村落、家庭归属，那所获必将更多。2000年的国际徽学研讨会上，刘伯山提出了"归户"概念，后来又经王国键阐发，将归户之户由家庭扩大至"归族、归会、归社"，也就是一个家族或一个团体。③民间文书倘若有归户性，其个案价值就大大增强了。2020年8月，刘伯山又对"归户性"这一概念进行了较为详细的阐述。他认为："中国传统社会是以'家'为基本单位的，发而成族，聚而为村，邻而为乡。它们之间尽管是相互关联的，但对每一级层次的存在来说，却还是自我相对独立的，有自己的主体性，与外相别，于内自洽。这实际也就是民间文书档案之所以具有归户性的内在根据。""遵循

---

  ① 例如，费孝通先生曾经谈到舅舅在姐妹之子的取名、结婚和分家等事宜上具有重大作用。参见费孝通：《江村农民生活及其变迁》，敦煌文艺出版社，1997年，第70页。
  ② 刁统菊2008年在山西洪洞的田野作业证明了这一点。参见刁统菊：《华北乡村社会姻亲关系研究》，中国社会科学出版社，2016年，第161—162页。
  ③ 刘伯山：《"伯山书屋"藏徽州文书简介》，2000年国际徽学研讨会交流论文，转引自王国键：《徽州文书档案与中国新史学》，载《徽学》2002年第0期。

有用性原则所留存下来的文书都与或曾经与文书主人的生产、生活、社会交往、情感世界等紧密相关，同属一个主体，彼此之间也相互关联，由之构成了一个连续性的整体，体现出一种内在的归属性。"这种归属性，刘伯山命名为归户性。归户性也是民间文书档案的基本属性，凡是出自同一主体的归户文书，至少具有以下四个特点：其一，在归属上出自同一主体，具有绝对的同户性，"户"的概念较为宽泛，大凡一个家庭、一个家族、一个群体、一个组织、一个区域等，都可以称为"户"；其二，在数量上，份数大于1；其三，在年份上，具有一定的时间跨度；其四，在总体特征上，具有内在的整体性，即归户文书实际上是一个整体，其所包括的文书在空间上相互关联，在时间上连续相承，整体与部分之间、部分与部分之间均不可任意分离。①

例如《土地拥有、流动与家庭的土著化——对鲁南红山峪村37张地契的介绍与初步解读》一文指出，正因为37张地契能够确定来自红山峪村周氏家族内部，我们才能发现该家族如何在数十年间不断购买土地，才能了解到当地土地交易并没有实现土地市场化，也没有出现土地集中于家族的趋势。家族和姻亲关系是外来者进入村落的较佳途径，但在红山峪村土著化的实现却是以家庭为单位，这样做的结果是减缓了家族的土著化进程。②宗族文化是民俗学的重要研究对象，契约文书帮助我们了解到一个人的迁移、成家、落户，最后"成一大家子人家"的过程。

清水江文书之所以能促进契约文书研究、社会史研究，也在于其"更具有归户性、系统性、完整性的特征，非其他同类文献只有时间前后顺序，缺乏空间组合所能比肩"③。根据张新民的研究，"清水江文书是指明末清初以来长期积累而成并能反映贵州东南部与周边地区社会生活、历史面貌的原始契约文献及其他相关文书……据初步统计，自清初迄民国，清水江文书总数可能高达20万件。在一条贯通黔湘两省的河流沿岸的多个县区发现如此众多的地方文献，即便将其置于中国文献史长时段视域进行观察，也是极为罕见的学术文化大事"④。

---

① 刘伯山：《民间文书档案的归户性》，载《光明日报》2020年8月8日。
② 刁统菊、田传江：《土地拥有、流动与家庭的土著化：对鲁南红山峪村37张地契的介绍与初步解读》，载《中国农业大学学报》（社会科学版）2009年第3期。
③ 张新民：《清水江文书的整理利用与清水江学科的建立——从〈清水江文书集成考释〉的编纂整理谈起》，载《贵州民族研究》2010年第5期。
④ 张新民：《清水江文书的整理利用与清水江学科的建立——从〈清水江文书集成考释〉的编纂整理谈起》，载《贵州民族研究》2010年第5期。

归户这一特点的提出还对民间文书数据库的建设有重要的指导意义。例如，在《客家珍稀文书丛刊》①的编辑过程中，曹树基就创造性地设立了"采用地名与人名勾连，从手工勾连过渡到数据库勾连"的方法。"具言之，《丛刊》将契约中的所有人名、地名、亲属关系、交易关系以及特殊用词制成数据库，通过编制程序，进行勾连，将其中有关的契约联系在一起。然后，以归户或归群为目标，依据以下五个具体原则——不同契中出现同一人或同一个先祖者；同字辈，至少要有两个字辈相同，且时间相近；县名、都名、村名及其他小地名相同或有关；契约书写格式及特殊用语相同；纸色与褶痕相近或相同——进行细分。"②这一方法不是将数据库作为对外展示资料的平台，而是作为解决文书归户问题的方法和工具，这一方法立足于其团队多年的工作经验，值得学界学习。

值得一提的是，BSB契约文书具有非常显著的归户性，其中的文书多数都不是散件，研究者可以从中发现文书主体之间的关系、时价、契约产生的地点与相关背景，许多信息是可以共用并搭成一个内容足够丰富的信息网的。正如刘伯山对"归户性"的界定，"大凡一个家庭、一个家族、一个群体、一个组织、一个区域等，都可以称为'户'"③，这批文书多数不仅可以具体到村落乃至家族，如作为本库归户性文书中数量最多的"山西省孝义县偏城村高氏文书"，均为高氏一族买卖土地所形成。事实上，我们也是在归户性原则的指导下，提取了山西省孝义县王氏契约、文水县北张家庄乡李氏契约、偏城村高氏契约及巴县教堂契约等四组具有归户性的文书，并补充其归户信息。例如山西省偏城村高氏契约在数据库中的编号为CT-DE-BSB-208至CT-DE-BSB-249，共有42份契约④，包括39份买卖田房契约、2份典当契约与1份转让土地契约，时间上分布在道光十三年（1833）至民国二十八年（1939）。王艺璇在写作其硕士学位论文《德国巴伐利亚州立图书馆藏中国契约文书研究》⑤时，联系到了高氏后人，并开展了田野调查，从而获取了偏城村与高氏族人的信息，最后形成"山西省孝义县偏城村高氏文书"的主体，包括从高登至高锦春的五代人这样一份

---

① 曹树基、陈支平：《客家珍稀文书丛刊》（第1辑），广东人民出版社，2019年。
② 参见《客家研究新起点：〈客家珍稀文书丛刊〉出版》，https://www.sohu.com/a/333372281_260616。
③ 刘伯山：《民间文书档案的归户性》，载《光明日报》2020年8月8日。
④ 在巴伐利亚州立图书馆的原始数据中，这42份契约同属典藏号为Cod. sin. 2983- Cod. sin. 2985的《文书高氏》。
⑤ 王艺璇：《德国巴伐利亚州立图书馆藏中国契约文书研究》，中山大学硕士学位论文，2020年。

归户信息。

山西省孝义县 60 份地契，山西省文水县 16 份地契及巴县（今重庆）28 份地契在地域和时间上都具有明显的集中性，对其立契时间、地点和双方当事人的身份进行考证，对可证明为一户的文书统一分析，充分挖掘出这些契约之间的联系，可以减少无形的信息流失。我们与德国巴伐利亚州立图书馆馆方的交流，也有助于追溯这批契约的流传过程，以完善文献信息的完整度。除对 BSB 契约文书进行文献整理与研究以外，我们还采用民俗学的田野作业方法。在归户研究的基础上，我们锁定了产生于山西省孝义市偏城村的一套"高氏文书"，共有 42 份土地契约文书。我们在互联网博客上联系了偏城村村民张 FX（现居太原市），了解到原偏城村由于开采煤矿的需要，现已整体搬迁至孝义市内偏城新苑小区。原村搬迁导致错失了许多原生环境的信息，但仍通过张 FX 联系到了现居村中的张 FQ 与高 CY（高氏后人），在村中收集到了张氏契约、高氏族谱与内部刊印的《偏城村志》，并进行了个体访谈。这些访谈与地方志、族谱的搜集绝非可有可无，比如，我们都知晓契约对立契双方非常重要，但田野作业中的口述资料和文献资料让我们更深刻地了解了立契行为本身作为一种相沿成习的民间传统对地方社会的意义。如在偏城村村民的口述和《偏城村志》的记载中，我们搜集到了"出契约"事件（见下文），这是一个处于传统立契习惯和当代土地政策之间的特殊阶段的代表事件，反映了立契行为对于当地村民的重要性。

三、契约参与者的社会身份

（一）交易契约中立契主体的身份

一份交易契约[①]的订立过程至少包括立契方、对应方、中人等三种参与者。立契主体为交易双方，在他们的意愿下支配财产的流动，中人作为第三方担任说合人与见证者的角色。当我们将这些参与者置于社会网络中来观察，需要明确这些人物在特定的经济活动或民俗活动中的立场、角色、所充当角色的功能等，编者将其合称为契约中的社会身份。这些身份中，有以个人或亲属组合名义，也有以祠堂、宗族分支、教堂等名义来参与交易的情况。

---

① 此处的交易契约包括买卖、典当、租赁、交换等涉及交易产权活动的契约，不包括分家契。

1. 交易契约中的男性家主

在传统的以家为最小单位的父系社会中，同居共财是最为常见的现象[①]，一块土地以个人的名义做出交易，实际上是家庭成员共同所有的。而立契的主体，即交易的买卖双方往往是在内对家中财务独具管理权，在外又可以代表所有家庭成员签订契约的家主，即家父。《宋刑·户婚》中规定有"诸家长在，而子孙弟侄等不得辄以奴婢、六畜、田宅及余财物私自质举，及卖田宅。其有质举卖者，皆得本司文牒，然后听之。若不相本问，违而辄与及买者，物即还主，钱没不追"[②]。只要家长在世，其他家庭成员不得逾越至高无上的父权处理土地田宅等财物。

但在实际的契约订立过程中，也存在有多人共同行使支配权的情况。BSB契约文书中，《民国十九年（1930）山西省孝义县高世泗同子卖地契》（第254页）中的立契人为"立卖地契核桃树约人高世泗同子锦元、锦照"，此处出现了高氏父子三人合售。父亲高世泗在BSB契约文书中的活动时间大致在光绪末年（该契约签订的20年前），其子高锦元的出现时间在民国十七年（1928）至民国二十二年（1933），但在其他契约中，仅能看到锦元作为中人或四邻参与，并未作为独立主体参与买卖土地。这种父子三人共同作为立契人的情况可能是由于家主年事已高，无法独立行使支配权，但由于父亲尚在，儿子即使成年也无法分家析产或独立出面交易土地，只能以这种共同卖地的形式来表示三人均知情且认可这份契约。

当男性家主去世，儿子年幼时，也有可能是家主的兄弟来共同行使支配权。如《光绪二十七年（1901）重庆陈骏亭等卖房契》（第486页）中，契首为"立出杜卖全院、坐宅、楼房、瓦屋、砖墙、地基、瓦木石工文契人陈骏亭同嫂陈唐氏并侄陈伯尊、陈善堂"，契末写明银钱收受方也为陈骏亭以及嫂侄。《民国二十二年（1933）山西省孝义县霍万亨同侄子（霍）子英卖地契》（第268页）《宣统元年（1909）山西省任希孟同侄子卖房契》（第396页）也是如此。由于兄长去世之前兄弟并未分家，此后处理家产时只能由遗孀或儿子代理，签订契约时与普通的兄弟合卖契约并无不同。

2. 交易契约中的女性立契人

在明清契约中，偶尔也会出现女性的参与，其中大多数是寡妻（寡母）的身

---

① 参见徐扬杰：《中国家族制度史》，武汉大学出版社，2012年。
② ［宋］窦仪等撰：《宋刑统》，吴翊如点校，中华书局，1984年，第205页。

份。①BSB 契约文书中共出现了 22 份以女性为立契人的契约，现列出这些契文中的立契人与共同立契人名表。②

表 2　BSB 契约文书中的女性立契人

契约	女性	共同立契人
乾隆二十八年（1763）山西省汾阳县陈中明卖地契、嘉庆十八年（1813）汾阳县任刘氏卖地尾契	任刘氏	无
嘉庆十六年（1811）山西省孝义县张兴、张王氏卖地契	张王氏	张兴
道光十六年（1836）山西省五台县郑福□卖地契、宣统元年（1909）山西省五台县梁氏母子卖地契	母	梁□□、梁□□、梁□□（子）
咸丰元年（1851）山西省孝义县王玉龙妻武氏卖地契	王玉龙妻武氏	同家族王继甲
咸丰四年（1854）苗沟村陆正鸾卖地契、某年郭门田氏卖地契	陆正鸾；郭门田氏	同男（陆）汉富；同族长等郭恩澍
光绪年间山西省党庄焦张氏卖地契（二亩地）	焦张氏	无
光绪年间山西省党庄焦张氏卖地契（六亩地）	焦张氏	无
光绪三年（1877）山西省文水县李浩同母卖房契	母	李浩（子）
光绪四年（1878）山西省孝义县张氏同男(高)世年卖地契	张氏	同男世年
光绪四年（1878）山西省孝义县高张氏同子高世年卖地契	高张氏	同子高世年
光绪十二年（1886）山西省崞县张氏母子卖房契	张氏	张□□、张二□（子）
光绪十五年（1889）山西省崞县张氏母子卖房契	张氏	张世、张和（子）
光绪二十七年（1901）重庆陈骏亭卖房契	嫂陈唐氏	陈骏亭（叔）、陈伯尊（子）、陈善堂（子）
光绪二十九年（1903）山西省文水县李浩同母卖房契	母	李浩（子）
光绪三十年（1904）重庆曾李氏同子卖房契	曾李氏	同男朗权

① 阿风：《明清时代妇女的地位与权利——以明清契约文书、诉讼档案为中心》，社会科学文献出版社，2009 年，第 89 页。
② 民国王恺豫在《大众契约程式》中使用了"率同语"这一概念，指"置于首行立据人姓名之下""示连带负责""大率用于共有之产"的立契连署人（参见王恺豫编著：《大众契约程式》，大众书局，1936 年，第 10—11 页）。基于这一概念，结合 BSB 契约文书的情况，编者在此使用了"共同立契人"，其范围稍大于"率同语"，指在立契过程中所有与女性共同享有财产支配权的参与人，包括在契文首行与立契人落款处共同署名的参与人。

续表2

契约	女性	共同立契人
光绪三十一年（1905）山西省灵石县闫芝英转让典地契	闫芝英	同婶母李氏
宣统三年（1911）元村苏门张氏卖地契	苏门张氏	苏汝林（子）
宣统三年（1911）重庆曾蒋氏、曾唐氏请中契	曾蒋氏、曾唐氏	同子少之
宣统三年（1911）重庆曾唐氏卖房契	曾唐氏	同子韶[少]之
民国七年（1918）山东省宫郭氏卖地契	宫郭氏	无
民国十五年（1926）山西省孝义县王氏母子卖地契	王门王氏	王广聚（子）
1953年河北省深县徐□氏卖房契	徐□氏	率女徐二□

在这22份契约中，4份为独立的立契人，其余皆为共同立契人之一。女性作为主体时，很少会出现正式的名字，而是以"郭门田氏""任刘氏""王玉龙妻武氏"等表明已婚身份及夫家姓氏的署名。这些共同立契人的关系包括同子、同女、同婶母、同族长、同丈夫等多种情况，以同男性亲属居多。

《宣统三年（1911）元村苏门张氏卖地契》（第540页）记载了"苏门张氏因子苏汝林逃外，良[粮]钱不足"，将一段八亩的田地立死契卖给张起茂。落款处为中人苏开有、书人郑焕云、其子苏汝林画押。在已知苏汝林逃往外地、不在家中的情况下，仍是以苏汝林的名义落款，由母亲代押。由此看出，女性在契约订立的过程中，所充当的还是替代未到场的男性（家主）的身份，与男性家长说一不二、唯一决策者的形象不同，并非真正拥有支配权。

由上，我们可以得知BSB契约文书中女性参与土地买卖活动一般有以下特点：女性已婚，是家庭生活中的一份子；独立立契的情况很少出现，缺少完整的支配权；在丈夫无力行使家长权，且儿子年幼的情况下，多与其夫家男性亲属共同立契。

3. 交易契约中的宗族关系

《道光二十五年（1845）丁氏祠堂卖水田契》（第526页）记载有"立卖水田约人丁氏祠堂，秋季开消[销]少费，管年人质夫、章甫克、千式卓等同作商议，出卖坐落杨家陇水田一丘……先尽原业无人承买，复问到本族明能为业……质夫亲笔"，契约最后无立契人签字，仅三位中人签名。这是一份由三位管年人共同商议后决定以祠堂的名义卖出族产水田，最后由本族人买到的契约。在乡间社会，族田是宗族共有的土地，包括义田、祭田、学田等，用于救济、祭祀、供学等，在经济上维系和支持着宗族的存在。①"祠中祭田、房租，俱付管年人收掌"②，且"公议管年人只许四人，俱宜择其廉能端正者轮流管理，如更换有贪污者，与前管年人是问"③，各房受田分管或轮流择人④共担管理、协商决议，通过严格的限制保证公产不被私用，侵吞、私卖族产甚至在清朝被纳入了律则。⑤从这份契约上来看，三位管年人之中也存在有地位差别，虽然契纸无落款，但在正文末尾小字写有"质夫亲笔"，应是以他为首，类似法人性质，可以对这次交易负责。

另一种存在宗族关系的情况是，当立契人秉持宗族分支——堂，这一身份的时候，不管是否以个人名义签下契约，土地所有权仍有可能归于宗族分支名下。堂原指宽敞、明亮的正厅，常以匾额上书堂号挂在屋宅横额处，后又有不少书斋、商铺、药房以"××堂"命名。而在民间姓氏文化中，堂号则是一个家族支脉公用的符号标志，"它由最初的家族堂屋、祠堂的名号扩大为用于家族一切公众物事、建筑物及家族个体的生活器具"⑥，作用逐渐延展，成了集中居于某一处或相近几处厅堂宅院之中的同姓族人的共同徽记。⑦堂号还反映着乡民对本支后人的训导和期望，具有儒家伦理色彩，BSB契约文书中的怀仁堂⑧、忠厚堂⑨、

---

① 麻国庆：《家与中国社会结构》，文物出版社，1999年，第84—85页。
② 杨知勇：《家族主义与中国文化》，云南大学出版社，2000年，第233页。
③ 陈为标主编、京山县陈氏联谱编撰委员编：《江州义门陈氏大成宗谱·京山县联谱》（第1卷），2009年，第204页。
④ 杜正贞：《晚清民国时期的祭田轮值纠纷：从浙江龙泉司法档案看亲属继承制度的演变》，载《近代史研究》2012年第1期。
⑤ 《大清律例》："凡子孙盗卖祖遗祀产，至五十亩者，照投献捏卖祖坟山地例，发边远充军。不及前数及盗卖义田，应照盗卖官田律治罪。"参见张荣铮等点校：《大清律例》，天津古籍出版社，1993年，第208页。
⑥ 王泉根：《中国民间姓氏堂号堂联的文化透视》，载《西南民族学院学报》（哲学社会科学版）1993年第5期。
⑦ 乔志霞编著：《中国古代姓氏》，中国商业出版社，2015年，第71页。
⑧ 《民国七年（1918）山西省孝义县赵喻卖破窑契》（第240页）。
⑨ 《民国二十一年（1932）山西省孝义县偏城村村政事务所卖窑院契》（第260页）。

守约堂①、务本堂②、荣德堂③、明德堂④，这些堂号也频繁出现在其他地区的家族中，有着训勉后代满怀仁义、忠实厚道、诚信务实、品行高尚的意思，反映了传统社会宗族对族众的期望。

在BSB契约文书中出现了6份带有堂号的契约，其中孝义高氏有4份。

材料一：……计村民高浩卿投额最高，依法取得承买权……依投标手续相应拍卖与本村高浩卿，坐列高忠厚堂名下，作为永久产业……⑤

材料二：……因咸近外甥张万魁绝嗣无后，遗粮无人送纳，自光绪四年同官指令纳粮叁拾余年拖累无所底止，今将张万魁所遗……出卖与高锦春名下作为死业占用。……⑥

材料三：……情愿出卖与高怀仁堂名下作为死业居住。……⑦

材料四：……东边下厦窑壹孔，东至高守约堂窑壁，西至院心，南至均至赵还聪窑壁。……⑧

偏城村民国年间出现了三个高氏堂号，分别为忠厚堂、怀仁堂、守约堂。在此，堂号具有两重含义：首先，堂号是特定建筑的名字。如在材料四中，高守约堂是四至界址之一，并有窑壁，可知所指为一栋实体建筑。其次，堂号具有人格化的特点，可以代表买卖方。如在材料二至三中，高锦春（在当时是怀仁堂堂主）与高怀仁堂交替出现。与上文中《道光二十五年（1845）丁氏祠堂卖水田契》（第526页）丁氏祠堂名下族产变动需经多方协商不同，立契时高锦春作为个人与作为怀仁堂堂主的身份区别是很明显的，材料一中资产虽卖于本村高浩卿，但归于高忠厚堂名下，说得也非常清楚。这些都充分显示出个人与堂之间有很明显的区别，个人可以代表堂，但无法超越堂，堂的地位是很清晰、明确的。

（二）分家契约中立契主体的身份

与交易契约中土地由小家庭流向外部不同，在分家契约中，土地在小家

---

① 《民国十九年（1930）山西省孝义县赵还祯卖窑院契》（第252页）。
② 《咸丰四年（1854）苗沟村陆正鸾卖地契、某年郭门田氏卖地契》（第531页）。
③ 《光绪三十一年（1905）山西省文水县李增禄卖地契》（第170页）。
④ 《光绪三十一年（1905）山西省文水县李增禄卖地契》（第170页）。
⑤ 《民国二十一年（1932）山西省孝义县偏城村村政事务所卖窑院契》（第260页）。
⑥ 《民国七年（1918）山西省孝义县赵喻卖破窑契》（第240页）。
⑦ 《民国十七年（1928）山西省孝义县高锦堂卖地契》（第248页）。
⑧ 《民国十九年（1930）山西省孝义县赵还祯卖窑院契》（第252页）。此份契约中高守约堂仅在四至描述中出现，并非作为参与者。

庭内流转，从父辈手中拆分流向子辈。张佩国将这一行为理解为家业与家产两个方向上的活动，"前者主要在父子的纵向传递上，后者主要在兄弟横向分割上，但均有机统一于分家析产的整体过程中"①。从这一角度来看，参与这一立契行为的人应包括长辈、子辈与中人（家长、族人、亲戚、友人、代笔）。在BSB契约文书里，以订立分家契约的主导者为线分类，有2份契约的立契背景是父亲逝世、由母亲主持分家②，另有5份背景为父母俱去、兄弟自行分家③。

1."父逝母在"型分家契约中的母亲

《嘉庆二十三年（1818）山西省文水县李氏兄弟分产契》（第154页）

立分阄人张氏因夫去世，留子三人伯李长春、仲李尚春、叔李福春理宜同居。但恐日久生变，反伤和气。今邀同亲族人等，将先夫所遗田地房屋以及什物器具按三股酌派分清。所有一应债务，并外头生意、日后利害，着长春承应，并不与尚春、福春相干。留身养老地贰拾叁亩，撰三女妆奁银伍拾两，三子娶媳银伍拾两。二宗拆地和当坟地伍亩贰分伍厘，坟把子地壹亩伍分。事出公论，各宜遵守，永不许反悔。恐后无凭，立分阄存照。

计开

李长春分到：东院一所，往南行道五尺，通至大街，三人系伙。院内西南角与楼院苗涸基一块方员［圆］柒尺。场内南截东边地基一块，东至车行路，西北俱至李尚春，南至大道，长壹拾捌步贰尺，阔伍步零陆寸陆分。北截场基壹块，北至大道，南至李福春，东至髋伯父，西至李怀新，南北壹拾叁步壹尺，东西壹拾肆步叁尺伍寸，往南行本路壹丈，通至场边。一切房木长春收管。

计分到地亩

斜畛地陆亩捌分伍厘 阎家坟地□亩柒分捌厘伍毫 坟把子地肆亩叁分夹板地陆亩伍分 二官道南地叁亩

计粮一石八斗八升六合八勺六抄七乍八圭一粒二粟 又计房基场基粮壹斗贰升

---

① 张佩国：《近代江南乡村地权的历史人类学研究》，上海人民出版社，2002年，第154页。
② 《山西省孟氏兄弟分家契》（第586页）《嘉庆二十三年（1818）山西省文水县李氏兄弟分产契》（第154页）。
③ 《民国六年（1917）张进财分家契》（第584页）《贺氏叔侄分家契》（第589页）《道光二十二年（1842）山西省文水县李氏兄弟分家契》（第156页）《嘉庆二十年（1815）山西省崞县张其志卖房契》（第322页）《光绪二年（1876）山西省文水县李氏兄弟分地契》（第162页）。

零伍勺柒抄叁乍捌圭，发与尚春、福春良［粮］贰合 合同（半书）

嘉庆二十三年十二月初三日 立 一样三张 其一 李长春收执

计开

养老地 庙后地肆亩柒分叁厘壹毫 顺道东地壹拾壹亩 官道南地叁亩柒分 陈家地叁亩贰分

计粮一石五斗八升七合三勺三抄三乍三圭一立［粒］）二粟

在中人 李毓黉（押）

刘体仁 书

张作义（押）

张宣化（押）

张作肃（押）

李秀章（押）

李毓需（押）

《山西省孟氏兄弟分家契》（第586页）

立分炊产文约人孟启敏、孟启宽、孟启恭、孟启信、孟启□同胞弟兄五人同老母再三商议，剩下弟兄们俱能自主过度，对于一切生活照能保存。兹将自己所有房屋土地以及农俱［具］、一切牲畜等，分别清楚，各自执管。今邀请亲族邻交当场分据。各自保存外，惟老母分到之产或修或变自主协同长子等，皆悉再行办理，活为养赡，百年后以作按葬之需，所剩田房等物□□□分，今有米面食粮以及零星□□□□□□各自执管，惟车门、毛［茅］厕、禾场作为公行公修使用外，恐有碎物等件，商量使用，不得瞒昧。双方情愿，并无异说，嗣后勿论何人不得争论一样。立此分单六张，各执一张，永远保存为证。

兹将各自分到产业田房土地分别开明于后：计开

老母分到砖窑地□亩、南庙两地□亩、南枣园地□亩、罗王庄界地□亩；

南枣园东边柳树一个、牛一头、大小猪三个，本院北门道三间。

启恭分到南枣园地□亩、北黄堆地□亩；

本院南房两间。

启宽分到刘家楼地□亩，西巷地□亩；

本院东卡则北道一间半。

启信分到砖窑地□亩、水圪塔地□亩、南黄堆地□亩；

本院东角房一间。

启敏分到砖窑地□亩，田家圪塔地□亩……园地□亩；

本院东卡则南一间。

启□分到南枣园地□亩、北黄堆地□亩……；

本院西角房一间。

亲谊　郑　□（押）

师光明（押）

钮丙成（押）

族谊　孟邦昌（押）

邻谊　王彭令（押）

武定安（押）

李焕文（押）

从内容来看，这两份文书为寡母独自做主或兄弟与寡母商议下协定的合同。正如分书中所写，长辈尚且在世，兄弟理应同居，但"弟兄们俱能自主过度，对于一切生活照能保存"，即使按常理继续同居，"但恐日久生变，反伤和气"，生活中的摩擦在契约中隐隐现形。在母亲在世的情况下分家，首先需要留出一份长辈所需的"养老产"，"留身养老地贰拾叁亩……计粮一石五斗八升七合三勺三抄三乍三圭一立［粒］二粟"。这份养老地"活为养赡，百年后以作按葬之需"，书写契约时也将母亲的养老地写入相应分书之中。

嘉庆二十三年文水县李氏的这份分单后，又有两份与之相关的分单，分别为道光二十二年与光绪二年（1876）所立，三份文书的参与者关系为：

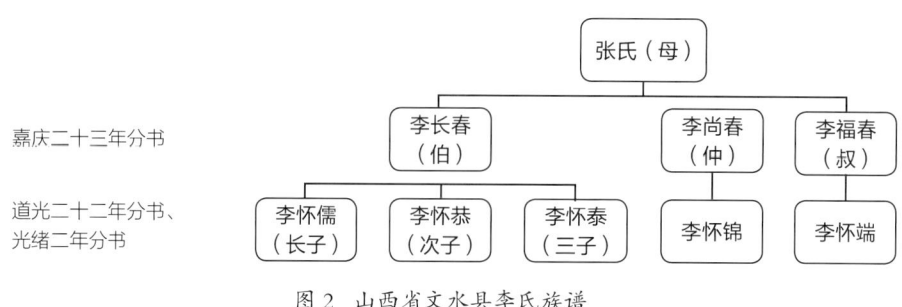

图2　山西省文水县李氏族谱

在光绪二年李怀泰、李怀锦、李怀端所立分产书中，写明"昔日先父弟兄三人分居时，与祖母据留养老地二十三亩。生为□用，死作葬埋之资。……调买坟地共花费钱肆百余吊,此项钱系李怀端之父一人独花,长门、二门未花分文。今同人议定,将坟地内留茔盘二亩,作为公地公用,钱粮长门、三门两家分纳。其余之地二十壹亩,着李怀端永远执业耕种,不与长门、二门相干。李怀端之父所佃葬埋祖母花费钱项,亦永远不用长门、二门摊分"①。从两份契约的记载来看,最初分家时,赡养母亲的义务和留给母亲的养老资产一并划给了长子李长春,但在母亲逝世时,由于原有的养老地风水不合适,三子李福春独自出资另外购置了一块坟地用于丧葬。所以又于光绪二年,重新拆分养老地,划给李怀端(李福春之子)家耕种。可见这块土地虽然在初次分产时暂时留给了子辈,以尽赡养义务,但最终还是会按照对老人后事的花费,按照谁购买谁受益的原则流向对应的孙辈。

2. "父母均逝"型分家契约中的子辈

分家契中的子辈以兄弟关系居多,也存在因兄长夫妇辞世后"侄年幼,未谙世事,不能另立门户,以致同居到今"的叔侄关系②,在此一并讨论。

子辈之间分产,多是留出不可拆分的部分家产之后进行兄弟均分,反映在契文中即"按四家阄分"③,"将一切产业按时估计,搭配均匀,肥瘦互兼,分作三股"④,"将父所遗之业按三股均分"⑤。在书写分家内容时,又有以"天地人"字号代指三兄弟⑥、"元亨利贞"代指四兄弟、"仁义礼智信"代指五人的习惯,这些用字与民间常用的房分字派是相通的。⑦均分的内容上至耕地、房产、猪圈、坟地,下至车辆、家具、食具,需得一一搭配均匀。

早在敦煌文书中,这一均分制就已普及,天复九年(909)董加盈三兄弟的分书中写有"……共弟怀盈二亭分。除却兄加盈门道,园舍三人亭支"⑧。这里的"亭分""亭支"即为兄弟平均分配。此后也规定有"嫡庶子男,除有官荫袭

---

① 《光绪二年(1876)山西省文水县李氏兄弟分地契》(第162页)。
② 《贺氏叔侄分家契》(第589页)。
③ 《民国六年(1917)张进财分家契》(第584页)。
④ 《贺氏叔侄分家契》(第589页)。
⑤ 《道光二十二年(1842)山西省文水县李氏兄弟分家契》(第156页)。
⑥ 2019年王艺璇在湖南农村收集到的一份分家契中写道:"立分关字人王显相情因所生三子因父年老,难以料理,派为天地人检阄为定。其后任何人不得翻毁。立此分关合约一纸为□。地字号……人字号……天字号……"
⑦ 参见高丙中:《中华文化通志·民间风俗志》,上海人民出版社,1998年,第202—204页。
⑧ 周绍良主编:《全唐文新编》(第4部第4册),吉林文史出版社,2000年,第11461页。

先尽嫡长子孙，其分析家财田产，不问妻、妾、婢生，止以子数均分"①。虽然在实际上由于土地肥瘦不一、房屋朝向不同，很难做到兄弟完全平等，但诸子均分的习惯在一定程度上减小了分家析产时兄弟之间可能产生的矛盾，维护了大家庭内的相对稳定。

而在诸子之外，还有几乎是"隐匿"了的女儿。BSB契约文书中仅有一份《嘉庆二十三年（1818）山西省文水县李氏兄弟分产契》（第154页）提及女儿的财产分配，"留身养老地贰拾叁亩，撺三女妆奁银五十两，三子娶媳银五十两"，在诸子均分之前，先留出母亲养老、女儿嫁妆与儿子彩礼。可见在立契之时，家中还有未嫁娶的子女，且为子女所留的妆奁银与娶媳银均为五十两。虽然女子在分家中并无继承田房家业的权利，但母亲还是为女儿留下了一笔嫁妆。

（三）契约文书中的中人身份

在立契双方之间，还有中人这一桥梁。所谓"嫁娶有媒，卖买有保"②，"买业不明，可问中人；娶妻不明，可问媒人"③，中人在习惯法上的活动在民间早已充分制度化，中人角色也贯穿于立契行为始终，所起的作用包括中介作用、证明作用、保证作用、调解和仲裁作用。④中人是熟人社会的物权流转过程中必要的在场者，一般会邀请地方社会颇具名望的人担任，是受到立契双方包括地方社会充分认可的。

在BSB契约文书中，起到以上中人作用、在契文末尾署名落款的包括"中人""见中""在证人""现目""官中""村长""乡长""亲族""同目""四邻""代笔"⑤等。身份称谓不同，担任的实际角色也不尽相同。

在光绪二十五年（1899）重庆邓燡之卖房的过程中，卖主邓燡之先立下了一份"请中文约"⑥，希望将名下部分房产出售，"请凭中人胡希孟、黄相荣、吴雨膏觅主"，并定好价格，"如寻有买主，邓姓不得抬价"。这份请中文约末尾有"在证人"的落款，为"李敬之、刘兴顺、胡光廷、杨近迁（笔）同目"。

---

① 张荣铮点校：《大清律例》，天津古籍出版社，1993年，第201页。
② 〔唐〕长孙无忌：《唐律疏议注译》，甘肃人民出版社，2017年，第133页。
③ 《俗谚（中国谚语总汇·汉族卷）》（中），中国民间文艺出版社，1983年，第153页。
④ 梁治平：《清代习惯法：社会与国家》，中国政法大学出版社，1996年，第120—126页。
⑤ 代笔：代替买主书写契约的人，不需对交易负后续责任，仅作书写者。下文不再细说。
⑥ 《光绪二十五年（1899）重庆邓燡之请中契》（第482页）。

而在寻到买主后正式交易的契约中①，这七位中人都有落款，不同之处在于：卖主请来的前三位是中证，签名后画十字押；后四位作在证人同目。在这一流程中，邓燡之立字据请来的三位中人起到了代理卖主、寻觅买家、撮合交易的作用，以画十字押确认他们在交易现场，并对契约承担有一定的责任。而不需画押的在证人则起到在旁见证、目睹的作用，在巴县文书②中，这种无需负担责任的在证人多时可达十八人，从字迹可以判断他们不需亲笔签名。

在两份粘连在一起的焦氏买地契③中，一份有"同本族焦鹤皋；同说合人焦喜瓜、原德保同证；依口代笔焦永章（押）"，另一份有"同家长焦存益；同本族人焦双瑞、焦和女、焦存益、焦合孩、焦世昌（代笔）"。在此，家长、族人代表的是亲族认可此次交易。传统的土地交易中有"先尽亲房"的习惯，在交易中亲族有优先购买权④，在某些地区甚至有"刁买"的说法，即"如其近族有因外出，或卖主故意不予通知者，虽卖出多日，其近族仍能执原价向买主赎回"⑤。所以此处的同证，不仅为见证，更在于他们知晓这一交易并放弃了亲族优先权，由此增强了交易的稳定性和安全性。⑥

表 3　BSB 分家契约中的中人

契约	契文中的中人	落款中的中人
乾隆五十八年（1793）山西省辽州范元分单		同家长：范有才 同：禹九其
嘉庆二十三年（1818）山西省文水县李氏兄弟分产契	今邀同亲族人等	在中人：李毓馥、刘体仁（书）、张作义、张宣化、张作肃、李秀章、李毓霈
道光十年（1830）山西省辽州范元分单		同：程中良、范安福
道光二十二年（1842）山西省文水县李氏兄弟分家契	今同叔长亲友	在中人：李怀清、李三春、田治恒、刘元震（书）、李尚春

---

① 《光绪二十五年（1899）重庆邓燡之卖房契》（第480页）。
② 《光绪二十三年（1897）重庆宋树廷父子卖房契》（第474页）。
③ 《光绪年间山西省焦士昌卖房契、民国年间山西省焦安根卖地契》（第390页）。
④ 此惯习详见后文。
⑤ 前南京国民政府司法行政部编：《民事习惯调查报告录》（上册），胡旭晟等点校，中国政法大学出版社，2000年，第173页。
⑥ 参见刘云生编：《中国古代契约思想史》，法律出版社，2012年，第110—111页。

续表 3

契约	契文中的中人	落款中的中人
道光二十七年（1847）山西省辽州范兴财、范兴贵分单		同：范兴结、范安良（书） 同家长：范安禄
光绪二年（1876）山西省文水县李氏兄弟分地契	今同人议定	中人：李怀渝、李高年、李思春、李怀元、李怀瑛（书）
民国六年（1917）张进财分家契	共请众人	分说人：邢仁凤、宋绶臣、张希孔 代笔人：宋文一
山西省孟氏兄弟分家契	今邀请亲族邻交当场分据	亲谊：郑□、师光明、钮丙成； 族谊：孟邦昌； 邻谊：王彭令、武定安、李焕文
贺氏叔侄分家契		族：贺椿、贺吉庆 亲戚：杨芝 友：曾志沂 代书人：杨芳沂

分家文书中的中人则集中为亲族与友邻。这两类人是实际生活中与分家者关系最为亲近的，在分家立契的过程中主要起到见证的作用。其中两份的中人身份细分出了族人（族、族谊）、亲戚（亲谊），族谊为父系血缘相近的族亲，亲谊为婚姻关系连接的姻亲。族、亲、友、邻四类关系联系起了一个家庭的伦理社交网，家庭所作出的重大决定也由伦理网络见证参与。

上文提及的几种身份，其人都是普通民众。而"官中""乡长"等身份则更多地意味着官方在立契过程中的参与。BSB契约文书中有3份出现了"官中"，隐约可见其逐渐制度化的过程：清初期雍正十年①，"官中李桐实"与"中人高文吉"同样是手写签字画押；清中期嘉庆九年②，手写"同中见人任先登……任永兴（共五人）"的右边是"官中王发科"的黑色印戳，更加正式；至民国十年③，官方印刷的表格制式买契上，仅印有卖主和官中的落款位，完全取代了原本中人的位置。相比来自民间的中人，官中与政府的关系更为紧密。王正华通过梳理康熙至民国期间的官中现象，认为在清末政府的规范性管理下，官中逐渐"由半官方非正式行政人员转变为国家正式公务人员"，国家的力量也逐渐

---

① 《雍正十年（1732）山西省庆云县范辉祖卖地契、同治年间山东省庆云县范从宽买地尾契》（第430页）。

② 《嘉庆九年（1804）山西省襄垣县王者佑卖地契》（第318页）。

③ 《民国十年（1921）景县宋金堂卖地契》（第542页）。

增强了对乡村基层治理的渗透,而且有时会直接由乡村基层政权人员如乡约、地保等担任官中。① 与之类似的是频频出现在山西契约中的"村长""乡长""闾长""邻长",也同样是以基层行政人员的身份参与立契行为。

四、交易规范与乡土社会

(一)执着的土地产权意识

在中国传统农业社会,人们以土地为经济生活的中心,并将它视为生存之本。可以说,土地是民间生活最重要的私有财产,甚至有学者认为构成中国封建社会历史的正是不断循环的对土地的追求。② 在民间契约中,对土地的执着与牵挂则具体体现在四至套语、对所有物的描述、土地来源合法性等方面。

土地契约中常见"四至分明"这一套语,用于明确标的物的边界。民间家训中有"人有田园山地,界至不可不分明。异居分析之初,置产、典卖之际,尤不可不仔细。人之争讼多由此始"③,官府也明文规定"乞今后人户典卖田产,若契内不开顷亩、间架、四邻所至……并依违法典卖田宅断罪"④。BSB 契约文书中亦有言"若地亩畸零,不止一段,应另书清单,逐段开明四至粘连契纸,由该管县知事盖用印信"⑤。而在乡间的闲话中,谈及土地边界的争诉,原由颇多,有早年卖地时未写清田坎归属,后来被再次索要钱财的⑥;有两家共用的院子墙,被一家独占的⑦;也有由于分产时对门前荒地处置不明,而使几年后两家大打出

---

① 王正华:《晚清民国华北乡村田宅交易中的官中现象》,载《中国经济史研究》2018 年第 1 期。
② 易小明:《系心于土地的徘徊:论中国土地观念的演变》,载《吉首大学学报》(社会科学版)1992 年第 2 期。
③ 〔宋〕袁采:《袁氏世范》,贺恒祯、杨柳注释,天津古籍出版社,1995 年,第 155 页。
④ 〔清〕徐松:《宋会要辑稿》,中华书局,1957 年,食货六一之六六,第 5906 页。
⑤ 《洪宪元年(1916)山西省卖地契》(第 410 页)。
⑥ 访谈人:王艺璇;访谈对象:王 WL(男);访谈时间:2019 年 2 月 1 日;访谈地点:湖南省邵阳市新邵县坪上镇虎寨村王 WL 家中。
⑦ 访谈人:王艺璇;访谈对象:王 WL(男);访谈时间:2019 年 2 月 1 日;访谈地点:湖南省邵阳市新邵县坪上镇虎寨村王 WL 家中。

手的①。"契约以抑制人的'恶性'为逻辑元点"②，契约中对土地界定的重视，来自于民间纷争的经验，目的是限制人性的贪欲。

巴县契约中对于所有物的描述尤其清晰、不计繁琐，"天楼地振、门窗户格、天井海面、条石水井、东厮后园，凡院内花果树木、人工造就、已成未成之物，板壁木梯、泥瓦檐摺、寸木寸石、块砖片瓦、支钉兜土、竹木泥石工等项，一并扫土尽卖，并无摘留丝毫。其有界址，前抵吴姓铺面，以本己墙脚为界；前左抵本房柱碟[磉]石坎脚为界；后抵本己墙脚为界；左抵本己墙脚为界；右抵官街巷为界。四至界畔，公同踩踏分明，并无紊乱夹杂"③。又有"上至青天，下至黄泉，六至俱明，上下土木石相连"④的表述，拓展了"上""下"的空间，可见在产权交易中，流转的不仅是平面的土地，还有以土地为中心的上天下地整个空间。

甚至在1975年搜集的福建平潭县民间故事中，还有员外使计低价买走穷秀才的房屋用来建房，于是秀才动手挖厝地、开基石，搅得员外无法建房的故事。争到衙门才知，在写字据时，秀才偷偷将"下至厝地基石"写作了"下至门窗户扇"，县官判定"厝地和基石是没有卖的，应归原主所有，要挖要撬，听他自便"⑤。传统社会对六至空间的理解，以及以契为准、寸土必争的观念可见一斑。

对于特殊的土地，在买卖时会更加重视对其内容的描述与规定。BSB契约文书中出现了5则对于坟地买卖的描述：

材料一：内有寄埋墓则一个，准其起走。⑥

材料二：计开内有坟地壹块，计地捌分。⑦

材料三：内有除坟场伍分四厘，现在内友[有]坟贰拾肆丁，……不须栽种树木，如有长出小树，长大均归买主。⑧

材料四：郝家坟地壹段，计地捌亩，系南北畛。⑨

---

① 访谈人：王艺璇；访谈对象：翟MH（女）；访谈时间：2019年2月2日；访谈地点：湖南省邵阳市新邵县坪上镇虎寨村王WL家中。
② 刘云生编：《中国古代契约思想史》，法律出版社，2012年，第6页。
③ 《光绪二十三年（1897）重庆宋树廷父子卖房契》（第474页）。
④ 《民国二十年（1931）山西省孝义县张世仁卖地契》（第256页）。
⑤ 平潭县民间文学集成编委会编：《中国民间故事集成·福建卷·平潭县分卷》，1990年，第155页。
⑥ 《民国二十四年（1935）山西省汾阳县李书国田房草契》（第414页）。
⑦ 《光绪八年（1882）山西省忻州南乡郭廷智卖地契》（第362页）。
⑧ 《民国十年（1921）景县宋金堂卖地契》（第542页）。
⑨ 《道光十四年（1834）胡明卖地契》（第524页）。

材料五：原典到原傍上翟家茔地壹段……情愿出转典与[于]马迁喜名下作为典业耕种……典主上约日后墓冢浸塌损坏不与典主相干。①

从契文来看，作为交易物的茔地与狭义上子孙埋葬、祭拜祖先之地有所不同，这里的茔地是泛指坟墓所在地附近一定范围内的地产，可用于耕种，并可以像普通田地一样出典给异姓人士。尽管清代在官方律例条款与民间观念中都对买卖祖先坟地作出了严格的限制甚至是禁止②，但从BSB契约文书来看，涉及坟地买卖的契约并不算少见。

为了在出卖土地的同时可以保护不可擅动的祖先坟墓及维护未来对坟墓的使用权，民间茔地交易中有"除留"（"买地留坟"）的习惯，即材料中所记的"准其起走""不须栽种树木"。如上文所说，民间交易土地时是将地内一切事物一起交给买主，但当地中有坟时，则不能作为一般的附属物一并转出。对坟地的描述主要集中于坟地状况、日后是否还可下葬或迁走。有的卖主还会以坟周围的"风水树"为界址，材料三所卖土地中就含有祖坟二十四座，约定日后卖主自由下葬，并不需栽树为界，土地内如果日后长出小树也一并归于买主，不属于卖主坟地内的"风水树"。

具体到各地而言，清苑县规定为"因贫变买[卖]坟地，有规定仍许卖主葬坟"，黑龙江青冈县则为"许迁不许葬"，山西省黎城县为"无论契约载明否，均应留地半亩，以作祭扫之地"，陕西省雒南县为"如地内非筑台、立坟不可，或确系葬有孤坟"，划出一分或一分数厘以便卖主祭扫。③虽然各地契约对于坟地内所有物的处理不尽相同，但其规定均指向如何处理与原主的产权关系，以避免日后产生纠纷。

对土地产权的重视还表现在对土地来源的合法性的追求上。契文书写中，开篇即要说明土地购自何人或是祖遗之业，并要有原先买入这块土地的契约或分家的单据，即作为卖主要具有该地产权的证明。在交易完成时，一般还要对"上手契"即这块土地上一次交易时所立契约作出处理，有的会写明老契作废④，以保证不会出现日后用上手契影响产权所有的情况。

---

① 《光绪三十一年（1905）山西省灵石县闫芝英转让典地契》（第563页）。
② 参见魏顺光：《清代地权变动中的"卖地留坟"问题研究：侧重于巴县档案的考察》，载《河北法学》2013年第9期。
③ 前南京国民政府司法行政部编：《民事习惯调查报告录》（上册），胡旭晟等点校，中国政法大学出版社，2000年，第18、58、158、380页。
④ 《光绪七年（1881）重庆邓文远卖房契》（第464页）："如有遗漏未揭字据押佃约当约俟后现出以作故纸。"

除了在文书内容中加以说明外,还要在契约上增附原契即标的物卖主所有权契约。BSB 契约文书提及老契但未见的有 7 份,在原契上补立新约的有 2 份,在新契约上贴有原分单的有 2 份,随带粘贴老契的若干。其中,《光绪二十七年(1901)山西省孝义县张立本卖地契》(第 236 页)是一份粘贴于《民国十九年(1930)山西省孝义县高世泗同子卖地契》左边的上手契,记载了一块土地在两个家族和两代人之间流转的经过。

立卖死地文契人张立本情因使用不便,今将自己分到之业,杏树园头沟底核桃树地壹甲、垄头壹块,其地东至风水,西至风水,南至卖主下畔垅根,北至风水沰,四至开明,上下土木石相连,核桃树一应在内。诀人说合,出卖与[于]高世泗名下作业耕种,同中处说,时值价钱壹仟捌伯[佰]文整,其钱当日交清并无短欠。随地认到官粮艮[银]壹分。此系两家情愿,并无翻悔。地内倘有争言搅义,有原业主一面承管,与置业无干。恐口无凭,立卖地契永远为证。

光绪二十七年二月二十二　　　　　　　日立卖地文契人张立本自书　(押)
　　　　　　　　　　　　　　　　　　　　在中人　霍万亨　同证

立卖死地契核桃树约人高世泗同子锦元、锦照情因手中不便,自己买到之业,坐落东西沟核树地一段,其地东至韩姓分水垅根,西至张□恭垅根,南至张立端下畔,北至分水垅根,上下土木石相连,核桃树在内,另有东坡底核桃树一个。同中说合,情愿出卖与[于]族侄高锦春名下作为死业耕种刨伐。时值死价大洋叁拾五元,其洋笔下交清,并无□少分厘,随带原契一张。地内倘有争言搅义,有卖主一面承当,与买主无干。此系情出两愿,并无异说。恐口难凭,立卖死契约为证。

其四至依照原约为凭,认到官粮下。

　　　　　　　　　　　　　　　　　　公证人　村长副(盖章)
　　　　　　　　　　　在中人　赵还桢　高锦玿　赵荫轩代笔　同证
民国十九年九月　　　　立卖死地契核桃树约人高世泗同子锦元　锦照(押)

对比这两份关于核桃地的跨度数十年的契约,可以看到随着时间的流逝,同一块地的四至描述截然不同,可能引起争议,但新契中写明了"四至依照原约为凭",同时也表明这块土地今后同以往一样,需要缴纳官粮银一分。原契的存在一方面可以帮助卖家证明当时的界址划定,另一方面也帮助完成了土地税粮的义务交割,厘清了产权和税务两方面的关系,使得买主可以信任手中的土地是一块产权清楚、纳税数额明晰的合法土地。

以上手契证明土地合法可靠的观念在民间影响颇深,以至于当传统契约逐渐退出时,新的土地所有权的确立在乡间并不是那么顺利。新中国成立后,土地改革使传统的地契失效,土地重新分配给了农民,并发给相应的新式表格制土地所有权证,断开了民间习惯的买卖和继承这两大土地来源。在田野作业中,我们得知了偏城村村民在这一时期的反应:

> 土改前,偏城村的乡绅高锦春占有土地160亩,高锦章占有土地100亩,是偏城村的大户。改革后,他们的土地分给了其他村民,但村民始终觉得因为没有"契约"的凭证,分到的土地不属于自己。
>
> 1951年正月①,村里闹红火②请教练,在没有经费的情况下,有人出谋划策建议德高望重的高锦春、高锦章堂兄弟俩出原有老契,让土改时期无偿分到土地的农户出资,作为村里唱秧歌的费用(同时也购得相应的契约),二人欣然同意。谁成想办好事的同时,却犯了致命的错误,后来被工作队发现,定性"反攻倒算"。1951年4月,不幸成为运动中的"枪靶子",全体村民联保无果含冤而去。③

在"出契约"事件中,村民的反应并非由于土地来源"不合法",而是不合乡土社会的规矩。费孝通认为"在乡土社会中法律是无从发生的……信用并不是对契约的重视,而是发生于对一种行为的规矩熟悉到不假思索时的可靠性"④,虽然封建土地制度已经被打破,但正是由于村民在惯性上依靠手契来确认土地的归属,认为"有契斯有业,失契则失业",并且重视私有权的确立,才与当时的土地政策发生了冲突。

(二)自愿合意的立契前提

缔约双方自愿是传统契约订立的前提条件。"两家情愿,各无返悔"⑤"两

---

① 《偏城村志》中记录为1949年正月,而《高氏族谱》中高锦珩回忆到1949年高锦春曾建议修订家谱,但由于1950年土地改革而搁置。故编者推测村志中记录的这次改革指的是1950年的土改,"出契约"事件发生时间为1951年正月。
② 闹红火又称正月十五闹元宵。据《偏城村志》记载,元宵节要红火热闹三天,摆"三官席",串"黄河阵",是村落生活中非常重要的节日庆典。
③ 《偏城村志》编委会:《偏城村志》,2014年,第194页。访谈人:王艺璇;访谈对象:高CY(男);访谈时间:2019年4月2日;访谈地点:高CY家中。
④ 费孝通:《乡土中国》,人民出版社,2015年,第7页。
⑤ 《光绪二十四年(1898)河北省蔚县赵乌莺卖地契》(第067页)。

家情愿，三面言明，各不返悔"①"心甘意愿，其中并无勒逼"②"此系甘愿意悦，其中并无蓦买蓦卖、逼勒哄套情弊"③等套语几乎在每一份契约中都有出现，官方也在契纸上印有"本县捐给乡地，勒索钱文，业户禀究"④，以规范交易。《大清律例》也禁止在买卖两方未达成一致的情况下非法攫取利益、以高价乱市。⑤

但并非所有情况下的交易都如套语默认的一样，可以用简单的"合意情愿"带过。在实际的契约订立背景中，有时也需要通过争执和协商来达到双方同意。

《咸丰四年（1854）山西省孝义县张光举等人卖地契》（第206页）

立卖执照舍基文约人张光举等，情因始祖遗留破土窑壹孔，山岗之势与平坦不同，窑顶以上村人往来之要路也，年深日以［久］，土窑塌毁无影，将道路损于有碍。高姓住址在于路北，相离壹丈有余，每日往来目不忍视，行人艰难，佣工补筑，以致光举等贫者多疑。先人以遗留之基，塌毁不堪，自不能振理，有愧于心，安忍异姓补修？因止口角起衅，叟［兴］讼在案，未曾堂訉［讯］，经亲友调处劝说，光举等情愿将荒废之基出卖与［于］高登名下为业。任意补修，道路宽广，行走方便，村人欢喜，造桥修路皆为美事。同中处得光举等受价纹银肆两整，各出情愿，并无异说。恐后无凭，立卖约为证。四至开明于后：东至张进仁，西至张从义土埂，南至小路，北至大路，四至分明。

咸丰四年十二月初四日　　　立卖舍基人张光举　张光士　张光□（押）
　　　　在中人　乡地高登柏　钮光□　武有□　刘凤鸣　王文德　霍如星书　同证

这份地契带有显著的黄土高原特点，窑洞修建于山壁，窑顶上方就是村民往来的道路，而张氏由于贫困无力修补破损的土窑，导致村民行走不便。附近的高氏表示愿意出面修补窑洞，却遭遇张氏不愿让异姓外人插手祖业，引起两家争执，甚至报上了官府。最后于咸丰四年(1854)在乡地⑥、亲友的劝解协调之下，两方才得以平息矛盾，同意由张氏以四十两纹银的价格将整个窑洞出卖于高氏。

卖方内部也需提前达成一致的卖地意向。如《宣统三年（1911）重庆曾蒋氏、

---

① 《光绪五年（1879）辽宁省承禧寺租地契》（第424页）。
② 《光绪二十三年（1897）重庆龚严山、龚锡龄卖房契》（第471页）。
③ 《光绪二十三年（1897）重庆宋树廷父子卖房契》（第474页）。
④ 《咸丰八年（1858）山西省孝义县张舒锦卖地契》（第208页）。
⑤ 《大清律例》也规定有"凡买卖诸物，两不和同而把持市，专取其利，及贩鬻之徒，通行牙行，共为奸计，卖物以贱为贵，买物以贵为贱者，杖八十。若见有买卖，在旁高上比价，以相惑乱而取利者，笞四十，若已得利物，计赃，重者准窃盗论，免刺"。参见张荣铮等点校：《大清律例》，天津古籍出版社，1993年，第274页。
⑥ 乡地：乡约、地保的合称，是乡长下一级的地方小吏。

曾唐氏母子请中契》（第504页）：

立订合同请中售分遗业文约人曾蒋氏、曾唐氏同子少之，情因曾蒋氏负债难偿，愿将先年必有分受遗业，地名八块桥，院内小院全向并接，连房屋叁间以及余地基址悉行在内，并无摘留。请中陈华彬、汪宝三等觅主并业合售定议照卖价银叁千两正［整］，四股均派，恁凭少之母子请中合卖，择日立契成交，曾蒋氏不得异言翻悔，亦不得别生枝节。欲后有凭，特订合同请中并业合售文约一纸，各执为据。

　　　　见证　唐元兴　张春元　王提臣　刘鸿卿带［代］笔　同目
各执合同为据（半书）

宣统三年二月念［廿］二日立订合同请中合售房屋文约人曾蒋氏　曾唐氏同子少之（押）

这份请中书的背景是由曾唐氏母子出卖共有的祖遗之房为曾蒋氏抵债，曾蒋氏理亏在先，只得听凭做主，并强调她日后不得反悔。虽未言明，但两位寡妇之间的防备与矛盾跃然纸上。且或许是由于家丑不可外扬，在这笔交易的正式卖契《宣统三年（1911）重庆曾唐氏母子卖房契》（第506页）中，卖地原因又改成了巴县通行的套语"因移窄就宽"，掩盖了曾蒋氏的债务问题。鲁南红山峪村多份地契中，卖主通常也会将卖地原因说成是"因正用不足"[①]，与《宣统三年（1911）重庆曾蒋氏、曾唐氏母子请中契》相比，虽各有套语，但目的是一个，即掩盖不能宣之于口的卖地理由。在买卖的价格上，也是以双方合意为准。现代买地以每平方米价格来计算，明码标价，有成熟的市场机制。传统的立契定价则是由卖家先拟出合适的价格，委托中人去寻找合意的买家或是买卖双方直接商定价格，定价自由，无固定价码，只在中人的协商下三面言明就可将整块土地出售，买卖双方的意愿在定价中起到决定性的作用。

自愿合意一方面体现了民众可以相对自由地支配财产，在是否卖地、与何人交易、定价等几个方面都具有自主选择的空间；另一方面也是交易安全的保证，反映了民众在交易上追求的是法理与情理的可靠，为日后万一出现争议打上"预防针"。"合意"最终要保证的是立契主体各自负责，落字之后不可反悔。换而言之，中国古代契约的"自愿合意"核心并不在于单纯地追求自由与平等，而是"追求契约正义（合心）与社会正义（合法）的内在统一"[②]。所以这种自由自愿与西方契约自由主义所强调的主体人格平等、独立个人意志显然是不同的。正

---

① 刁统菊：《对红山峪村16张地契的民俗学解读》，载《民俗研究》2005年第3期。
② 刘云生编：《中国古代契约思想史》，法律出版社，2012年，第79页。

如杨国桢所认为的，"中国封建社会土地上的共同体所有权是两重的（国家和乡族的），它们和私人所有权的结合，便构成中国式的封建土地所有权"①，虽然个人的支配权利较大，但乡族共同体对立契的影响也是不可忽视的，下文所讨论的亲邻先买制度与交易次序就对立契的自由选择进行了限制。

（三）熟人社会的信用担保

"恐口无凭，立卖契为证"，"如有不实，原［愿］受政府处理"②，订立契约是一次交易完成时的收尾，以契约为信用担保暗含了交易双方共持的诚信原则，这一原则是中国古代契约的灵魂。③唐代吐鲁番契约中常出现"官有政法，人从私契"④的说法，在缺少官方契约法的情况下，民间契约效力的保障核心落在了民间自身的力量上。一方面，儒家道德的诚信教育内化于心，成为契约的准则，家族堂号的取名（如忠厚堂、守约堂）就是提醒后代以诚信为美德和待人接物之准则；另一方面，契约的社会舆论、中人制度与防伪制度形成了外力约束，最终达到诚信的平衡。

费孝通将乡土社会形容为一个"熟悉"的没有陌生人的社会，农民聚村而居，村落之间保持着孤立的圈子。⑤在圈子内的人被土地围于一处，从出生到老死日日相见，彼此知根知底——契约就发生在这样的熟人社会中。按费氏的理解，一个"熟悉"的没有陌生人的社会里，"从时间里、多方面、经常的接触中所发生的亲密的感觉"给生活在其中的人带来了天然的信任，这种信用生发于对一种行为的规矩熟悉到不假思索时的可靠性。⑥诚然，编者在乡间问及是否会有背弃契约的行为时，村民的第一反应往往是否认，认为立了字据就不会反悔。但细问下去，立契之后再三反悔的事情也并非不存在。⑦在实际生活中，契约虽然发生在一个相对封闭的熟人社会，被认真保存、代代相传的契纸却说明这其中仍是一场关于诚信的拉锯。显然，从熟悉里得到的信任，只是契约信

---

① 杨国桢：《明清土地契约文书研究》，人民出版社，1988 年，第 14 页。
② 《民国三十一年（1942）河北涉县李春喜土地补契》（第 090 页）。
③ 乜小红：《中国古代契约发展简史》，中华书局，2017 年，绪论第 3 页。
④ 参见赵晓芳：《从移民到乡里公元——7—8 世纪唐代西州基层社会研究》，甘肃文化出版社，2018 年，第 169 页。
⑤ 费孝通：《乡土中国》，人民出版社，2015 年，第 5—6 页。
⑥ 费孝通：《乡土中国》，人民出版社，2015 年，第 6—7 页。
⑦ 访谈人：王艺璇；访谈对象：高 CY（男）；访谈时间：2019 年 4 月 2 日；访谈地点：山西省孝义市偏城新苑高 CY 家中。

用的一部分,但仍然具有相当的约束力。

在民间的交往中,人们保有简单的交换原则——"我之待你一如你之待我",诚信的平衡一旦被一方打破,对方即会做出对违约者道德上的评判,违约者不一定会被争讼至公堂提审,但一定会遭到乡间舆论的冲击。

在财物上总想占便宜,自己心满意足,不管别人死活的,在当时是占了便宜,得了好处,但谁和他遇事只是一次,日久见人心,最后是众叛亲离。此种人没有至交,连最亲近的人也貌合神离。而善与人交,宁苦自己,不坑别人,久而受人敬之,后辈儿孙往往出人头地,耀祖光宗,乡间评语是:"这是人家先人积下的德。"①

黄光国将"人情""面子"的其中一层含义归为人与人相处的社会规范②,当对道德完整的认可被违约行为打破时,伤害的是人的"道德脸面",也就是"名声"与"面子"。又因为大家同处一个熟人社交圈,农时生活和婚丧嫁娶都需依靠亲戚邻居的帮助,一个别人"看到他背影都怕"③的失信的人,同时失去的还有互助资格,而互助资格在乡土社会中是非常重要的生存保障,这就是熟人社会的舆论环境带来的失信成本。

对道德正义的追求同样体现在中人制度里。一般是由买卖双方邀请彼此都熟悉的、有声望的、说得上话的、辈分高的人作为中人来出面主持交易。这里的中人,实际上是品德高尚的代表,以其"道德完整"获得威望,又以威望来维持秩序。此外,为了更好地维护契约的信用,契纸上还使用了多种多样的防伪手法,包括花码、花押、挽结、戳记等,这些防伪手法的运用使得契约作伪变得困难,且便于进行鉴定,以外在形式维护了契约的信用力。

五、家族观念与土地依赖:交易习俗中的价值选择

(一)以家族为中心的土地占有

前文论及民众的产权意识时,提及了私有财产,但在研究中我们还需注意到,

---

① 访谈人:王艺璇;访谈对象:张FQ(男);访谈时间:2019年4月1日;访谈地点:山西省太原市张FQ家中。
② 黄光国:《人情与面子——中国人的权利游戏》,中国人民大学出版社,2010年,第11页。
③ 访谈人:王艺璇;访谈对象:张FX(男);访谈时间:2019年4月2日;访谈地点:山西省太原市张FX家中。

地契中的私有意识并非西方现代意义上的"私人财产神圣不可侵犯"。实际上，在传统社会人们处理土地产权时，处理权并非是完全属于个体的，还需要考虑家族在其中的影响，这是中国乡土社会结构的特性所致。

一个迁徙的家族进入一个新的村庄时，买地与婚姻是重要的融入当地的手段[①]，在拥有土地、结为姻亲并有后代作为血脉连接后，一个迁徙而来孤独的异姓人才算是落地生根、繁衍生息了。在从外来户成为土著的过程中，民间文书往往是这一过程的见证者。编者通过联系走访山西省吕梁市孝义市兑镇镇偏城村现居老人，找到了《尉屯高氏族谱》[②]，并将高氏文书中的参与人（包括卖地人、买主、中证人等）与族谱进行了对应，以世代为序梳理了高氏族人的土地交易活动。

表4 高氏文书中的世代分布

世代	姓名	参与立契次数	总计
第十世	高登	2	1人；2次
第十一世	高泰成	4	1人；4次
第十二世	高作梅	1	3人；8次
	高作桂	2	
	高作楷	5	
第十三世	高世淑	2	6人；10次
	高世泗	2	
	高世滨	1	
	高世洁	1	
	高世年	2	
	高世源	2	

---

① 刁统菊、田传江：《土地拥有、流动与家庭的土著化：对鲁南红山峪村37张地契的介绍与初步解读》，载《中国农业大学学报》（社会科学版）2009年第3期。

② 《尉屯高氏族谱》发行于2017年3月4日，王艺璇于2019年4月2日在山西孝义市偏城新苑高CY先生家中读到。

续表4

世代	姓名	参与立契次数	总计
第十四世	高锦春	25	11人；50次
	高锦珆	1	
	高锦文	4	
	高锦堂	2	
	高锦江	1	
	高锦荣	3	
	高锦元	5	
	高锦琦	6	
	高锦照	1	
	高锦珆	1	
	高锦秀	1	

偏城村中最早的几家姓氏为"三张五赵韩刘二户"[①]，并无高氏。据《尉屯高氏族谱》记载，"明朝嘉靖中后叶（1550）年间，先祖文俭，率领家人东渡黄河，迁移山西孝义南乡尉屯村。俟三世祖乐，于明朝万历三十五年（1607），迁居孝义偏城村"[②]。本批文书以第十世高登为最首，以第十四世锦字辈族人为末，保存了高登一支五代人的部分土地交易记录。

各个世代参与土地交易的人数上，由第十世的1人发展到第十四世的11人。结合高氏家谱可以看到：首先，家族的基础人口数量在不断扩大，家族参与土地交易的人数也在不断增加；其次，从每一代人交易的次数上来看，由2次提高到50次，高氏族人在偏城村的土地交易中扮演的角色显然越来越重要。我们借高氏的土地交易活动粗窥到了高登一支在定居之后，伴随着不断增加的土地占有量和越来越频繁的土地交易活动（参与交易的方式包括买入、卖出与中见），逐渐在偏城村开枝散叶，成为村中望族的过程，最终，以锦春、锦文、锦章为主的一代成为了村中颇具名望的大户[③]，走完了一个家族积累发家的路程。

[①] 《偏城村志》编委会：《偏城村志》，2014年，第1—2页。

[②] 《尉屯高氏族谱》，2017年，第255页。

[③] 据村志记载，民国元年至二十五年（1912—1936）村中土地兼并逐年加剧。时偏城村高锦春占有土地160亩，是偏城村的第一大户。高锦文占有土地100亩，高锦章占有土地100亩。

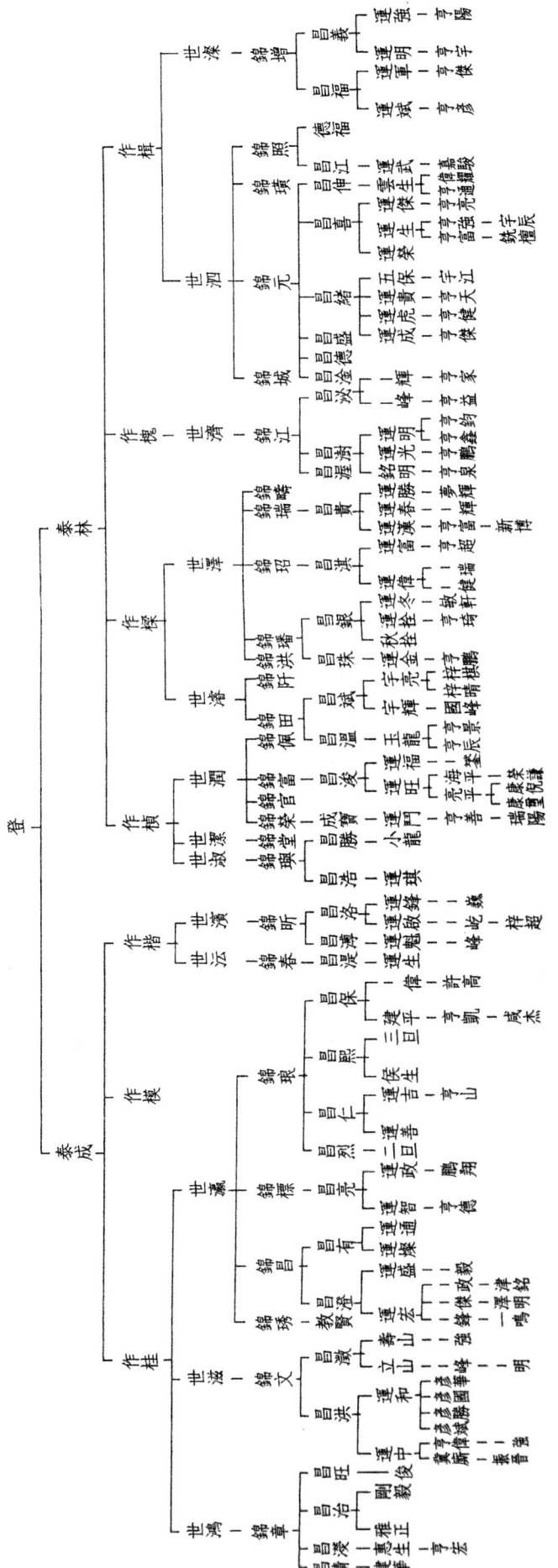

图 3 偏城村高氏族谱

农民占有土地的两种最重要的来源是自己购置与祖业继承。以高登一支为例,我们可以假设高登在咸丰年间购置的某块土地,分家时分给了儿子高泰成;泰成在道光年间又购置了四块土地,连同祖业分给高作楷三兄弟;作楷在同治、光绪年间又购置了五块土地,连同祖业一起留给高世沄兄弟,又传给了世沄独子高锦春(见图3)。在这个购置与继承的循环中,土地所具有的属性就不再是西方私有权观念中的"独属于个人"的了,而是由"父子一体"进而扩展到"家族一体",成了家族所有的财产,实际就形成了"祖业"。

所谓"祖业",是指继承于自己祖辈的土地,包括山林、宅基地等。科大卫提出,"因为祖先变成了控产的法人,也就是说,一个宗教的观念,变成了一个法律的观念"[1],用以解释明清时期地方家族的控产能力,认为在此观念下家族成为了一个法律意义上的独立法人。在华南一带,族田、祭祀、祖祠等都是颇具代表性的由宗族控产的土地资源。而在北方农村,"大宗族"的意识相对单薄,多由"小亲族"组成,分裂成以"家"为中心的同居共财单位。[2]在这种"分裂型"的村庄里,族产族田受到的重视相对较少,"祖业"观更多地体现在村民对买卖土地的态度,以及本家族成员所卖土地首先要在家族内寻找买主这一原则(下文有述及)上面。

在问及卖地是一件好事还是坏事时,受访者大多毫不犹豫地认为"当然不好","卖地就是守不住老本,会被说是败家子","只有没办法,过不下去了,才会卖地"。与之相反,守住祖业,并在这个基础上积累更多的财富、光宗耀祖才是值得称道的好事。在民间观念里,一份契约、一笔交易不仅仅意味着作为家主的"我"独有的财产,而是继承自"父"、保存于"我"、福荫于"子"的三重意义上的产业,任何一代人都不具有完整的处理权[3],所以在卖出土地时会受到来自伦理责任的压力。

民间往往将家族发展与买地置业等同,买是蒸蒸日上,卖是中道衰落。上表的高氏是如此,林耀华笔下的金翼之家也是如此,汾州和东林在外经商获得资本后,首先就要回村里看风水盖新居,"在乡间修建一座宽大的房舍会被视为显赫

---

[1] 科大卫:《国家与礼仪:宋至清中叶珠江三角洲地方社会的国家认同》,载《中山大学学报》(社会科学版),1999年第5期。

[2] 贺雪峰:《论中国农村的区域差异——村庄社会结构的视角》,载《开放时代》2012年第10期。

[3] 陈锋:《"祖业权":嵌入乡土社会的地权表达与实践——基于对赣西北宗族性村落的田野考察》,载《南京农业大学学报》(社会科学版)2012年第2期。

发达的标志"①。这种三代人的土地观是可以无限向后绵延的，置办一份家产就意味着为"子子孙孙无穷尽也"的后代积累了一份家底，买卖土地这一行为也象征着绵延子孙、兴旺发达。

以家族发展为中心，牵系祖辈与子代的土地观是民间土地继承的内核。当儿子从父辈手中接过这份契约与产业的同时，就意味着他背起了将祖业完整传承下去的义不容辞的责任，这与赡养父母、经营家庭一样，是每一位家主都默认要承担的责任。这种对祖业的执着镶嵌在传统社会里，而在地产所有制巨变的当代社会，农村对买卖祖业的评价也产生了松动。在湖南邵阳的村民家中，编者曾见到一份写于2006年的契约，保留了传统契约的格式，但用的是一张红纸。据村民邱YS说，买地一般用来建房，这是个好事，当然用红纸写，比较吉利，如果是开证明才用白纸。②

（二）"差序格局"观念下的交易取向

"差序格局"将中国的人伦关系形容为以己为中心向外推出去的一层层的波纹，越往外推关系越淡薄。这一规律划出的"圈子"体现在亲属关系上是亲族，在地缘关系上则是街坊。③在契约关系上，这一规律也同样适用。编者从BSB契约文书中选择了山西省孝义县王氏族人的一套，列出交易的参与者名录（即上文所讨论的立契双方与见证人），试分析其中的人际关系。

表5 山西省孝义县王氏文书参与者

序号	契约	立契人	对应人	中人	关系
1	乾隆四十一年（1776）山西省孝义县王锡瑞卖地契	王锡瑞	王自武	王宗强、张□义、王孟、王□文（书）	同族
2	嘉庆十六年（1811）山西省孝义县张兴、张王氏卖地契	张兴、张王氏	王继茂	张兴、张锦花、□禄瑞（书）	同族

---

① 林耀华：《金翼》，生活·读书·新知三联书店，2007年，第24—25页。
② 访谈人：王艺璇；访谈对象：邱YS（男）；访谈时间：2019年1月20日；访谈地点：湖南省邵阳市新邵县迎光乡邱YS家中。
③ 费孝通：《乡土中国》，人民出版社，2015年，第27—30页。

续表 5

序号	契约	立契人	对应人	中人	关系
3	咸丰元年（1851）山西省孝义县王玉龙妻武氏卖地契	王玉龙妻武氏、王继甲	王焕财	张玉贵、王继凤（书）	同族、同辈
4	咸丰九年（1859）山西省孝义县张瑞祯、张玉才、张凤玉卖房契	张瑞祯、张玉才、张凤玉	王焕才	张玉贵、张玉祯	同族、同辈
5	咸丰十年（1860）山西省孝义县王德成卖地契	王德成	王焕财	王焕章、张子荣、张玉贵、王玉良（书）	同族、同辈
6	同治元年（1862）山西省孝义县王万贵卖地契	王万贵	王玉让	王兆银、王万山（书）	同族、同辈
7	同治八年（1869）山西省孝义县王仕文卖地契	王仕文	王焕财	王万传、王万举（书）	同族
8	光绪六年（1880）山西省孝义县王德贤父子卖地契	王德贤、王根有	王玉计	王□清、王万山、张玉积（书）	同族
9	光绪十六年（1890）山西省孝义县王玉恭卖地契	王玉恭	王玉让	尹正印、王玉良、王玉温、王焕常、张九为、王玉统、王玉相	同族、同辈
10	光绪二十三年（1897）山西省孝义县王玉统卖房契	王玉统	王玉让	程开俊（书）、王玉鹏、张凤鸿、张九为	同族、同辈
11	民国六年（1917）山西省孝义县天盛成租赁契、民国三年（1914）山西省孝义县张瑞祯卖地契	天盛成；张瑞祯	王福充、王福永；王焕才	王□忠、王殿臣、赵亦豹、程丕贞、张由明、张培义（书）；无	同族；不明
12	民国七年（1918）山西省孝义县王玉让补地契	王玉让		（书人）王福钟、（间长）王玉书、（社□）王殿清、王玉有、王玉雄、师朝美、王福元	同族、同辈
13	民国十五年（1926）山西省孝义县王氏母子卖地契	王广聚	王福聚	王福礼、张安仁、王广进（书）	同族、同辈

续表5

序号	契约	立契人	对应人	中人	关系
14	民国十九年（1930）山西省孝义县王广明田房草契	王广明	王福永	（代字人）王广敬、王福威、张安义、（村长）王福寿、（村副）王福庆	同族、同辈
15	民国十九年（1930）山西省孝义县王福栋田房草契	王福栋	王福聚	（代字人）王广敬、王福钟、张凤鸣、（村长）王福寿、（村副）王福庆	同族、同辈
16	民国十九年（1930）山西省孝义县记据合约、民国三年（1914）山西省孝义县王德成卖地契	王福充、王福永、王福恒、王福聚；王德成	无；王焕才	（村副）王福庆、（间长）王福钟、（息讼会）张凤鸣；无	同族、同辈；同族
17	民国二十年（1931）山西省孝义县吴钦典房契	吴钦	王思熙	（书人）姚锡吾、冀作全、（村长）王宝珍、（村副）姚九林	不明
18	民国二十二年（1933）山西省孝义县王福聚补地契	王福聚		（乡副）王福聚、（间长）王广兴、（邻夫）王福盛、（代字人）王广敬	同族、同辈

从表格中可以直观地看到，这套文书的参与者以王氏福、玉、焕字辈的族人为主，土地基本在王氏内部进行流转，中见人也多为同族、同辈的王氏族人。土地交易中普遍存在"先尽亲邻"的习惯，宋代即有"应典卖、倚当物业，先问房亲，房亲不要，次问四邻，四邻不要，他人并得交易。房亲着价不尽，亦任就得价高处交易。如业主、牙人等欺罔邻亲，契贴内虚抬价钱，及邻亲妄有遮者，并据所欺钱数，与情状轻重，酌量科断"①的硬性规定，将土地交易的优先权规定为先房亲，再四邻，亲邻无人承买才轮到外人。甚至还有更细致的以东南为上邻、西北为次邻的次序②，有的地方在亲邻之后还要优先"原业"，即询问土地原主是否愿意购回③。虽然在清代时，官府一度提出过禁止这一优先制，认为应以卖主的需要为重，"既有急需，应听其觅主典卖，以济燃眉……

---

① ［宋］窦仪等撰：《宋刑统》，吴翊如点校，中华书局，1984年，第207页。
② ［清］徐松：《宋会要辑稿》，中华书局，1957年，第5448页。
③ 前南京国民政府司法行政部编：《民事习惯调查报告录》（上册），胡旭晟等点校，中国政法大学出版社，2000年，第93页。

嗣后不论何人许买，有出价者即系售主。如业主之邻亲告争，按律治罪"①。但从上表显然可知，民间虽然因"亲邻先买"发生了不少矛盾②，甚至官方也开始出面废止这一惯制，但这一制度在晚清至民国年间还是切实留存在民间交易的观念与行动中。

前辈学者对这一制度存在原因的认识基本一致，认为是希望将土地留在宗族内部，不至祖业流失，同时也加强了交易的可靠性。但差序格局的理论似乎更能理解这一制度中的次序。民间惯用的表达上，"尽近不尽远"③的说法下意识地将这一次序像水面的波纹一样，排出了人际关系的亲疏有别：血缘的亲族关系先于地缘的邻里关系，邻里关系又先于上手契约关系。在湖北省的惯习调查中，"先尽本族，由亲及疏，次尽姻戚，亦由亲及疏，如均无人承买，即应由承典或承租人先买"④，又详细地将亲邻内部排出了等次顺序，以父系的本族先于母系的姻亲。

而在这个同心圆的最外一层，还并非同村/异村的承买人，而是被排除在交易范围之外的"外人"。在BSB契约文书中，虽有一整套与外国传教士交易的土地契约，但还有两份契约上注明有"若抵押或典卖于外国人即作无效""若抵押典卖于外国人者概做无效"⑤，在惯习调查报告中，也可见对外人的交易限制：

> 吉林省六道沟县：凡垦民（即朝鲜人）价买中国土地，以入中国籍者为限，若未入籍之朝鲜人，虽系垦民，亦无买地之权。……凡垦民租中国人之地，如无房屋，均由垦民自行建筑韩式房屋居住。无论年限多寡，租户退地时，该房悉归地主所有，并不合价。⑥

上述材料中，"垦民"显然是在民族或国别上与文书所指聚落相差甚远的买方。这些交易对象被远远地推出了同心圆之外，一方面，有禁止与其交易的习惯；另一方面，民众对他们也不负有"合情合理"的义务，不需讲求公平。民间"自

---

① ［清］田文镜：《抚豫宣化录》，张点服点校，中州古籍出版社，1995年，第256页。
② 参见周远廉：《清代前期的土地买卖》，载《社会科学辑刊》1984年第6期。
③ 前南京国民政府司法行政部编：《民事习惯调查报告录》（上册），胡旭晟等点校，中国政法大学出版社，2000年，第156页。
④ 前南京国民政府司法行政部编：《民事习惯调查报告录》（上册），胡旭晟等点校，中国政法大学出版社，2000年，第335页。
⑤ 《民国十三年（1924）吉林省榆树县王连富土地执照》（第605页）《民国十七年（1928）奉天省怀德县王凤梧领租地契》（第607页）。
⑥ 前南京国民政府司法行政部编：《民事习惯调查报告录》（上册），胡旭晟等点校，中国政法大学出版社，2000年，第43页。

己人"租地，讲求"青地青赎、白地白赎"①，"当白回白、当青回青"②，即租佃出去的若是白地，则收割之后再回赎；若出租为青地，则回赎时也要带有青苗；如果一定要在不合适的时间回赎则另外折算价格合在地价内。而在上文与垦民交易的惯习中，却记有如果垦民租赁六道沟县土地自行建设屋宅居住，退租时房屋直接归地主所有，并不与平时交易一般折算房屋的价格退于垦民。这一现象虽然并未在全国各地普及，但也可以从中一窥在与"自己人"和"外人"交易时，民众态度有天壤之别。

（三）农作生活主导的交易时间

传统农业社会围绕着农作劳动展开生活，不仅体现在日常耕种上，也体现在土地交易中。土地交易的时间受到农作生活的影响，并非是随机、自由的，而往往是考虑农时与收成，经过深思熟虑后作出的选择。

严火其在其农业伦理的研究中说道："中国传统农业伦理的一个基本倾向是要尊重自然，顺应自然，合理而有节制地利用自然。"③"不违农时，谷不可胜食也"，强调顺时而作、敬畏天时。传统的典地回赎时间为此提供了例证。《民事习惯调查报告录》是由前南京国民政府司法行政部整理编纂的当时各省区民事习惯资料，编者在其中找到了多条有关典地回赎的时间限制的记录。

平遥县：典种地亩，已届回赎期限，其回赎时期，水地不得过惊蛰，旱地不得过清明，过此即听典户耕种，俟获后始能回赎。④

虞乡县：典种禾地，若约定回赎期限而不赎者，则日后不得于三、七等月告赎，谓之"三不赎夏，七不赎秋"。按：……盖在保护典主利益之中，并以防止因赎地而误农事，极合经济原理。⑤

方山、壶关等县：回赎典地，须于年头冬季，先向典种人通知，至冬至时，始准交价赎地；若冬季不通知，或虽通知而交价已在惊蛰后者，则不准回赎，应

---

① 前南京国民政府司法行政部编：《民事习惯调查报告录》（上册），胡旭晟等点校，中国政法大学出版社，2000年，第171页。
② 前南京国民政府司法行政部编：《民事习惯调查报告录》（上册），胡旭晟等点校，中国政法大学出版社，2000年，第126页。
③ 严火其：《东西方传统农业伦理思想初探》，载《伦理学研究》，2015年第1期。
④ 前南京国民政府司法行政部编：《民事习惯调查报告录》（上册），胡旭晟等点校，中国政法大学出版社，2000年，第147页。
⑤ 前南京国民政府司法行政部编：《民事习惯调查报告录》（上册），胡旭晟等点校，中国政法大学出版社，2000年，第156页。

于下次冬季，再行通知照办，俗名为"临冬到话，惊蛰交价"。①

此处不再一一列举，根据对《民事习惯调查报告录》的翻查，典地回赎限制时间的条例遍布在奉天省、吉林省、山东省、江苏省、福建省等18个省的记录中，可见其普遍，"相沿已久，深入一般人心理，奉行唯谨"②。

由上述记录可知，清明前后、立夏、立秋、冬至几个时间点在土地交易中的特殊性。清明意味着春耕季节即将到来，要在此前完成土地的交接；而立夏/立秋正是夏麦/秋禾成熟的时节，若在此时随意取赎，会直接影响耕种者的收成；冬至时节，到一年年末，正是厘清交接的时候。高氏文书的时间分布也与这一规律相合，虽然42份文书中绝大部分为绝卖地契而非典当，但仍受到耕种周期的影响。

表6 高氏文书中的交易时间

夏（四月—六月）	立夏—大暑	光绪四年四月初三日 光绪四年四月初一日 民国四年六月初二日 民国十五年夏历五月二十八日 民国二十三年五月三十一日（两份）
秋（七月—九月）	立秋—霜降	道光十三年九月三十日 民国十九年九月 民国二十一年九月十九日（两份） 民国二十八年七月二十四日 民国二十八年九月二十六日

---

① 前南京国民政府司法行政部编：《民事习惯调查报告录》（上册），胡旭晟等点校，中国政法大学出版社，2000年，第176页。
② 前南京国民政府司法行政部编：《民事习惯调查报告录》（上册），胡旭晟等点校，中国政法大学出版社，2000年，第201页。

续表6

冬（十月—腊月）	立冬—大寒	道光十六年十二月廿三日 道光十七年十二月日 道光十九年十月廿六日 道光二十四年十二月廿八日 道光二十五年十二月初五日 咸丰四年十二月初四日 咸丰八年十二月廿八日 同治元年十二月十九日 同治三年十二月二十三日 同治十一年十二月廿八日 民国七年十二月二十九日 民国十七年十一月二十七日 民国十七年十二月三十日 民国十九年十月二十一日 民国十九年十二月三十日（两份）
春（正月—三月）	立春—谷雨	光绪三年三月二十六日 光绪四年三月初一日 光绪四年三月二十四日 光绪四年三月二十七日 光绪二十二年正月二十四日 光绪二十七年二月二十二日 民国二十年二月十五日（三份） 民国二十年三月十七日 民国二十一年一月 民国二十一年二月二十日 民国二十一年三月十三日 民国二十二年三月二十六日

通过表格我们可以看到，交易发生的时间集中于十二月到次年三月底，正是两轮耕种之间休歇的阶段。而最为频繁的时间段是十二月二十日至三十日之间，即年关之前。在对当地居民的访问中，有老人回忆，腊月月底卖地频繁，也是因为常有人一年到头都没有余钱，穷人只有卖地才能有钱过个好年。① 但这一规律目前并未在更大范围得到验证，仅为编者根据统计与访谈资料所做的一些猜测。

同时，农作生活中的特殊情况——灾荒也会引起动荡，促使土地流转加快。光绪三年（1877）十二月二十九日，杨氏三兄弟出门在外，时值凶荒年末，家中日用无资，只能由祖母做主与亲族商议，将一批土地房屋出卖给杨树芳居住

---

① 访谈人：王艺璇；访谈对象：高CY（男）；访谈时间：2019年4月2日；访谈地点：山西省孝义市偏城新苑高CY家中。

为业。① 这次大荒正是光绪初年中国北方遭遇的史上百年一遇的特大旱灾"丁戊奇荒"②，从光绪二年（1876）至光绪五年（1879）持续了四年之久，尤以山西、河南受灾最重。③ 旱灾导致山西各县颗粒无收，饿殍遍野，粮价飞涨，百姓难以度日。光绪二年时，旱情初步扩展，"夏见亢旱，秋禾收成欠薄……贫民糊口维艰"④，三年春时斗米尚且不过五百钱，农民虽然忍饥挨饿，还在期冀着秋天可以收割麦苗，结果到了寒露时分"谷未半实，倏降黑霜，每亩收成三五升不等，而且三米七糠。……从此粮价愈昂，斗米由一千三四百，渐至两千上下。嗷嗷待哺者，已不知几千万家"⑤，山西南部甚至贵至斗米五千钱。⑥ 在这种无法自保的情况下，原先安土重迁的乡民被逼出走家乡，县志中多有记载"大部分居民背乡离井，十室九空"⑦，"人多外迁逃"⑧，"乞食远方，亲老委沟壑，尽做它乡之鬼"⑨。由于荒年无收，地价也低至低谷，清徐县"鬻地一亩，得银不及一两，仅籴米数升"⑩。《光绪三年（1877）山西省五台县杨氏兄弟卖地契》（第358页）正是发生在灾荒年间家中壮年无奈出走的情况下，余下老者在家中只得出卖空余的房屋，换得一百一十三吊钱用以度日。

BSB契约文书中，丁戊奇荒最为严重的光绪三年至光绪四年间定立的契约共有16份，又以光绪四年11份占比最多，可见荒灾对于土地交易的影响。有研究者提出了在华北地区"灾荒是土地兼并的杠杆"这一命题⑪，并指出荒灾之后，出现了民众糊口无度以典卖土地维生⑫，饥民饿死导致田地撂荒，政府整理绝户

---

① 《光绪三年（1877）山西省五台县杨氏兄弟卖地契》（第358页）。
② 刘泽民等主编：《山西通史·明清卷》，山西人民出版社，2001年，第222页。
③ 高春平主编：《山西百年史学专题研究综述》，山西人民出版社，2017年，第222页。
④ 刘泽民等主编：《山西通史·明清卷》，山西人民出版社，2001年，第223页。
⑤ 《临县志·荒年记》，民国六年（1917），转引自王洪廷编著：《碛口志》，山西经济出版社，2005年，第171页。
⑥ 刘泽民等主编：《山西通史·明清卷》，山西人民出版社，2001年，第224页。
⑦ 王龙太主编：《忻县志》，中国科学技术出版社，1993年，第23页。
⑧ 张权主编：《平鲁县志》，山西人民出版社，1992年，第62页。
⑨ 景昆俊、姚仰皋主编：《芮城县志》，三秦出版社，1994年，第804页。
⑩ 郝平：《晚清民国晋中地区社会经济生活初探：基于晋中地区契约文书的考察》，载《山西大学学报》（哲学社会科学版）2014年第4期。
⑪ 复旦大学历史地理研究中心主编：《自然灾害与中国社会历史结构》，复旦大学出版社，2001年。
⑫ 郝平：《晚清民国晋中地区社会经济生活初探：基于晋中地区契约文书的考察》，载《山西大学学报》（哲学社会科学版）2014年第4期。

田地鼓励垦荒等现象①，从而加速了土地流转。但我们仍可通过对比年份差异，感受民众对自家土地的热爱和执着——直到走到了不得已的尽头，无力支撑，才出卖土地。

总体来看，BSB 契约文书中的交易时间受到农作生活的影响，呈现出了一年四季都存在交易，但集中于不影响耕种的农闲时间，频发于颗粒无收的灾荒之际的规律。这种对农时规律的遵守与对土地的执着，背后隐含着农民对于农作、土地的深切依赖。

六、结语

本序言是关于德国巴伐利亚州立图书馆藏中国契约文书的民俗学研究。BSB 契约文书具有如下几个方面的特征：文书类别以土地田房买卖契约为主，集中反映了当时社会经济的流通情况；文书性质多为经官府认可的红契，保存比较完整；文书内容程式性强，行文结构完备，语言朴素，有防伪标识；地域分布较为零散，不同地区的文书存在书写差异；年代集中于晚清至民国年间，少数文书与历史事件有关。同时，本研究为数据库中具有归户性的契约文书补充了其归户信息，希望为后续研究者提供研究线索。

在建设 BSB 契约文书数据库的基础上，我们又尝试将数据库的研究成果应用于民俗学研究中，从"民"与"俗"两个角度构建契约文书中的民间生活。契约文书中的"民"表现为文书中的参与者，包括立契人、承约人与中人，他们之间通过亲族友邻等关系纽合在一起，形成了以家庭为基点，以血缘关系、地缘关系为中心，边缘同时渗透着官方和外来者关系的社会关系网。其中，血缘关系表现为夫妻、亲子、兄弟、叔侄、宗族等关系，而地缘关系表现为同村的四邻、原业、友人等关系。这种由血缘与地缘共同构建的社会网络整体是稳定的，正如费孝通所描述的，"他们平素所接触的是生而与俱的人物……是无须选择，甚至先我而在的一个生活环境"②。在这样的一个稳定的环境中，人的行为往往趋向于同质化与模式化，如上文所见，官方中介和传教士在介入这一共同体的土地流转活动时，也要以共同体所默认的立契方式在其中找到自己的位置。在上述社会基

---

① 复旦大学历史地理研究中心主编：《自然灾害与中国社会历史结构》，复旦大学出版社，2001 年，第 317—328 页。

② 费孝通：《乡土中国》，人民出版社，2015 年，第 6 页。

础上,契约之"俗"呈现出了秩序性与保守性两个特点。

其中,契约民俗的秩序性是官方、宗族与民众多方参与的结果。费氏在论及"礼俗社会"这一理想型时,认为法律在乡土社会中是无从发生的,人与人之间的信用来源于熟悉与不假思索。但是在实际的土地交易流程中,契约恰好是生活世界里"法"的体现,是为了维护秩序、减少纠纷而作为信用凭证的实用物。在秩序性方面,四至套语、对所有物的描述、土地来源合法性等方面体现出了民众清晰的产权意识;自愿合意是民间默认的立契前提,套语的背后是对自由自愿与交易安全的追求;契约的效力保障来源于儒家道德的诚信教育与社会舆论、中人制度、防伪制度,最终达到诚信的平衡。这种契约的秩序性起到了维护"民"的利益与稳定、减少纠纷与摩擦的作用。宗族在BSB契约文书中,更多的是从伦理道德教化的层面维护契约秩序,通过家训告诫族人重视地产、追求诚信与公义,并通过"亲邻先买"这一习惯,将土地流转限制于本族之内,有利于纠纷的调解。同时,乡村社会之间的舆论机制极大地提高了违约的成本。失约的后果不仅包括对"德""礼"教化的违背,更在于失约的行为破坏了乡村社会的互助与平衡,失约者会失去村民、族人日后的帮衬,由此抑制了违约行为的出现。此外,官方政府通过规范化的官契、契式、样文,固化了契约文本在民间的书写形式,使得契约具有通行凭证的基础;通过契税制度与尾契制度,固定了土地交易契约的流程;统治阶层对正式契约法的忽视确实存在,但也通过对契约中的某些不良行为做出刑罚规定,起到了约束效果;还有官中制度作为上层渗透基层行政的一种方式,起到监督税收和保护产权的作用。①

契约民俗的保守性,首先表现在传统的将土地视为财富,尤其是家族财富的观念,以"祖业观"的形式抑制了横向的家庭之间土地流出的欲望,而转向纵向的继承,民众的交易欲望是偏向保守的。其次,保守性表现在土地交易对象的选择上是保守的,民众生活于一个天然熟悉的熟人社会,在交易中也遵从差序格局下的人际关系来选择交易对象,呈现出亲族—友邻—村人—陌生人的次序。从高氏文书中几代人的土地交易活动可以看到,土地占有与家族的发展有着紧密联系,在这样的背景下,契约意味着与祖先、后人相关的产业,因此,民众更倾向于传承给子代而非出卖给外人。数份王氏文书也清楚地说明,土地基本在宗族内部进行流转,中见人也多为长辈、同辈的族人。最后,保守性还表

---

① 参见王正华:《晚清民国华北乡村田宅交易中的官中现象》,载《中国经济史研究》2018年第1期。

现在稳定的农耕生活将民众牵绊在了"不流动"的土地上,日出而作,日落而息,即使是在交易土地时,也要考虑维系正常的农业生活,避免耽误耕种。我们通过对契约交易月份日期和光绪年间(丁戊奇荒)契约的整理,可以发现土地交易受到农作生活的影响,呈现出了一年四季都存在交易,但集中于不影响耕种的农闲时间,频发于颗粒无收的灾荒之际,而非随机立契的规律。

在乡土社会,"民与俗之间存在着与生俱来的联系且相对稳定……传统社会的每一社会成员都几无例外地担负着传承民俗文化的天然职责"①,在这种稳定而少变的环境中,民众对习俗的态度表现为传承而非变革,因此作为日常生活中的某种行为规范与传统习惯的契约习俗随着一代又一代人的记忆传承下来,成为民众日常生活的一部分,直到封建社会的大环境被彻底打破,契约的习俗仍有部分依靠惯性在民间保留。BSB契约文书作为社会文化的见证材料,无疑具有第一手的真实性与客观性,同时因留存数量多而具有资料数量上的优势。但由于程式性较强,单从契约上的名字也很难还原到真实生活中的个体,立契时的真实过程很有可能被契约套语掩盖,还需要结合后代的回忆、家谱的记录、官府诉讼档案、地方志等材料和田野作业来共同还原民间生活。

从中国现代民俗学的肇始时期开始,民间就是民俗学研究的关键词。民俗学常常喜欢面向当下,面向那些在日常生活中不断出现、反复呈现、进而形成模式的诸多现象。但正如赵世瑜所指出的,民俗学研究必须把重点放在"在现实生活中直接面对的,或者是正在变或已经变了的生活",而对"现实生活之前的资料"也不能偏废,因为民俗学思考的是传承和变化的问题,就此而言,文本、声音和图像也是民俗学要关注的对象。②只有了解历史上的民间,才能理解现在。对民间文书的研究,会呈现出当下社会结构中的历史要素,非常有助于我们对当下民俗的论述与阐释,有助于我们更好地理解现实世界中人们的生活经验与态度。对民俗学而言,将田野作业与民间文书结合起来,我们将能看到一个连续的民间河流。在这条河流中,民间不是凝固的,而是流动的;历史上行为的意义和动机,仍然在鲜活地影响着现在。总之,民间文书的搜集和整理,会促进对民间文化在时间的连续性层面的研究,继而也会增进我们对民间文化广泛的差异性、区域性的理解。

---

① 王霄冰:《民俗关系:定义民俗与民俗学的新路径》,载《民间文化论坛》2018年第6期。
② 赵世瑜:《传承与记忆:民俗学的学科本位——关于"民俗学何以安身立命"问题的对话》,载《民俗研究》2011年第2期。

土地买卖契约

买卖契约是 BSB 契约文书中占比最大的一类，共有 198 份与之有关的契约。BSB 契约文书中的买卖契约主要包括卖地契约和卖房契约。费孝通曾经说过，"直接靠农业来谋生的人是黏着在土地上的"[①]，农民与土地之间有着密不可分的关系。在小农经济中，可供耕耘的土地和世代居住的房屋是民众最重要的财产，对于民众而言，每一次田房买卖都是生活中的大事。而这类契约作为买卖的最终凭证，起到了证明土地所有权的作用，所以也是流传下来的契约中占比最大的一类，且以经过官府盖章认证过、具有法律保障的红契为主。[②]

BSB 契约文书中民间买卖标的物以土地为主，土地买卖的契约名称也各有不同，有契书、卖死窑契、卖死场契、卖死地契、卖房屋地基约、卖永远契约、永远屋宅门楼卖契、卖死地契文约、卖地文字等，都直接表明并强调了契约的买卖物和性质。

本批文书中共含有 198 份买卖契约，30 份土地证，13 份典当契约，若干租赁契、赋税凭证、分家契约等。可以看到，BSB 契约文书以涉及土地交易的契约为主，占比约为 80%，是本批文书中的重点部分，主要反映了当时人们的经济交往活动。

本批文书中除 26 份私人白契外，均为经过官府盖章认可的红契，白契占比约 1/10。在 26 份白契中有 9 份为分家契约，11 份为卖地契约，可见相比于民事行为，在需要通过官方确保物权归属的土地交易中，红契占有更重要的位置。

---

① 费孝通：《乡土中国》，人民出版社，2015 年，第 3 页。
② 严桂夫、王国键：《徽州文书档案》，安徽人民出版社，2005 年，第 151 页。

河北地区契约

崇祯二年（1629）河北省献县郝亦昌卖地契、光绪七年（1881）周郁文银两征收执照

崇祯二年河北省献县郝亦昌将自己应分到的一段地通过中人说合立契卖给郝茂槐。有中见人签名，官府盖章。上贴光绪七年地方征收周郁文银两执照一张。

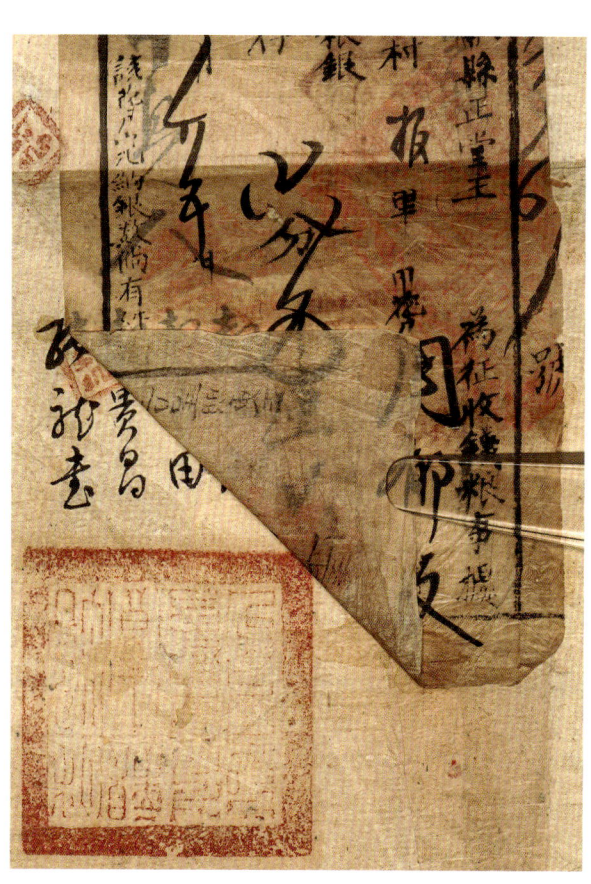

掀开执照可见下方印章

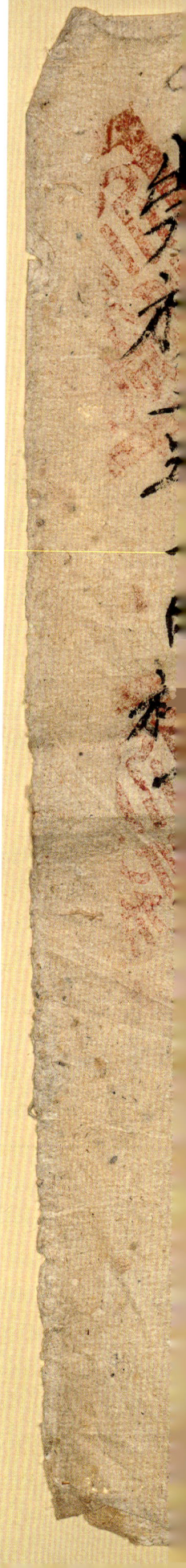

立賣地約人郡市昌自因俠用不足今将自己应分到
桃園地一段計地五畝東至陸志昌西至智惠明南至道
北至道四至分明共隨古根賣与或会立明同中人言
明共作價壹叁兩銀正情惠去賣与郡茂槐名下永
遠為業其坪筆不承清不欠找外立賣為凭

欽加知州銜調補肅縣正堂王
為征收錢粮事據
北厫勞用毛村
里長夢周柳变
稟征該户粮銀
合給執照該户收存
縣□□
光緒柒年

康熙四十八年（1709）彰德府磁州涉县鹿明□卖地契

康熙四十八年彰德府磁州涉县鹿明□将自己名下一段地卖给李世昌，并立死契。中见人包括其族叔在内有四人，签字画十字押。该契纸一半为鹿明□卖地契，另一半为李世昌收执。正文后备注"原粮共陆升伍合"，盖官印、骑缝章。

立賣死契人慶明，今因不便，合將自己祖業地名南河計地乙處畝數
不等，河灘東至小道，西南至大道，北至官道，東至明白，未相連水流行
道，俱四至，今賣與李世品承為己業，同眾言明死價銀伍兩壹
當日支足，如有戶內爭端者，明一面承當，恐後無憑，立文契存用
原糧共陸茆伍合
彰德府磁縣為察取新糧項，繫李世品用銀買到
慶明瓊地乙處下帶河灘，價足糧開有文契乙紙，理合投稅
康熙四十八年十二月　日立賣交契人慶明瓊十

同人 程泉孔十
　　 李相坤十
　　 郭　彥十

乾隆十七年（1752）河北省涉县马玉卖地契

乾隆十七年河北省涉县马玉将自己祖业地产立死契卖给胞弟马金。有立契人、中人签字并画十字押。乾隆十九年（1754）经官府立尾契一份，盖官印、骑缝章。契约正文末尾有防伪押。

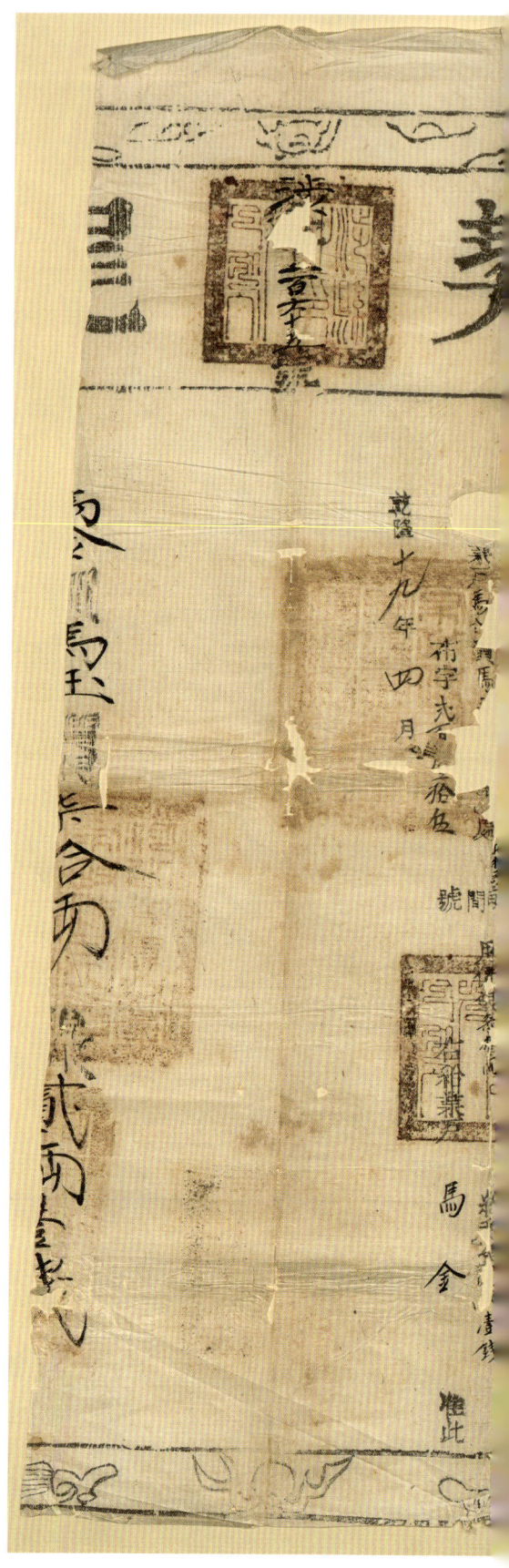

立賣死契文約人馬玉曰為不便今將自己祖業槐丹平蟒溧兩處共地十七畝槐樹地一段十一畝其地東至路西至李煥章北至買主蟒溧地一段西至路南至買主北至李德章十二處地各取四至明白土木相連永七情愿賣與胞弟 金 名下承遠永為已業同衆言明死價銀柒拾壹兩整糧 拾壹石其銀糧筆下交足不欠上帶本地魚粮七斗七升 價足粮明自賣死契後無翻立死契存證

乾隆十七年三月初四日立賣死契文約人馬 玉

同人 李文彩十
馬 荣十
李廣文十
任天爵十

同治元年（1862）河北省涉县辽城乡张天禄卖地契

同治元年，河北省涉县辽城乡张天禄将自己祖传的一段地在中人见证下立死契卖给□丙会。卖地价格旁有标注，正文结尾有十字关门押，立卖契人、同中人均有签字并画十字押，盖正堂戳记、官印、骑缝章。

立賣頁死契文約人張天祿因為不便今將自己祖業順道尖角止
北畫良己地五畝式分貳地東西畔東至賣主西至渠南北式至渭河
取四至明白土木石相連大小根畫切在內水流行道俊舊往來今傳與
曹具張丙會名下承為死業同眾言明死價大水重伯參拾捌千整其
錢筆下交足不欠價呈粮明兩家修愿並無反復怨口難憑立賣死
契文仍存證

上帝布地原粮式斗固升止

同治元年七月初七日

立賣契人張天祿

光绪四年（1878）河北省深县刘福泽卖地契

光绪四年河北省深县刘福泽将自己名下土地立契卖给徐鸣嶙。契约署中人、现目名。此份契约的买主名有所破损，但是对比字形，推测买主应为徐鸣嶙，据下文《光绪二十八年（1902）河北省深县徐宝堂卖地契》（第071页）知徐鸣嶙为深县人。本契中人为徐永宁，与其同字辈的徐永富也出现在下文《民国十一年（1922）河北省深县徐□庚卖地契》《民国十九年（1930）深县徐永富买地契》（第080页）中。综上推测本契为河北深县契约。

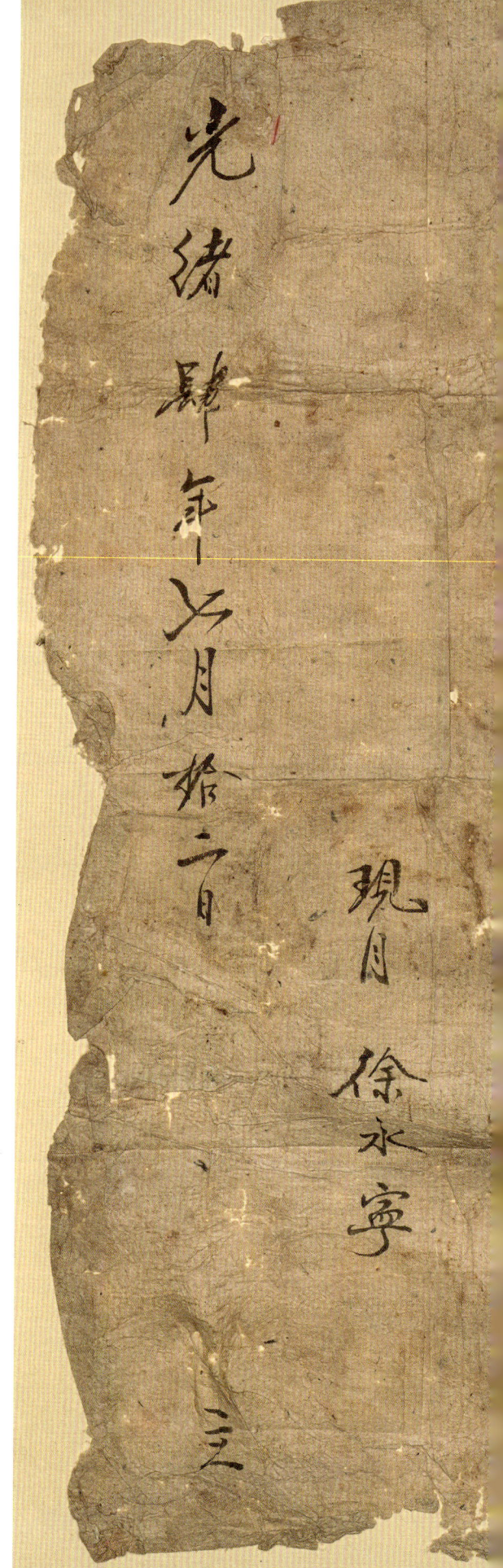

立賣契人劉福□□□□□□□□□□
計八尺樹分九厘壹毫尾九莖□□□□□
大道西至買主四至明白今憑中人說合于徐□
言明共價下冬伍拾伍中蟄其錢當日交□
恐口争憑立字為証

　　長伍玖拾壹步八大
　　南橫伍九步壹丈三尺
　　北橫沆九步□丈三寸□

戶永清

光绪四年（1878）河北省深县徐玉央卖房契

光绪四年河北省深县徐玉央立契将名下房宅一所卖给徐鸣嶙。盖印章，署中人、现目名。

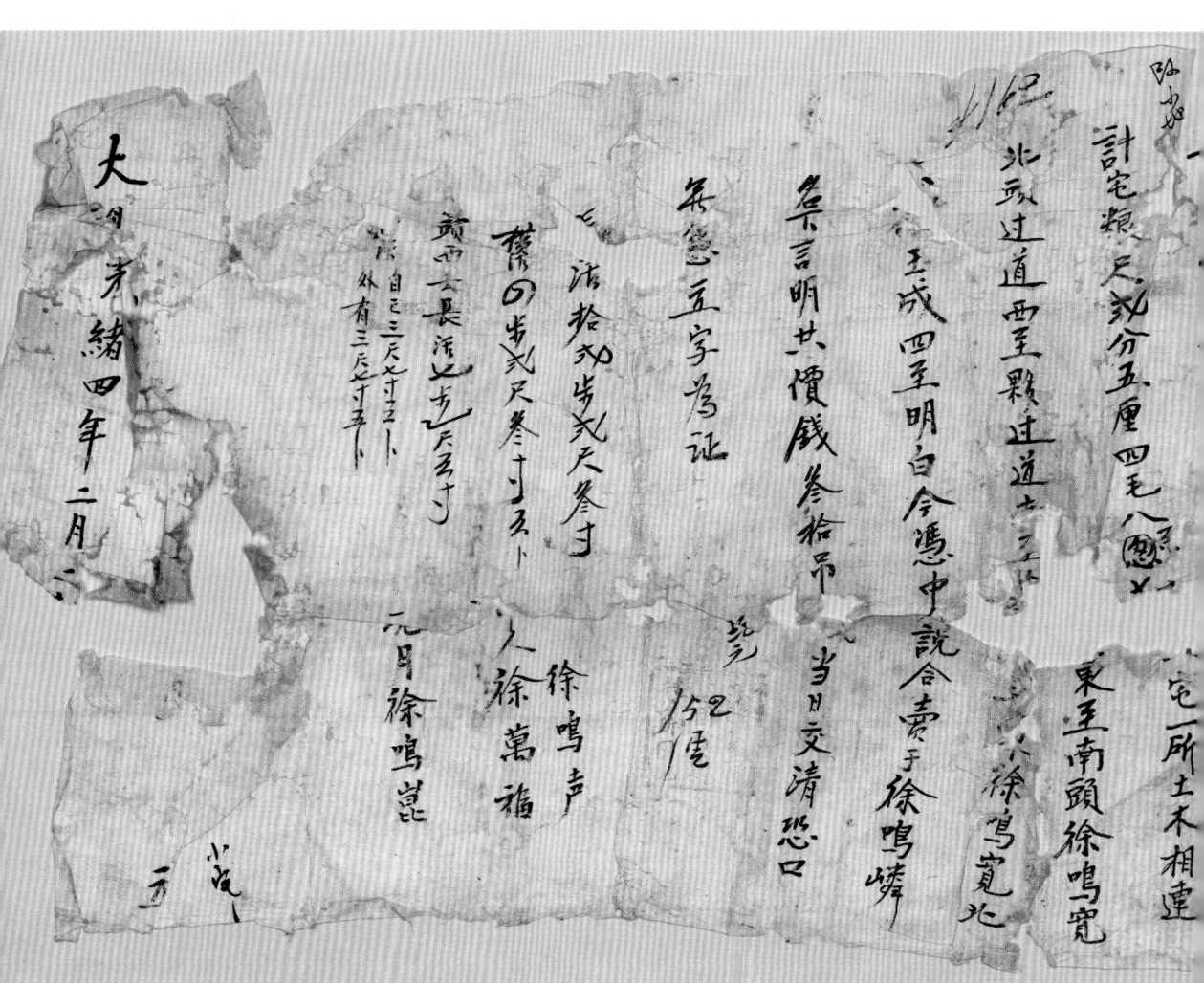

光绪二十四年（1898）河北省蔚县赵鸟莺卖地契

光绪二十四年河北省蔚县赵鸟莺将自己应分到的土地七亩卖给大胞兄赵鸣鹅为业，立草契一份，并于民国四年（1915）立买契、执照各一份。贴有税票，有中人落款，盖官印、骑缝章。

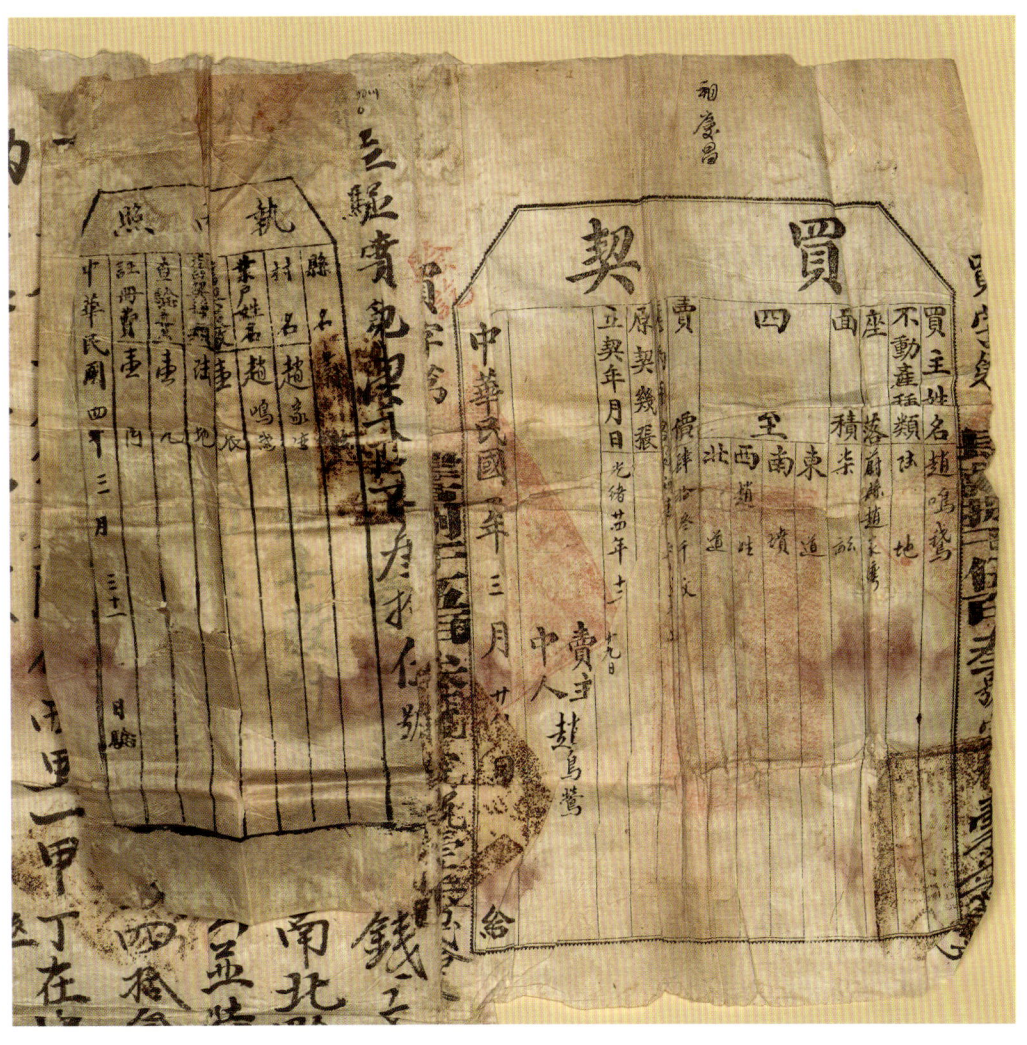

买契与执照

下父足並不短欠隨代兩里一甲丁在外銀貳分憂年上
納不許短欠兩家情願各無悔恐口無憑立主至陰
陽自妻抒契萬軍

趙 梅 兩身 同人刊

光緒貳拾四年 十二月 拾九日 立

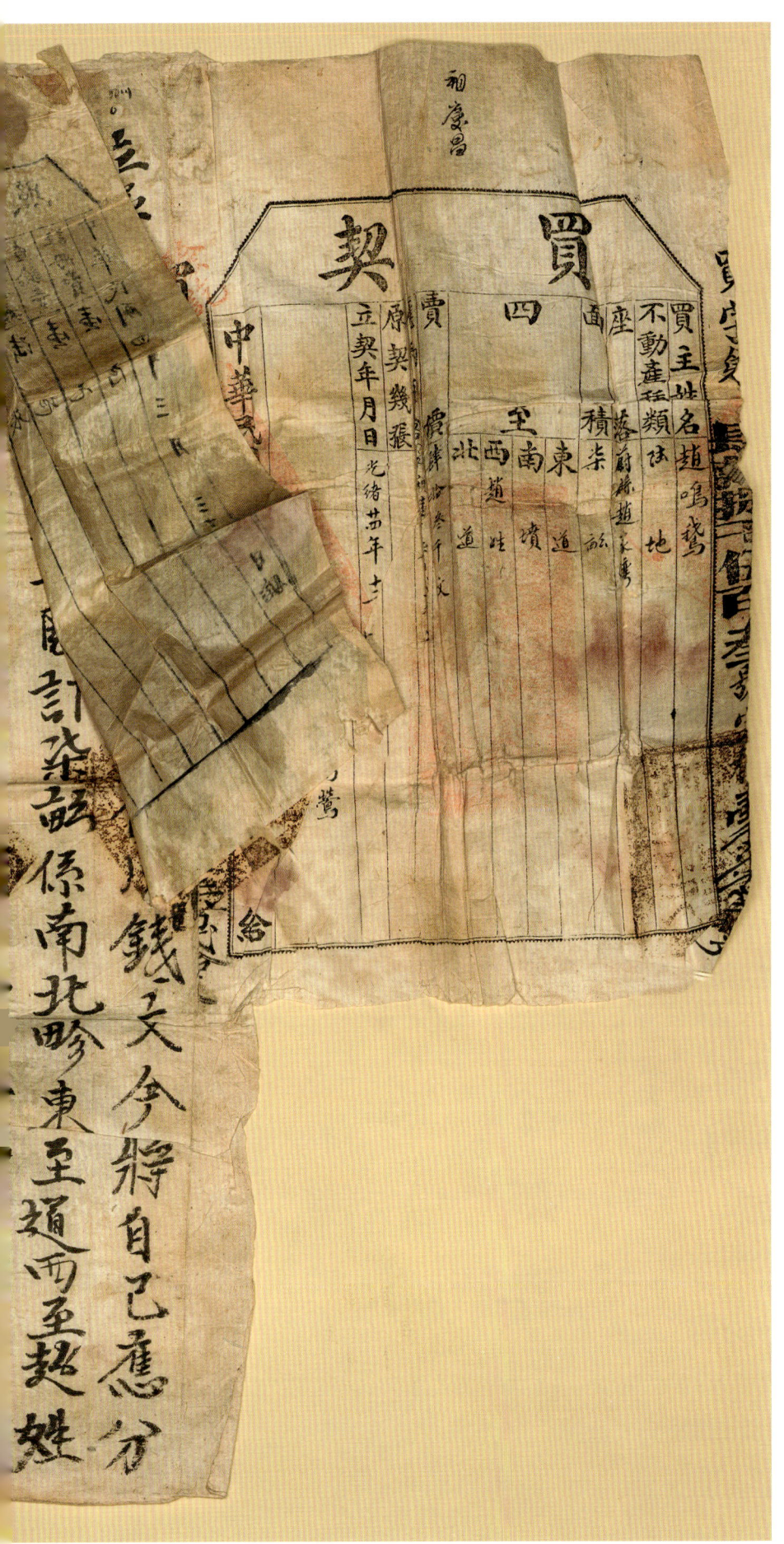

《光绪二十四年（1898）河北省蔚县赵鸟莺卖地契》执照部分揭开全图

耕種為業言明每畝價錢拾捌千弍百文。

其錢当日交足無欠恐口無憑立字為証

長作八十三步

東橫活八步

西橫活八步五寸

合價[illegible]

現同 徐鳴林

中人 徐保安

深州正堂[illegible]

右給王樂亭

李殿[illegible]

大清光緒二十八年十一月廿七日 立

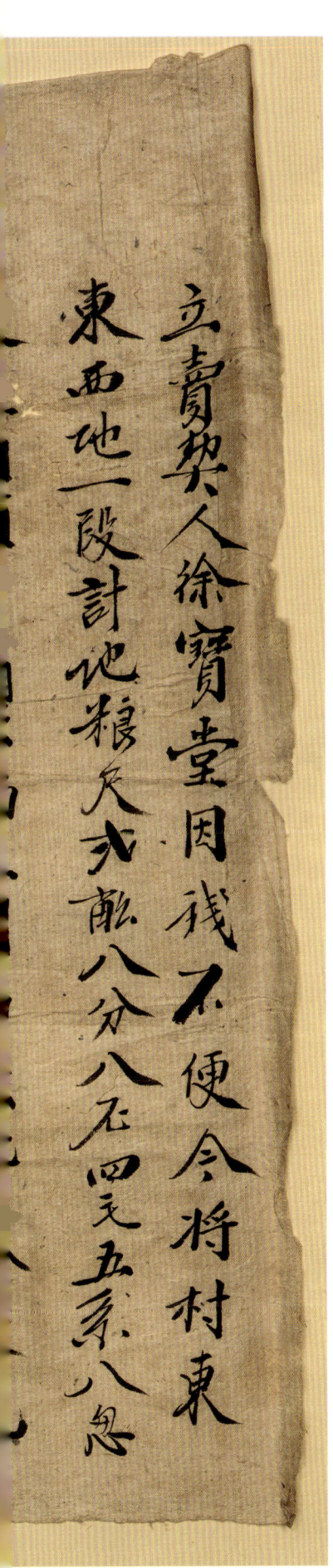

光绪二十八年（1902）河北省深县徐宝堂卖地契

光绪二十八年河北省深县徐宝堂立契将名下土地卖给徐鸣嶙。有花码计数，署中人、现目名，盖官印、骑缝章、正堂戳记。

宣统年间河北省深县徐鸣岂卖地契

宣统年间河北省深县徐鸣岂立契将名下土地卖给徐鸣嶙。经官府立地契官纸一张，盖官印、骑缝章，有中人签名，无牙纪签名。

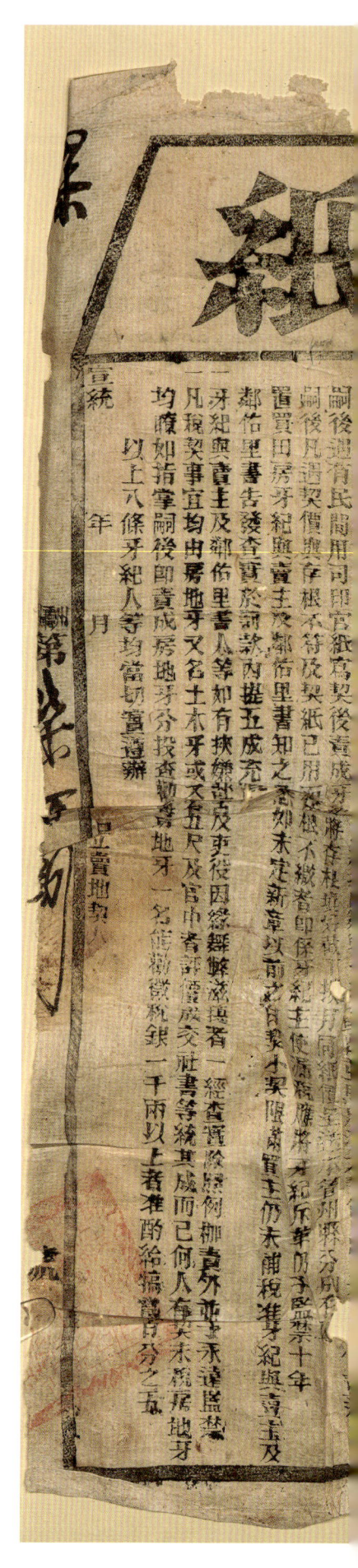

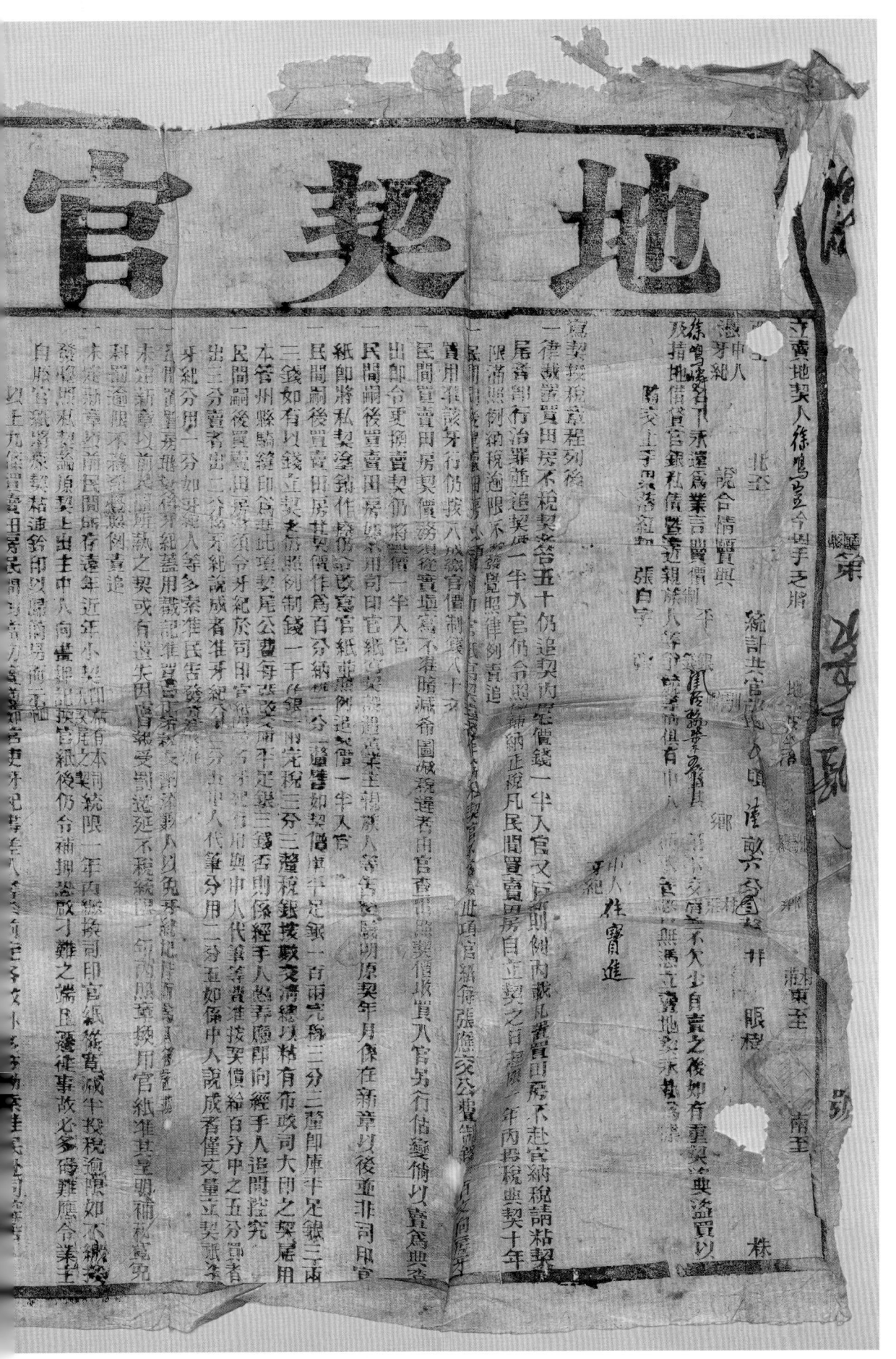

契尾

欽命運使等處承宣布政使司布政使加十級紀錄二十六次

旨議奏事

前准總督部院方

咨會開本部議覆河南巡撫宣朋係奏買賣田產契票八條議通飭後有奇今分等數易相式編列

憲牌乾隆十四年十二月十九日准

部咨開本部議覆河南巡撫宣朋係奏買賣田產契票八條議通飭後有奇今分等數易相式編列

等因移咨到司欽此擬合刊刷頒發為此仰

銀每兩收税銀三分其收税時價稅銀數

用田字號寫明當面騎字截開前副給業戶收執後幅同季朋縣投繳調證憑等

因谷〇戶司欽此擬合刊刷頒發為此仰

銀每兩收税銀三分其收税時價稅銀數

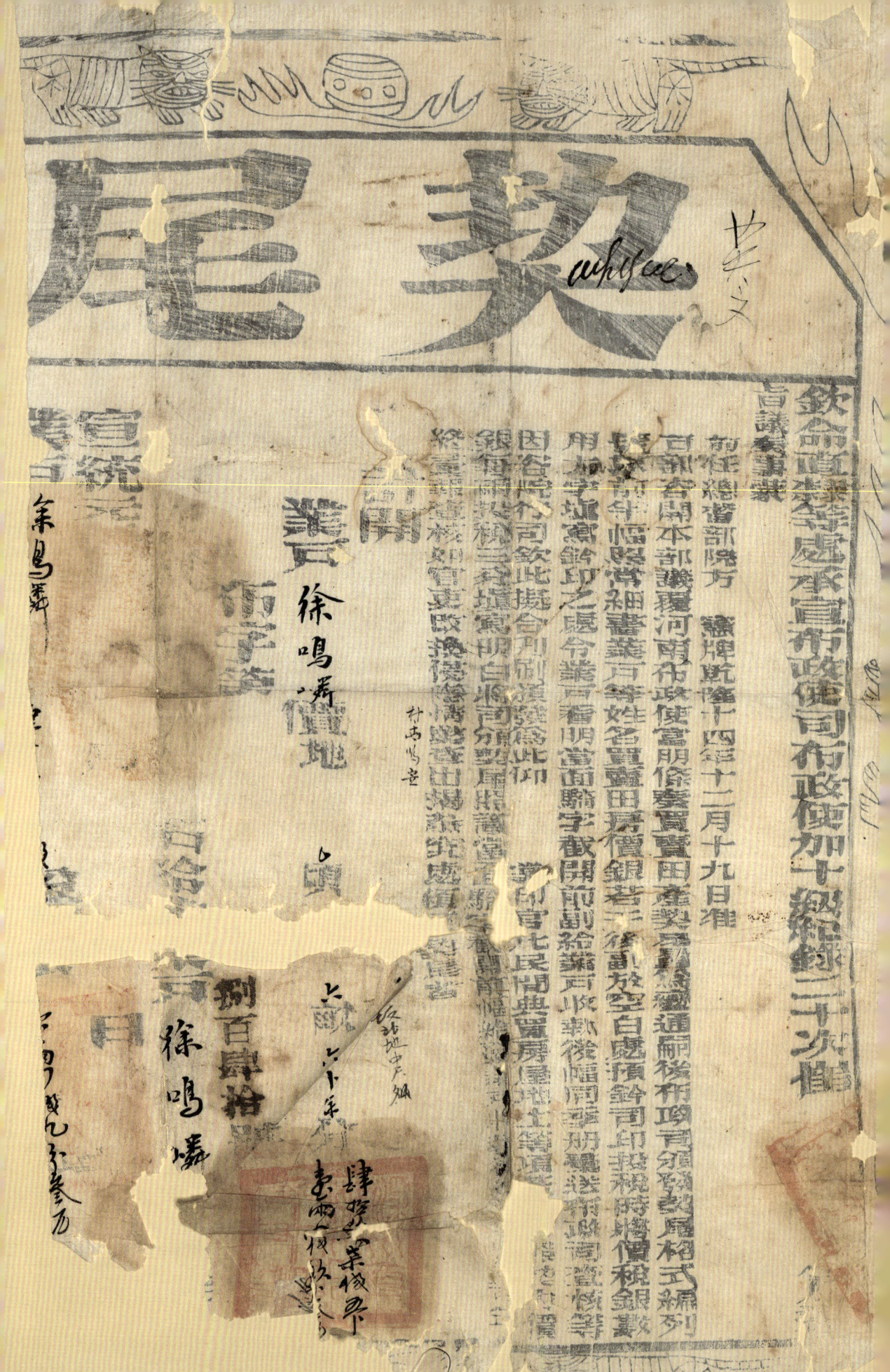

宣統 年 月 日給

徐鳴嶧

業戶

河字號

契尾

徐鳴嶧

宣统元年（1909）河北省深县徐鸣嶙买地契

宣统元年河北省深县徐鸣嶙买地尾契一张，盖官印、骑缝章，尾契上有外文。

民国元年（1912）河北省肃宁县树本堂买地契

民国元年河北省肃宁县树本堂将自己的一段地卖给宋鸣桐并立契，经官府确认。有正契和尾契。正契内有详细的"买契投税章程"，盖官印，无中人、牙纪签字。

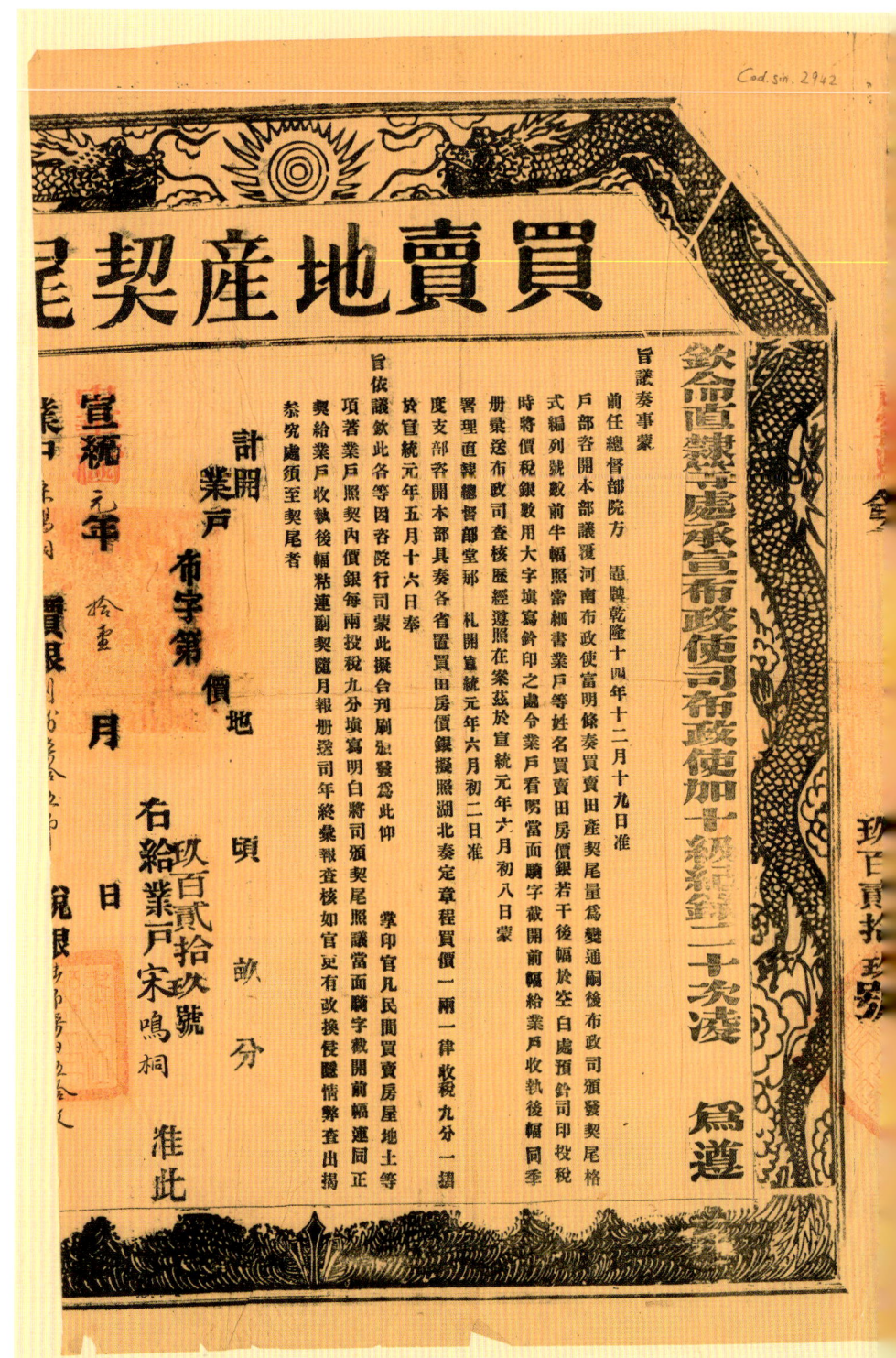

買賣地產正契

立賣地契人村本堂今因手乏將 地一段坐落 縣 州 鄉 村 莊 東至 南至 西至 縣 州 鄉 村 莊 北至

宋鳴桐名下永遠為業言明賣價  整其一筆下交清並不欠少自賣之後如有重契盜典盜賣以及指地借貸官銀私債

暨遠近親族人等爭竞等情俱有中人一面承當恐口無憑立賣地契永執為據

統計共官敵地 頃 乙畝 乙分 乙釐 官拾乙年

隨交上手累洛紅契 張白字 張

中人 牙紀

買契投稅章程列後

一凡置買田房以銀立契者每價一兩收稅九分以銀繳納不得折徵地糧銀價數目折錢徵收其以錢立契者則以錢投稅如買價制錢一千即納制錢九十文不得再照制錢一千作銀一兩折算

一民間置買田房應遵照部定新章立契之後六個月內投稅概限不稅概照例治罪並追契價一半入官仍令照章稅稅

一各屬稅事務前由書吏牙紀經管現改歸自治頭辦會辦理 暨由勸學所地方 自治會未成立地方 並由地方官會同自治會選定附城殷實錢店一家代

收稅存稅價及官契紙價銀錢

一官契紙定為三聯首日副契次日正契尾凡投稅者三聯官契一律填寫加蓋地方官印即將契尾所填契價稅類銀錢各數目騎字截

開前副連同正契發業戶收執後副粘連副契蓋司 其官經購用官紙尚未投稅粘 連由地方官 印契尾之契 白契換填官契投稅者 印契尾之契 一律照此辦理

一官契紙由自治會存儲民間投稅時照章填用

一官契紙每契一張標定價庫平足色錢民間買用契紙應即同時交自治會依照填入官契 即將草契粘連填入三聯官契 用印信不必再在官契簽名書押以圖簡易凡遠近小契 未粘有官 白契亦與小契白契同蓋戳用

一三聯官契紙先自立草契民間先自立草契民間照章報投稅時由契主持交自 該會照依草契填入三聯官契

一三聯官契紙契尾共裁一張嚴定價庫平足色錢民間買用契紙應即同時交自治會依照填入官契

一民間置買田房應先自立草契並中證人等列在草契簽名書押投稅時由契主持交自治會依照填入官契

一官契紙由官契店收稅 如有積壓契事准投稅人票究

一自治會收受投稅人草契之日起限五十日內將契尾發還原業戶色及留離情事准投稅人票究

一每月由地方官徵收稅銀數目詳細榜示自治會門

一自治會所用官紙號數契尾姓名實收錢各數目詳細榜示自治會門首

一五日內連同錢銀店收買發送稽門代為沒稅見失

一民間投稅應將草契及官定錢銀店所收收單親齎自治會給回鈐章收據 凡草契張數及所收單內錢數目一併書明收據之內

一此次定章以前民間所存歷年未稅買契統限四個月內白契照章補稅小契補網牛稅倘逾限不稅概照漏稅例治罪並追半價允公

一民間因買田房地搆訟經被地方官查驗買被契紙如係逾年白契小契因案臨時投稅者仍照隱匿開辦

一民間置買田房銀價稅務須從實填寫不准暗減希圖減稅逾者由官查出照契價收買入官另行估變倘有以買為典作契查出即令更換買契投稅仍將

一官定錢銀店代收稅銀價銀紙價如有苛剔平色及留離情事准投稅人稟究

一置買田房原業主及鄉佑里書牙紀等在此次定章以前收受民間銀契未經代為投稅印契者統限半個月一律完稅清楚如有隱匿短漏及逾延等弊准契主 惟控查實從重懲辦

一原業主及鄉佑里書牙紀知之最悉如有匿契不稅或暗減銀價及以買作典經查實原業主與鄉佑里書牙紀告發查實於罰款內提五成充賞

一民間買田房由鄉佑里各村紳董村正副公舉一二正人作為本村成紀以昔日牙紀只任丈量之事一切成交契約勿須經被契紙如係

一公舉之中人如有舞弊諱辦除分別副紳外仍賣成紳董村正副另舉安人接充

一買賣田房牙紀行用及中人代筆費向按契價給百中之五外買者出三分賣者出二外現仍照舊收取准中人代筆分用五分之二牙紀分

民国十年（1921）河北省西蒿科村程彭太买地契

　　民国九年（1920）年末，河北省西蒿科村程彭太在官中程同山的说合下，从程增福手中买了一块地，于民国十年发给买契。买契上标明买主姓名、不动产种类、座落、面积、四至、卖价、应纳税额、原契几张、立契年月日、落款、时间等。契纸为表格形式，盖官印、骑缝章，有卖主、官中署名。

買字第　　號

買契

買主姓名	
不動產種類	地
座落	西芳科
面積	
四至	至
賣價	
應納稅額	
原契幾張	一張
立契年月日	民國九年十月廿一

賣主　程坤祖
官中　程丙山

洪憲十年五月八日給

民国十一年（1922）河北省深县徐□庚卖地契、民国十九年（1930）深县徐永富买地契

左侧为民国十一年河北省深县徐□庚经中人说合将自己名下一段地立契卖给徐永富，经政府所立买卖□、县署存根各一张。右侧为民国十九年经财政部所立深县徐永富买徐永禄地验契纸一张，以表格形式登记土地、纳税等情况，缴注册费一角。盖官印、骑缝章。

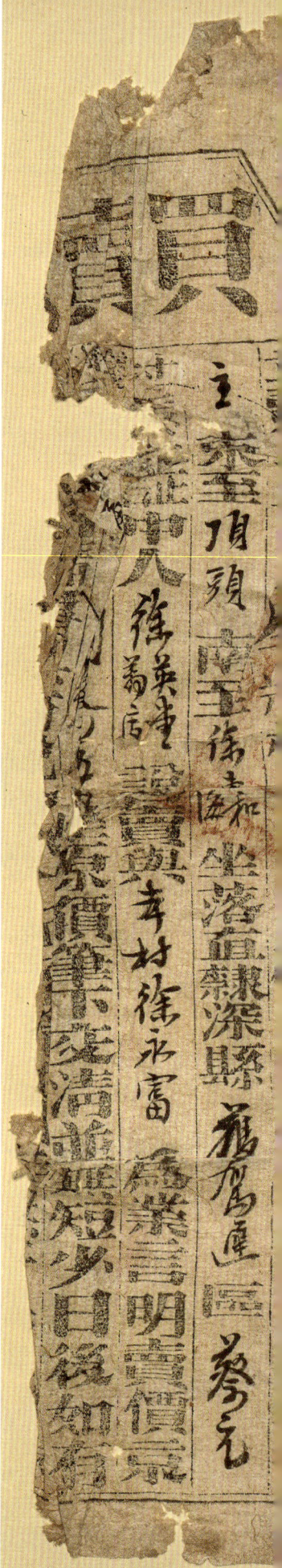

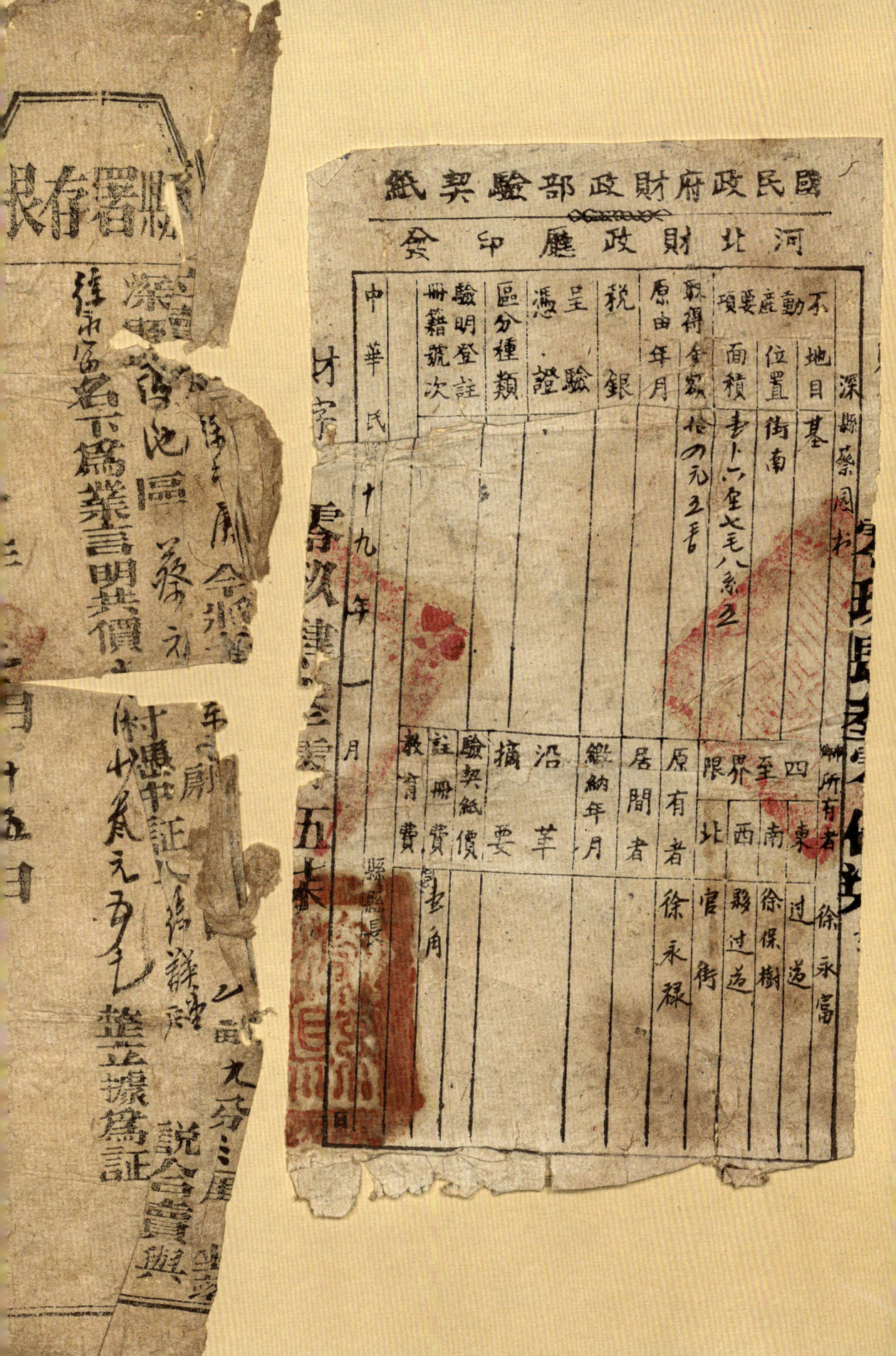

民国十八年（1929）河北省蔚县武茂卖地契

　　民国十八年河北省蔚县东酒务头村武茂将自己的一段地在武绪的见证下卖给武献，并立草契一份。草契贴有税票两枚，边角处有花码，有武绪同中人签字画押，正文结尾有十字押。民国十九年（1930）经官府立买卖田房草契一份，印有例则摘要，贴有买契一份。盖官印、骑缝章。

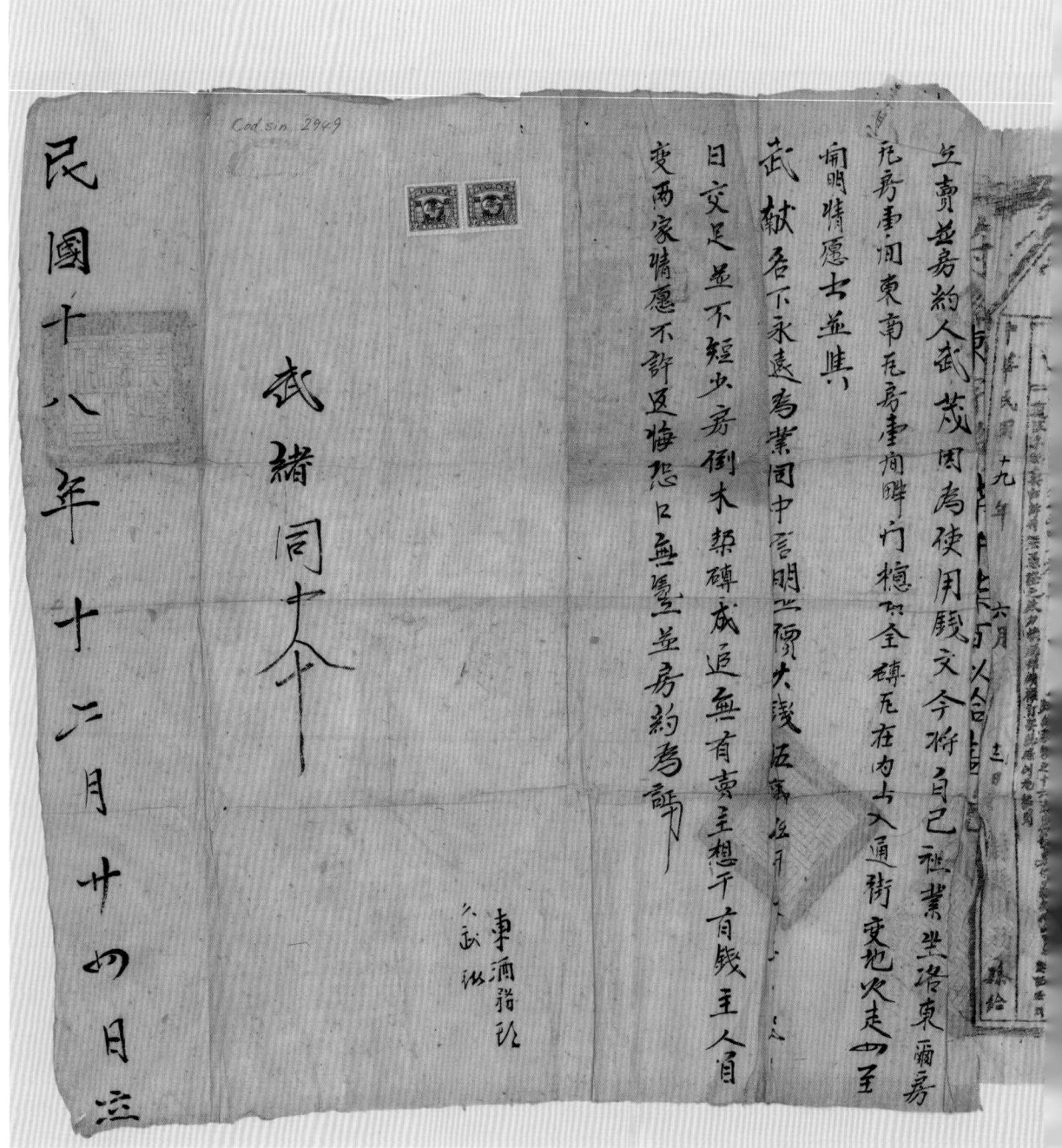

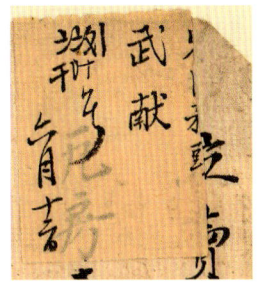
草契上方贴有字条

买契上方贴有字条

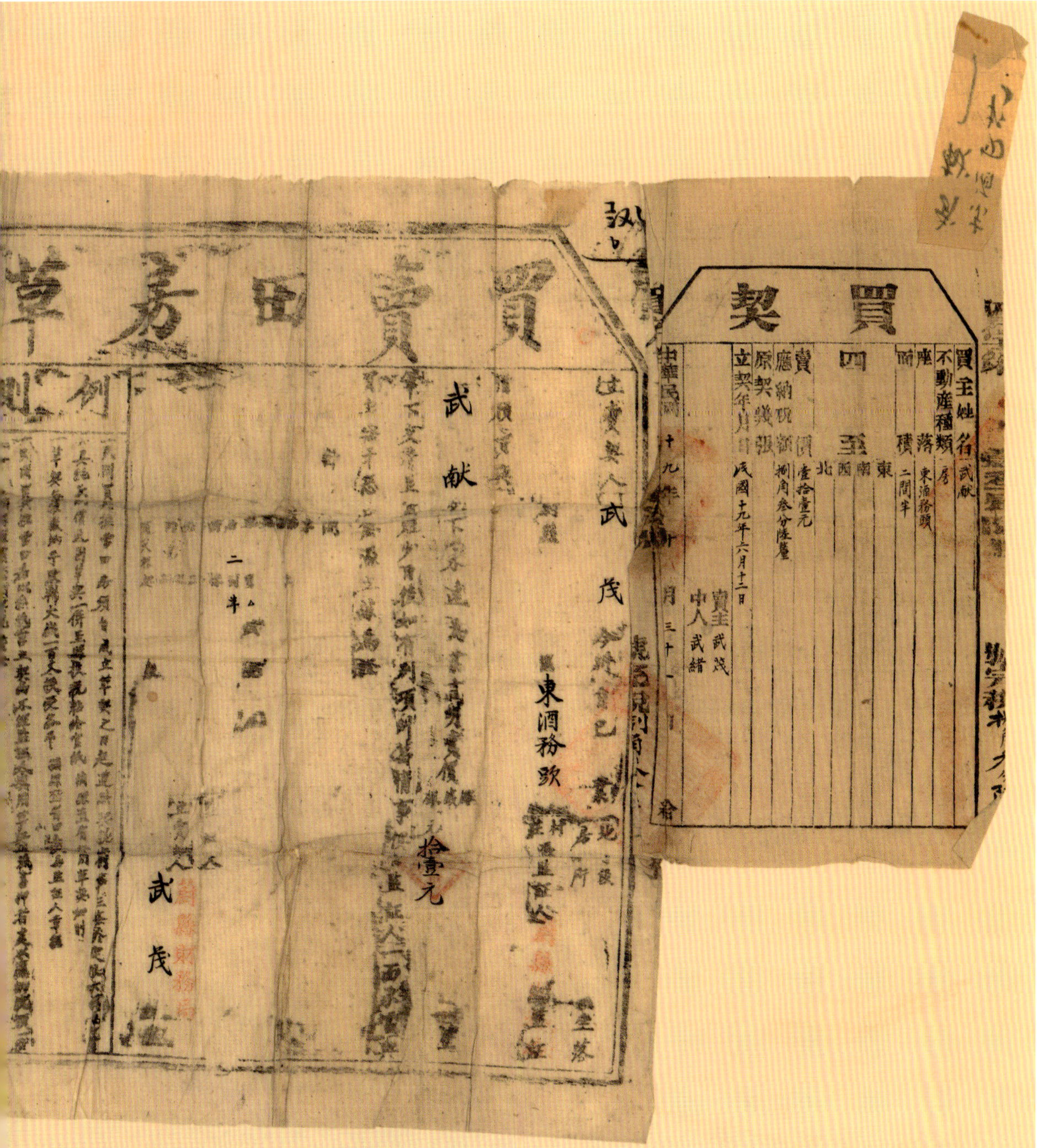

民国二十年（1931）河北省涉县王二孩、王四孩卖地契

民国二十年河北省涉县王二孩、王四孩将名下土地立契卖给李正云。经官府立买契一张，附例则摘要。县买契草契纸有勘丈员戳记"不隐不漏"，有花码计数，半边印章防伪。盖官印、骑缝章，有卖主、中人、勘丈员落款。

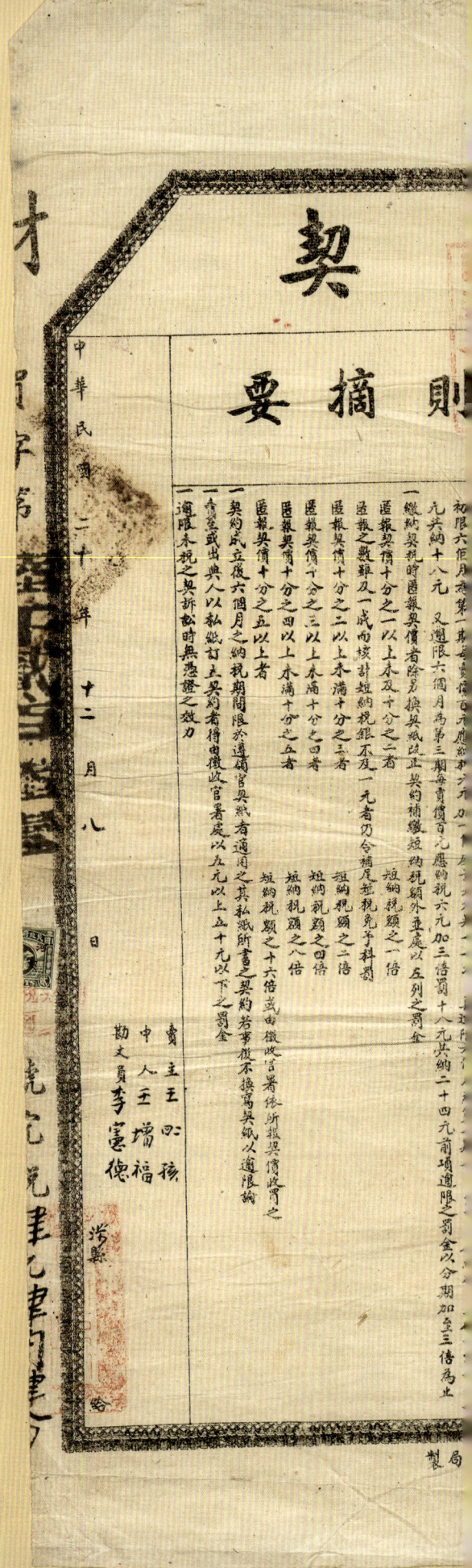

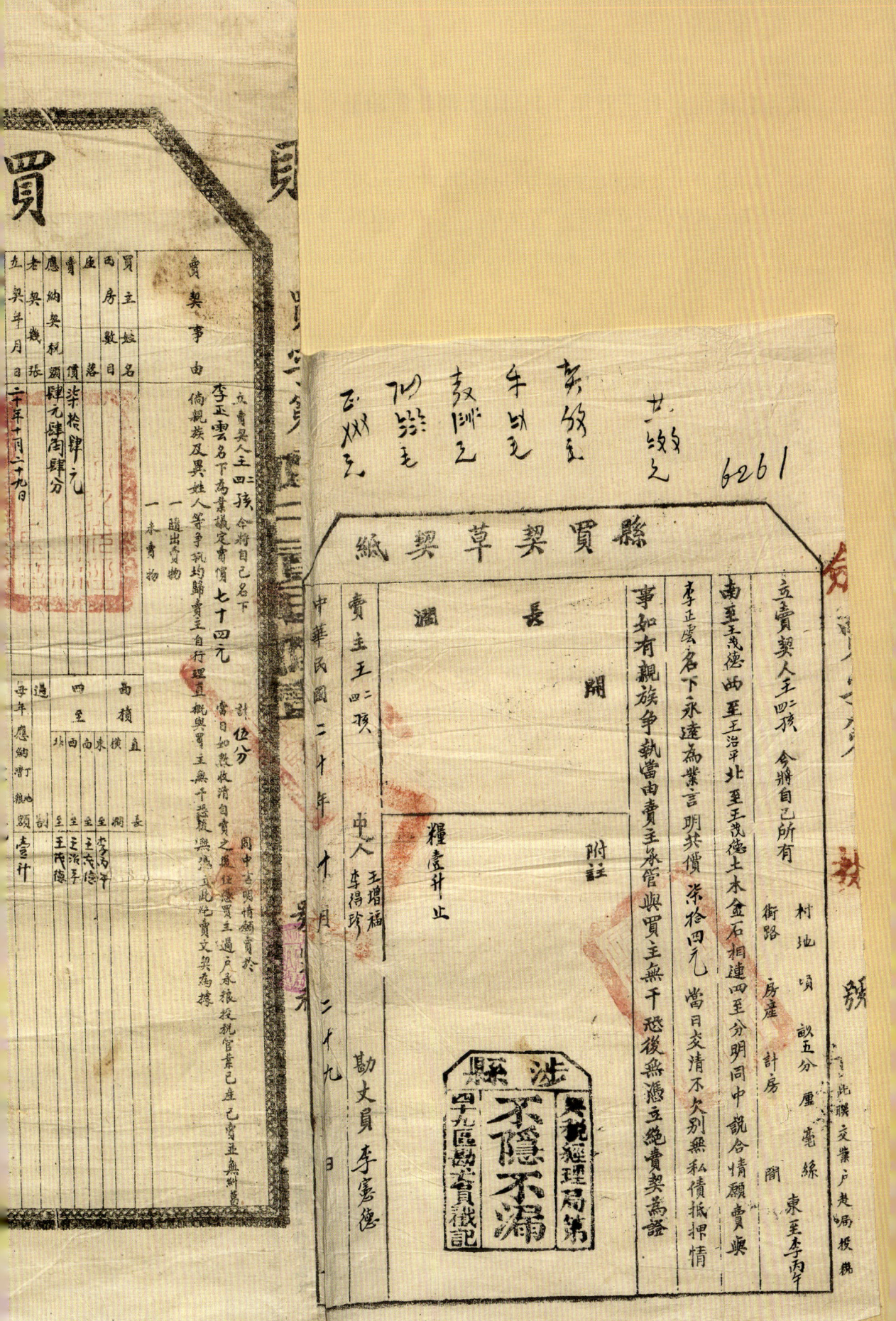

成吉思汗纪元七三五年（1940）河北省蔚县单猴村段洁臣卖地契

成吉思汗纪元七三五年，段洁臣将自己名下三段地卖给董尚仁并立草契，一年后经官府立买卖田房草契与买契，上贴一张契纸费收据。草契正文结尾有十字关门押，

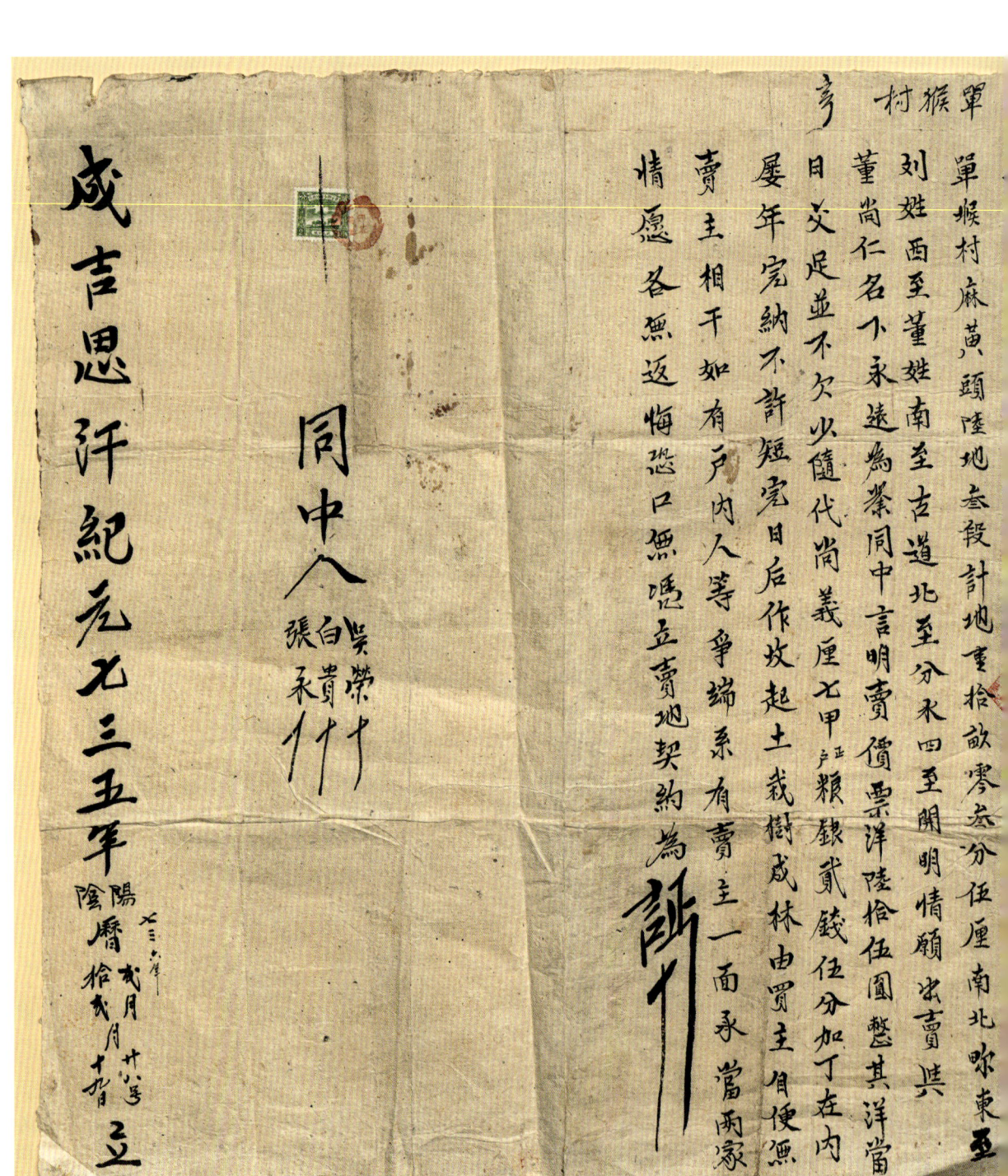

有同中人签字画十字押，贴有税票，契纸上盖有大小形状不等的印章若干。成吉思汗纪年是日本扶植的伪"蒙疆联合自治政府"使用的纪元，即以1206年铁木真称成吉思汗之年为成纪元年。契文具体日期下分列了"阴历十二月十九日"与"阳历二月廿八号"。

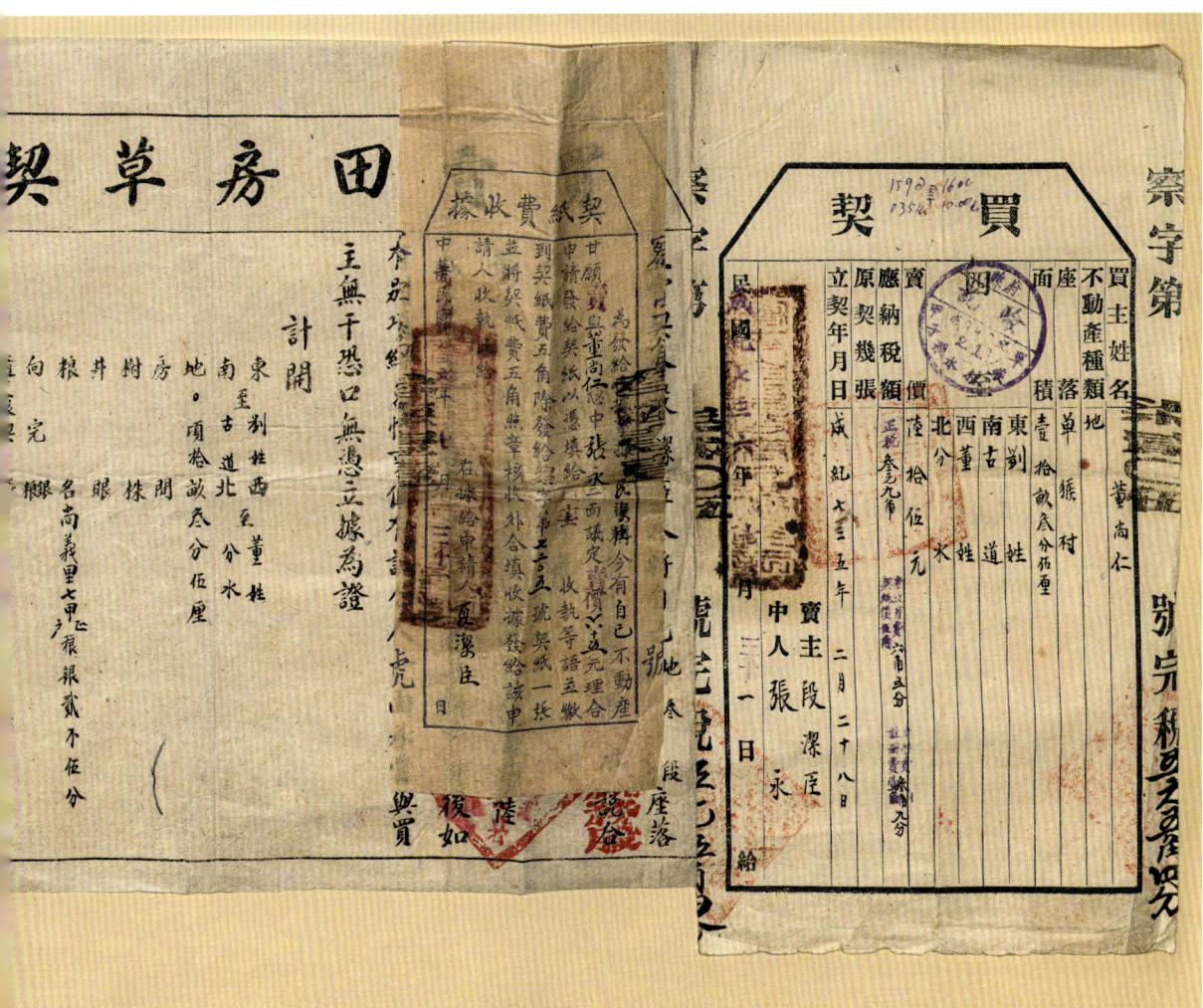

田房草契

計開

東至刘姓西
南至古道北至分水
地。頃拾畝叁分伍厘
房間
樹株
井眼
粮完
向
隨交粮契張

名高義里七甲户粮銀貳不伍分

立賣契人段潔臣

主無干恐口無憑立據為證

成紀七三六年七月二十一日

附係字第 號

立賣地契約人段潔臣因為使用國幣不足今

單猴村麻黃頭陸地叁段計地重拾畝零叁分五

猴村
單猴村
刘姓西至董姓南至古道北至分水四至開明

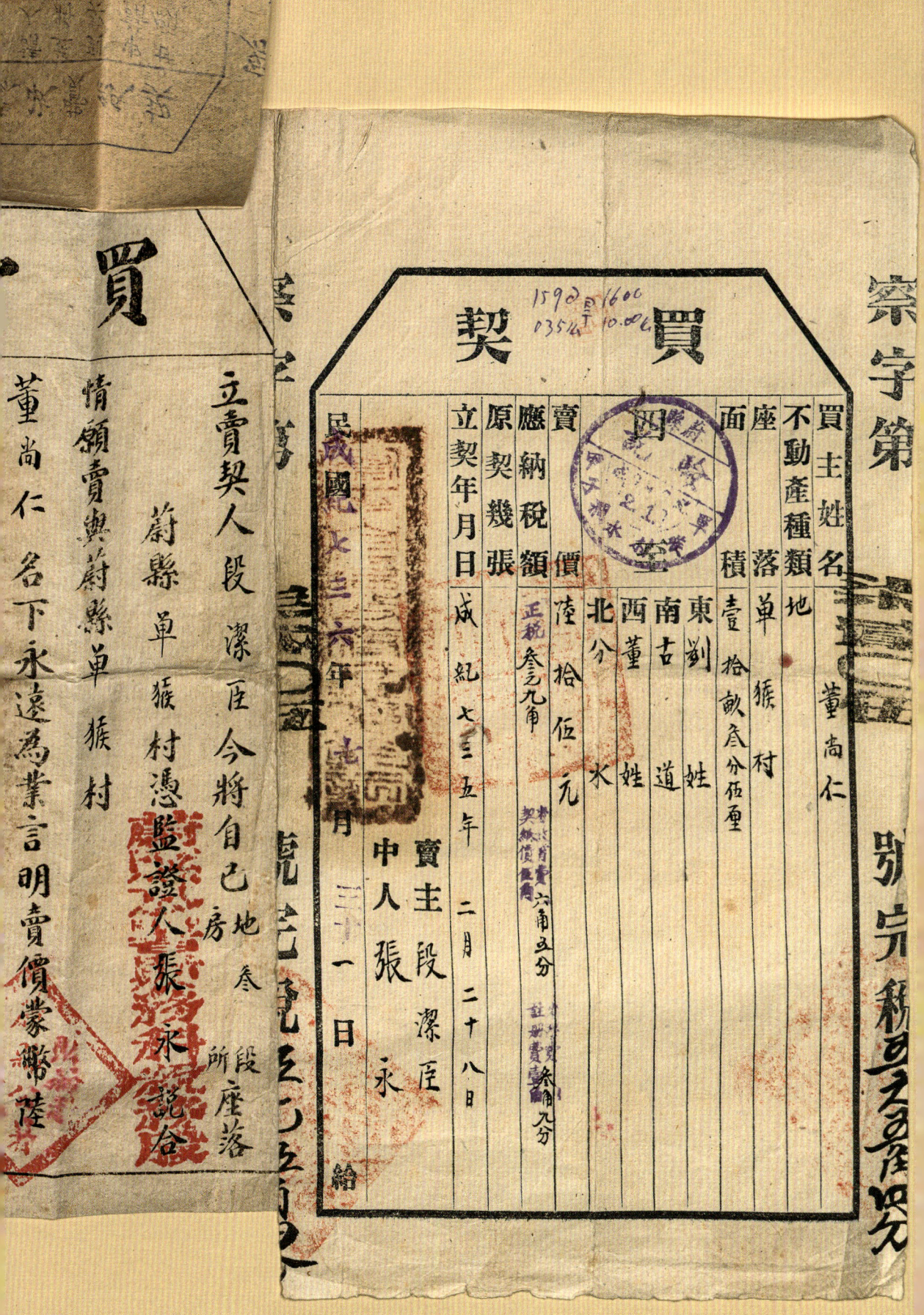

《成吉思汗纪元七三五年（1940）河北省蔚县单猴村段洁臣卖地契》揭开"契纸费收据"可见部分

民国三十一年（1942）河北省涉县李春喜土地补契

河北省涉县李春喜原有地契一张，因扫荡损毁，于民国三十一年，在村长、农会作保下补立一张。正文结尾有十字关门押，末尾有立补契人、村长、农会签字、盖姓名章，四邻、书契人签字、按指印，盖官印、骑缝章。

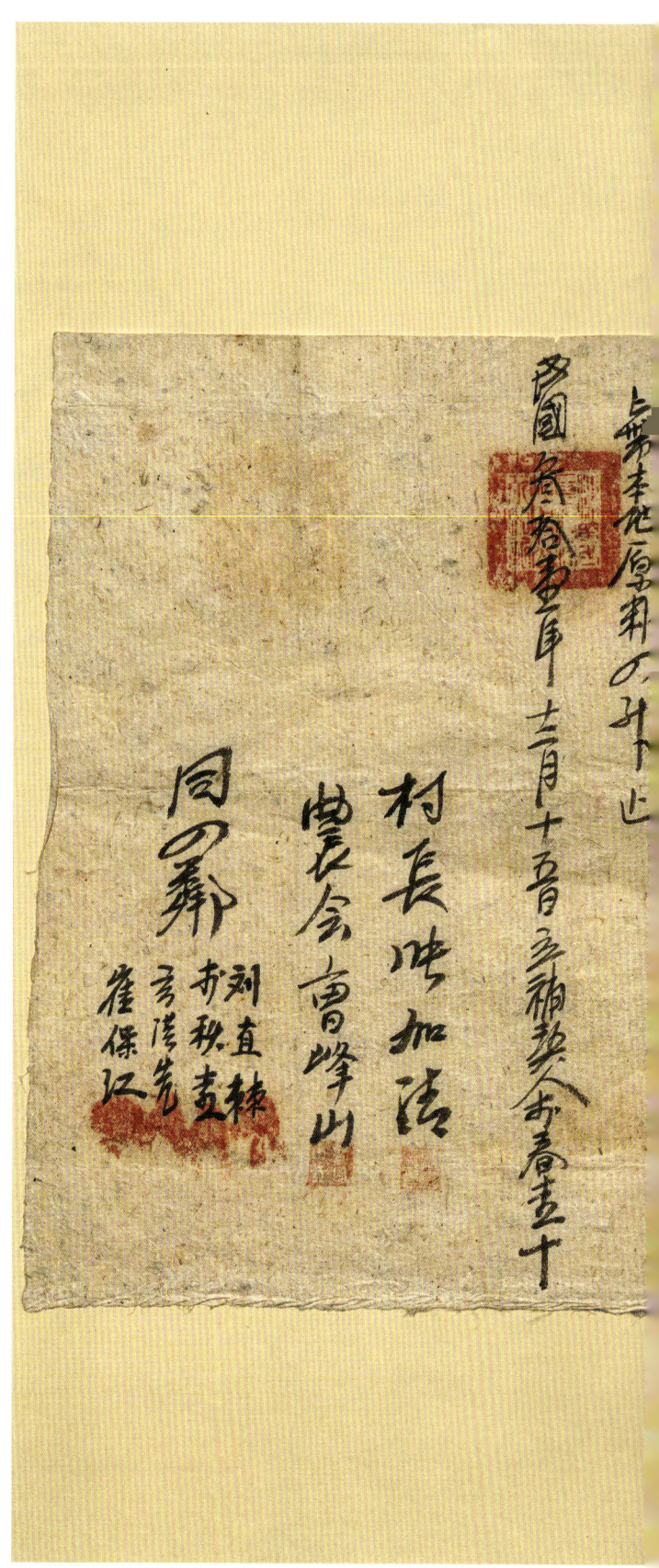

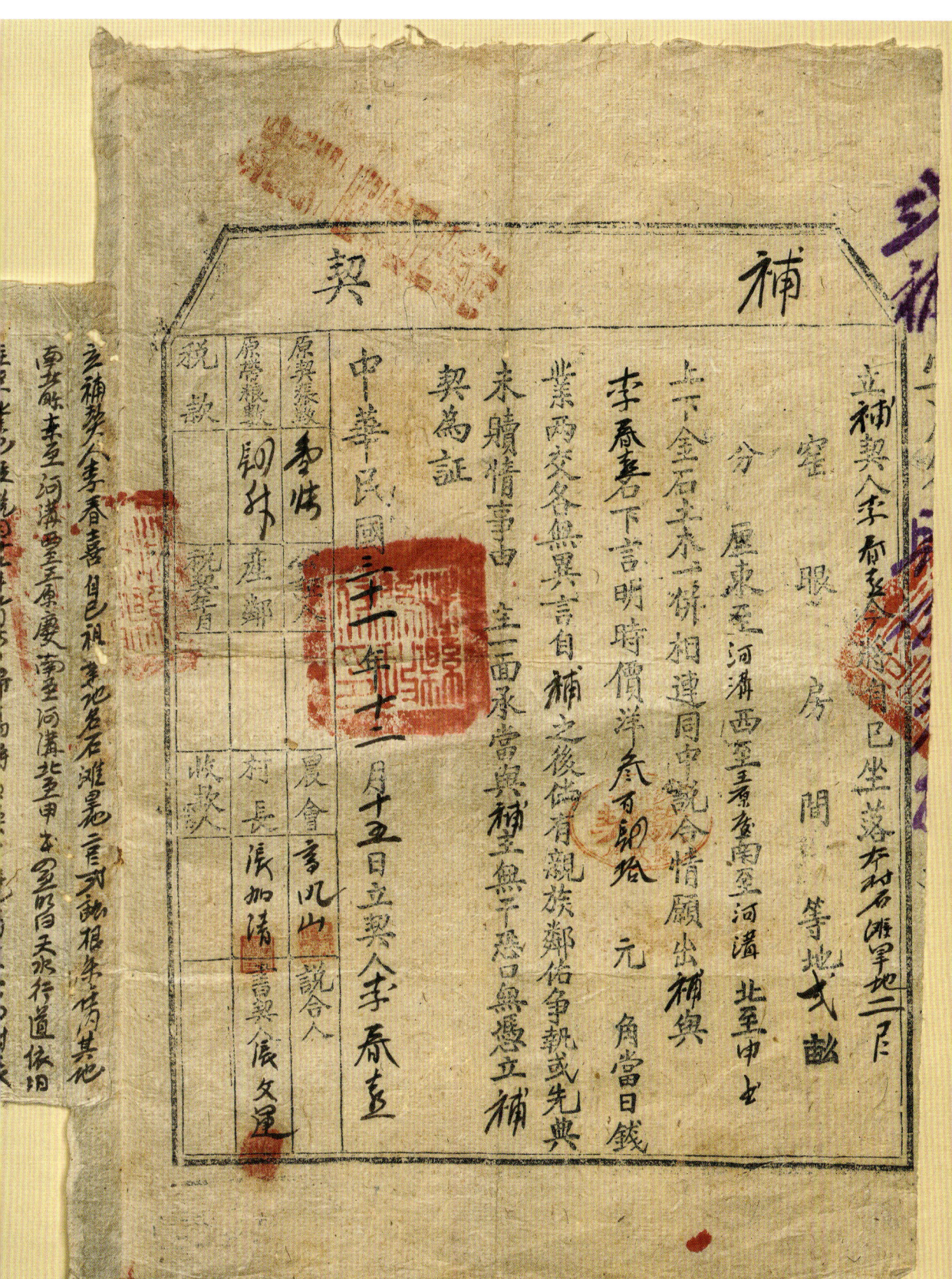

立補買契人崔永太因先祖遺產前居交上廣地二畝計地一畝下盧二畝
計地六分上至老墳至民西至路南至崔永建北至村東成下民其地
來至民西至柏正園南至柏正園北至坊獻明上至依原流行道依舊
往東背乞已花稅勢一至完清迄于民國三十二年九月廿五日家運不盡
胡物該地紅契失落補單祁相片紙世遺當後共當同農會議定勝
價澤票壹佰五拾元向政府無補契另記

民國三十二年元月廿五日 立補買契人 崔永太
上筆吉地原柏書契止   證明人 崔鳴謨
村長 王克讓   崔永珏
農會 崔鳴駒

原買賣數			
畫明		買會	賣明 故玉
原稅數			
畫押	原鄰 崔永建 村長 王克讓	稅勢員	故數人
稅數			賣買契人 坊獻明

民国三十二年（1943）河北省涉县崔永太土地补买契

民国三十二年河北省涉县崔永太在村长、农会议定下补立地契一张。正文结尾有十字关门押，末尾有村长、农会主任盖姓名章，证明人、立补契人画十字押，盖官印、骑缝章。

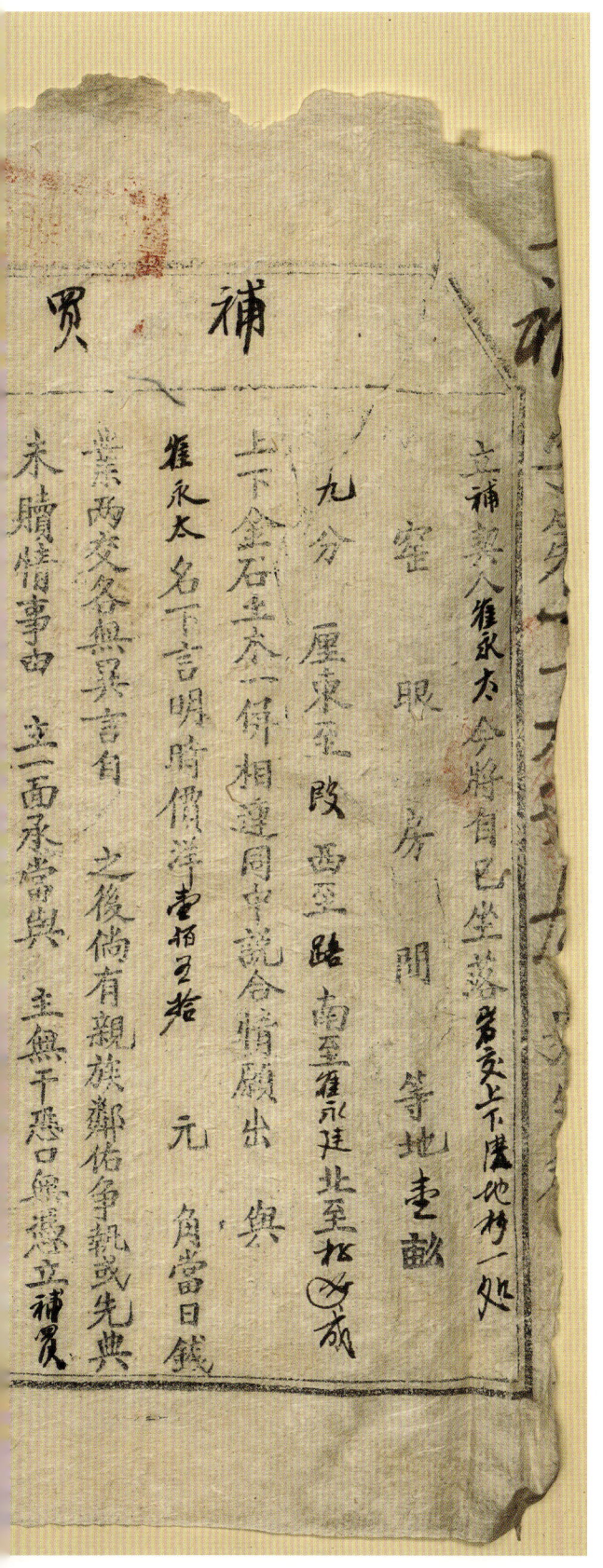

民国三十二年（1943）河北省涉县杨双井土地补契

民国三十二年河北省涉县杨双井因原契在民国二十八年（1939）被老鼠啃毁，故在村长、农会议定下补立地契一张。正文结尾有十字关门押，末尾有村长、农会主任签字、盖姓名章，证明人签字、按手印，立补契人签名并画十字押，盖官印、骑缝章。

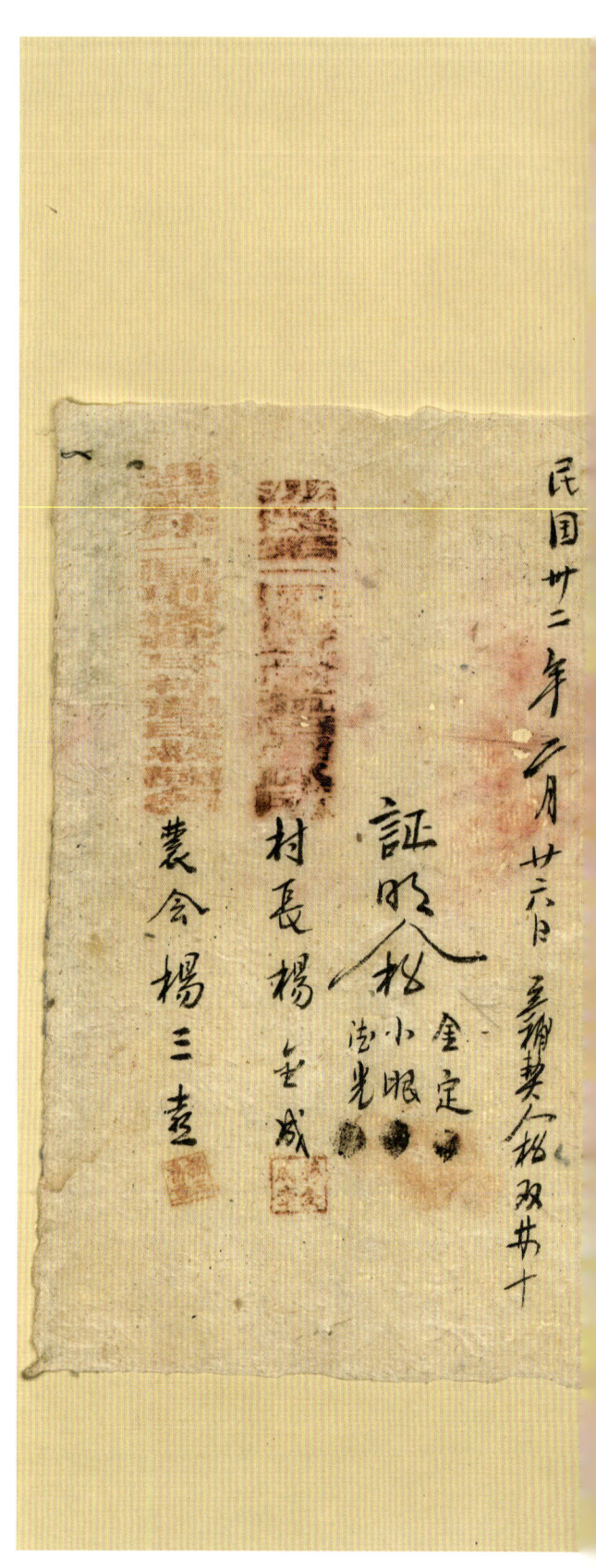

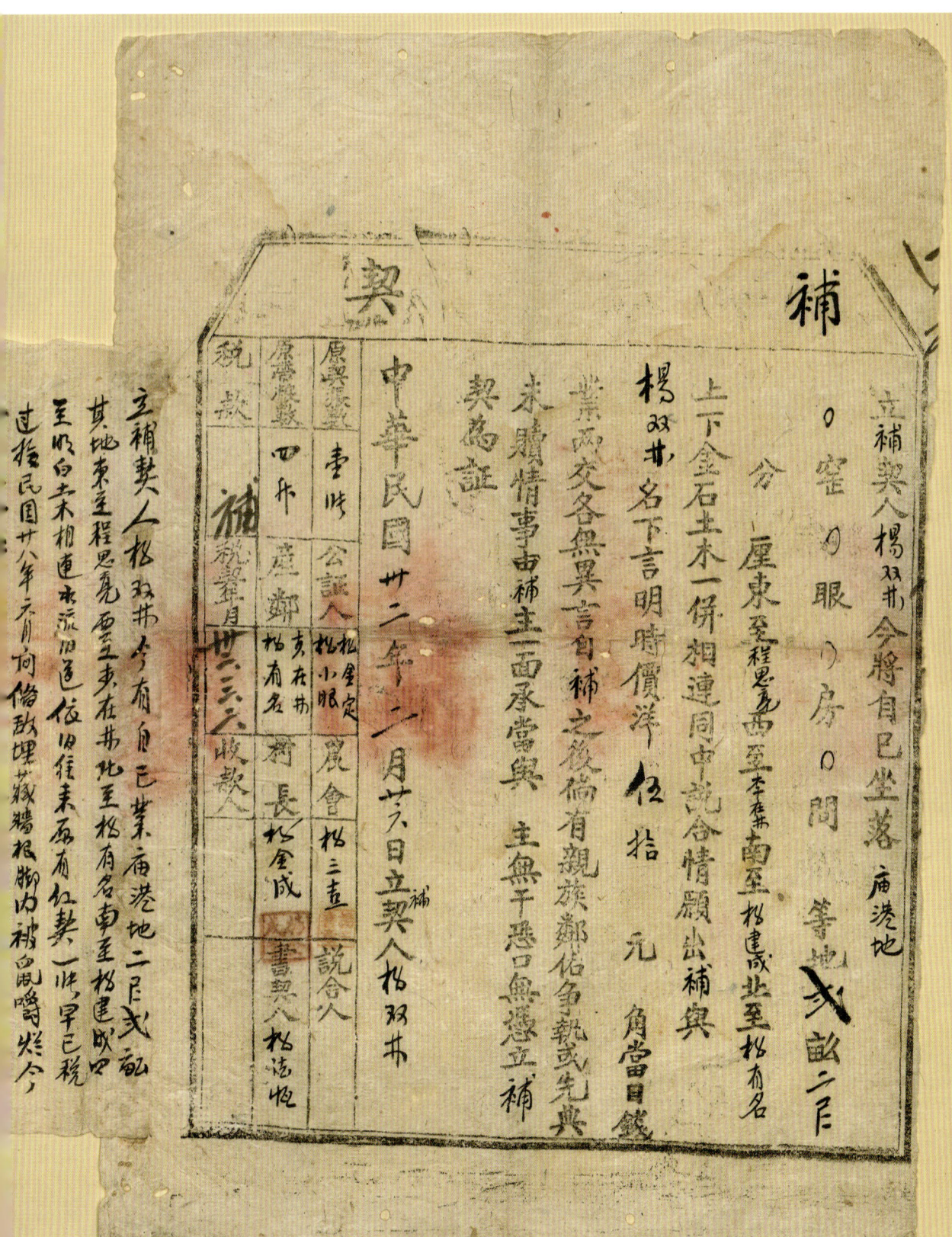

立補契人鄭承元因自己祖業北滿荒地壹處其地東至鄭業四西至鄭壹元南至鄭業四北至鄭治蒼冬四至明白大小稅令在為土木石相連竹流行道依旧往來業已投税今由村長農會议定按田作價洋叄百壹拾元整有四隣証明作保是實如有不實願受政府处分恐口不憑立補契为存証　十上蓍地原粮半升打上

民國三十三年二月十三日立補契 鄭承元

四隣証明 鄭秀玉 鄭秦元

農會 鄭起洞
村長 鄭貴金

民国三十三年（1944）河北省涉县韩□元土地补买契

民国三十三年河北省涉县韩□元在村长、农会议定下补立买契一张。正文结尾有十字关门押，末尾有村长、农会主任、四邻签字并盖姓名章，立补契人签字，盖官印、骑缝章。

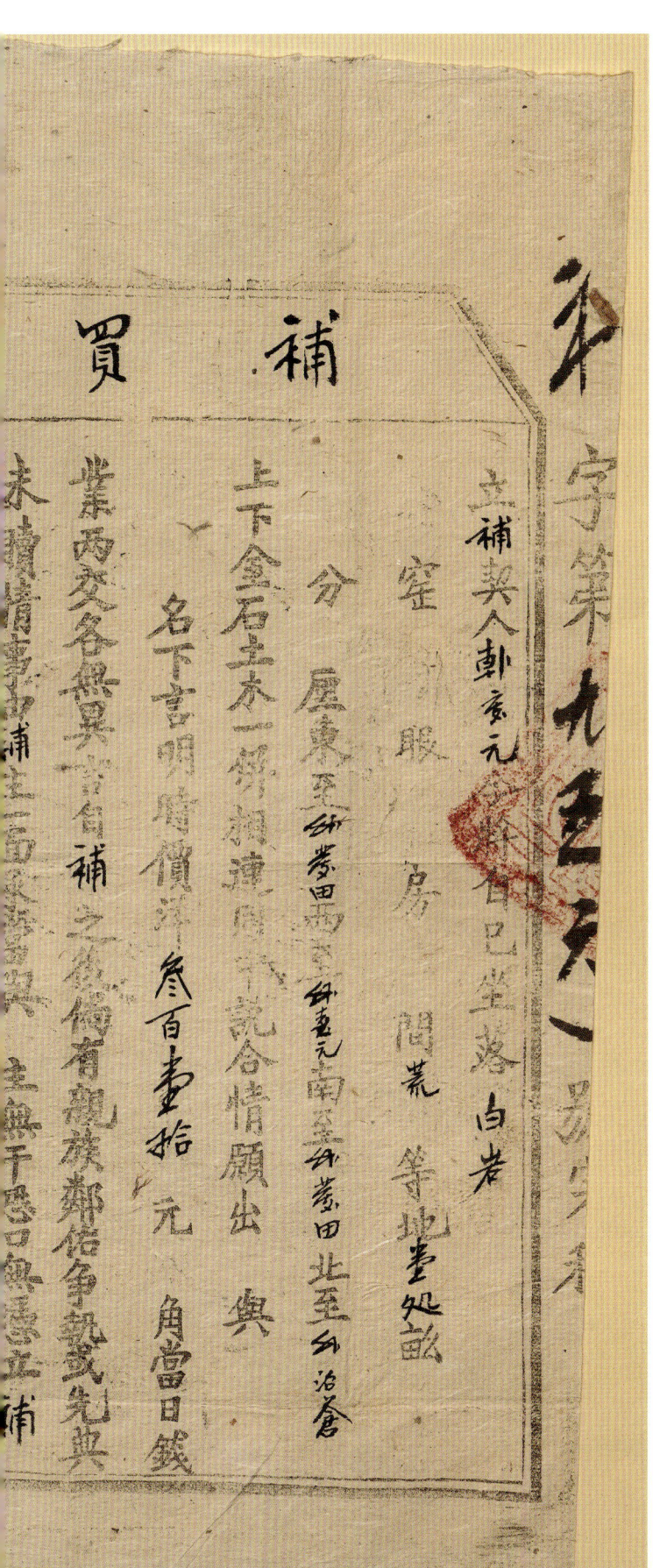

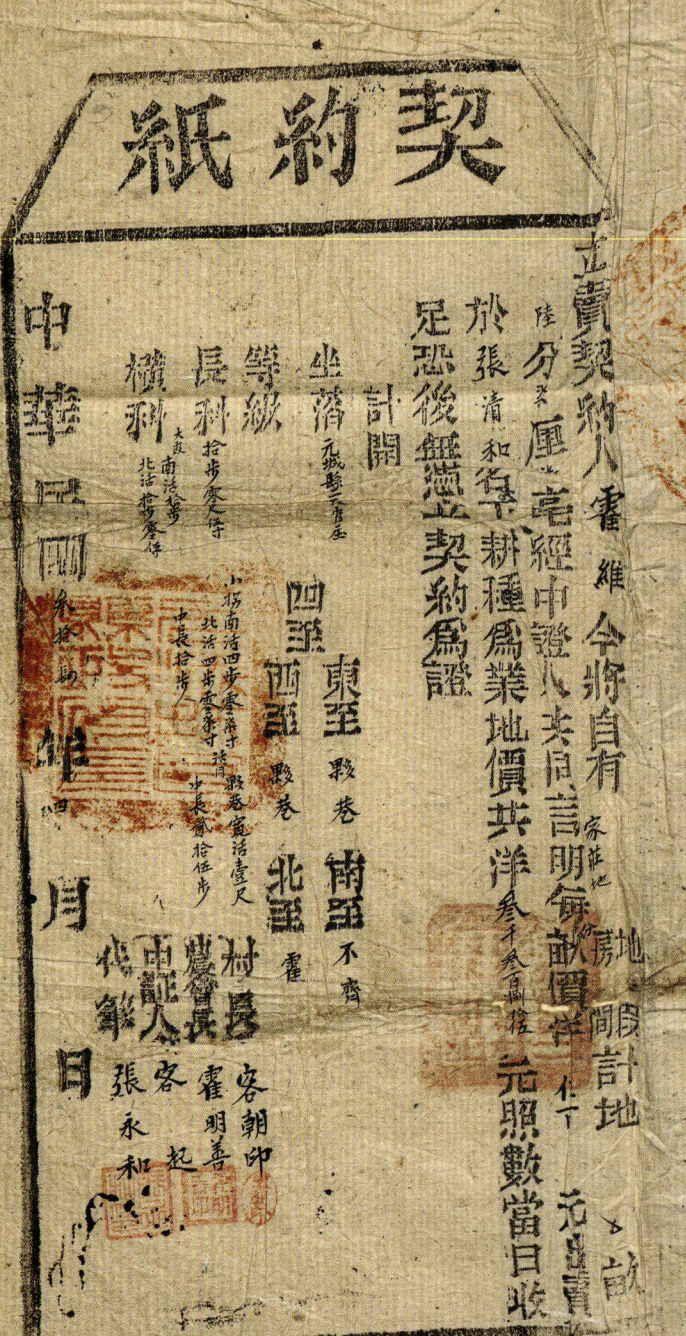

民国三十四年（1945）冀南区元城县霍维卖地契

　　民国三十四年晋冀鲁豫边区冀南区霍维将自己名下三段地卖给张清和，经官府立契约与买契各一份。其中官府收取百分之四的税。契纸上有村长、农会长、中证人、代笔等落款，并盖姓名章，盖官印、骑缝章。

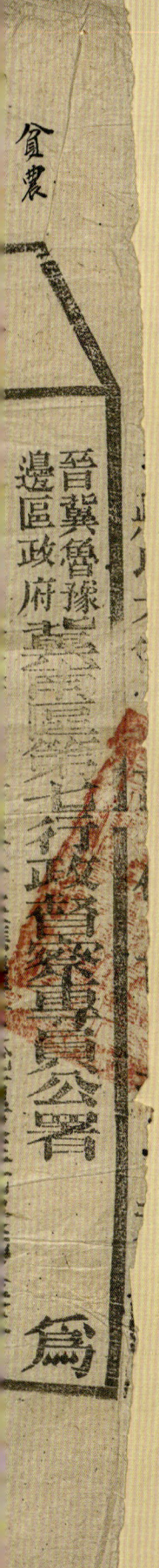

民国三十五年（1946）河北省深县王景常卖地契

民国三十五年河北省深县王景常将自己名下土地立契卖给徐荩臣。署中人、现目名，盖骑缝章。据《民国三十八年（1949）华北区深县徐荩臣土地房产所有证》（第615页）可知，本份契约应为河北省深县地契。

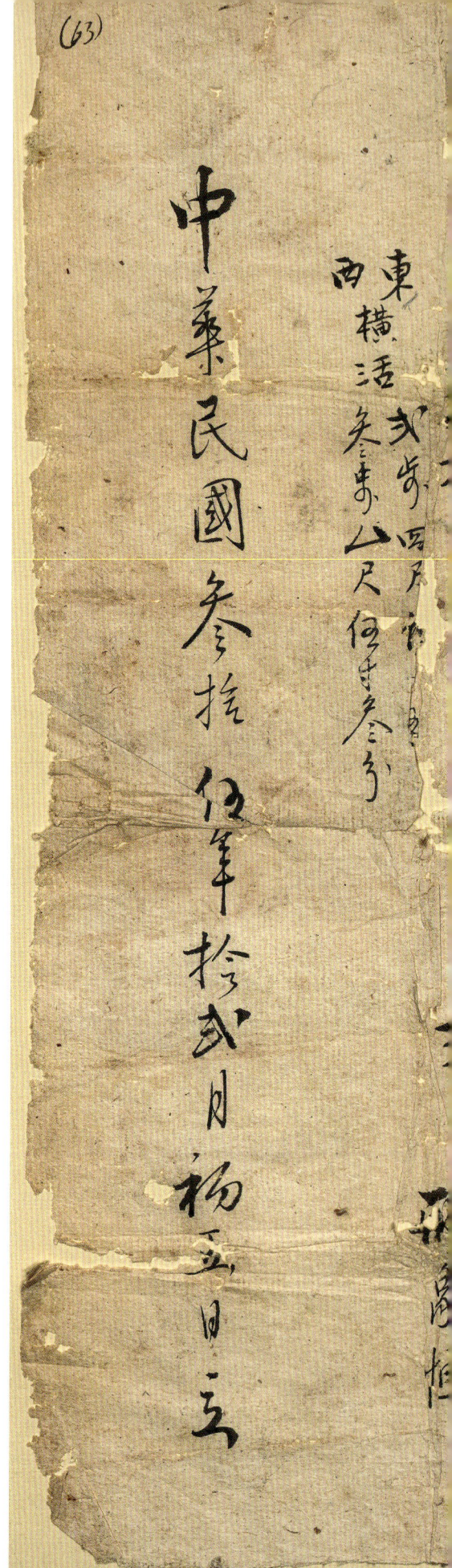

立賣契人王景常因不便今將坐落東南郡家坡東
東西地壹契兩叚計地稅尺壹畝伍分九厘壹毫
叁絲四忽土坦更不得轉賣道南玉條寶柱
北至徐長壽四至到靖今憑中人成記賣于
徐盡臣名下耕種永遠爲業言明每畝價洋
叁拾武元征其錢當日交清恐口無憑立字爲証

東叚長語伍拾步品々伍寸

中人 蘇樹芳

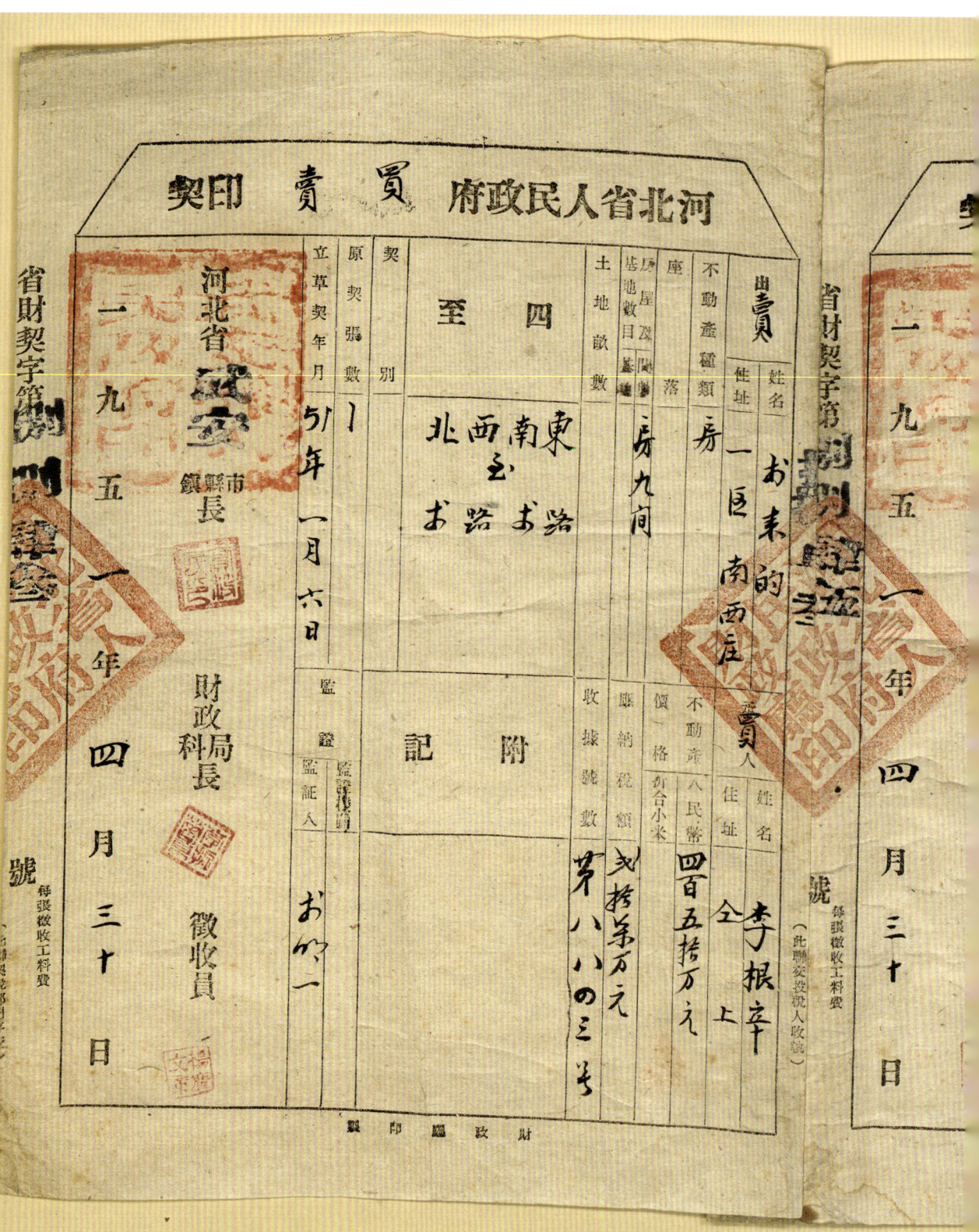

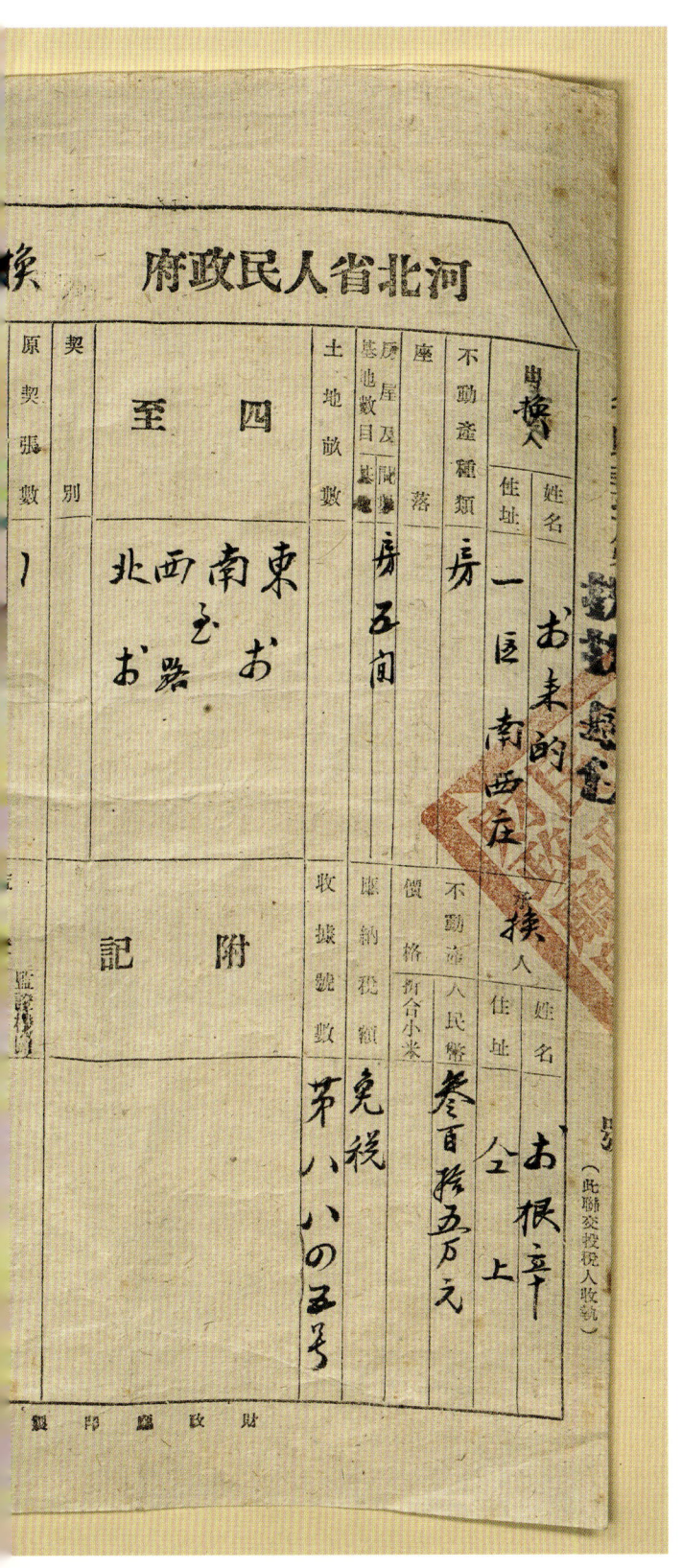

1951年河北省武安县李耒的卖房契

左侧为1951年河北省武安县李耒的将九间房卖给李根辛换印契一张,右侧为同年李耒的将五间房换给李根辛的买卖印契与换印契各一张。盖负责人姓名章、政府印、骑缝章。

1953年河北省徐□氏卖房契

1953年河北省徐□氏及其女儿立契将名下空房一所卖给徐荩□。盖印章、监证人姓名章。

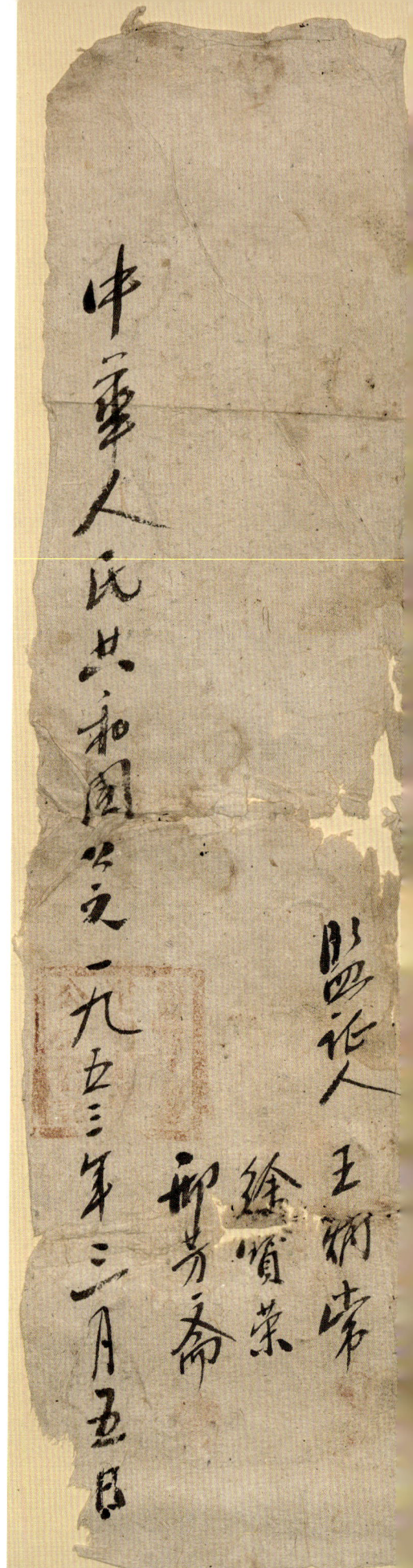

立賣房文約人徐張氏章氏徐二夫今因乏
用將自有空房一所土木相連過中說合
賣與徐盖[...]為業共房共計
地糧人樹運零零零米柴任南至徐承祥
北至王京嘉東至道西至夥巷四至列
明退年議妥共價民幣玖拾萬元正此欵
筆下[...]清恐口無憑立文約為證

南北長潤叁丈實相
東西潤相分戈叁丈
南頭生[...]去長[...]

王宗欽
邢敦厚
劉[...]貴

1968年河北省宣化县张汉志等卖房契

1968年宣化县张汉志等三家共有土房三间，卖给同堡人梁仲先，分期给清。经宣化县人民委员会立买房印契一份，以表格形式登记买卖、征税等情况。契纸盖立卖契人姓名章，盖委员会印、骑缝章。

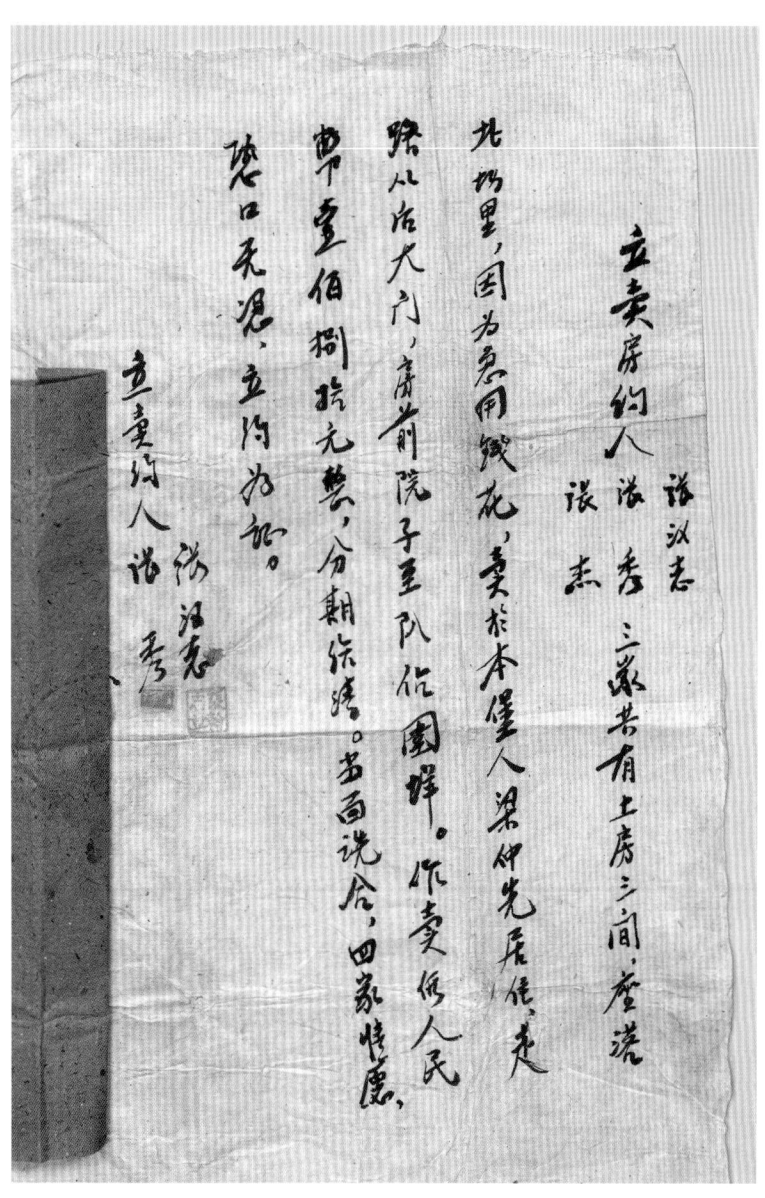

掀开印契纸可见契约正文

立卖房

北场里，因为…
路北店大门…
即壹佰捌…
堂口无混…

宣化县人民委员会印契

田	姓名		承	姓名	梁仲先
人	住址		人	住址	
不动产种类			不动产		
处落			价格 人民币		壹佰叁拾元
房屋及房尾			应纳税		
基地亩数			收据号数		
四至	东		附		
	西		记		
	南		监证 监证机关		
	北		监证人		
立契張年月					
忘契張数					

一九六八年 月 日
宣化长
财政局长
征收员

(此联交纳税收执)

买家人 梁仲先

公元一九六八年旧历四月二十四日立

山西地区契约

山西省孝义县王氏契约

本批契约文书中共有18份山西省孝义县王氏契约①。时间跨度为乾隆四十一年（1776）至民国二十二年（1933），包括15份买卖契约、1份租赁契约、1份记据合约、1份典当契约，均为红契。且除记据合约与补立契约外，其余15份都具有完整的立契人、对应人与中人信息，事主集中于王焕才、王玉让、王福聚三代人。

表7 王氏契约详表

契约	立契人	对应人
乾隆四十一年（1776）山西省孝义县王锡瑞卖地契	王锡瑞	王自武
嘉庆十六年（1811）山西省孝义县张兴、张王氏卖地契	张兴、张王氏	王继茂
咸丰元年（1851）山西省孝义县王玉龙妻武氏卖地契	王玉龙妻武氏、王继甲	王焕财
咸丰九年（1859）山西省孝义县张瑞祯、张玉才、张凤义卖房契	张瑞祯、张玉才、张凤义	王焕才
咸丰十年（1860）山西省孝义县王德成卖地契	王德成	王焕财
同治元年（1862）山西省孝义县王万贵卖地契	王万贵	王玉让
同治八年（1869）山西省孝义县王仕文卖地契	王仕文	王焕财
光绪六年（1880）山西省孝义县王德贤父子卖地契	王德贤、王根有	王玉让
光绪十六年（1890）山西省孝义县王玉恭卖地契	王玉恭	王玉让
光绪二十三年（1897）山西省孝义县王玉统卖房契	王玉统	王玉让
民国六年（1917）山西省孝义县天盛成租赁契、民国三年（1914）山西省孝义县张瑞祯卖地契	天盛成；张瑞祯	王福充、王福永；王焕才
民国七年（1918）山西省孝义县王玉让补地契	王玉让	
民国十五年（1926）山西省孝义县王氏母子卖地契	王广聚	王福聚
民国十九年（1930）山西省孝义县王广明田房草契	王广明	王福永
民国十九年（1930）山西省孝义县王福栋田房草契	王福栋	王福聚
民国十九年（1930）山西省孝义县记据合约、民国三年（1914）山西省孝义县王德成卖地契	王福充、王福永、王福恒、王福聚；王德成	王焕才
民国二十年（1931）山西省孝义县吴钦典房契	吴钦	王思熙
民国二十二年（1933）山西省孝义县王福聚补地契	王福聚	

① 在德国巴伐利亚州立图书馆的原始数据中，这18份契约同属典藏号 Cod. sin. 2954 的《文书》。

由于契约中呈现的信息有限，本套契约的地域信息仅可确定为山西省孝义县，未能具体到乡镇一级。孝义县属山西省吕梁市，位于吕梁山脉中段，汾河中游，晋中盆地西南侧，与汾阳县、中阳县、交口县、灵石县、介休县相邻。[①]据载，光绪六年（1880）孝义县实行里甲制，下辖408个村庄，民国八年（1919）改为区村两级区划，共5个区，43个行政村，至1992年版县志编写时，已划定为18个乡镇，共计945.8平方公里。[②]在所涉地域范围大的同时，又因为王姓在山西为大姓，分支众多，所以暂时未能根据契约中的字辈定位到本套契约所属家族。

---

① 孝义县地方编纂委员会编：《孝义县志》，海潮出版社，1992年，第1页。
② 孝义县地方编纂委员会编：《孝义县志》，海潮出版社，1992年，第1、12、13页。

乾隆四十一年(1776)山西省孝义县王锡瑞卖地契

乾隆四十一年山西省孝义县王锡瑞将自己名下白地三段立死契卖给同族的王自武,并经官府确认,立尾契一份。有立卖契人、中人画押,代笔人签字,盖官印、骑缝章。

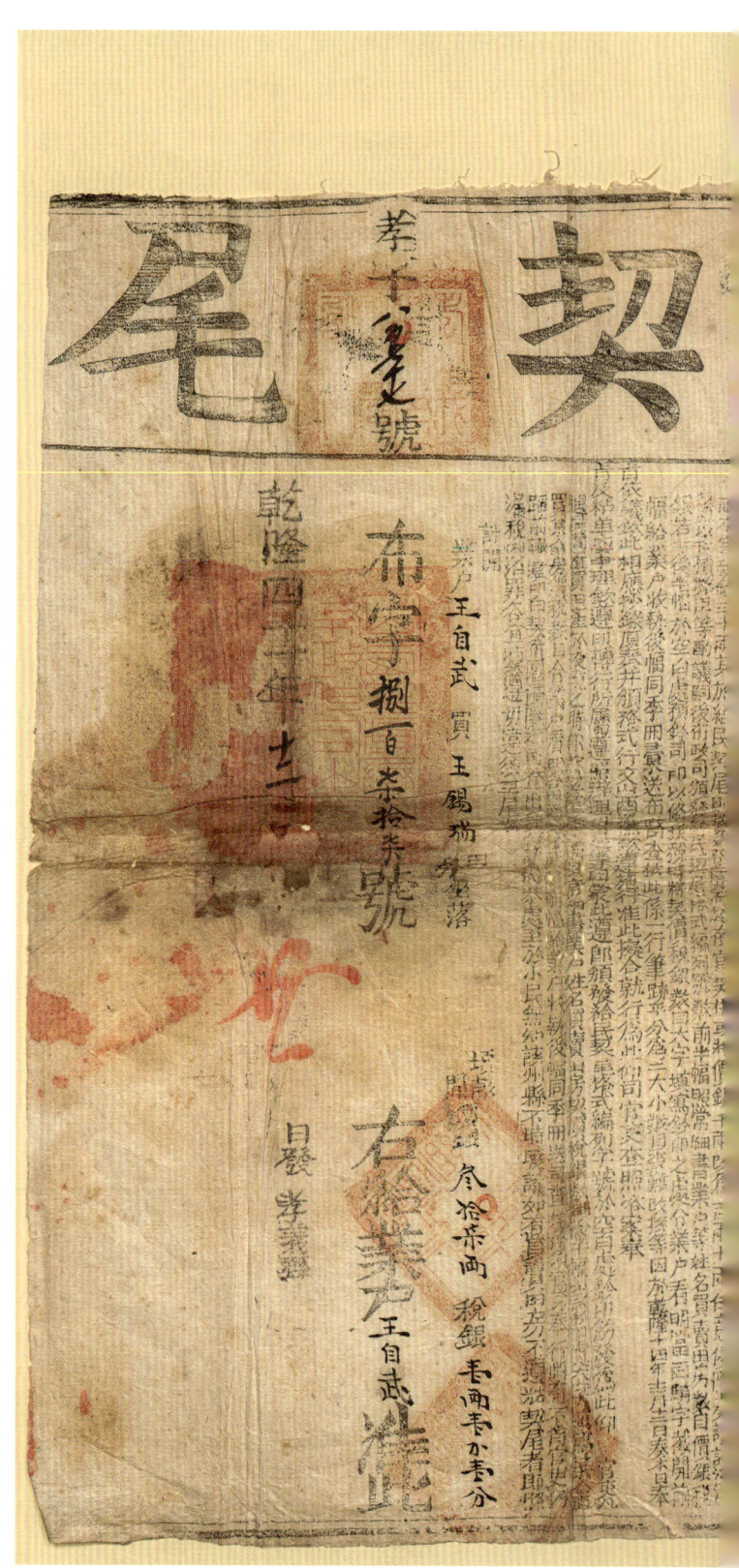

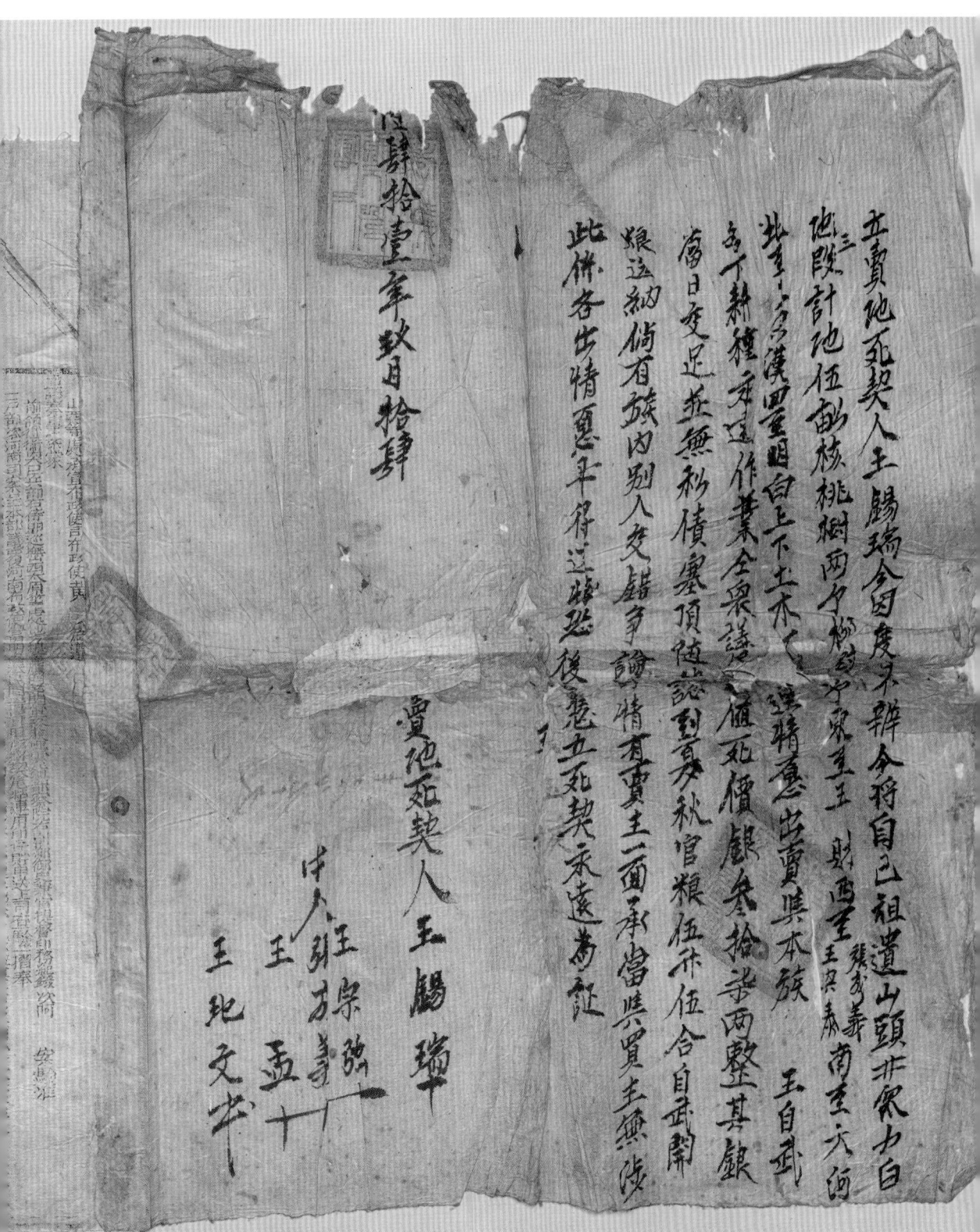

[illegible]號

[illegible]議奏事

前領得署理兵部右侍郎巡撫山西太原等處地方提督軍務兼理糧餉兼都察院右副都御史兼管提督印務[illegible]咨開 案照准

戶部咨河南司案呈本部議覆河南布政使富明條奏將契尾粘連用印存貯申送上司查驗一摺奉

旨該部議奏臣等查裕課固在察吏而剔弊[illegible]便民民間置買田產例用司頒契尾粘連民契給民收執其來已久前於乾隆十二年五月內經安徽

巡撫潘思榘[illegible]民間置買田產自[illegible]民則貪減稅銀甘印白契官則通同侵隱不粘契尾致啓刁民捏造假契爭佔訐訟或以大改小

等弊奏請[illegible]經臣部議[illegible]布政司[illegible]發各州縣存[illegible]給發業主仍照舊例外請嗣後令布政司多頒連環契

尾編列字號於騎縫處鈐蓋印信仍發各州縣[illegible]投稅之時填註業戶姓名契價稅銀數目一存州縣備案一同季冊申送布政司查核

倘有不肖官吏仍踵前轍希圖侵隱[illegible]州縣嚴參照例議處至於小民無知貪減稅銀甘印白契致啓刁民偽契爭佔訐

訟之端合令布政司通行曉諭如有不請粘契尾者經人首報即照漏稅例治罪等因奉

旨依議欽此通行飭遵在案今該布政司富明奏稱戶部議多頒契尾以後一給業戶收執一存州縣備案一同季冊送司查者稽覈

之法不為不周而巧取病民猶未能悉除者緣業戶契尾例不與契根同申上司查驗不肖有司因得飾數欺朦如業戶契價千

兩本宗稅銀三十兩其於給民契尾則登數相符而於存官契根或將價銀千兩改為百兩十兩任意侵隱臣等請設法酌

議以杜積弊臣等酌議嗣後布政司頒發給民契尾格式編列號數前半幅照常細書業戶等姓名買賣田房數目價銀稅

銀若干後半幅於空白處預鈐司印以備投稅時將契價稅銀數目大字填寫鈐印之處令業戶看明當面騎字截開前

幅給業戶收執後幅同季冊彙送布政司查核此係一行筆跡平分為二大小數目委難改換等因於乾隆十四年十二月二十日奏本日奉

旨依議欽此相應抄錄原奏并頒發格式行文山西巡撫欽遵施行准此擬合就行為此仰司官吏查照咨案奉

旨及給單內事理欽遵即轉行所屬一體遵照辦理[illegible]等蒙此遵即頒發給民契尾格式編列字號於空白處[illegible]為此仰[illegible]官吏

[illegible]置買田產[illegible]

買某人名房[illegible]稅銀數目[illegible]

照前轍隱匿白契[illegible]至於小民無知[illegible]州縣不時察訪如有[illegible]不粘契尾者即照

漏稅例治罪各宜[illegible]須至契尾者

計開

業戶王自武買王錫瑞田房坐落

[illegible]用價銀叁拾柒兩 稅銀壹兩壹錢壹分

布字捌百柒拾柒號

右給業戶王自武准此

乾隆四十[illegible]年[illegible]日發 孝義縣

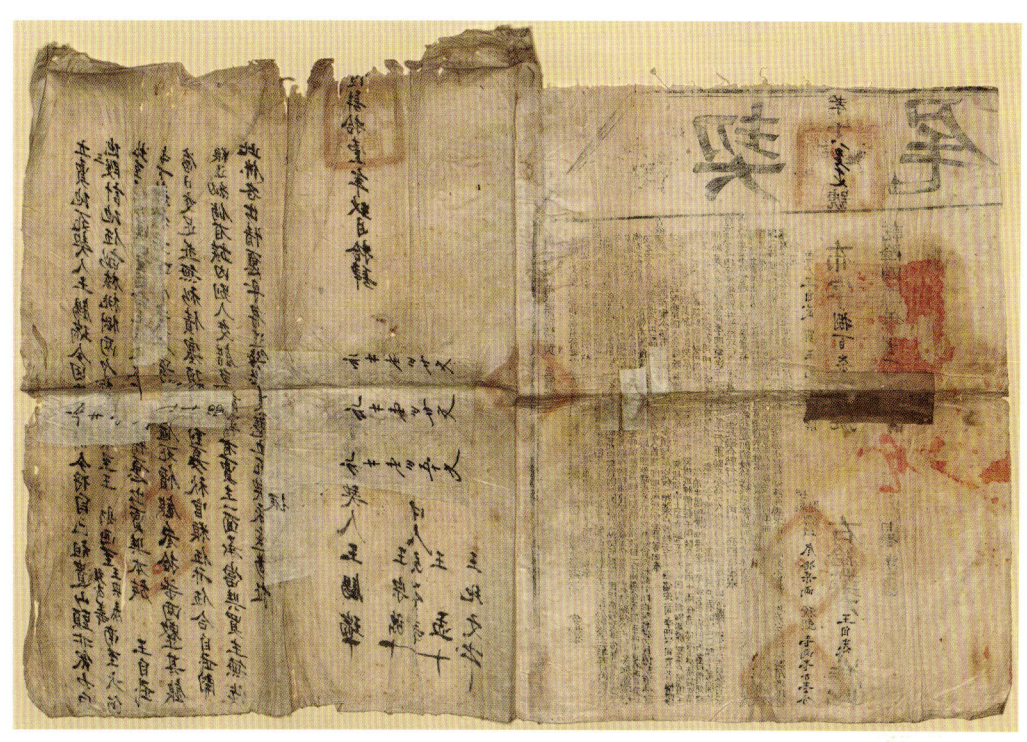

《乾隆四十一年（1776）山西省孝义县王锡瑞卖地契》背面全图

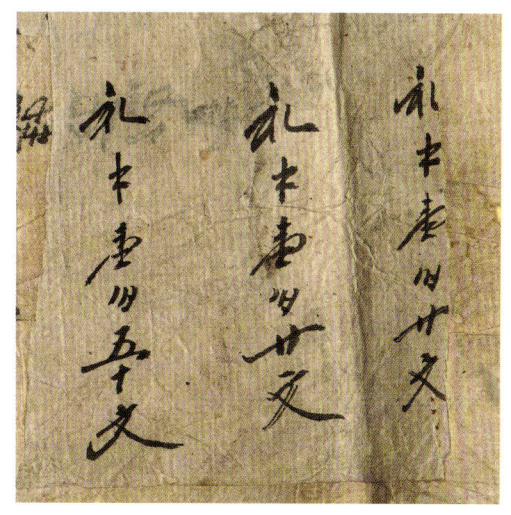

◀ 《乾隆四十一年（1776）山西省孝义县王锡瑞卖地契》正面左侧局部

《乾隆四十一年（1776）山西省孝义县王锡瑞卖地契》背面中间局部

嘉庆十六年（1811）山西省孝义县张兴、张王氏卖地契

嘉庆十六年山西省孝义县张兴、张王氏将自己分到祖业三亩地立死契卖给王继茂，并经官府确认，立尾契一份。有立卖契人画十字押，中人、代笔落款，盖官印、骑缝章。

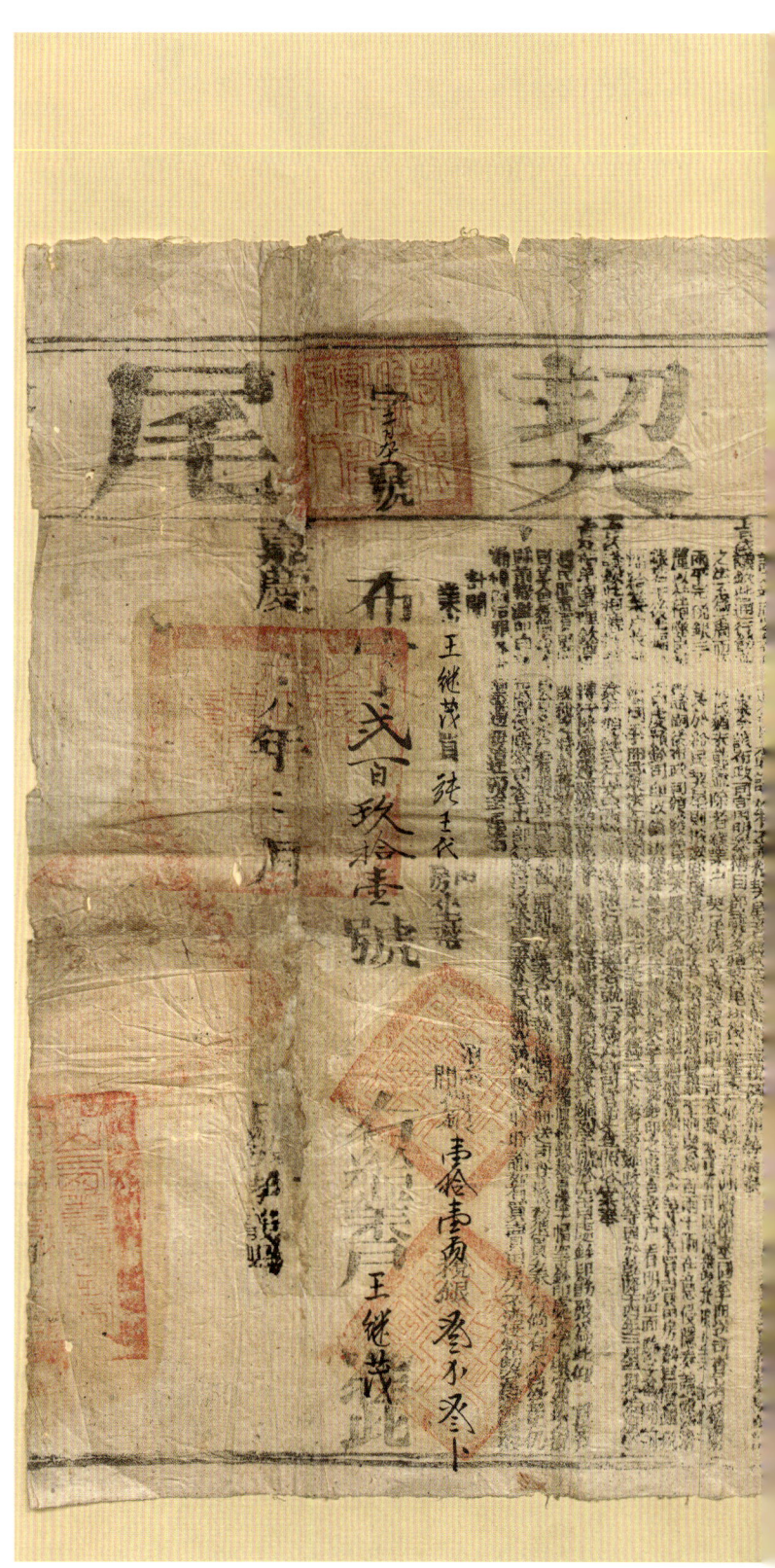

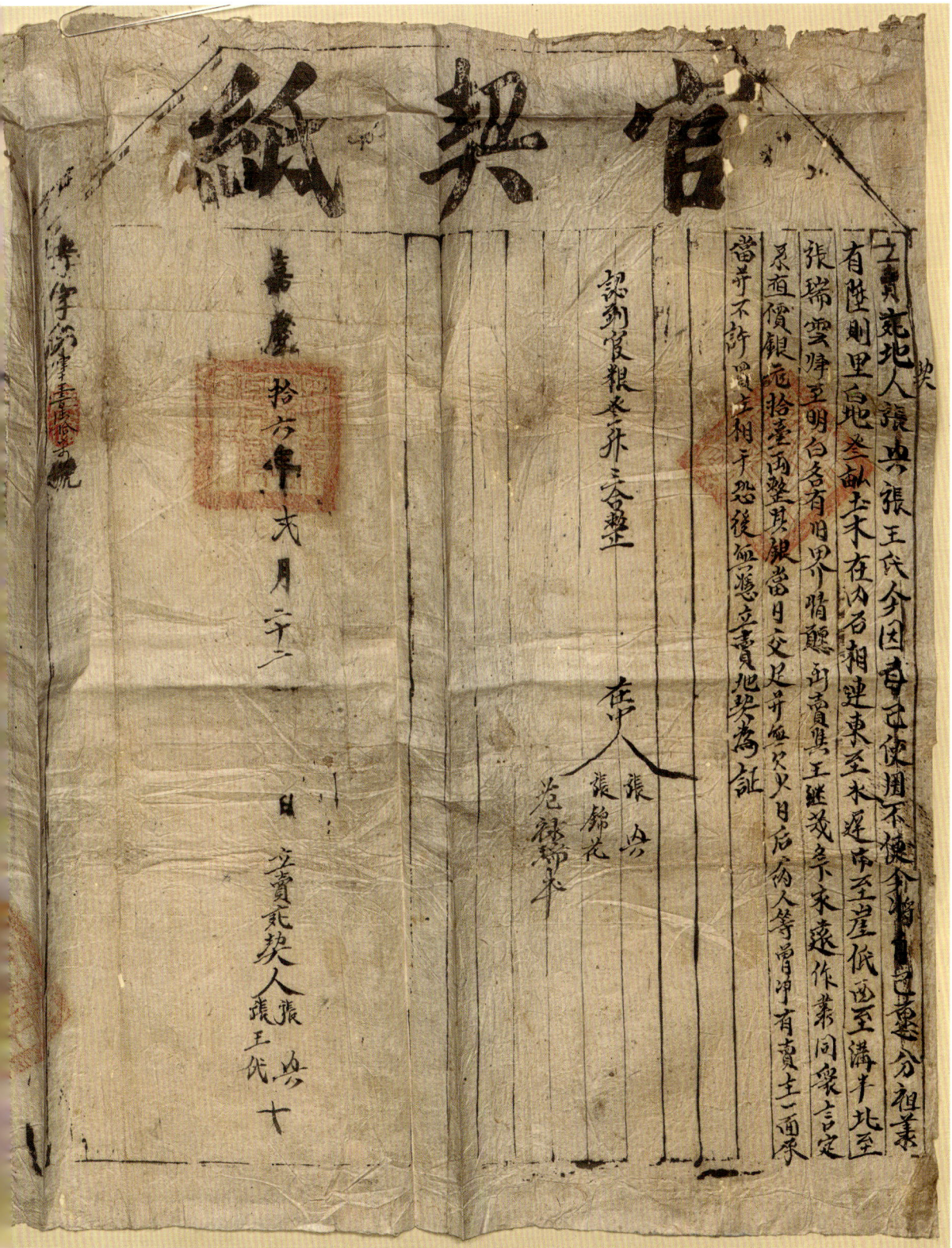

咸丰元年（1851）山西省孝义县王玉龙妻武氏卖地契

咸丰元年山西省孝义县王玉龙妻子武氏及同家族的王继甲将名下祖业两块地立死契卖给王焕财。有立卖契人签字、画十字押，中见人、代笔人落款。同年经官府立尾契一份，民国三年（1914）又经官府立官契一份，盖官印、骑缝章。

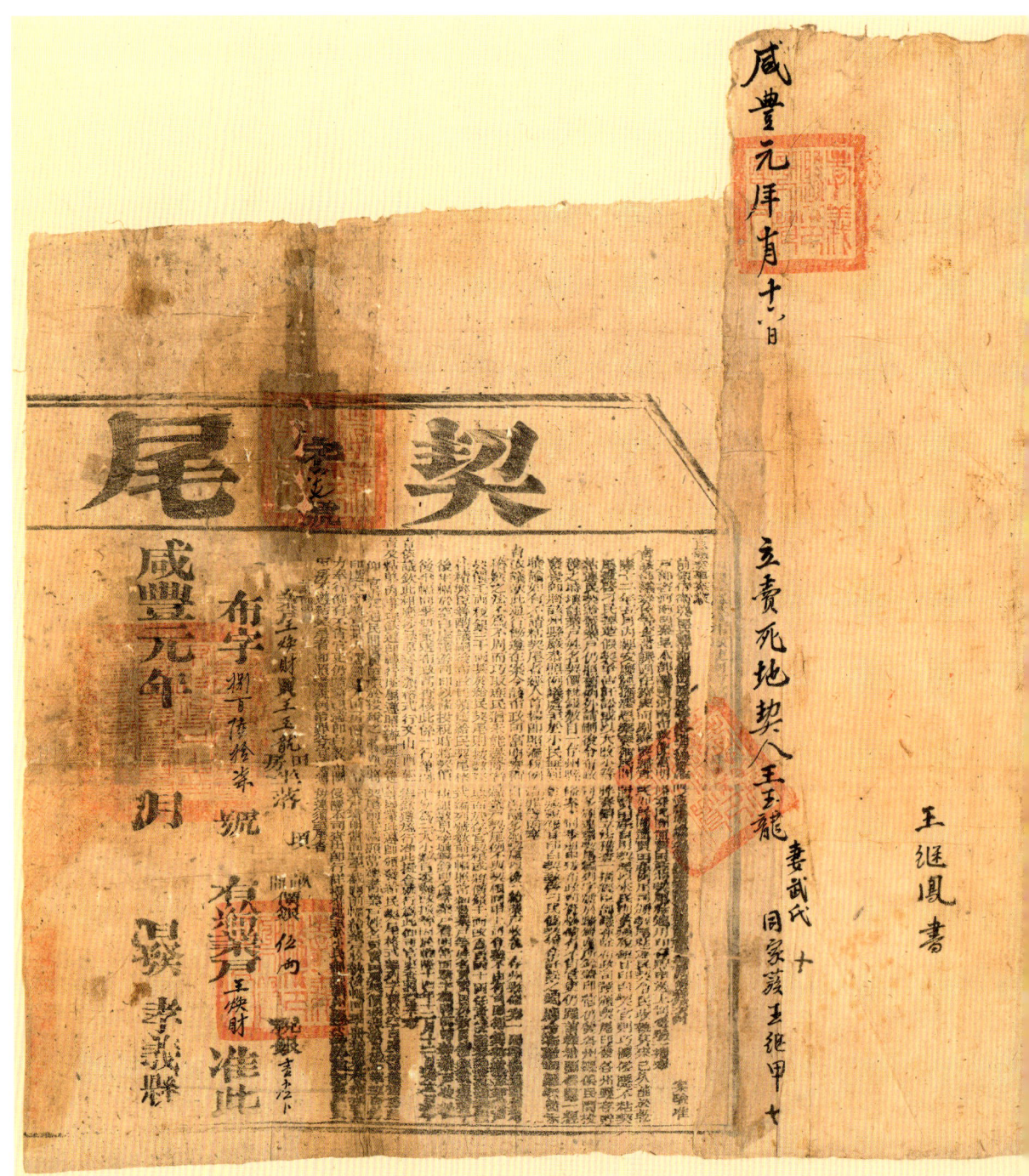

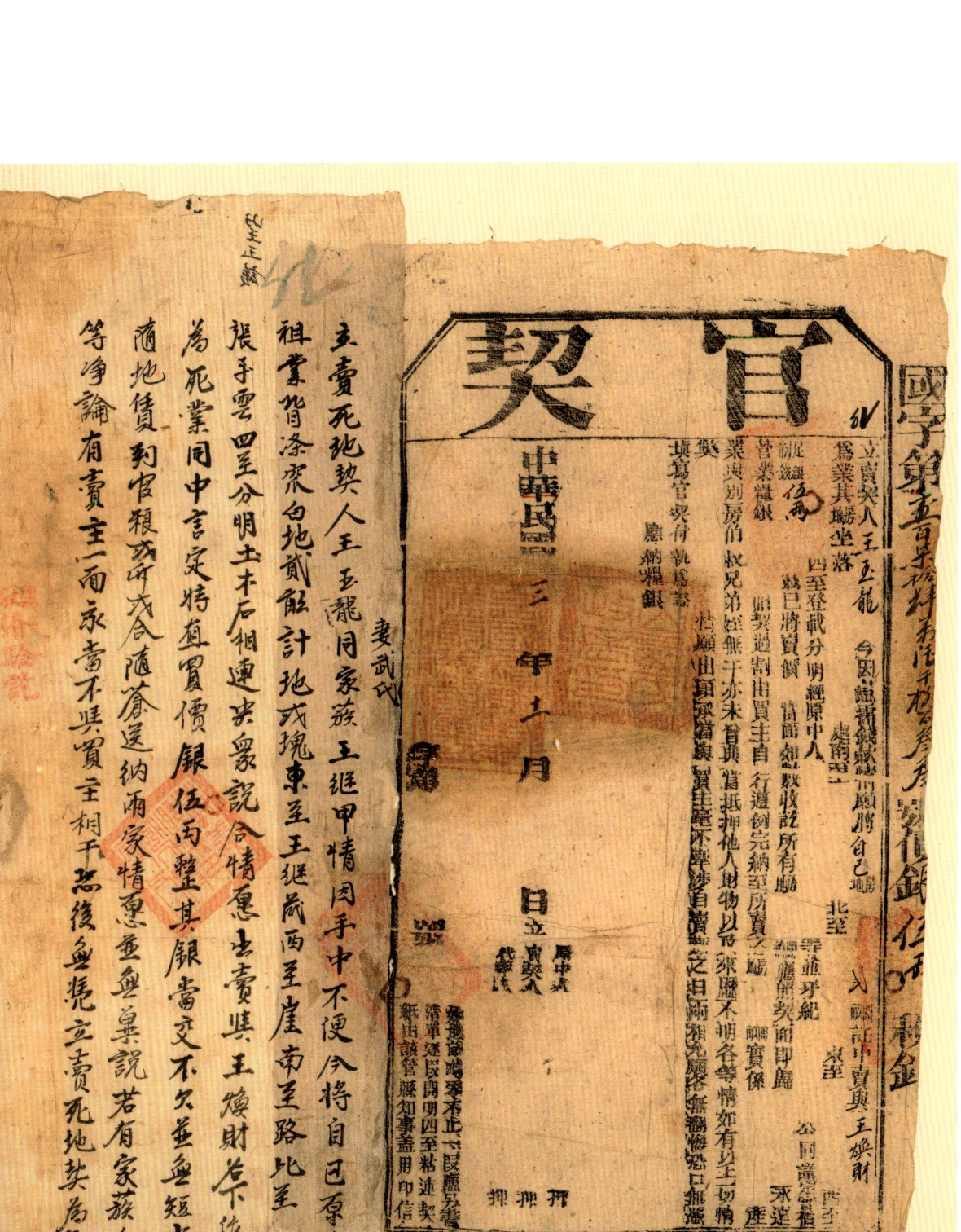

咸丰九年（1859）山西省孝义县张瑞祯、张玉才、张凤义卖房契

咸丰九年山西省孝义县张瑞祯、张玉才、张凤义将祖业房窑与地产若干立死契卖与王焕才，同治六年（1867）又在原契上补卖白地一块。有立卖契人签字、画十字押，在中人落款。左侧为咸丰三年（1853）王焕才买张瑞祯地尾契一份，盖官印、骑缝章。

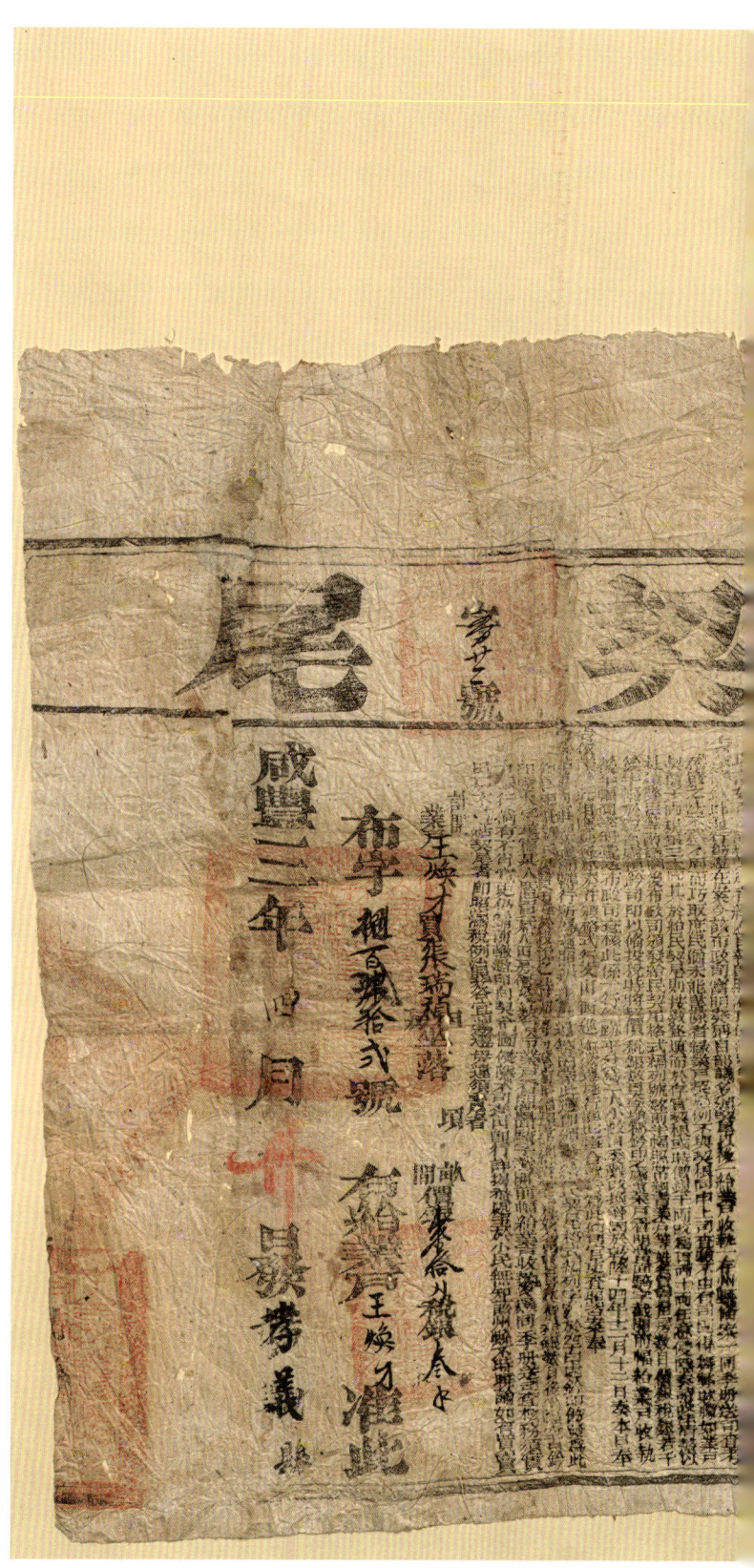

立賣死墶地契約人張瑞禎張玉才張鳳義因為使用不便今將自己原分祖業中崔墶一眼毛土一不當面空地四火出入院內皆俱通行异別領白地三塥一塊東至咸山西至墶南至分水掴如來上弯下弯白地拾戈新畊計地二塊東至西至地至墶南至地半墶四至分明上下土木石連情原出賣與王燦才名下作為死業同豕言明將直死價銀拾两整其銀當日交足並無欠火隨地價到夏秋糧一斗七升隨鋉送粉恐後無憑立賣死地墶契為証

在中人 張玉貴 張玉禎

咸豐九年正月初四日 立賣墶地死契約人張瑞禎 張玉才 張鳳義 十 又有下弯申行空地一塊 張瑞禎計筆自計書 吃小米五平斗作為死業並無戽子 張玉貴 張玉民同正

同治六年十二月廿一日 立 在史全玉清

咸丰十年（1860）山西省孝义县王德成卖地契

咸丰十年山西省孝义县王德成将名下祖业一块地立死契卖给王焕财。有立卖死契人签字、画十字押，中见人、代笔人落款。同年经官府立尾契一份，盖官印、骑缝章。背面写有"山王玉让"字样。

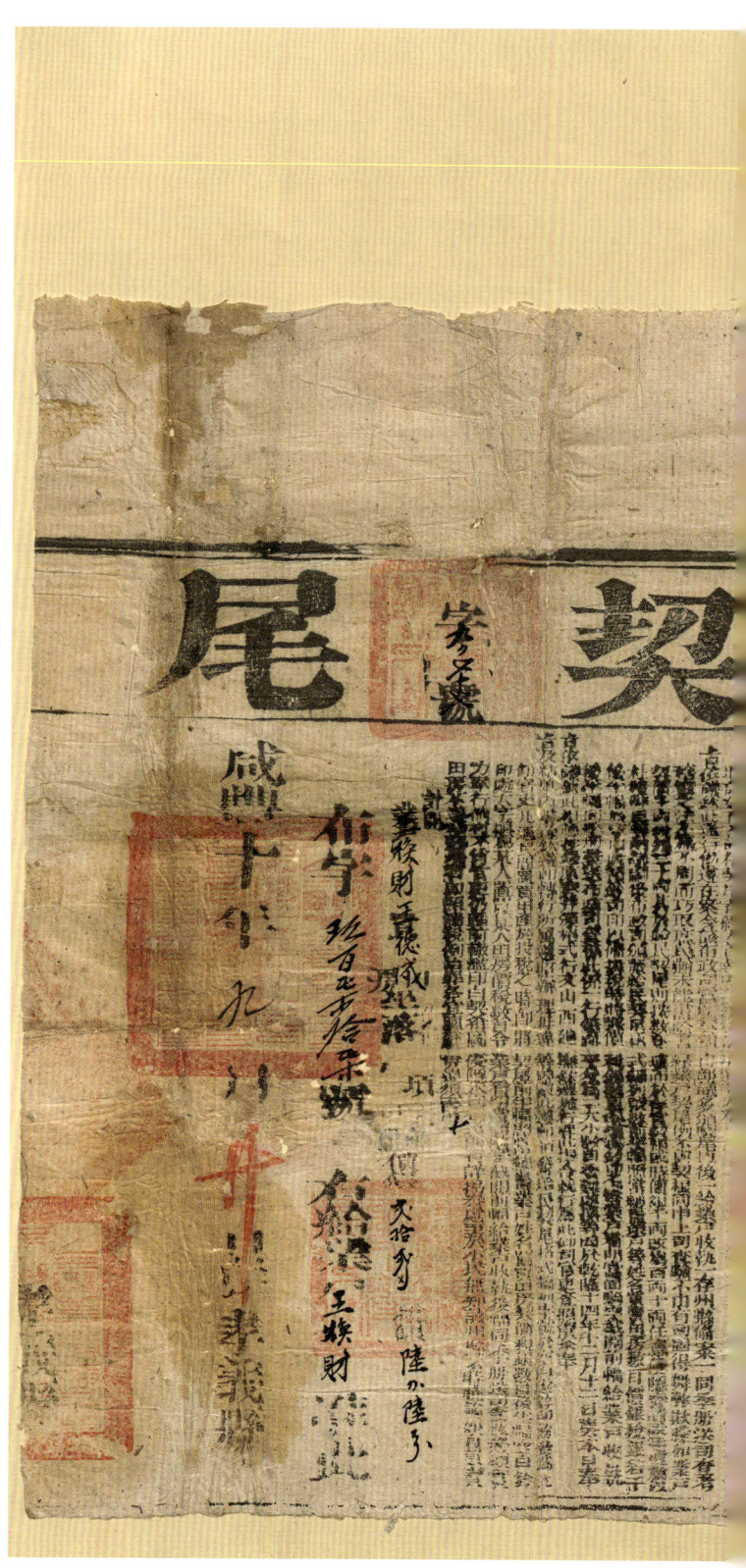

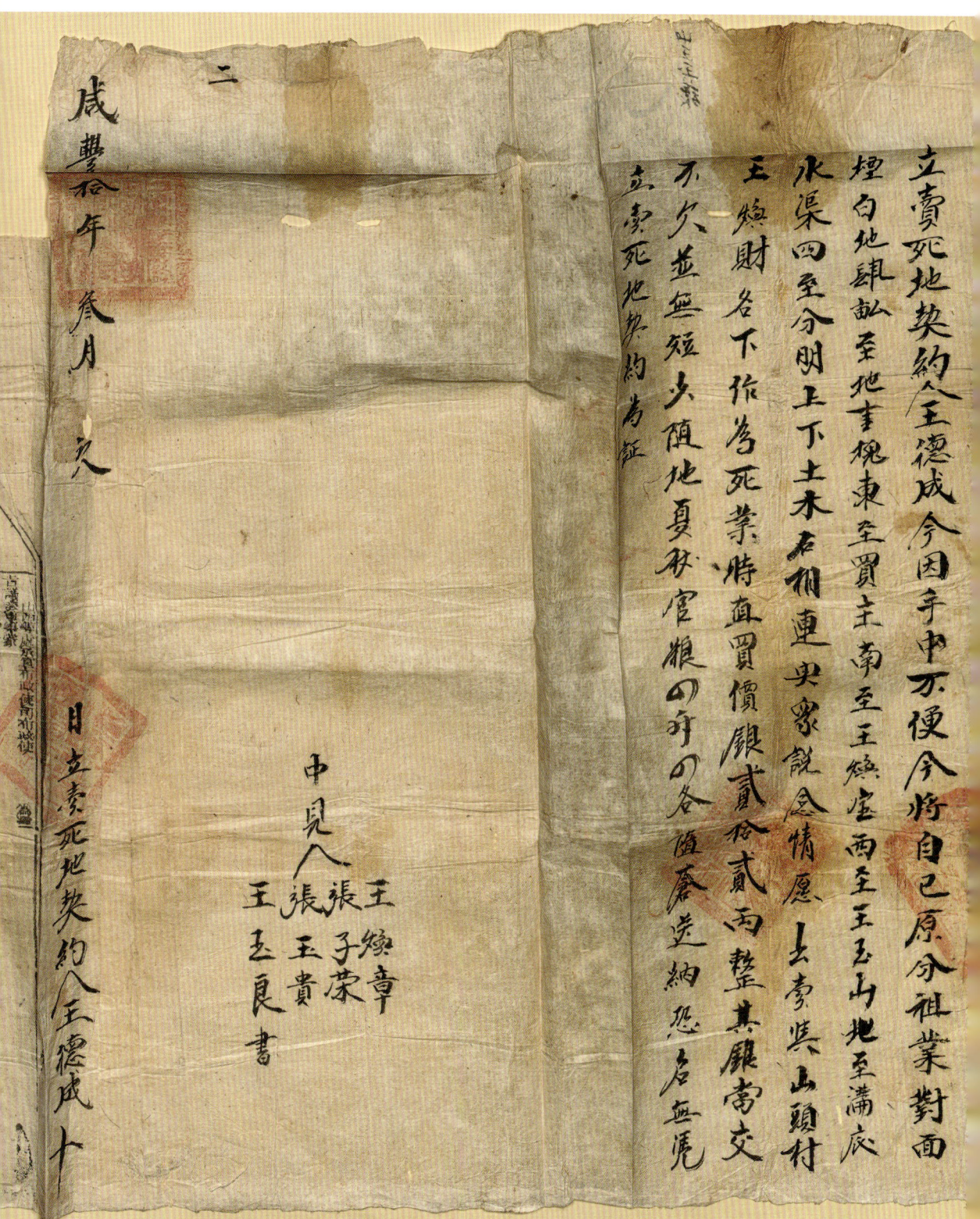

立賣死地契約人王德成今因手中不便今將自己原分祖業對面
堙自地𣶏畒至地壹塊東至買主南至王𤊠壺西至王玉山地至滿底
水渠四至分明上下土木石相連史衆說念情愿出賣與山頭村
王𤊠財名下作為死業將面買價銀貳拾貳兩整其銀當交
不欠並無短少隨地夏秋官糧四斗〇各隨厯迭納恐后無凭
立賣死地契約為証

中見人 張子榮
　　　　張玉貴
王𤊠章
王玉良書

咸豐拾年叁月 日

立賣死地契約人王德成十

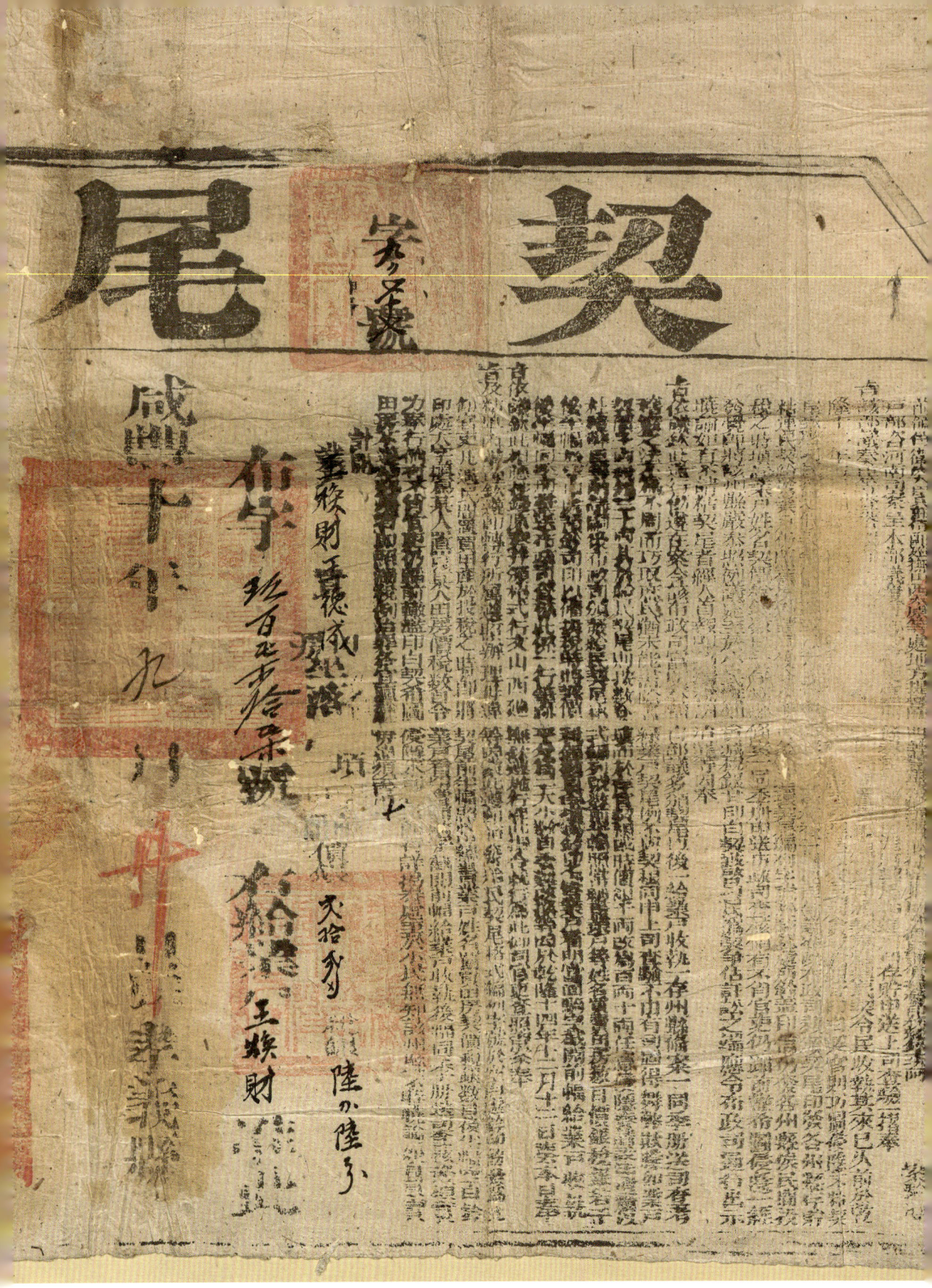

《咸丰十年（1860）山西省孝义县王德成卖地契》正面左侧"尾契"

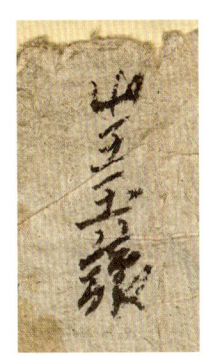

《咸丰十年(1860)山西省孝义县
王德成卖地契》背面左上方字样

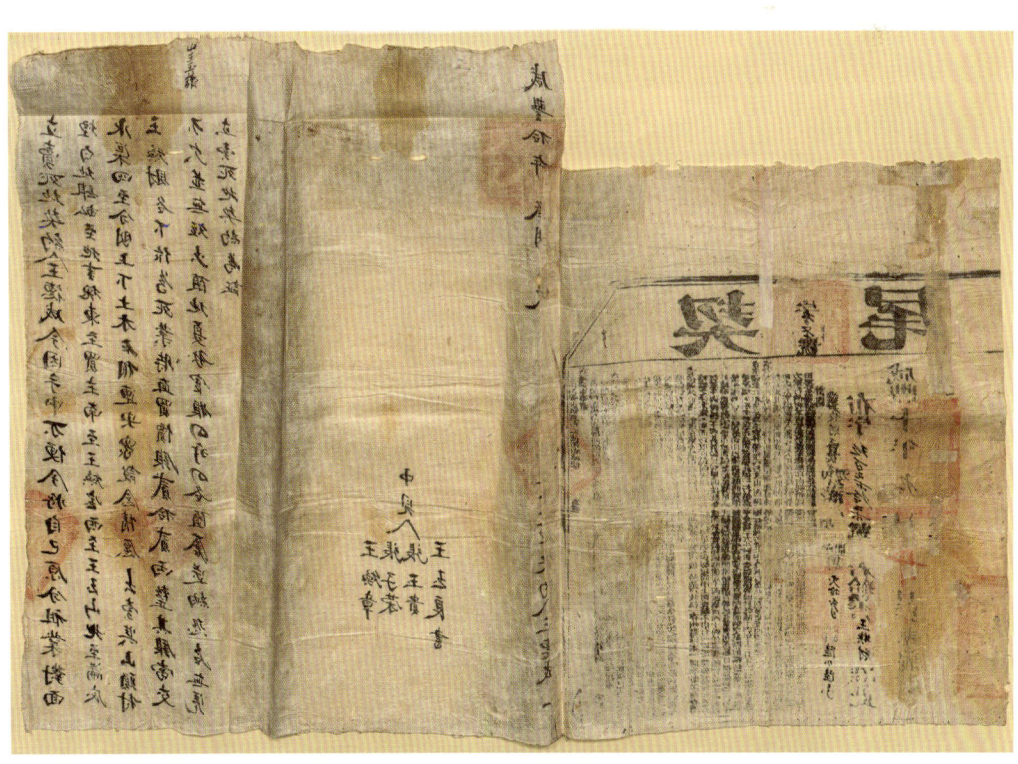

《咸丰十年(1860)山西省孝义县王德成卖地契》背面全图

同治元年(1862)山西省孝义县王万贵卖地契

同治元年山西省孝义县王万贵将名下祖业四块地立死契卖给王玉让。有立卖契人签字、画十字押,中人、代笔落款。同年经官府立尾契一份,盖官印、骑缝章。

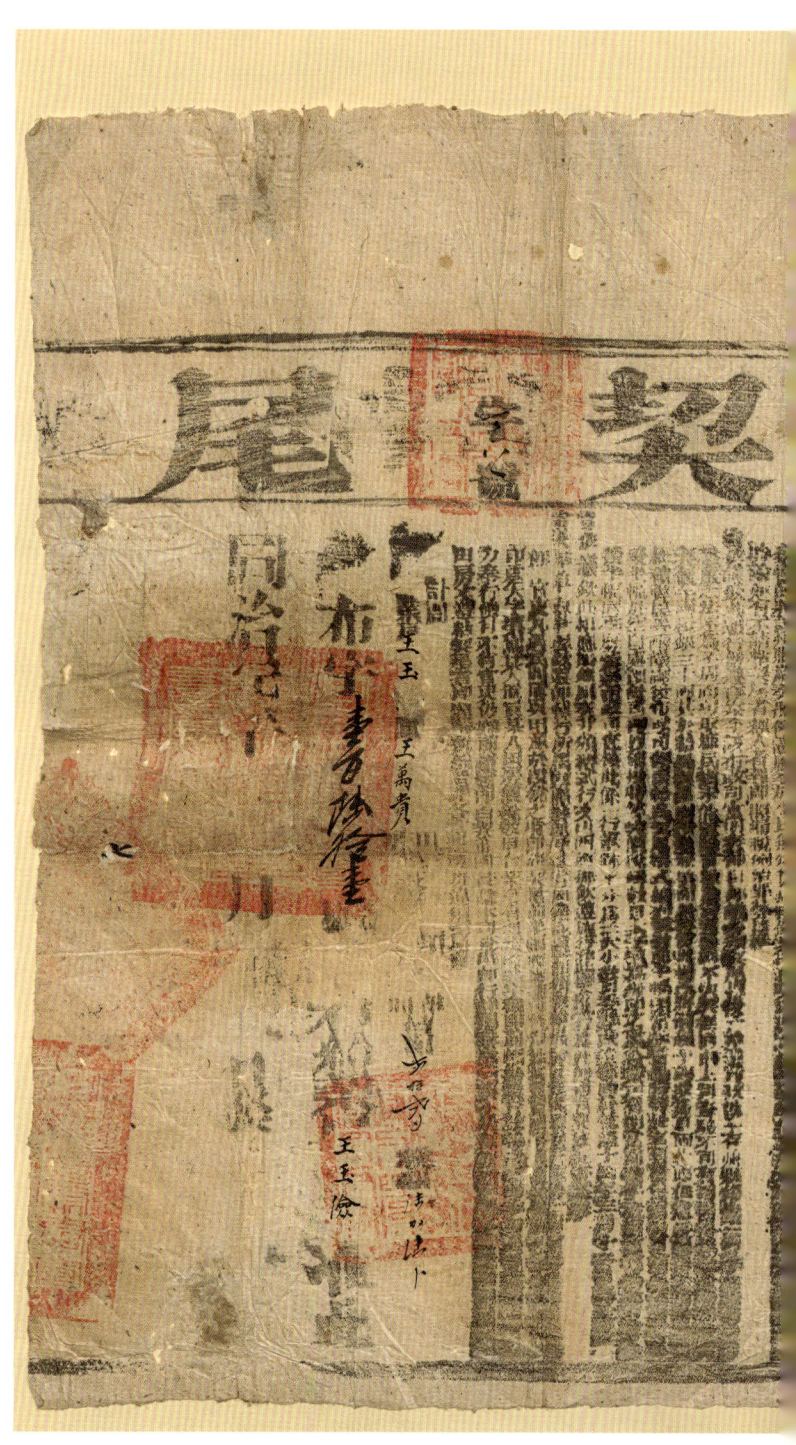

立賣死地契約人王萬貴因為使用不便今將自己原分祖業
貳條溝叉令地叄畝計地壹塊東至王煥常又有上頭貳甲馬
地陸畝計地叄塊西至本主賣壹北至王煥銀地畔南至炉兆德
張子財畢分明上下土木在内決異說合清願諸賣與王面叔名下
作業同中等明系直買價銀貳拾貳兩整其銀當日交足業
不短欠隨地賃到官糧九斗九合隨業庭勒恐後無恐立
賣死地契為証

　　　　　　　　　　　　　　　　王万山書

　　　　　　　　中人王兆銀

同治元年肸月二十六日

立賣死地契約人全萬貴十

同治八年（1869）山西省孝义县王仕文卖地契

同治八年山西省孝义县王仕文将名下祖业四块地立死契卖给王焕财。有立卖契人签字、画十字押，中人、代笔落款。次年经官府立尾契一份，盖官印、骑缝章。

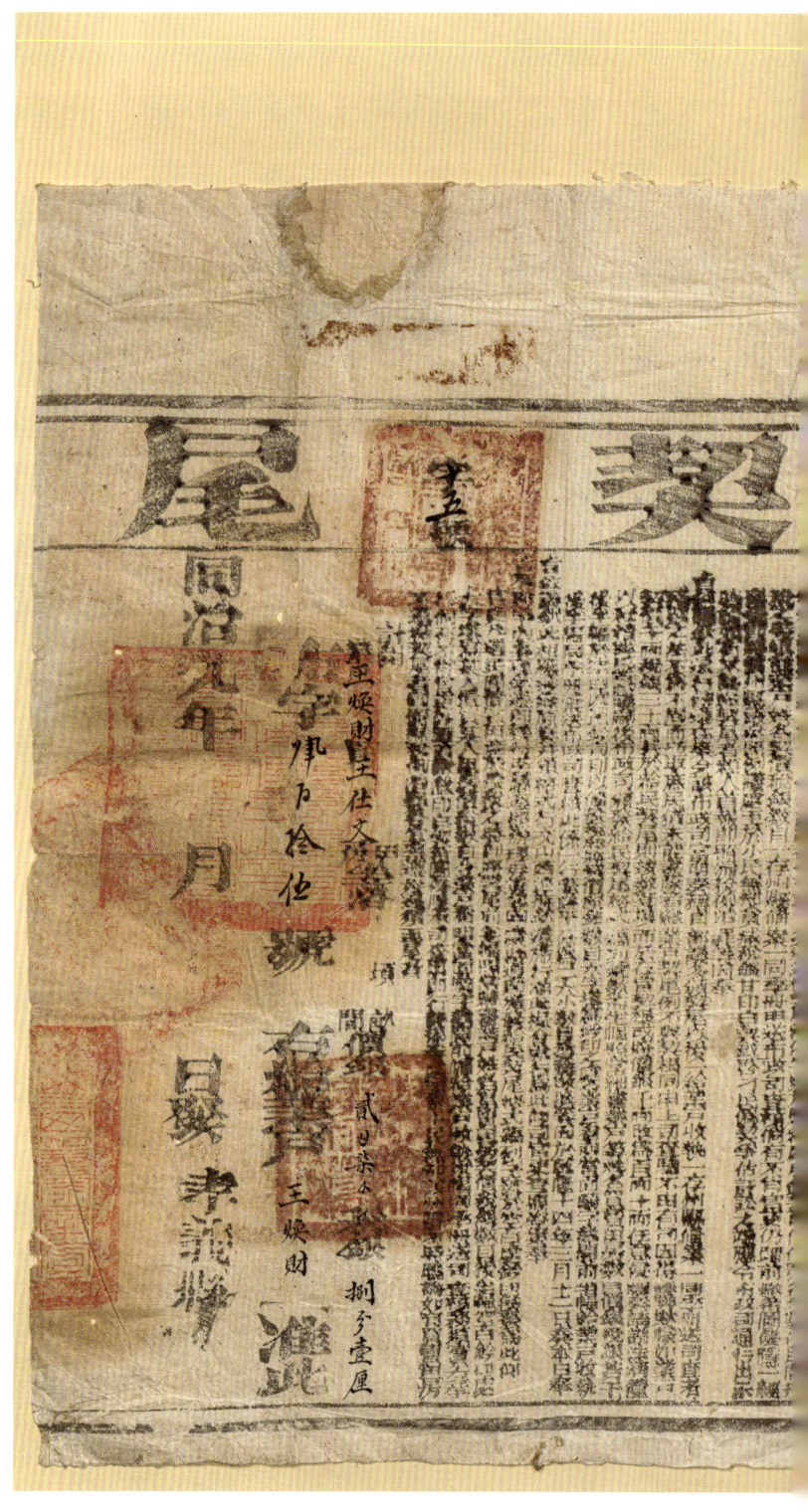

立賣死地契文約人王仕文情因正用不便今將自己祖留之業坐落在北泉溝白地三畝計地四塊東至王萬詩南至天河西至水渠北至溫承忠四至開明土木石想建央裹說合兩家情愿出賣與山頭村王燊財名下作為死業同中言明時直死價銀七兩柒錢整其銀当交不欠隨地認到官糧三升三合遞納恐後無憑立賣死地契為証

中人 王萬傳
王萬峯書

同治八年十二月初六日

立賣死地契文約人王仕文十

光绪六年（1880）山西省孝义县王德贤父子卖地契

光绪六年山西省王德贤父子将自己名下白地一块立死契卖给王玉让，经官府立有官契。有立卖契人签字、画十字押，在中人、代笔落款。光绪二十二年（1896）立尾契一份，盖官印、骑缝章。

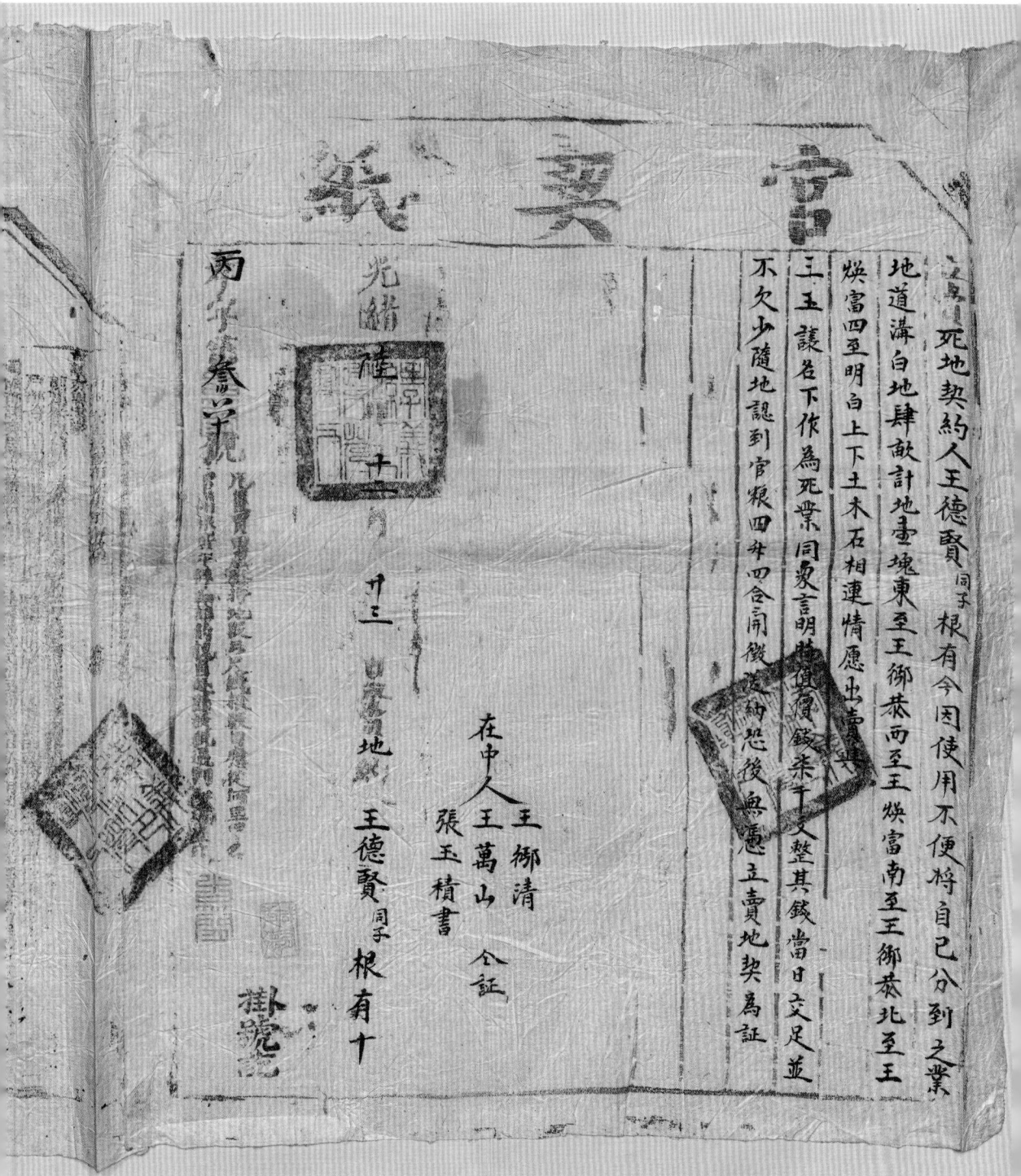

官契紙

立死地契約人王德賢同子根有今因使用不便將自己分到之業地道溝白地肆畝計地壹塊東至王鄉恭西至王煥富南至王鄉恭北至王煥富四至明白上下土木石相連情愿出賣與王玉讓名下作為死業同衆言明時價錢柒千文整其錢當日交足並不欠少隨地認到官根四分四合同徵差納恐後無憑立賣地契為証

光緒叁拾年 廿三日賣地契

在中人 王鄉清 王萬山 仝証
張玉積書
王德賢同子根有十

丙子第叁拾號 掛號

光绪十六年（1890）山西省孝义县王玉恭卖地契

光绪十六年山西省王玉恭将自己名下土地立死契卖给胞弟王玉让。经官府立有官契，有在中人为证，立契人落款处写有"王玉恭子殿辅自"。光绪二十二年（1896）立尾契一份，盖官印、骑缝章。

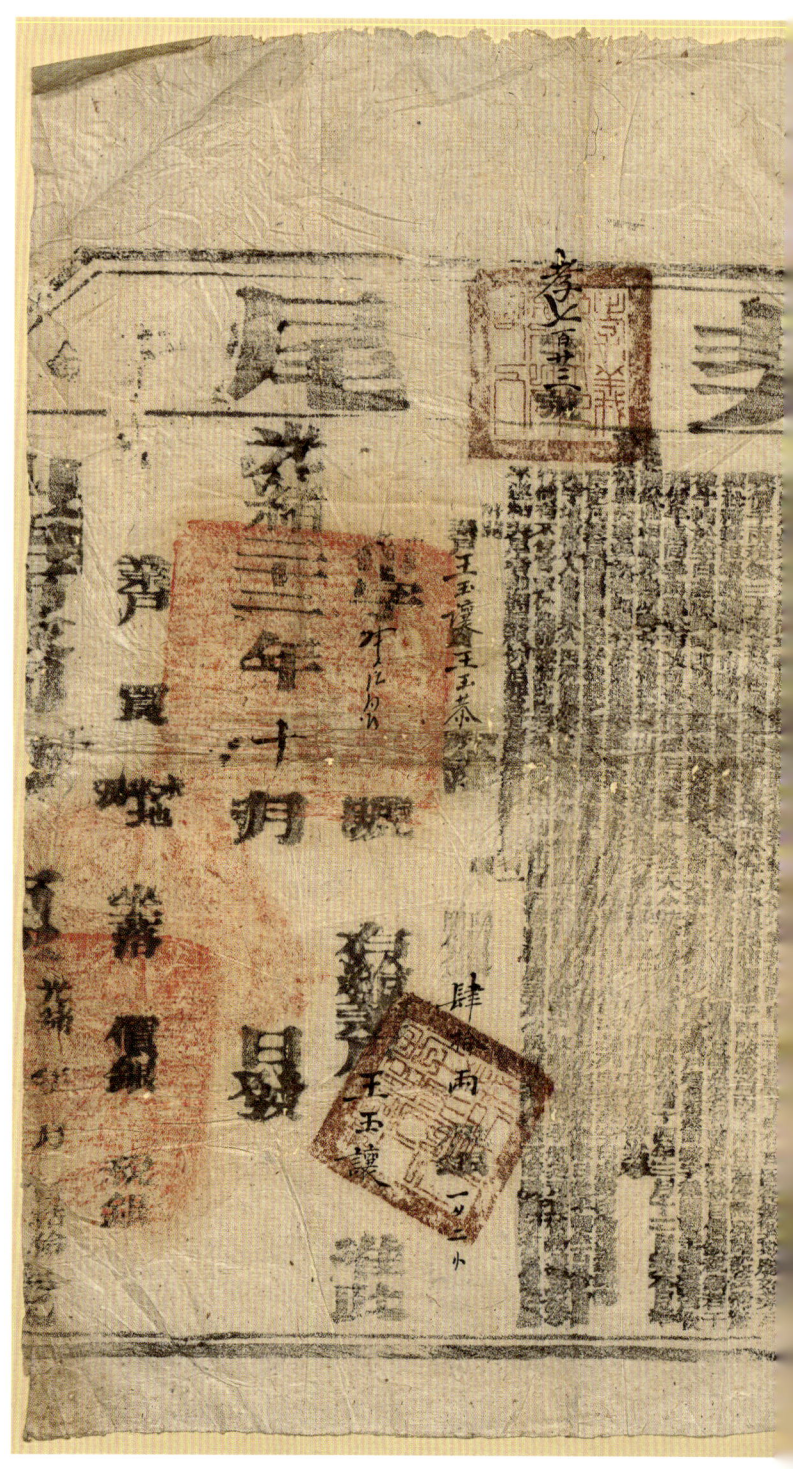

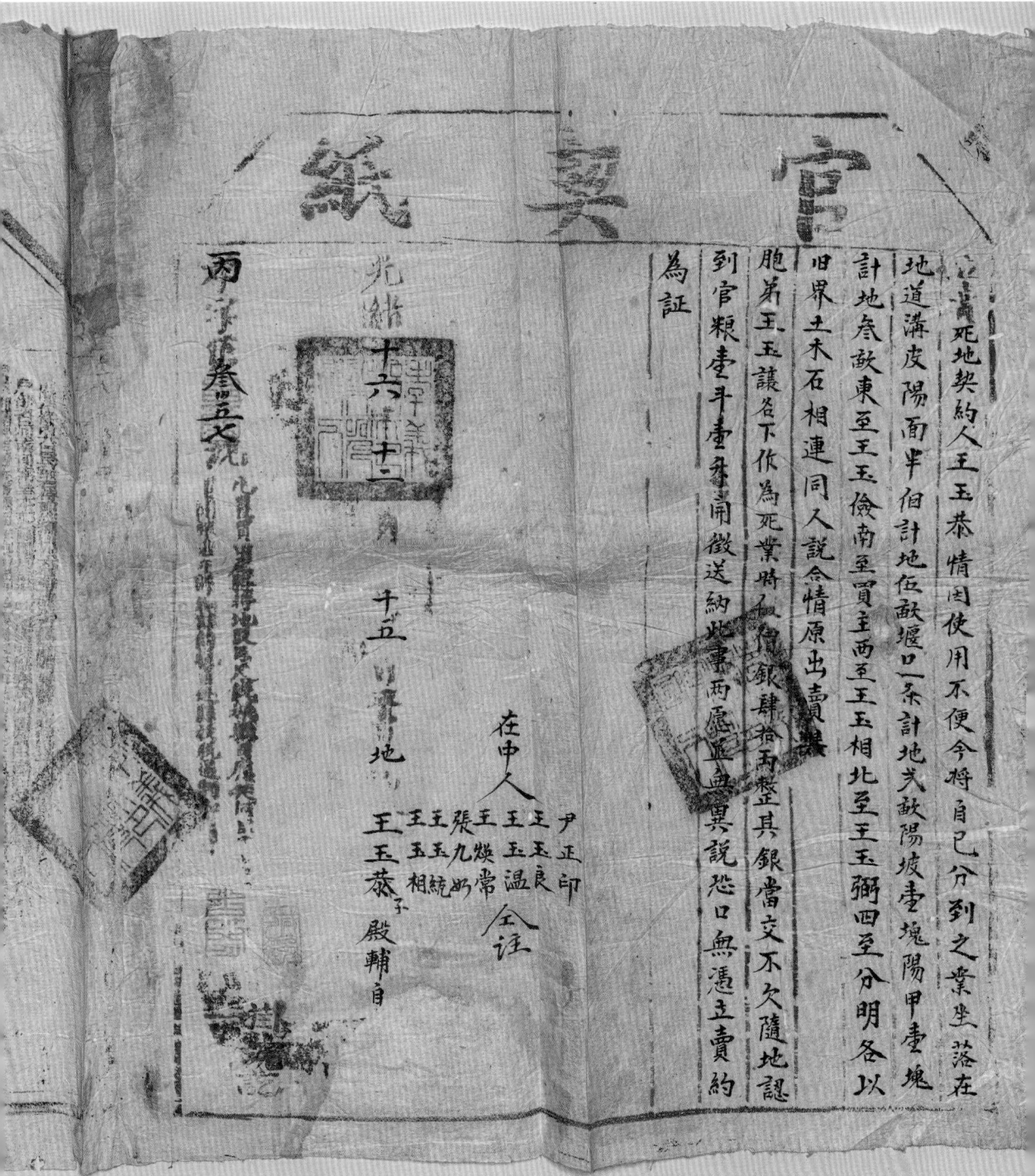

光绪二十三年（1897）山西省孝义县王玉统卖房契

光绪二十三年山西省孝义县王玉统将房窑若干立死契卖给胞兄王玉让。有花码计数，有立契人签字、画十字押，中人和代笔落款。民国十四年（1925）经官府立买契，盖官印、骑缝章，并收取契纸费五角，贴有税票、收据。

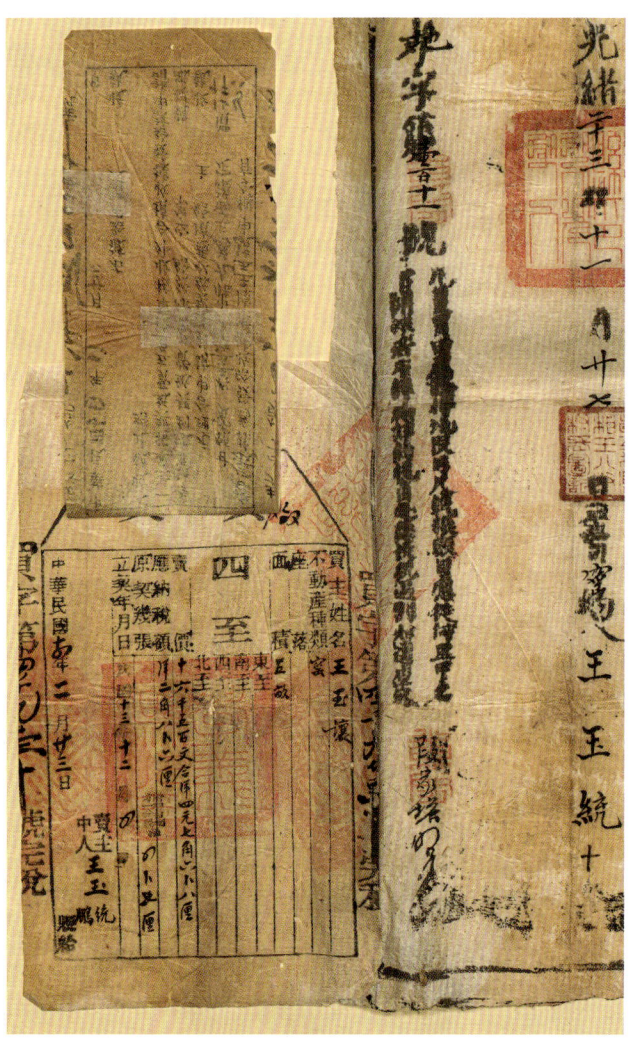

揭开契纸费收据可见买契

官 契 紙

立賣死窰契約人王玉統今因使用不便今將自已祖遺之業西院西上窰壹眼西上廈窰參眼外院西廈廈壹眼毛則壹出入通行街外西羣池壹佃塲面細叚四至格以旧界上下鉄木石相連同衆言明情愿出賣與袍叢名下王玉讓依為死業居住同中言明時直死價錢參拾參仟文整其錢筆下交清其窰當日鞍業恐後無憑立賣死窰約存照

為証

光緒二十三年十一月廿六日 立賣死窰鴉人 王玉統十

程 南 俊 書
王 玉 鵬
張 鳳 鴻
張 九 為

王福永名下北街上坐北向南舖房壹處內計門櫃房壹間櫃房貳間南北房貳間正房叁間內外共入通行茅廁貳個一應薰窖門外因地一處在內公中言明每年作賃價錢貳拾陸仟文整其錢按以口季收使限至六年不許長賃價若後此條許退不許奪房屋如有損壞房東葺補修造所有社中房捐等項亦是房東所受不坋房客相干兩情兩愿別無異說恐陵無憑立寫賃房約為據

在中人 王芳忠
王殿臣
趙林豹
程丕貞 仝証
來由明
張培義 書

民國六年二月二十日 立賃舖房約 天盛成

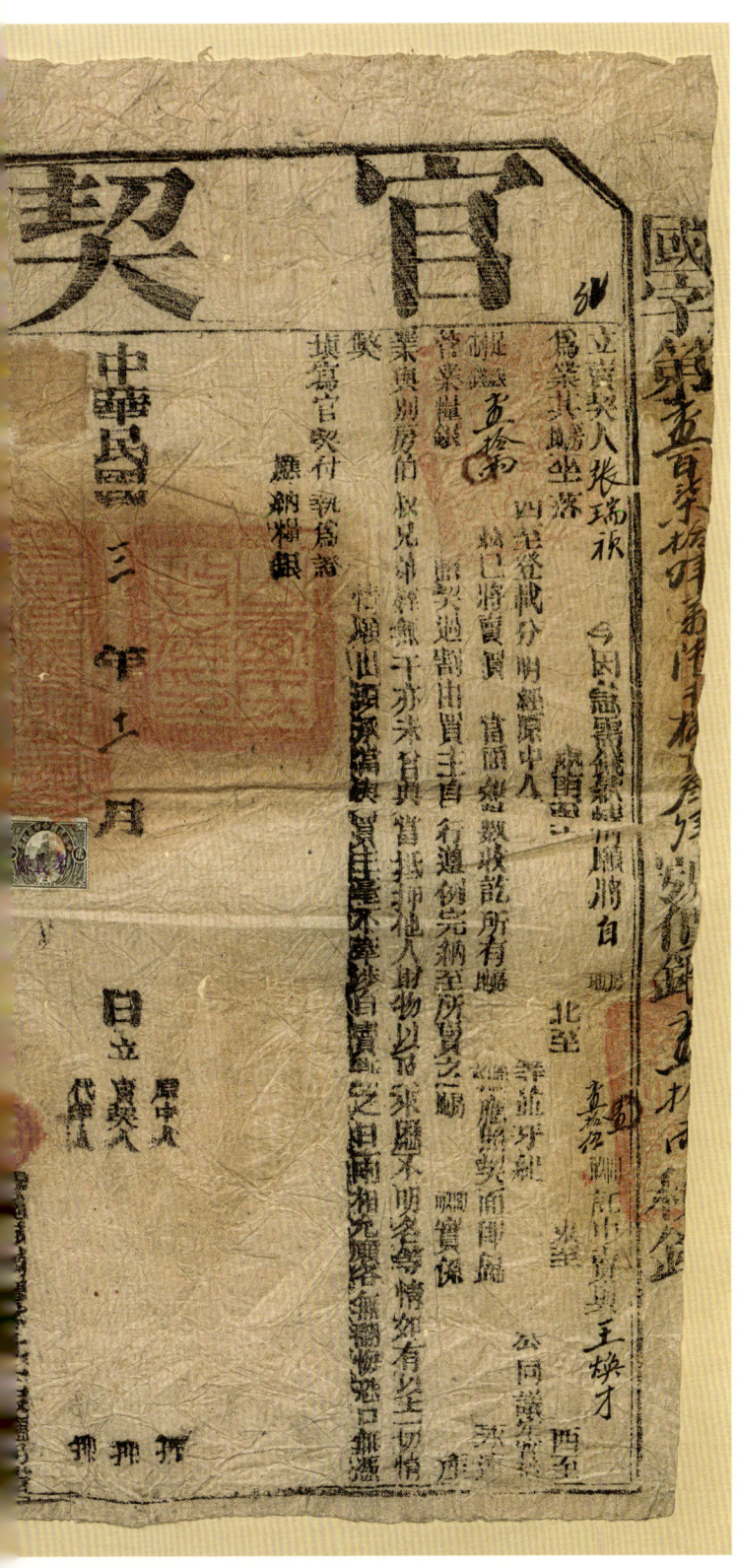

民国六年（1917）山西省孝义县天盛成租赁契、民国三年（1914）山西省孝义县张瑞祯卖地契

左侧为民国六年天盛成租到王福充、王福永名下铺房一所的租赁契。契中约定租期六年，租金按四季收取，约明房东、房客职责，有在中人作证。右侧为民国三年山西省孝义县张瑞祯将名下一段地立契卖给土焕才，经官府所立官契，贴有税票，盖官印、骑缝章。

民国七年（1918）山西省孝义县王玉让补地契

民国七年山西省王玉让在闾长、社首的见证下补立地契一份，并经官府立买契，遵章缴费。草契有花码计数，贴有税票，盖官印、骑缝章，有立契人签字、画十字押，代笔、闾长、社首落款。

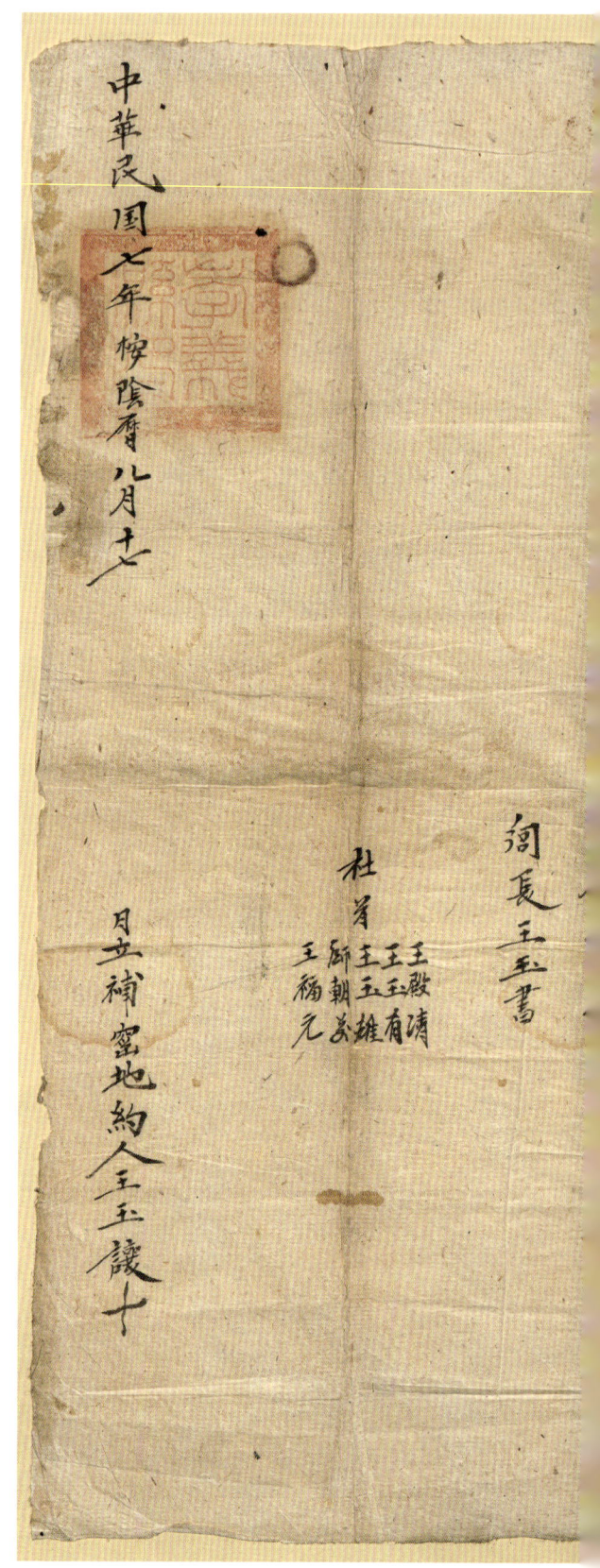

買契

中華民國 ☐ 年 九 月 廿九 日　給業戶執據

山西省政廳為發給契紙事今據　縣業戶王玉讓報稱於前清 民國 ☐ 年 ☐ 月 ☐ 日價買 米 ☐ 名下坐落 ☐ 地 ☐ 畝 ☐ 分 ☐ 厘

東至 ☐　西至 ☐　南至 ☐　北至 ☐

白契 ☐ 紙 當日同中言明買價

銀 ☐

錢 ☐ 仟文（合 ☐）元 ☐ 角 ☐ 分 ☐ 厘已交足並無欠原執有隨契 ☐ 紙 第 ☐ 號

茲遵章繳費 永遠管業請給民國新契除由縣登記者 第 ☐ 號

註冊外合行填發新契俾資執據須至契紙者

米豆 龐銅煙銀

立補約仝玉讓今補到地名斜道上白地四畝計地二塊又有牆來平地四畝上下二塊
又有陽甲來白地樹畝計地壹塊又有背柰滿平地叁畝計地壹塊又有上五背甲白地三畝
計地叁塊又有地道溝坡面平地六畝計地 ☐ 塊又有陽面平地 ☐ 塊又有下邊柰來平地二畝計地
☐ 塊又有看 ☐ 白地 ☐ 畝又有 ☐ 白地五畝計地三畝又有本院止當一處後窯五眼
仝塊又有看 ☐ 白地 ☐ 畝
☐ 至各以舊界上下土木石相連今祠社者祠長評論作價錢叁拾八仟文整隨地認到
官糧 ☐ 年七月三日 ☐ 銜送納此事月后倘有人爭論有庄社人承当欲后有凭

民国十五年（1926）山西省孝义县王氏母子卖地契

民国十五年山西省孝义县王氏母子将祖业两块地立死契卖给王福聚。有花码计数，有立死契人签字、画十字押，中见人、代笔人落款。次年，经官府立买契，盖官印、骑缝章；补收据并收取契纸费五角，贴有税票。

立賣死地契文約人全門王氏同子全廣眾今因緊急不便今將自己祖遺之業坐落在陽吃梁白地伍畝計地貳畝東至王賚西至王福榮南至古路北至王福榮四至分以上下土木石相連各以舊界同象說令兩出情愿出賣與王福眾名下永遠作為死業耕種同人言以特價死價錢大洋肆拾陸圓其洋當日交足並無短欠隨地認到官糧捌分伍厘所徵送納並無異說日後有戶族人等爭論有賣主一面承當恐后無憑立賣死地契約永遠為據

中見人 王福禮
張安仁

代字人 全廣進

民国十九年（1930）山西省孝义县王广明田房草契

民国十九年山西省孝义县王广明将自己分到的祖业四块地立死契卖给王福聚，立田房草契一份。草契下方标有"每张应缴契纸价洋贰角"，有立卖契人签字、画十字押，有代笔、中人、村长、村副落款。次年，经官府立买契一张，贴有税票。契纸有花码计数，盖官印、骑缝章。

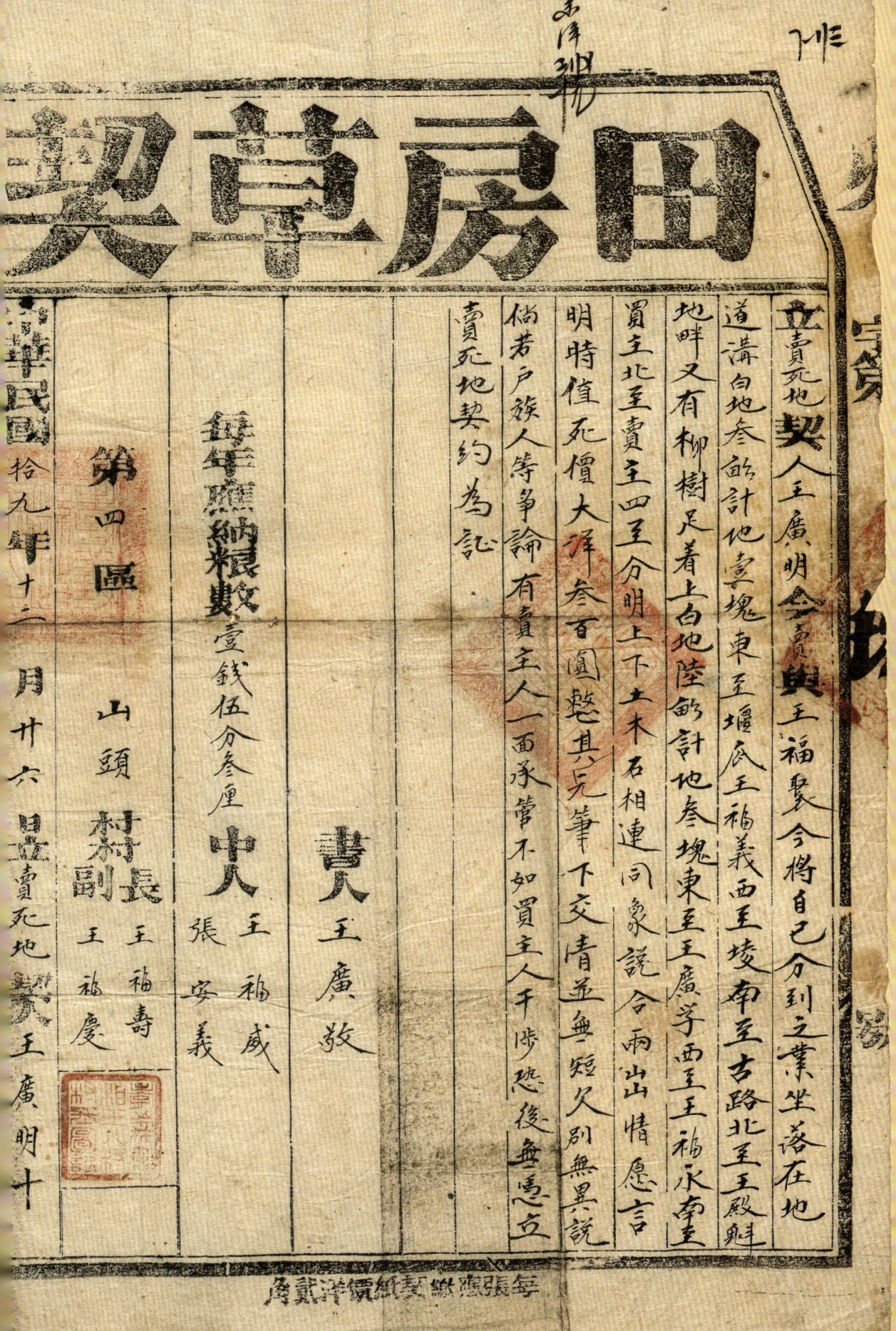

田房草契

立賣死地契人王廣明今將自己分到之業坐落在地
道溝白地叁畝計地壹塊東至堰底王福義西至坡南至古路北至王殿魁
地畔又有柳樹足著上白地陸畝計地叁塊東至王廣芋西至王福永堂
買主北至賣主四至分明上下土木石相連同象說合兩山情願言
明時值死價大洋叁百圓整其兄筆下交清並無短欠別無異說
倘若戶族人等爭論有賣主一面承管不与買主人干涉恐後無憑立
賣死地契約為記

第四區　　　　　　賣人　王廣敬

山頭村村長　王福壽　　　中人　王福威
　　　副　　王福慶　　　　　　張安義

每年應納糧數壹錢伍分叁厘

中華民國拾九年十二月廿六日立賣死地契　賣人王廣明十

民国十九年（1930）山西省孝义县王福栋田房草契

民国十九年山西省孝义县王福栋将自己分到的祖业老场、大小场分为十俸，其中二俸立死契卖给本族王福聚。立卖契人落款为王福栋与他的两个儿子。有代笔、中人、村长、村副落款。经官府立买契一张，贴有税票。契纸均有花码计数，盖官印、骑缝章。

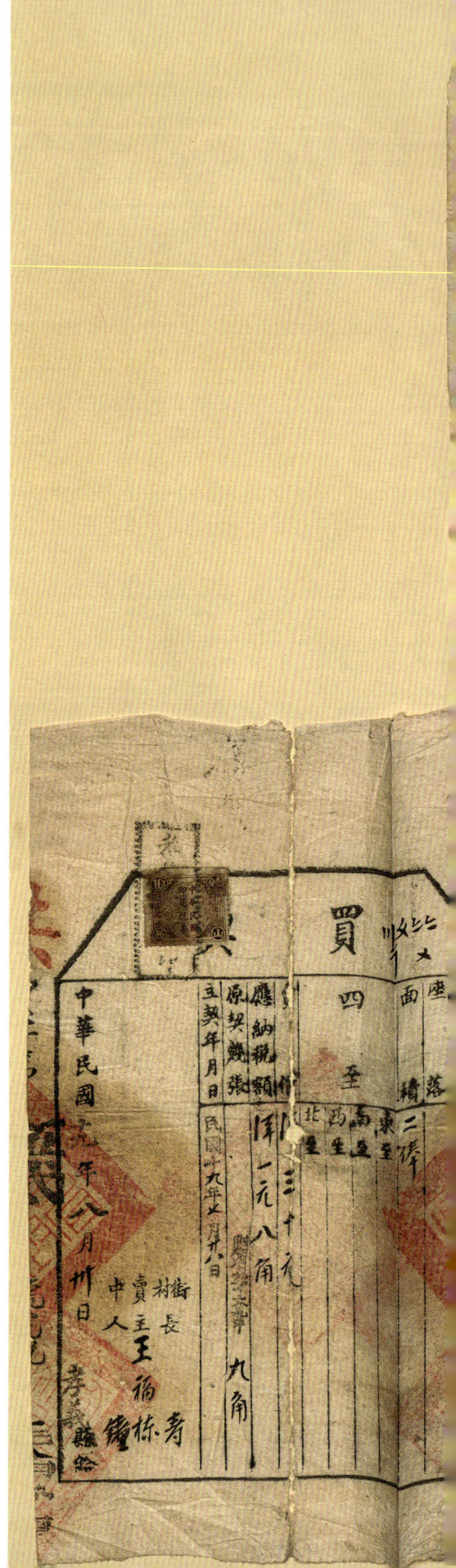

田房草契

立賣死塌契文約王福棟今與自己祖遺之業坐落在東頭老塲大小塲壹面作為拾俸同中人說合兩家情願出賣與本族王福聚名下貳俸作為死業言明時價死塌大洋叁拾圓龤其元筆下交清並無異說恐後無憑立賣塌約為証

每年應納糧數

賣人 王廣敬

中人 王祐鐘 張鳳鳴

李義縣第四區相王村山頭村

村長 王祐壽
村副 王祐慶

中華民國十九年七月廿八日立賣己勞恐元王畐東余賣橋十

每張應繳紙契經價洋貳角

民国十九年（1930）山西省孝义县记据合约、民国三年（1914）山西省孝义县王德成卖地契

左侧为民国十九年王福恒、王福永、王福充、王福聚等人通过息讼会和村副、闾长将祖遗大小场划分为十俸的记据合约，空白处有半书法防伪字，有立记据合约人签字、画十字押，中人落款为证，并贴有税票。右侧为民国三年山西省孝义县王德成将自己一段地立契卖给王焕才所立官契，盖官印、骑缝章。

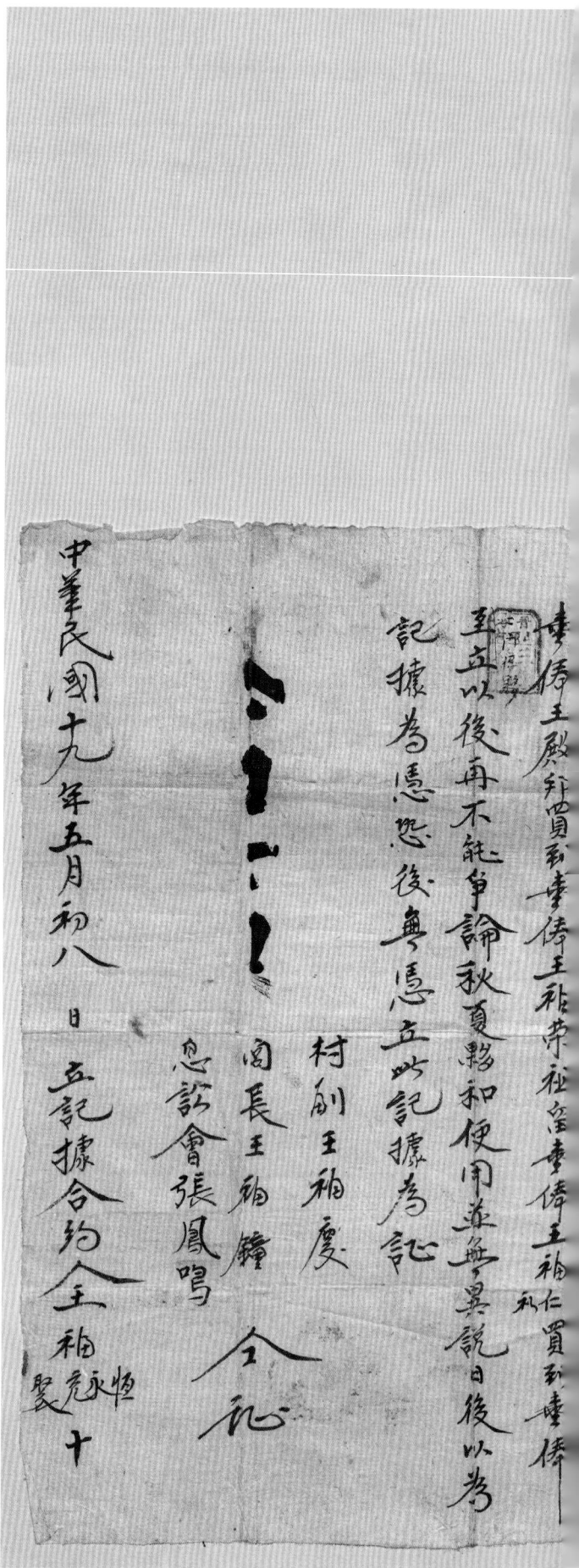

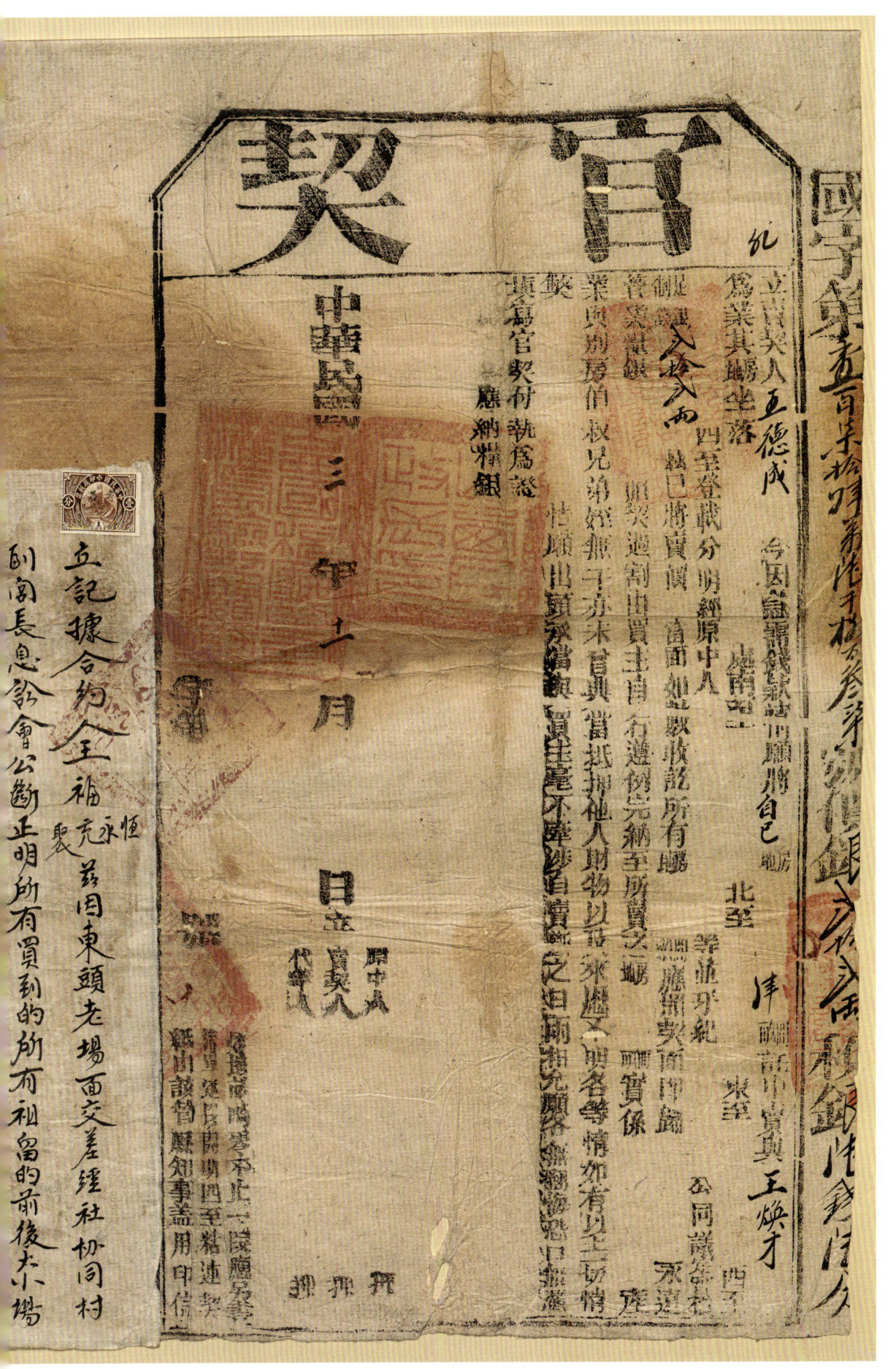

民国二十年（1931）山西省孝义县吴钦典房契

民国二十年山西省孝义县吴钦将房产典给王思熙。契中约定"叁年以外洋到回赎"。次年经官府立典契一份。后在民国二十八（1939）、民国三十年（1941）分三次找价大洋若干。有花码计数，贴有税票，有代笔、中人、村长、村副落款，盖官印、骑缝章。

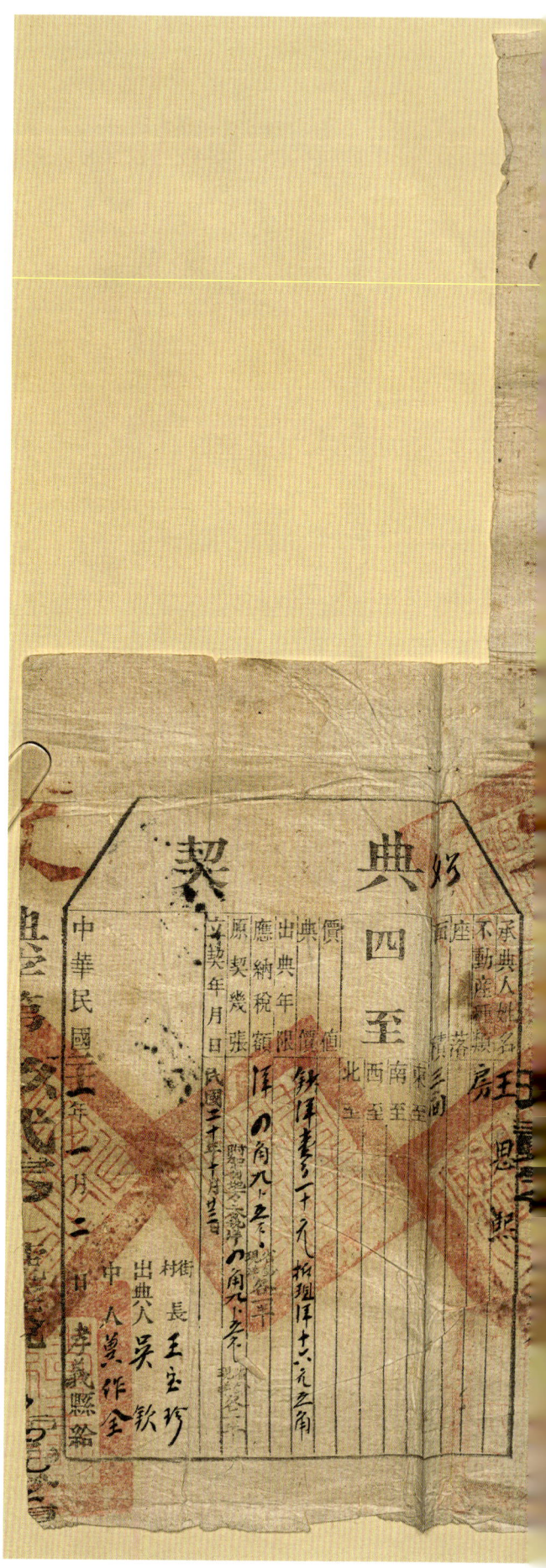

出房草契

立典房契文約人錢鑫典鋪王思熙名下東廈房叄間東歇風火舍火壹俱式門外並毛則壹俱行窗戶室門俱全同街出入走路公行同中說合情願此典與王思熙名下居住作業三面議定特值典價大洋票壹佰拾元正其洋當交不久限期叄年以外洋到但贖此係兩出情願並無異說恐口難憑立典約為證

俟民國三十年古八月卄七找價大洋叁拾元

天限三年 后中人姚立功

民國二十六年古三月卄七找價大洋伍元正中書人姚錫吾批

民國三十年古十二月十古找價大洋叁拾五元正中書人王寶珍

孝義縣第一區 蘆南街 村副脇九林

中人 姚錫吾
中人 王寶安
代書 張廣

民國三十八年十二月十七日

（騎縫印章等）

民国二十二年（1933）山西省孝义县王福聚补地契

民国二十二年山西省王福聚因祖业原约失毁，在乡副、闾长、邻长的见证下另立补契一份，言明价格。经官府补立买契一份。贴有税票，盖官印、骑缝章，有立补契人签字、画十字押。

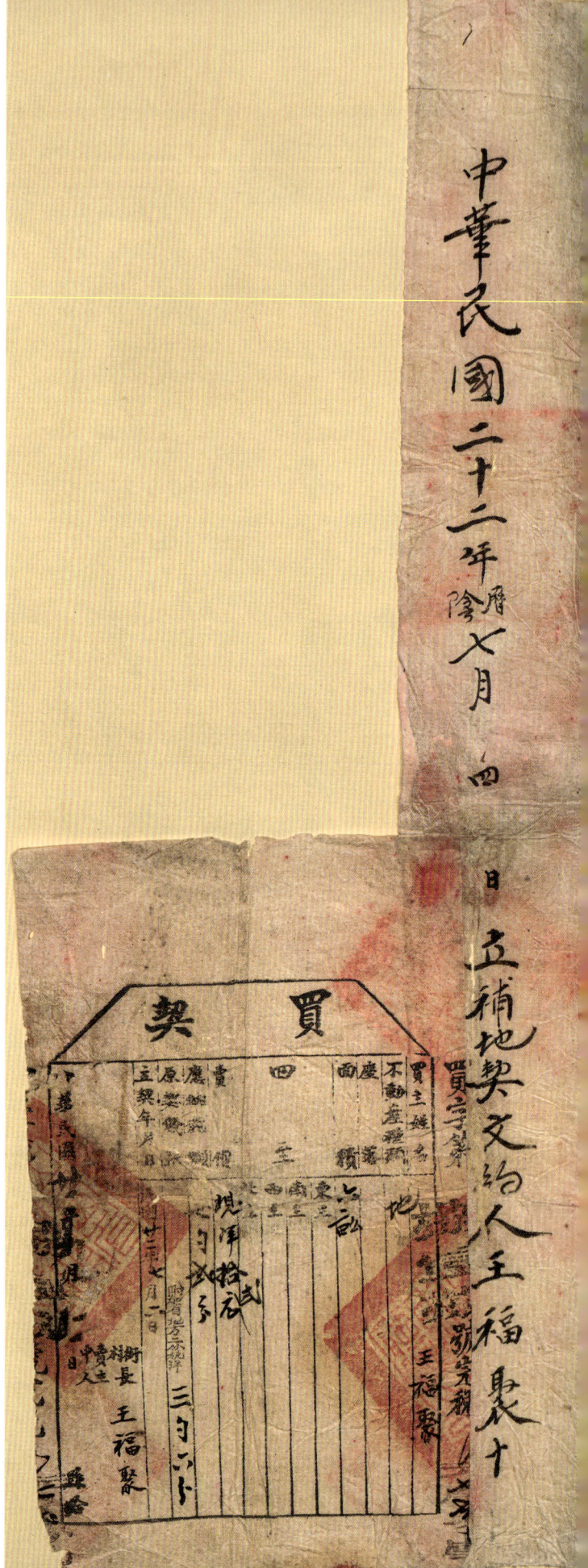

立補地契文約人王補裹承由祖遺之業原約失毀棠縣令同社會鄉餉寓長等指示立約補契坐居在皮塢溝西地壹段計他伍塊東至高崚西至有堆至高崚堰底北至高崚又寨列是頭合地計他貳塊東至师朝忠西至王辰學南至王府學金各達又陽甲東合地參段計他壹塊東至王祐廣西至古路南至王楊廣北至塢崚四至分以各以舊界協同鄉餉寓未等會同四鄰以時估低銀圓拾弍圓整原納買粮神社弍錢參分八九分徹送納並無異説恐口無遷立此補約為祀

鄉餉　王祐裹

寓未　王辰興

鄉未王祐咸

山西省文水县李氏契约

山西省文水县李氏契约共有16份契约文书①。最早一份为嘉庆二十三年（1818），最晚一份为1954年，包括有两份中华人民共和国成立后由山西省文水县人民政府颁发的契纸，形式上左侧为表格式记录，右侧为竖排繁体半手写的草契，盖"文水县北张家庄乡人民政府印"。本套契约中包括11份买卖契约、3份分家契、1份典当契、1份借贷契，其中3份分家契分别涉及了同一家族的三代人，包括母亲尚在世的兄弟分家、父母去世后的兄弟分家与祖母去世后遗留的养老田分配等三种分家析产情况。

表8 李氏契约详表

契约	立契人	对应人
嘉庆二十三年（1818）山西省文水县李氏兄弟分产契	李尚春、李长春、李福春	
道光二十二年（1842）山西省文水县李氏兄弟分家契	李怀恭、李怀儒、李怀泰	
道光二十五年（1845）山西省文水县樊俊秀卖地契	樊俊秀	张化财
咸丰十一年（1861）山西省文水县闫国典同侄子卖房基地契	闫国典	李光普
光绪二年（1876）山西省文水县李氏兄弟分地契	李怀锦、李怀泰、李怀端	
光绪三年（1877）山西省文水县李怀泰典房契	李怀泰	李怀高
光绪三年（1877）山西省文水县李浩同母卖房契	李浩	李怀泰
光绪十二年（1886）山西省文水县李艳□卖房基地契	李艳□	李光烈
光绪二十九年（1903）山西省文水县李浩同母卖房契	李浩	李怀泰
光绪三十一年（1905）山西省文水县李增禄卖地契	李增禄	荣德堂
民国七年（1918）山西省文水县李建义补买地契	李建义	
民国十九年（1930）山西省文水县上河头村张尔宝卖地契	张尔宝	李富
民国二十一年（1932）山西省文水县李起禄借贷契	李起禄	韩淳燕
民国二十五年（1936）山西省文水县同志成卖地契	同志成	乾一钰
1952年山西省文水县闫才周卖地契	闫才周	李元富
1954年山西省文水县阎天长卖地契	阎天长	李元富

① 在德国巴伐利亚州立图书馆的原始数据中，这13份契约同属典藏号Cod. sin. 2956的《文书》。

文水县位于山西省中部地区，其所指辖区在民国以前有"4大镇、8小镇，72个对对村"之说，其中对对村指的是"以村庄位置的方向、前后、大小而成对的村"，北张家庄乡与南张家庄乡即为一对，前者又简称为北张乡。① 北张乡位于文水县东南区域，距离县城7.5公里，地处文峪河、磁窑河两畔，地势平坦，且水源充足，是文水县的粮、棉主要产区。② 村中姓氏，据《文水县志》统计，1990年时张、王、李三姓是文水县中占人口比例最高的姓氏，当时李姓共有3万余人，北张乡的李姓也聚集有百人以上③，编者目前尚未收集到本批契约相关的李氏家族族谱，有待后续补充。

---

① 李培信主编：《文水县志》，山西人民出版社，1994年，第38页。
② 李培信主编：《文水县志》，山西人民出版社，1994年，第32页。
③ 李培信主编：《文水县志》，山西人民出版社，1994年，第118、122页。

嘉庆二十三年（1818）山西省文水县李氏兄弟分产契

嘉庆二十三年山西省文水县李氏兄弟因父亲去世，由母亲张氏出面分家。除生意、养老地、妆奁银、娶媳银及二宗拆地（和尚坟地、坟把子地）外，均分为三份给三兄弟。本契只列李长春所分家产，有半书法防伪，有在中人画十字押。

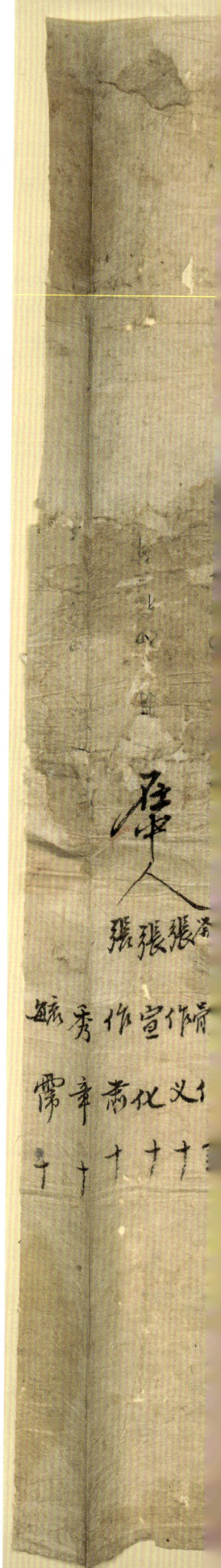

立分闻人张氏因夫去世留子三人＝李福春理宜同居但恐日久生变反伤和气今邀同亲族人等将先夫西遗田地房屋以及什物器具按三股酌派分清两有一应债务並外头生意日後利害着长春承应並不与尚春福春相干当身养老地弍拾叁亩朴三女粧奁银伍拾两三子娶媳银伍拾两二宗除地和尚坛地伍亩弍分坟把子地壹亩伍分事出公议各宜遵守永不许反悔恐後无凭立分闻存照

计开

李长春分到东院一所往南行道五尺通至大街三人係移院内需角典楼院留涸基一块方圆叁尺场内南截东边地基一块东至墙行路西北俱至李尚春南至大道长壹拾捌丈弍尺阔伍步零陆寸陆分弐截场基壹块址至大道南至李福春东至赣伯父西至李保新南址壹拾叁丈东西壹拾肆丈叁八伍寸往南行至赣壹丈通至场道 壹切房木长春收管

计分到地亩
耕地陆亩捌分伍厘 阎家坡地弍亩柒分捌厘伍毫 坟把子地肆亩柒分叁 坂板地陆亩伍分
计粮一石八斗八升六合八勺六秒七作八主一粒二棠 又计房基场基粮壹身弍升零伍勺柒抄叁作捌圭撬典福春良弐合 一样三张 其一 李长春收执

嘉庆二十三年十二月初三日立

养老地 庙後坪地肆分叁厘壹毫
　　　　　順道东地壹拾壹亩敵
　　　　　宜道南地叁亩柒分
　　　　　陈家地弍敵弍分

计闻

道光二十二年（1842）山西省文水县李氏兄弟分家契

　　道光二十二年山西省文水县李氏兄弟因父母亡故立分家契一份，将家产按三份均分，本契仅列李怀泰所分家产。下方有半书法防伪，有在中人画十字押。

立分单人李懷儒懷泰 情因父母亡故難己同爨今同叔長親友將父所遺之業
按三均分懷泰分到内院西房二間二院西册一間束卡一間又分到村北攻煞至地
平地四畞三分又華首根一対大街河二衔门任我東至涊宗至福春叔行路行道往南
行至大街又分到内存衣物外當衣物等件與懷儒屋苞苔手钁併懷泰一人諸管恐
后各魂立分単子為記
可有永和生意懷儒承管掌銅賬
懷儒自頂永和墊至懷泰批出為人身一二拼分到懷泰各
股各要自遵尔此五事為凭

首光廿二年   月   日

       在中人 懷清 十
              三春 十
              田治恆 十
              劉元震書
              尚春 十

道光二十五年（1845）山西省文水县樊俊秀卖地契

道光二十五年山西省文水县樊俊秀将名下一段白地立契卖给张化财。同年经官府立尾契一张。草契正文结尾有十字关门押，有中见人画十字押。契纸均盖官印、骑缝章。

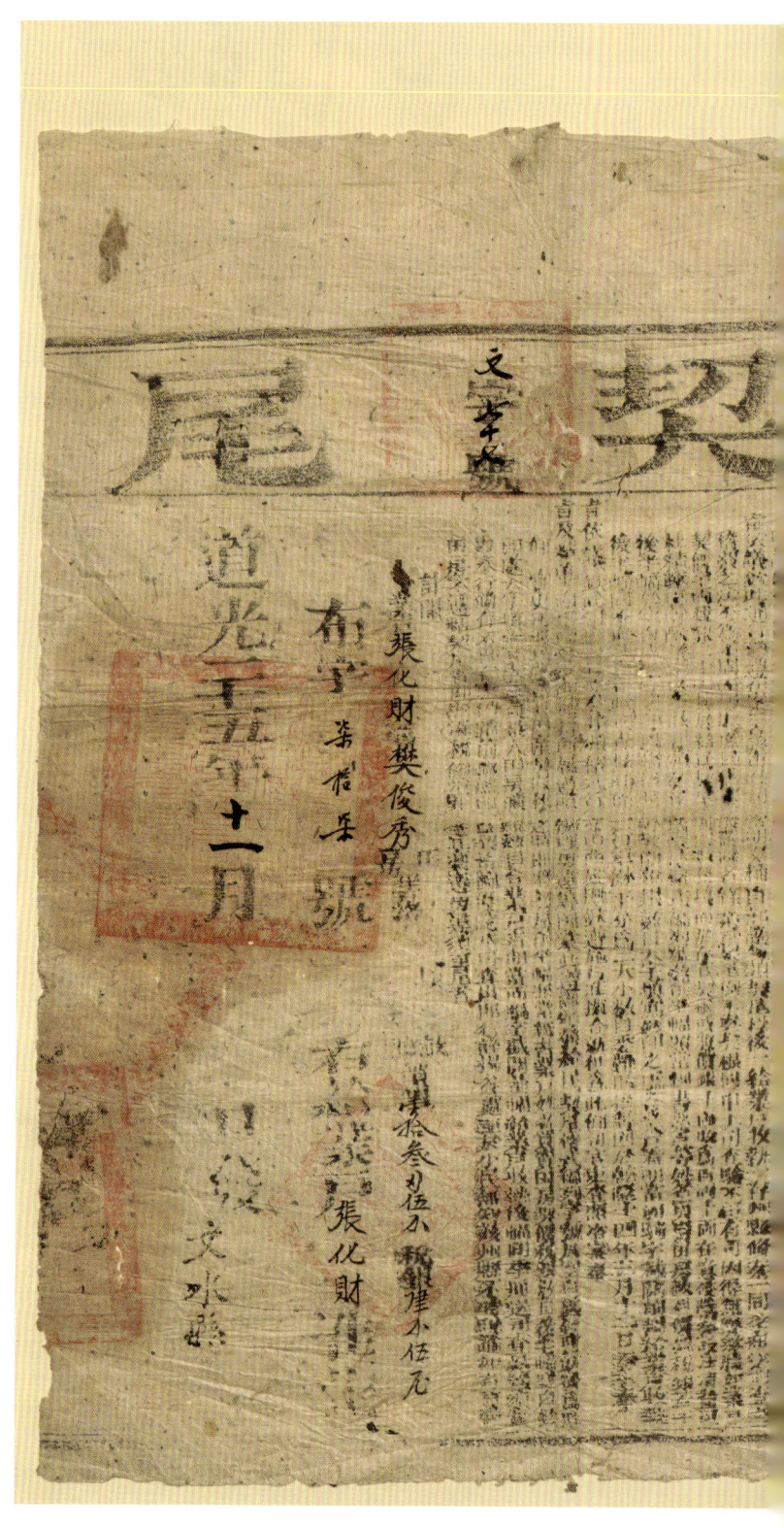

立賣地契人樊俊秀今因使用不足今將自己原墳祖業村南甸地壹塅係南北畛行樓伍過壹計地叁畝東至張陸西至張志通北至墳塋南至大道四至明白今立賣契出賣與張化財耕種同衆言定賣價銀壹拾叁兩伍錢其銀當日交足不欠其地倘有爭碍賣主一面承當恐口無憑立賣契為証十

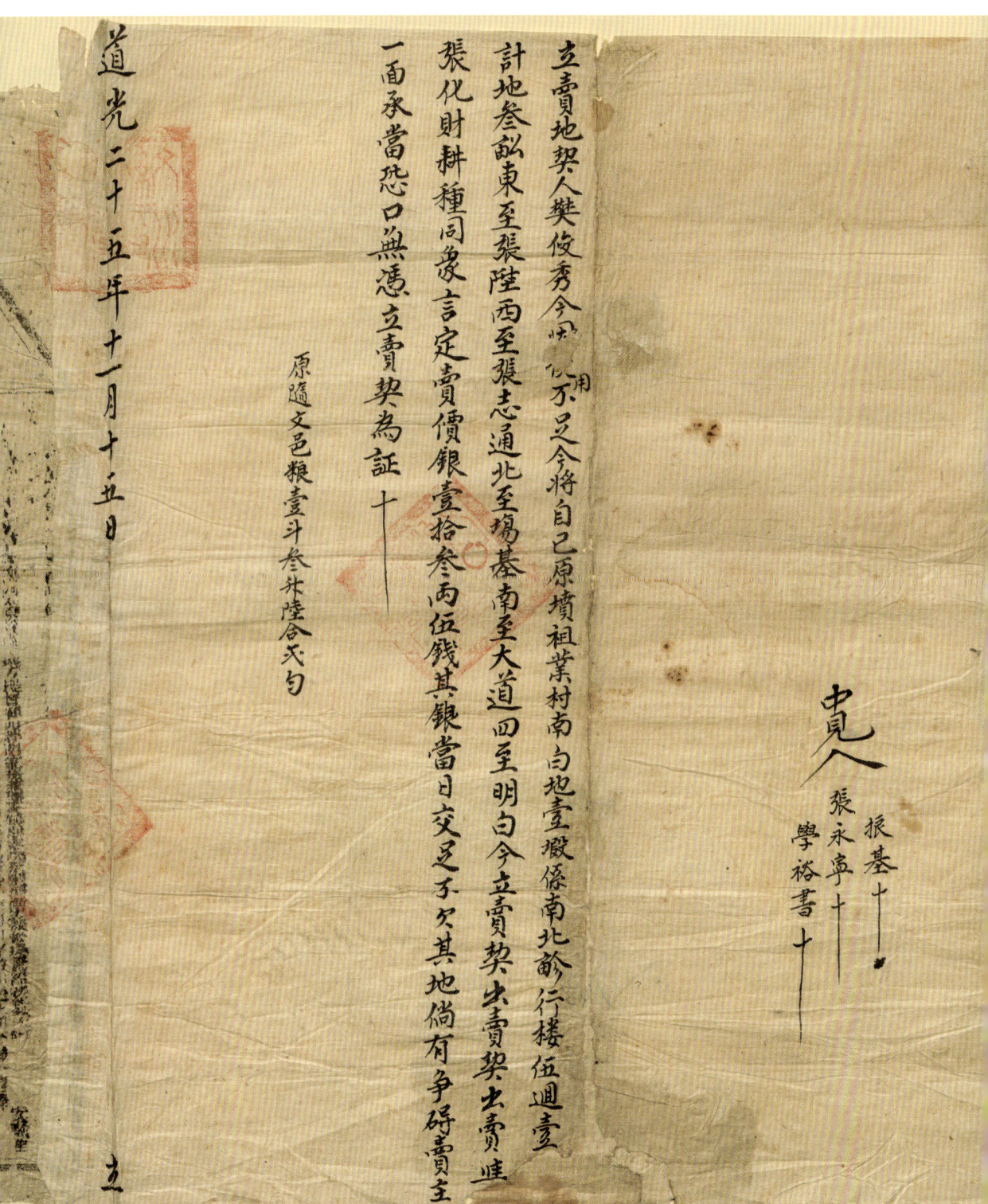

道光二十五年十一月十五日 立

原隨文邑糧壹斗叁升陸合弍勺

中見人 張永亭 十
　　　　學裕書 十

振基 十

咸丰十一年（1861）山西省文水县闫国典同侄子卖房基地契

咸丰十一年山西省文水县闫国典同侄子将祖遗房基地一块立死契卖给李光普。正文后补注伙行道三家共用。经官府立尾契一份。有立卖契人、说合中见人、代笔人签字、画十字押，盖官印、骑缝章。

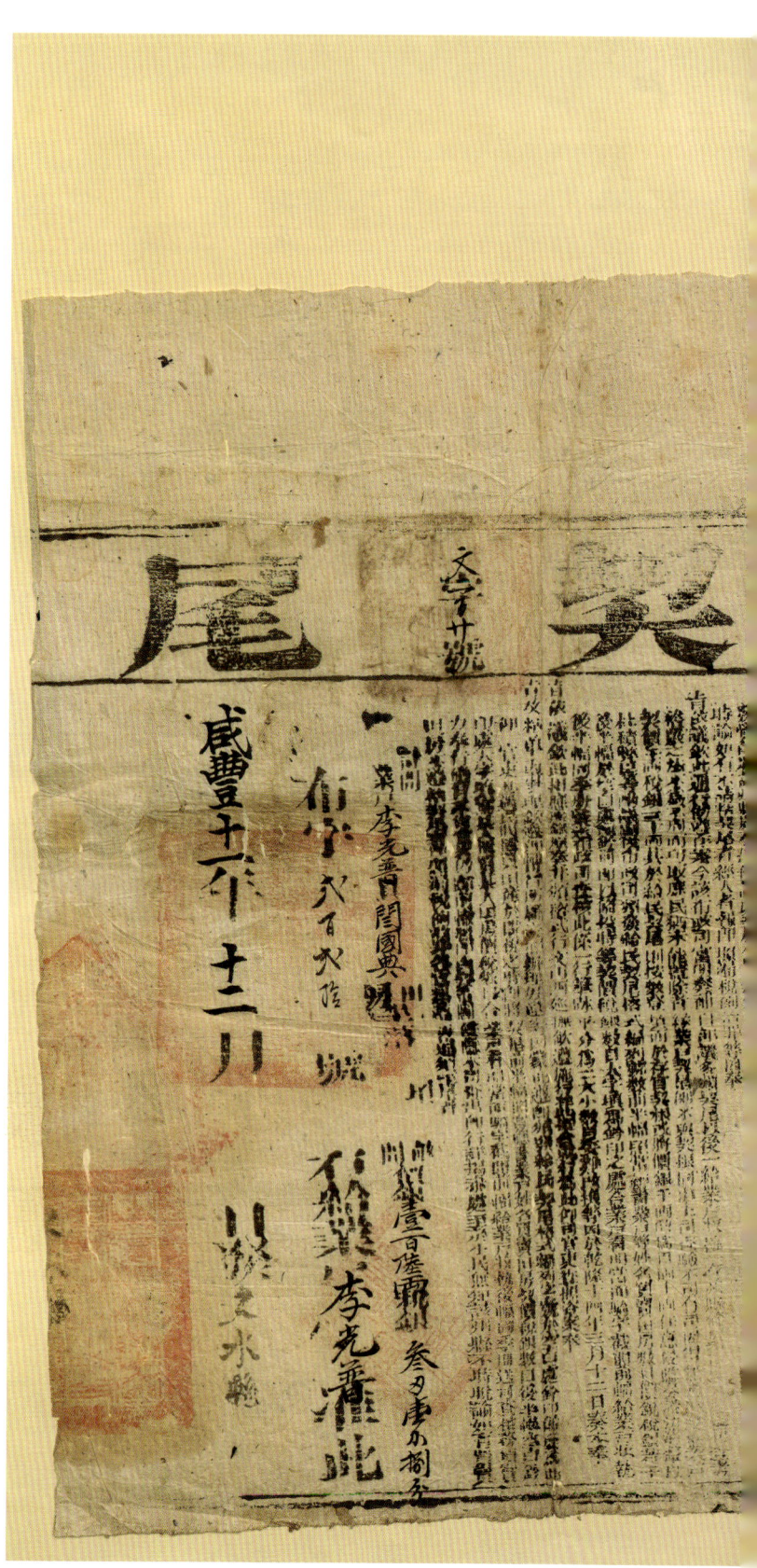

立賣房基地契人閆國典同侄挨蹺因為粮差緊急今將自己祖遺
房基地壹處係儒北伭內有正房三間上下土木相連計基地東分律壹叁毫
叄系東至賣主呂振績西至穀行道南至咸向法北至閆國偉四至明白立死契
賣與李光普永遠作業同中言明死價錢壹佰零陸仟整其錢當受不欠其基
地倘有爭碼賣主一面祇當與口爭懸立死契永遠存照

有穀行道壹條計基地壹分柒釐律壹系三系永遠穀行咸向法行道
長貳拾貳步
寬貳步

立賣契人閆國典十
          閆連林
李光普
諸咸步

咸豐拾壹年十一月十一日

說合中見 李達琳十
        李光圓十
        閆光蹺十

光绪二年（1876）山西省文水县李氏兄弟分地契

光绪二年山西省文水县李氏三兄弟因祖母去世，之前分家留下的养老地不再用作坟地，根据祖母后事所花费用和所留土地来分割地产。此契为长门收执，有半书法防伪，有中人、代笔人签字并画押。

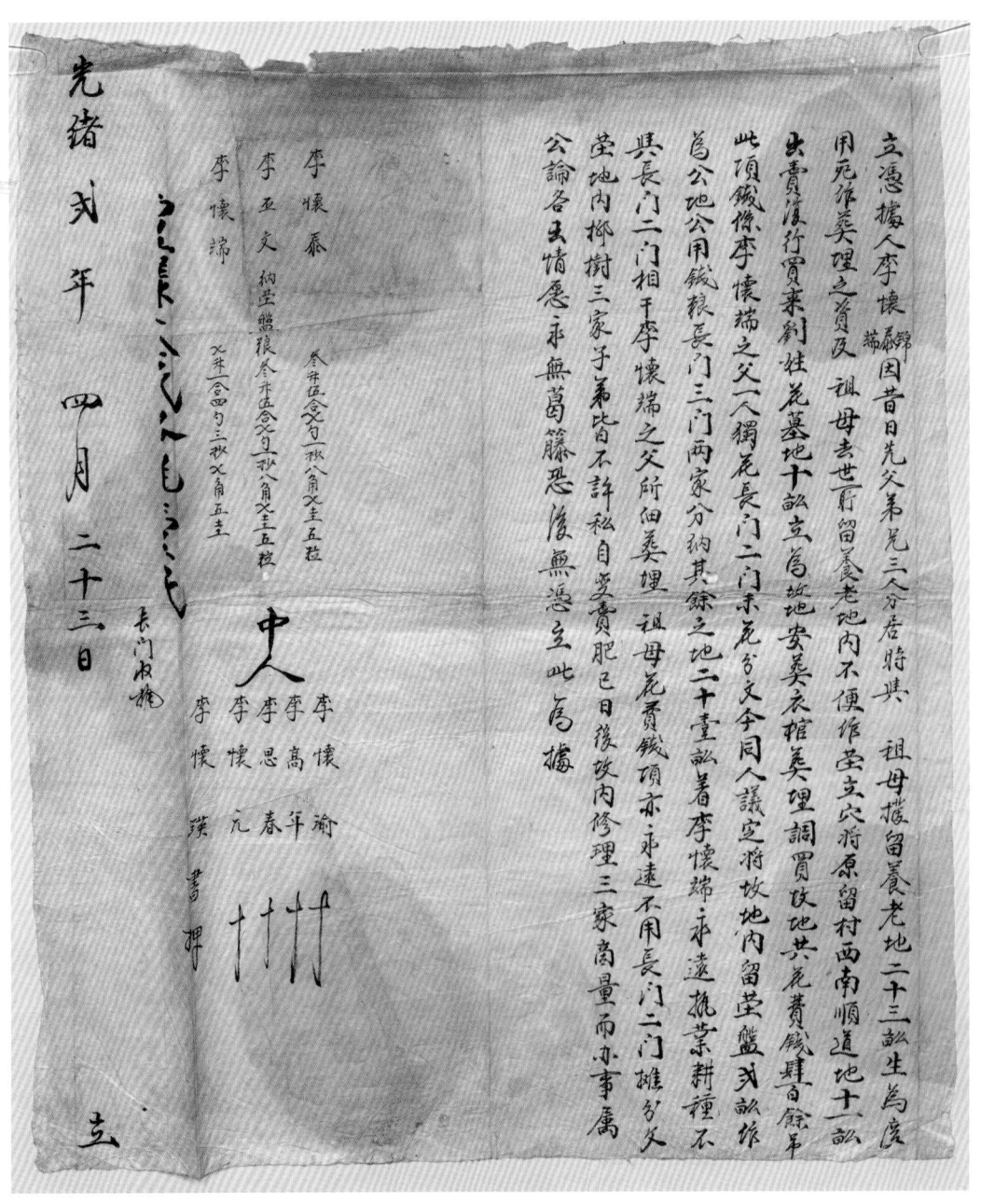

光绪三年（1877）山西省文水县李怀泰典房契

光绪三年山西省文水县李怀泰因一时不便将西房北间两间典当给李怀高。契中约定五年期满，钱到回赎，有中人、代笔人签字。

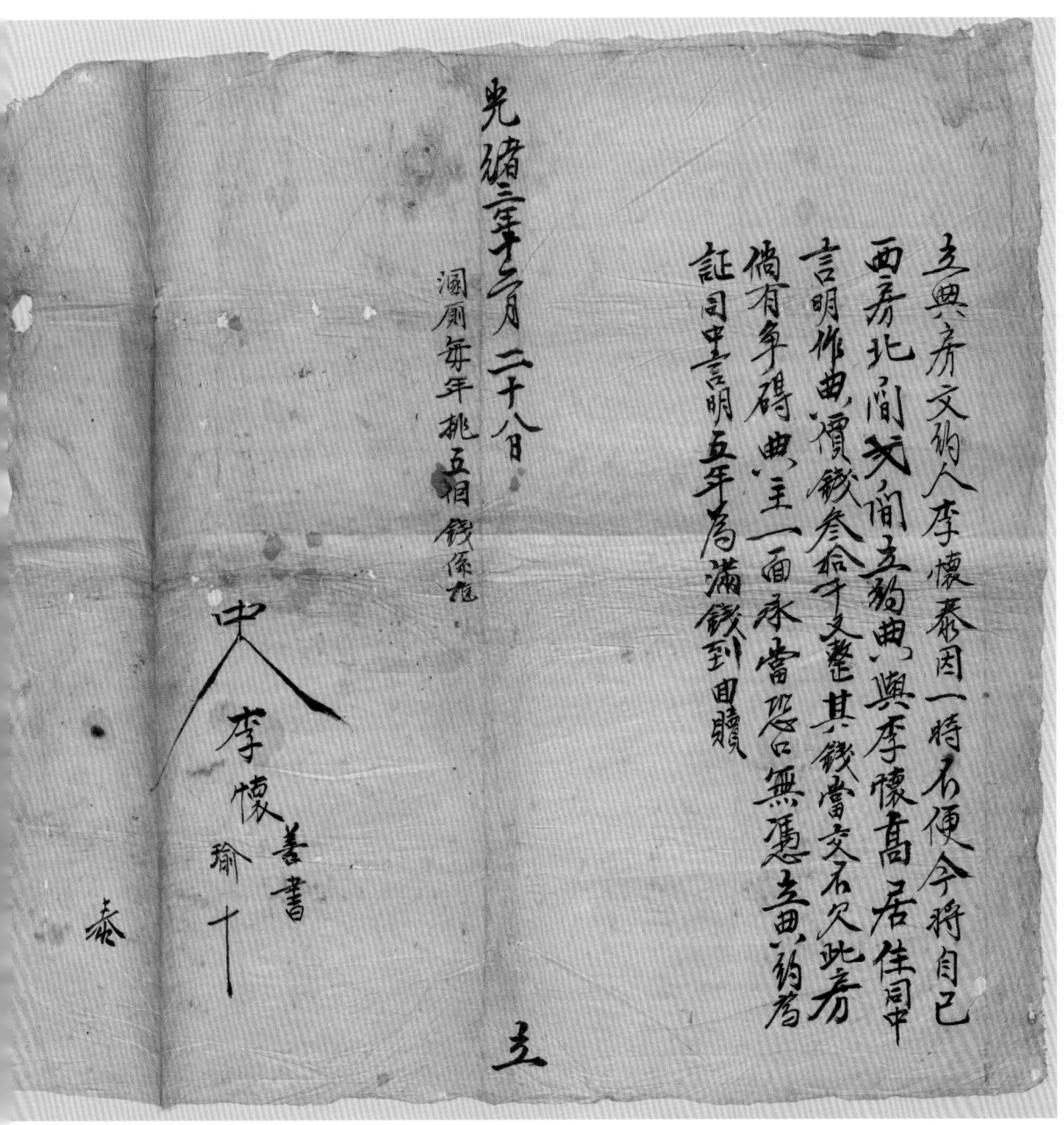

光绪三年(1877)山西省文水县李浩同母卖房契

光绪三年山西省文水县李浩同母李氏将分到祖业房基西一半立契卖给李怀泰。契中注明行道溷厕日后两家共用。次年经官府立尾契一份,民国三年(1914)又立官契一份。有中人、代笔人签字并画十字押,盖官印、骑缝章。

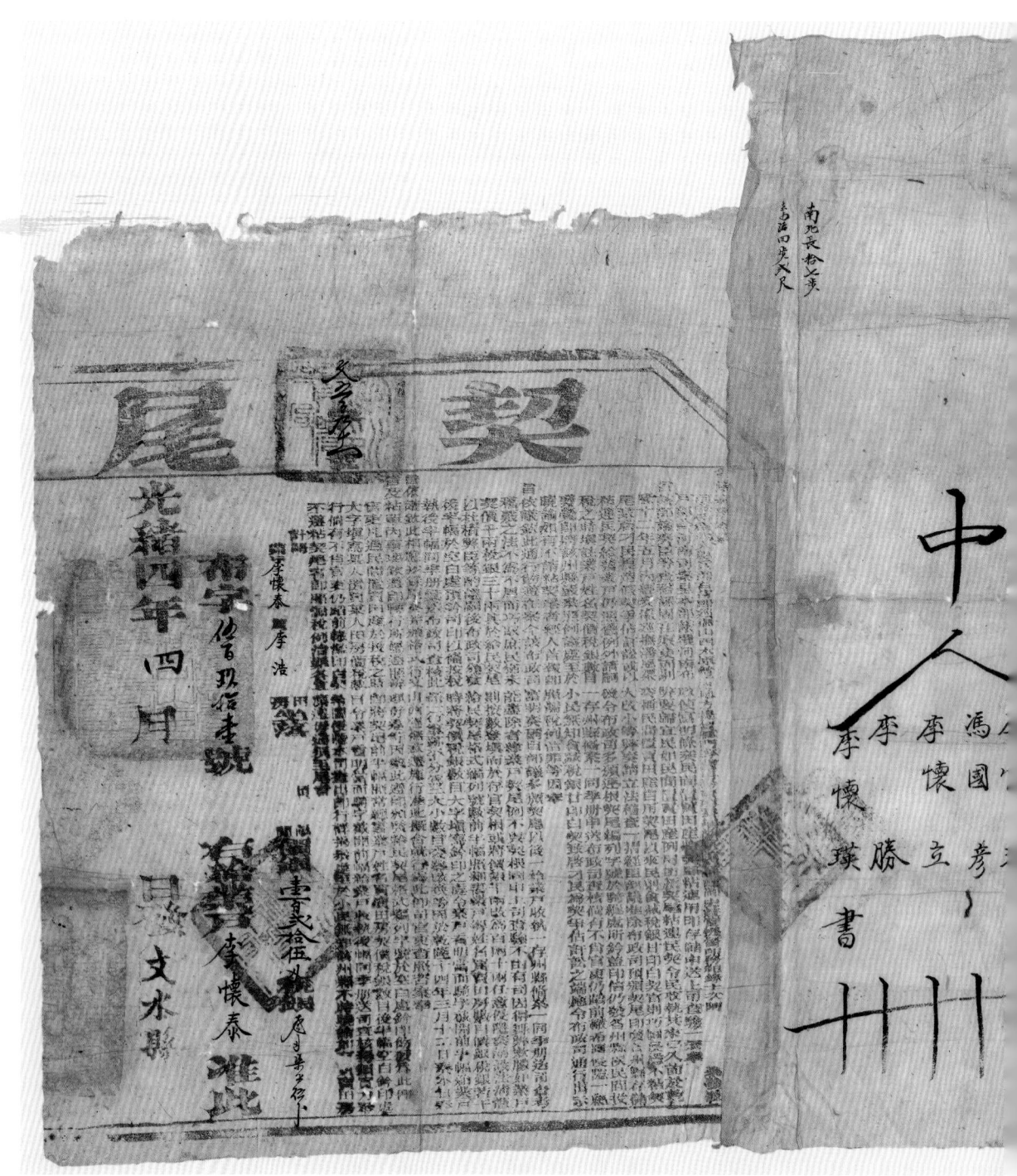

立賣房契文約人李浩因庚用不足同母李氏今將自己分到
祖業房物地基西壹半以院中為齊往南道至大道西房五
間澗廈壹間南房或間西边上下土木相連東至李懷瑛西至李懷瑜
北至李懷端南至人道四至明白立契賣其房與李懷泰永遠作業
同中言明價銀壹佰或拾伍兩整其銀當父不欠此房倘有爭碍賣主
一面承當恐口無憑立房約為証

再有行道澗廁聚行日後兩家或翻診拆毀各留行道澗廁

光緒叁年十二月二十四日立

光绪十二年（1886）山西省文水县李艳□卖房基地契

光绪十二年山西省文水县李艳□将祖遗房基地一块立死契卖给李光烈。正文后补注伙行道三家共用，有立卖契人、中人、代笔画十字押，盖官印、骑缝章。经官府立尾契一份。民国三年（1914）立官契一张。又于民国十四年（1925）买到李茂芳舍基地一段，立在原契空白处，有中人签字、画十字押。

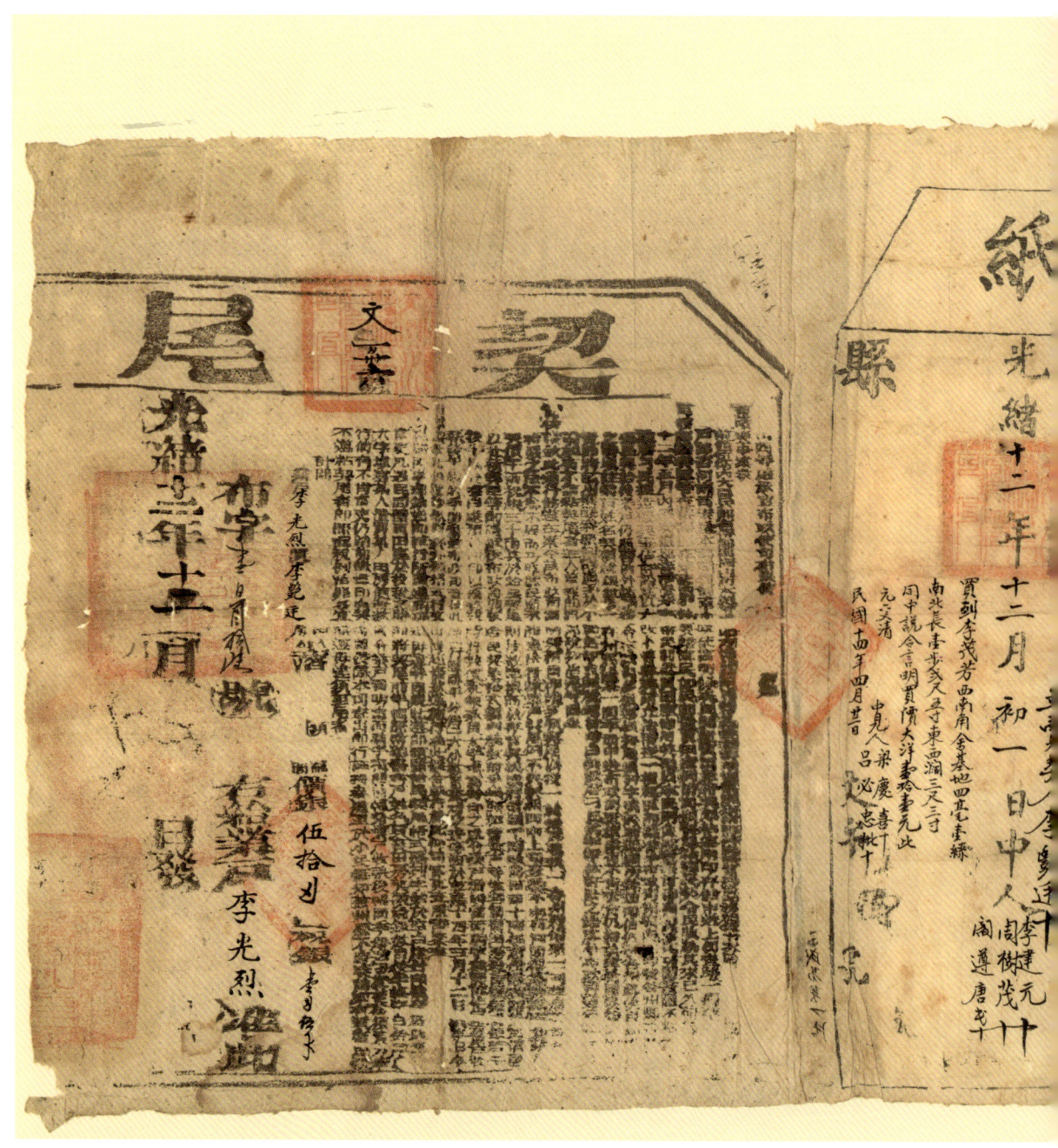

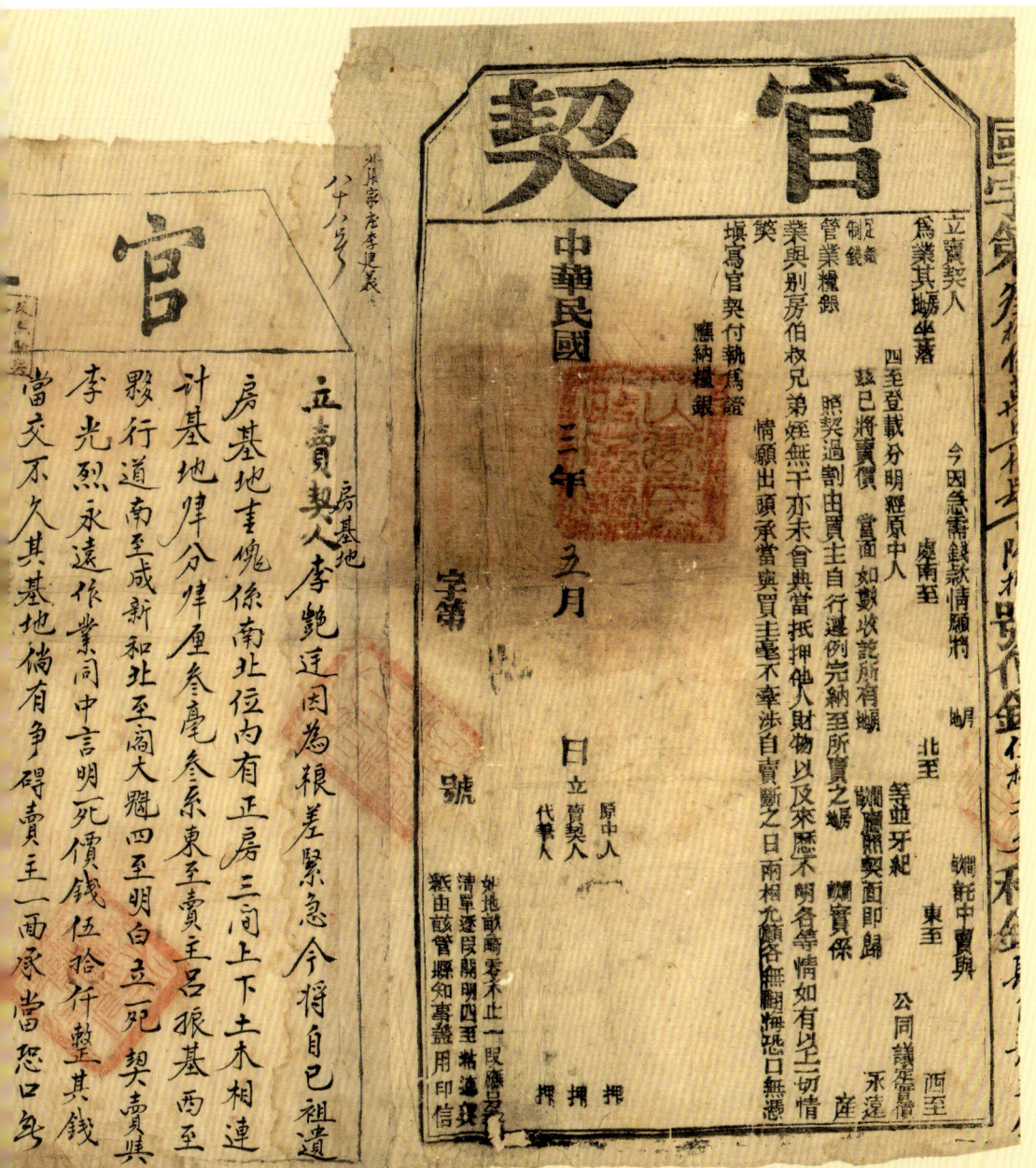

光绪二十九年（1903）山西省文水县李浩同母卖房契

光绪二十九年山西省文水县李浩同母将伯父李怀瑛名下房院半所立死契卖给堂伯父李怀泰，并经官府立尾契一份。有中人、代笔人签字并画十字押，盖官印、骑缝章。

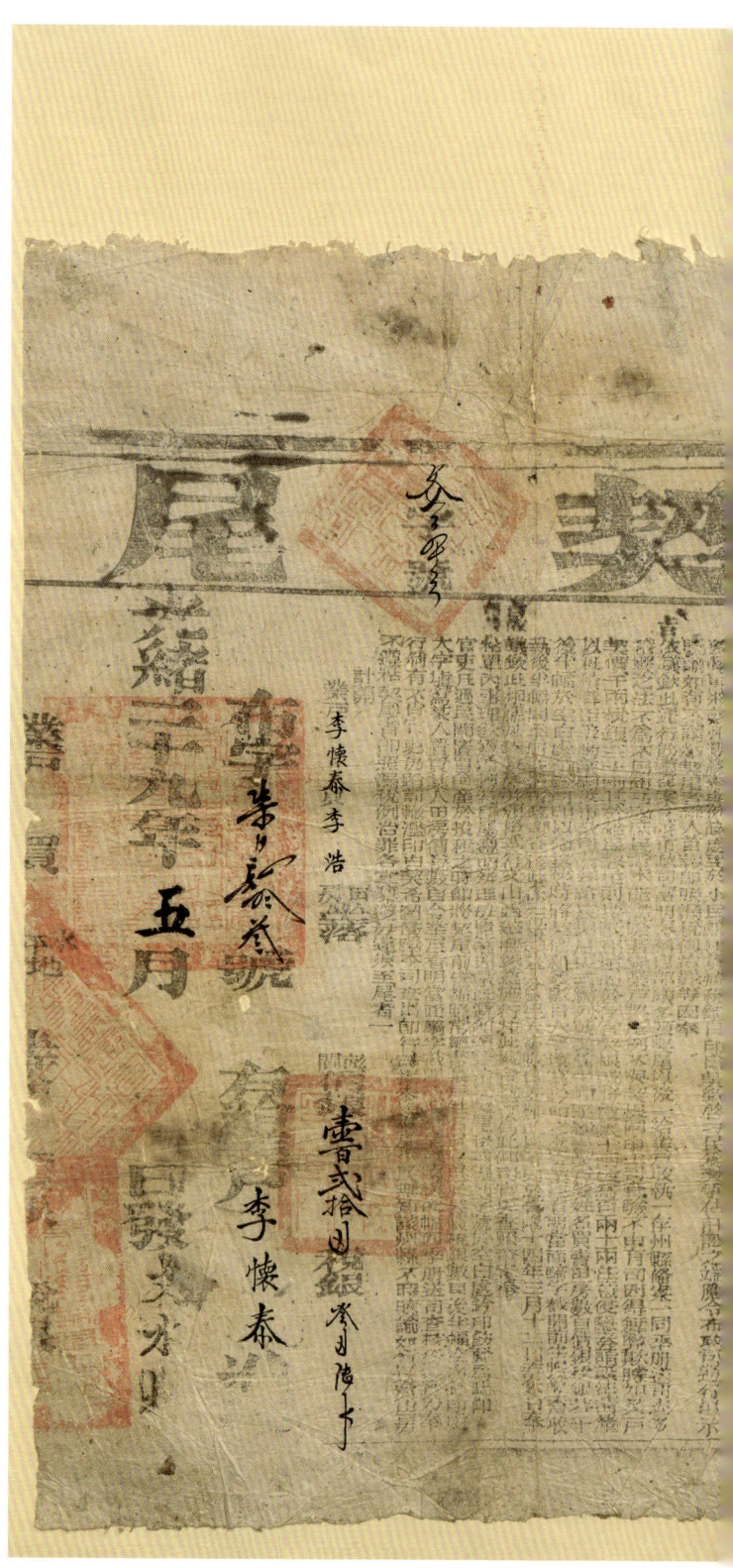

立賣房契人李浩同母因為一時不便今將伯父李懷瑛分到房院半所計東房五間連門樓行道通街並東房後舍基地壹塊前後上下土木相連東至買主行道西至買主南至大道北至李懷端四至俱以立死契賣與堂伯父李懷泰名下永遠作業同中言明賣價寶銀壹百貳拾兩整其銀當交不欠此房日後倘有人等爭碍有賣主李浩一面承當恐口無憑立死契房約存此

隨契過粮

大清光緒貳拾玖年四月十五日

中人 李樾卿書十
　　　薛思明十

立

光绪三十一年（1905）山西省文水县李增禄卖地契

光绪三十一年山西省文水县李增禄将祖遗白地一段立死契卖给荣德堂。契纸写明"随契过粮"，有中见人签字并画十字押，代笔人落款。光绪三十二年（1906）经

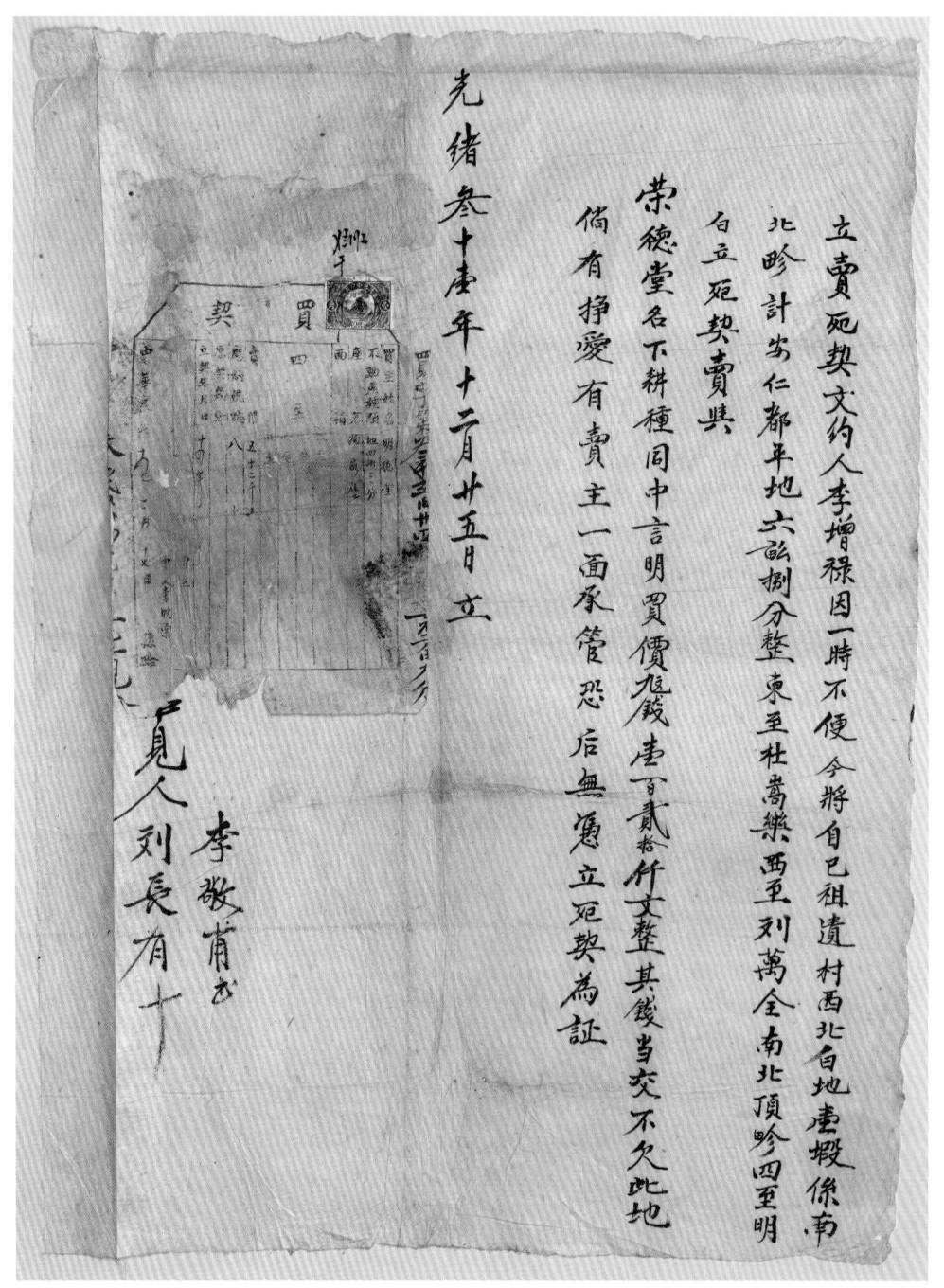

草契全图

官府立官契纸、尾契。有花码计数，有中见人画十字押，代笔人落款，盖官印、骑缝章。原草契空白处贴有一张民国十四年（1925）明德堂买契，有花码计数，贴有税票，有骑缝章。

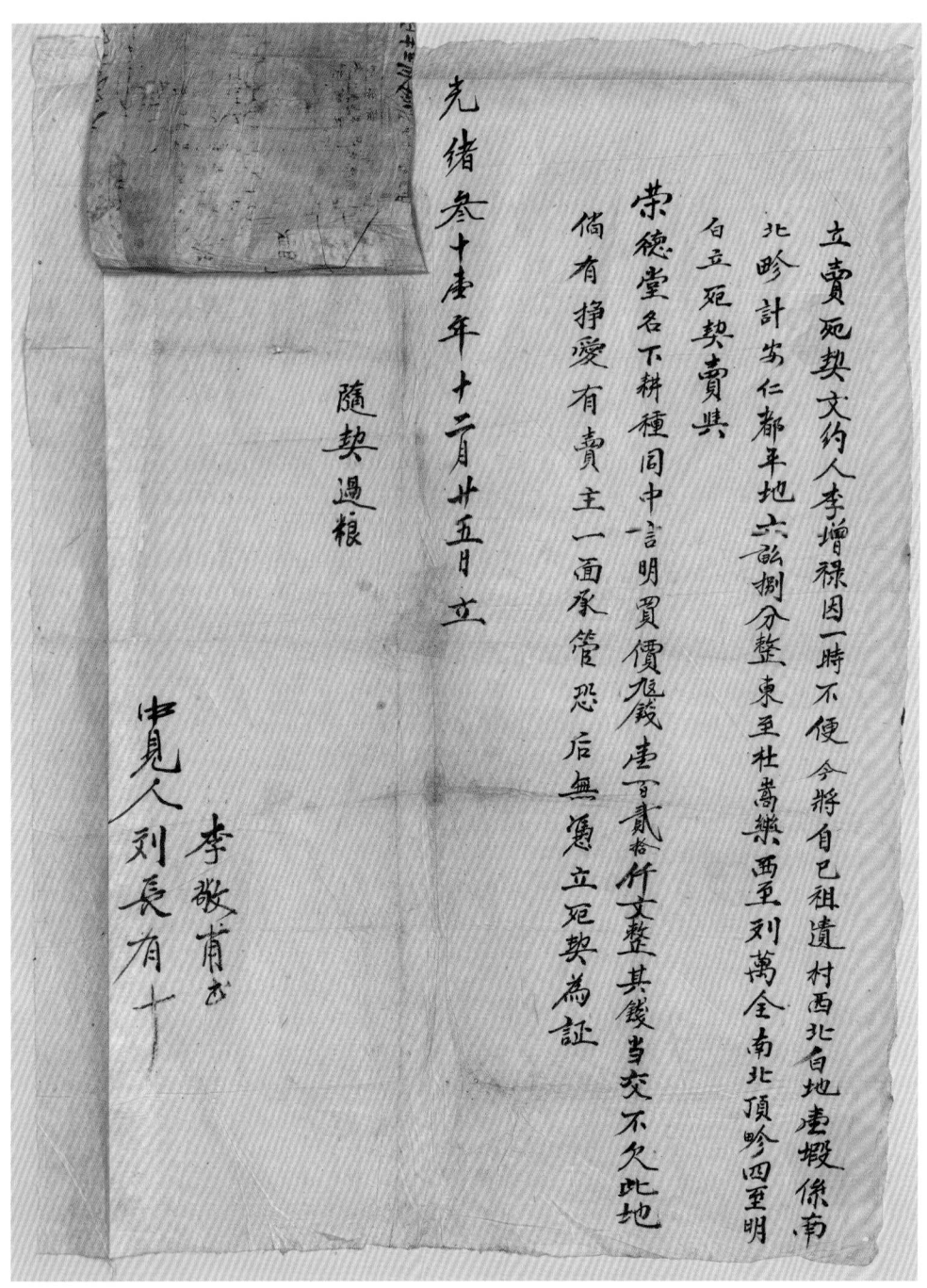

揭开买契纸可见"随契过粮"字样

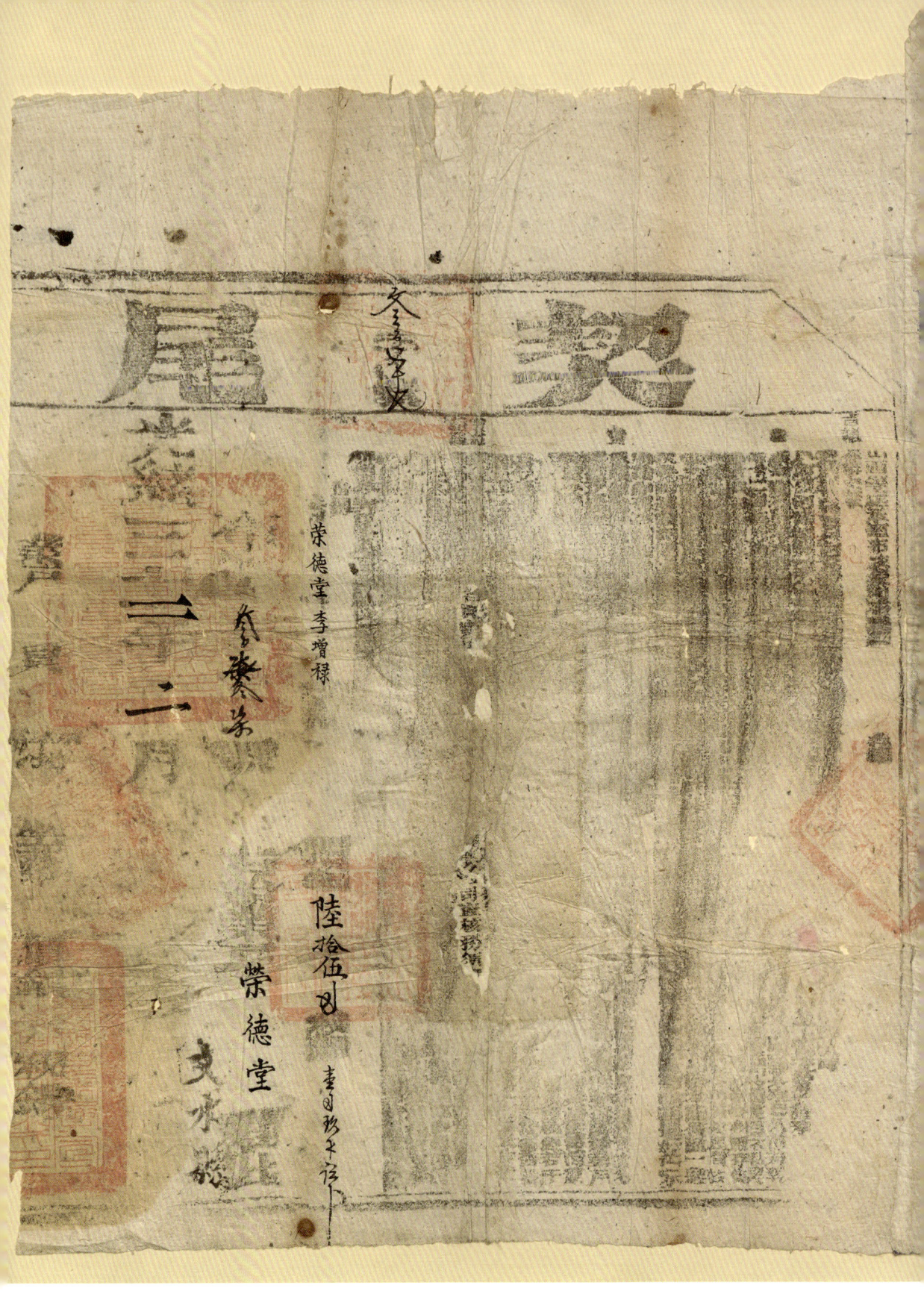

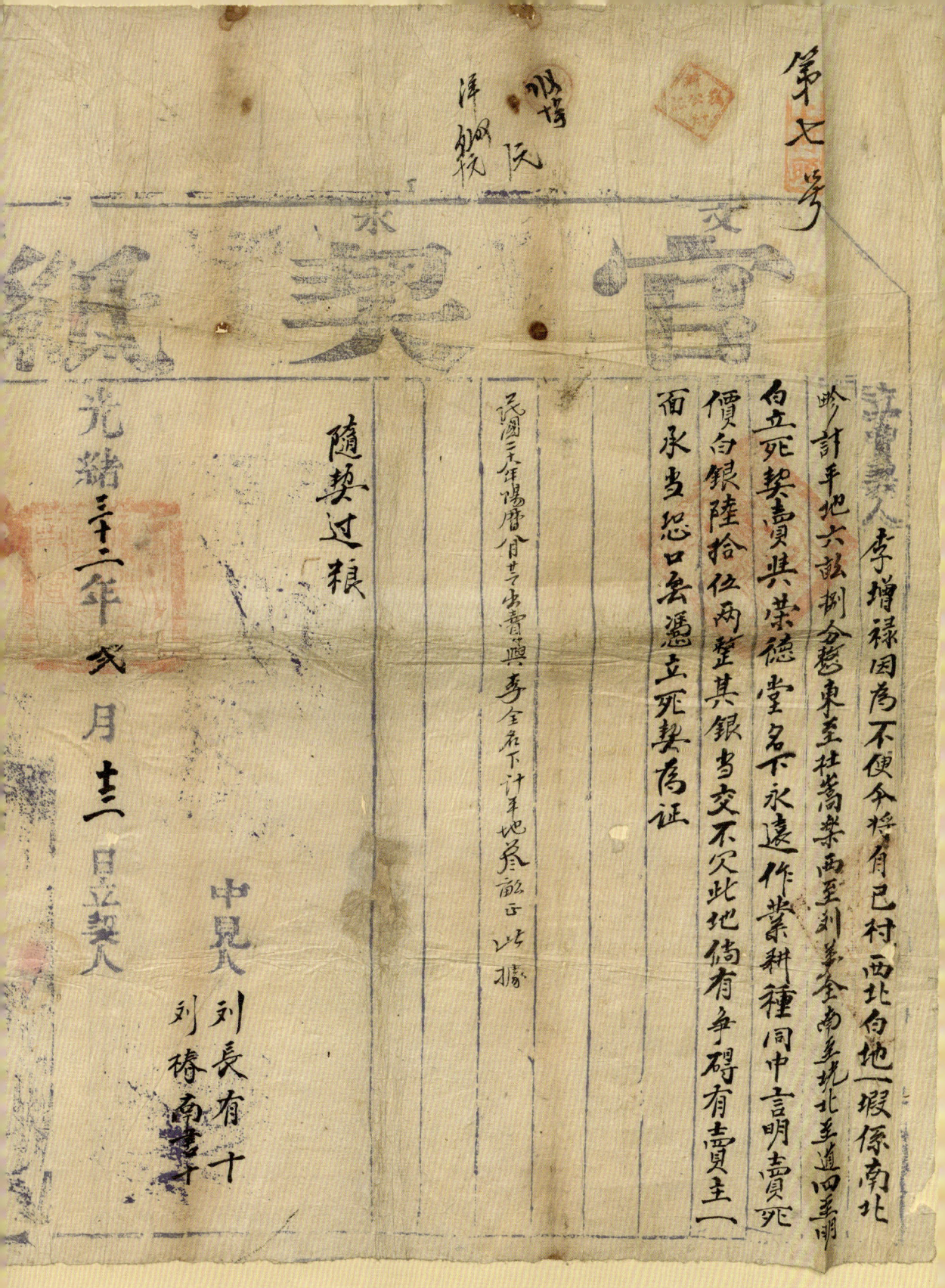

《光绪三十一年（1905）山西省文水县李增禄卖地契》官契纸、尾契

民国七年（1918）山西省文水县李建义补买地契

民国七年山西省文水县李建义因祖遗地产原买契遗失，在村长、保证人等的见证下补立买地新契，同年经官府立买契一份。贴有税票，有花码计数，有保证人、村长、代笔签字、盖章或画十字押，盖官印、骑缝章。

立補新契人李建義情因自己祖遺村東北蘇家地壹段計大洋地叄畝之分
係南北畛但原買殊契年久遺失無存今逢登記理合會同村長保證人善導
章補立新契此地現在東至高建沒西至閆漢舟南至坑四至議明樓時估價
大洋四拾元以賣原值恐口無憑領此永當証據

民国十九年（1930）山西省文水县上河头村张尔宝卖地契

民国十九年山西省文水县上河头村张尔宝将名下一段白地立契卖给李富，并经官府立买契一张。买契为表格形式，包括买主姓名、不动产种类、座落、面积、四至、卖价、应纳税额、原契几张、立契年月日等。有花码计数，贴有税票，有立卖契人、中人签字并画十字押，盖村长印，盖官印、骑缝章。

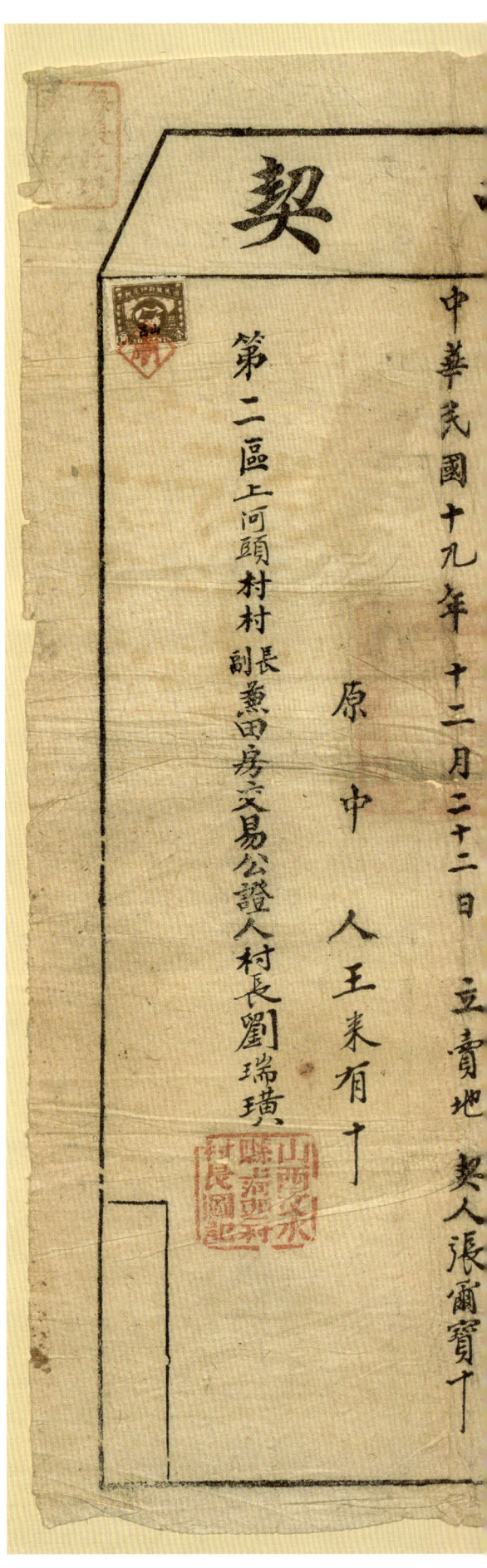

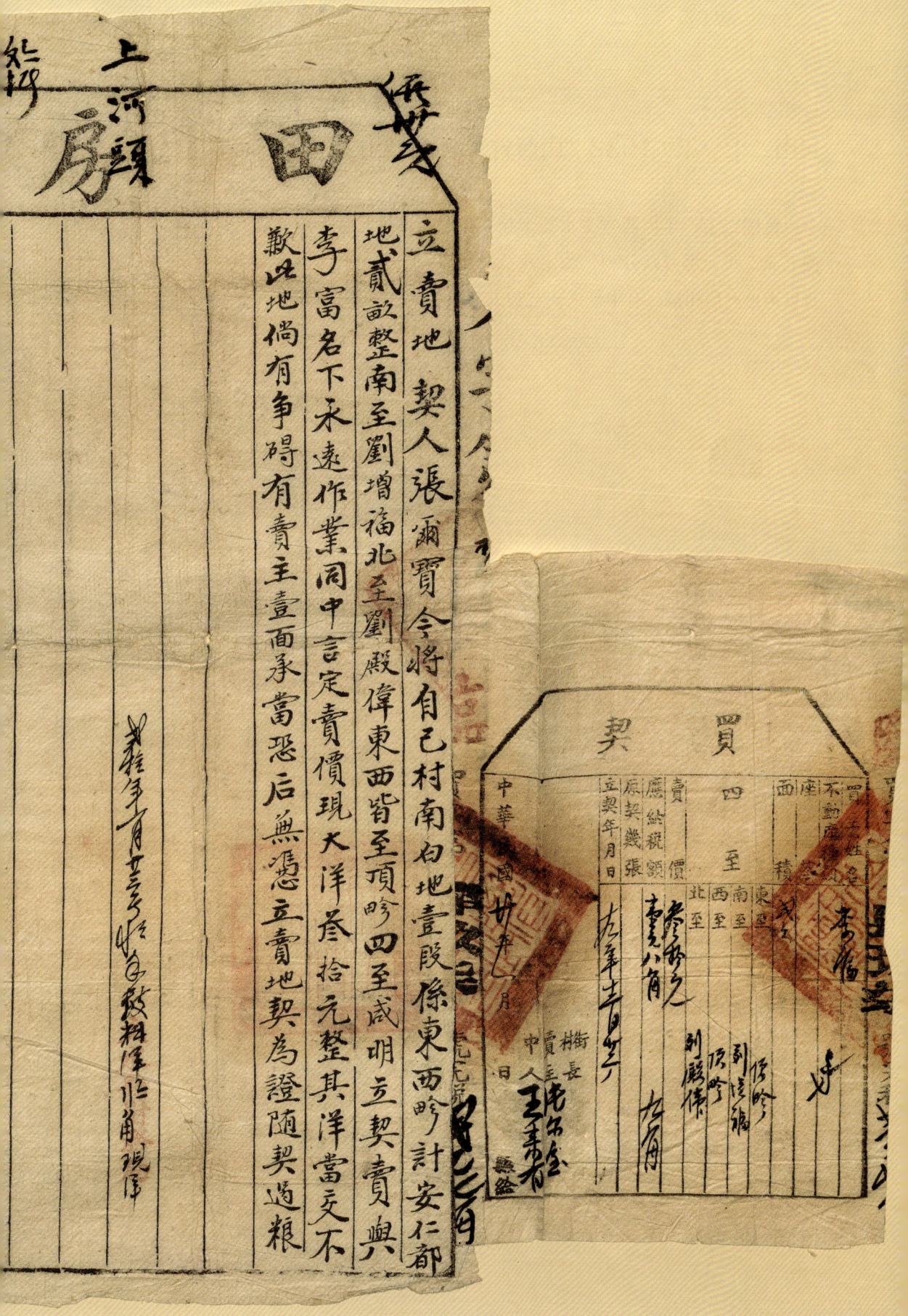

民国二十一年（1932）山西省文水县李起禄借贷契

民国二十一年山西省文水县李起禄因急用不足在韩淳燕处借银圆五元。每元每月六分利，约定六个月还清，如有违约由说合人负责以沟地一段相抵。有中证人、立契人、代笔人签字。

立借现银元人李起禄情因用款急际无处通
转央中说合今借到
韩泽燕名下现银元五圆整中证说合每元每月按以六分行息
限期六佃月为满期海本利交还如交还不到者有谚
合人完全员责陪不约带去沟地或韶弘契约一张倘若汝
归还不到有中人便产归还凭口难逸立约有
证

中证人 张时银

民国二十五年（1936）山西省文水县同志成卖地契

民国二十五年山西省文水县同志成将名下一段坟地立契卖给乾一钰，并经官府立表格式买契一张。草契上方印有章程摘要，有花码计数。契纸有公证人、产邻签名，说合人签名、盖姓名章，立卖契人、书契人签名并画十字押。

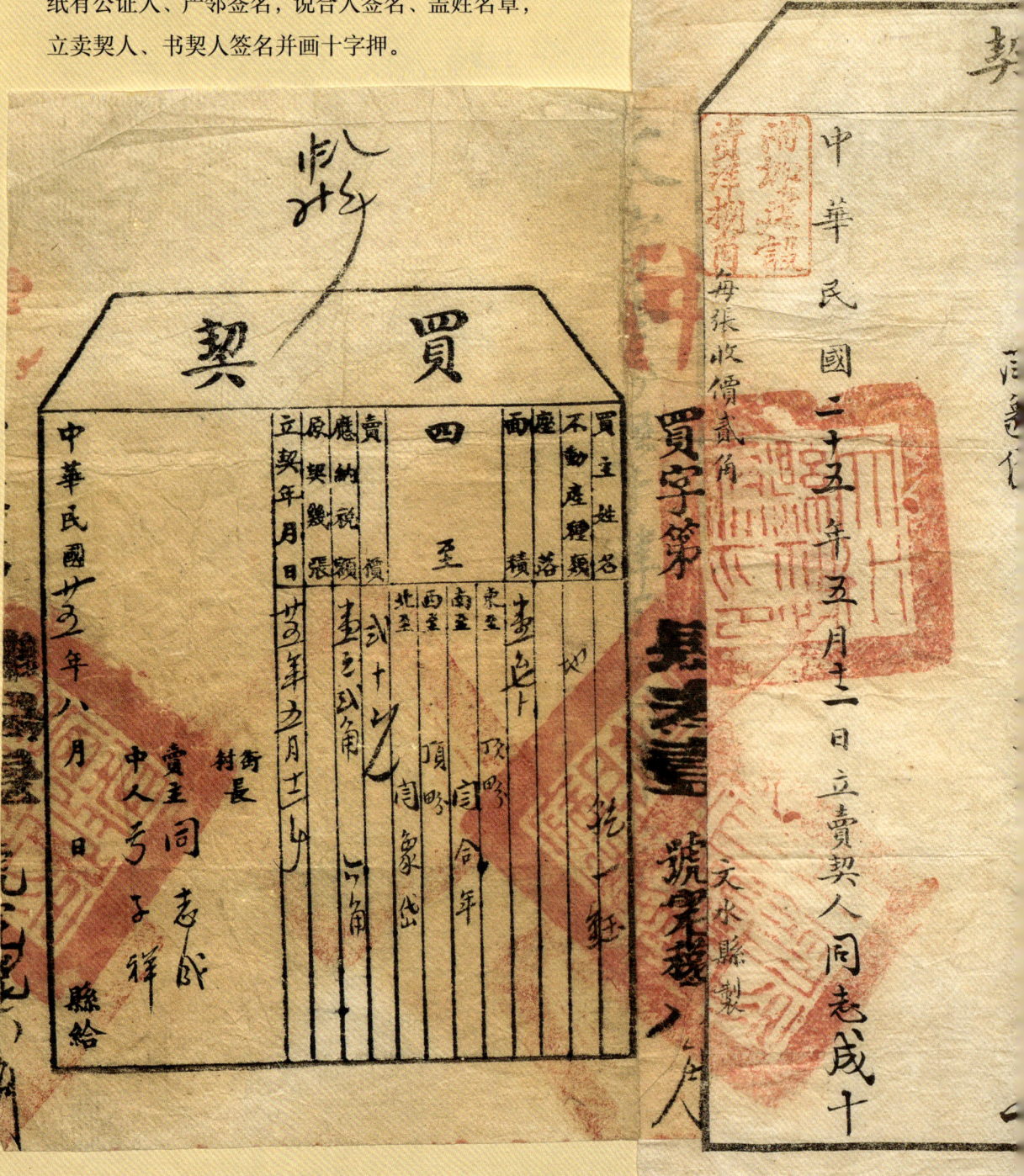

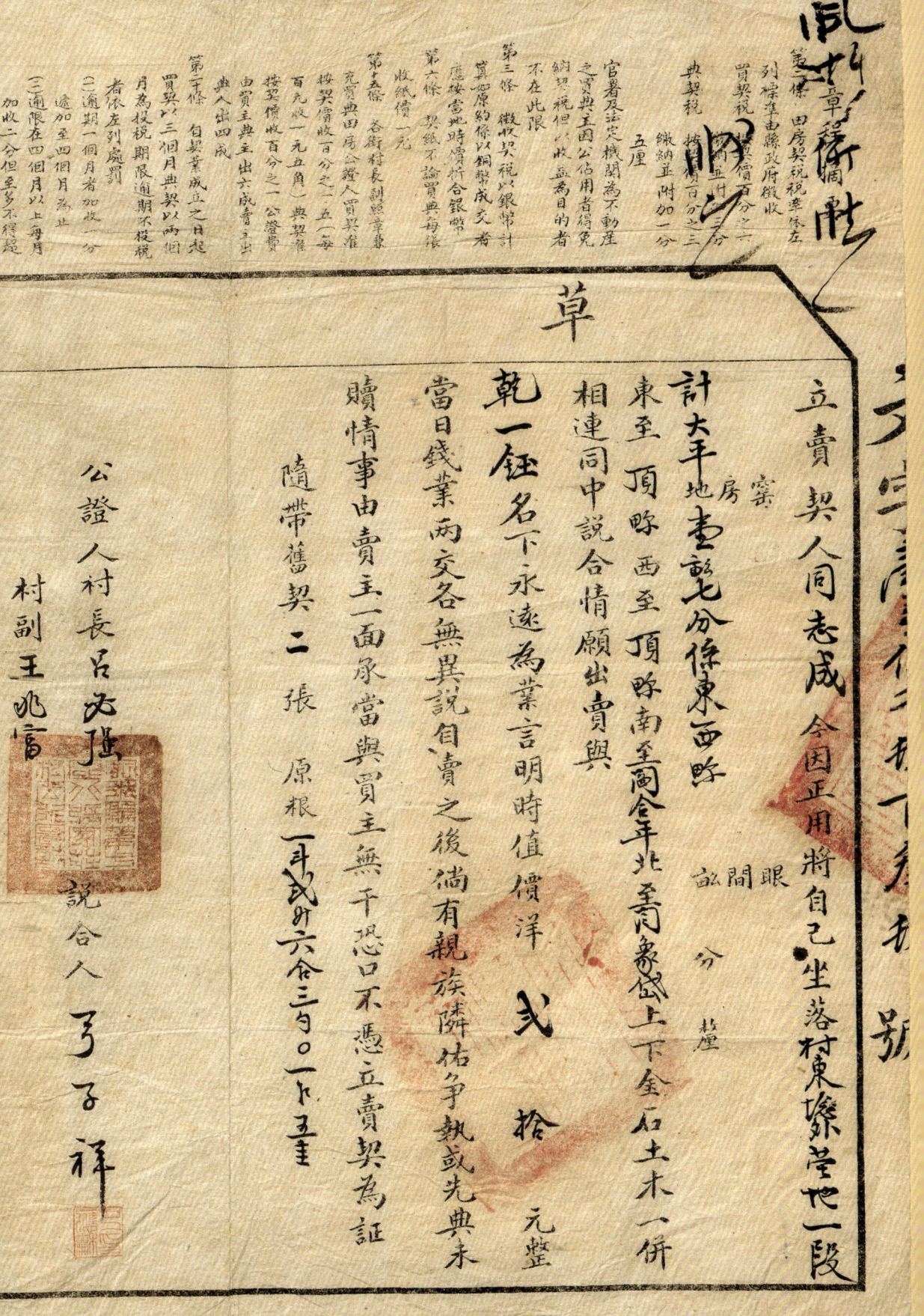

1952年山西省文水县闫才周卖地契

1952年山西省文水县闫才周将名下一段坟地立契卖给李元富。次年经官府立表格式官契一张。贴有税票,有中人、立卖契人签字并按手印,村主席签字、盖姓名章,有政府印、骑缝章。

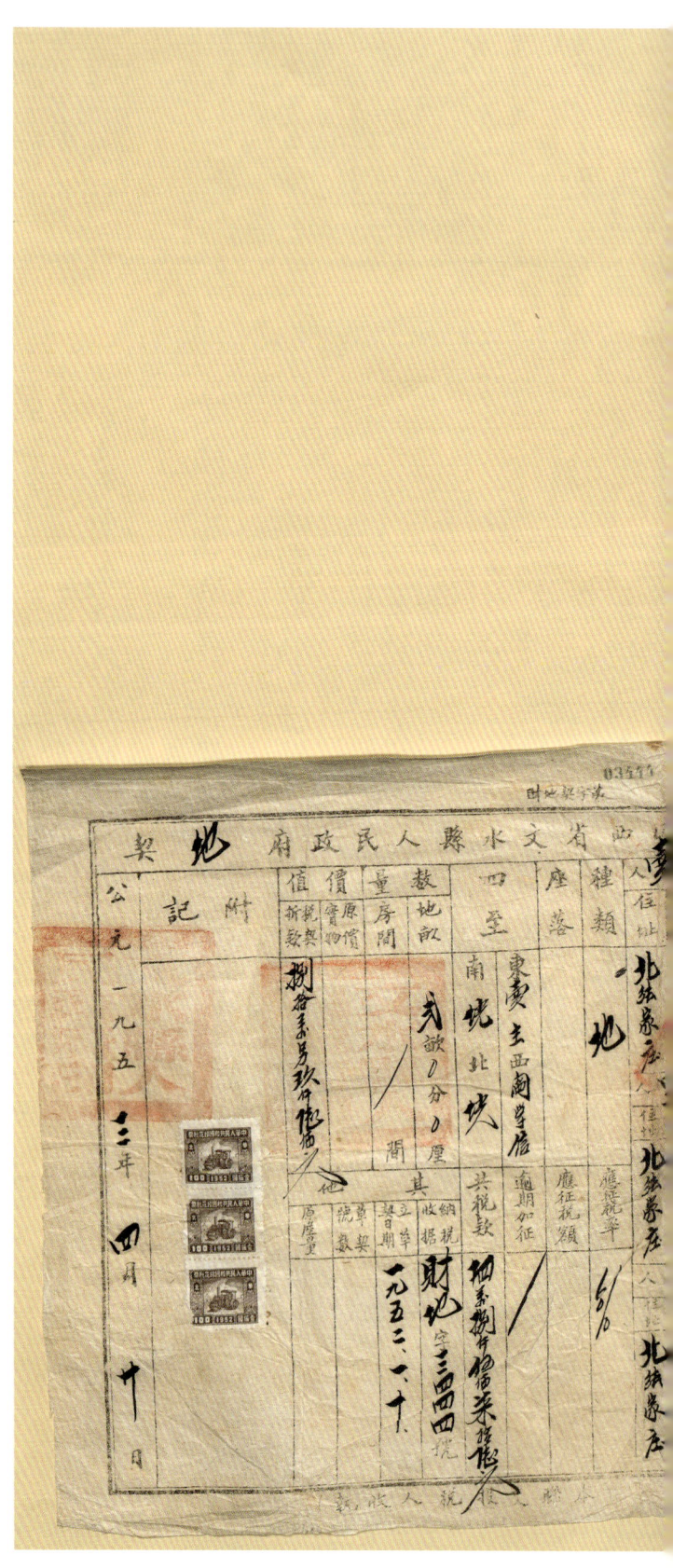

立卖地契人闫才周今将自已村北河滩地壹垧像
南北畛许大平地戈舷东卖主西卖闫学信南北
俱玉坑四至註明今立卖卖与
李元省名下永远為業同中言定賣價小麥拌五拝斗
其粮者立有久此地倘有争辟立卖人一力承當愿口
無憑立卖契為记

一九五二年五月 拾月　　立卖地契人闫才周

　　内附小柳树戈棵

中人 闫学信　　村直帶弓启华

　　闫子儉書

1954年山西省文水县阎天长卖地契

1954年山西省文水县阎天长将名下土地一段立契卖给李元富，并立表格式买契 张。贴有税票，有立卖契人、说合人签字并按手印，村街长签字、盖姓名章，盖政府印、骑缝章。

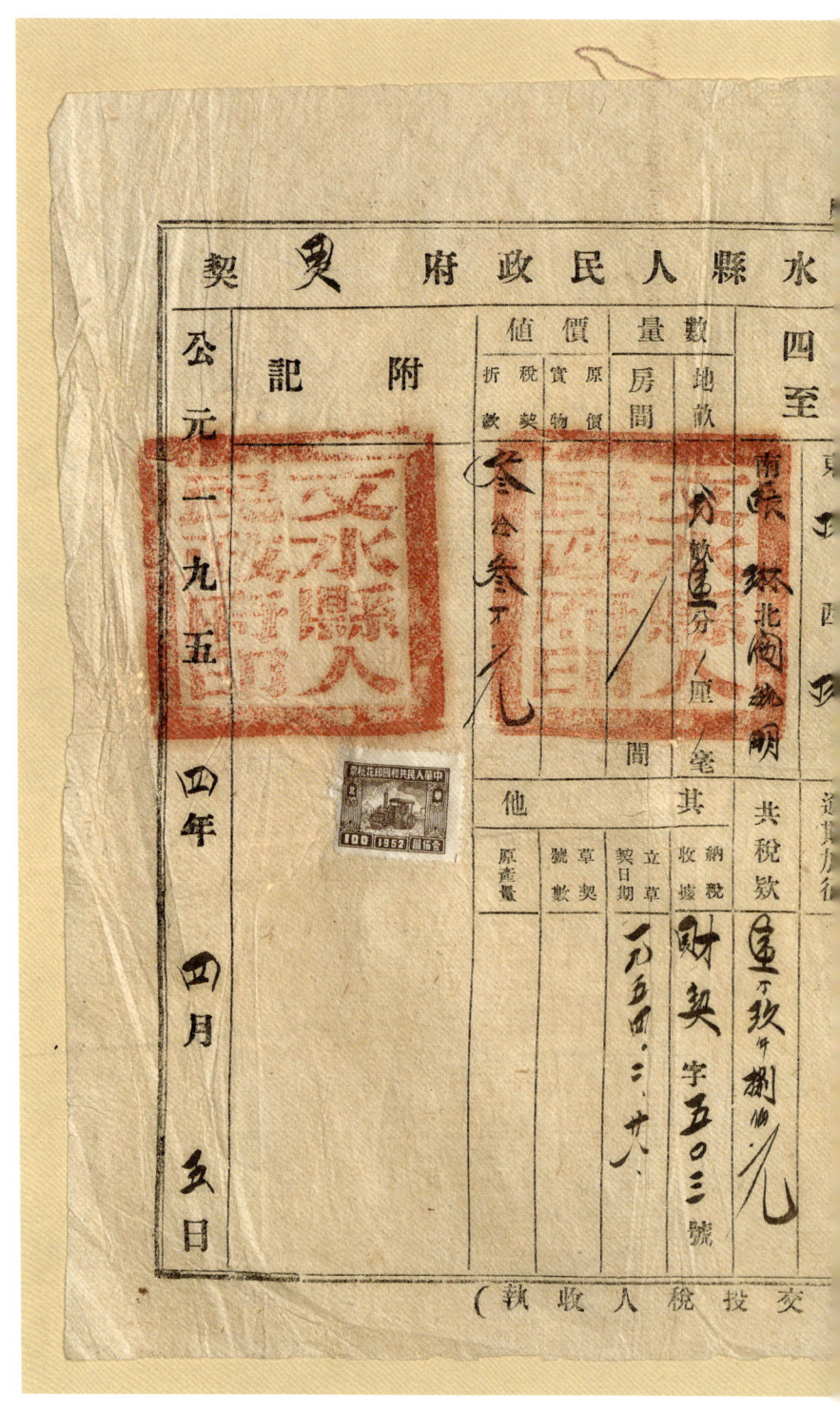

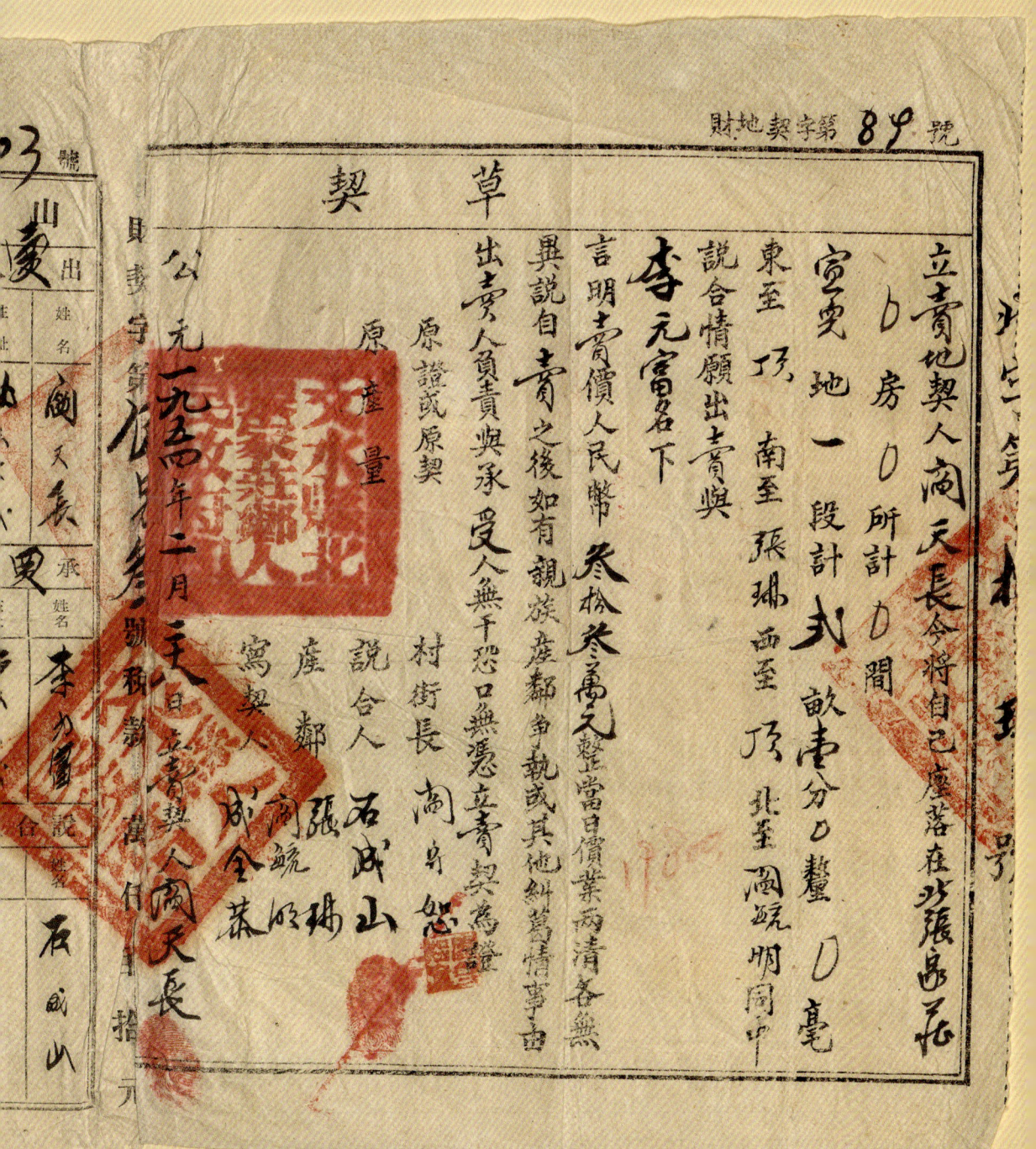

山西省孝义县偏城村高氏契约

山西省偏城村高氏契约共有42份[①],分布在道光十三年(1833)至民国二十八年(1939),其中有34份买卖契约、3份补地契约、2份典当契约、1份换窑院契约与2份转让土地契约,涉及高氏从高登至高锦春的五代人。

表9 高氏契约详表

契约	立契人	对应人
咸丰四年(1854)山西省孝义县张光举等人卖地契	张光举、张光士、张光条	高登
咸丰八年(1858)山西省孝义县张舒锦卖地契	张舒锦	高作梅
道光十三年(1833)山西省孝义县高太禄卖地契、光绪四年(1878)山西省孝义县韩学文卖地契	高太禄;韩学文	高泰成;高作□
道光十六年(1836)山西省孝义县高光远卖地契	高光远	田隆
道光十六年(1836)山西省孝义县刘杰卖地契	刘杰	高登
道光十九年(1839)山西省孝义县高杨氏卖地契	高杨氏	高泰成
道光十九年(1839)山西省孝义县高门杨氏、高登普卖地契	高门杨氏、高登普	高泰成
道光二十四年(1844)山西省孝义县张吉永典地契	张吉永	高泰成
同治元年(1862)山西省孝义县赵锡昌卖地契	赵锡昌	高作桂
同治三年(1864)山西省孝义县任山、任海卖地契	任海	高作桂
同治十一年(1872)山西省孝义县张居敬同男(张)存福卖地契	张居敬、张存福	高作楷
光绪三年(1877)山西省孝义县张居忠卖地契	张居忠	高作楷
光绪四年(1878)山西省孝义县张立柱卖地契	张立柱	高世淑
光绪四年(1878)山西省孝义县任昌德卖地契	任昌德	高世淑
光绪四年(1878)山西省孝义县张氏同男(高)世年卖地契	(高)张氏、(高)世年	高作楷
光绪四年(1878)山西省孝义县高张氏同子高世年卖地契	高张氏、高世年	高作楷
光绪二十二年(1896)山西省孝义县张福元卖地契	张福元	郎维亮
光绪二十五年(1899)山西省孝义县刘锡元卖地契、郎希贸卖地契	刘锡元;郎希贸	高世滨;高锦春

① 在德国巴伐利亚州立图书馆的原始数据中,这42份契约同属典藏号 Cod. sin. 2983- Cod. sin. 2985 的《文书高氏》。

续表 9

契约	立契人	对应人
光绪二十七年（1901）山西省孝义县张立本卖地契、民国十九年（1930）山西省孝义县高世泗同子卖地契	张立本；高世泗、高锦元、高锦照	高世泗；高锦春
民国四年（1915）山西省孝义县高锦春补地契	高锦春	
民国七年（1918）山西省孝义县赵喻卖破窑契	赵喻	高锦春
民国八年（1919）山西省孝义县刘泉树卖地契	刘泉树	高锦春
民国十五年（1926）山西省孝义县赵祥吉卖破窑契	赵祥吉	高锦春
民国十五年（1926）山西省孝义县郎希贤卖地契	郎希贤	高锦春
民国十七年（1928）山西省孝义县高锦堂卖地契	高锦堂	高怀仁堂
民国十七年（1928）山西省孝义县高锦春、高锦堂换窑院契	高锦春、高锦堂	
民国十九年（1930）山西省孝义县高锦秀卖地契	高锦秀	高锦春
民国十九年（1930）山西省孝义县赵还祯卖窑院契	赵还祯	高锦春
民国十九年（1930）山西省孝义县高世泗同子卖地契	高世泗、高锦元、高锦照	高锦春
民国二十年（1931）山西省孝义县张世仁卖地契	张世仁	高锦春
民国二十年（1931）山西省孝义县张书春卖地契	张书春	高锦春
民国二十年（1931）山西省孝义县张书明卖地契	张书明	高锦春
民国二十一年（1932）山西省孝义县偏城村村政事务所卖窑院契	高锦春、赵还聪、高锦琦	高浩卿、高忠厚堂
民国二十一年（1932）山西省孝义县高锦春补地契（四亩地）	高锦春	
民国二十一年（1932）山西省孝义县霍万贞等人卖地契	霍万贞、霍万亨、子英	高锦春
民国二十一年（1932）山西省孝义县高锦春补地契（六亩地）	高锦春	
民国二十一年（1932）山西省孝义县赵法富同子（赵）德金典当契	赵法富、赵得金	高锦春
民国二十二年（1933）山西省孝义县霍万亨同侄子（霍）子英卖地契	霍万亨、子英	高锦春
民国二十三年（1934）山西省孝义县东曹村郝永成卖地契（八亩地）	郝永成	高锦春
民国二十三年（1934）山西省孝义县东曹村郝永成卖地契（五亩地）	郝永成	高锦春
民国二十八年（1939）山西省孝义县刘立清转让地契	刘立清	高锦春
民国二十八年（1939）孝义县刘昌富转让地契	刘昌富	高锦春

高氏契约是本批契约文书中归户性契约文书数量最多的一套，占有一定的数量优势。通过在互联网检索文书中出现的高氏族人与偏城村，编者偶然发现了偏城村张FQ老人在网络上发表的偏城村相关博文，记录了村中的剪纸艺术、各式建筑、村人生活等。因此编者立刻在博客上联系了张FQ老人，希望了解偏城村的相关信息。遗憾的是，原有的偏城村由于挖煤的需要进行了全村迁移，已搬至孝义市的偏城新苑小区。原村遗址不存，但编者仍于2019年4月1日至4日前往山西省太原市、孝义市进行资料搜集。

抵达太原后，编者首先由张FQ老人引荐拜访了从台湾回到山西扫墓祭祖的高CZ先生，获取了一套完整的《尉屯高氏族谱》[①]，借助族谱梳理出了高氏契约中所涉及的高氏族人的亲缘关系。随后，又通过张FQ老人初步了解了偏城村的村史、村落地理情况、人口情况等，并就契约中的一些方言词语的含义进行了咨询。

抵达孝义市后，又在村民张FX先生家找到了迁村前编纂的《偏城村志》，其中记载了高锦春与其他高氏族人上学、从商、开矿的经历，从零散的记录中仍然可以看到高氏一族在当时的偏城村是十分兴盛的大家族。同时，高锦春的侄子高CY先生也为编者讲述了高氏在土地改革之后走向衰败的过程。在偏城村村民张DH先生的家中，编者还见到了其祖辈张氏所传下的30多份土地买卖契约，补充了高氏契约的类似文献。

据《偏城村志》记载，"偏城村位于山西省孝义市市境西南15公里的黄土台塬区，坐落在兑镇镇政府东北5公里处。总面积5 552.52亩，3.81平方公里。东西长，南北窄，塬面平坦，西部略高于东部"，从偏城村原址俯瞰，可见其境域处于黄土台塬区，由于河溪洪水的切割，被切割为长墚状台塬地貌，四周陡峭而中间平坦。地表侵蚀现象强烈，墚峁沟壑，纵横交织，塬面和缓坡面多作为农田，耕地为旱田。因此，契约上常见的地名以沟、坡、甲等命名为主。[②]

在建筑上，则以黄土高原常见的窑洞为主，且有半数建在沟边，据老人们回忆这是因为过去村人以地为生，不论贫富，地就是农民的命根子，寸地寸金，都舍不得在好地、平整的耕地上建窑盖房[③]。富裕人家庭院布局则为套院，有一宅二院和一宅三院，大都建有跨院，正院一般有木结构穿廊。在迁村前，偏城旧村里还保留了高锦章家的大院，为三进式二层高的传统院落，牌坊楹柱横额高悬，砖雕花卉鸟兽吉祥图案，挂有"知耻斋""耕读第"的门匾，与著名的王家大院、乔家大院相似，见证了

[①]《尉屯高氏族谱》发行于2017年3月4日，搜集于山西省孝义市偏城新苑高CY先生家中。
[②]《偏城村志》编委会：《偏城村志》，2014年，第8页。
[③]《偏城村志》编委会：《偏城村志》，2014年，第55—56页。

高氏曾经的兴旺与富有。①

在家族分布上,村中以张、赵、高、韩、刘五姓为主,其中高姓为明朝万历年间迁来后继续发展,直到民国二十五年(1936),高氏兄弟已是村中土地占有的大户,占地最多的高锦春共有160亩地,在随后的土改运动中被划为了地主。高氏一族不仅土地占有量大,且活跃于农耕种植、矿业开采、村镇事务管理等多个方面。

高氏契约中出现了25次的高锦春,据族谱记载生于清朝光绪十九年(1893),后由县选荐太原育才馆学习,毕业于山西政法大学。其历任太谷县、祁县、孟县及汾阳等地区长,并在当地"青红帮"中担任了中校,在BSB契约文书中也有关于其任偏城村村长的记录。商业上,他与人合股兴建了水峪寺沟煤,具有完整的管理机构,按码子给工人计酬;又在兑九峪镇(兑镇镇)开办聚和魁杂货铺,货源广泛,生意兴隆。作为当地受到过高等教育、颇有威望,且经营了多种生意的乡绅,高锦春也在村中多行善举。偏城村由于土壤条件有限,经济作物多为不占沃土的核桃树,据村志记载,村人多买不起核桃树苗,高锦春就将大量核桃树苗栽在自家地里,任由村民悄悄取苗种植,从不计较。地里没苗了,他就继续差人补苗,如此循环往复,在村中留下了大片的核桃树林,也留下了仁德善施的美名。②

---

① 《偏城村志》编委会:《偏城村志》,2014年,第59—61页。
② 《偏城村志》编委会:《偏城村志》,2014年。同马里六甲尉屯《高氏宗谱》编委会:《尉屯高氏族谱》,2012年。访谈人:王艺璇;访谈对象:高CY(男);访谈时间:2019年4月2日;访谈地点:高CY家中。

道光十三年（1833）山西省孝义县高太禄卖地契、光绪四年（1878）山西省孝义县韩学文卖地契

右侧为"第十四号桑塔上原数五亩新勘三亩"契文一则，记录道光十三年山西省孝义县高太禄将祖业桑塔上白地五亩立死契卖给高泰成，有户族人、立契人、在

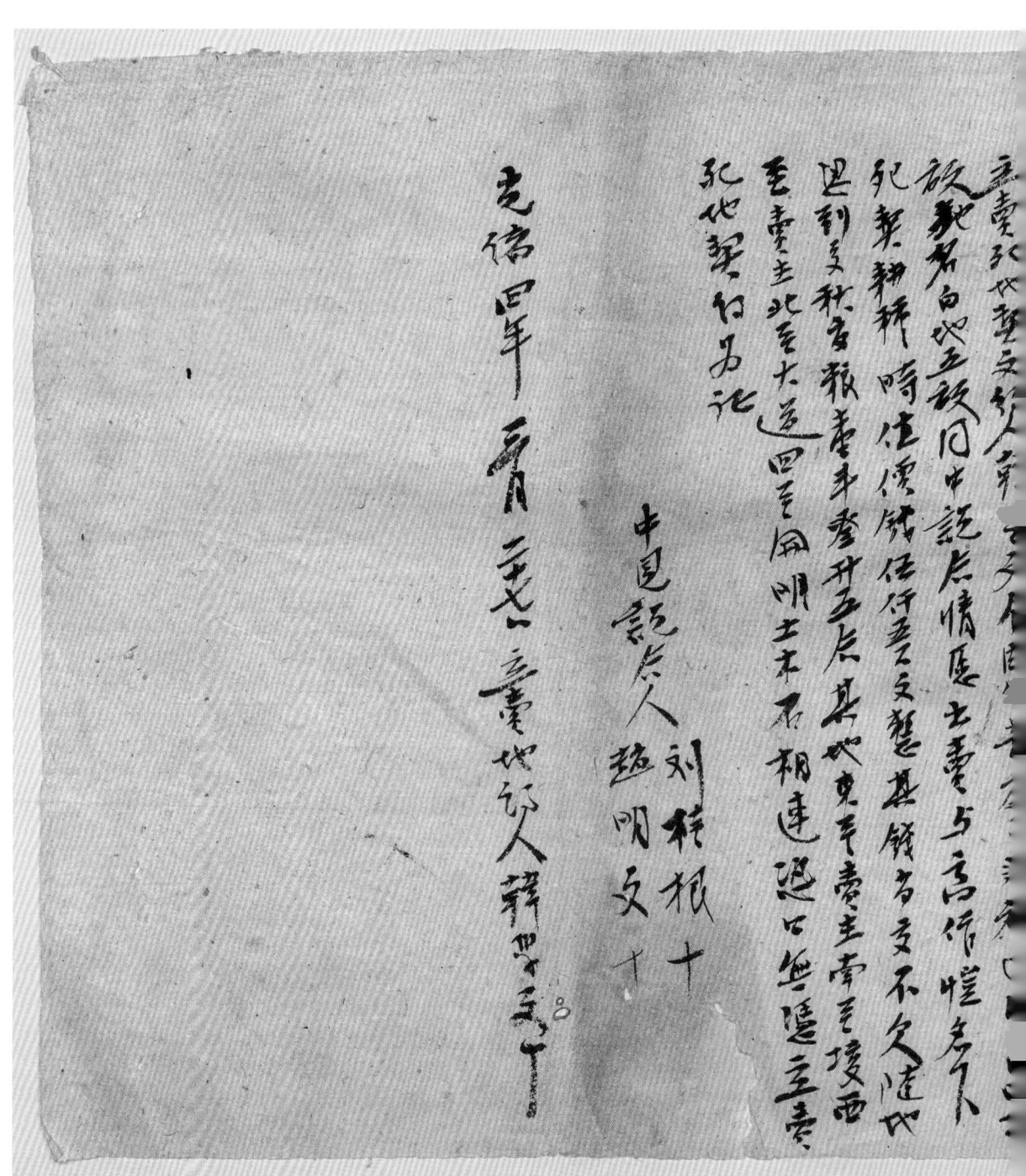

中人、代笔签名并画十字押。左侧为"第十五号四十亩原数新勘八亩"契文一则，记录光绪四年山西省孝义县韩学文将祖业四十亩地立死契卖与高作恺名下，有立契人、中见说合人签名并画十字押。

立卖死地代契约人高古禄情因使用不便今将自己祖业秦塽上白地五段期取东至高登朝掌至于跃西至罢至北至大造四至明白上下土木石相连同家言明情愿出卖典与高者叔名下作掌耕种养瞻情愿出买价的银四拾捌两整期限言定不欠陆地思到至秋交敛麦弗弃开五辰同书送纳日後倘有户族人等争言有卖主一面争当不与买主相干恐後无凭故立死契永远存记

                    光绪参年肆月廿日立卖死地契约人高古禄十
                    在中人 郭鸣春 迎十
              代笔人 赵若鲜 十
          户族人 高克吉 十
    高瑾 十

道光十六年（1836）山西省孝义县高光远卖地契

道光十六年山西省孝义县高光远将自己分到的背窊〔注〕白地四甲立死契卖给田隆现，并经官府立尾契一份。有立卖地约人、在中人落款并画十字押，代笔人签字，盖官印、骑缝章。

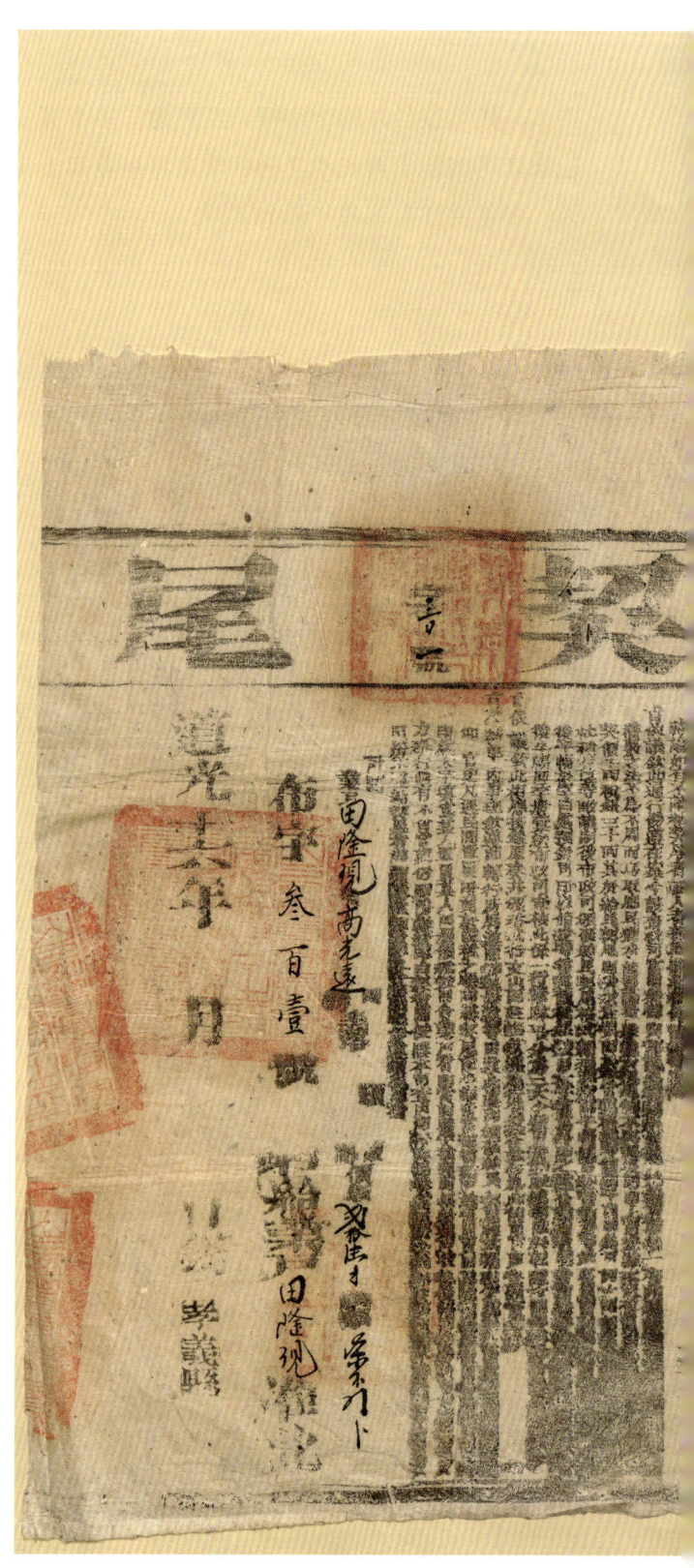

立賣元地契約人高光遠情因無錢使用今將自己源分祖業
長煙里背家白地四甲至地東邱東至任元祥南至銀祿西至
分水北至分古路四至明白上下木石相連同中言明情
願出賣與田隆現名下永遠作為元業時值元價
紋銀貳拾陸兩整其銀當日交足並無短少隨地認到夏
秋官粮五分五厘恐後無憑立賣地契約存証

田仲倪
長塢里

道光拾陸年十二月廿二

日立賣地約人 高光遠 十

在中人 田廣俊 十
田裕旺 十
田隆咸 十

書田致遠

道光十六年（1836）山西省孝义县刘杰卖地契

道光十六年山西省孝义县刘杰将祖业白地一段立死契卖给高登，并经官府立尾契一份。草契背面为尾契。民国四年（1915）又立新官契纸一份。有花码计数，有立卖契人、中人签字并画十字押，代笔人签字，盖官印、骑缝章。

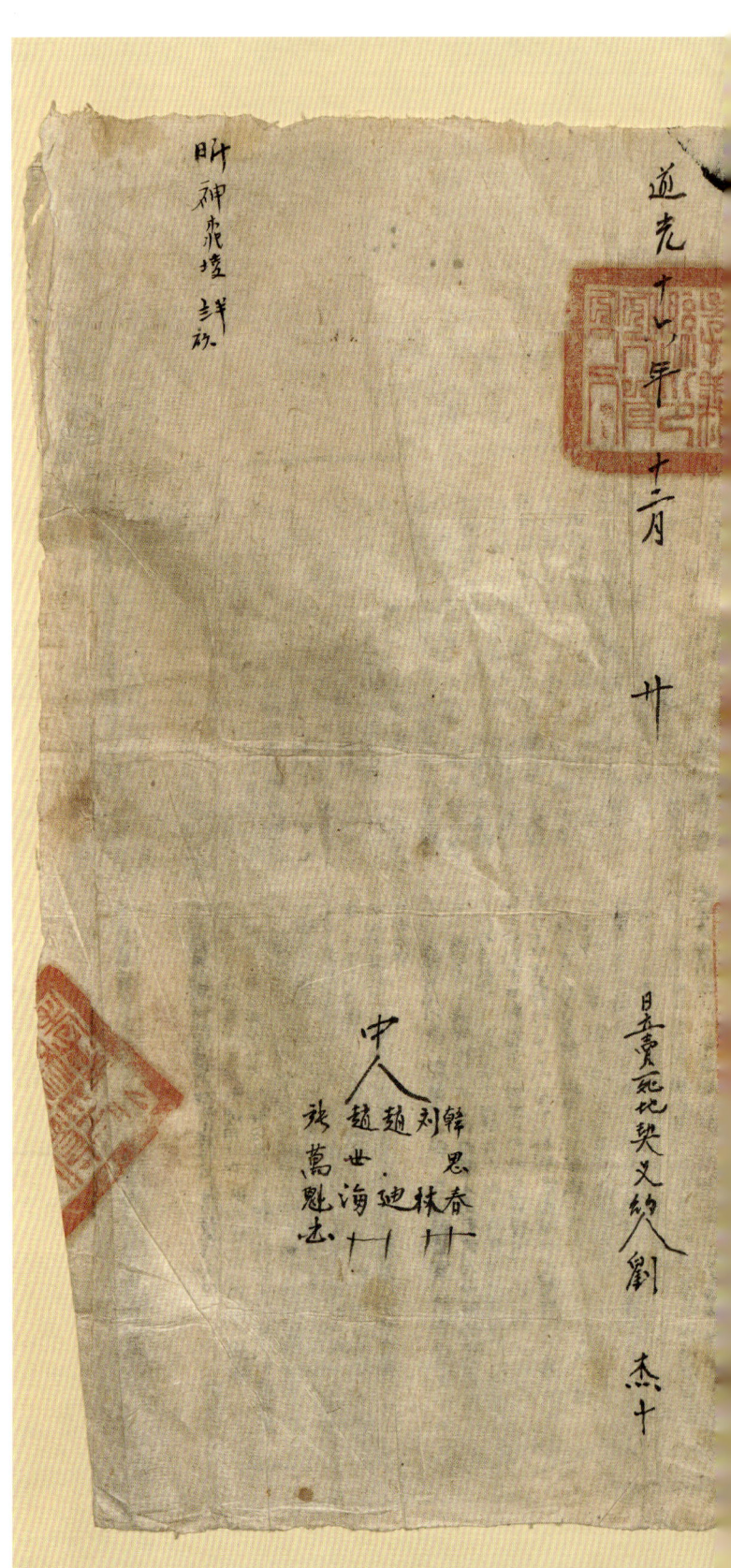

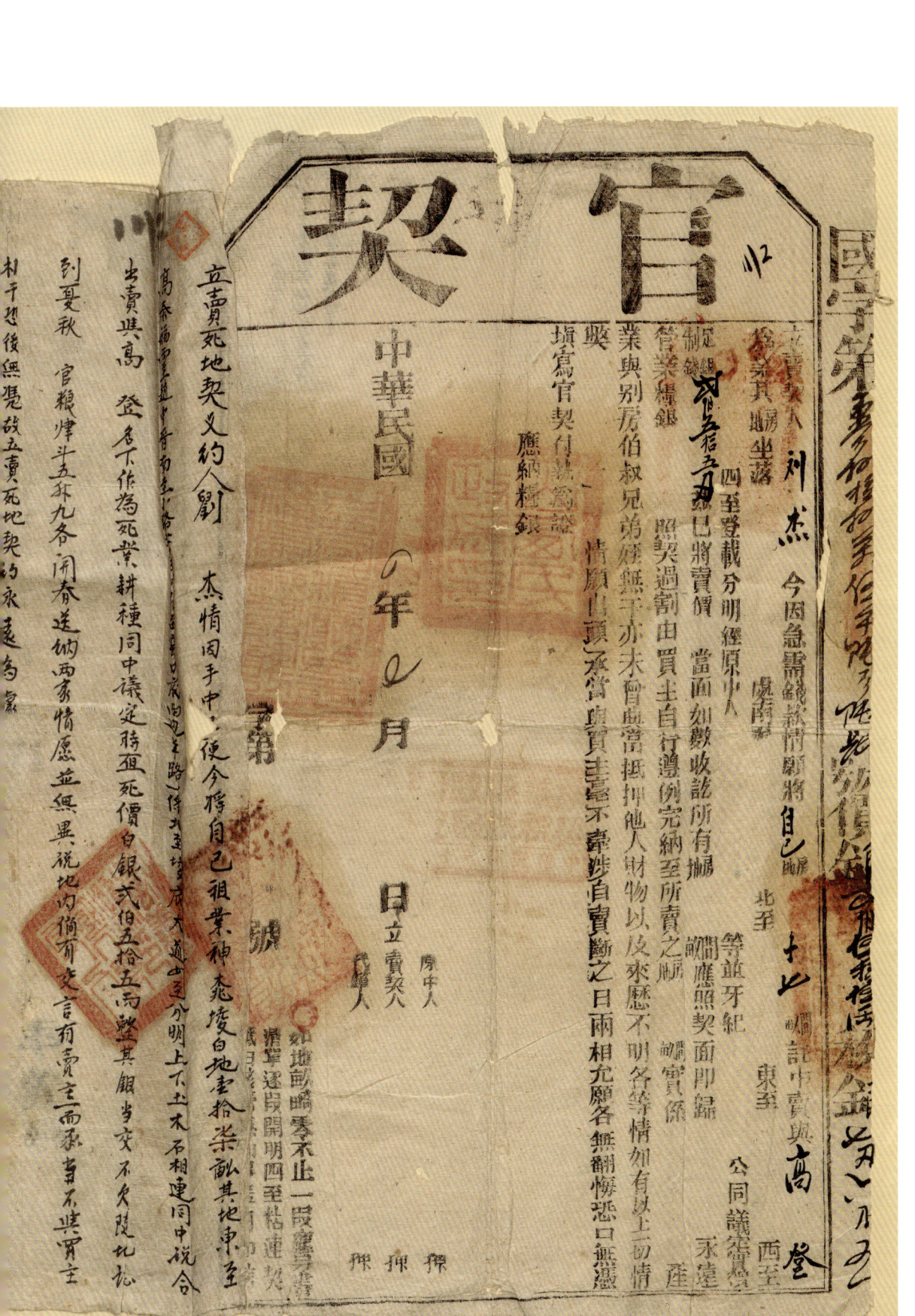

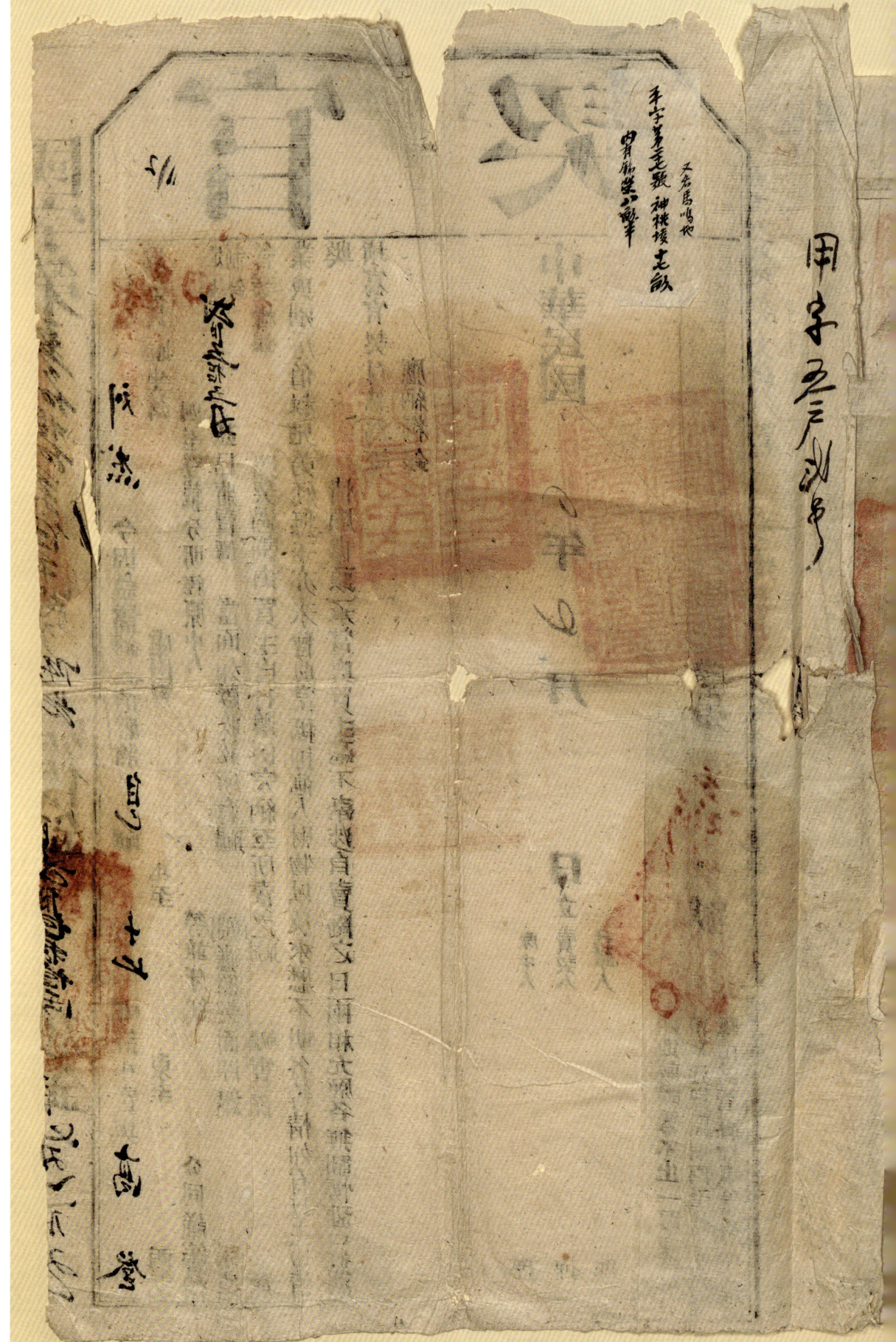

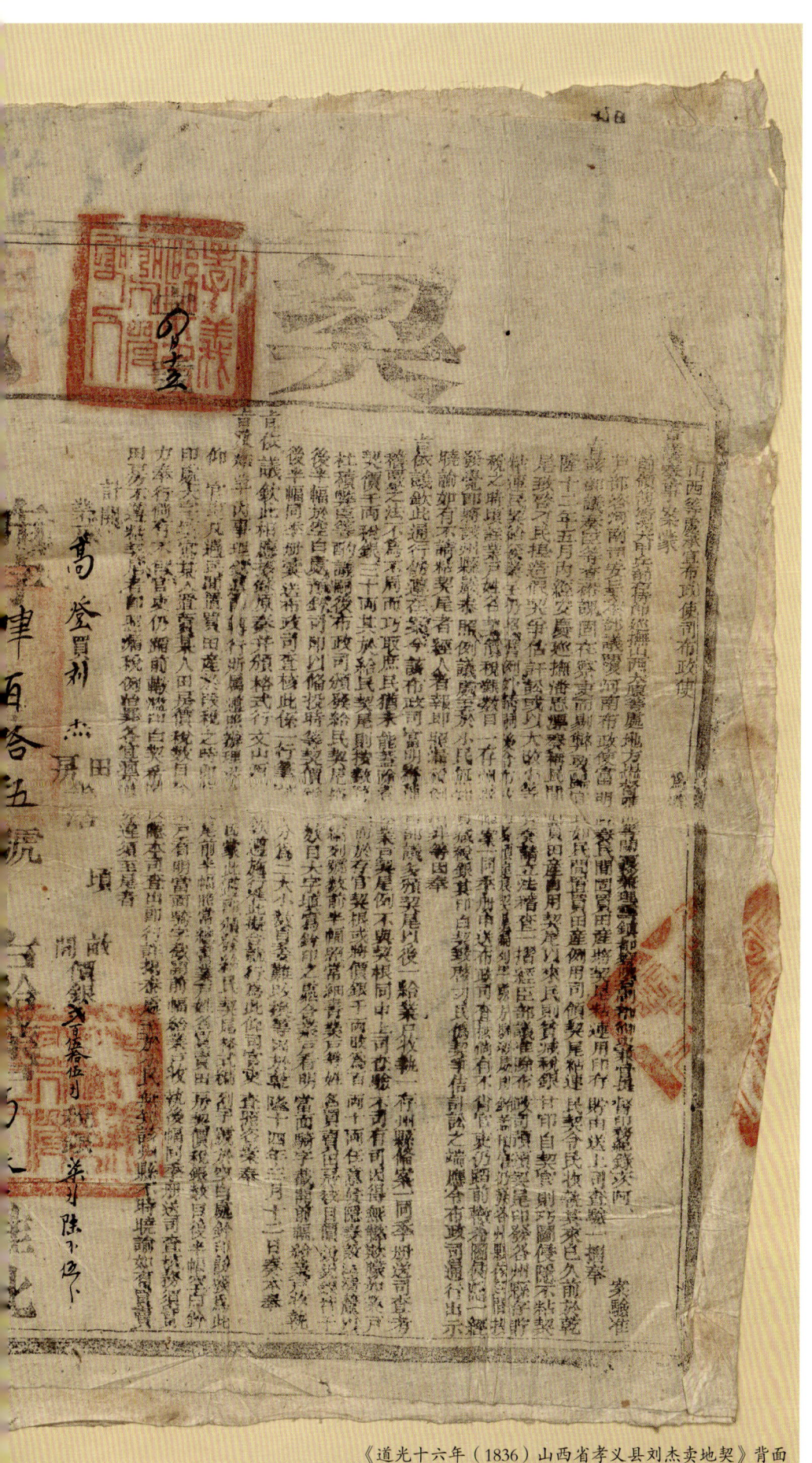

《道光十六年（1836）山西省孝义县刘杰卖地契》背面

道光十九年(1839)山西省孝义县高杨氏卖地契

道光十九年山西省孝义县高杨氏将名下土地卖给高泰成,经官府立尾契一份。民国三年(1914)立新官契一张。盖官印、骑缝章。

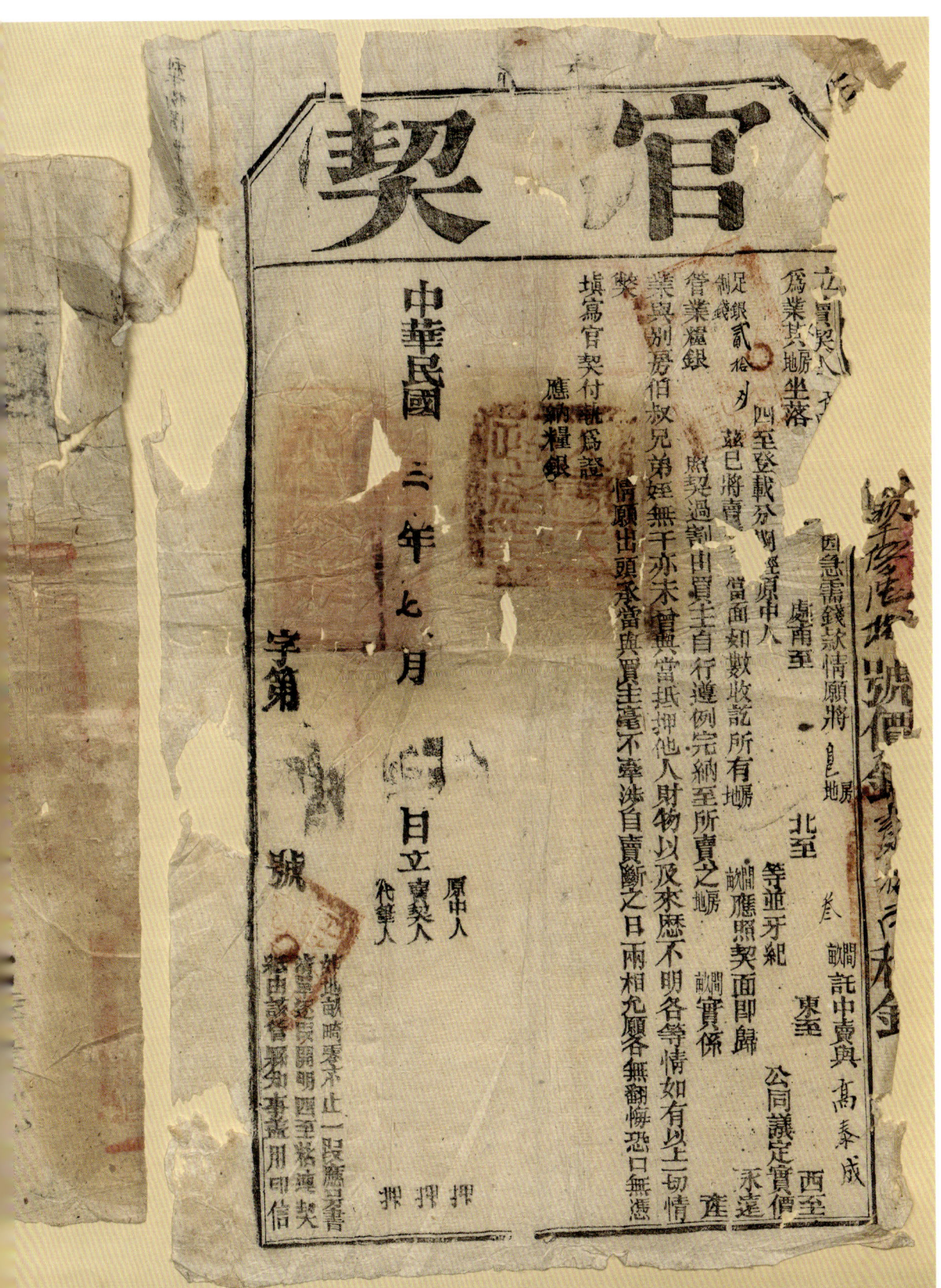

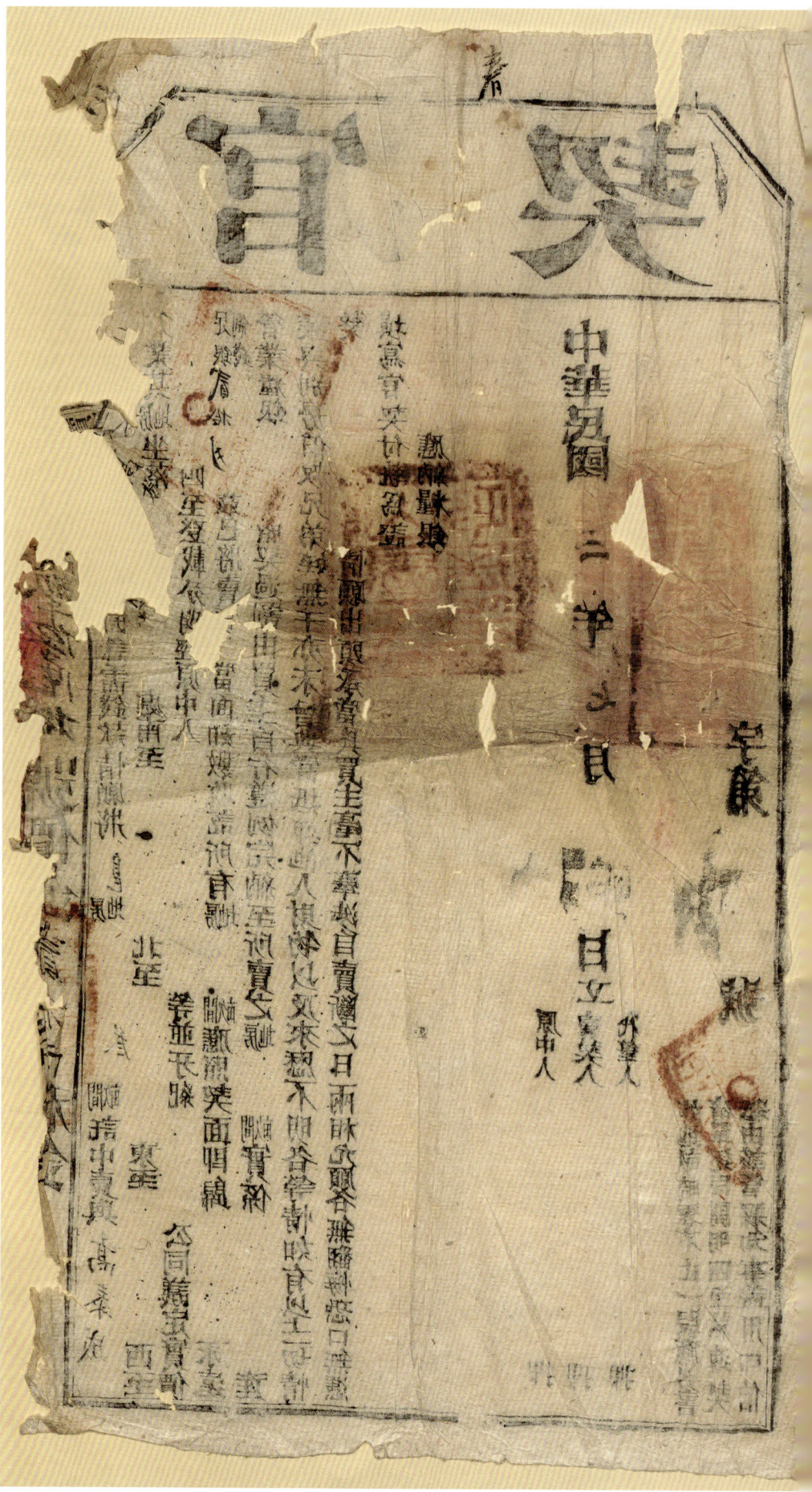

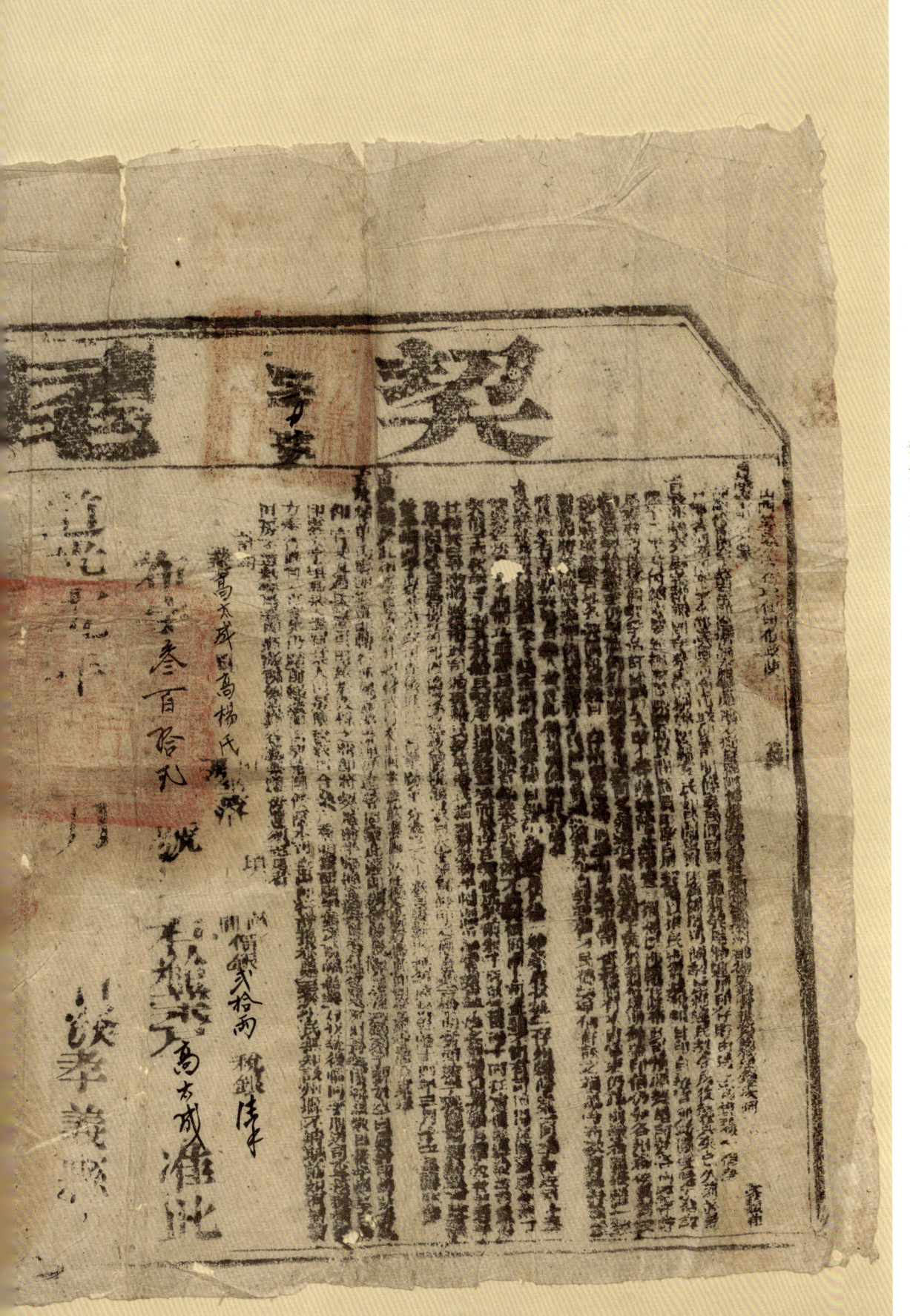

《道光十九年（1839）山西省孝义县高杨氏卖地契》背面

道光十九年（1839）山西省孝义县高门杨氏、高登普卖地契

　　道光十九年山西省孝义县高门杨氏同儿子高登普，将名下白地三亩立死契卖给族兄高泰成，立契为证。有说人、立契人落款并画十字押，书人签花押，盖官印、骑缝章。左下角盖印章"立契过月不税者即系私契，无官中□□者即系私契"。本契约实际上是《道光十九年（1839）山西省孝义县高杨氏卖地契》（第198页）的草契。

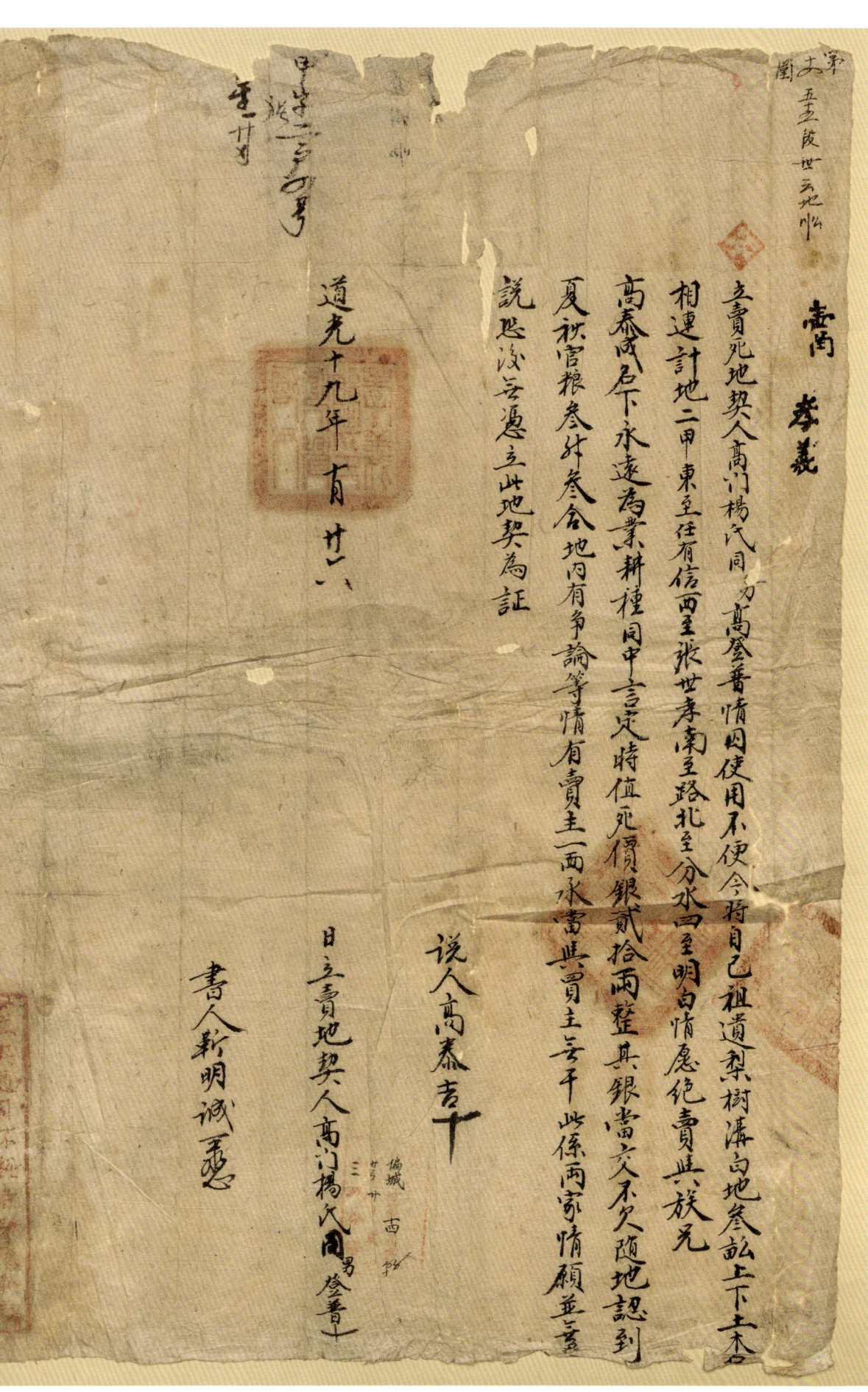

道光二十四年（1844）山西省孝义县张吉永典地契

　　道光二十四年山西省孝义县张吉永将名下土地一段出典到高泰成名下为业。有立典地契人签字并画十字押，中人、代笔人签字，盖官印、骑缝章。空白处补有"光绪五年找价□伍千文整作为死业"。

立典地契文约人张吉永情因手中不梗得自己科江莹甲地
壹塪其地东至张世宽西至分水南至大路北至张世居四至分明
上下土木石相连情愿之土典与高泰成名下伙業耕種同人說合
秦成情愿出典價錢叁拾仟文凭其錢当交不欠隨地價到夏秋度
粮五分開春送納言明内有毛事山價不與張吉永相干有秦成經
管悉無別

立典地契文约人张吉永

中人 张世通

墨水星書

道光二十四年十一月廿八日

咸丰四年（1854）山西省孝义县张光举等人卖地契

咸丰四年山西省孝义县张光举等人因土基荒废，将名下土基协商立契卖给高登，方便其修路，并经官府附尾契一份。有立卖契人签字、画十字押，在中人为证，盖官印、骑缝章。

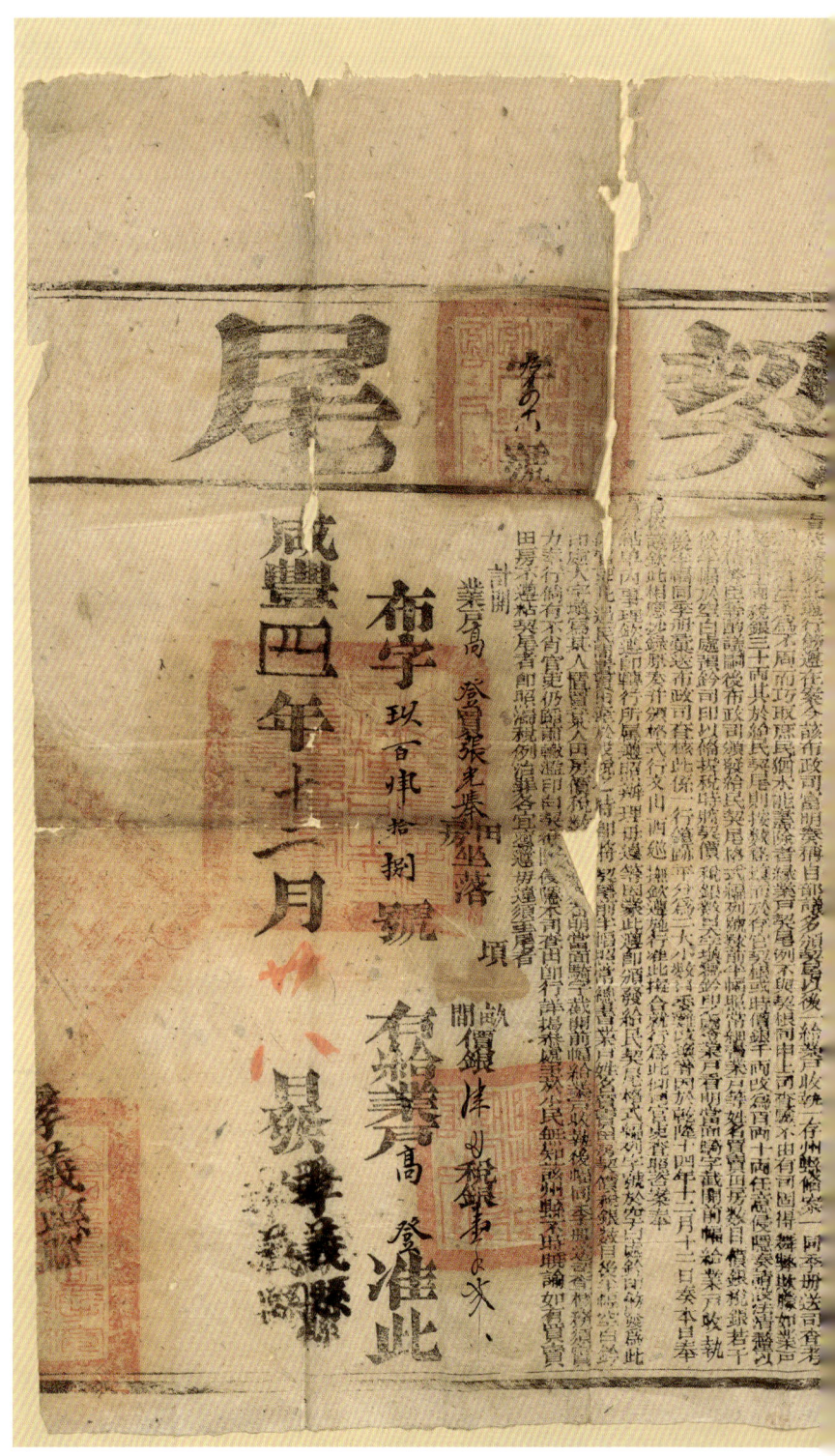

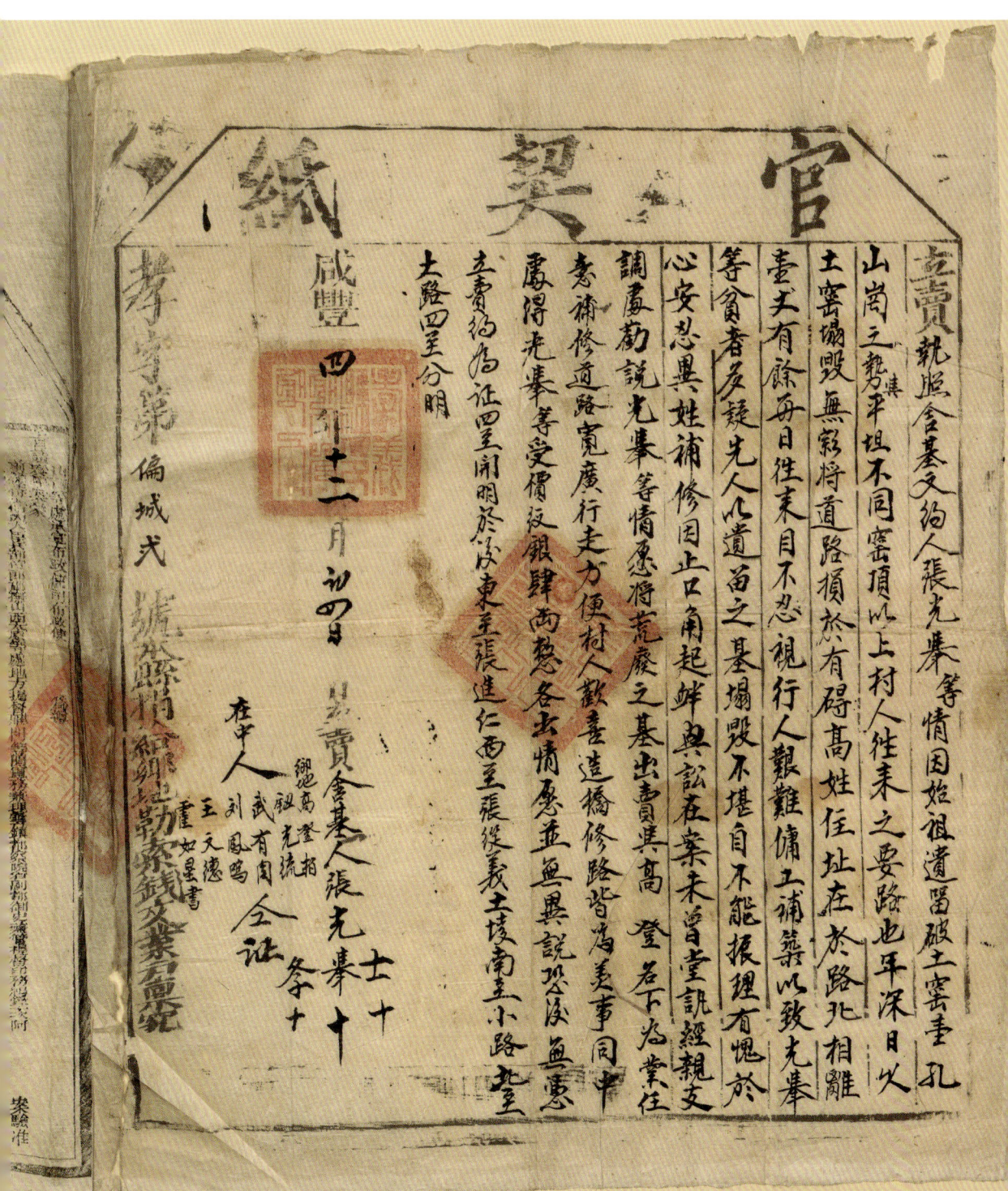

咸丰八年（1858）山西省孝义县张舒锦卖地契

咸丰八年山西省孝义县张舒锦将自己祖上遗留地产一段立死契卖给高作梅，次年附尾契一份。有立卖契人签字、画十字押，中人为证，代笔人落款盖官印、骑缝章。

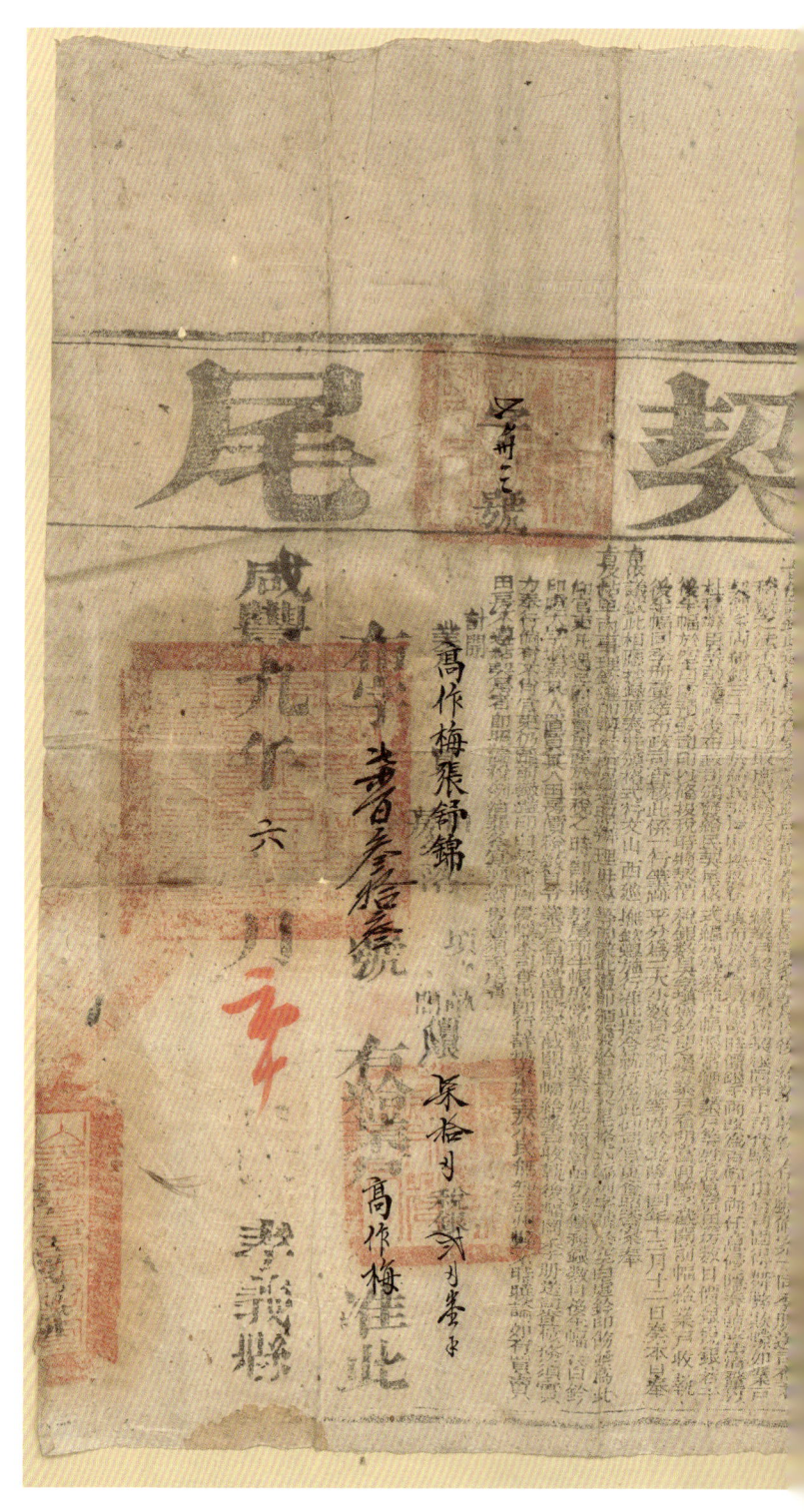

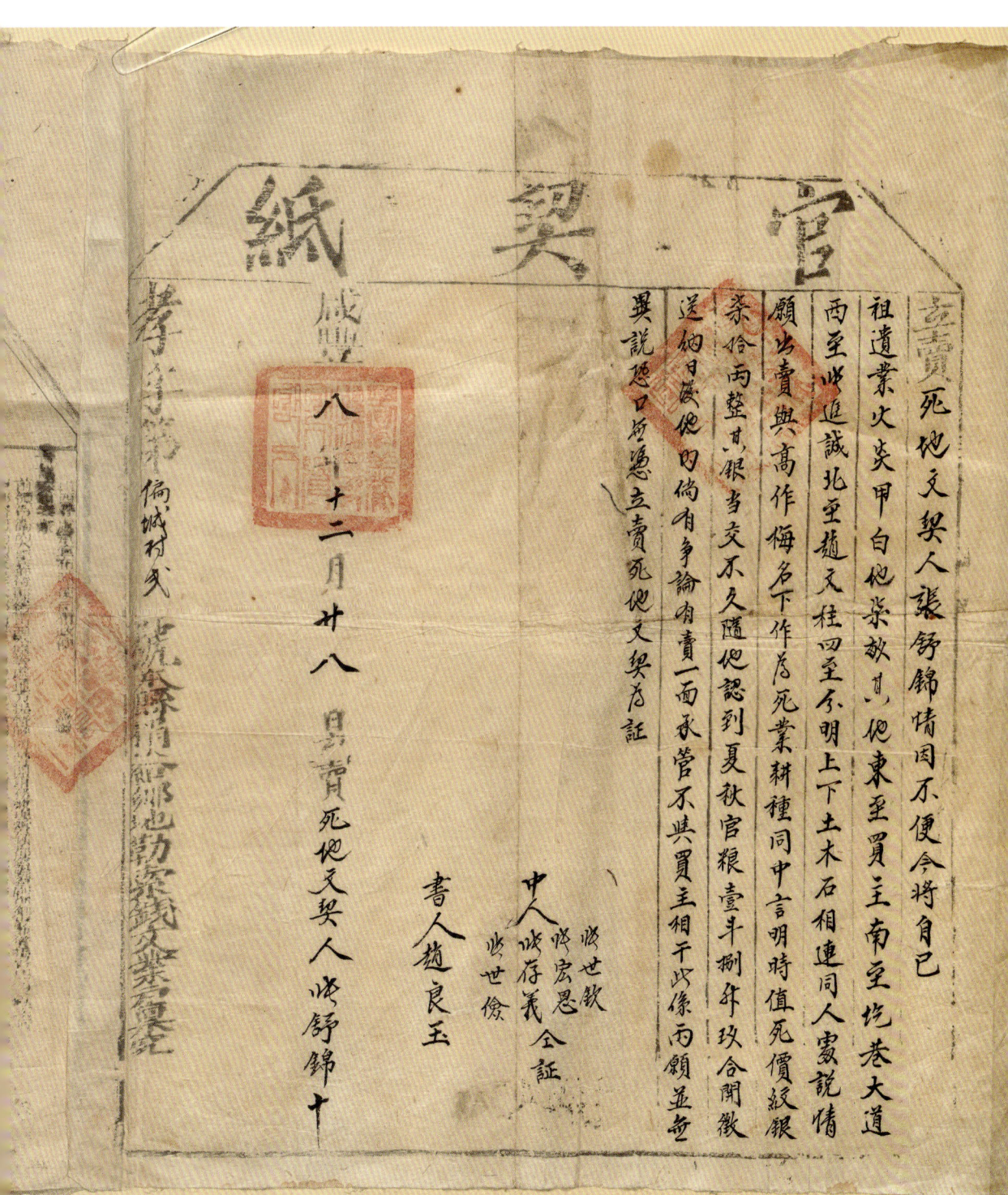

立賣死䀡文契人張舒錦情因不便今將自已
祖遺業火炎甲他粢敘其他東至買主南至坑巷大道
西至此道誠北至趙文柱四至分明上下土木石相連同人寮說情
願出賣與高作悔名下作為死業耕種同中言明時值死價紋銀
柒拾兩整其銀當交不欠隨他認到夏秋官糧壹半捌卆玖合開徵
送納日後他日倘有爭論有賣一面承當不與買主相干此像兩願並無
異說恐口無憑立賣死他文契為証

書人趙良玉
中人㕥存義仝証
㕥世儆
㕥世欽
㕥宏恩

咸豐八年十二月廿八日 賣死他文契人㕥舒錦十

同治元年（1862）山西省孝义县赵锡昌卖地契

同治元年山西省孝义县赵锡昌将自己原买到的白地四亩立死契卖给高作桂，立有草契一份。民国三年（1914）立官契一份。有花码计数，立卖契人签字并画十字押，中人和代笔落款，盖官印、骑缝章。背面字条写有"平字第三十二、三十三号上西斜八亩半，两约买就并为乙[一]约"。

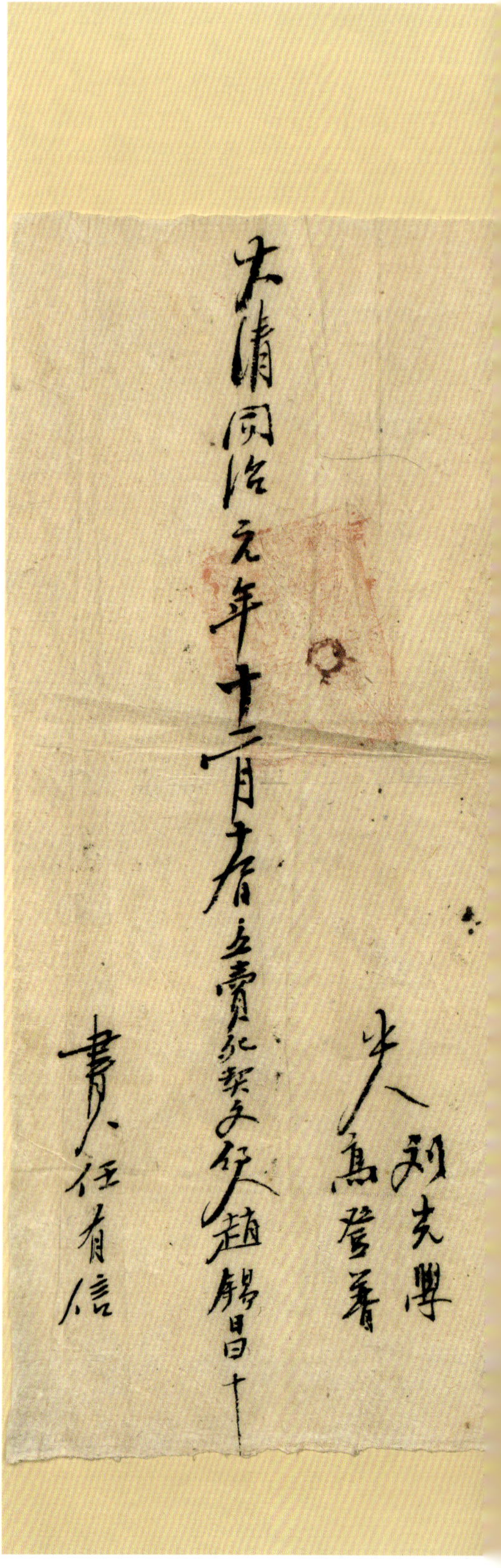

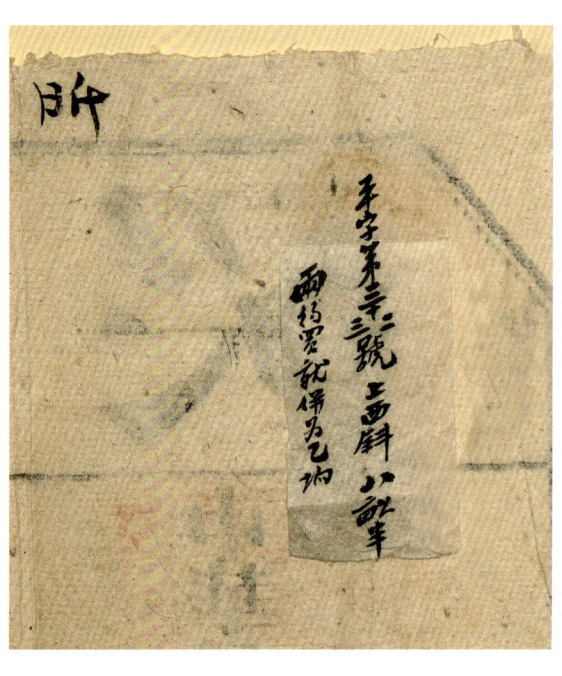

契约背面右上角贴有字条

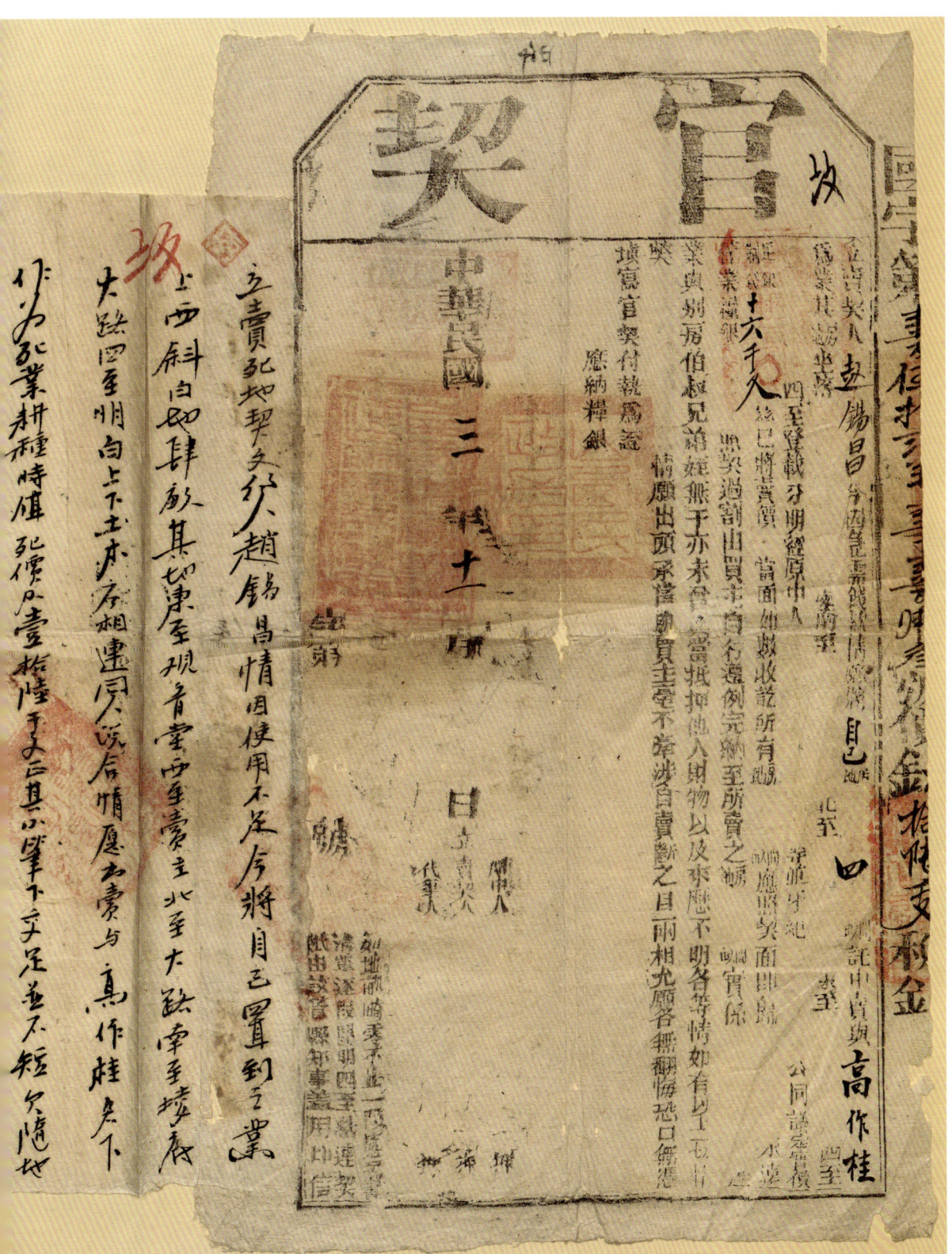

立賣死地文契人任海情因慶日不便今將自己祖父之業泗溝水王頭地叁甲南至土寨坑塔在內其地東至水渠南至水渠北至買主堰埂四至開明四至以內壹應樹木石磈情愿出賣與高作桂名下作為死業耕種同中言定作死價錢弐拾仟文整其錢當日交足並無短少此係兩家情愿並無異說隨地認到夏秋官粮銀伍分開春送納日後地內倘有爭言交义有賣主壹面承當其買主無干恐口無憑立賣死地文契永遠為証

同治叁年十二月二十三日

立賣死地文契人 任 海

中人 任 長有
任 全山 証
張從義 書
李存魁

同治三年（1864）山西省孝义县任山、任海卖地契

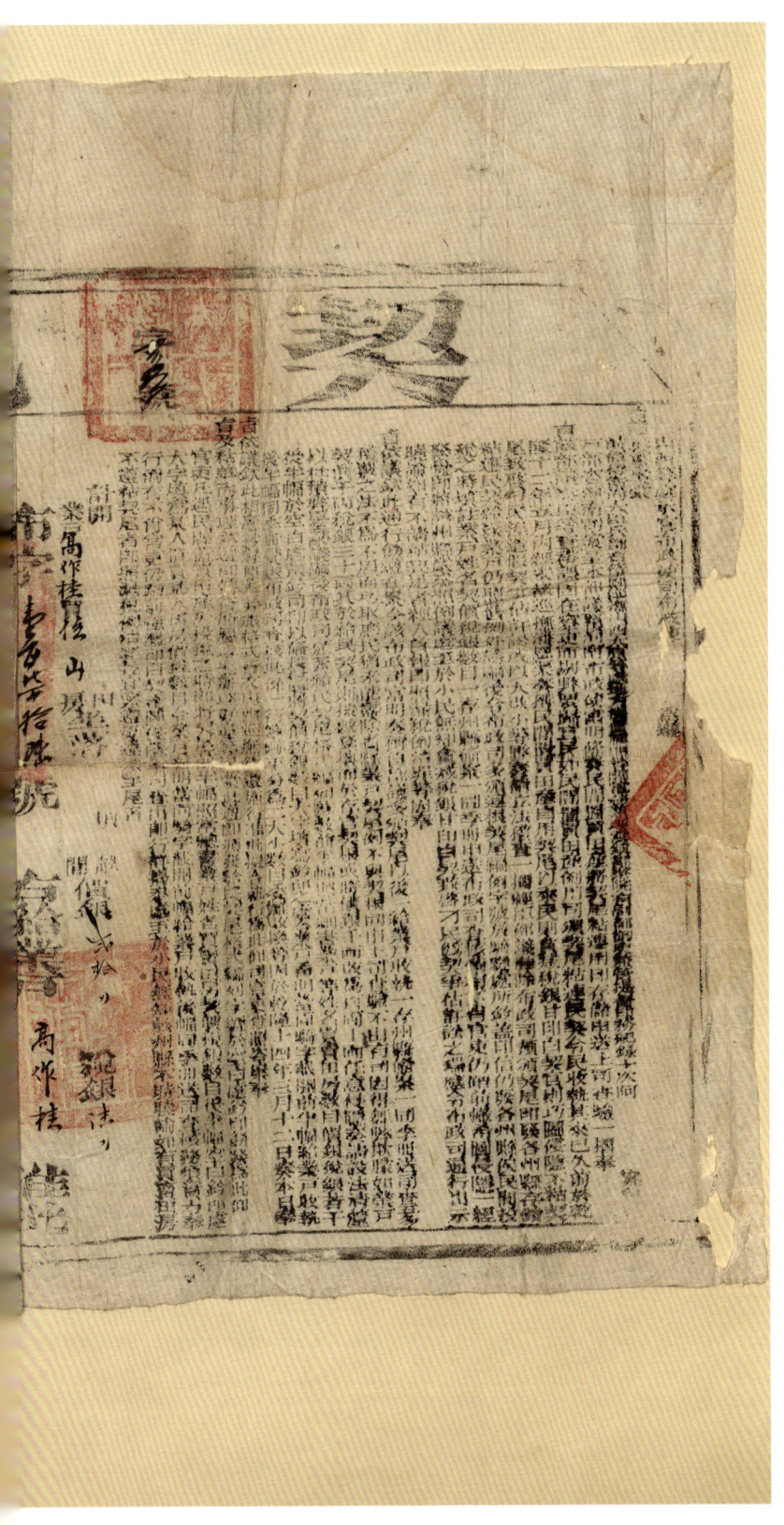

同治三年山西省孝义县任山、任海将自己分到的泗沟垄头地三甲全部卖给高作桂，并立死契一份，于同治六年（1867）发给尾契一份。草契上有立卖契人任海签字并画十字押，中人（含任山）和代笔人落款。尾契卖方署名为任山。契纸均盖官印、骑缝章。

同治十一年（1872）山西省孝义县张居敬同男（张）存福卖地契

同治十一年山西省孝义县张居敬同男（张）存福将自己分到的白地八亩立死契卖给高作楷，立有官契纸，次年又立尾契一张，背面贴有纸条。有立卖契人签字并画十字押，中人和代笔落款，盖官印、骑缝章。

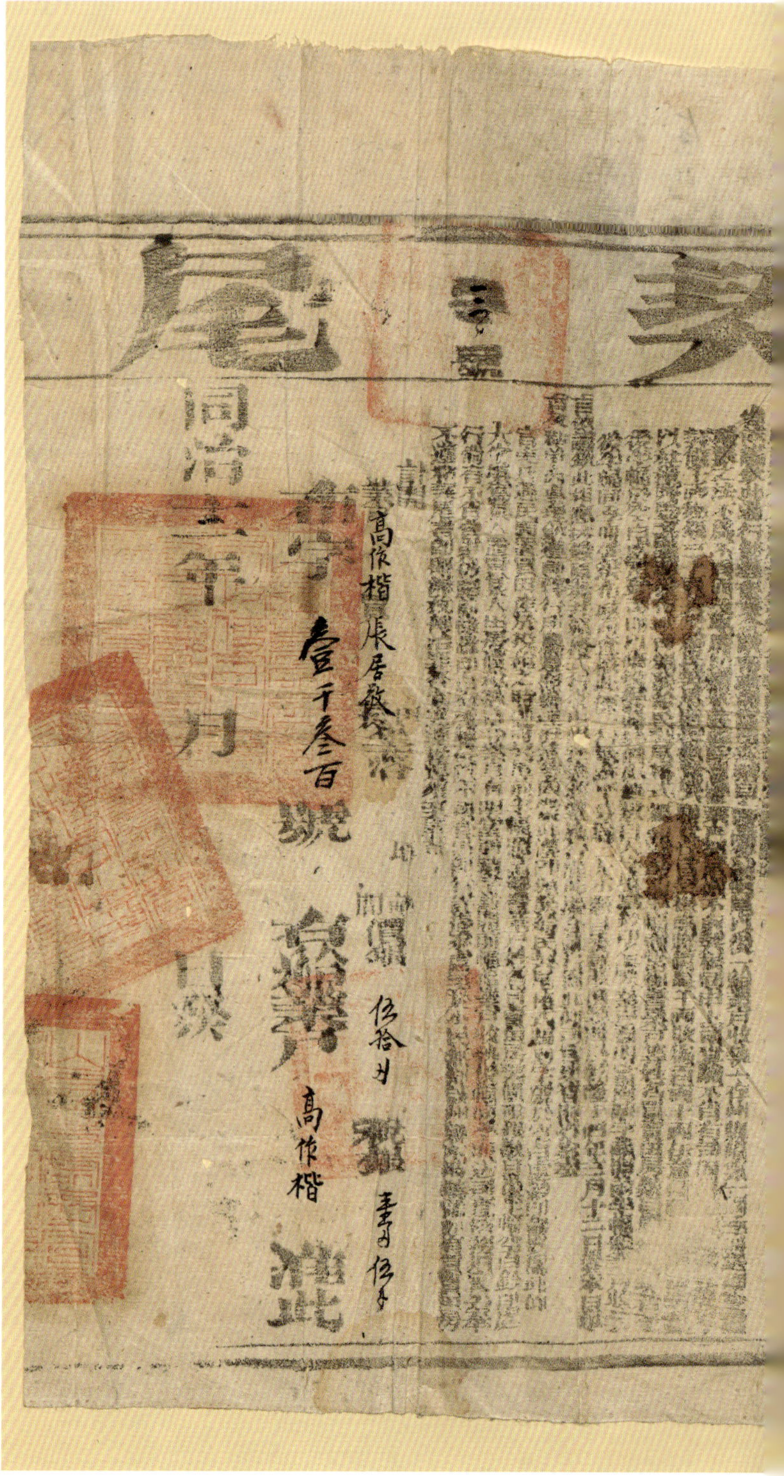

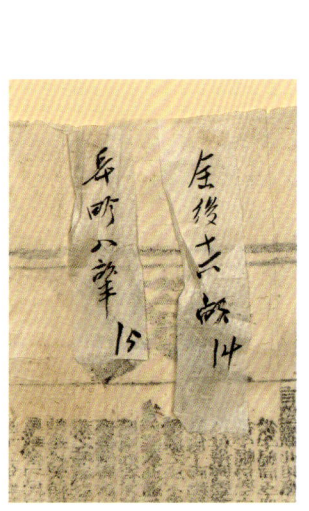

契约背面上方贴有纸条

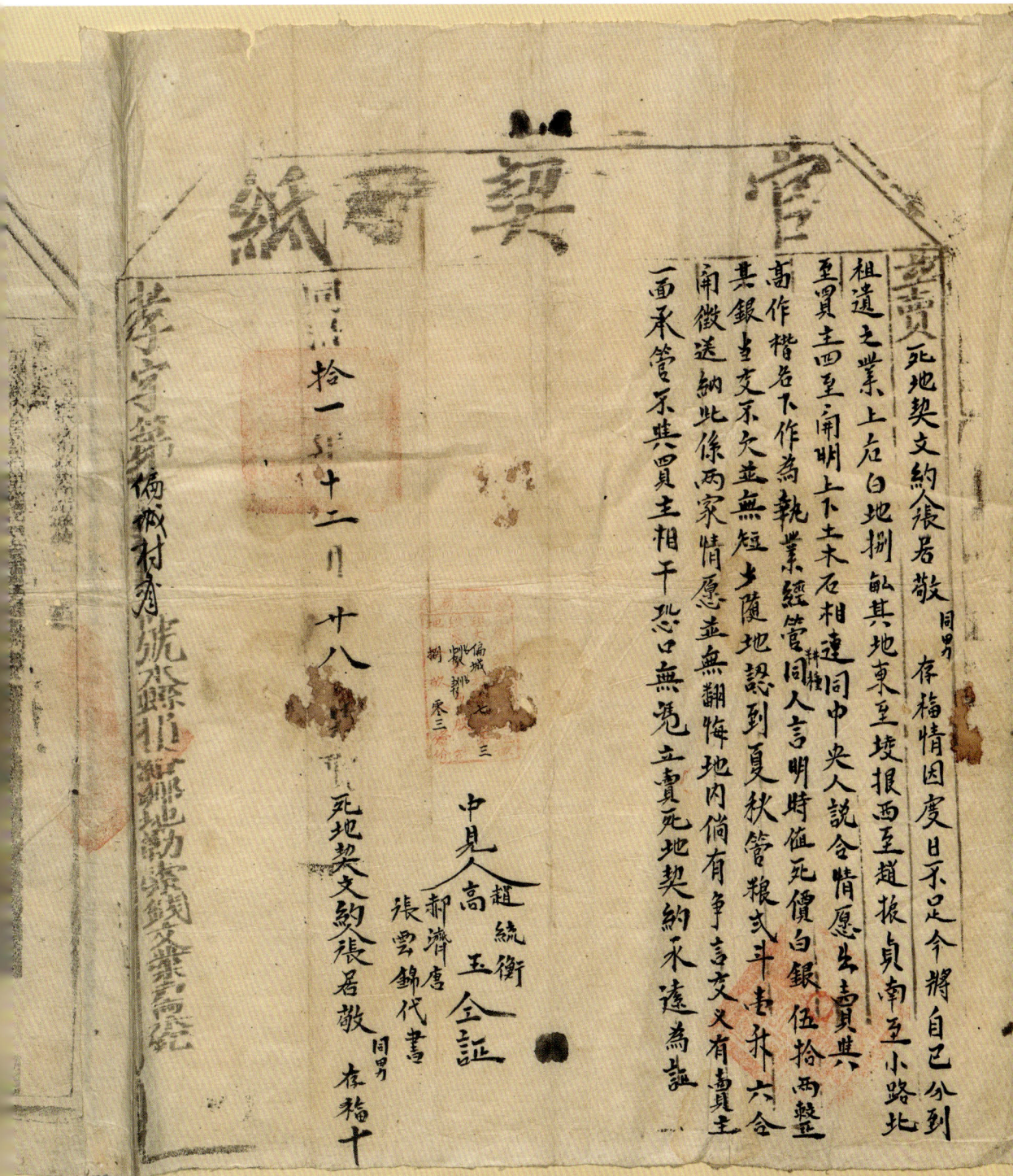

光绪三年（1877）山西省孝义县张居忠卖地契

光绪三年山西省孝义县张居忠因需安葬祖母，将祖遗的白地四亩立死契卖给高作楷，立草契一份，并于民国三年（1914）立官契一份。有花码记数，有立卖契人签字、画十字押、中人、族兄和代笔落款，盖官印、骑缝章。

官契

立賣契人張居忠今因急需錢款情願將祖房為業其壢坐落 處南至 北至 東至 西至 四畝話中賣與高作楷

足銀壹佰弍兩 公同議定實價

制錢 茲已將賣價當面如數收訖所有壢業一遵例完納至所賣之壢 照契過割出買主自行永遠

管業糧銀 業與別房伯叔兄弟姪無干亦未曾典當抵押他人財物以及來歷不明等情如有以上一切情弊願出頭承當與買主毫不牽涉自賣斷之日兩相九願各無翻悔恐口無憑

填寫官契朱鈐為證 應納糧銀

中華民國 三 年 七 月 日立賣契人 押
字第 號 原中人 押
 代筆人 押

如地畝賣時契未止一段盡數書清草契隨開明四至黏連契紙由該管縣知事驗明

立賣死地契文約人張居忠情因葬祖母不便今將自己祖遺泗坡白地四畝其地東至分水西至埝底南至埝底北至分水四至開明內有核桃樹三個在內上下土木石相連同中說情愿出與賣高作楷名下作為死業耕種同人議定時值死價紋銀壹拾九兩整其銀当交不欠隨地認到夏

光绪四年（1878）山西省孝义县张立柱卖地契

光绪四年山西省孝义县张立柱将自己原买到的枣树地立死契卖给高世淑，立有官契纸与尾契各一份。民国三年（1914）又立官契一份。有花码红字，立卖契人签字、画十字押，中人和代笔落款，盖官印、骑缝章。

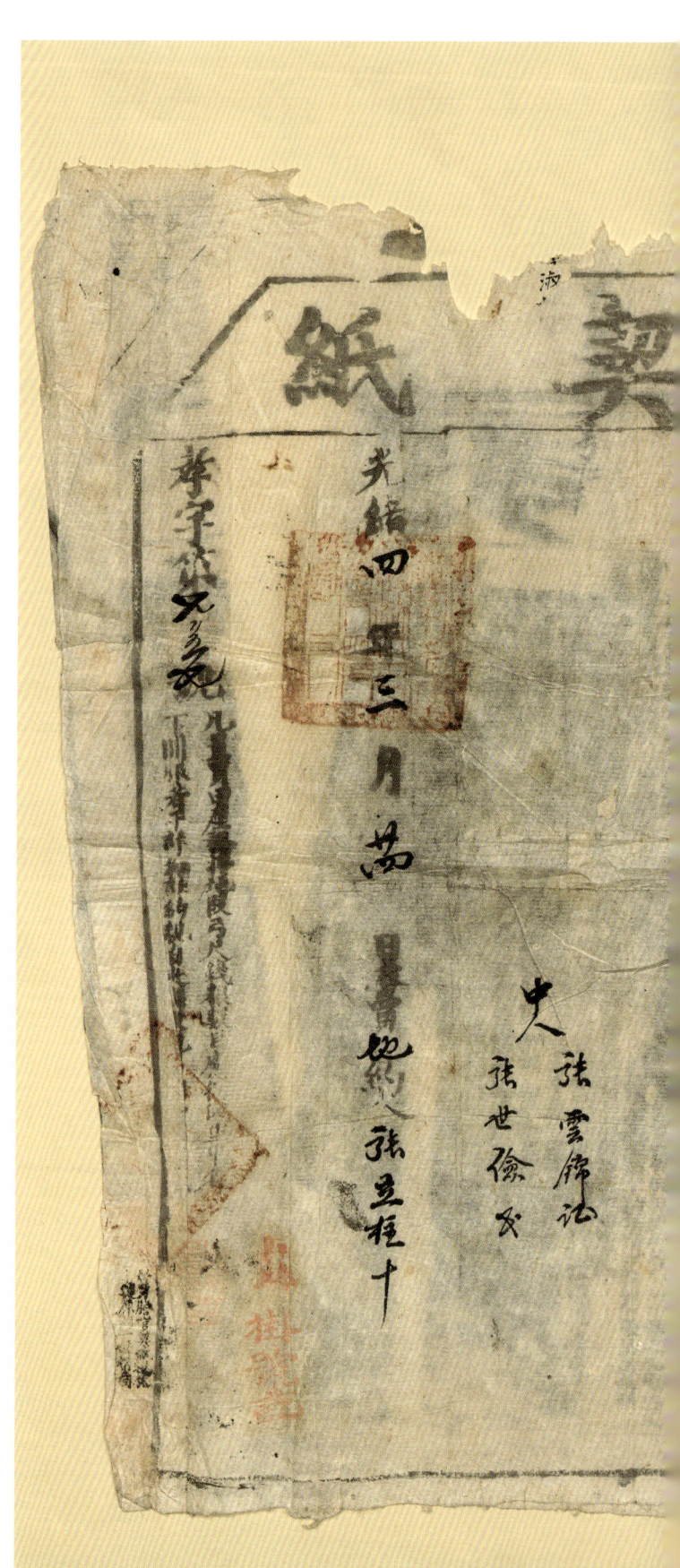

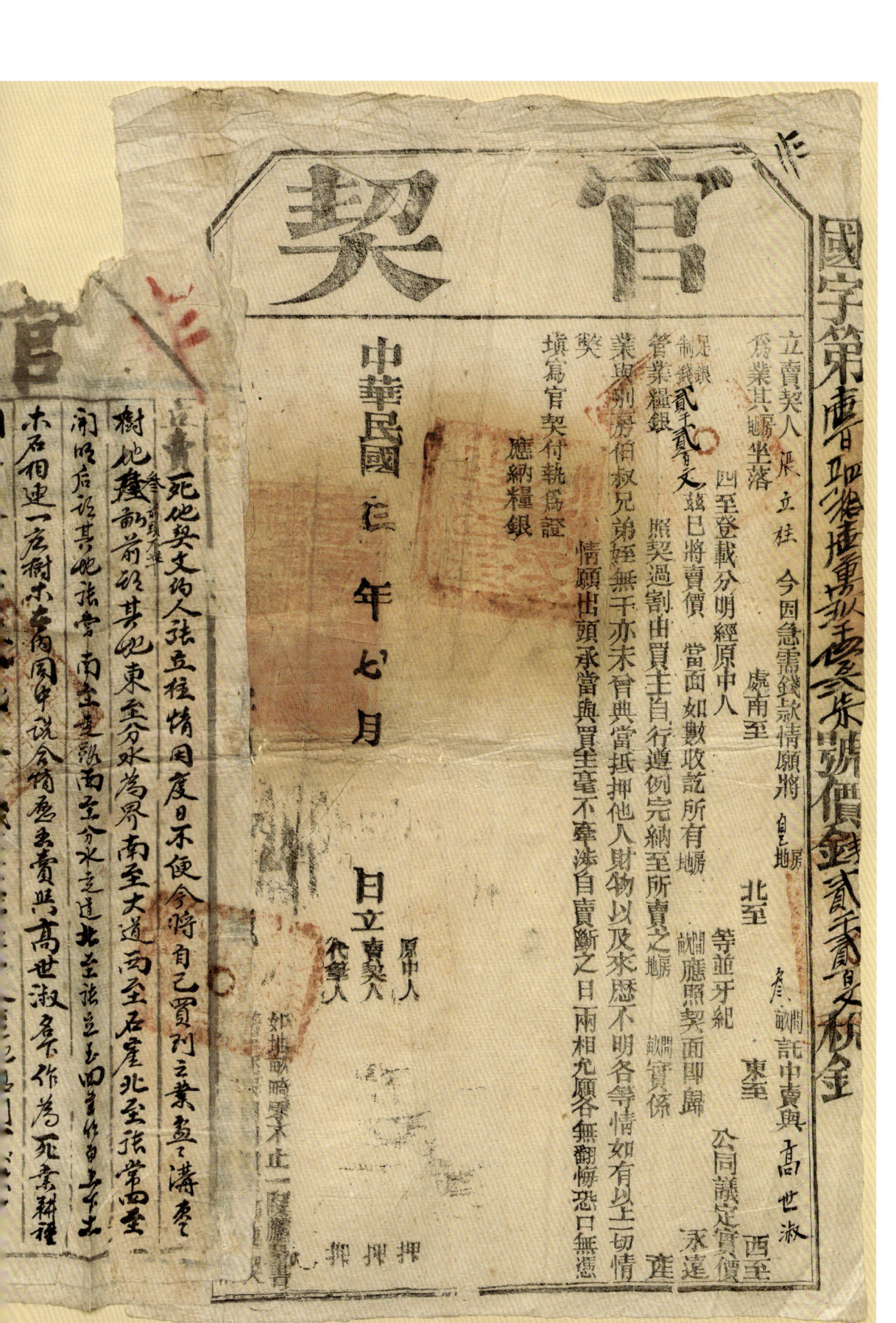

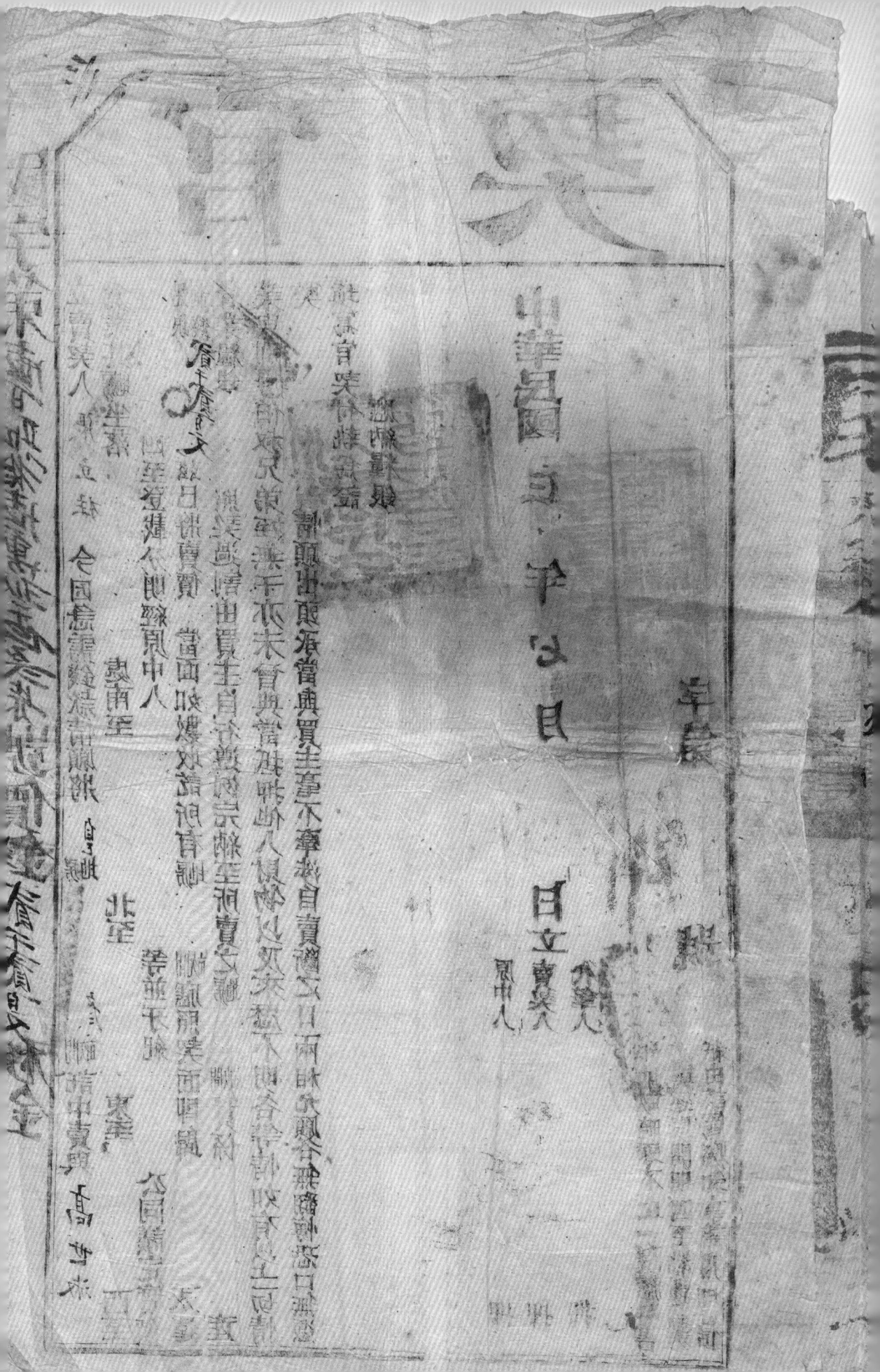

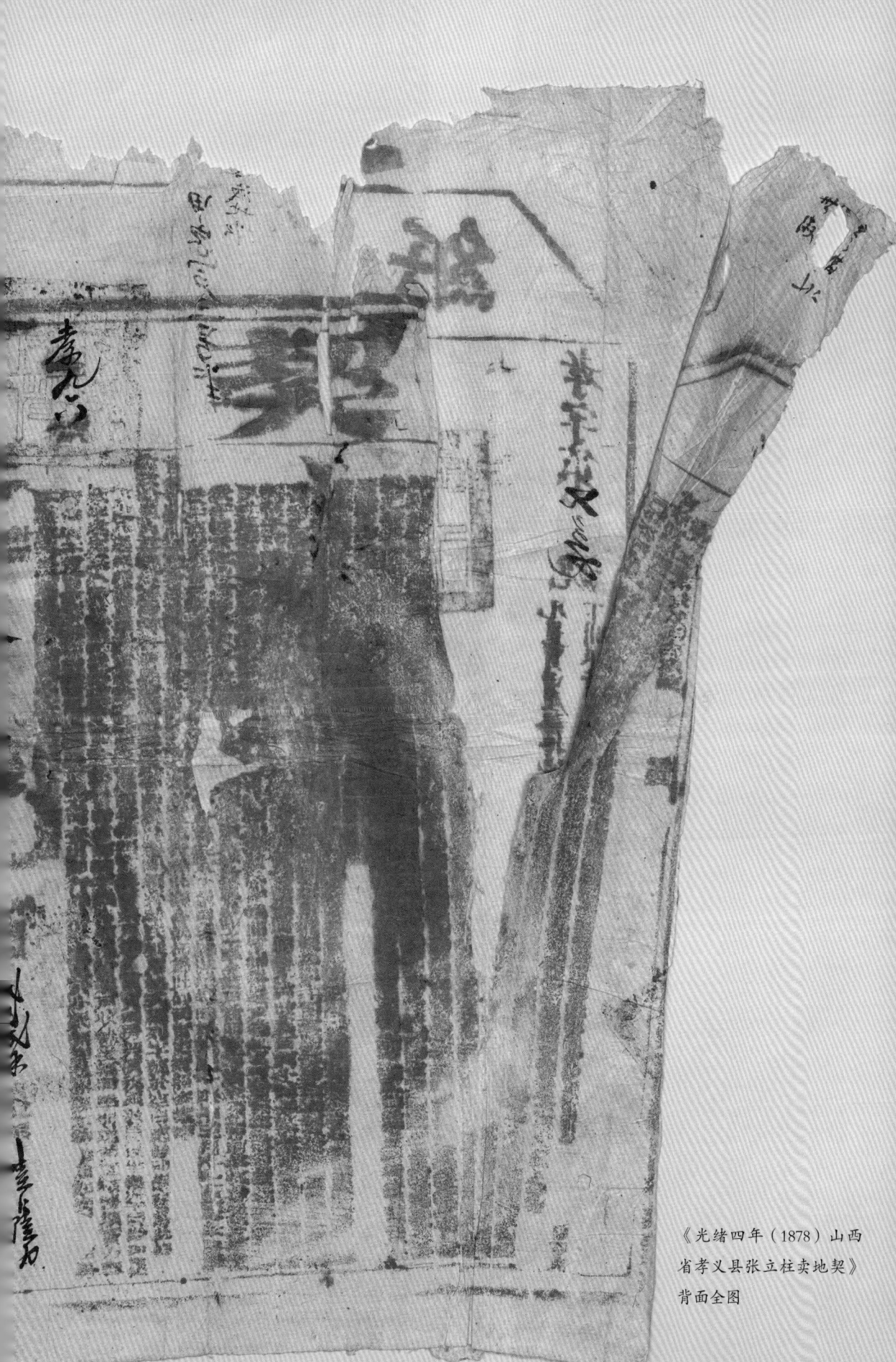

《光绪四年（1878）山西省孝义县张立柱卖地契》背面全图

光绪四年(1878)山西省孝义县任昌德卖地契

光绪四年山西省孝义县任昌德因需安葬侄子,将祖遗的垄头地一块立死契卖给高世淑,并于民国三年(1914)立官契一份。有花码记数,有立卖契人签字、画十字押,中人和代笔落款,盖官印、骑缝章。

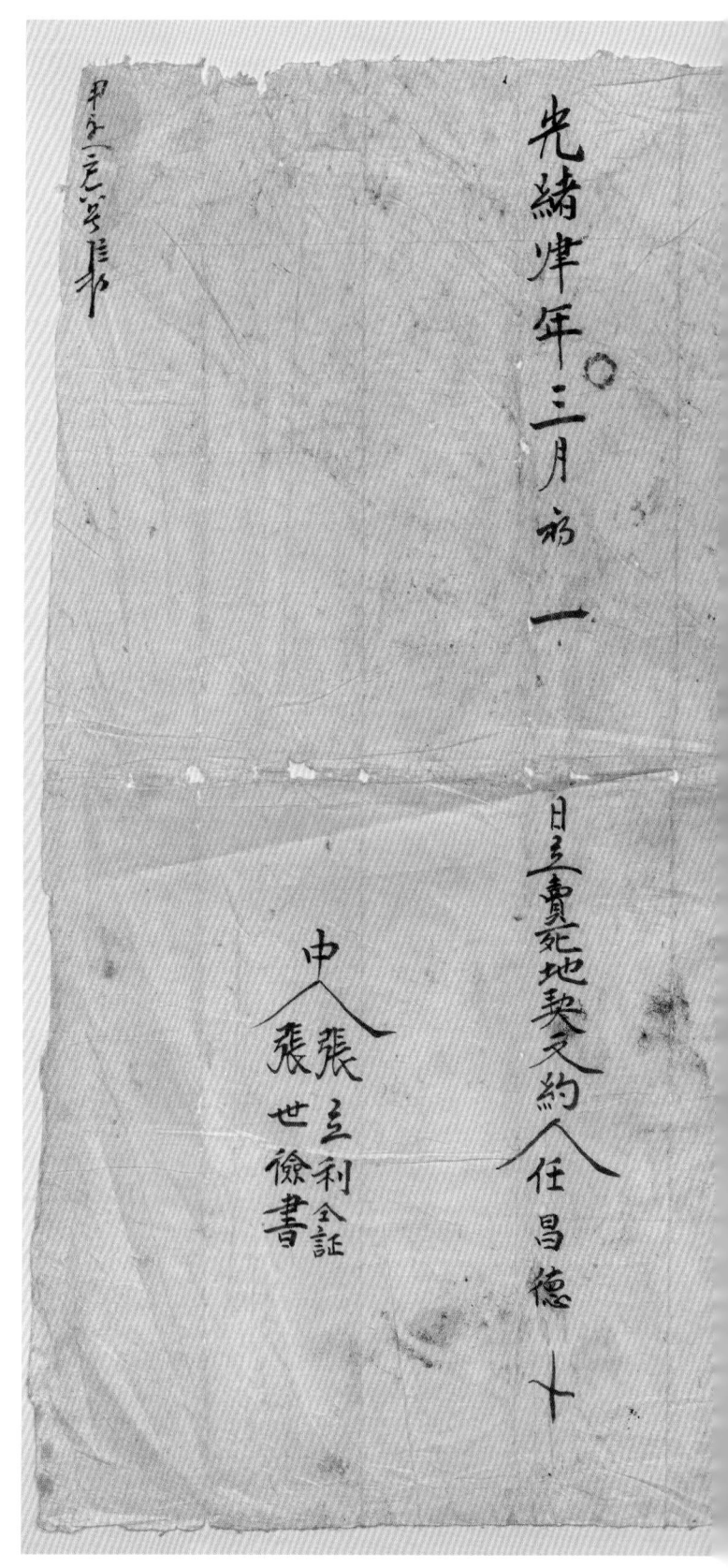

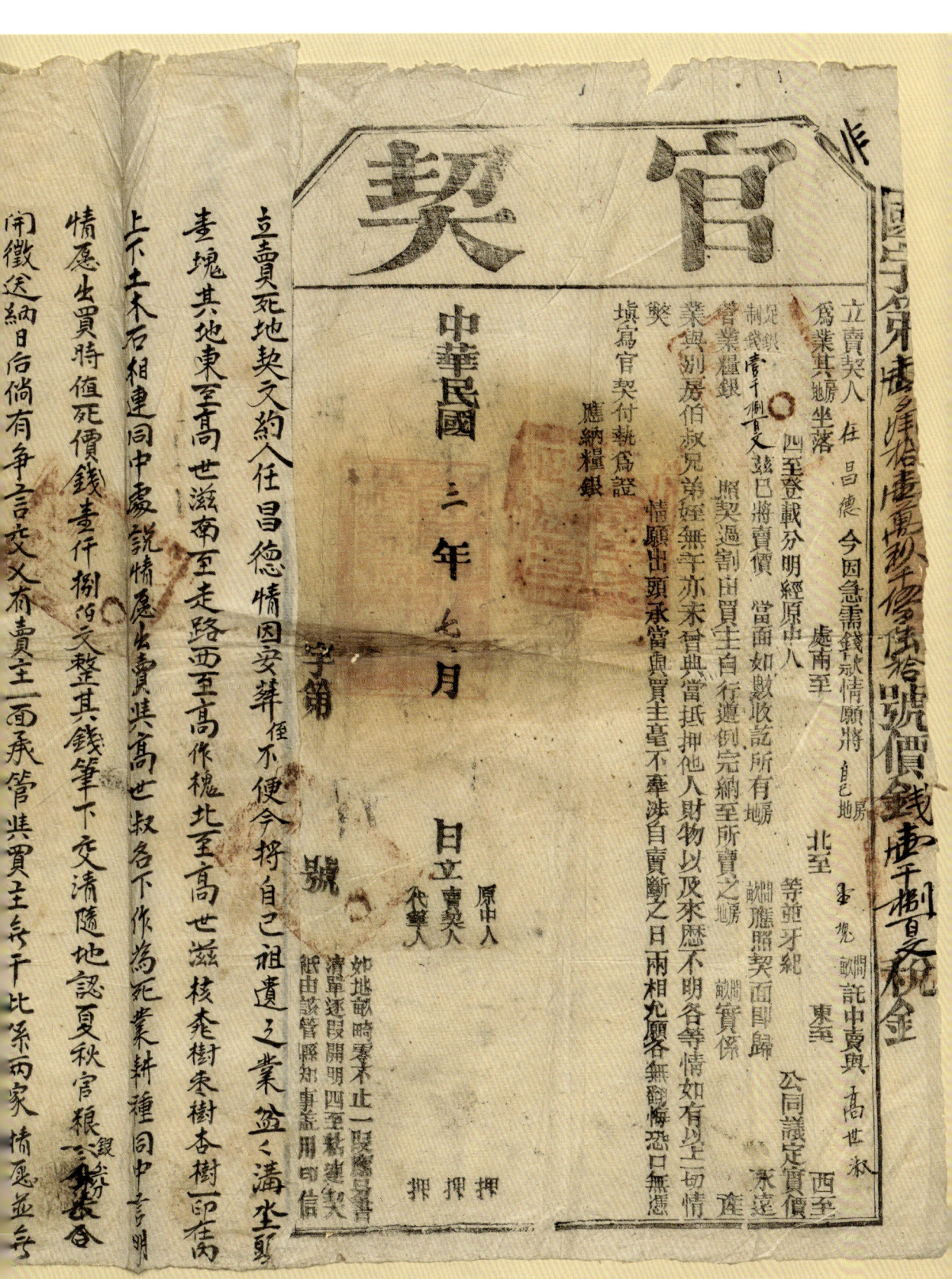

光绪四年（1878）山西省孝义县张氏同男（高）世年卖地契

光绪四年山西省孝义县张氏同男（高）世年将祖业白地三亩立契卖给高作楷。草契后备注"此约与桑塔上地十二亩并写一约一约税契红约在平地约内"。契纸有立卖契人签字、画十字押，说合人和代笔落款。本契约实际上是《光绪四年（1878）山西省孝义县高张氏同子高世年卖地契》（第226页）的部分草契。

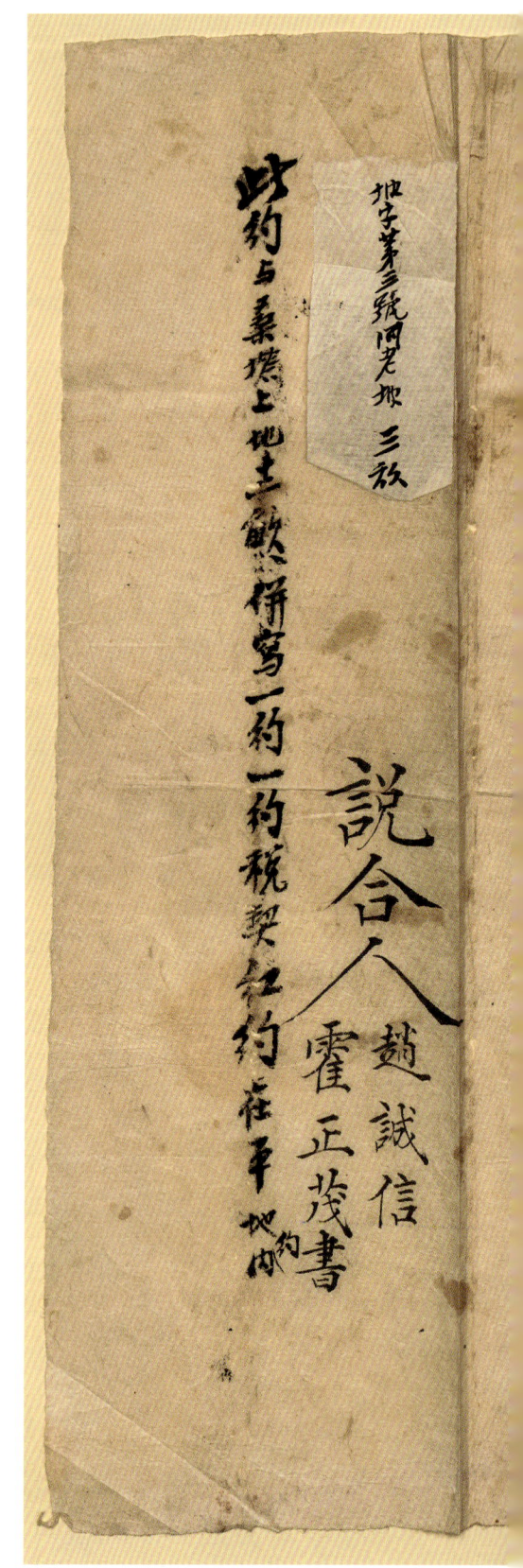

立賣地契文約人張氏同男世年情因不敷度日
今將自己祖業阿老坡白地叁畝東至溝底西至高世
鴻南至趙根根北至張保則四至分明上下土木石相連情愿
賣於高作楷名下耕種作為遠業同人議定死值價錢銀
壹兩貳錢整其銀筆下交情並無缺欠隨地認到夏秋官
粮三升九合五勺開徵送納僱式內中族人有爭論有原業
主一面承當不與買主干此係兩願一言兵說恐口無憑立約
存據

光绪四年（1878）山西省孝义县高张氏同子高世年卖地契

光绪四年山西省孝义县高张氏同子高世年将分到祖业桑塔上白地十二亩、阿老坡白地三亩卖给高作楷，立有官契纸与尾契各一份，尾契贴在官契纸背面。民国三年（1914）又立官契一份。有花码记数，立卖契人签字、画十字押，说合人和代笔落款，盖官印、骑缝章。

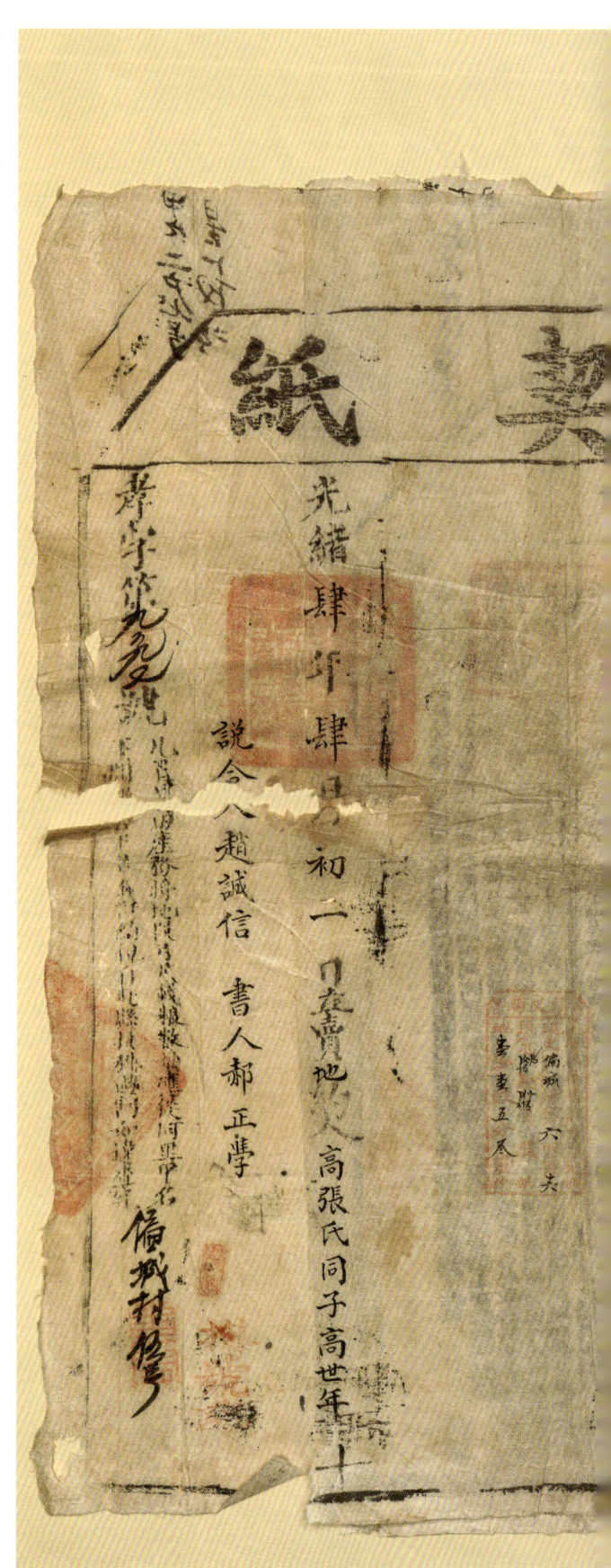

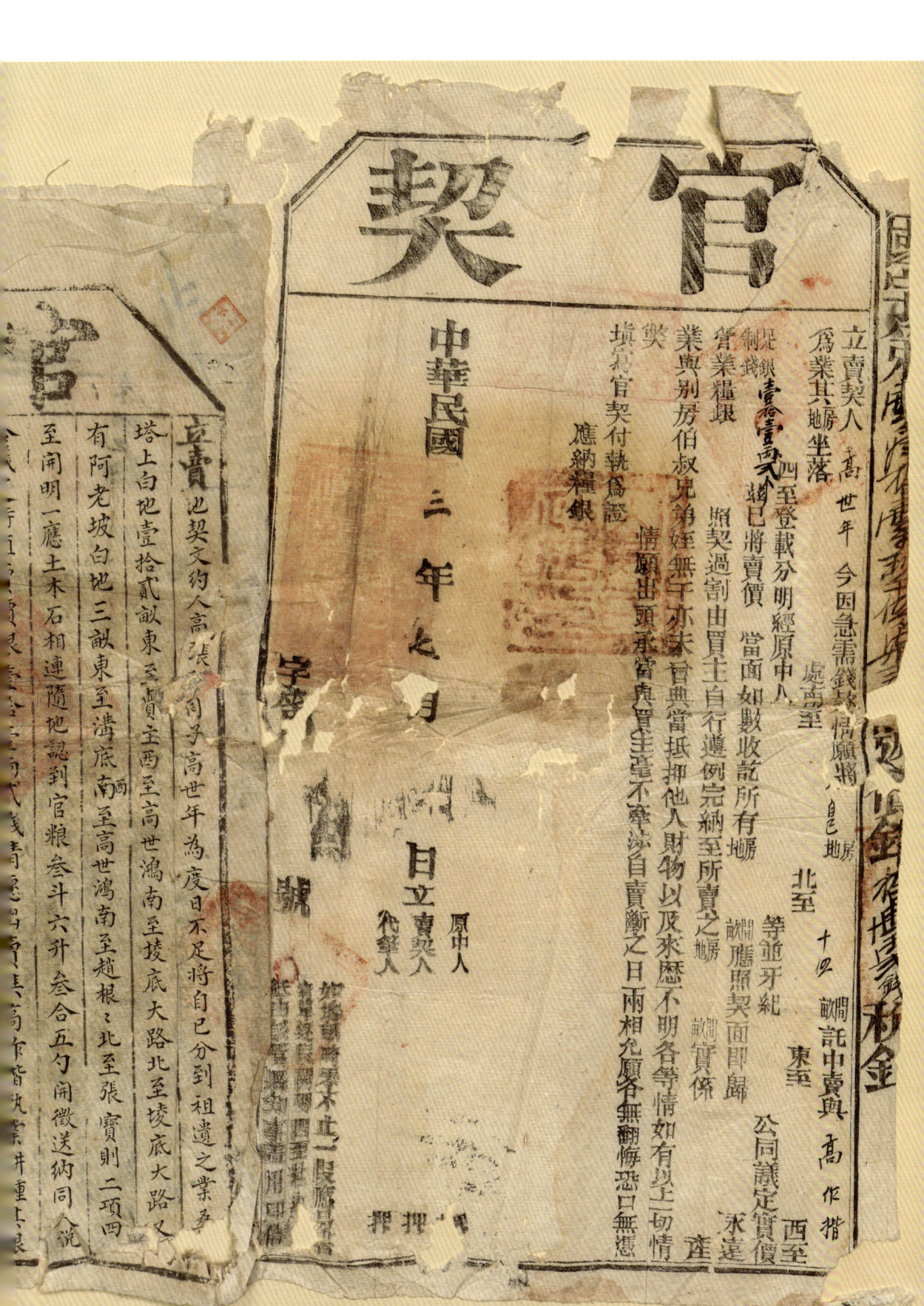

獎官

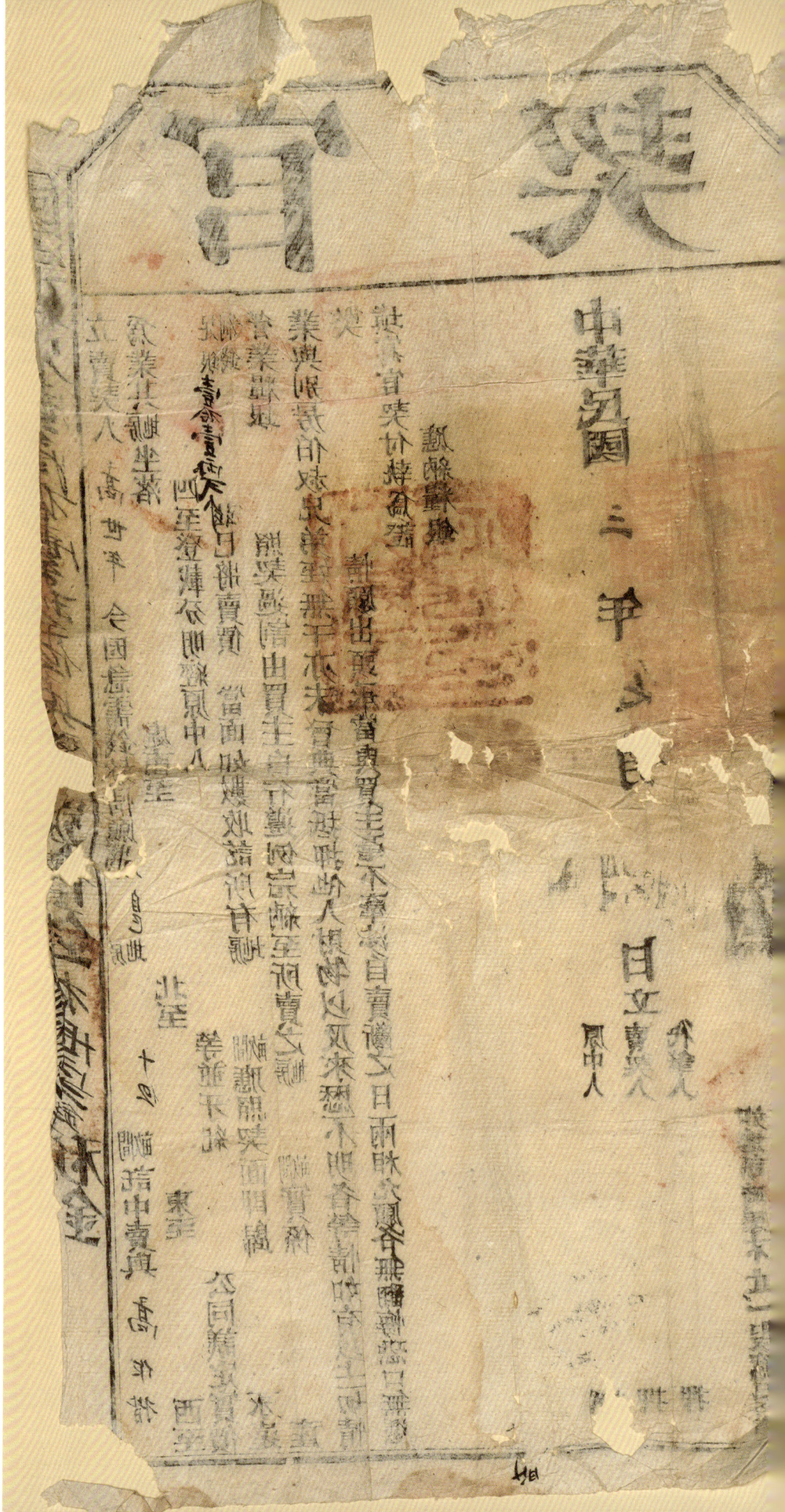

中華民國二十年七月日

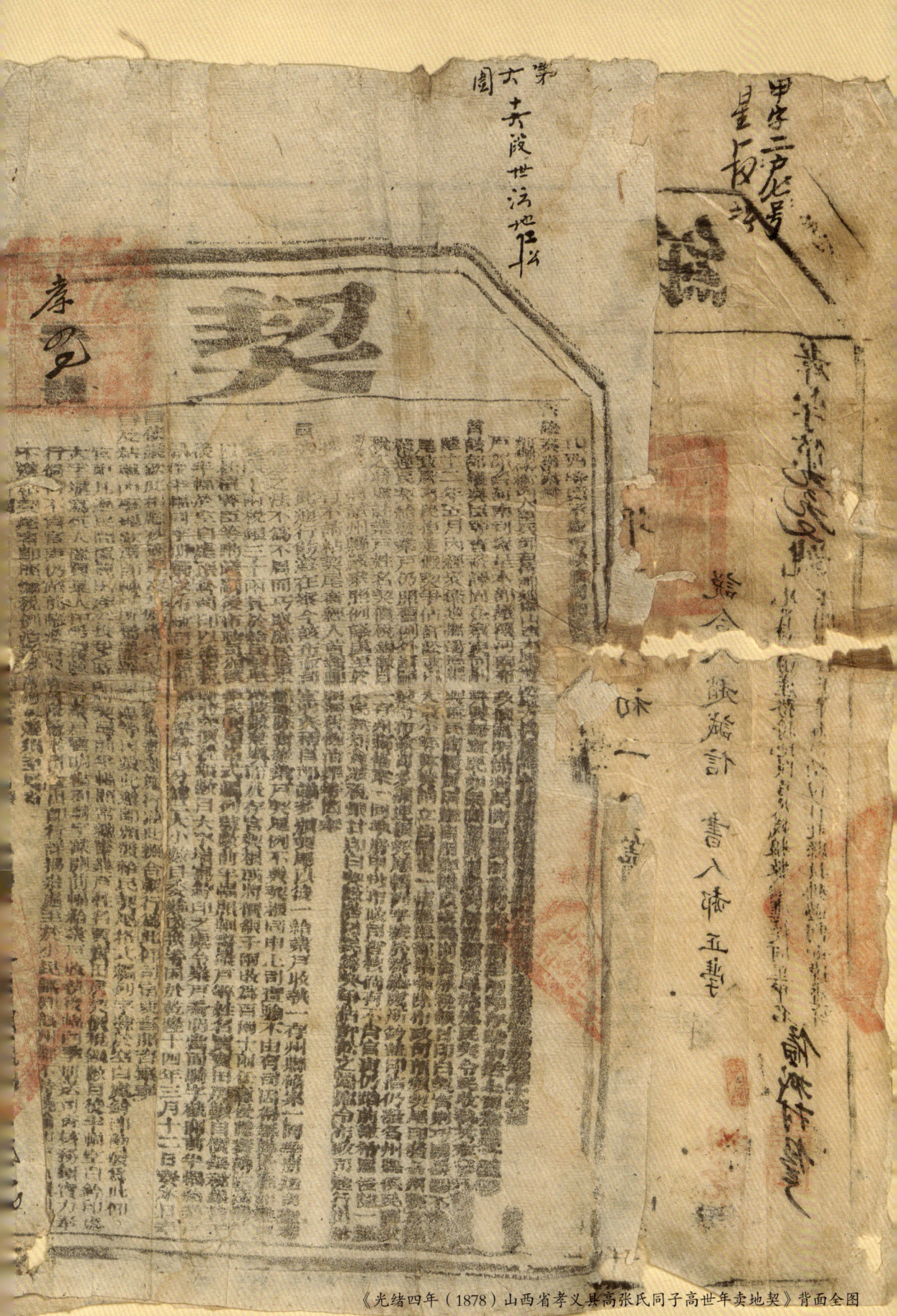

《光绪四年（1878）山西省孝义县高张氏同子高世年卖地契》背面全图

官契紙

立賣地契約人張福元情因供用不便今將自己祖遺
西斜白花絕墊壁一情愿出賣與郎維亮名下作為
業耕種今下言明時直賣價錢文拾捌仟文想真鈔當交不
欠其地東至高世濱西至賈主南至大道北至大道四至開明陞
地謎到貝粮壹斗弍抖弍合閏妻遞納化月倘有爭言賣主
一面承當興買主無干此係兩家情愿並無異說恐後無憑
立賣約為記

光緒二十二年正月廿貳日立賣契約人張福元 十

代筆 靳寬和
中人 趙世源　張孝忠
　　　喬元愷　趙玉廷

地字第六號

偏城村章

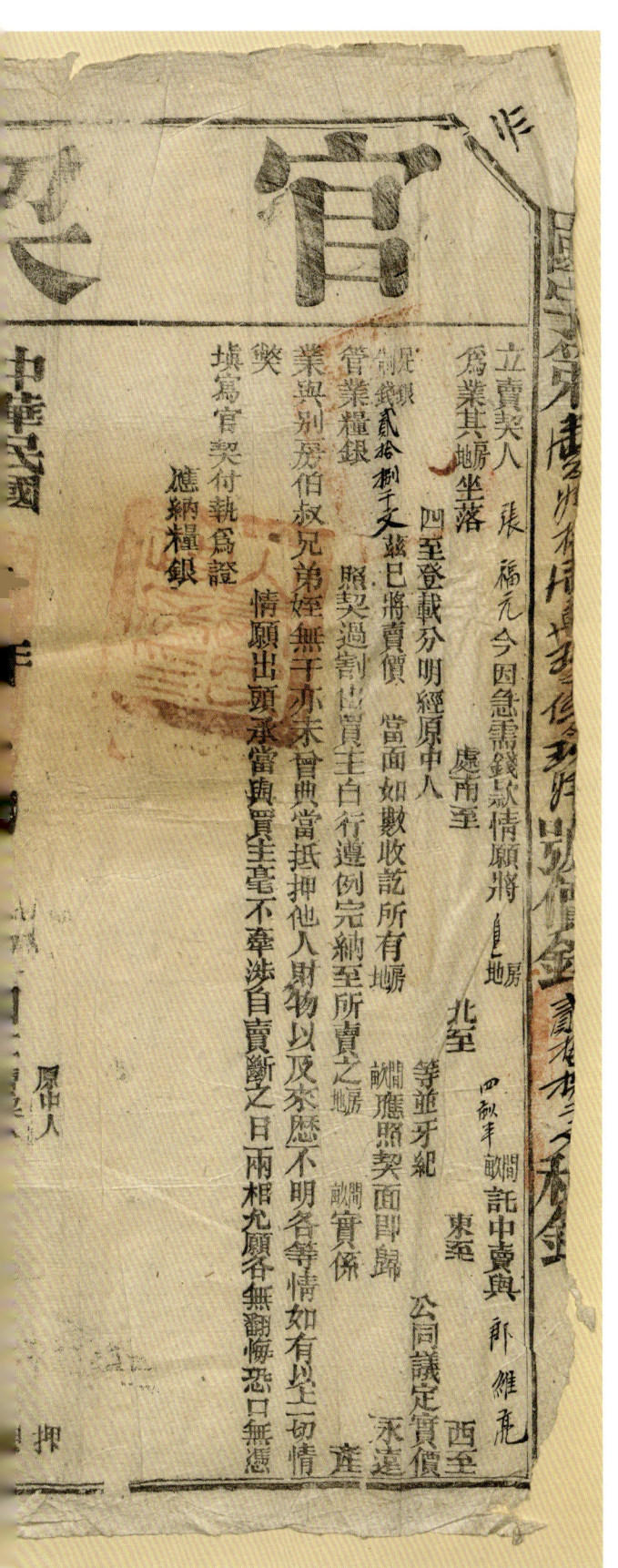

光绪二十二年（1896）山西省孝义县张福元卖地契

光绪二十二年山西省孝义县张福元将分到祖业白地四亩半立死契卖给郎维亮，立有官契纸、尾契各一份。尾契贴在官契纸背面。民国三年（1914）又立官契一份。有立卖契人签字、画十字押，中人和代笔落款，盖官印、骑缝章。

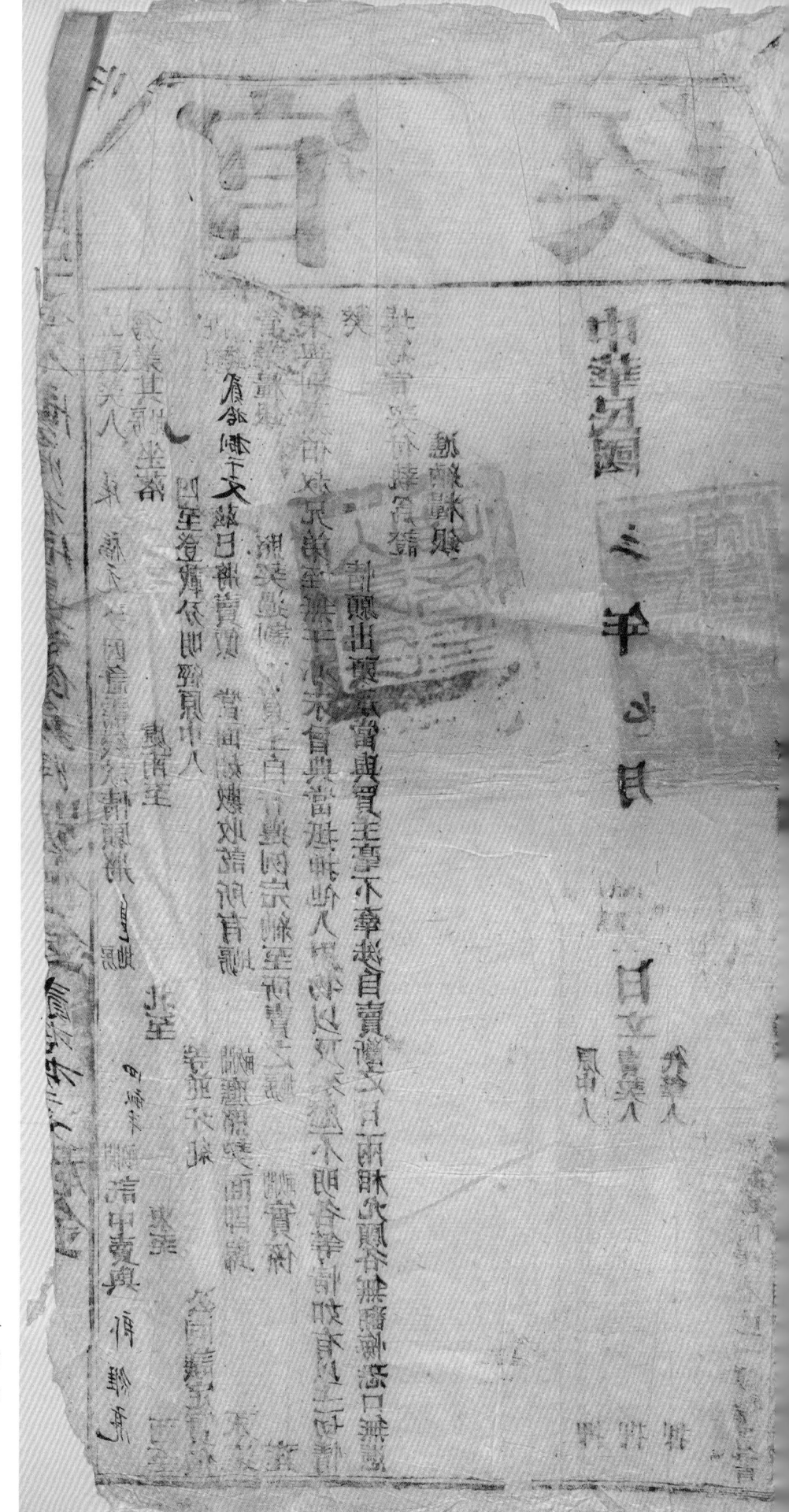

《光绪二十二年（1896）山西省孝义县张福元卖地契》背面

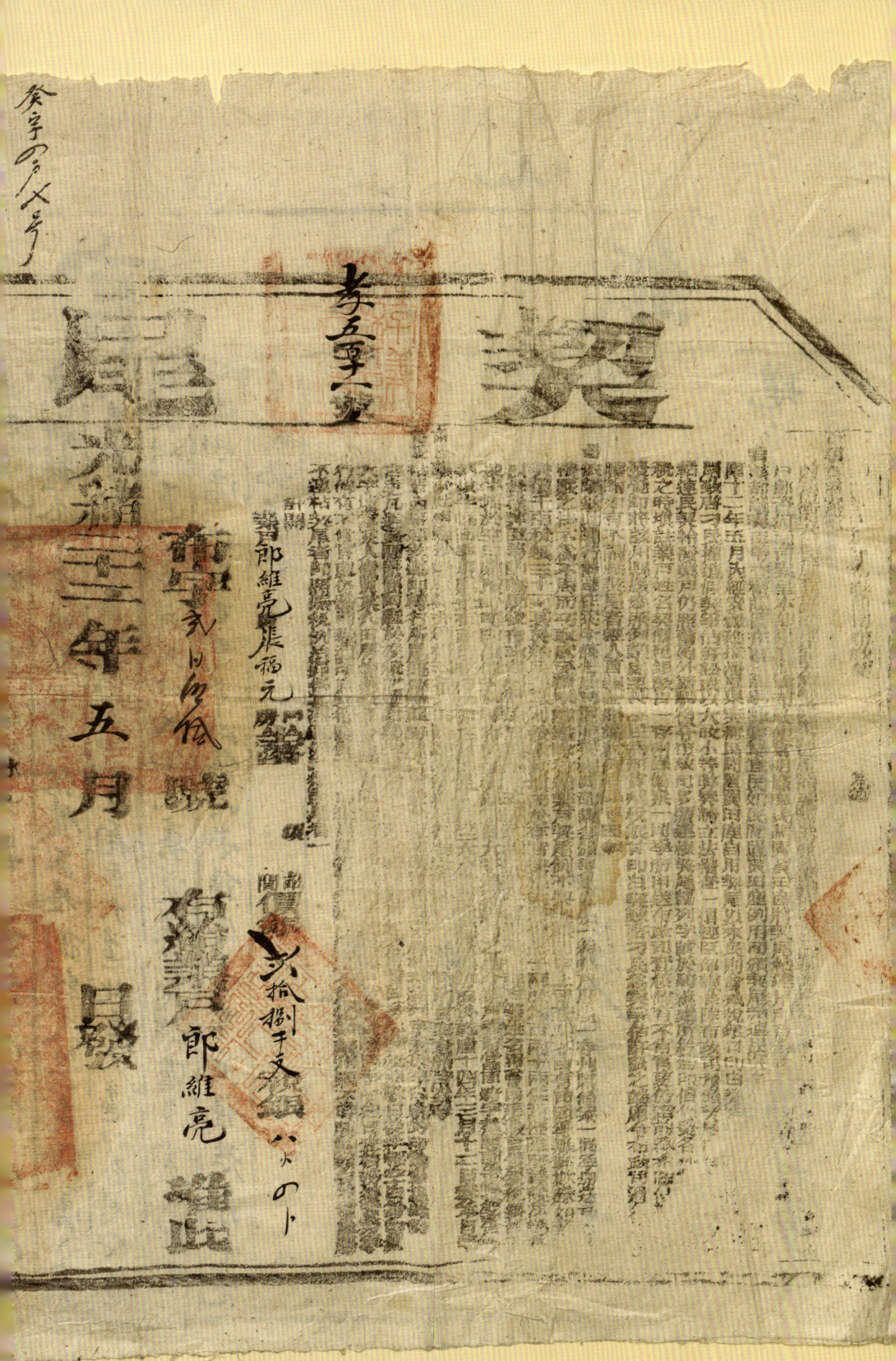

光绪二十五年（1899）山西省孝义县刘锡元卖地契、郎希贤卖地契

右侧为光绪二十五年山西省孝义县郎希贤将祖业白地五亩卖与高锦春所立死契，有公证人村长、在中说合人、代笔人落款。左侧为"第十三号火炎甲原数五亩新勘三亩"契文一则，记录刘锡元将祖业火炎甲白地五亩立契卖与高世滨名下为业，

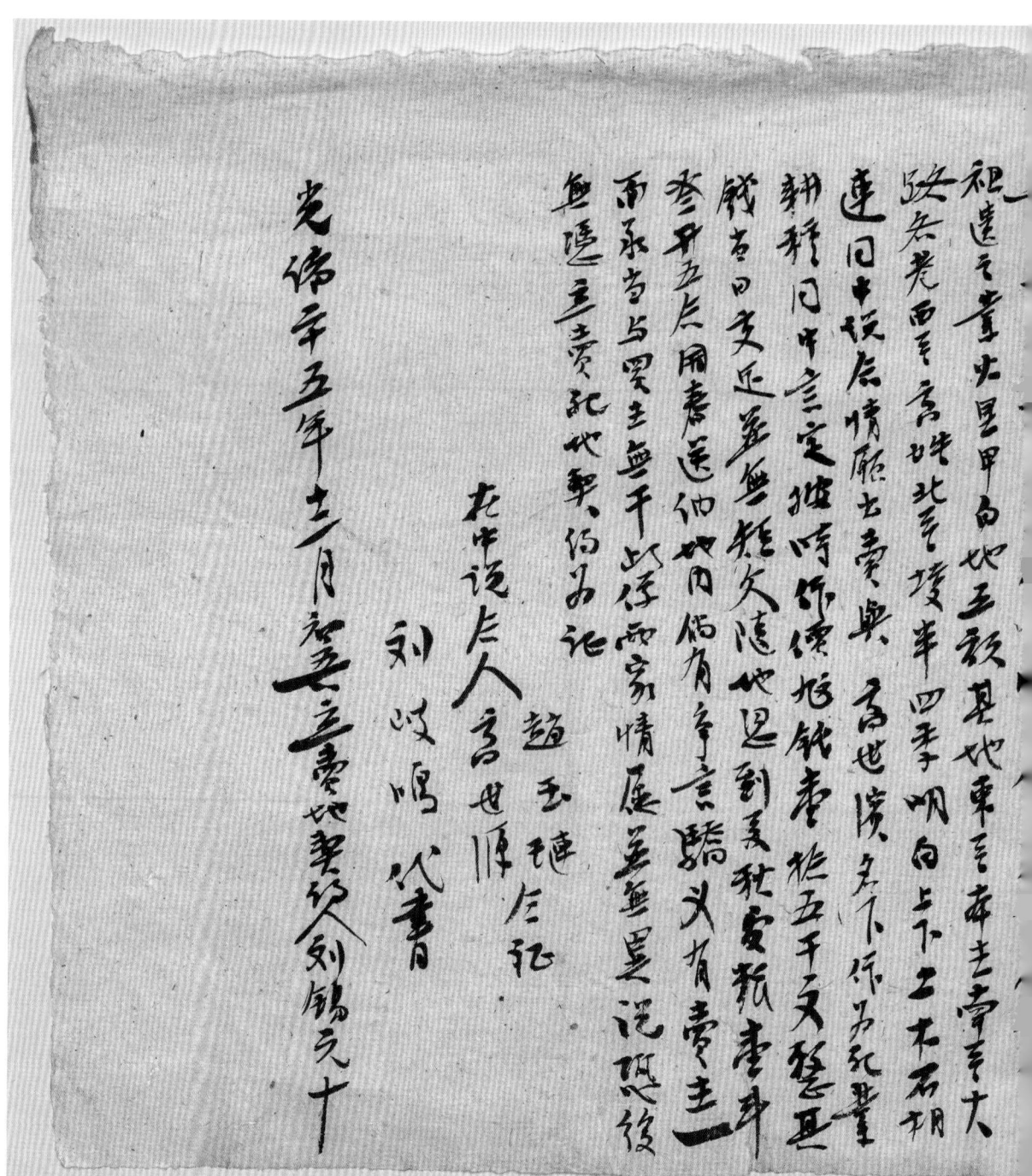

有在中说合人、代笔人落款，立契人落款并画十字押。此契约与《道光十三年（1833）山西省孝义县高太禄卖地契、光绪四年（1878）山西省孝义县韩学文卖地契》（第190页）相关。

立卖孔地契文约人记希贤情因手中不便个时向
己祖能言业地契捣新垅合地奉段廿地五亩共业
东至郭明东至大跌西至新北至槐上下三木下
相连四至但明日中说左情愿古卖与高铺春
名下作为永业朝耕日中议定哈任孔俵去军陪拾足飞
莊军不支情不欠所交债随他思到交乾车巷
开玉上用锇逆价地阳佰有予言搅头有去业主
一面亦与罘毛无干径情土亦顾並无異说
恐口难慿立卖孔地契文约有証

在中说合人 高铺文
代笔人 赵萨轩代笔

光绪二十七年（1901）山西省孝义县张立本卖地契、民国十九年（1930）山西省孝义县高世泗同子卖地契

左侧为光绪二十七年山西省孝义县张立本将自己分到的核桃树地一甲、垄头一块卖给高世泗的卖地草契，有立契人签字、画十字押，在中人落款。右侧为民国十九年山西省孝义县高世泗同儿子（高）锦元、（高）锦照将原买到的核桃地一段转卖给同族侄子高锦春的卖地草契，有公证人盖姓名章，在中人、代笔人落款，立契人签字、画十字押。右侧契约应为《民国十九年（1930）山西省孝义县高世泗同子卖地契》（第254页）的草契。左侧契纸为右侧契纸的上手契。

立賣死契棵桃樹約人高世兩因手中不便自己賣到之業坐落東西溝棟樹地南為□□□栽其地東至郝旺至水棱根西至臨止棕棱根南至味止瑞北至全水棱根上下土木石相連棟桃樹另有東坡底棟桃樹一个同中說合情願出賣與碳姪高錦春名下作為死葉耕種剑伐時價淮捨五元其淳堂下系清立賣卦查碗火今塵泪帶原賣一旺地因倘有爭言擾又有賣主一面承當與買主毫牛無係情出兩願並無異說恐口難憑立賣死契伯为記

其四至依照原約内在憑昭對者襪一下

公証人村 土副

立賣死契棵桃樹約人高世兩 同 元十
　　　　　　　　　　　　　郝旺十

立賣死地文契人張立本情因使用不便令將自己分到之葉杏樹園頭溝底棟桃樹地壺甲堂頭壹塊其地東至鳳水西至鳳水南至賣主下畔棱根桃至鳳水泊四至開明上下土木石相連棟桃樹盡底在内誤人說合當賣與高世泂名下...

民國十九年九月

中人高錦琅 仝記
趙丕楨
趙崖軒

民国四年（1915）山西省孝义县高锦春补地契

民国四年山西省孝义县高锦春因元年祖产契纸被盗遗失，同公社按当时价格估算，补立地契一张作为凭证。同年立官契一张。草契有立补契人、协同公社、代笔人落款，盖官印、骑缝章。

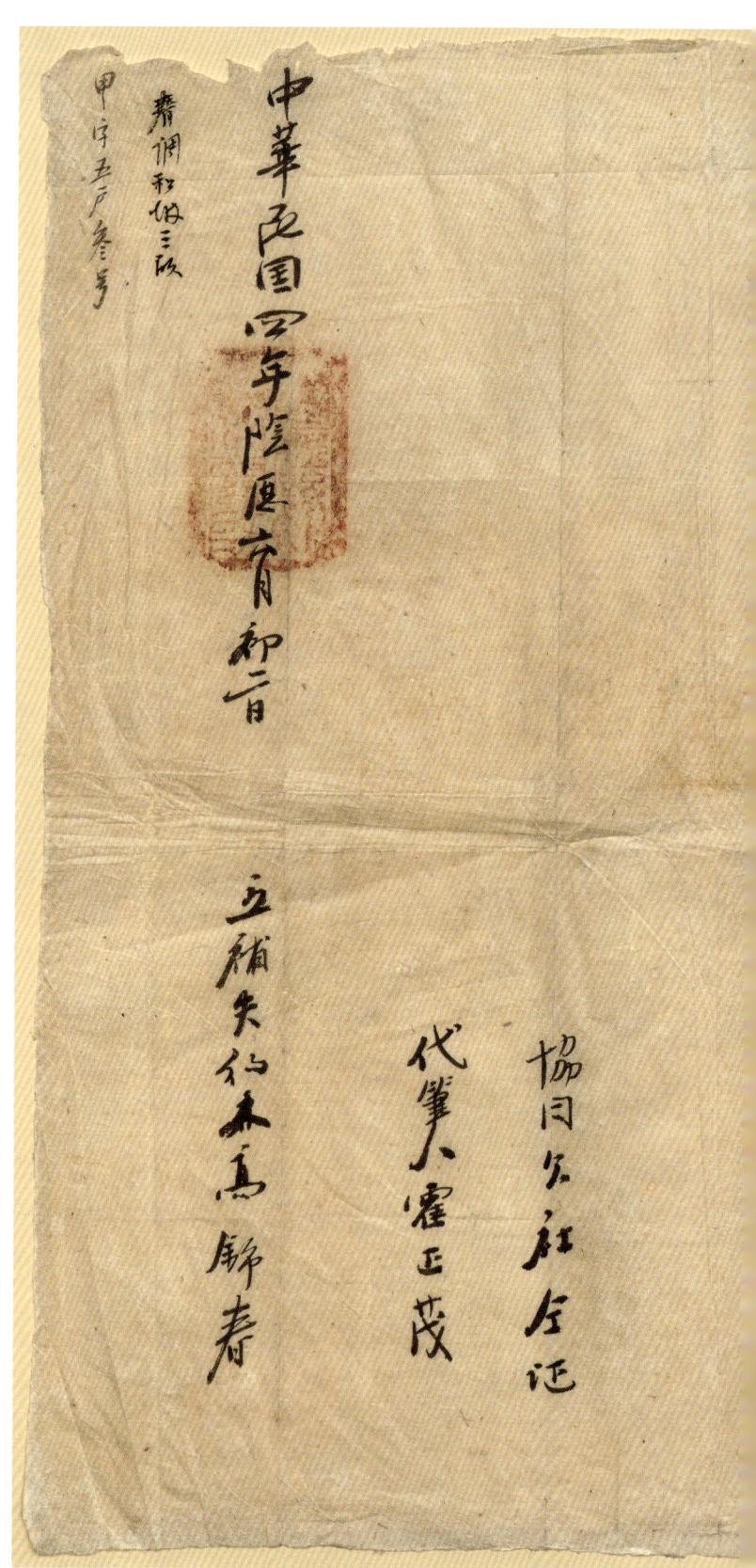

官契

立賣契人夫紀□□為業其□□坐落□□四至登載分明經原中人說合□□□足錢制錢□□□元□□□□□個問契過割由賣主自行遵例完納至所賣之地□□□官業權祖□□□業與別房伯叔兄弟姪無干迹承買異曰抵押他人財物以及來歷不明各等情如有以上一切情願出頭承當與買主應不牽涉自賣斷之日兩相允願各無翻悔恐口無憑懇煩寫官契有繳憑繳憑納糧銀

代□□
□□□
原中人 □□□ 東至
三城管中賣與 高錦春
公同議定實價 四至
永遠 □ □座

中華民國□年七月□□日立賣契人
代筆人

押押押

立補失約人高錦春情因祖遺之業調和地向地叁畝計卯二甲其地東至溝底分水雲至溝底南至坡根北至溝底重起鶲安至開明上下土木金石相連同光年被達劫去今同公社按時估價小九千文

民国七年（1918）山西省孝义县赵喻卖破窑契

民国七年山西省孝义县赵喻将破窑三孔立契卖给高锦春，言明"情因戚近外甥张万魁绝嗣无后，遗粮无人送纳，自光绪四年同官指令纳粮叁拾余年拖累无所底止，今将张万魁所遗……出卖与[于]……"。正文后有"高怀仁堂主人高锦春"批注的该房产后续处理："民国玖[九]年由昕弟督工将买到破窑叁孔从新接口，又因中壁宽厚添筑小窑二孔。"本份契约立契时间写明按阴历计。立有草契、买契各一份，有花码计数，贴有税票，有立契人签字、画十字押，在中说合人落款，代笔人画花押，盖官印、骑缝章。

立賣破磚窰院文約人趙喻情因歲近外甥張萬魁絕嗣無後遺糧無人送納自光緒四年同官指令納糧叁拾餘年拖累無所底此今將張萬魁所遺前街半山崖破窰叁孔無方無窰圖北至崖背南至街外大道溝底分水西至趙玉瑚東至高世光四至明白上下土木鐵石相連南畔崖下又有破窰貳孔一切在內同中說合情願出賣與高錦春名下作為窰業佔用特值賣價錢銀大洋叁塊整其錢當交不欠日後倘有戶族人等爭論有賣一面承當與買至無干此係情愿永無翻悔恐後無憑立賣破磚窰院文約存據

民國玖年由所弟督侄等買到破窰叁孔從新接白又因中壁寬厚添鑽小窰二孔
高懷仁堂主人高錦春批註

在中說合人 許眼 全燈
書人 許至聽
高錦榮

中華民國七年陰歷十二月二十九日立賣破窰院文約人趙喻十

民国八年（1919）山西省孝义县刘泉树卖地契

民国八年山西省孝义县刘泉树将自己原分到的白地六亩同中见人商议后立死契卖给高锦春为业，并立草契一份，次年发给买契一份。有花码计数，有立卖契人签字并画十字押，中见说合人和代笔落款，盖官印、骑缝章。

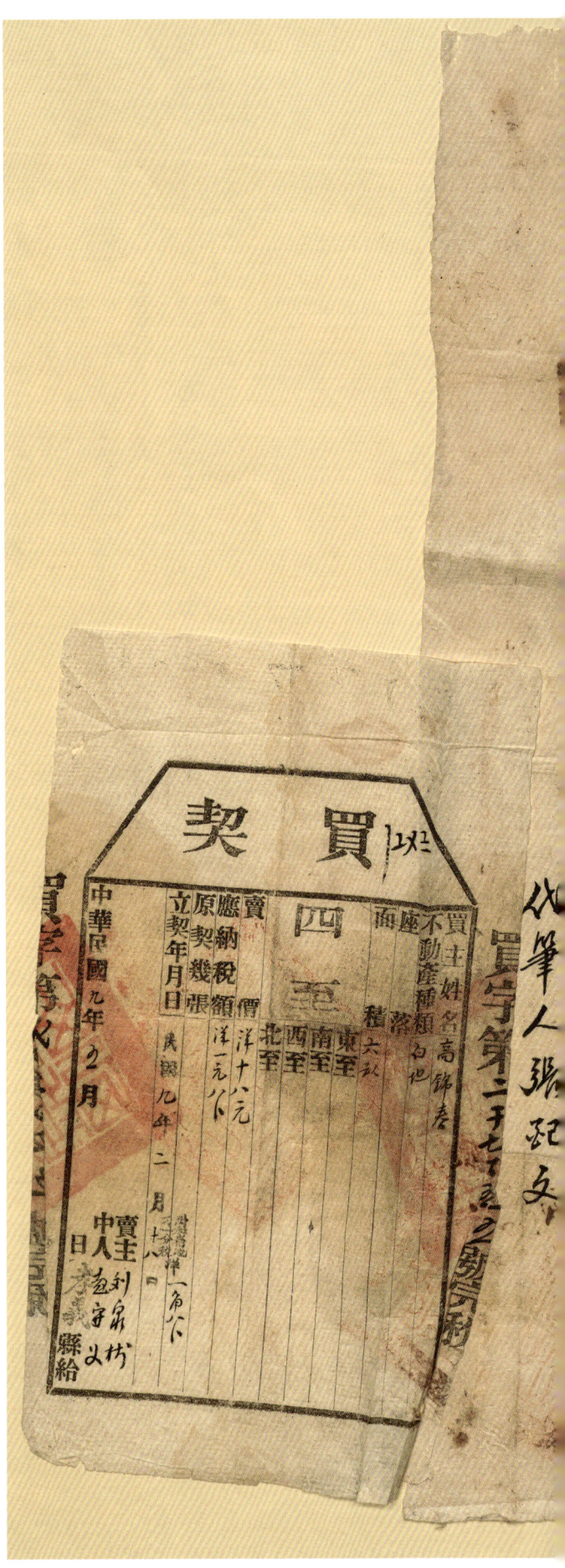

立賣永契地約人劉泉樹今因手中財政缺短原將自己祖遺之業坐落東崖底白地陸畝其地東至高世澤核根南至小路為界北至張立咸核根西至大路界線一名菜梨柿子樹俱左其內四至寫明上下土木石相連會同趙守義靳慶傳議定情愿出賣與 高錦春名下作為永業耕種同中言明時值地伖大洋壹拾捌元其大洋筆下交活不欠分文隨地德刊官糧每畝按壹升比合閉徵送納倘地內有攪錯等情有賣主一面承管與買主毫無干涉此係情愿出而原至無追悔恐後無憑立賣永契地約為據

中見說合人 趙守義
靳慶傳 全印

民国十五年（1926）山西省孝义县赵祥吉卖破窑契

民国十五年山西省孝义县赵祥吉将祖产三孔窑立死契卖到高怀仁堂名下。正文后有"高怀仁堂主人高锦春"批注的"民国十五年四月由春督工，在前街东厦窑后壁建筑磨房三间，并将厦窑后壁凿通，改作马厩[厩]，仍在上窑风厦开门，以便来往行走"，契约立契时间写明按夏历计，契纸背面贴有字条。立有草契、买契各一份，有花码计数，有公证人村长盖章，在中说合人、代笔人等落款，盖官印、骑缝章。

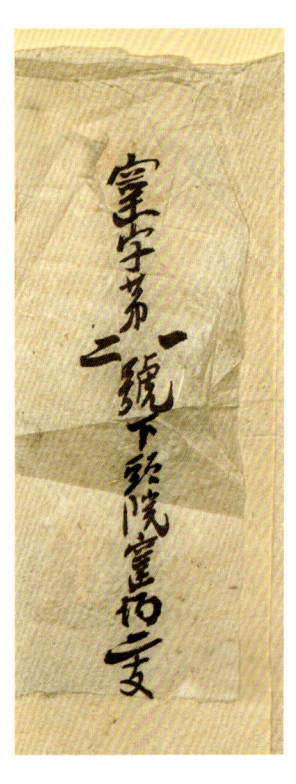

背面上方贴有字条

立賣妣契破窰院約人趙祥吉情因手中缺乏今將自己祖遺之業本院東邊上窰壹孔甘窰東至買主南至院心西至賣主中壁北至窰根又東邊廈窰貳孔甘窰東至買主南至溝底乡水西至院心北至買主風毛窰主坡並內門窗戶扇俱全上下金土木石相連門外空基街門係懸毛厕壺筒出入走路通行大街同中說合情願出賣與

高懷仁堂名下作為妣業居住時值妣價大洋叁拾元正其大洋筆下交清不欠多文日後倘有戶族人等争言攬义有窜業主一面承當與買主委毛千坤係情出兩願並無異說恐後難憑立賣妣契破窰院約為據

民國十五年四月由春督工在前街東廈窰後壁建築磨房三間並將廈窰後壁鑿通改作馬廠仍在上窰風廈開門以複

來任行走

高懷仁堂主人高錦春批註

公証人長村 高錦文

左中說合人 趙懷根

韓明才 趙祥星 仝证

民国十五年（1926）山西省孝义县郎希贤卖地契

民国十五年山西省孝义县郎希贤将祖产白地四亩五分立死契卖给高锦春。草契上的立契时间为"夏历五月二十八日"。同年八月经官府立有买契一份。契纸上有花码计数，有立卖契人签字、画十字押，公证人村长盖章，在中说合人、代笔人落款，盖官印、骑缝章。

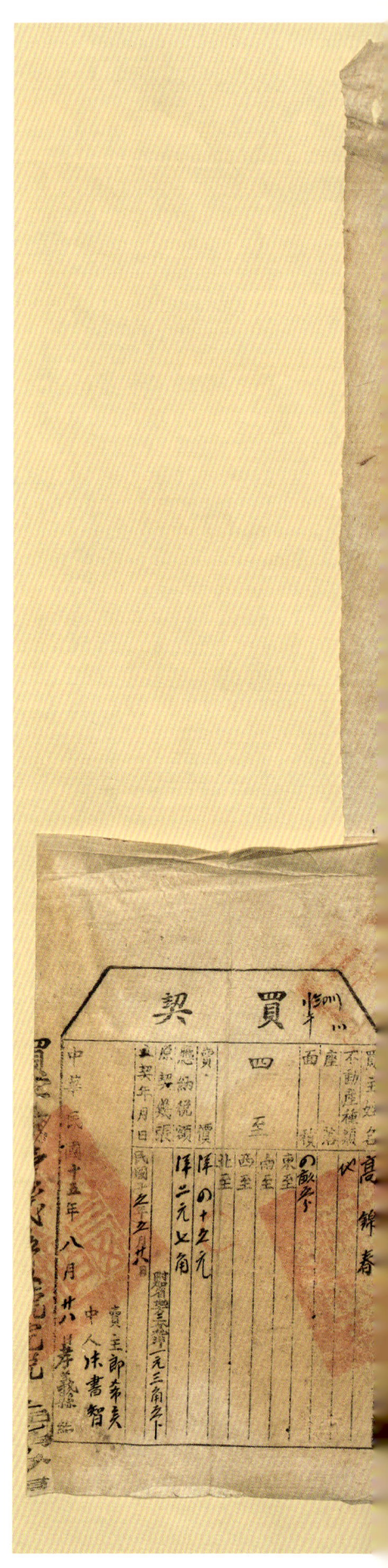

立賣死契地文約人郎希賢情因手中不便今將自己祖貽之業地名上西斜白地四畝五分其地東至買主南至堎根而至張耀烈北至小路四至俱明上下土木石相連同中說合情願出賣與高錦春名下作為死業地耕種同中議定時值死價大洋四拾五元正其大洋筆下交清分文不欠隨地認到夏秋官糧壺斗武升壺各半開徵送納地內倘有爭言攬乂有出業主一面承當其買主無干此係情出兩願並無異說恐口難憑立賣死地契文約存証

中說合人 張書智

公証人村耆高錦文

道三十全証

民国十七年（1928）山西省孝义县高锦堂卖地契

民国十七年山西省孝义县高锦堂因度日不便，将自己分到的院内房产立死契卖给高怀仁堂。有立卖契人签字、画十字押，公证人村长盖章，在中说合人和代笔落款。草契年份上注明为“阴历十二月三十日”。次年立买草契、买契各一份，有花码计数，盖官印、骑缝章。

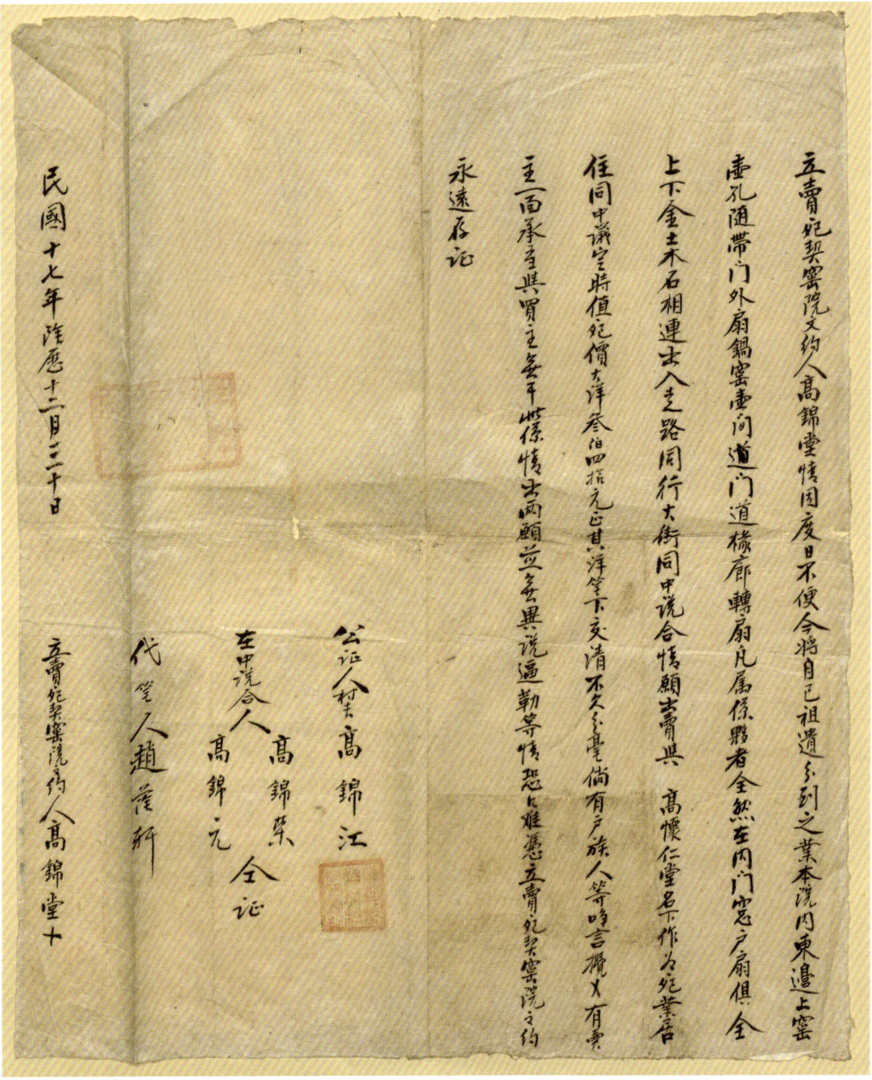

立賣死契窑院文约人高錦堂情因度日不便今將自己祖遺分到之業本院内東邉上窑壹孔随帶门外扇鍋窑壹间道门道椽廊轉扇凡屬係聯者全然在内门窓户扇俱全上下金土木石相連出入之路同行大街同中説合情願出賣與 高懷仁堂名下作為死業管任同中議定時值死價大洋叁佰四拾元正其洋當下交清不欠分毫倘有户族人等哼言攬又有賣主一面承当與買主無干此係情出兩願並無異説逼勒等情恐口難憑立賣死契窑院文约永遠存证

公証人村長高錦江

在中説合人 高錦榮 高錦元 仝证

代筆人趙蓮軒

民國十七年陰歷十二月三十日

立賣死契窑院文约人高錦堂十

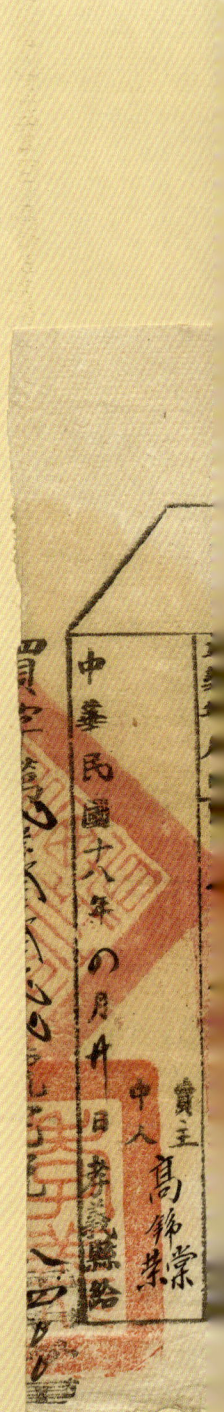

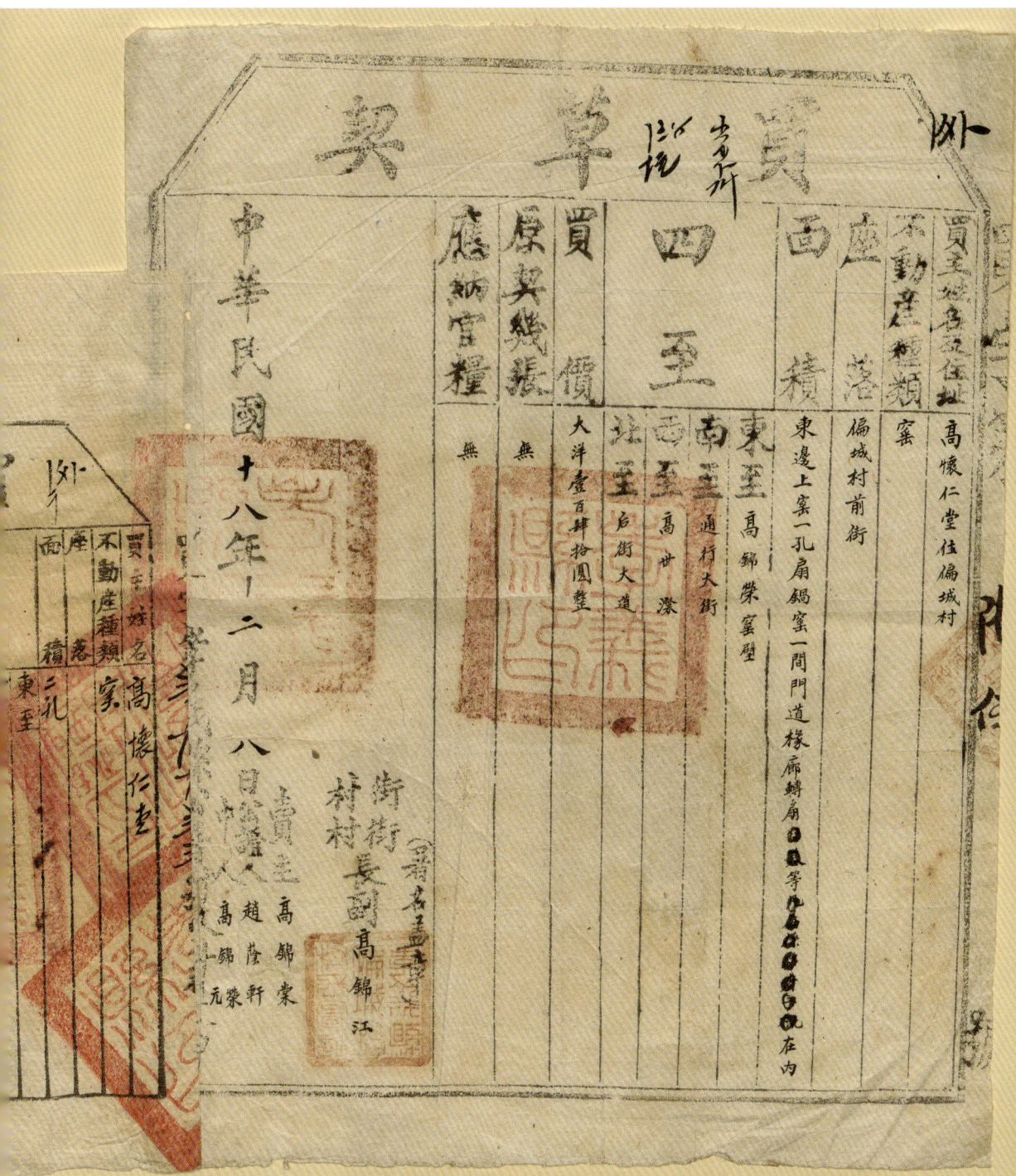

買契草

買主姓名及住址	高懷仁堂住偏城村
不動產種類	窰
座落	偏城村前街
面積	東邊上窰一孔扇鍋窰一間門道椽廊蟒角口及等□□□□院在内
四至	東至 高錦榮窰壁 西至 店街大道 南至 通行大街 北至 高世澄
買價	大洋壹百肆拾圓整
原契幾張	無
應納官糧	無

中華民國十八年十二月八日

賣主 高錦榮
證人 趙蓬軒 高錦元
街村長副 高錦江

民国十七年（1928）山西省孝义县高锦春、高锦堂换窑院契

民国十七年山西省孝义县高锦春、高锦堂因双方居住不便，立调换窑院合约将住处两相对调。正文内写明"合同贰张各执壹纸"，正文左侧有半书法的"合约贰张各执壹张"。立契时间为"夏历十一月二十七日"。本契有两位立调换窑合约人落款，中人和代笔落款。

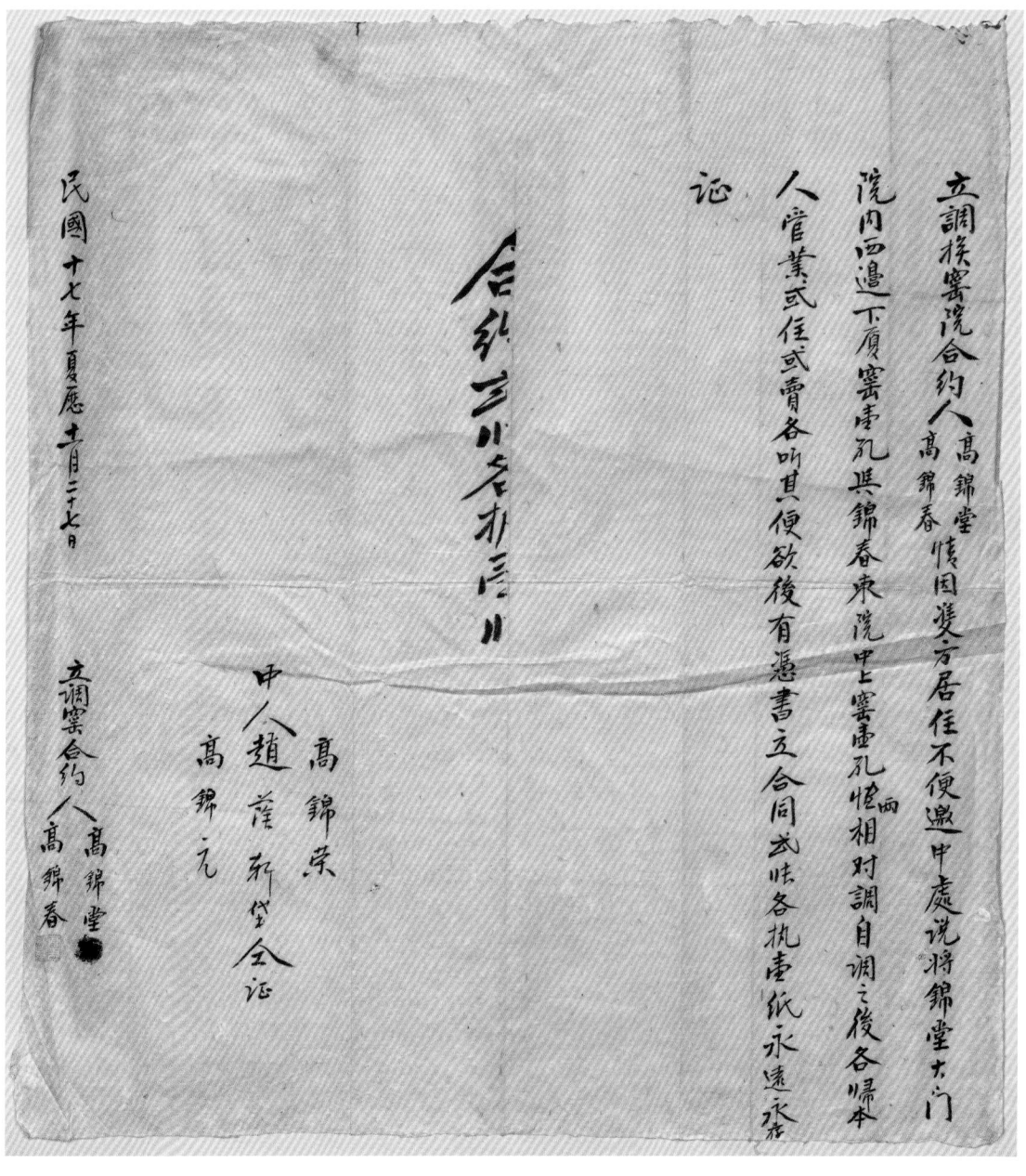

民国十九年（1930）山西省孝义县高锦秀卖地契

民国十九年山西省孝义县高锦秀将祖产白地五亩立死契卖给堂弟高锦春，写有田房草契一份，写明"随带原红契一纸"。契纸下方印有"每张应缴契纸价洋贰角"，有花码计数，有立契人签字、画十字押，代笔人、中人落款，村长与村副落款、盖章，盖官印、骑缝章。

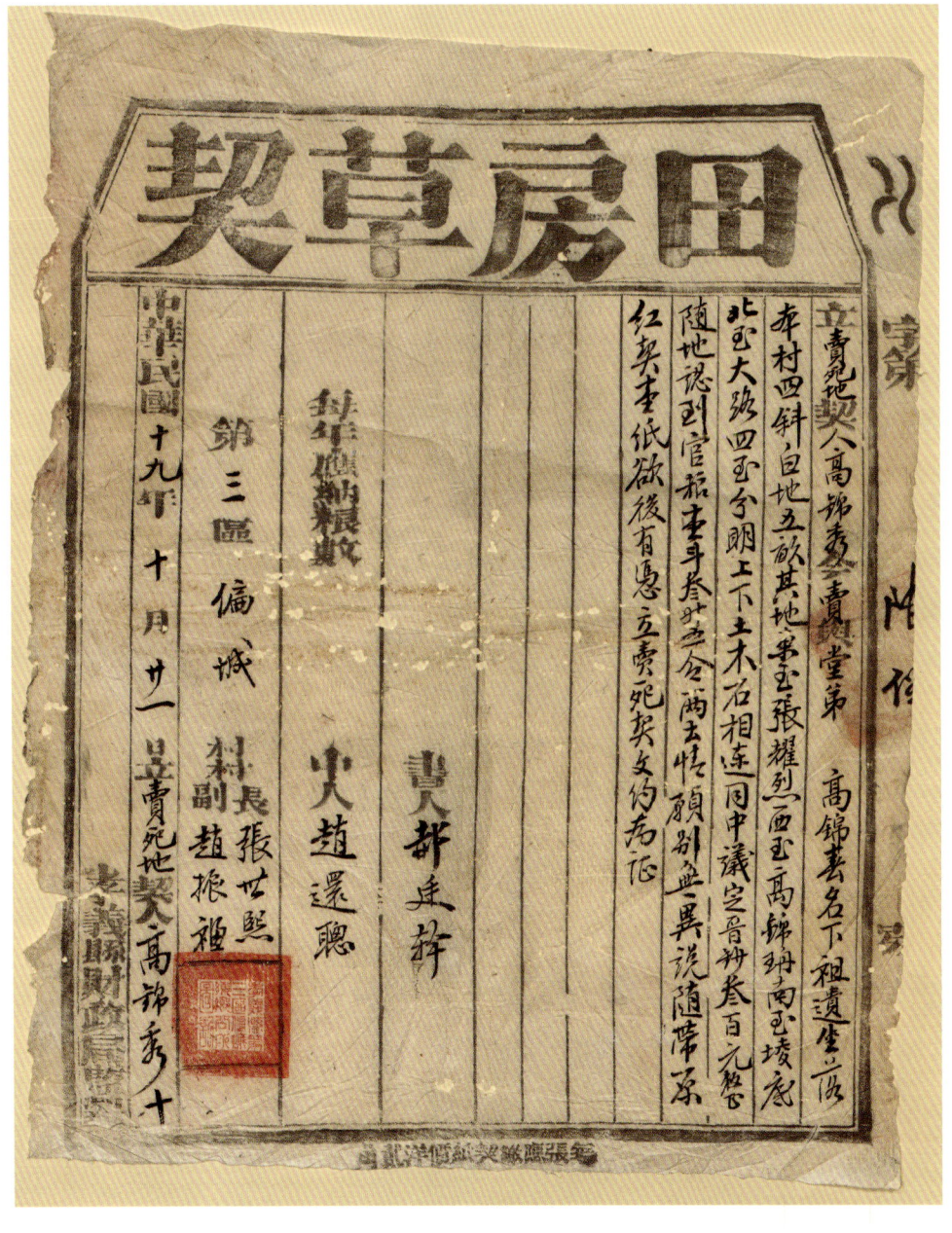

民国十九年（1930）山西省孝义县赵还祯卖窑院契

　　民国十九年山西省孝义县赵还祯将名下窑院一处立死契卖给高锦春，立有田房草契，次年立买契。有花码计数，贴有税票，有立契人、中人、代笔人落款，村长、村副落款并盖章，盖官印、骑缝章。田房草契上贴有纸条一张，记录民国二十八年（1939）腊月高锦春通过出典将窑院给原主居住，并限定回赎时间。

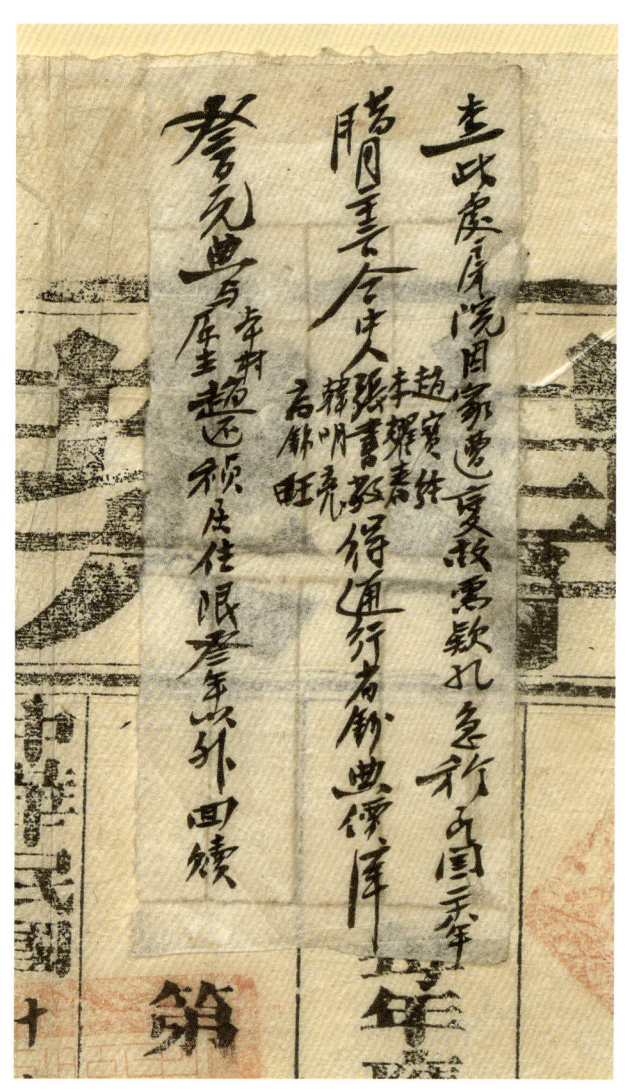

田房草契上方贴有纸条一张

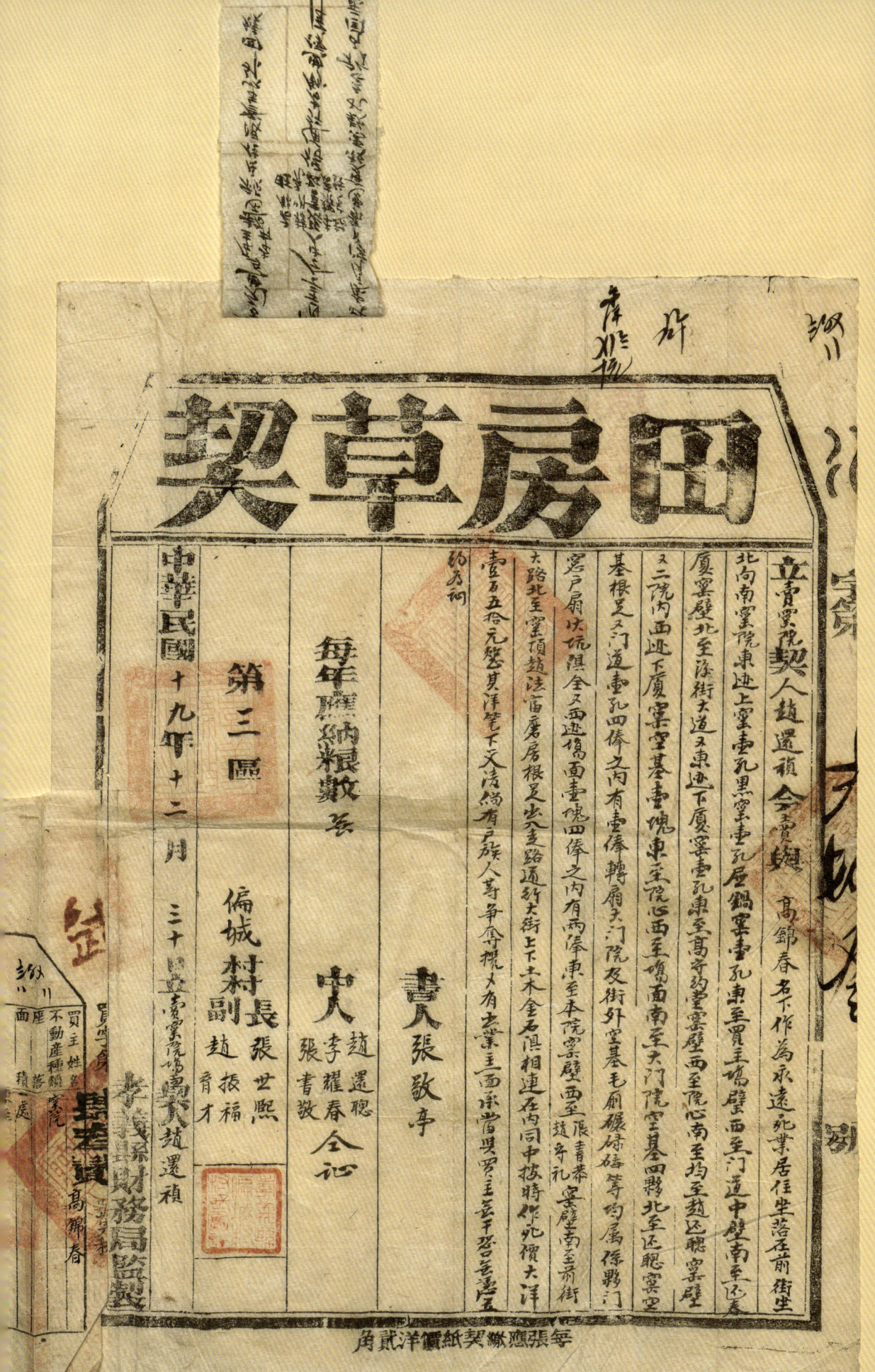

民国十九年（1930）山西省孝义县高世泗同子卖地契

民国十九年山西省孝义县高世泗同儿子（高）锦元、（高）锦照将原买到的核桃地一段转卖给同族侄子高锦春，立田房草契、买契各一份。有花码计数，贴有税票，有立契人落款并画十字押，中人、代笔人落款，村长与村副落款并盖章，盖官印、骑缝章。

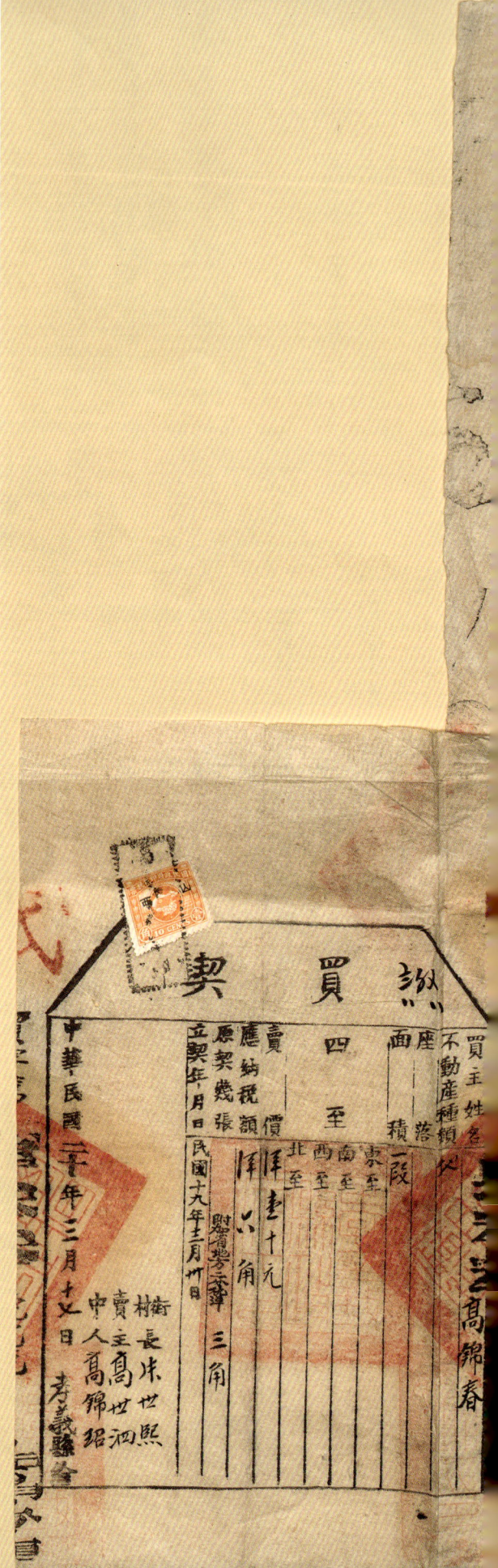

田房草契

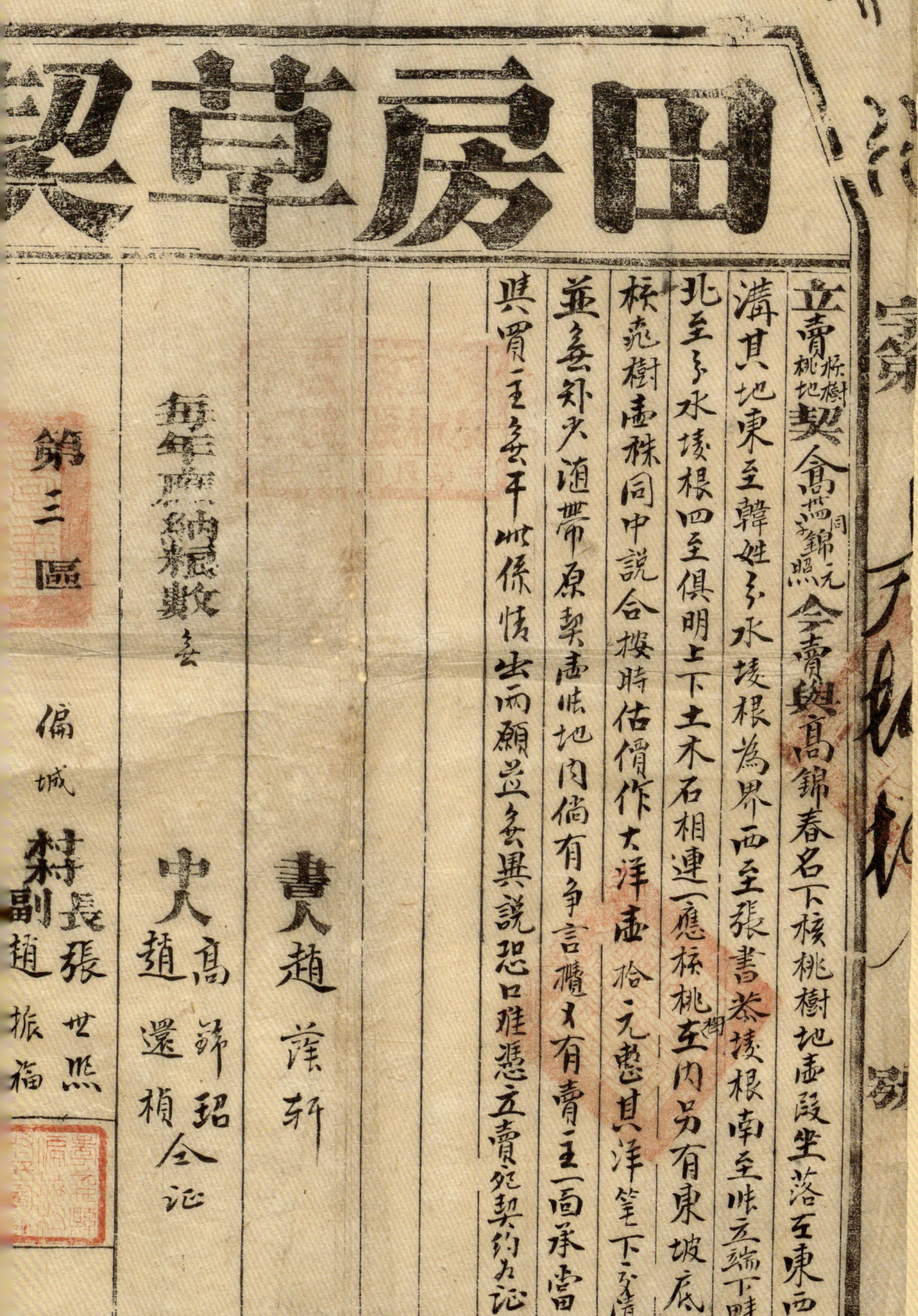

立賣桃樹地契人會同錦元今賣與高錦春名下核桃樹地壹段坐落至東西溝其地東至韓姓分水凌根為界西至張書荅凌根南至炕五端下畔北至孑水凌根四至俱明上下土木石相連一應核桃左内另有東坡底核桃樹壹株同中說合搜時估價作大洋壹拾元憑其洋筆下交清並無郝欠道帶原契虛恍地内偶有爭言檔又有賣主一面承當與買主毫不坍事係情出兩願益参異說恐口雅憑立賣契約為記

第三區

偏城

每年應納粮數叁

書人 趙 漢軒

中人 高 錦 超 今 記
     趙 還 楨

村長 張世照
副 趙振福

民国二十年（1931）山西省孝义县张世仁卖地契

民国二十年山西省孝义县张世仁将自己名下盆盆沟地一块立死契卖给高锦春，立草契、田房草契各一份。契约交代其中涉及四家共用的部分及每家负责的事务，有立契人落款、画十字押，代笔人、中人落款，公证人村长与村副落款、盖章。

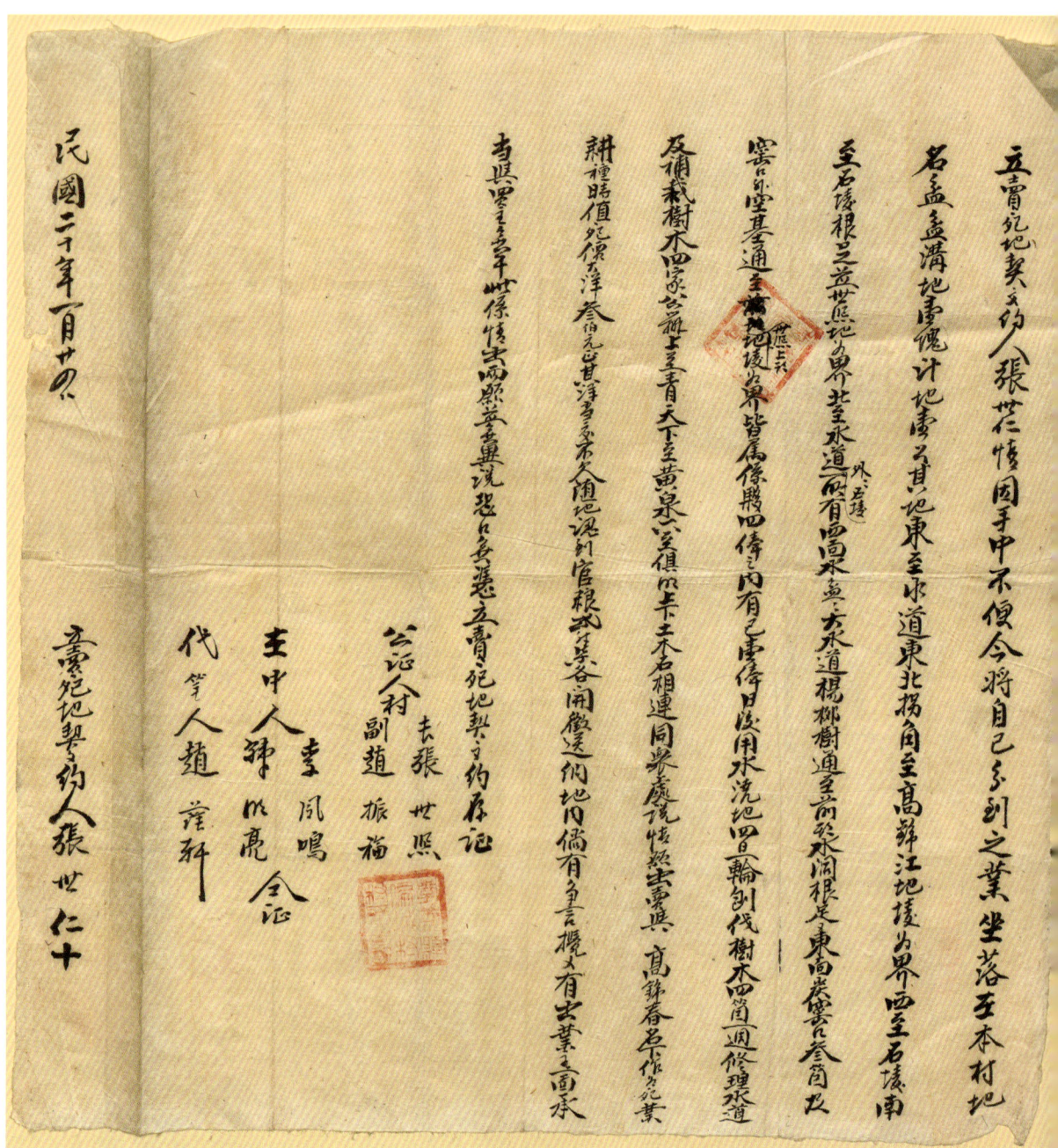

草契

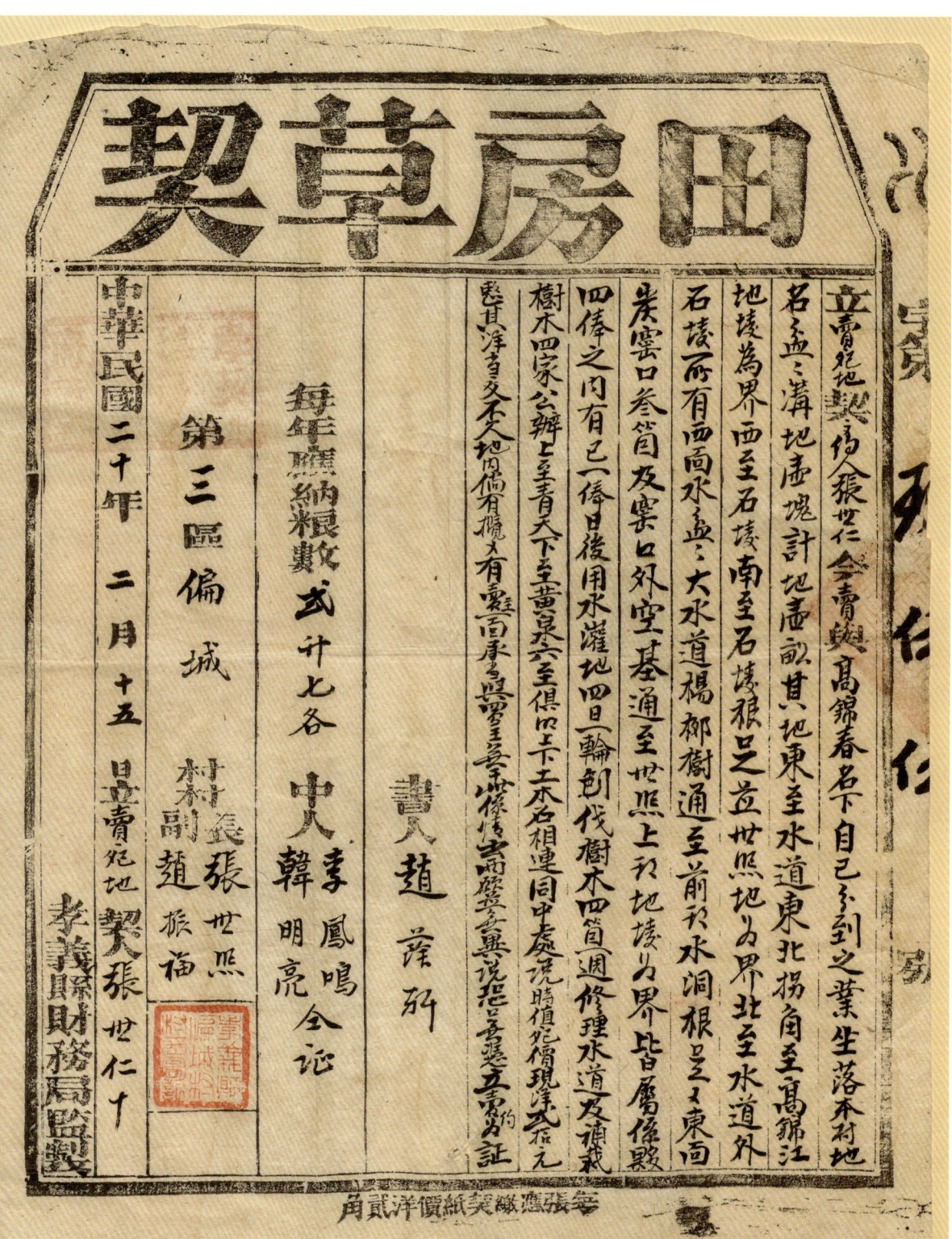

民国二十年（1931）山西省孝义县张书春卖地契

民国二十年山西省孝义县张书春将名下土地三亩立死契卖给高锦春，立有田房草契一份。有花码计数，有立契人、中人、代笔人落款，村长与村副落款并盖章，盖官印、骑缝章。

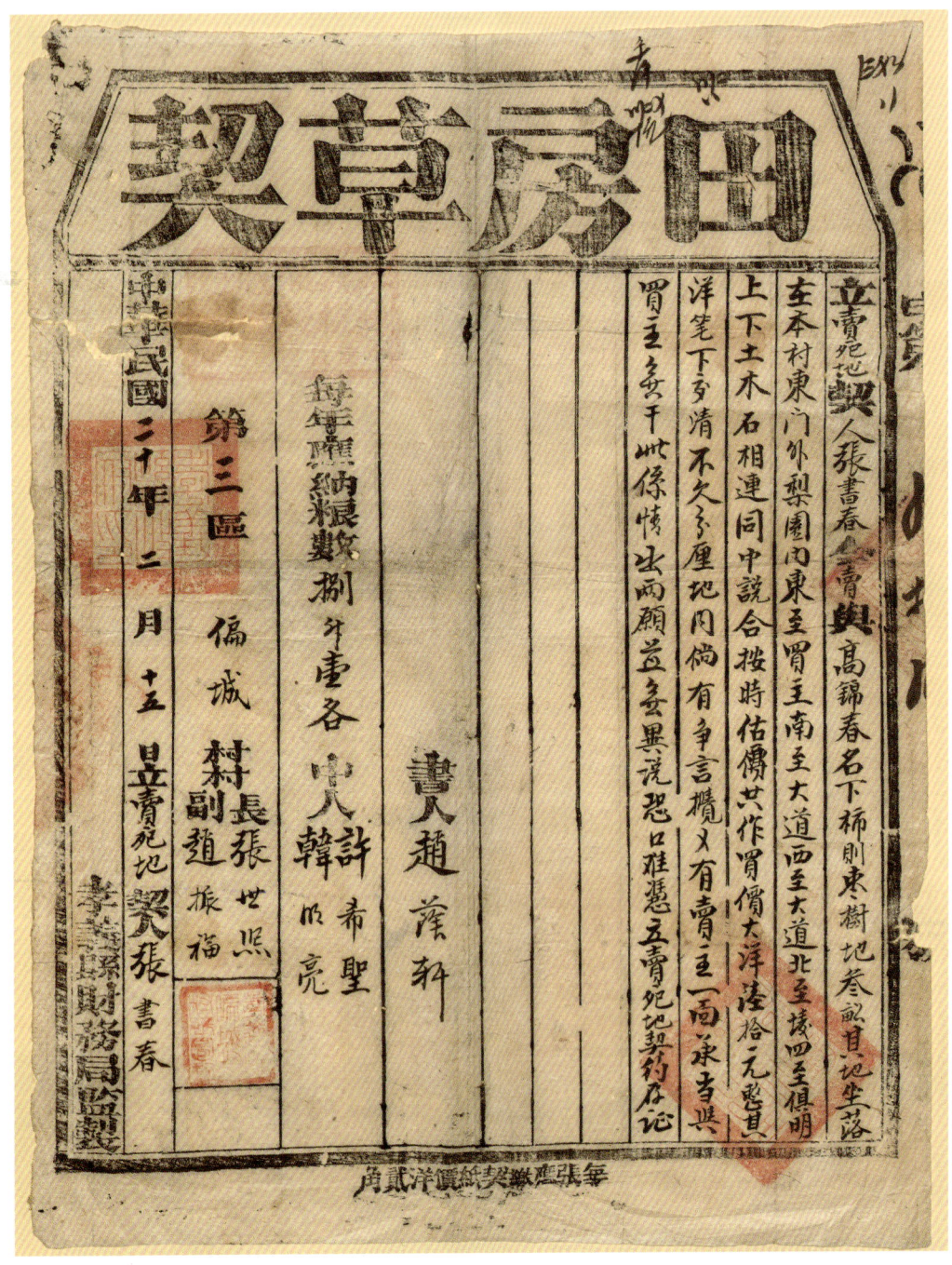

民国二十年（1931）山西省孝义县张书明卖地契

民国二十年山西省孝义县张书明将名下土地三亩立死契卖给高锦春，立有田房草契一份。有花码计数，有立契人、中人、代笔人落款，村长与村副落款并盖章，盖官印、骑缝章。

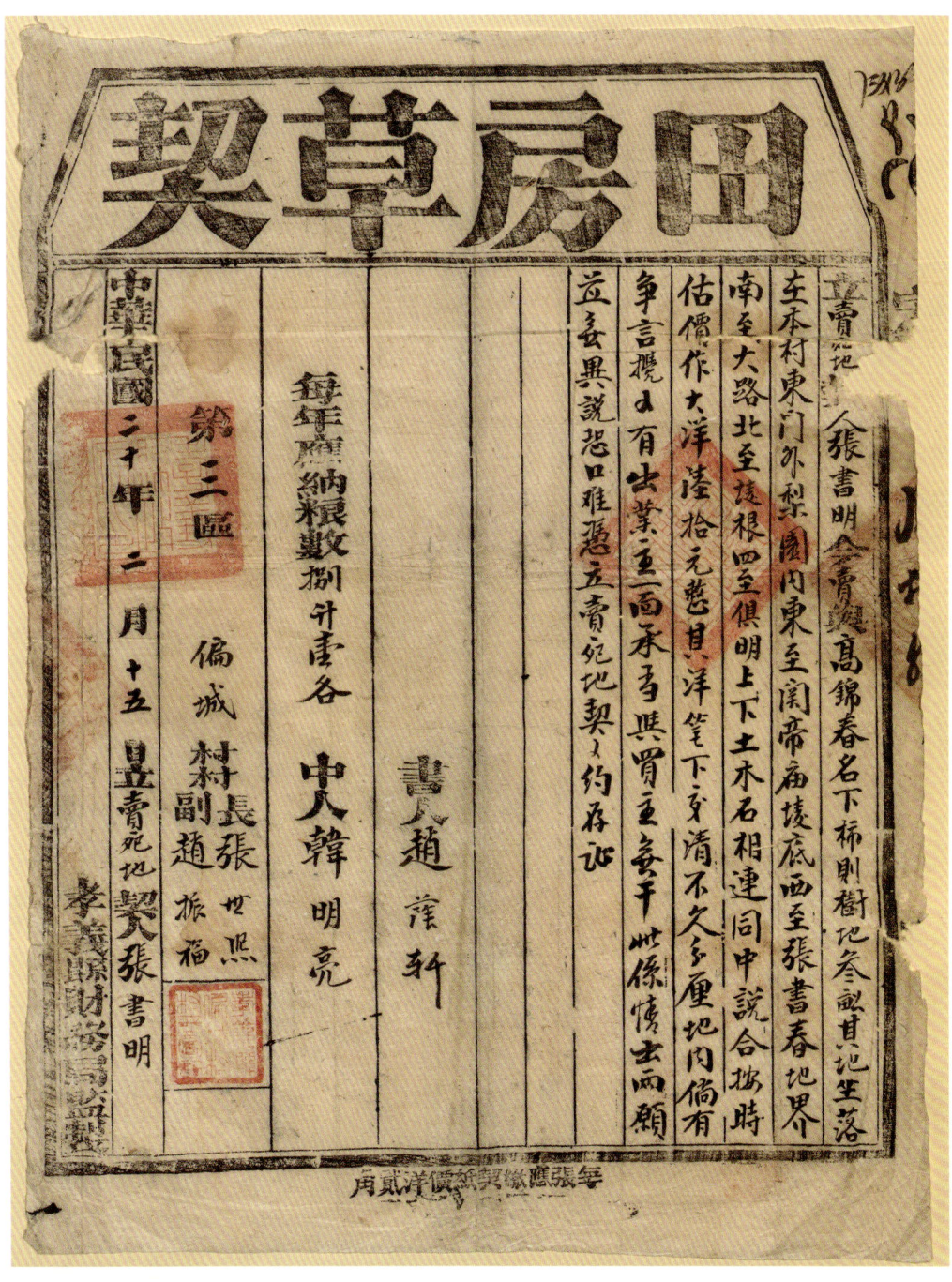

民国二十一年（1932）山西省孝义县偏城村村政事务所卖窑院契

民国二十一年山西省孝义县偏城村村政事务所"因大军驻县，需款在急，一再捐派无法起摊，爰开乡民大会决议拍卖公产，借资救济。于一月十九日指明地段、规定价目，由区署派员监督，依法投标拍卖"。最后将公社名下的上窑三眼，场面空基地一块立死契卖给高忠厚堂。契中言明为依法拍卖，公开公办，随地带红契一张，并无其他纠葛。立有田房草契、买契各一份，有花码计数，有立契人盖章，中人、村长、村副落款并盖姓名章，代笔人落款，盖官印、骑缝章。

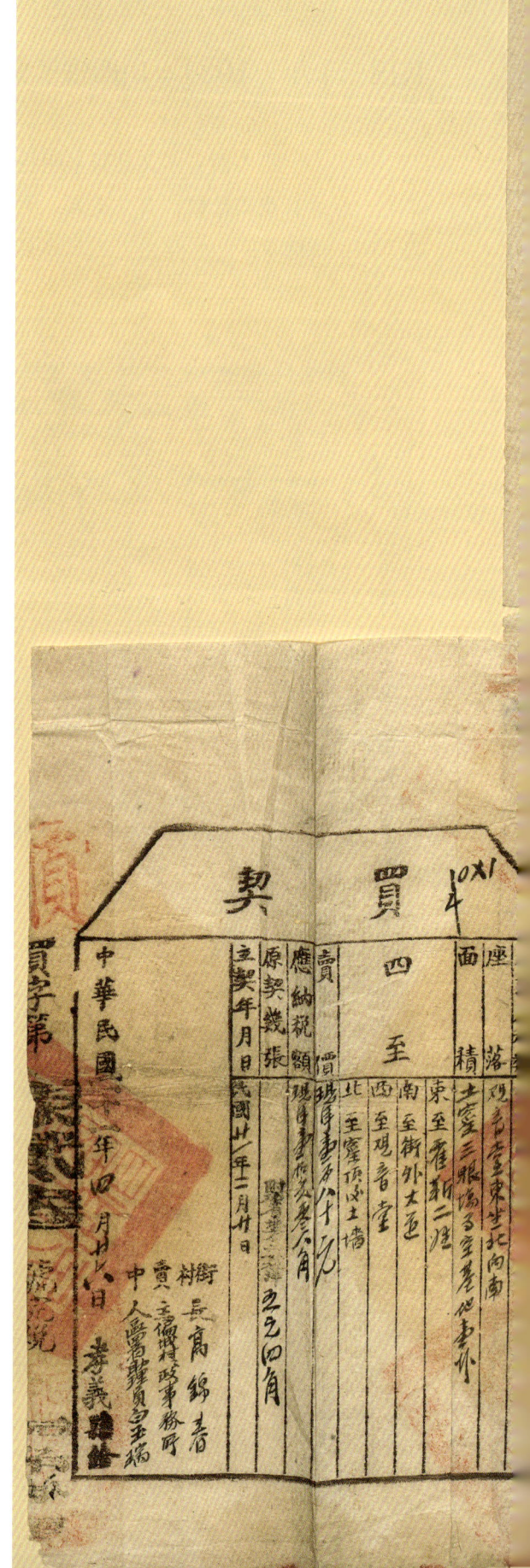

田房草契

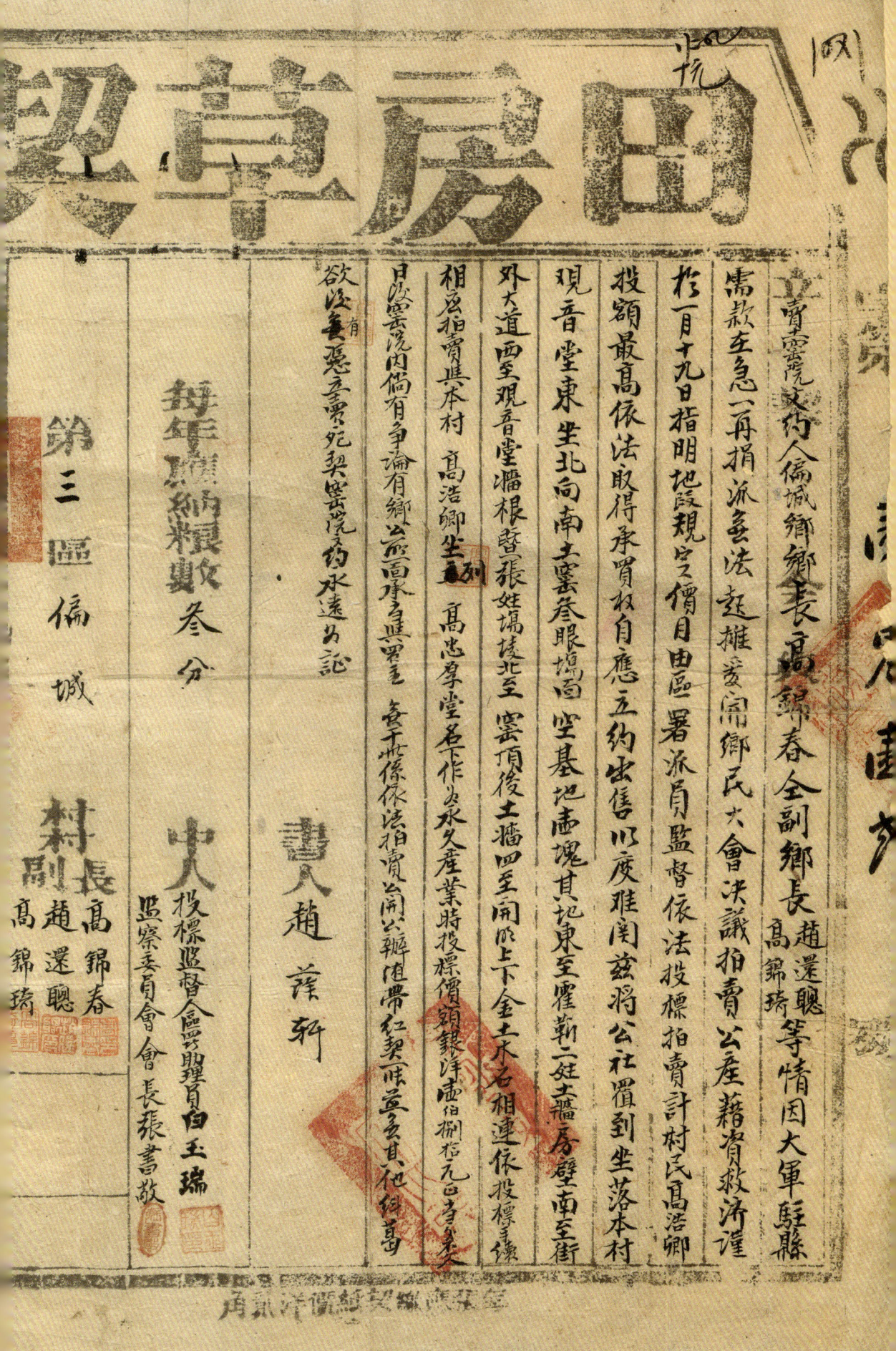

立賣雲院文約人偏城鄉鄉長高鄰春、副鄉長趙還聰、高錦琦等情因大軍駐縣需款至急一再捐派盡法起推愛寬偏鄉民大會決議拍賣公產藉資救濟謹於一月十九日指明地段規定價目由區署派員監督依法投標拍賣計村民高浩鄉投額最高依法取得承買權自應立約出售以憑繳款茲將公社置到坐落本村觀音堂東坐北向南土雲叁眼塢房空基地盡塊其地東至霍勒二妊土牆房壁南至街外大道西至觀吾堂牆根昏張姓塢陵北至雲頂後土牆四至開明上下金土木石相連依投標手續相邑拍賣與本村高浩鄉坐業列高忠享堂名下作永久產業時投標價額銀洋壹佰捌拾九元已當身交月沒雲院內倘有爭論有鄉公所面康負責署立本十冊條依法拍賣當同公所辦這帶紅契張葉玄其他細萬欲後為憑產票死契雲院文約永遠為証

每年應納糧數 叁分

第三區 偏城

書人 趙藎軒

中人 投標監督 公產整理員 白玉瑞 監察委員會會長 張書敬

長 高錦春
村 副 趙還聰
副 高錦琦

民国二十一年（1932）山西省孝义县高锦春补地契（四亩地）

民国二十一年山西省孝义县高锦春因元年（1912）祖产契纸被盗遗失，同村社按当时价格估算，补立地契一张作为凭证。草契上有花码计数，有立补契人、公证人、代笔人落款，盖官印、骑缝章。

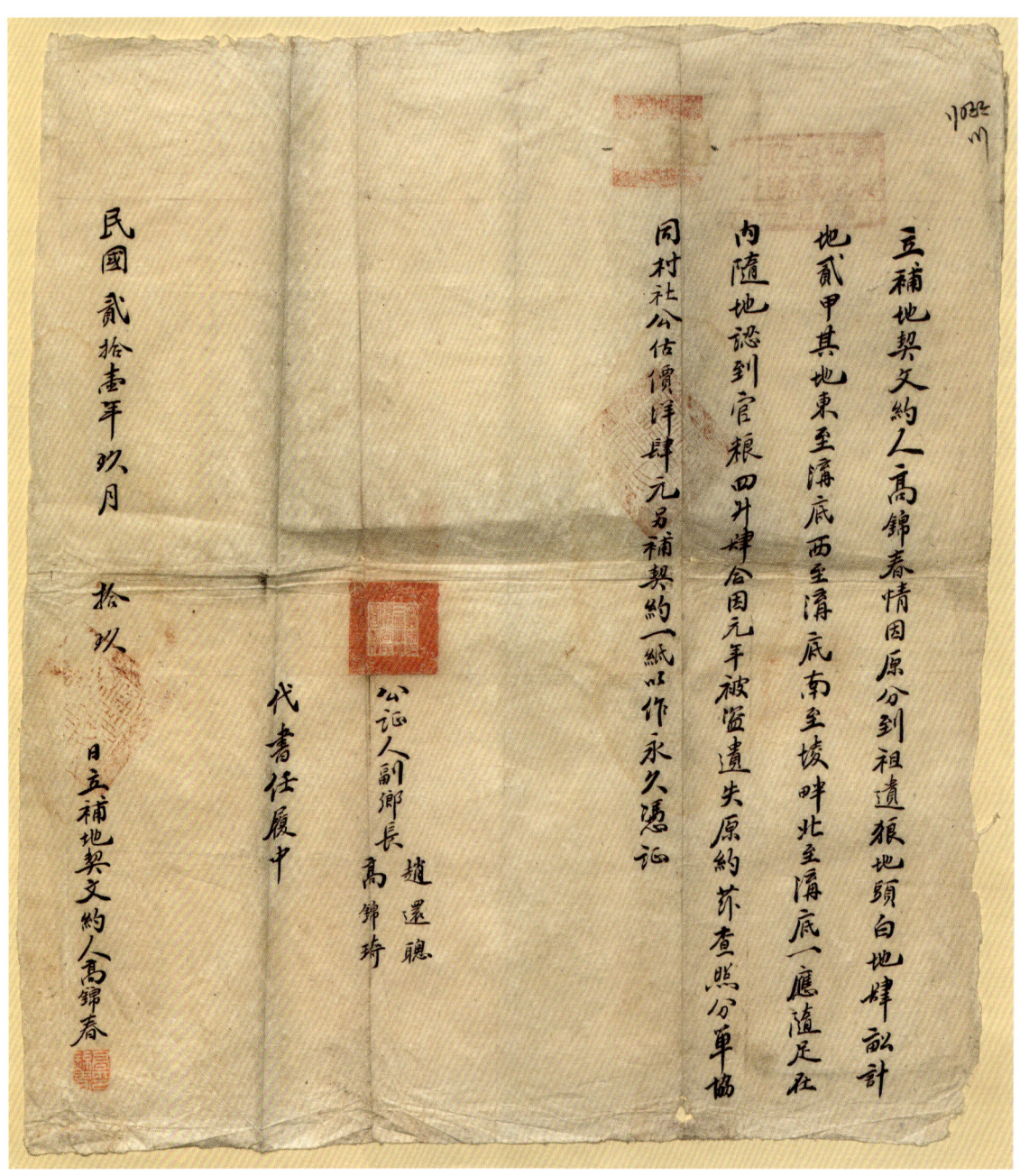

民国二十一年（1932）山西省孝义县霍万贞等人卖地契

民国二十一年山西省孝义县霍万贞、霍万亨、侄子（霍）子英，叔侄协商，将祖遗产业枣树地一块立契卖给高锦春，立有田房草契一份，随带红契一张。有立契人签字、画十字押，中人、代笔人落款，村长与村副落款并盖章，盖官印、骑缝章。

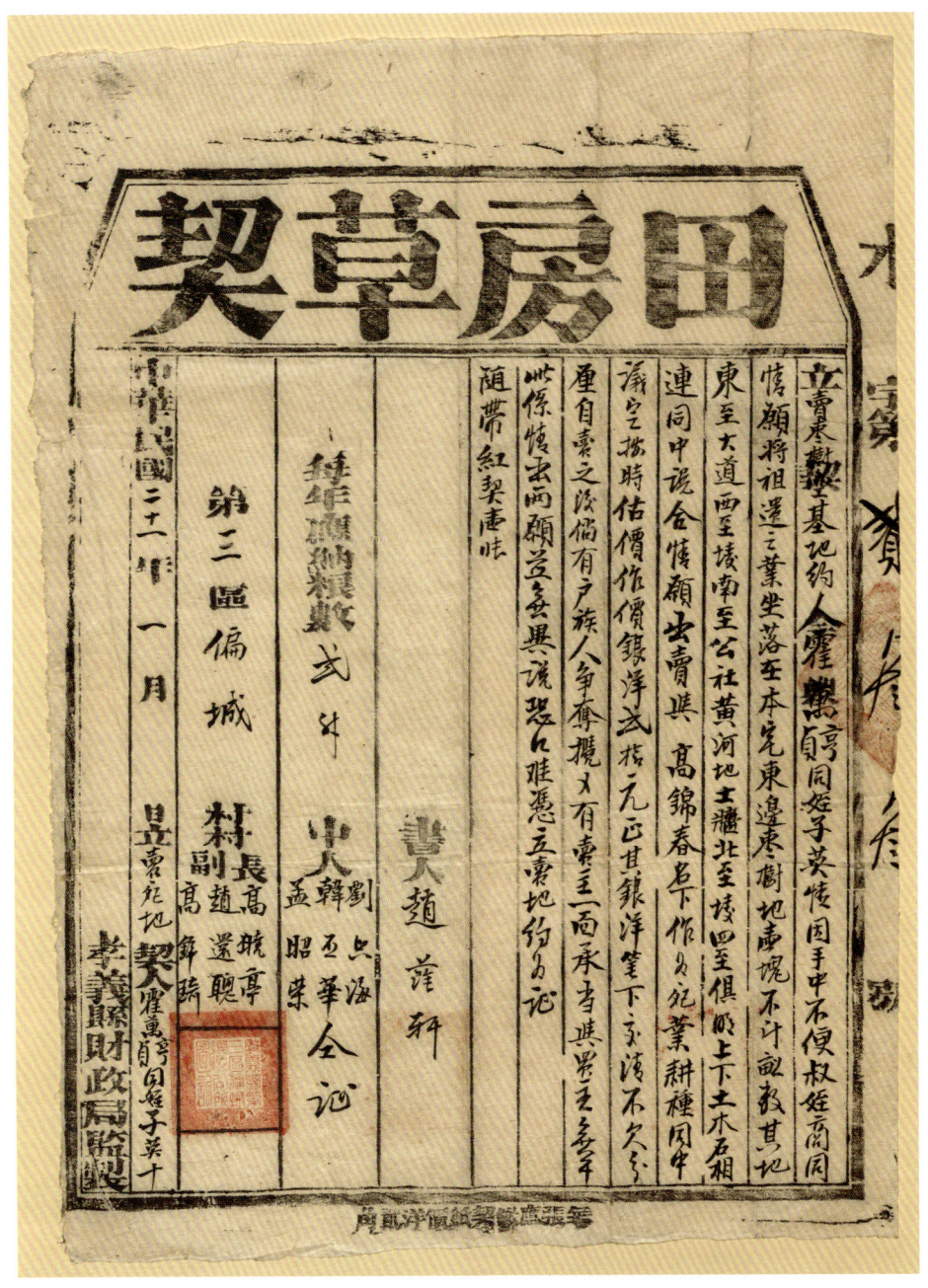

民国二十一年（1932）山西省孝义县赵法富同子（赵）德金典当契

民国二十一年山西省孝义县赵法富同子（赵）德金将自己祖业白地四亩（内有坟冢两个）典当给高锦春，约定五年以外回赎。立有田房草契一份，有花码计数，有立契人画十字押，中人、代笔人落款，村长与村副落款、盖章，盖官印、骑缝章。

田房契草

立典地契人趙法富同侄金情因度日不足今將自己祖遺之業坐落火失甲白地四畝內有塚墓兩筒其地東至張五良西至典主南至典主北至溝底乎水四至俱明上下土木石相連隨蹟走內椒桃樹在外同中說合情願出典與高錦春名下作為典業耕種時值典價刘現銀洋壺伯四拾元惡其銀洋筆下賣清不久分厘限至五年以外銀洋到色契回贖地回儅有爭言攬又有出典一面承受與典業主無干此係兩願立契異說恐口難憑立典地契文約為証

記

書人　趙薩軒代筆

中人　韓子飛

壺千零捌合

納三畝偏城　村長高錦春
　　　　　　副趙還聰
　　　　　　　高帛奇

民国二十一年（1932）山西省孝义县高锦春补地契（六亩地）

民国二十一年山西省孝义县高锦春因元年（1912）契纸被盗遗失，故查照分单，协同村社、四邻补立地契一张作为凭证，立有补契、买契各一份。有花码计数，有立契人落款并盖姓名章，四邻、代笔人、公证人副乡长落款。

補地契文約人高錦春情因原分到祖遺中坑北頭白地陸畝其
地東至高世溪西至張立端南至高錦文北至坡底高錦元隨
地認到官糧壹斗陸升或合因元年被盜遺失原約茲查照分單協
同村社四鄰公估價洋陸元另補地契一紙以作永久憑証

代筆任履中

四鄰 張立端
　　 高世溪
　　 高錦元

高錦文
高錦元

民国二十二年（1933）山西省孝义县霍万亨同侄子（霍）子英卖地契

　　民国二十二年山西省孝义县霍万亨同侄子（霍）子英将枣树地一块卖给高锦春立草契、买契各一张。草契写明随带红契一张，上方有章程摘要，有花码计数。契纸下方有立契人、公证人村长和村副、产邻、说合人、代笔人落款。

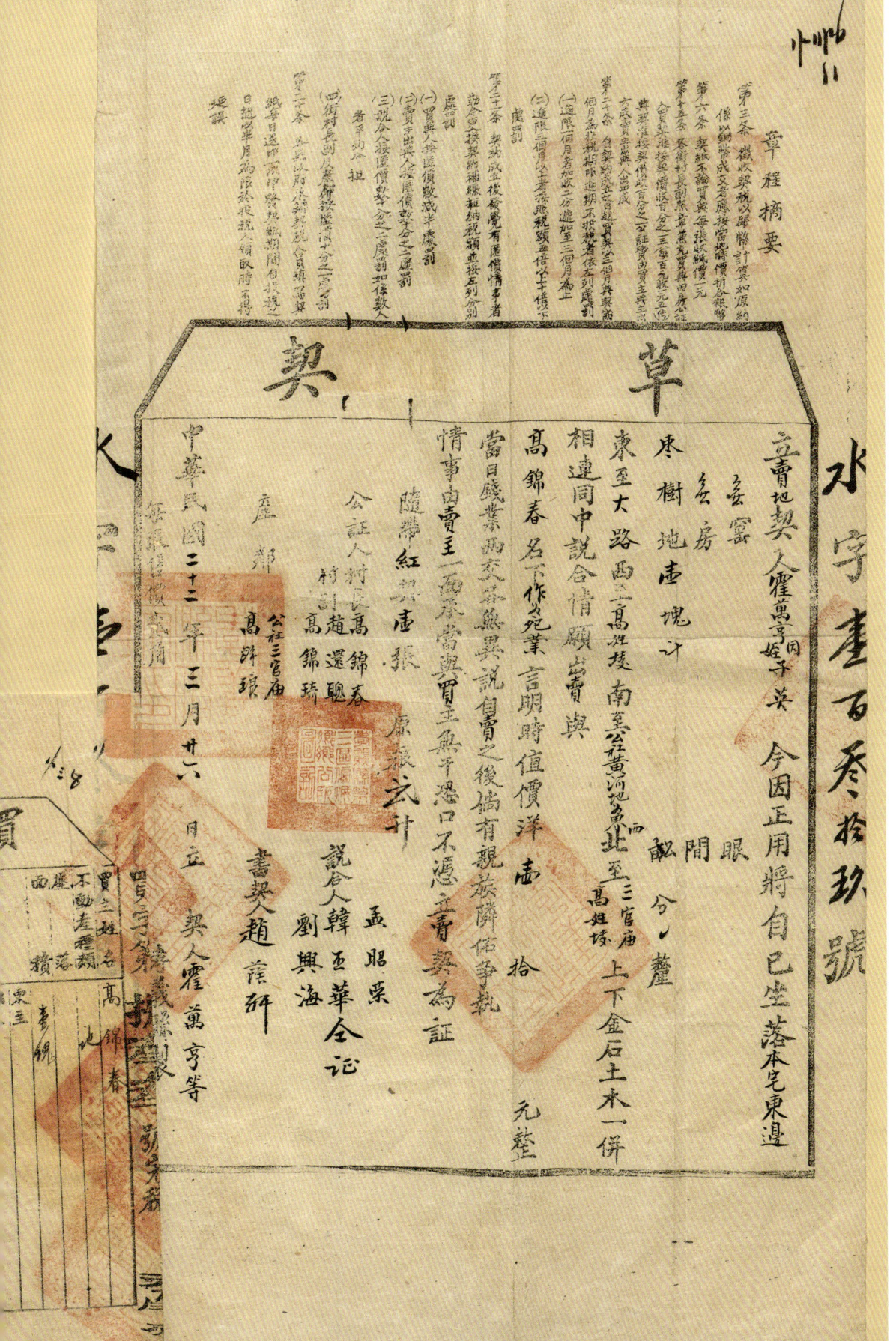

民国二十三年（1934）山西省孝义县东曹村郝永成卖地契（八亩地）

民国二十三年山西省孝义县东曹村郝永成将白地八亩一分立契卖给高锦春，写明随带原契一张。立草契、买契各一张。草契上方写有章程摘要。契纸有花码计数，贴有税票。契纸下方有立契人画十字押，公证人村长和村副、说合人落款并盖姓名章，产邻、代笔人落款。

草 契 摘 要

第一条 契約未成年期對其其契約無效
第二条 買賣不動產成立時應即訂立買賣契約
第三条 買賣契約自成立之日起一個月內應依限報稅
第四条 逾限不報稅者按契價百分之五處罰
第五条 買賣未稅契者按契價百分之二處罰
第六条 買賣稅契後三個月內應換取正契
第七条 逾限換取正契者按契價百分之二處罰
第八条 買賣契約應粘貼印花
第九条 紙契當日逾期印花不足者處罰
第十条 如經政府查獲應照期開征處稅

草 契

立賣契人 郝永成 今因正用將自己坐落東曹村
家房 眼 間 白地 畝 分 釐
東至 埃 西至 道 南至郝永世 北至郝永章 下金石土木一併
相連同中説合情願出賣與
高錦春名下作業耕種 言明時值價洋
貳拾五元整

當日錢業兩家名無異説自賣之後儻有親族隣佑爭執
情事由賣主一面承當與買主無干恐口不應立賣契為証
隨帶原契一張原糧四錢九分三厘在冊業主同郝永成名下

公證人村長 郝永咸
村副 楊運澤

書契人 趙許五

説合人 郝潭居
郝德軒

中華民國三十二年五月 日立賣契人 郝永成

民国二十三年（1934）山西省孝义县东曹村郝永成卖地契（五亩地）

民国二十三年山西省孝义县东曹村郝永成将白地五亩立契卖给高锦春，立草契、买契各一张。草契上方有章程摘要，贴有税票，有花码计数。契纸下方有立契人画十字押，公证人村长和村副、说合人落款并盖姓名章，产邻、代笔人落款。

章程摘要

第三條 徵收契税以契賦計算如原納...
...

契　　　　　　　草

立賣地契人 郝永成 今因正用將自己坐落背条地

　　　　　　　　　　　　　　　　　東曹村

宅　房　　伍　　眼

白地　　　　　　畝 ○ 分 ○ 釐

東至大道　西至郝貞華　南至郝永宜　北至郝興德　上下金石土木一併

相連同中說合情願出賣與

高錦春名下作業耕種言明時值價洋

當日驗業兩交名無異說自賣之後儻有親族障礙爭執

情事由賣主一面承當無干買主恐口不憑立賣契為証

隨帶 契○張 原粮三錢○分五厘 係在雙紫軍○甲郝永成名下

公証人村長 郝永咸　　説合人 郝涌吕
　　　村副 楊連輝　　　　　　郝德軒
産　　郝原海
　　　郝彝宜　　　　書契人 趙絰五
　　　郝興德

中華民國二十三年五月　　日立賣地契人 郝永成

民国二十八年（1939）山西省孝义县刘立清转让地契

民国二十八年山西省孝义县刘立清，因高锦春求让地畔，筑地栽树，理宜助成，遂将自己名下一块地出让给高锦春，并收取过让钱，立草契一份。有立让地畔文约人签字、画十字押，在中人和代笔人落款。

立讓地畔文約人刘立清情因自己東西溝地下畔日偏城村高錦春求讓地畔理宜助成情愿将自己東西溝地畔北東至石峽西至刘昌富南至買主上下土木石相連出讓与高錦春名下永遠為業同中處說得過讓價洋元書於伍元倘有爭言有讓主一面承当与買主無干恐口無憑立讓地畔約為証

築地栽樹

民國二十八年七月廿四日

立讓地畔文約人刘立清十

書人刘立統

左中人趙怀根

民国二十八年（1939）山西省孝义县刘昌富转让地契

民国二十八年山西省孝义县刘昌富，因高锦春拟欲筑地，求让地畔，事关善举，理宜助成，遂将自己祖传的一块与高锦春相邻的地出让给高锦春，立草契一份。有立出让地畔文约人签字、画十字押，在中说合人和代笔人落款。

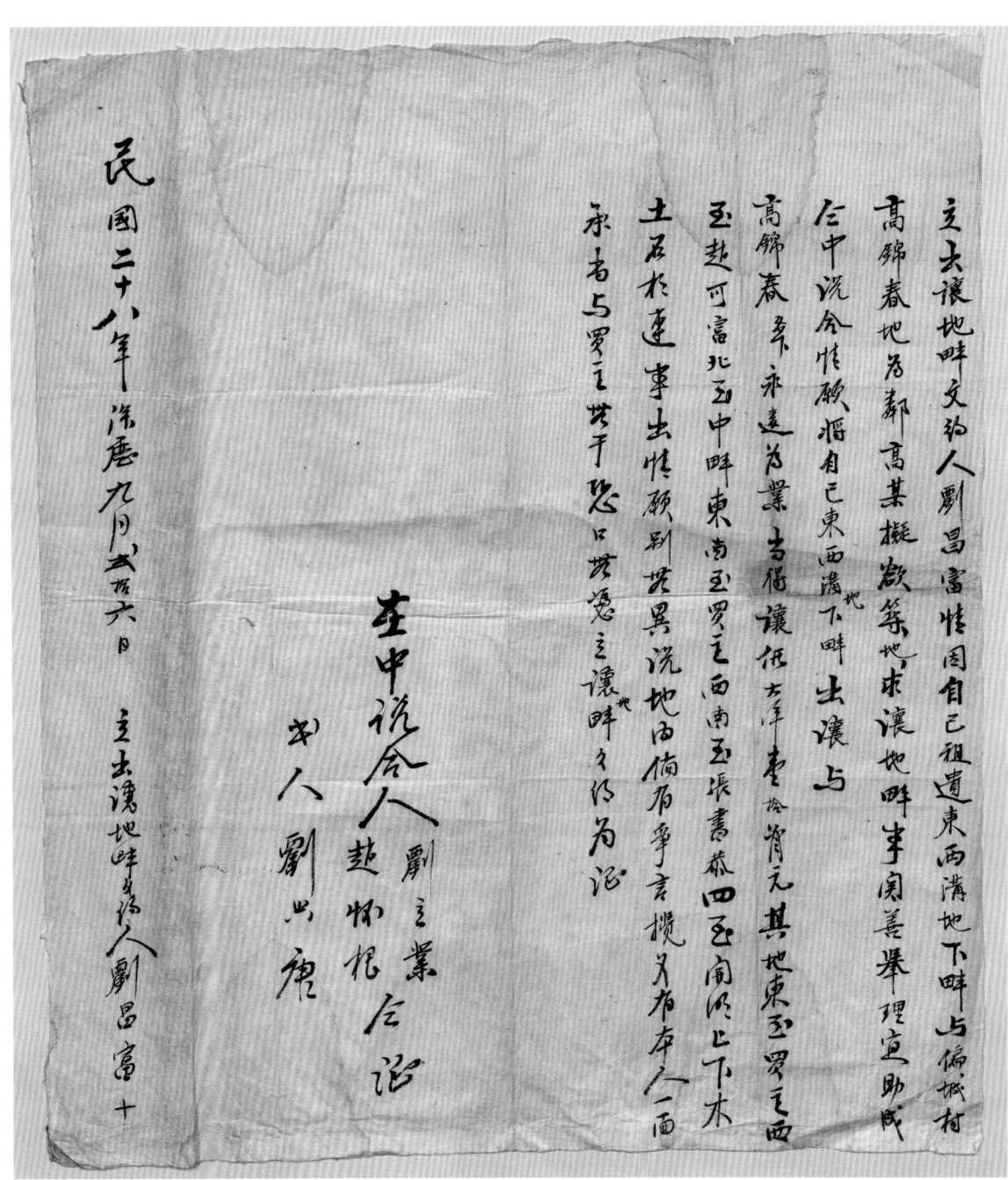

山西省辽州契约

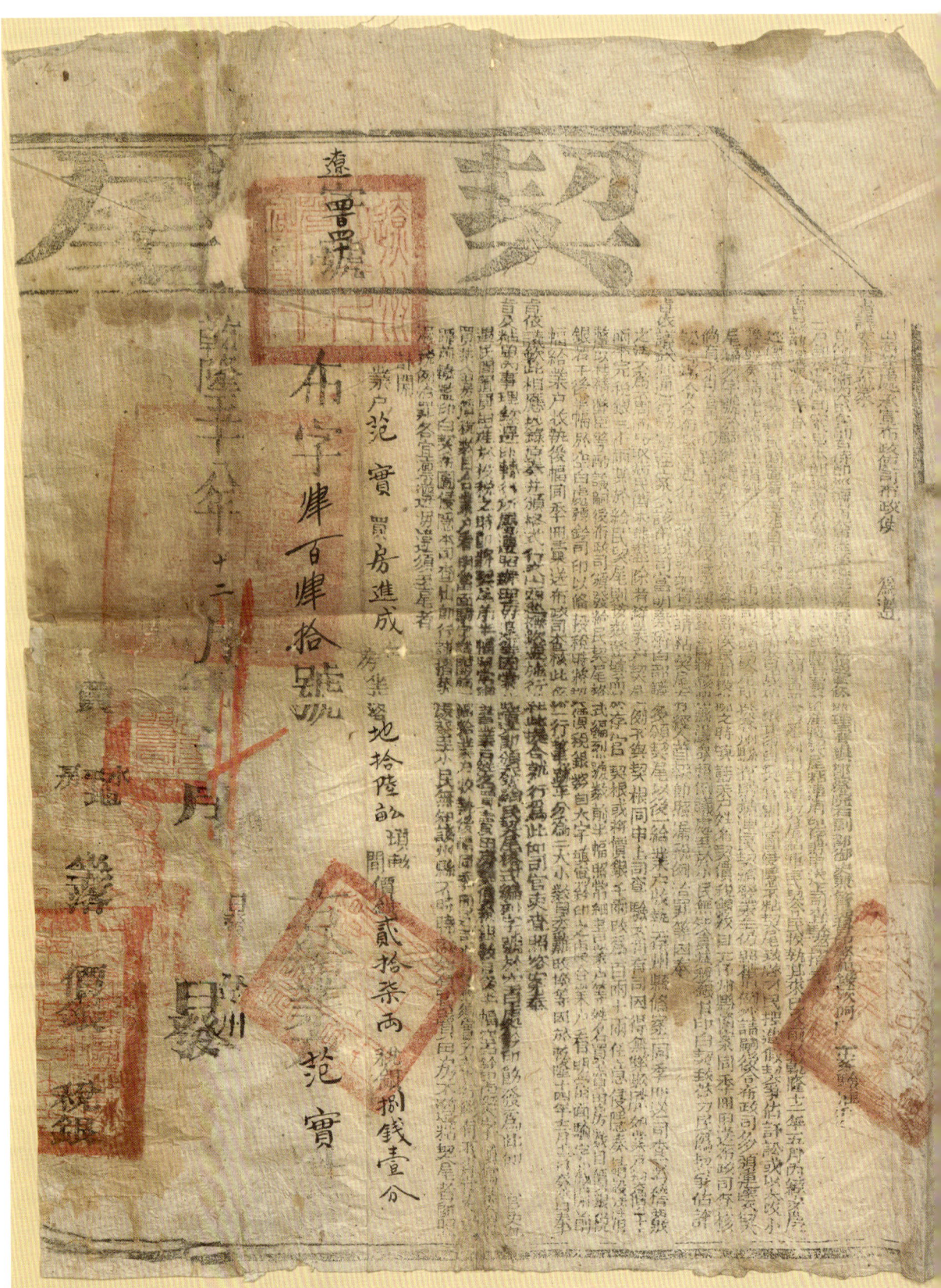

乾隆四十二年（1777）山西省辽州范刚、范元合买地契及乾隆五十八年（1793）范实买地尾契

乾隆四十二年山西辽州范刚、范元二人分别以二股、一股的价格合买魏家庄平地坡地二十一亩，约定日后分地按三股均分，立契一份。有中人画押，落款处有乾隆四十二年、嘉庆十一年（1806）两个时间。左边粘贴了一份乾隆五十八年范实买房进成土地尾契，盖官印、骑缝章。

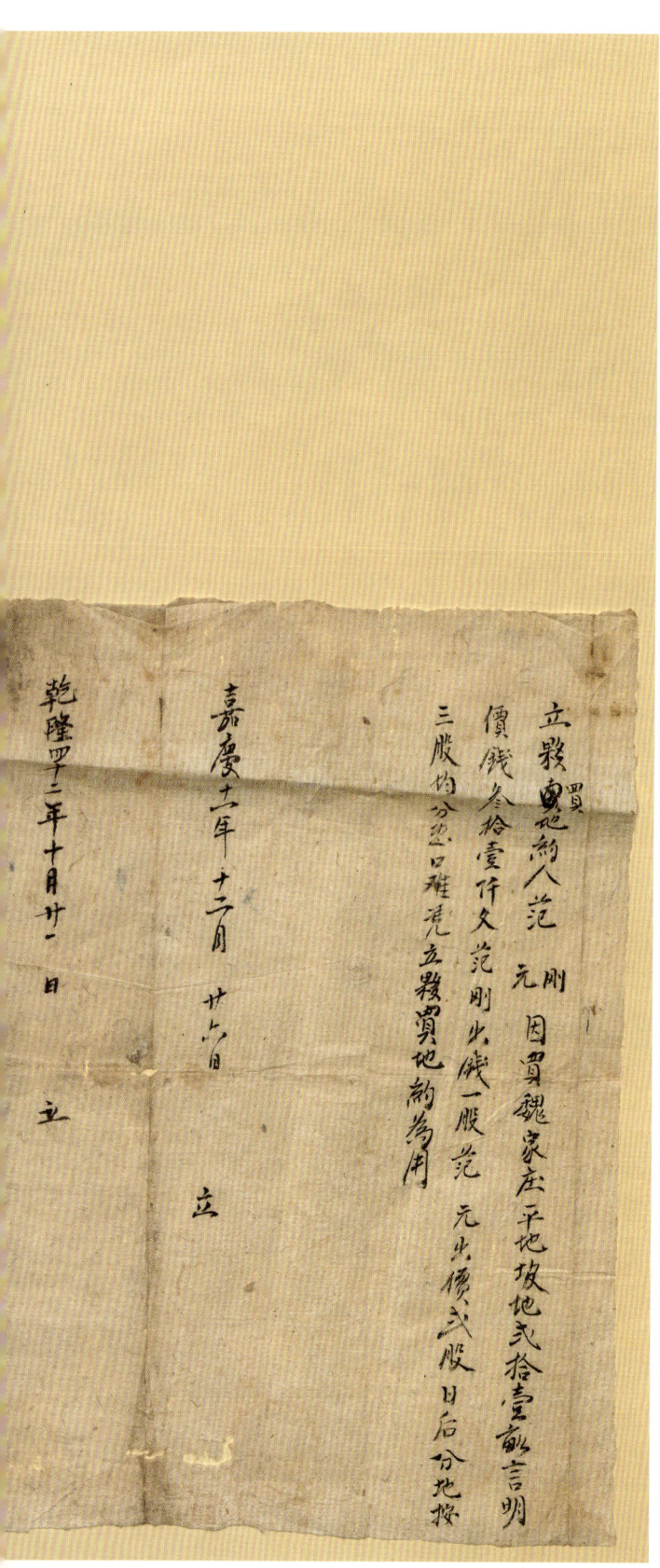

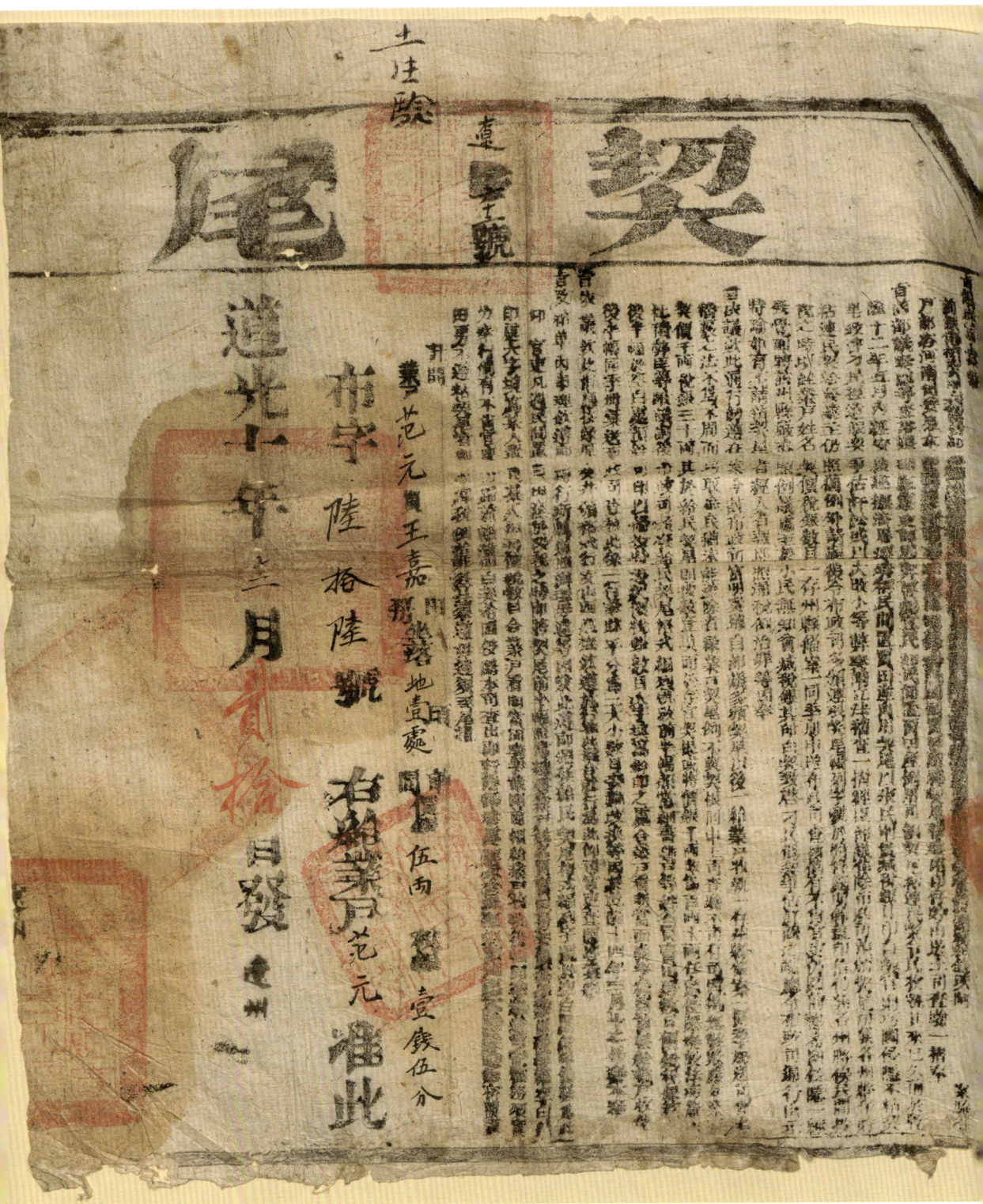

乾隆五十八年（1793）山西省辽州范元分单、道光十年（1830）范元买地尾契

乾隆五十八年范元分到土地若干，立分单一份，记有土地位置。分单左侧粘贴有道光十年范元买王嘉地尾契。分单契纸上有半书法作为合约的防伪，有家长、中人落款并画十字押，盖官印、骑缝章。

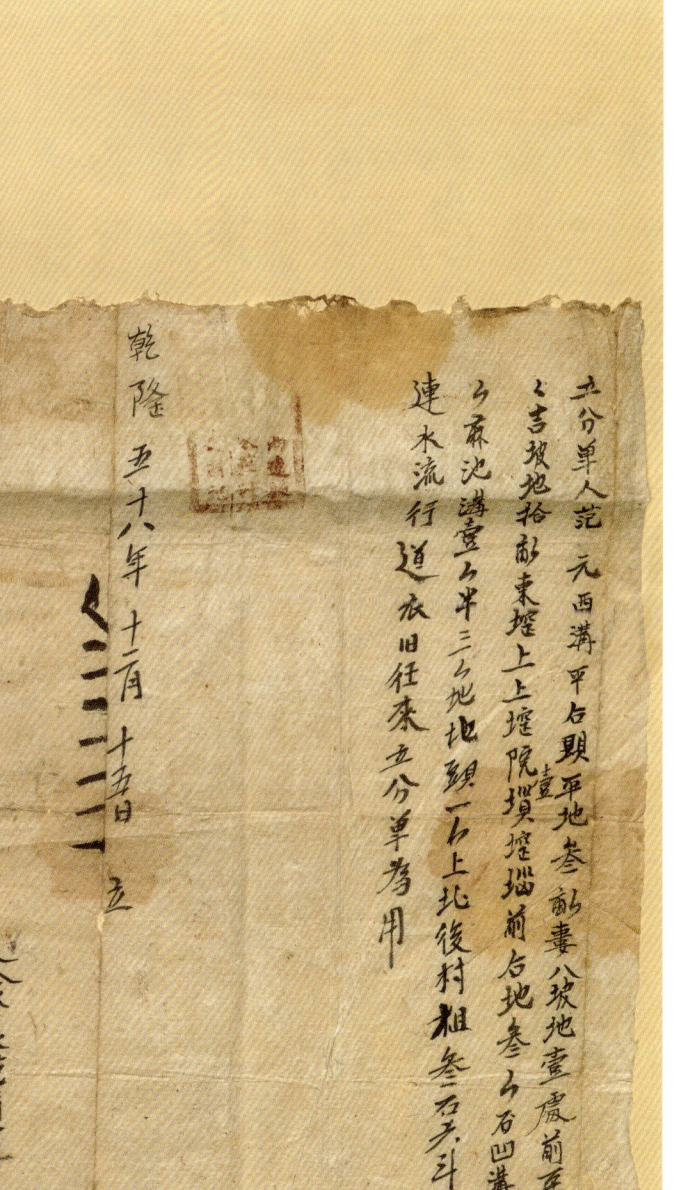

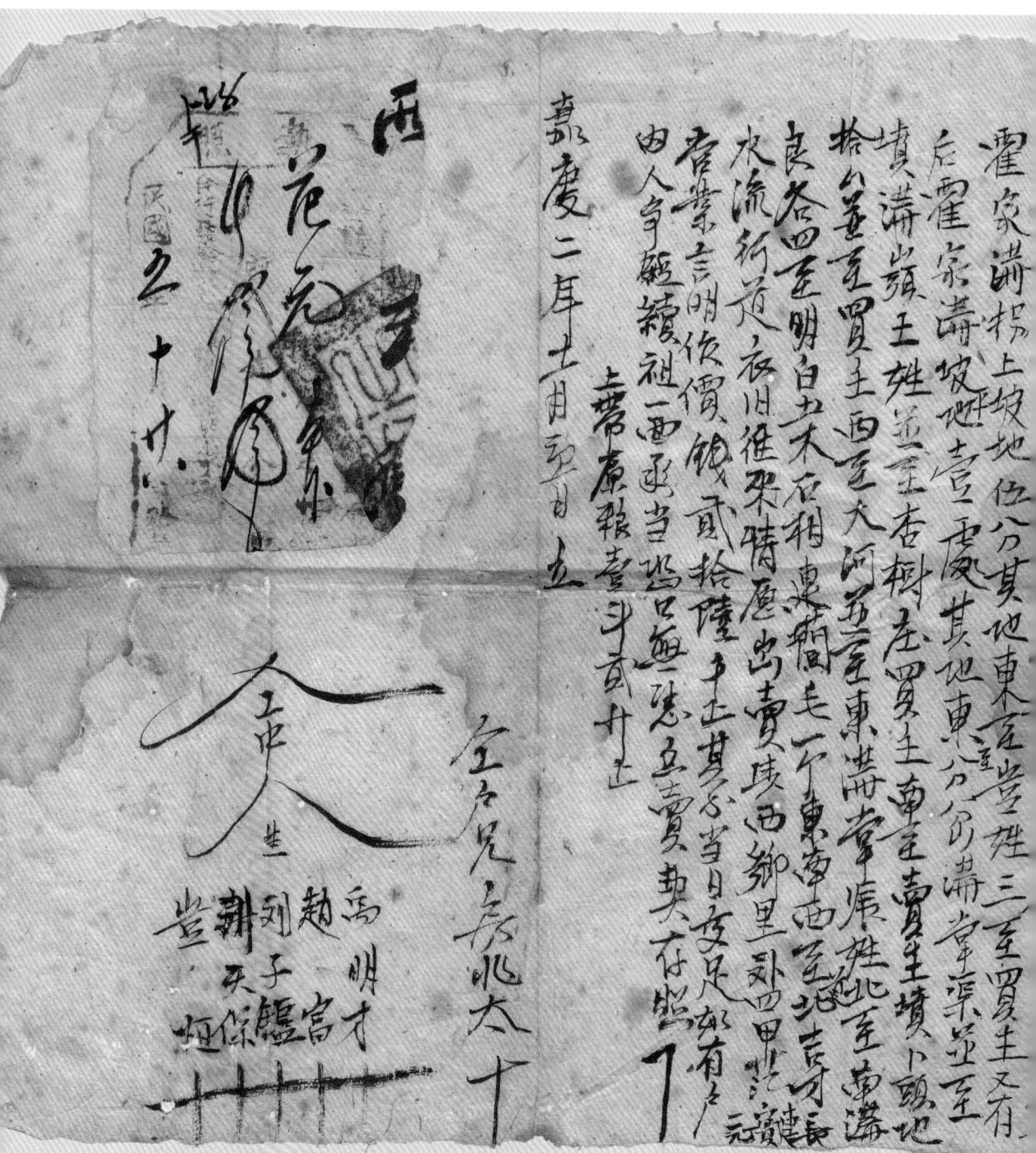

乾隆六十年（1795）山西省辽州王寿永卖地契、嘉庆二年（1797）山西省辽州房续祖卖地契、民国五年（1916）山西省辽县范元执照

右侧为乾隆六十年山西省辽州王寿永将祖传坡地一处、平地四亩立死契卖给范元的草契，有中人落款并画十字押。左侧为嘉庆二年山西省辽州房续祖将祖业土地若干立契卖给范连、范实、范元的草契，有中人、户兄落款并画十字押。左侧契纸上贴有民国五年范元执照一张。

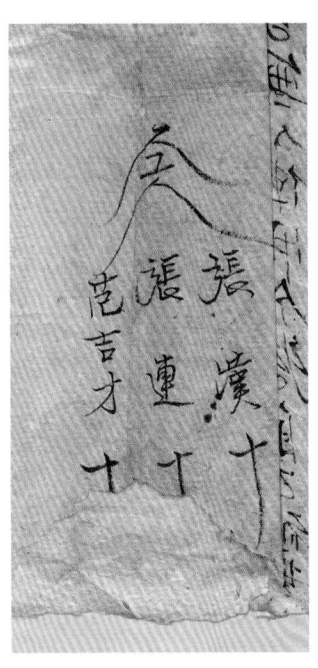

揭开左侧契纸可见右侧契纸的落款

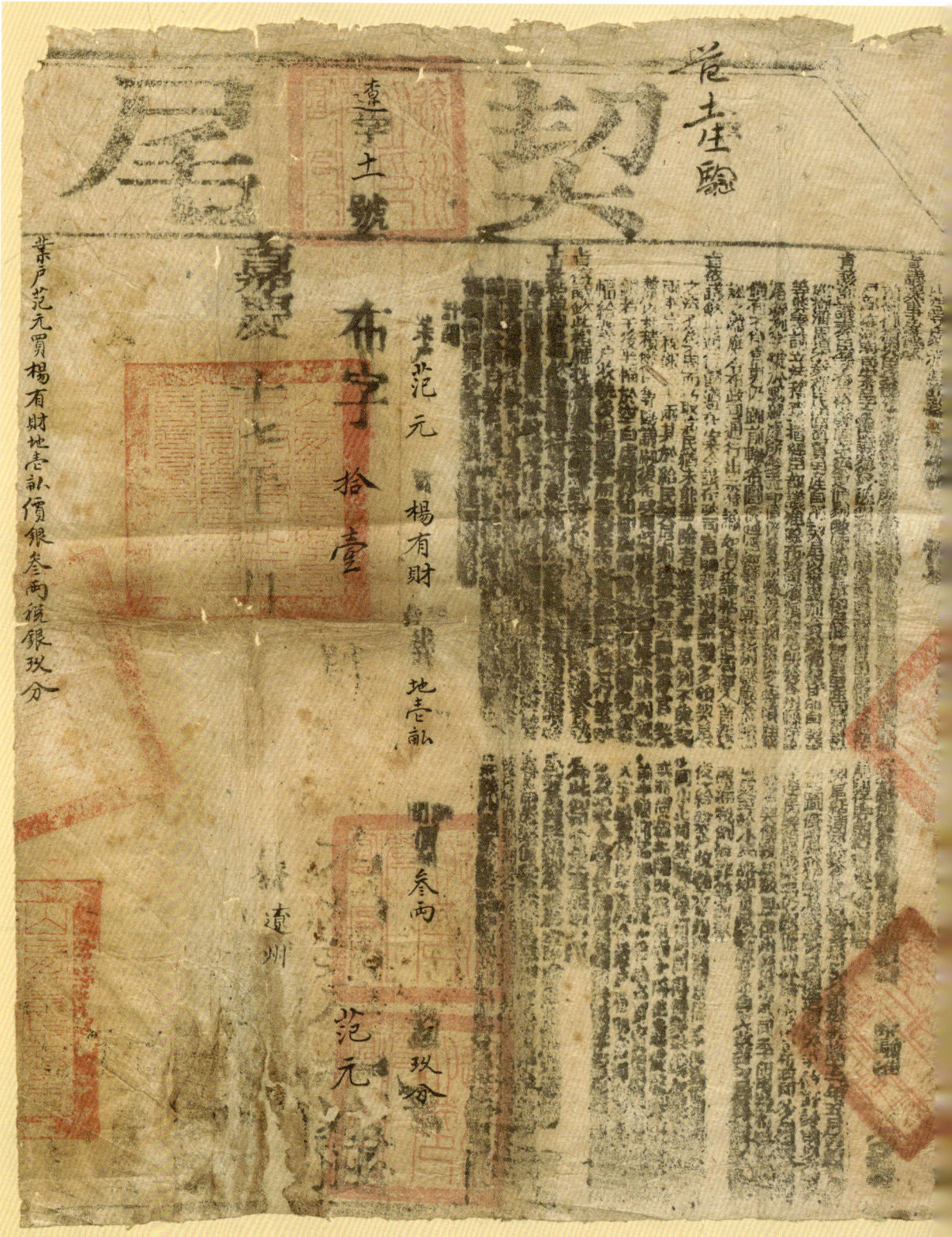

契

荒土生地

遼字土號

嘉慶

布字拾壹

業戶范元買楊有財地壹畝價銀叁兩稅銀玖分

業戶范元　楊有財　地壹畝

遼州

叁兩　玖分

范元

嘉庆十八年（1813）山西省辽州范成卖地契、嘉庆十七年（1812）范元买地尾契

嘉庆十八年山西省辽州范成将自己所分祖业卖给本里户兄范元，并立草契一份。有中人落款、画十字押。左侧为嘉庆十七年范元买杨有财土地尾契一份，盖官印、骑缝章，上方注明"范上生验"。

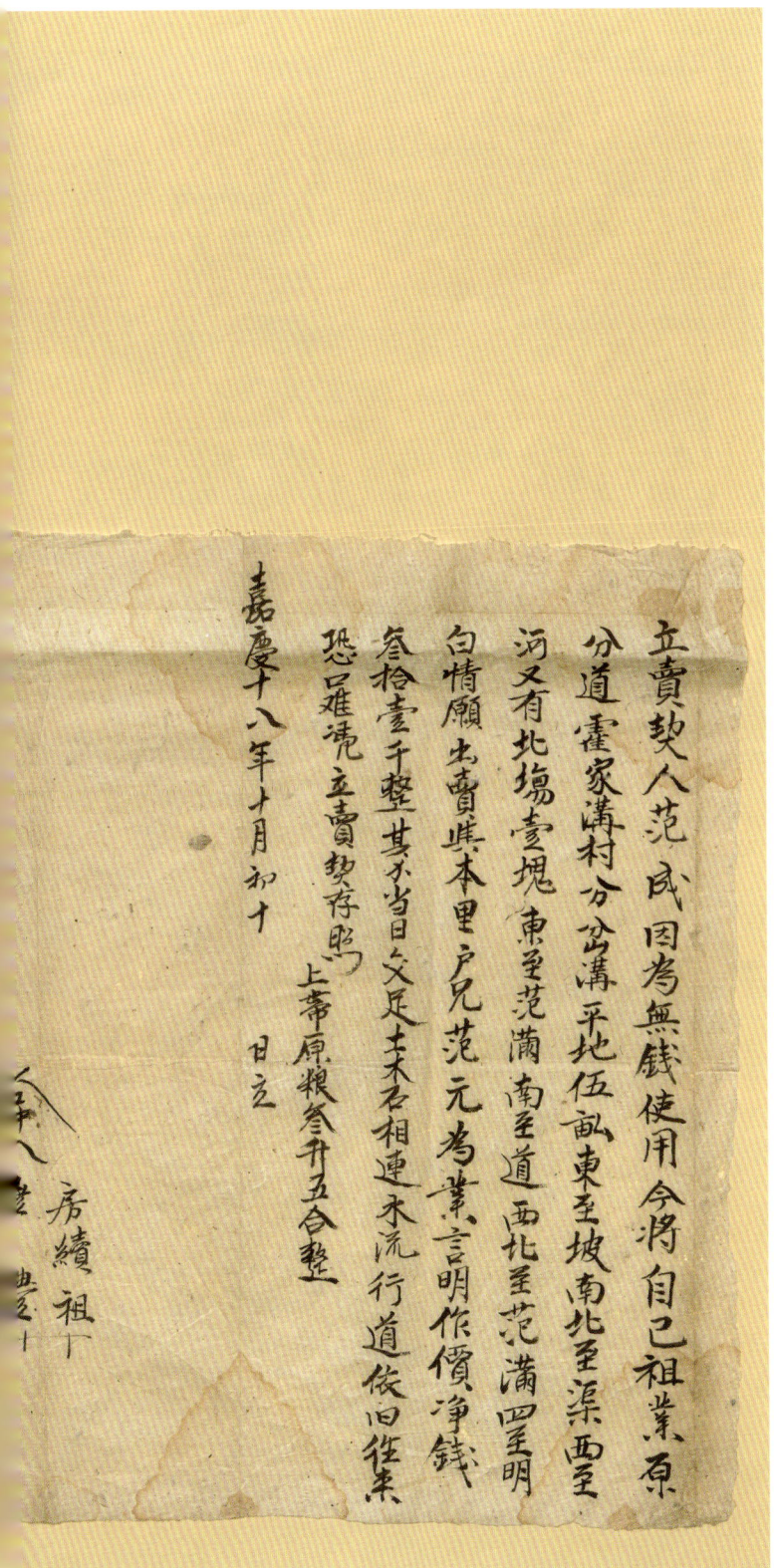

道光十年（1830）
山西省辽州王嘉卖地契

道光十年山西省辽州王嘉因粮银紧急无处取辨，将自己名下坡地一处卖给西厢里外四甲范元，立草契一份。有中人落款、画十字押。民国十四年（1925）又立买契一份。盖官印、骑缝章，贴有税票五张。本契为《道光十年（1830）范元买地尾契》（第281页）的草契、买契。

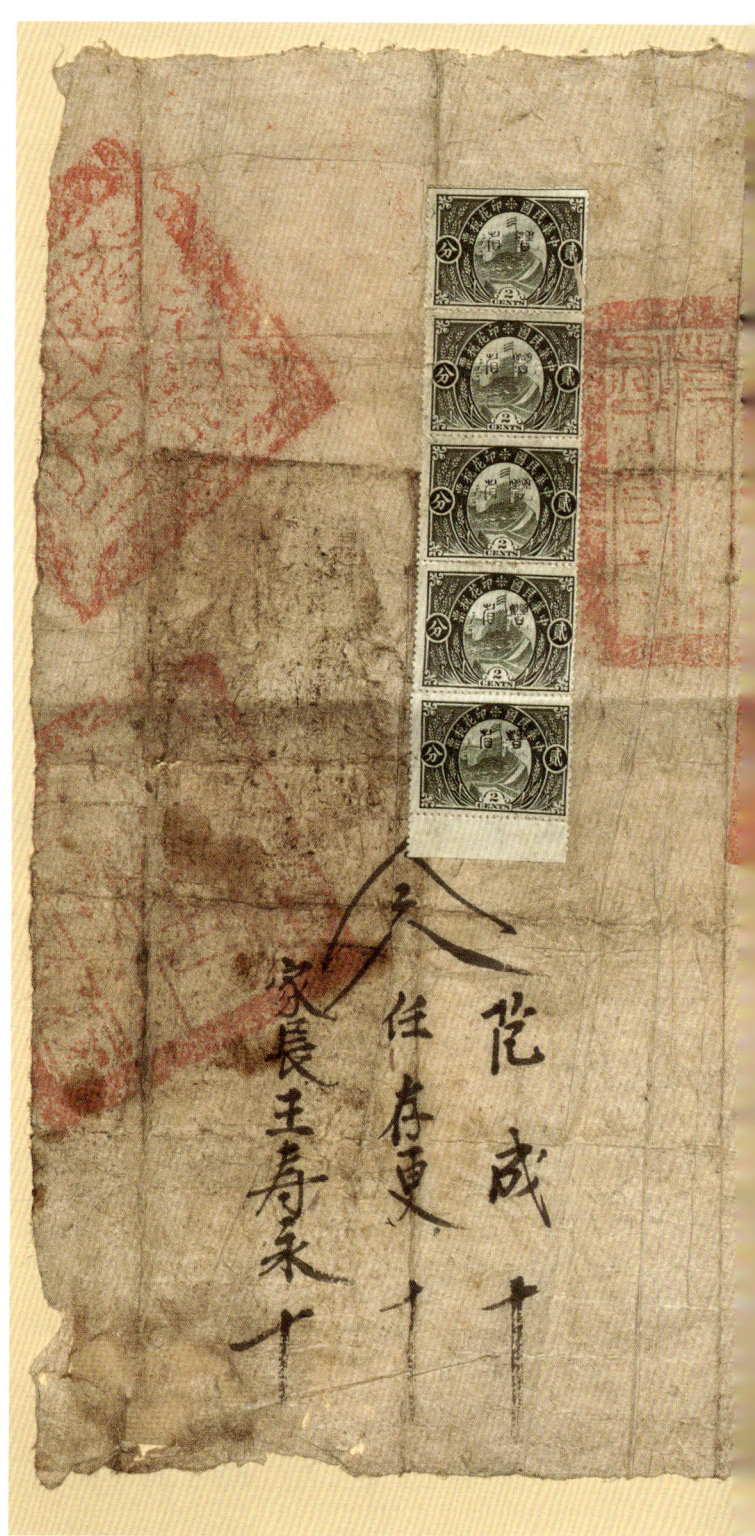

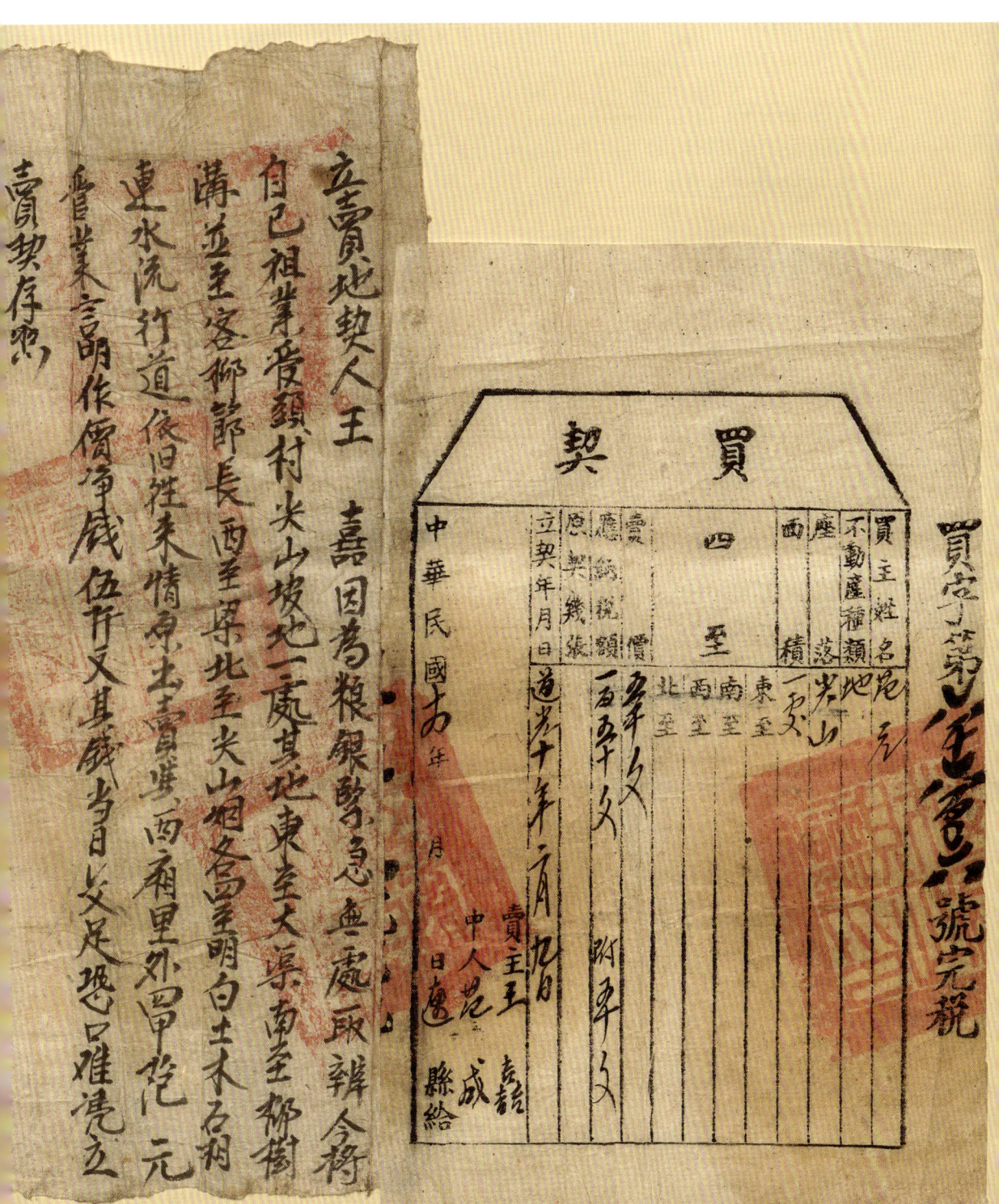

道光十年（1830）山西省辽州范元分单、道光二十一年（1841）范兴吉换房契

右侧为道光十年山西省辽州范元分家契约，记录了范元分到的土地数量，写有半书法的"合同"二字，有中人落款、画十字押。左侧为道光二十一年范兴吉将名下房屋、马棚、毛［茅］厕等房产与伯父范安禄交换所立换房契一张，写有半书法的"立合同存照"，有中人、代笔人落款并画十字押。

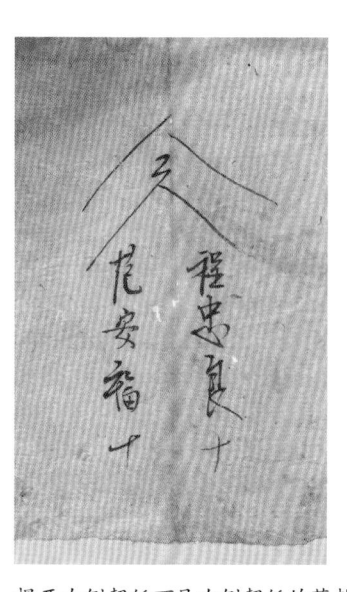

揭开左侧契纸可见右侧契纸的落款

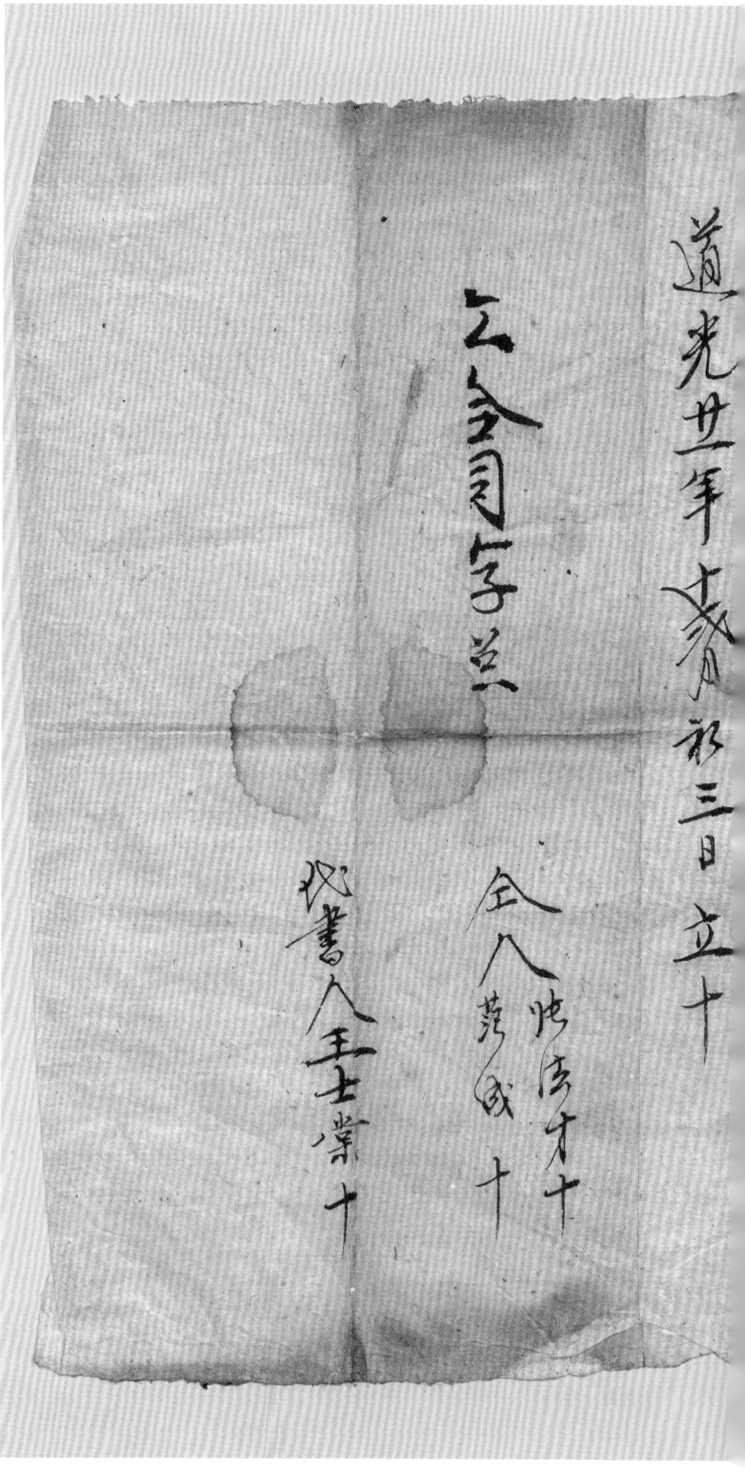

立分單人范　元令分到

魏家莊上向南平西頭草地貳畝寺節下坡地三畝五塊廟坐梁坡地三畝里南灣口草地三畝寺節上坡地四畝三塊四至照舊現父口無處

立分單存照

道光拾年十月初㭍日立

立撥房文約人范興吉今將自己東房三間西房貳間南房三間南禹栅壹佰囗囗半佰毛厠壹佰各四至照舊土木石相連水流行道依舊往來雙情愿撥與伯父范安祿名下承業恐後無憑立撥房文約

道光十二年（1832）山西省辽州范安常卖地契

道光十二年山西省辽州范安常因粮银紧急无处取辨，将自己名下一段地卖给西厢里外四甲叔父范满，立草契一份。有中人落款、画十字押。民国十四年（1925）又立买契一份，盖官印、骑缝章。

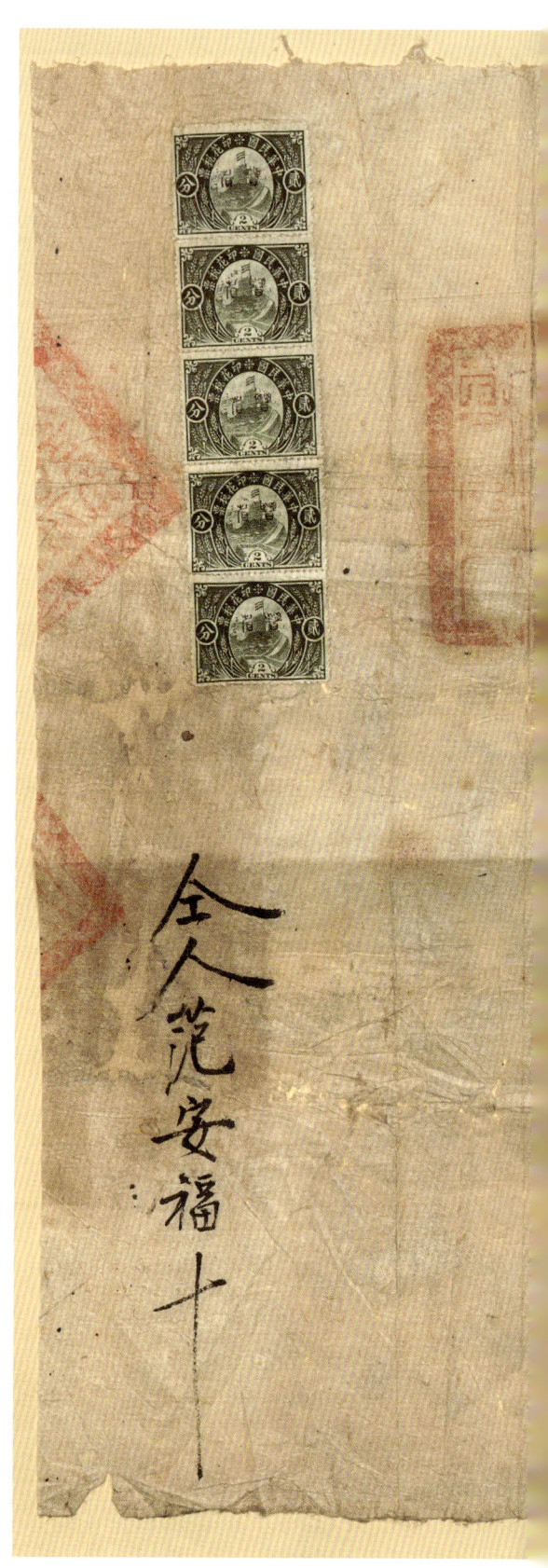

立賣地契人范安常因為粮銀緊急無處取辦今將自己祖
業霍家渰溝壩貳溝平地肆畝伍分其地東至渠南至渠西至坡北至渠
四至明白土木石相連水流行道依舊往來情愿出賣與西廂里外四甲
叔父范滿堂業三言議定作賣價錢貳拾貳千文其錢当交
取父范滿堂業三言議定作賣價錢貳拾貳千文其錢当交
足恐後無凭立賣地契存照

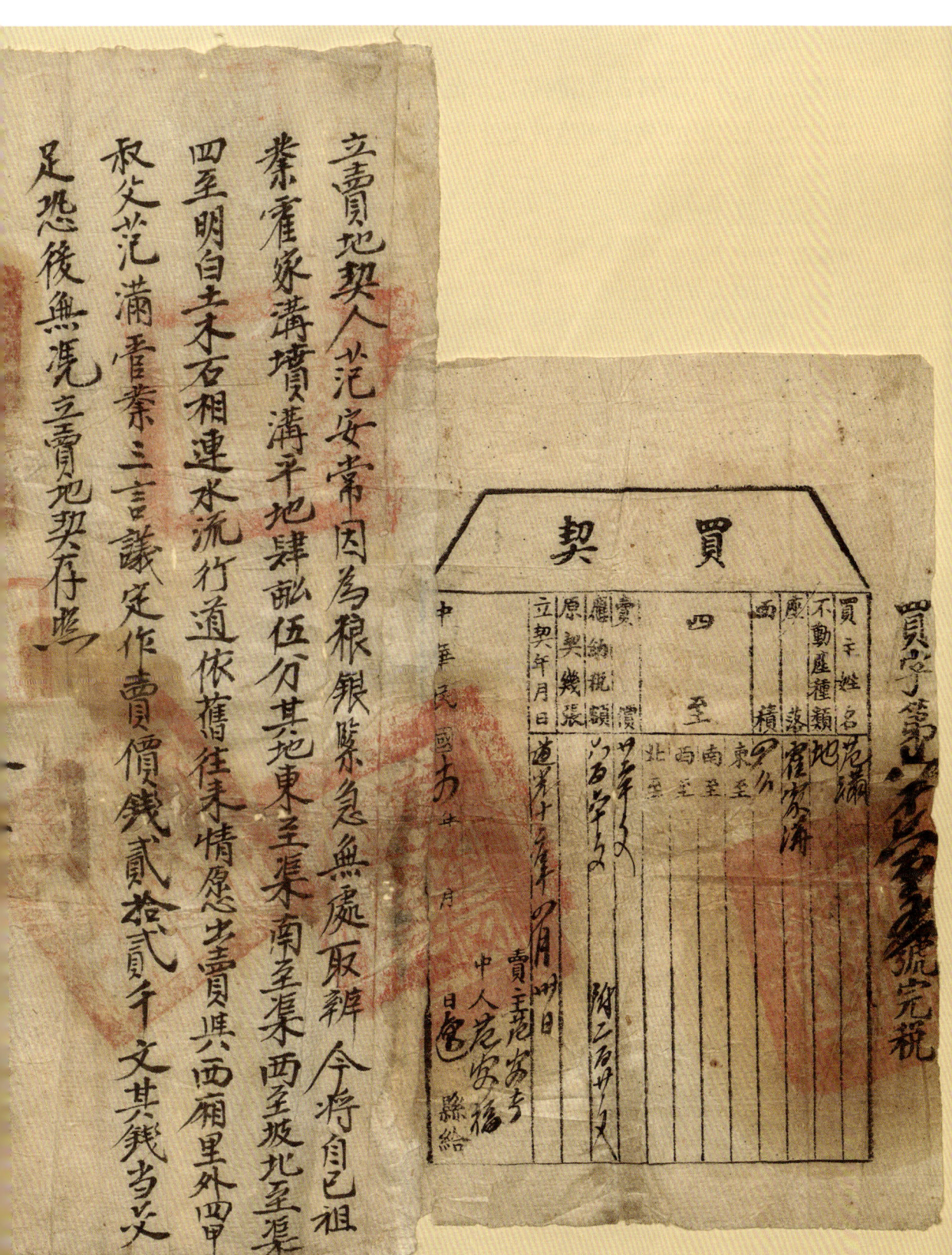

道光二十七年（1847）山西省辽州范兴财分单、道光二十七年山西省辽州范兴贵分单

道光二十七年山西省辽州范氏兄弟因分家立两份分单契，记录两人分到的田地房产。立契人分别为范兴财与范兴贵。契纸上有半书法的"合同为用"，有中人、家掌［长］、代笔落款并画十字押。

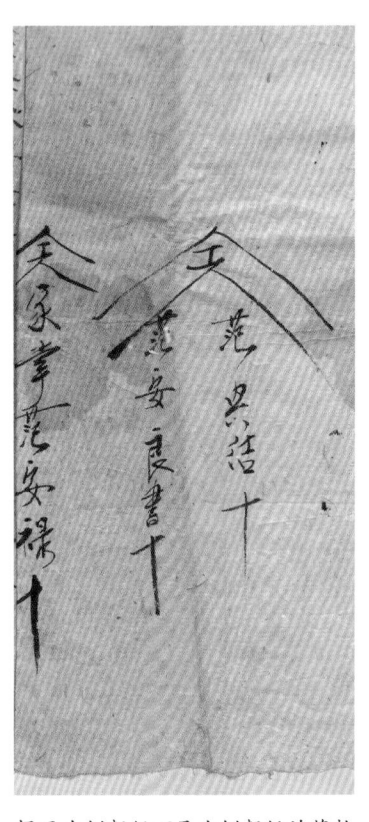

揭开左侧契纸可见右侧契纸的落款

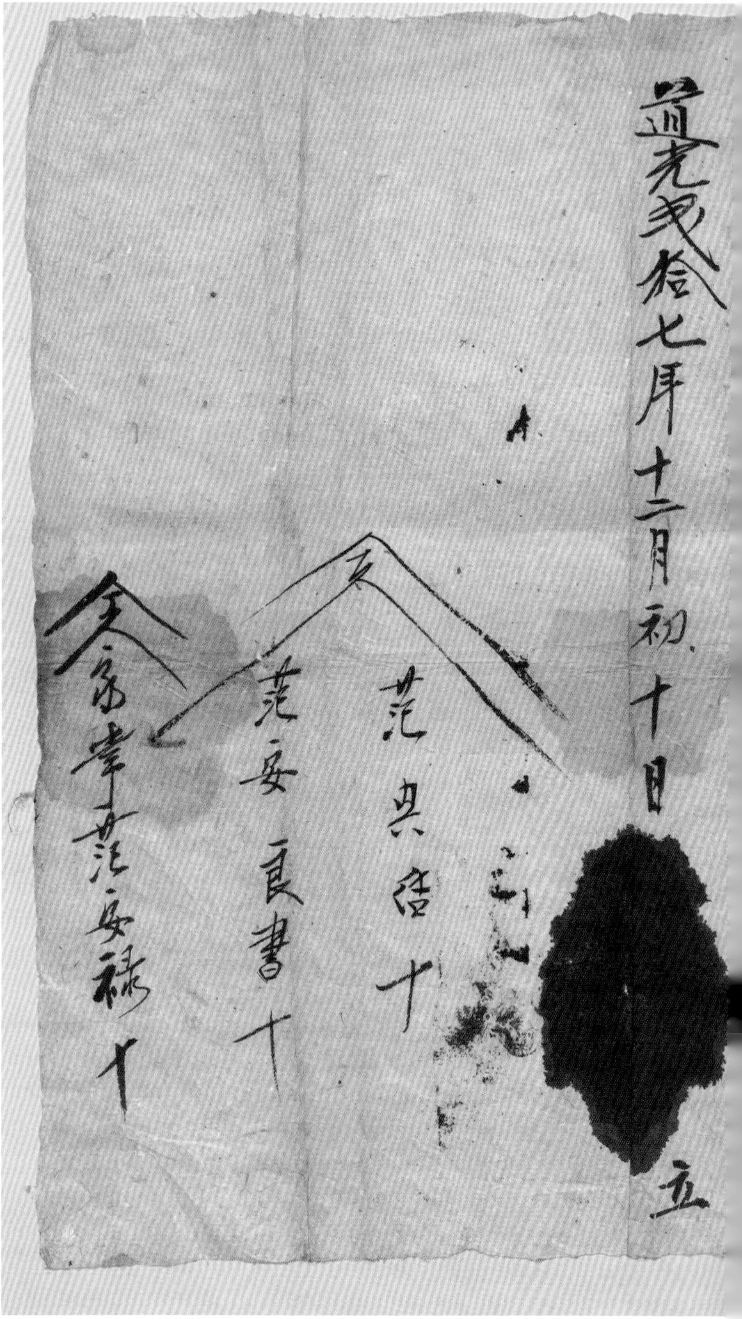

立分单约人范其财今分到柳树沟坡地五亩
和尚坑乾地六亩剗井坑堆后坡地四亩马口口上平地圭亩
柬作口口上平地五亩坡房三间南马骂门西愿东房二间半
围圈莲圭门启路一门秉石相连水流行道衣旧座来
恐口难据立分单为用西姚墙下地圭亩分岔滴平地戊亩

益荒戊叁七耳十二月初十日 五

立分单约人范其贵今分到尖山地六亩将坑道坡
地四亩廿亩姚愿坑道地画亩东姚丁上地
杏树庄坡地指配分岔满平地五亩东房二座启路半门

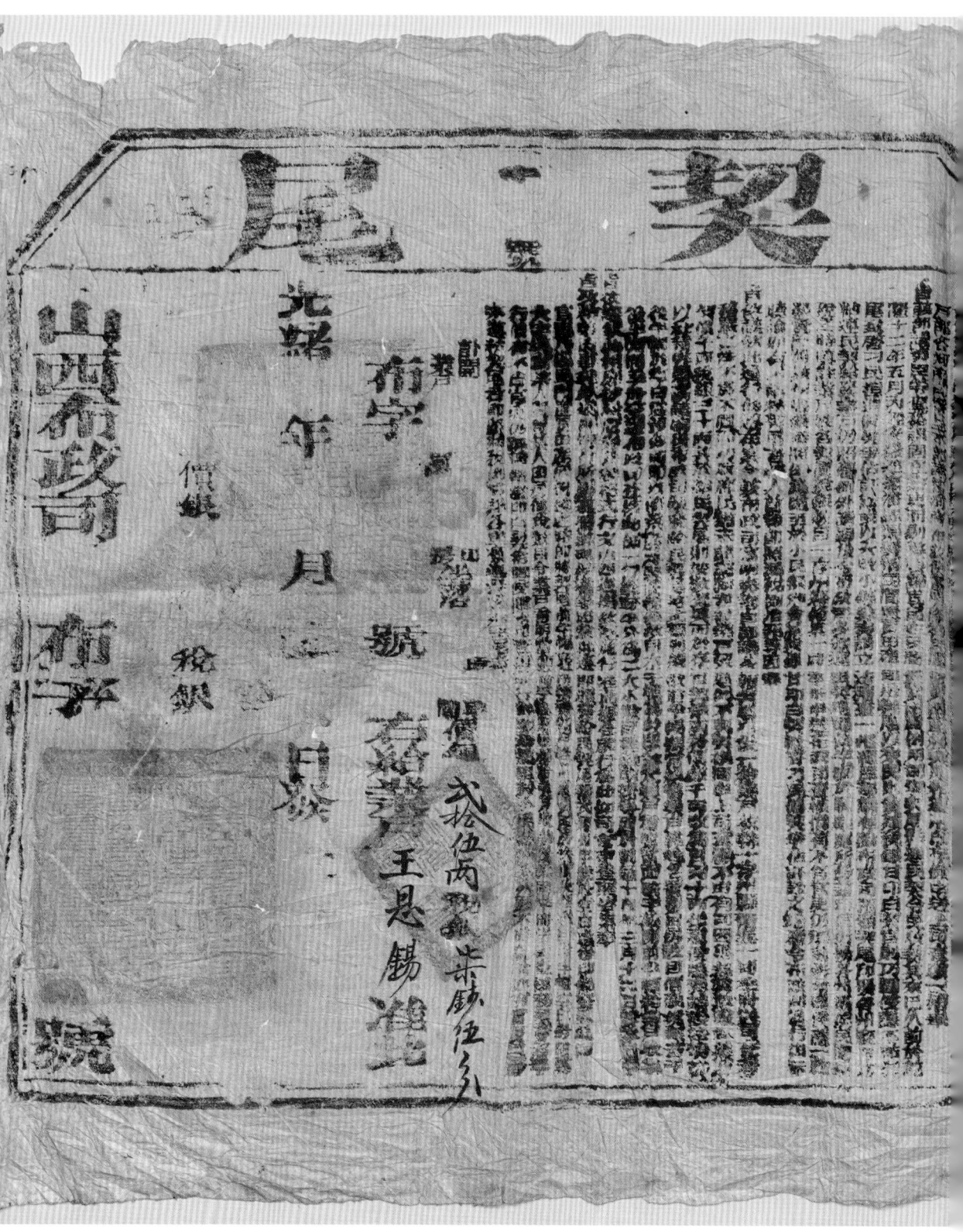

光绪五年（1879）山西省辽州杨逢春卖地契

光绪五年山西省辽州杨逢春将自己名下土地七亩卖给招贤二都十甲王恩锡，并立草契一份。缴税后经官府立尾契一份。有中人签名，盖官印、骑缝章。

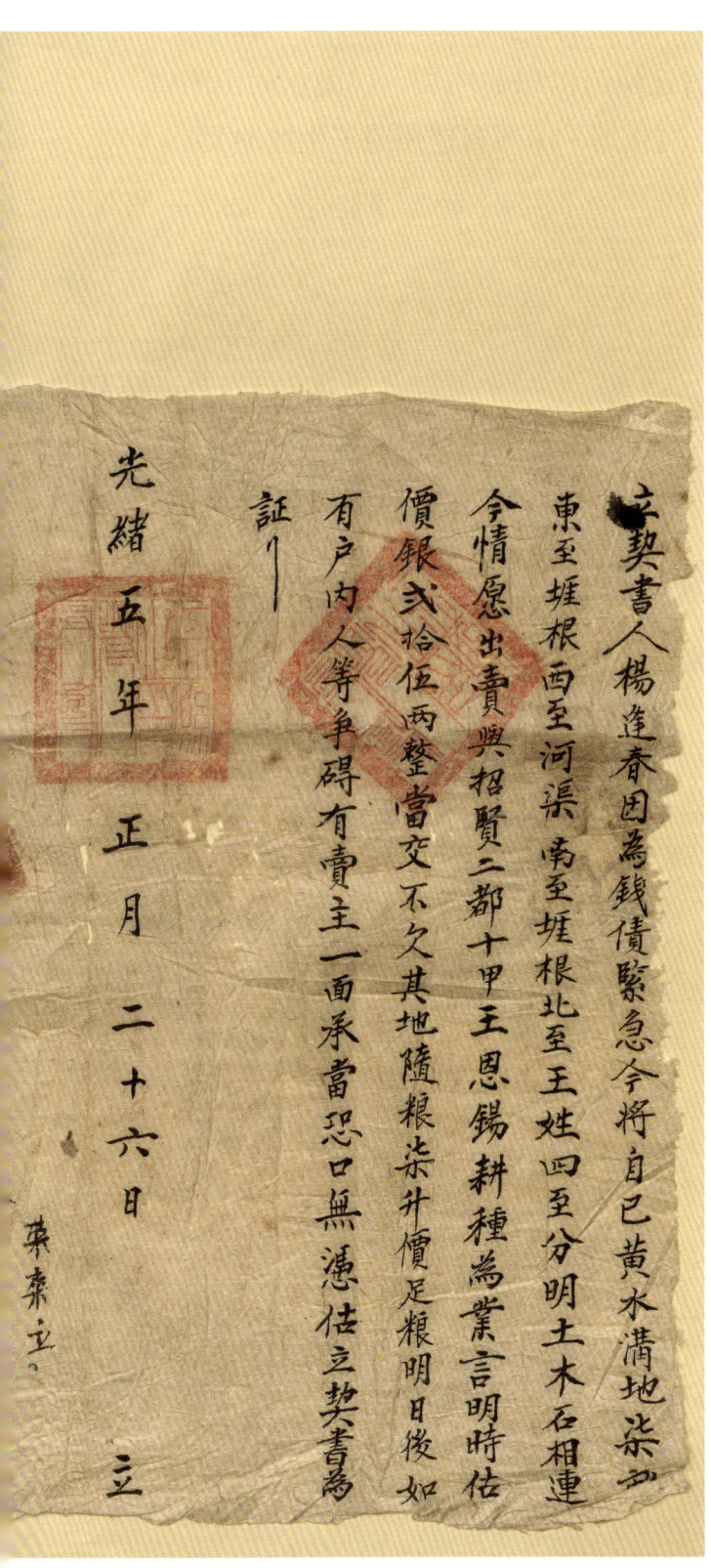

光绪十八年（1892）山西省辽州范世恩典地契、民国年间山西省辽县范元执照、民国十四年（1925）山西省辽州范玉生典地契

左侧为光绪十八年山西省辽州范世恩将祖传"窑院各道平地二亩"出典到范世成名下所立契约，约定钱到回赎。契纸上贴有民国年间范元执照一张，末尾有中见人和代笔落款、画十字押，贴有税票，并注明"光绪卅四年二月十九日后扶□叁千五白[百]文整"。右侧为民国十四年山西省辽州范玉生将祖传一座场出典给范土林、范四小所立契约，有中见人落款、画十字押。

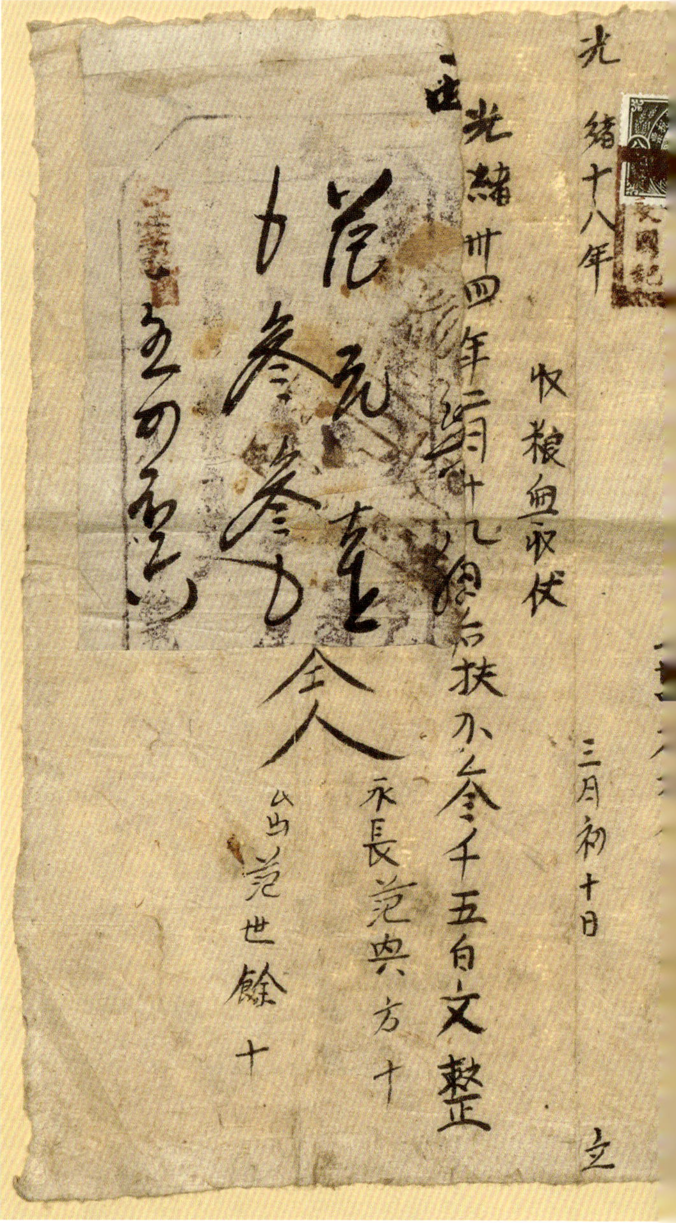

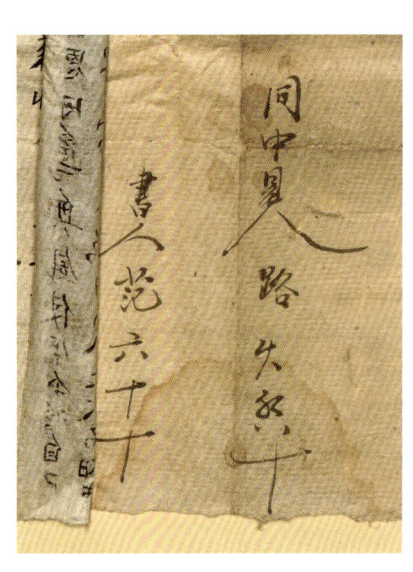

揭开左侧契纸可见右侧契纸的落款

立典塲文約人范玉生因公債急今將自己祖遺原伙到霍家薦村塲一座四至明白土木石相水流行道俱旧往來情願失典與隻范土林兄承業言明係與價錢弍拾仟文擊門其內當交不行月後餓到續次凡不到水遠管掌怨日難凭立典塲文約為照

立典地契文約范世恩因為典與戱使用今將自己祖業塲院各道平地二畝四至眧旧界土木石相連水流行到彼旧往來情不忍出典其范世成管業言

民國拾四年二月初七日 立

同中見人 路失妝 十

山西省其他地区契约

康熙五十二年（1713）山西省介休县李长荣卖房契、康熙五十九年（1720）山西省介休县张世在买地尾契

右侧为康熙五十二年山西省介休县李长荣在中人说合下将路南空宅一所卖给李长美所立契约，有中人落款、画十字押。左侧为康熙五十九年介休县张世在买地尾契，盖官印、骑缝章。

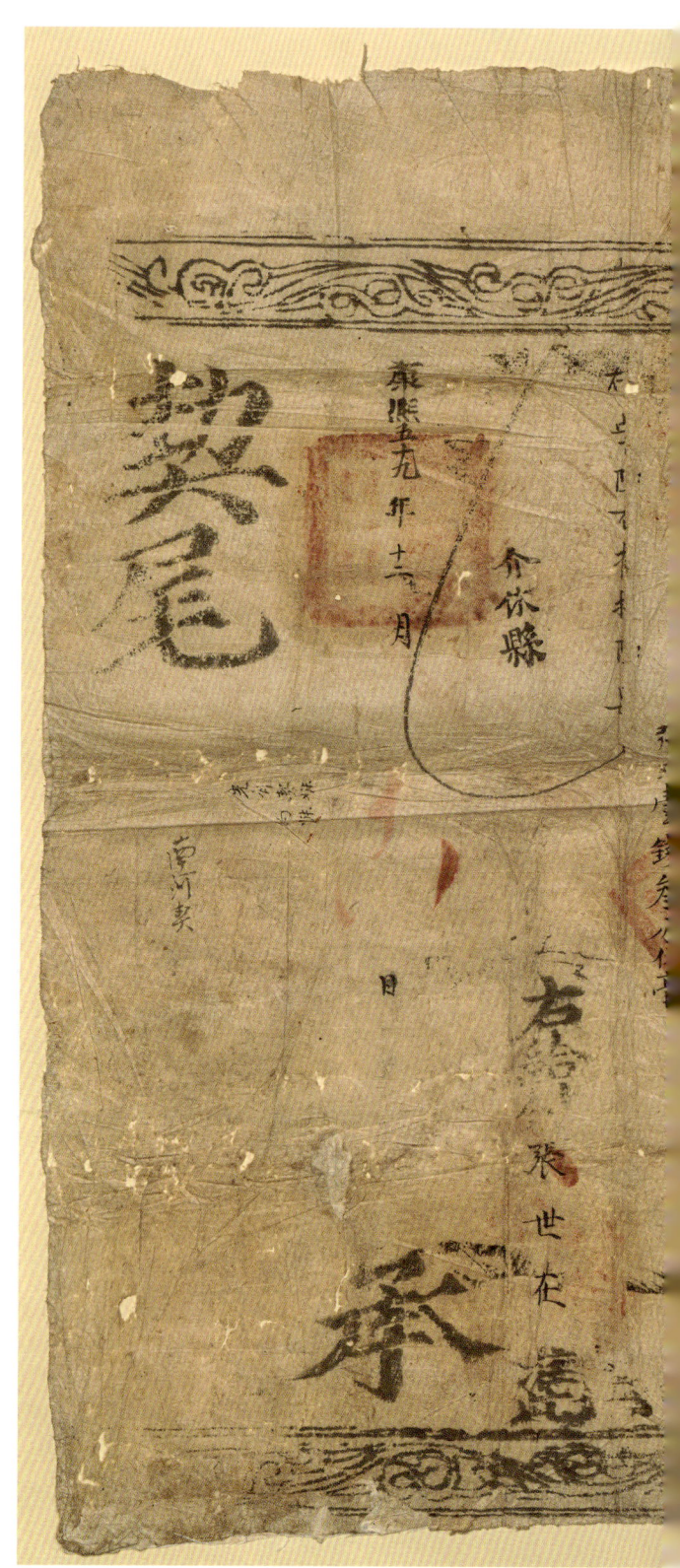

立賣契人李長榮因為水糧無湊會混中人李紹宗說合將路西空宅一所情愿賣予李長美永遠為業其宅東至松八乂南北俱至道東西俱至李就吉上有偷樹杜樹言定價水式拾千整其價當日父足分文不少恐後無憑立契存照

東至地頭李三據

康熙五十六年九月初八日立契

中人李紹宗
長輔長江
榮父

史李
長戶

康熙五十九年（1720）山西省邓光英卖房契

康熙五十九年山西省邓光英将祖遗房产经中人说合卖给张永宽，并经官府立尾契一份。有立契人邓光英□三弟邓光起落款并画十字押，说合人、在中人画花押，盖满文、汉文各一半的官印、骑缝章。

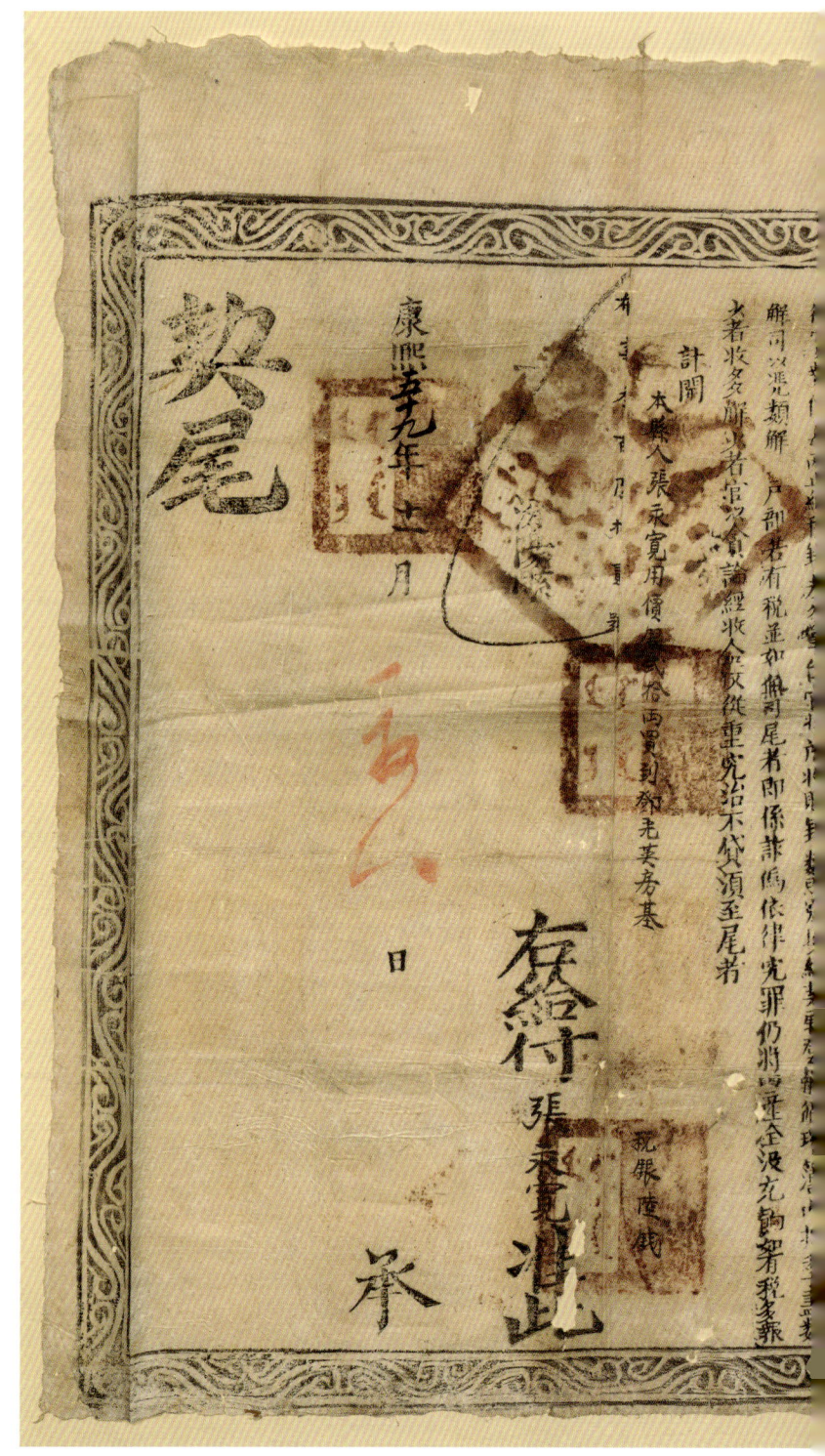

立賣房文契人鄧光英系私文里東七甲人今因年荒柴廢有祖遺到在城八十巷街生南朝北朽破瓦房六間北房壹廈通街空基行路壹間南至賈東至巷西至買主北至街四至明白情願出賣與本街張宅永寬大相公作業全中言定時值價銀貳拾兩整當日交足並不短少其房如有房親戶族遠碍等情系賣主一面承當恐后無憑立賣契存用

康熙五十九年九月 二十六 日立賣房文契人鄧光英 十

三弟鄧光起 十

說合人陳吳書

在中人 韓大生聖

武敷遠書

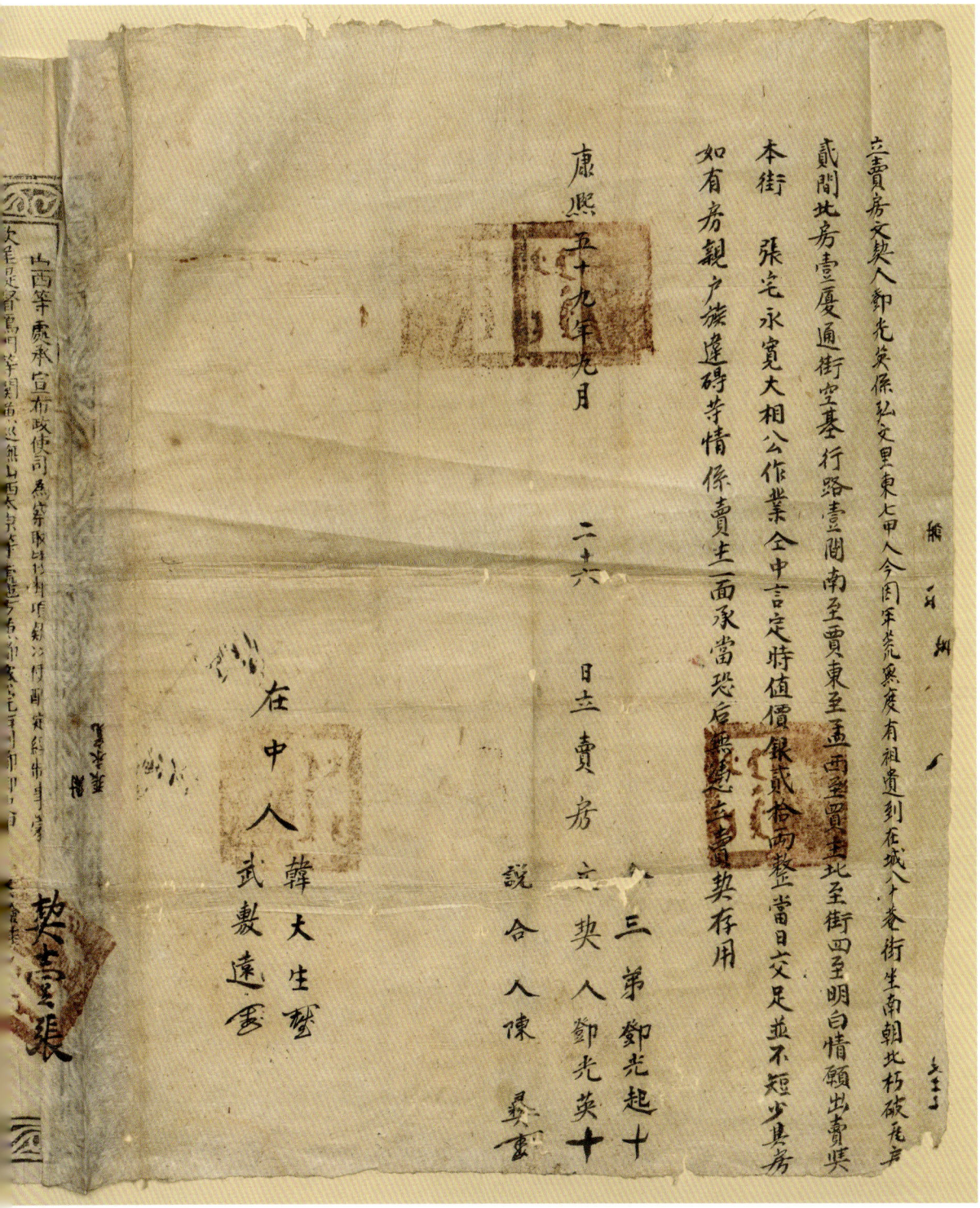

康熙五十九年（1720）山西省郭恒玳卖地契

康熙五十九年郭恒玳将祖遗白地一段立契卖给郭正鼎，并经官府确认，立官契一份。有立契人、中人落款并画十字押，盖满文、汉文各一半的官印、骑缝章。

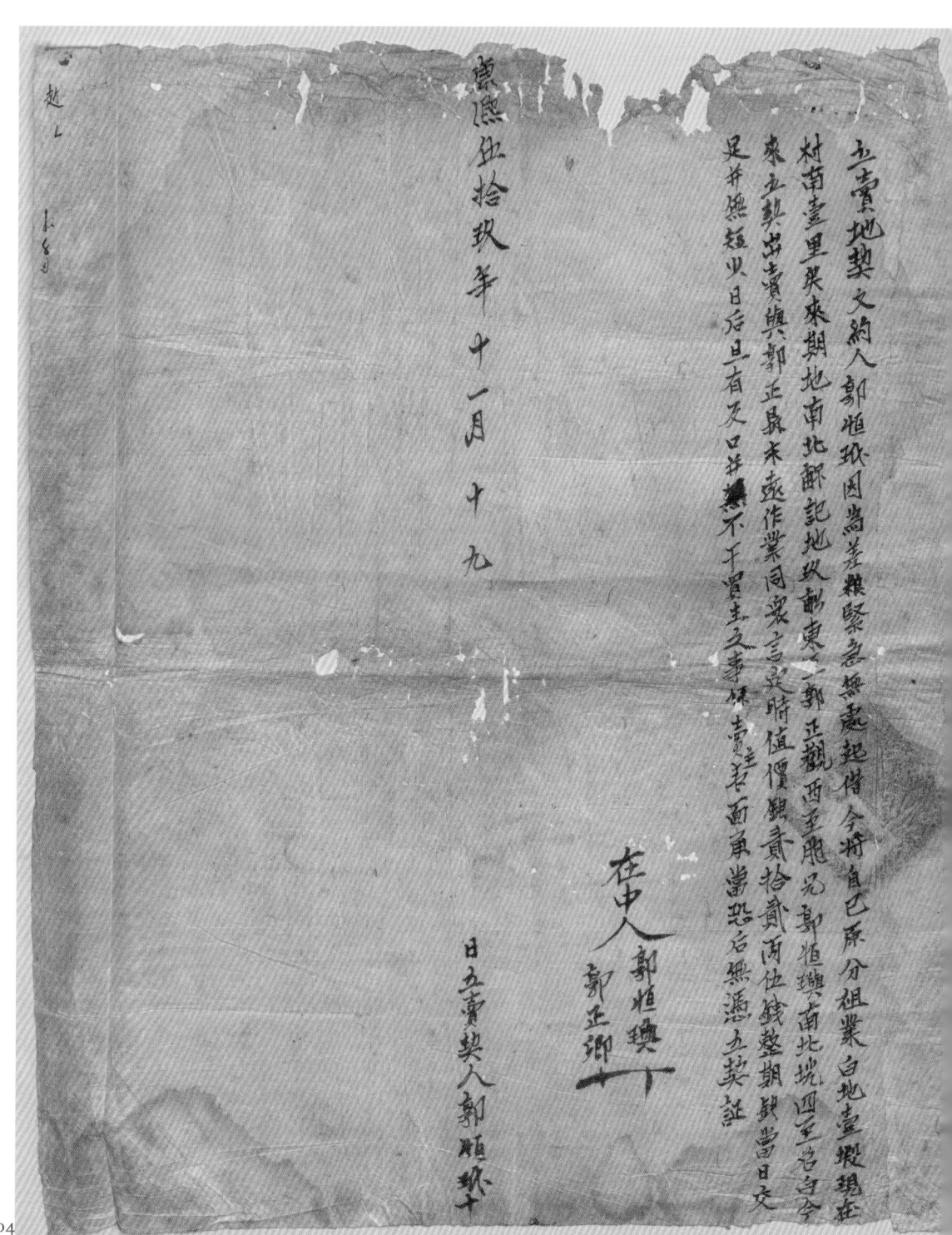

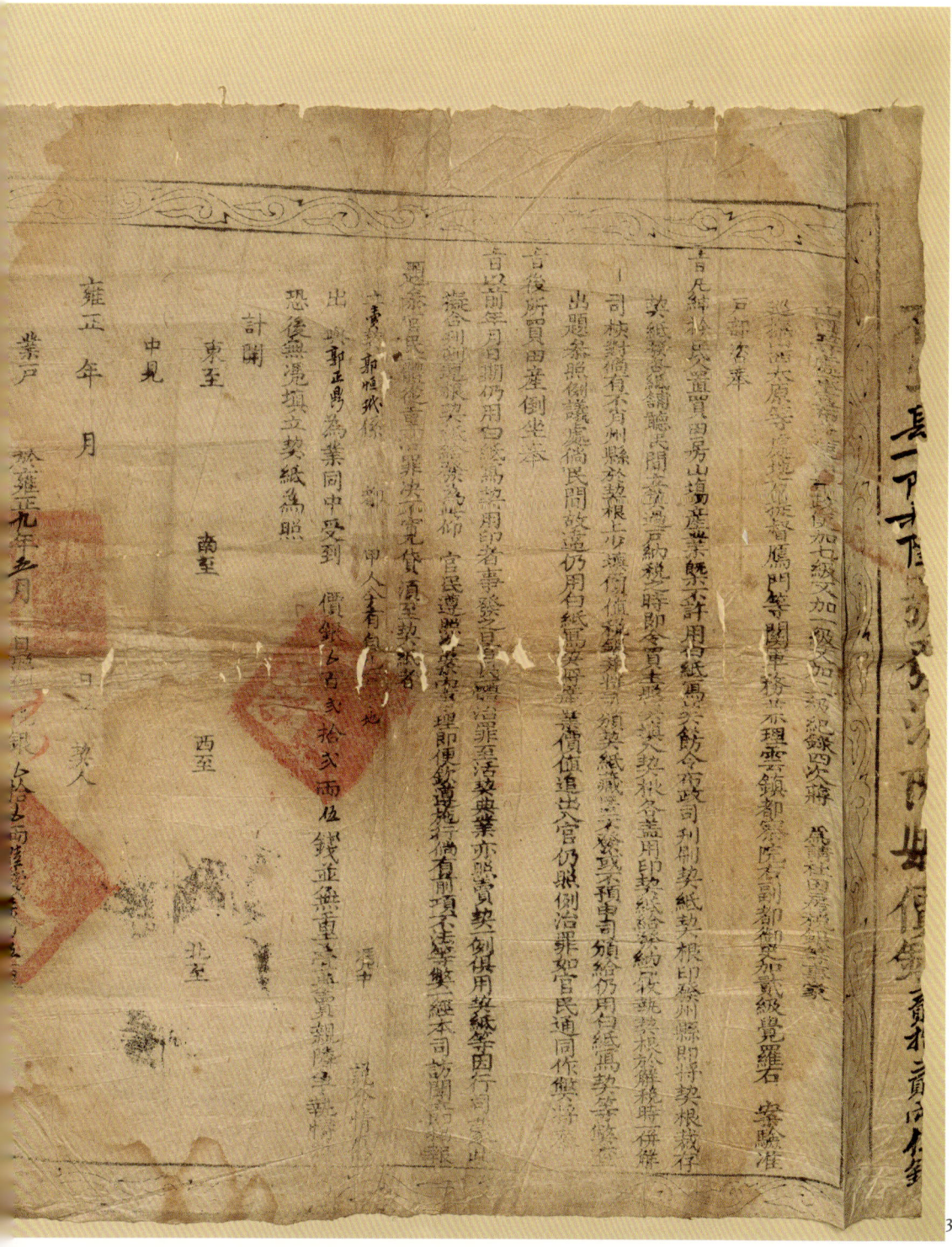

雍正七年（1729）山西省荆天成卖地契

雍正七年荆天成将自己名下北地一段经中人说合立契卖出。正文后补注"北地亦系五十一年三年买卖换的二哥的"。雍正九年（1731）经官府立官契一份，盖官印、骑缝章。

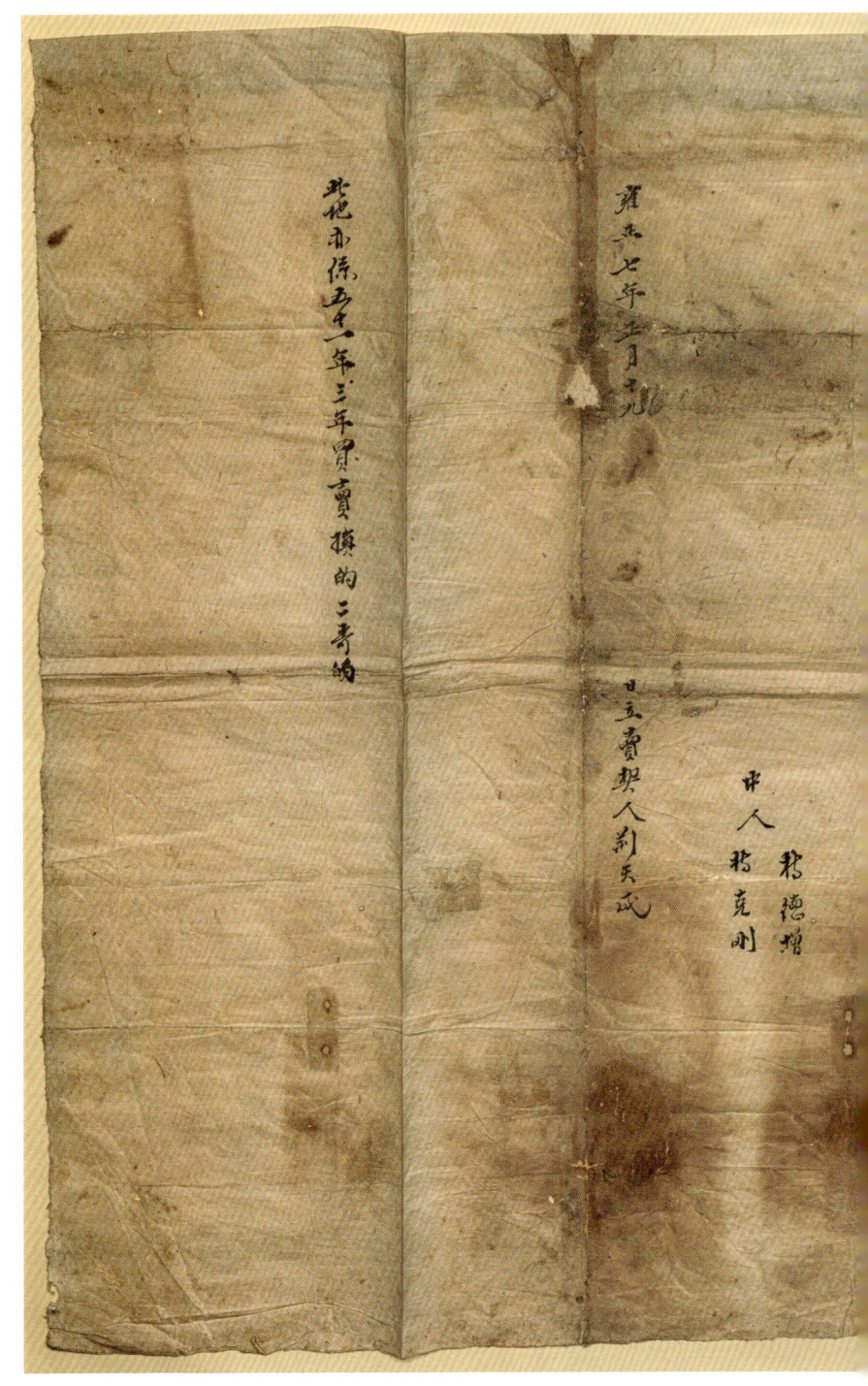

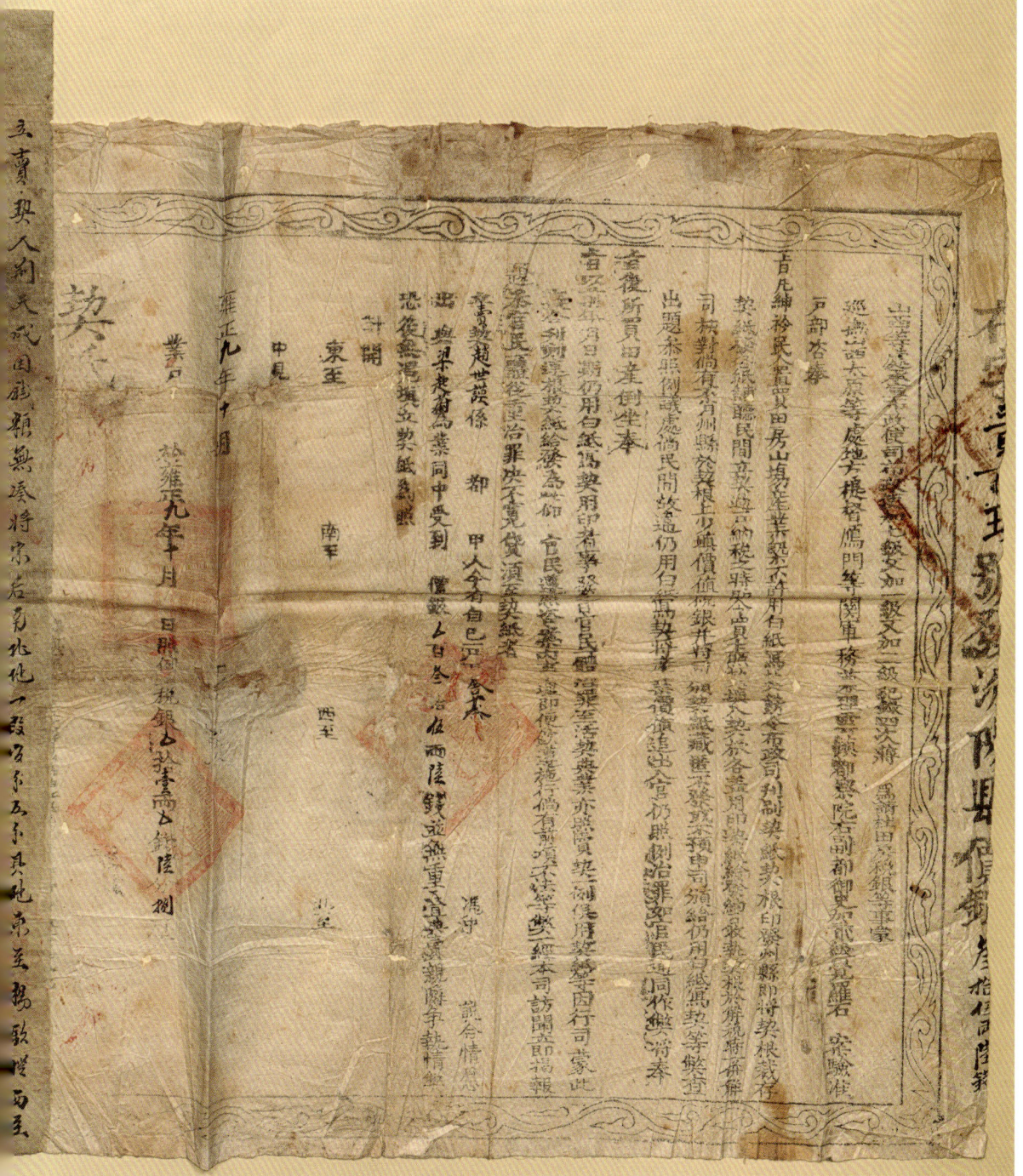

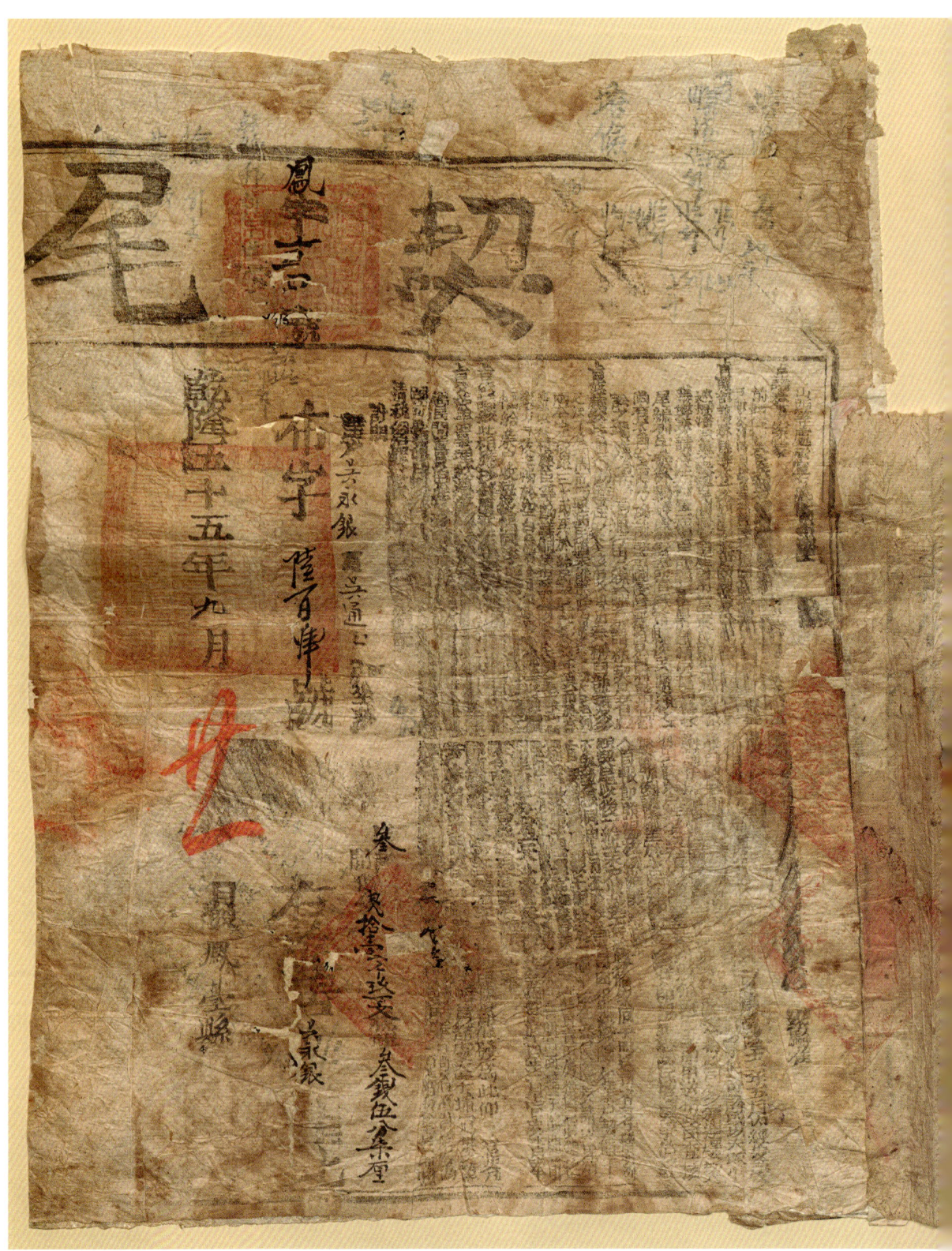

立賣死契人侯萬登因為不便今將自已庄宅地基四厘東至侯
得全西至官廚房南至路北至買主四至明白土木石相連水流行道
依舊往來今出賣與本村高夲承為死業同衆言明死價大錢
錢十整筆下交足不欠兩家情願並無反覆如有户族人等爭端
由賣主一面承當恐後無憑立賣死契存証
上帯本地基京粮二合
乾隆拾陸年 七月 十日立賣死契人侯万登 十

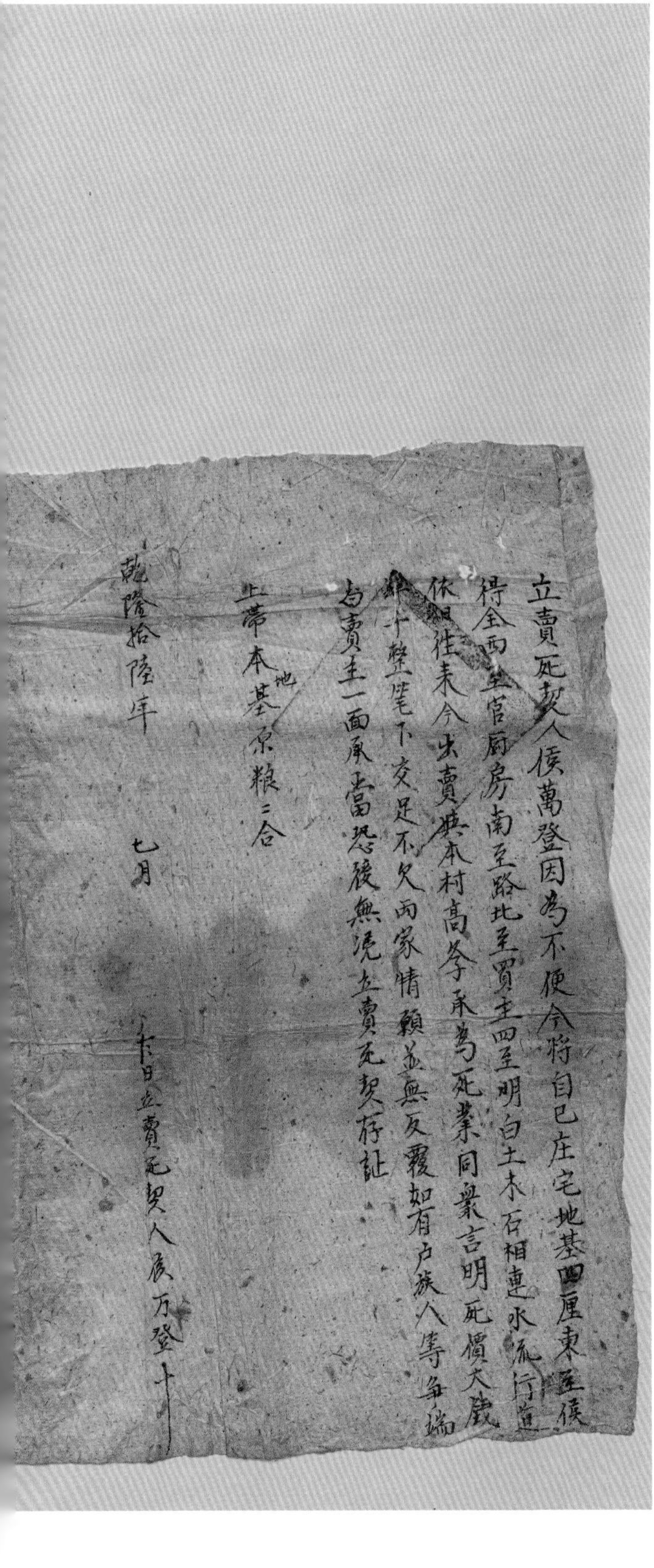

乾隆十六年（1751）山西省凤台县侯万登卖房契、乾隆五十五年（1790）山西省凤台县吴永银买地尾契

右侧为乾隆十六年侯万登将自己庄宅地基四厘卖给高□承所立死契，有中人、立卖契人签字、画十字押。左侧为乾隆五十五年凤台县吴永银买地尾契，盖官印、骑缝章。左侧尾契背面还贴有一张纸做底，上有文字。

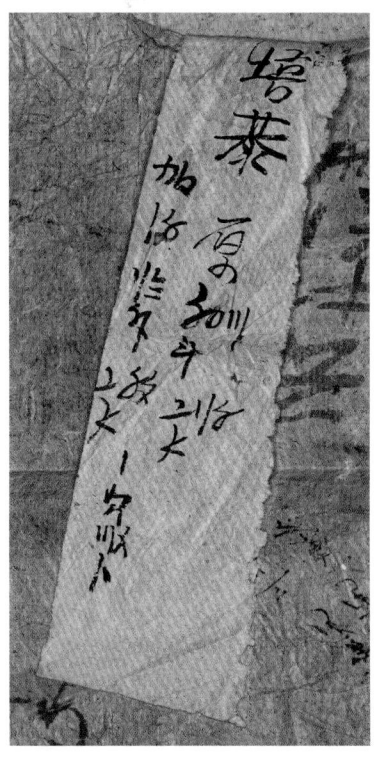

背面粘贴有字条

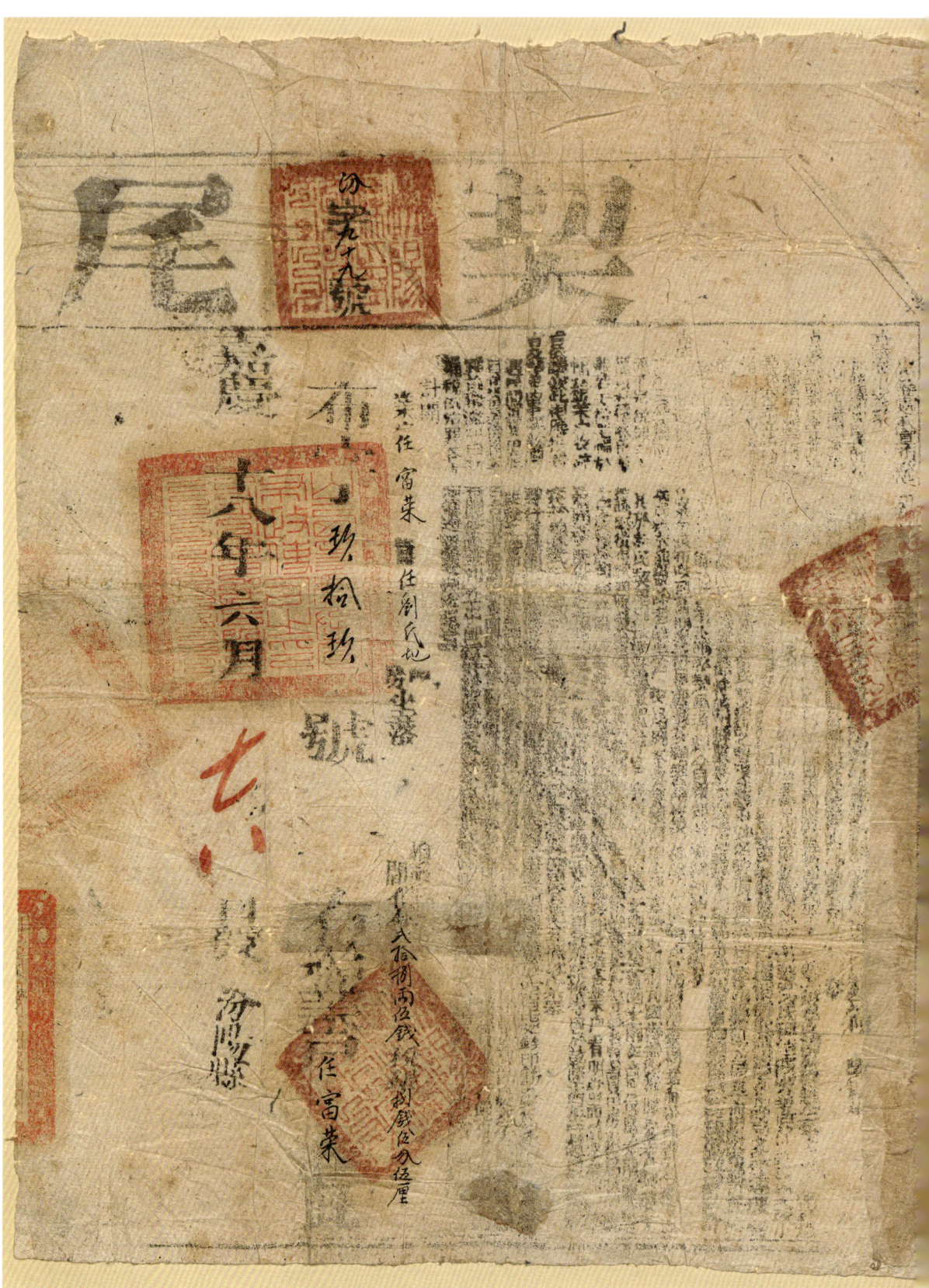

乾隆二十八年（1763）山西省汾阳县陈中明卖地契、嘉庆十八年（1813）汾阳县任刘氏卖地尾契

右侧为乾隆二十八年陈中明将自己名下一段地卖给郭贞禄所立契约，正文末尾有关门押，有中见人落款。左侧为嘉庆十八年汾阳县任刘氏卖地尾契，盖官印、骑缝章。

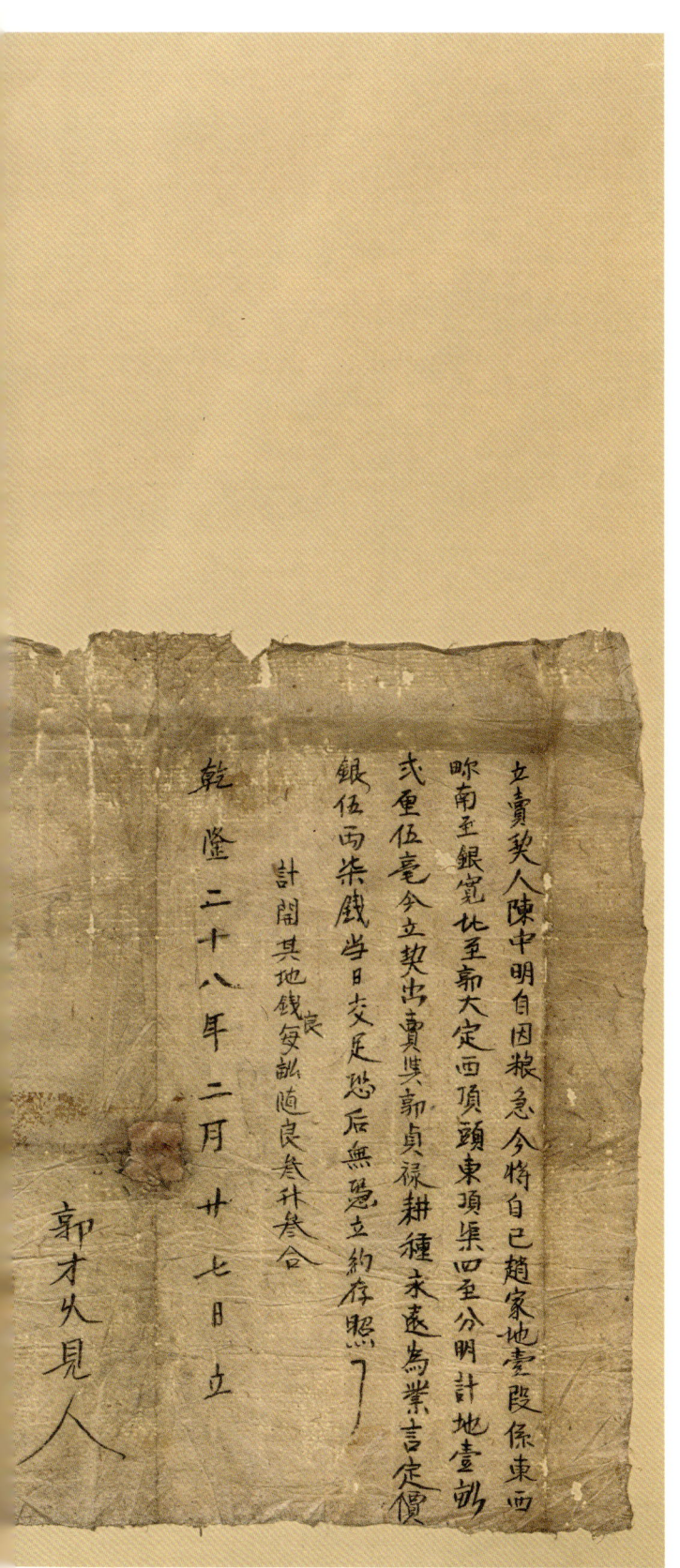

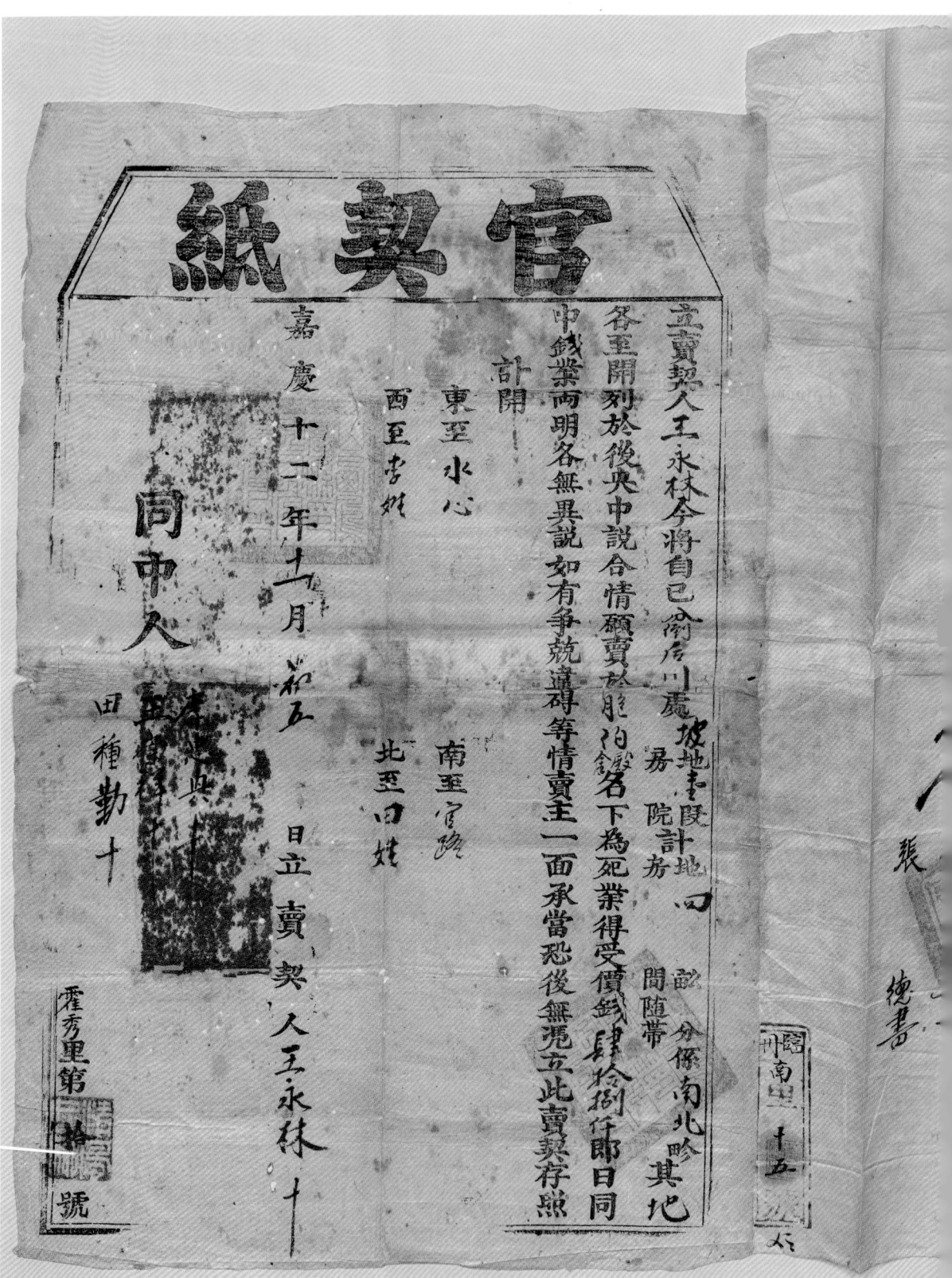

官契紙

立賣契人王永祿今將自己份下居□處坡地壹段計地四畝 房院房 間隨帶分係南北畛其地各至開列於後央中說合情願賣於股伯殷名下為死業得受價錢肆拾倒仟郎同中錢業兩明各無異說如有爭競遮碍等情賣主一面承當恐後無憑立此賣契存照

計開
東至水心   南至官路
西至李姓   北至田姓

嘉慶十二年十一月初五日立賣契人王永祿十
同中人 □□□ 田種勤十

霍秀里第□拾□號

乾隆四十四年（1779）山西省临丹南里李荣卖地契、嘉庆十二年（1807）山西省霍秀里王永林卖地契

右侧为乾隆四十四年山西省临丹南里李荣将名下上地一段卖给治平坊王兰所立死契，正文结尾有防伪标志，有立卖契人、同中见人、同胞弟签字、画十字押，代笔人落款，盖官印。左侧为嘉庆十二年山西省霍秀里王永林将名下坡地一段卖给胞伯□□所立契约，有立卖契人、同中见人签字、画十字押，盖官印。

乾隆四十六年（1781）山西省高良东里李明卖地契

  乾隆四十六年山西省高良东里李明将名下土地一段立死契卖给治平坊王兰。契纸正文末尾有关门押，写明随带原老契一张，有立卖契人及其胞兄李荣、同中人、代笔人落款并画十字押，盖官印。

立賣永遠死契文字人李明黨，因急無銀使用，今將情愿原分到曾置南川裡上地臨丹南里民人壹段，此係南北畔南壹節計地壹畝弋分伍重，其地四至：東至買主西至買主南至道中心北至李榮西至以裏土木石相連車牛人行出入向合古道同行尽係玄永死契情愿出賣與民人王蘭各下永遠耕種為死業，同中言明李明受乾時估永遠死價白銀指陸兩式錢伍分整，其銀立契日一俻交足竝無欠火，如有房親戶叢人等争競者俻不虫賣主之事，賣主一面承當，恐口無憑，故立永遠死契文字為証者。

乾隆伍拾陸年 六月十八日 立永遠死契文字人 李明 十

后批隨帶原老契壹張 同胞兄 李榮 十

同中人 王倫 十
　　　　李溫登 十

乾隆五十八年（1793）山西省太平县程思孔卖地契

乾隆五十八年山西省太平县程思孔将平地一段立契卖给周德广。立有官契一张，次年又立尾契一张。有立契人落款、画十字押，同中人落款，盖官印、骑缝章。

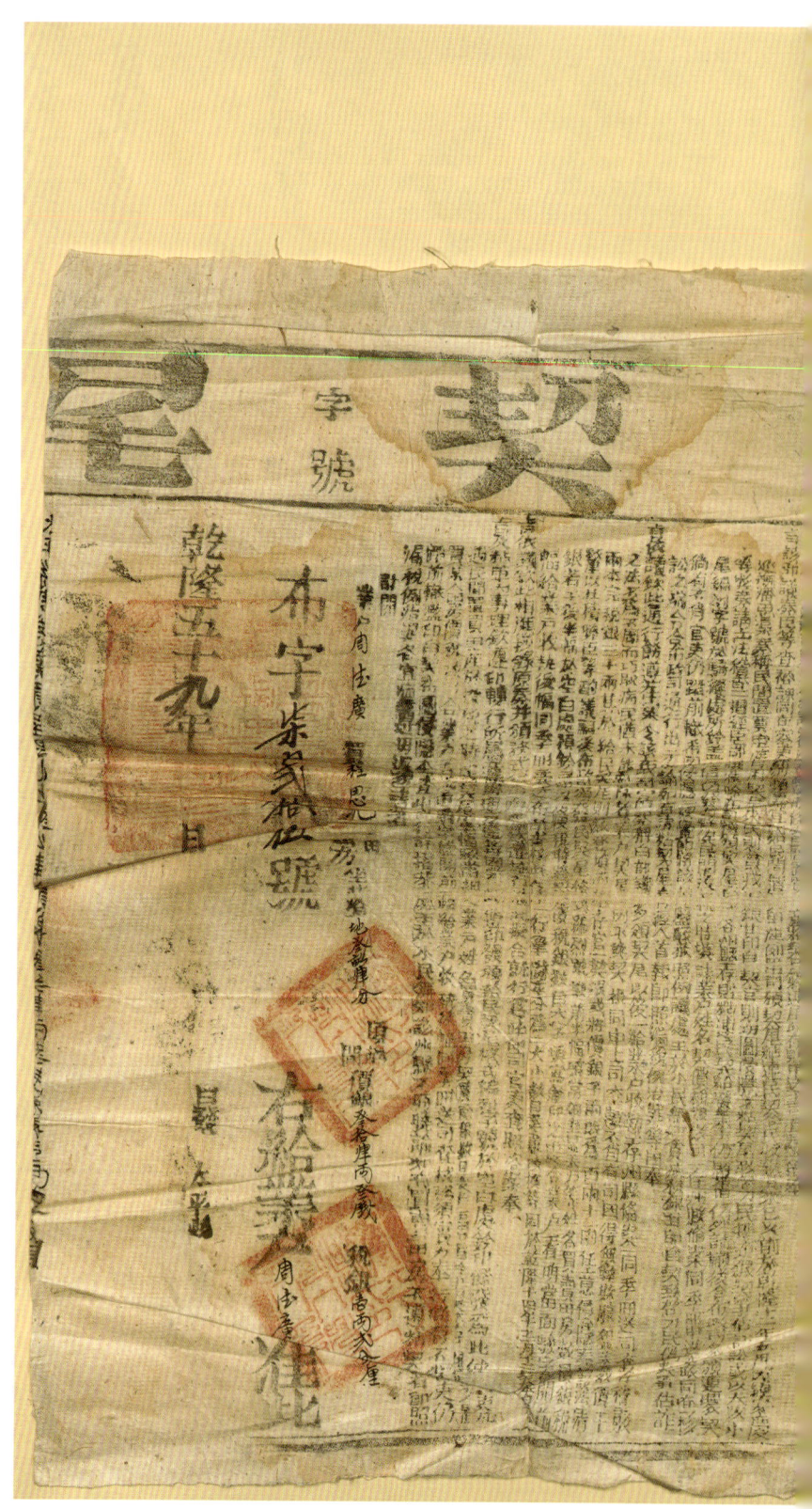

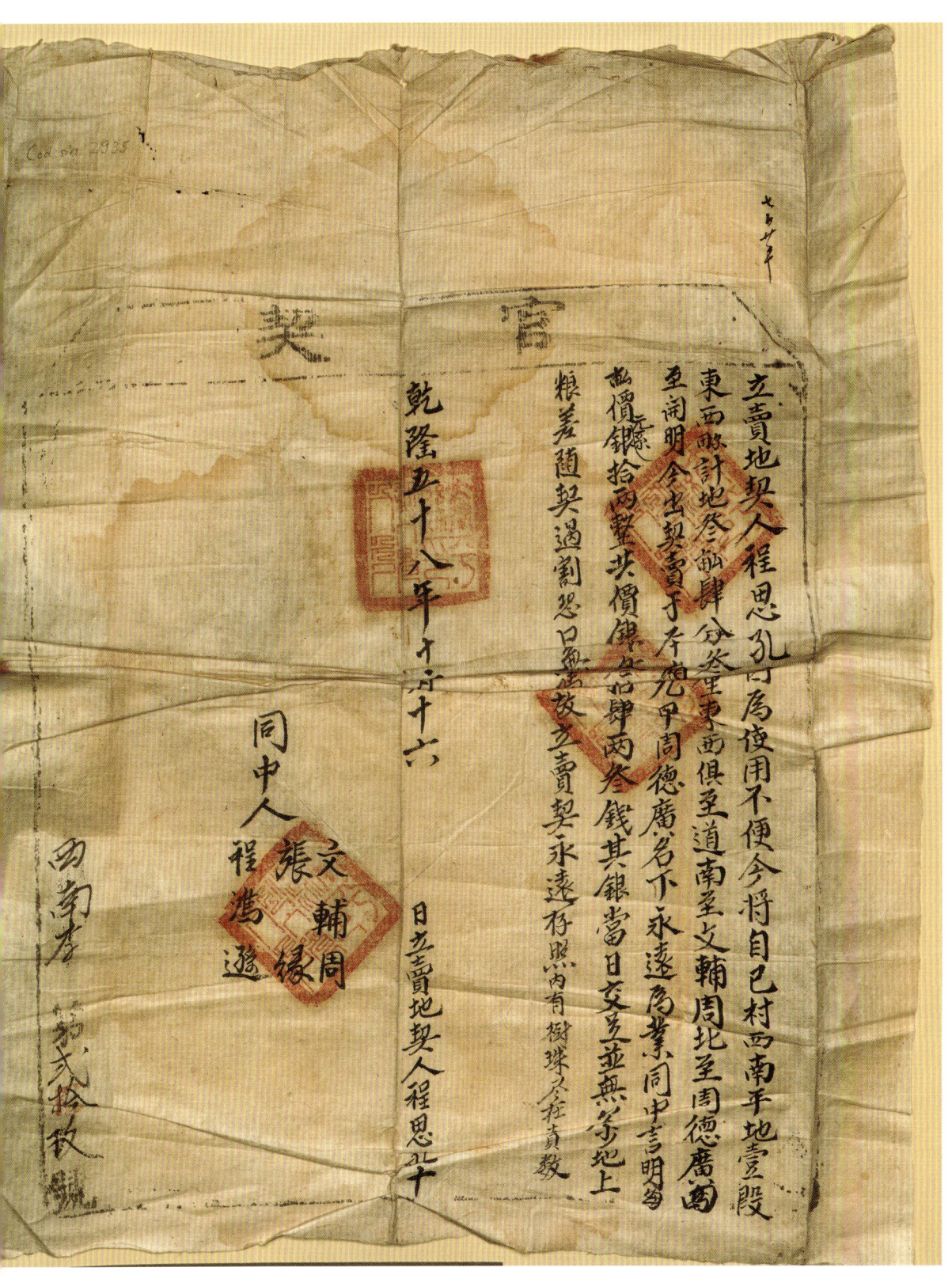

立賣地契人程思孔因為使用不便今將自己村西南平地壹叚東西畝計地叁畝肆分叁厘東西俱至道南至文輔周北至周德廣西至闹明今出契賣于本族甲周德廣名下永遠為業同中言明每畝價銀拾兩壹共價銀叁拾兩叁錢其銀當日交足並無系地上糧差隨契過割恐口無凭故立賣契永遠存照內有樹珠人在賣數

乾隆五十八年十二月十六日立賣地契人程思孔十

同中人 張輔周
文 緣
程鴻遜

嘉庆九年（1804）山西省襄垣县王者佑卖地契

嘉庆九年山西省襄垣县王者佑经中人说合将名下土地立死契卖给任斯宝。次年经官府立尾契一份。草契正文末尾有关门押，有中人、立卖契人、堂叔落款并画押，有官印、骑缝章、正堂印。

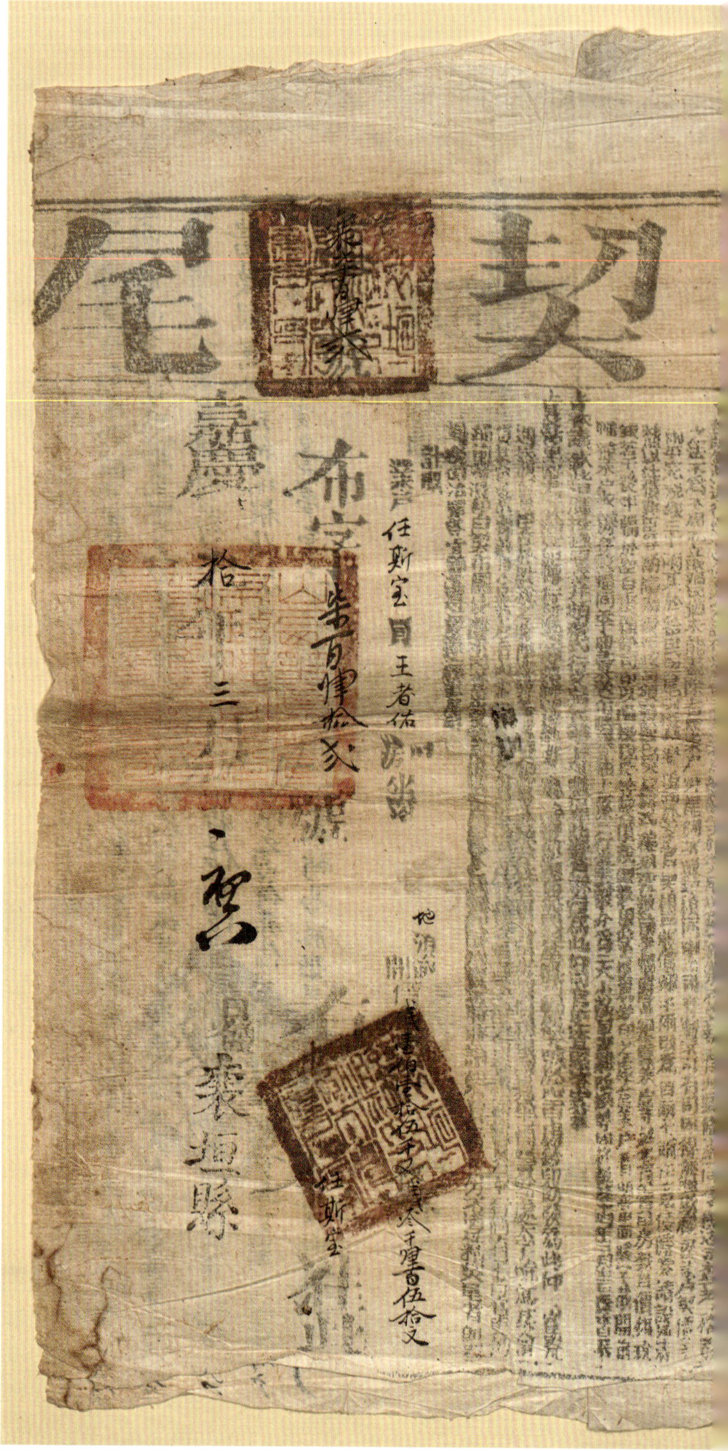

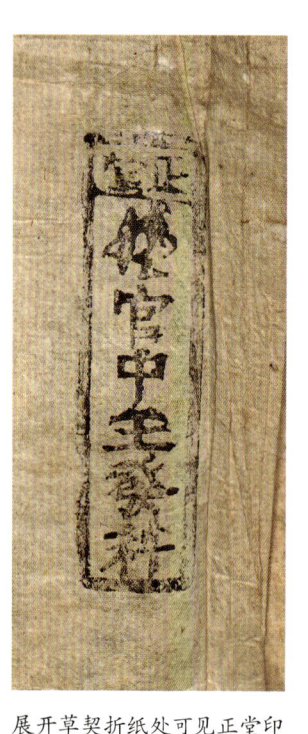

展开草契折纸处可见正堂印

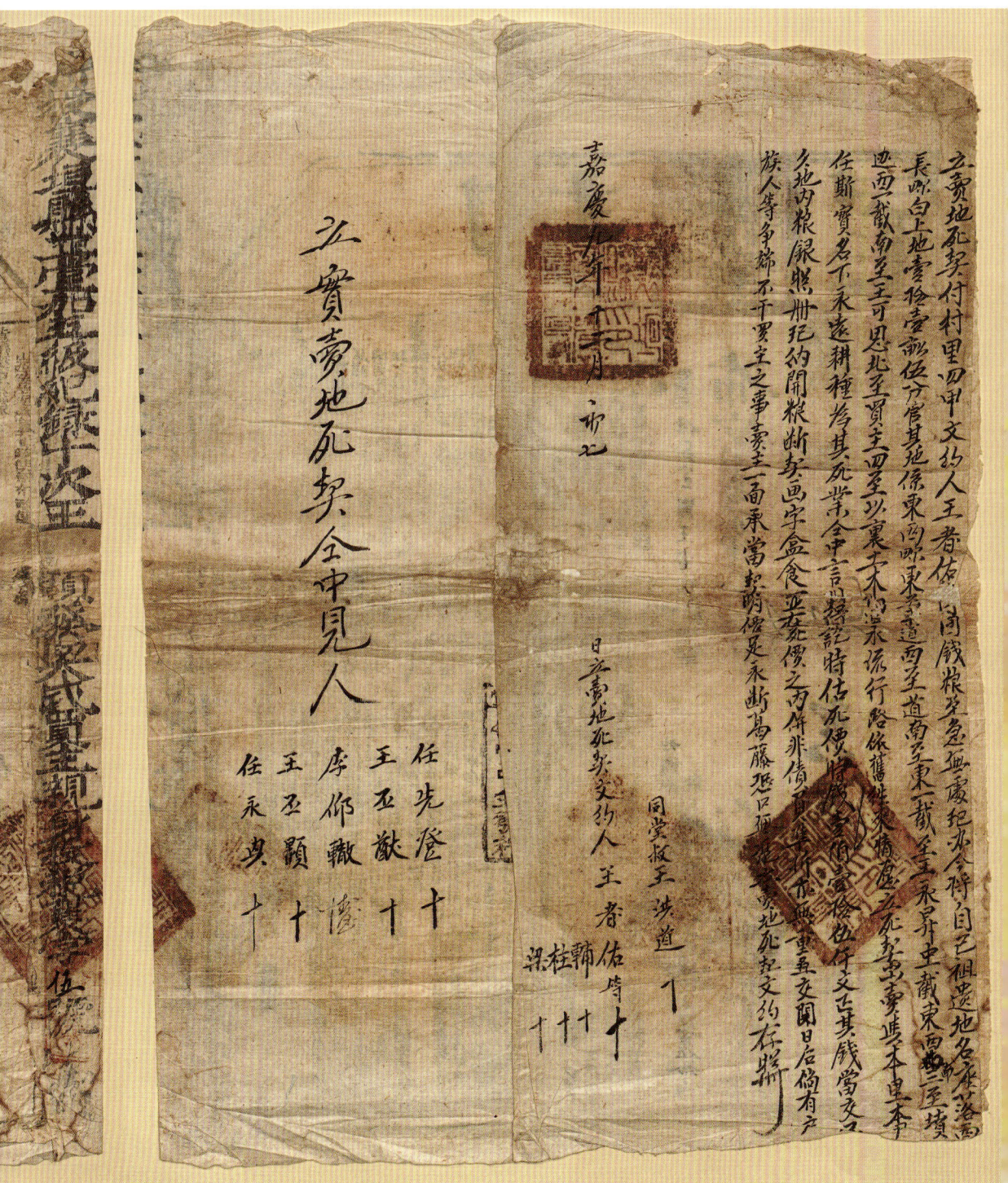

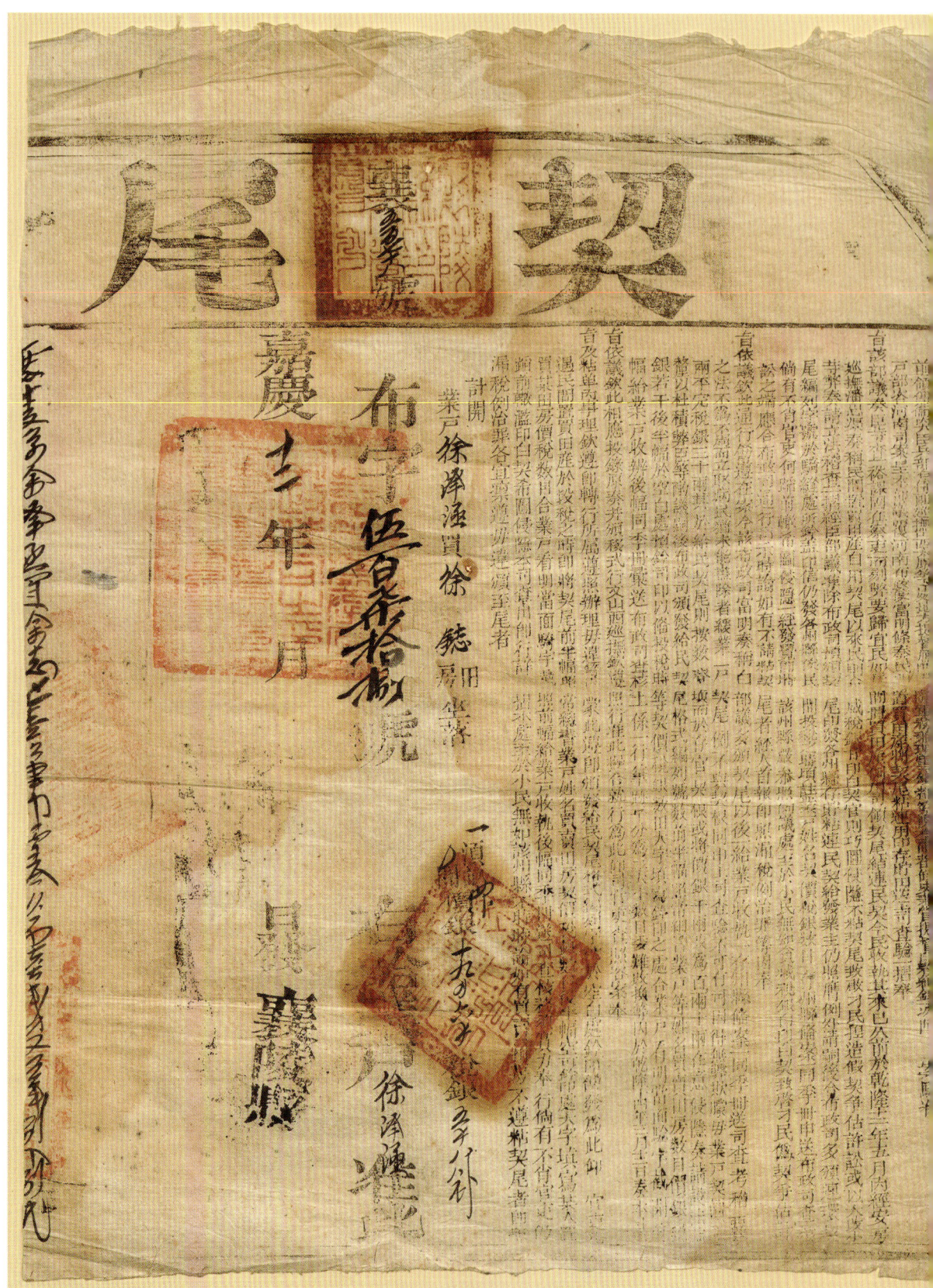

嘉庆十七年（1812）刘世清同胞兄卖地契、嘉庆十二年（1807）山西省襄陵县徐鋕卖地尾契

右侧为嘉庆十七年刘世清及其胞兄（刘）世太将名下土地卖给刘守□所立草契，有中人、代字人签名。左侧为嘉庆十二年襄陵县徐鋕将名下土地卖给徐泽汲所立尾契，盖官印、骑缝章。

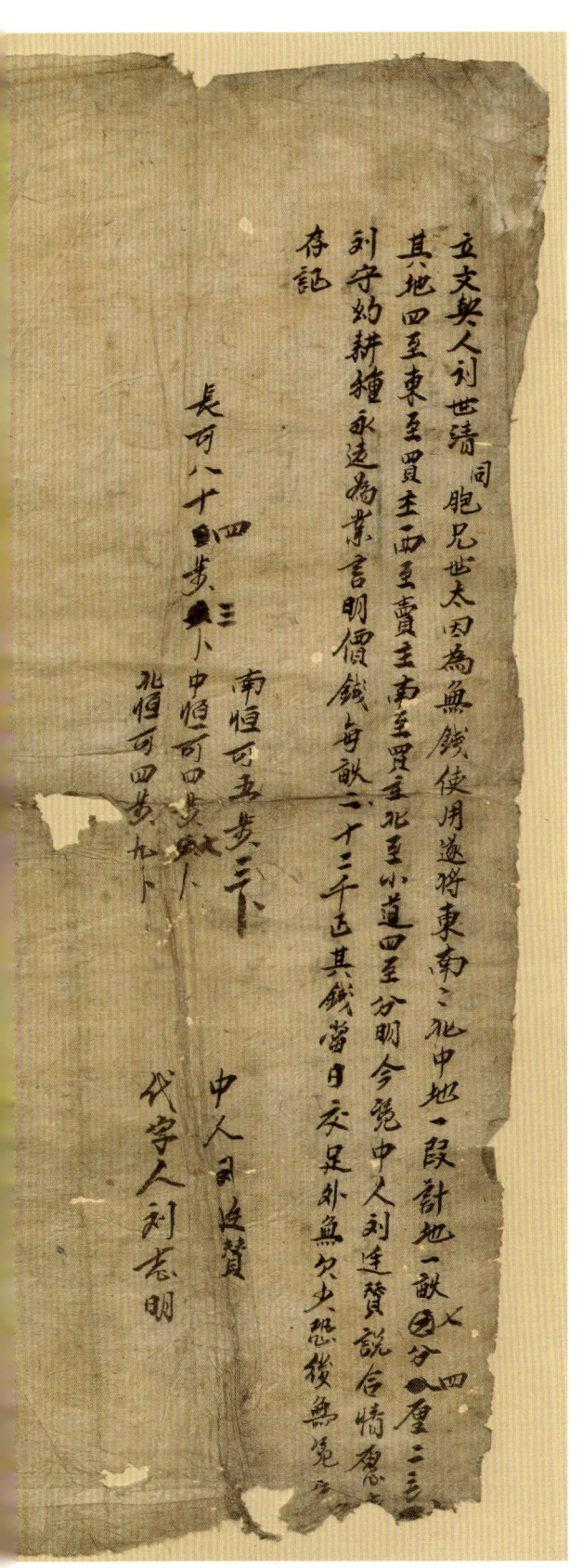

嘉庆二十年（1815）山西省崞县张其志卖房契、万历四十年（1612）张天得与张天成分家契、嘉庆二十二年（1817）张其志土地粮收执存照

右侧为嘉庆二十年皇中都二甲张其志将名下祖遗房产一所卖给李文元所立死契，贴有万历四十年张天得、张天成分家契一份。左侧为嘉庆二十三年（1818）经官府所立尾契，贴有嘉庆二十二年张其志所立土地粮收执存照一份。草契正文末尾有关门押，有中见人签字、画十字押，盖山西省崞县官印、骑缝章。

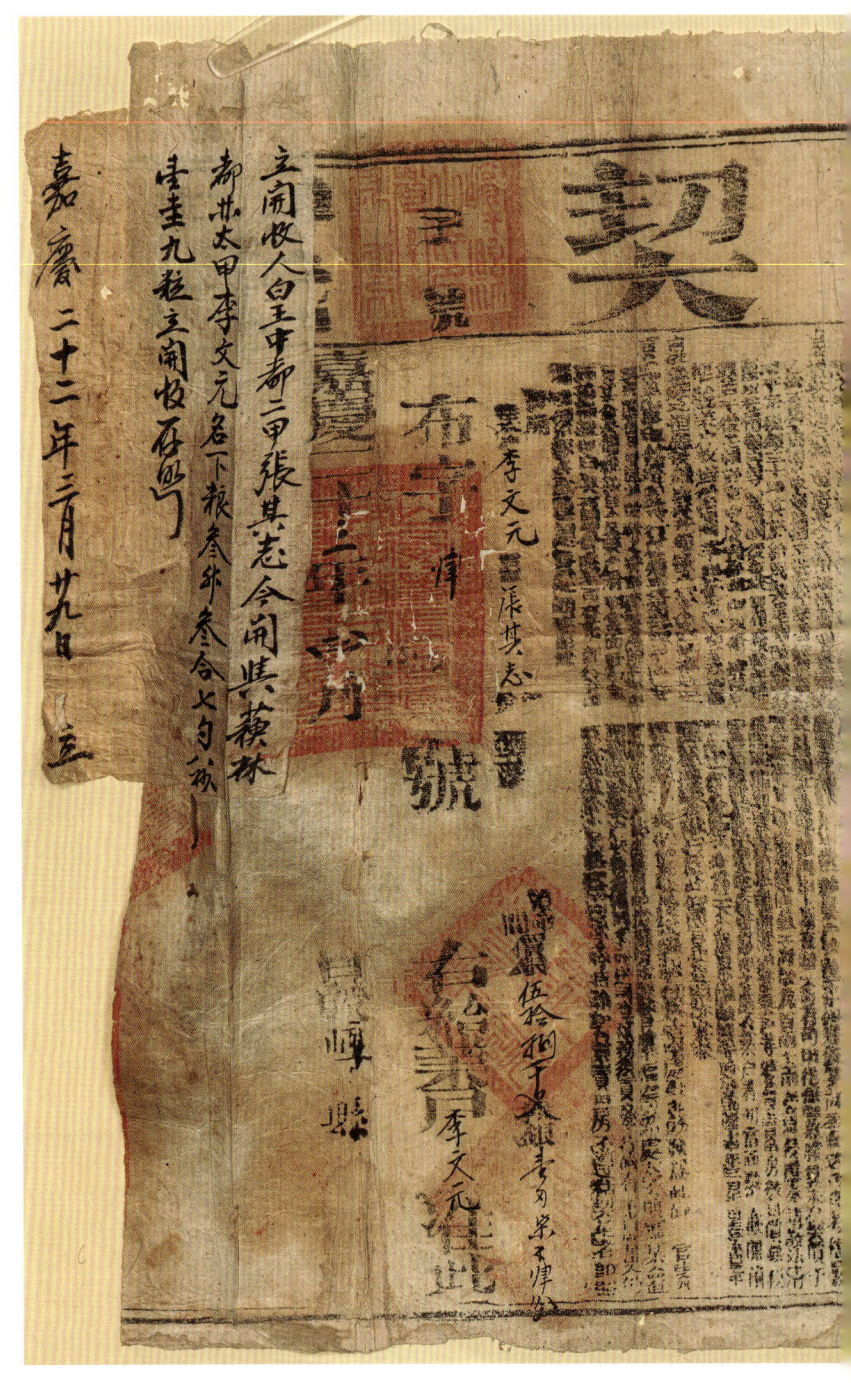

立賣契約人張其志自因使用不足今將自己大南街祖遺去處壹所內有
北房叁間土房壹間東壹間西壹間東壹間西壹間西蜜房叁間街門樓陽壹座其内外樹株
磚瓦土木相連東至街西至街南至張威界墻中北至大街共路通行四至
分明計下地叁畝壹分陸厘肆毛柒系貳忽文連大街東頭十二股六中出路中
次地壹畝捌毛捌忽肆葉糧叁升叁合壹下壹畝九粒久連通 五道廟
哥出路朴菜匂柒拟玖下情惠出賣其本村穰林鄒林太甲李文元永遠修理
住座為業同中言定價錢伍拾捌千又當日不欠恐口難憑立賣約為用

嘉慶二十二年 十二月 二十八日 立

杜德明
張樞 見人

道光十六年（1836）山西省五台县郑福□卖地契、宣统元年（1909）山西省五台县梁氏母子卖地契

左侧为道光十六年山西省五台县郑福□将自己名下一段白地卖给张凤□所立契约，有中见人落款并画十字押。右侧为宣统元年梁氏母子将两段地卖给张根香所立契约，有中人落款、画押，盖官印。在民国三年（1914）又立一张官契。

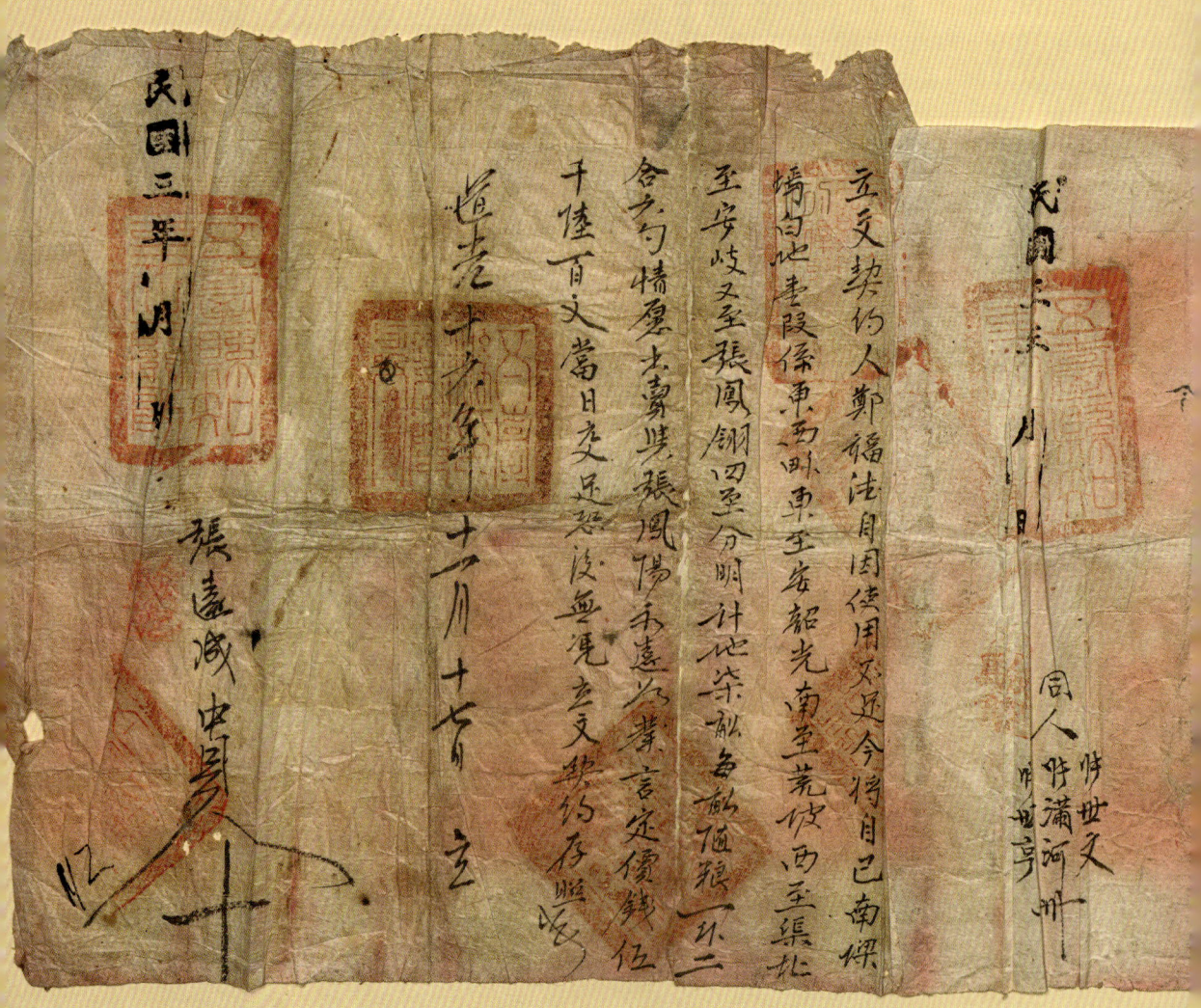

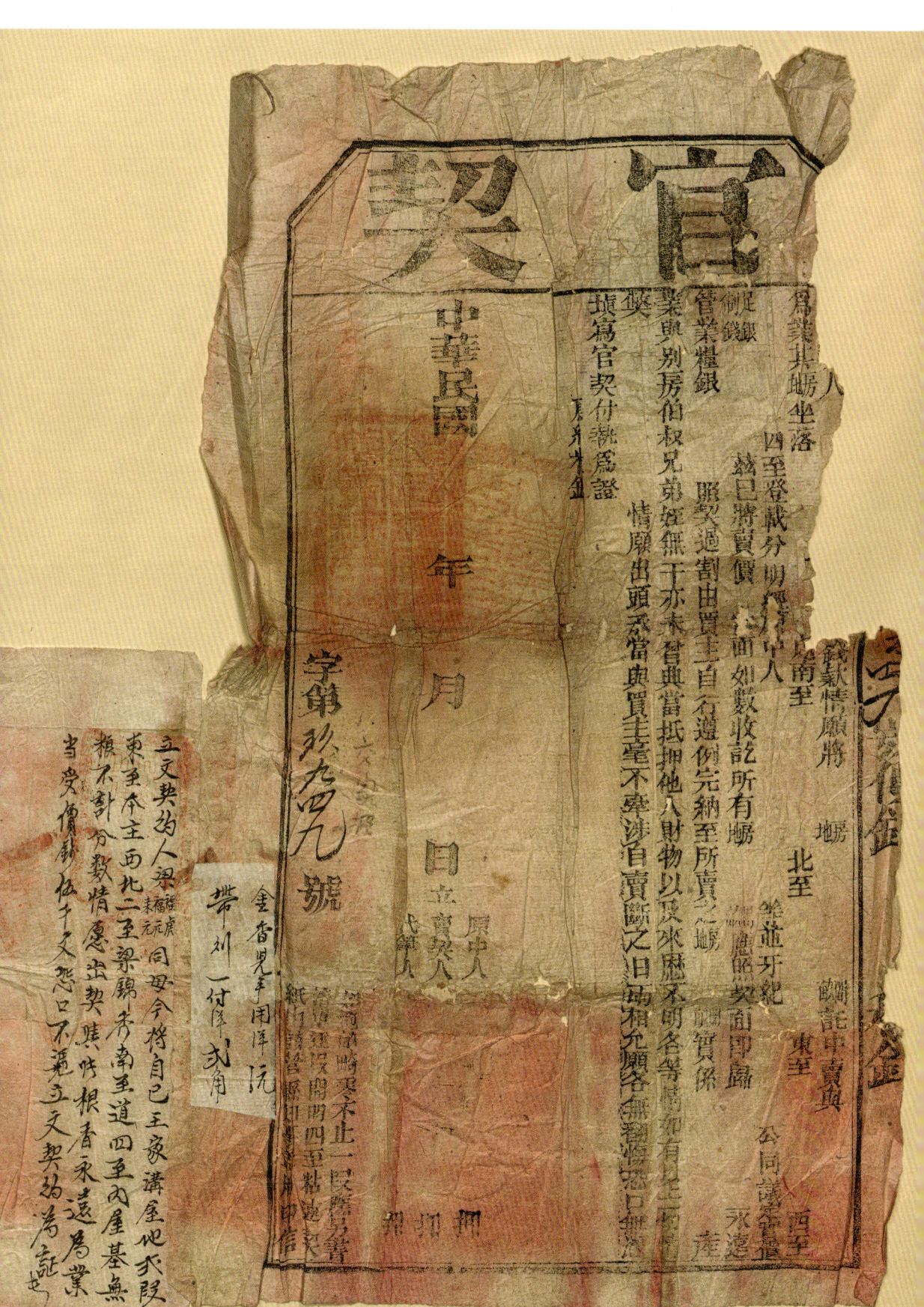

道光十七年（1837）山西省太谷县中吾村武胜岫、武胜峯卖地契

道光十七年山西省太谷县中吾村武胜岫、武胜峯将自己祖遗一段地立死契卖给武胜惠，经官府立契纸和尾契。契纸盖"限十日内投税"，正文末尾有关门押，有中见人和代笔人签字、画十字押，盖官印、骑缝章。

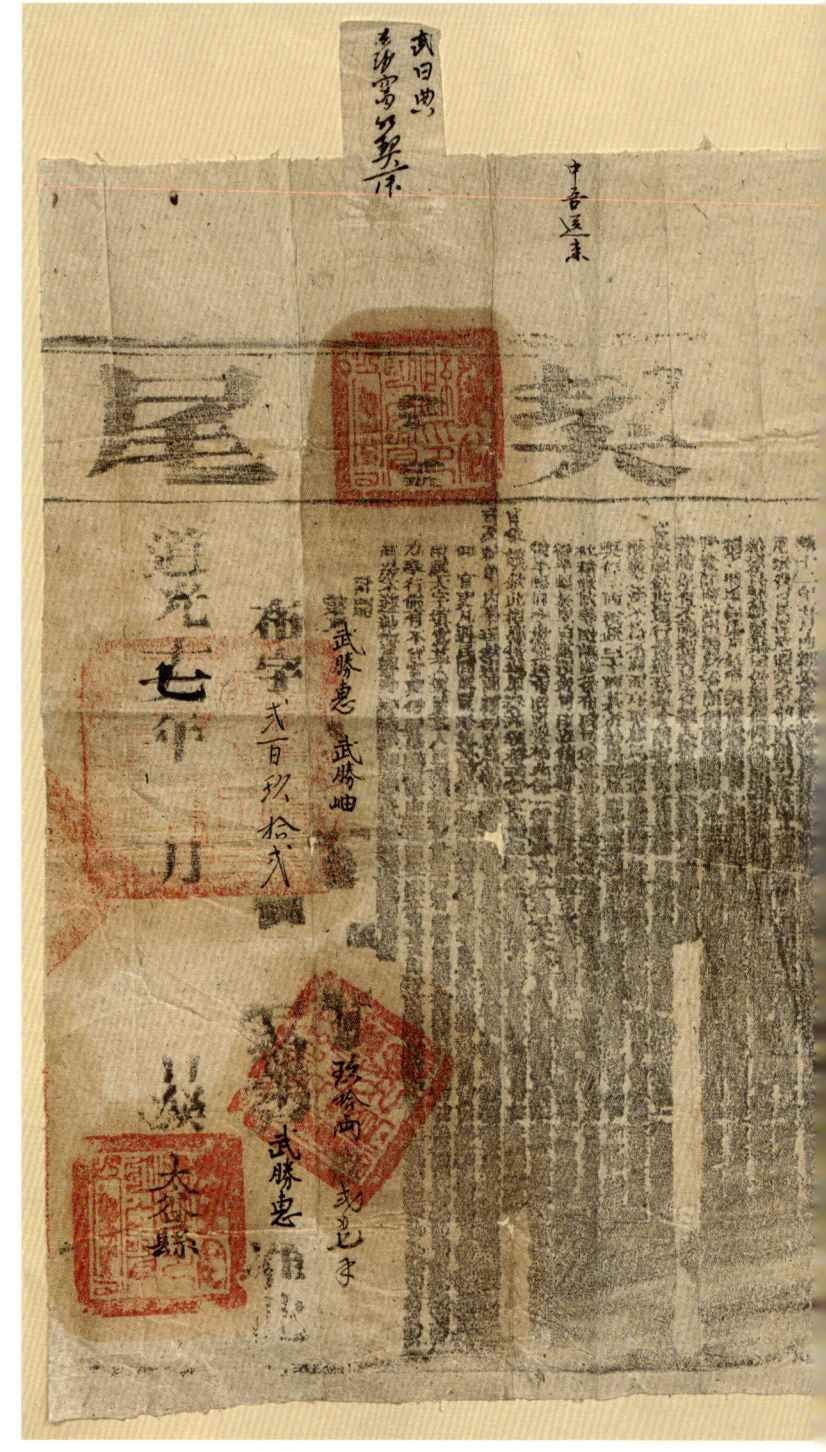

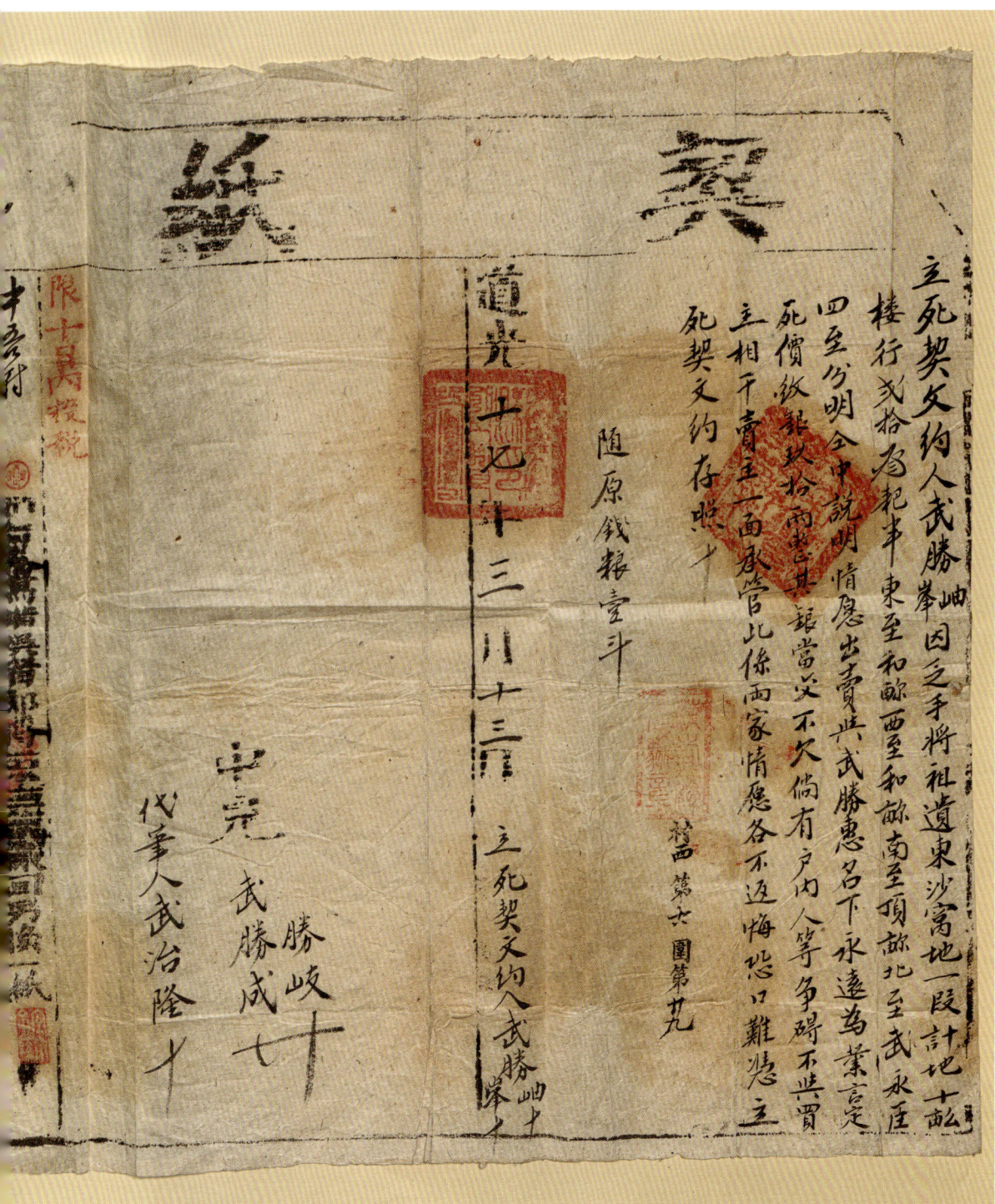

契 約

立死契文約人武勝岫峯因之手將祖遺東沙寓地一段計地十畝樓行或拾為起卡東至和畝西至和畝南至頂欲北至武永匯四至分明今中說明情愿出賣與武勝惠名下永遠為業言定死價紋銀肆拾兩惠集銀當交不欠倘有戶內人等爭碍不興買主相干賣主一面承管此係兩家情愿各不迈悔恐口難憑立死契文約存照

隨原錢糧壹斗

道光十七年三月十三日 立死契文約人武勝岫峯

中見 武勝成
勝岐
代筆人武治隆

道光十八年（1838）山西省崞县黄有仓卖地契

道光十八年山西省崞县黄有仓将自己名下两段白地经中见人说合立契卖给黄如金。契约正文后有关门押，补注"计开随火浇灌"。有花码计数，有中见人签字、画十字押，盖官印。

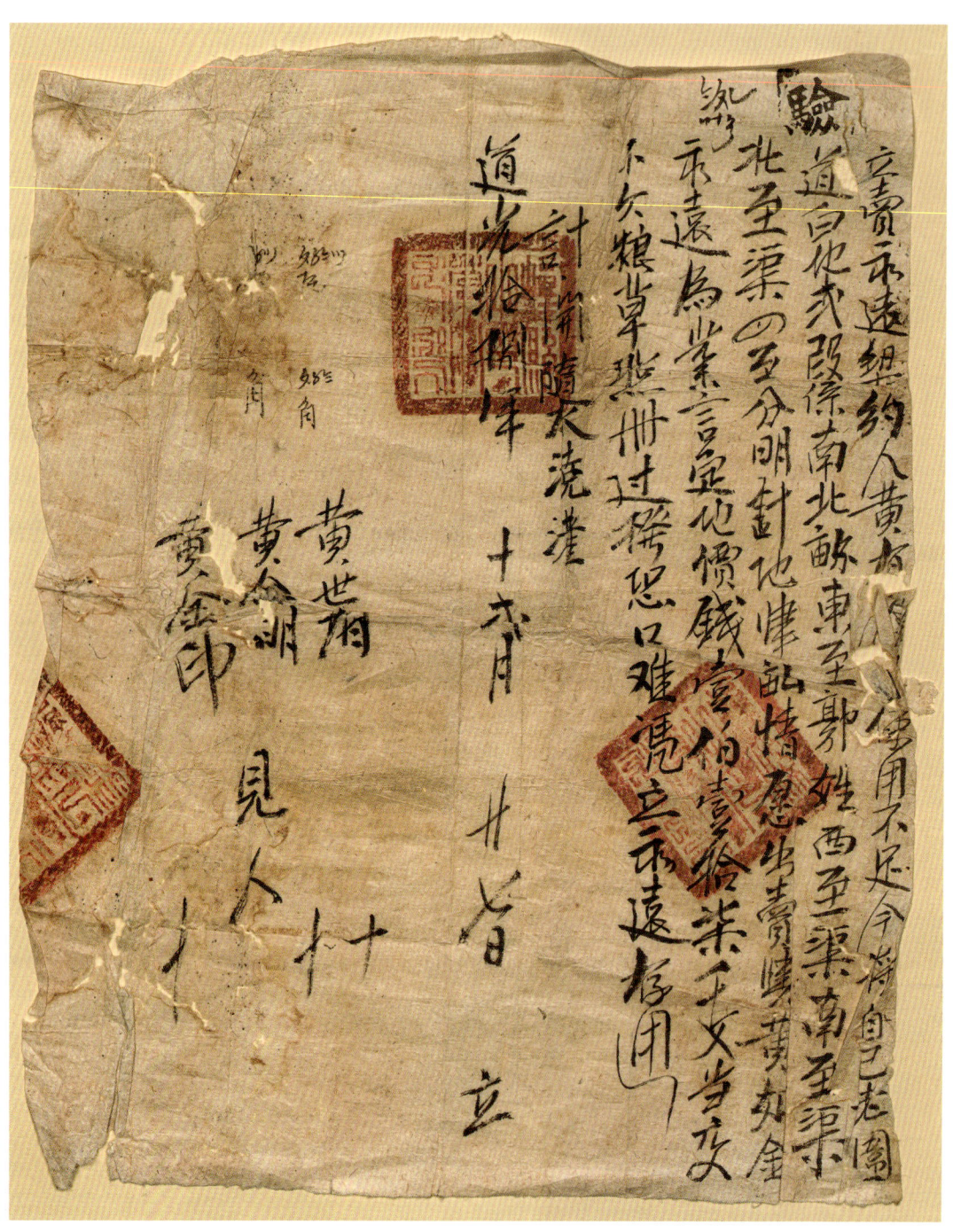

道光二十一年（1841）山西省崞县黄如金买地契约

道光二十一年山西省崞县黄如金买地一段，经官府立尾契，盖官印、骑缝章。本份契约应为《道光十八年（1838）山西省崞县黄有仓卖地契》（第328页）的尾契。

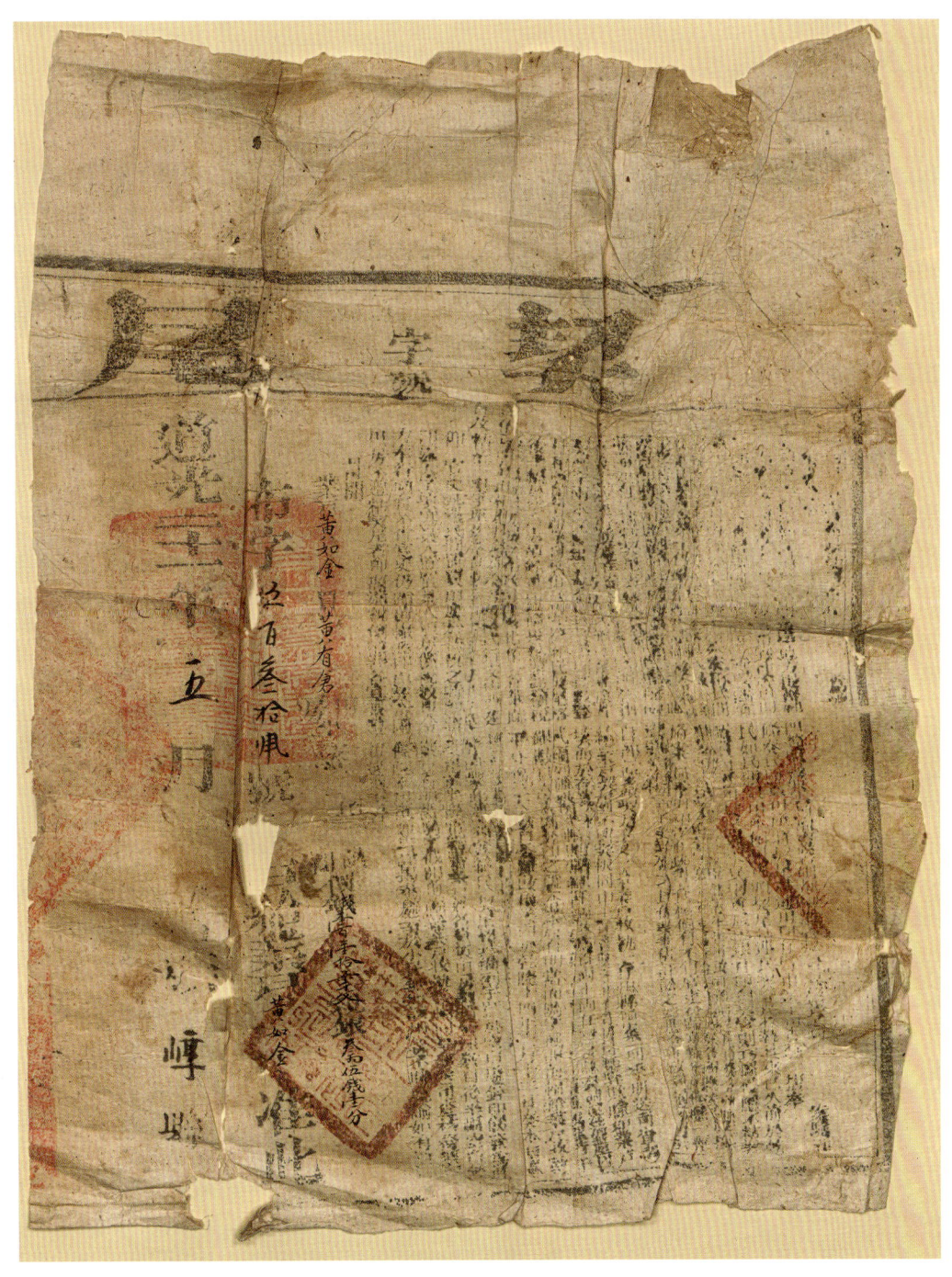

道光二十二年（1842）山西省文水县于成蛟卖地契

道光二十二年山西省文水县于成蛟经中人说合将名下土地立契卖给于富政，经官府确认立尾契一份。有契见人落款、画十字押，代笔人落款，盖官印、骑缝章。

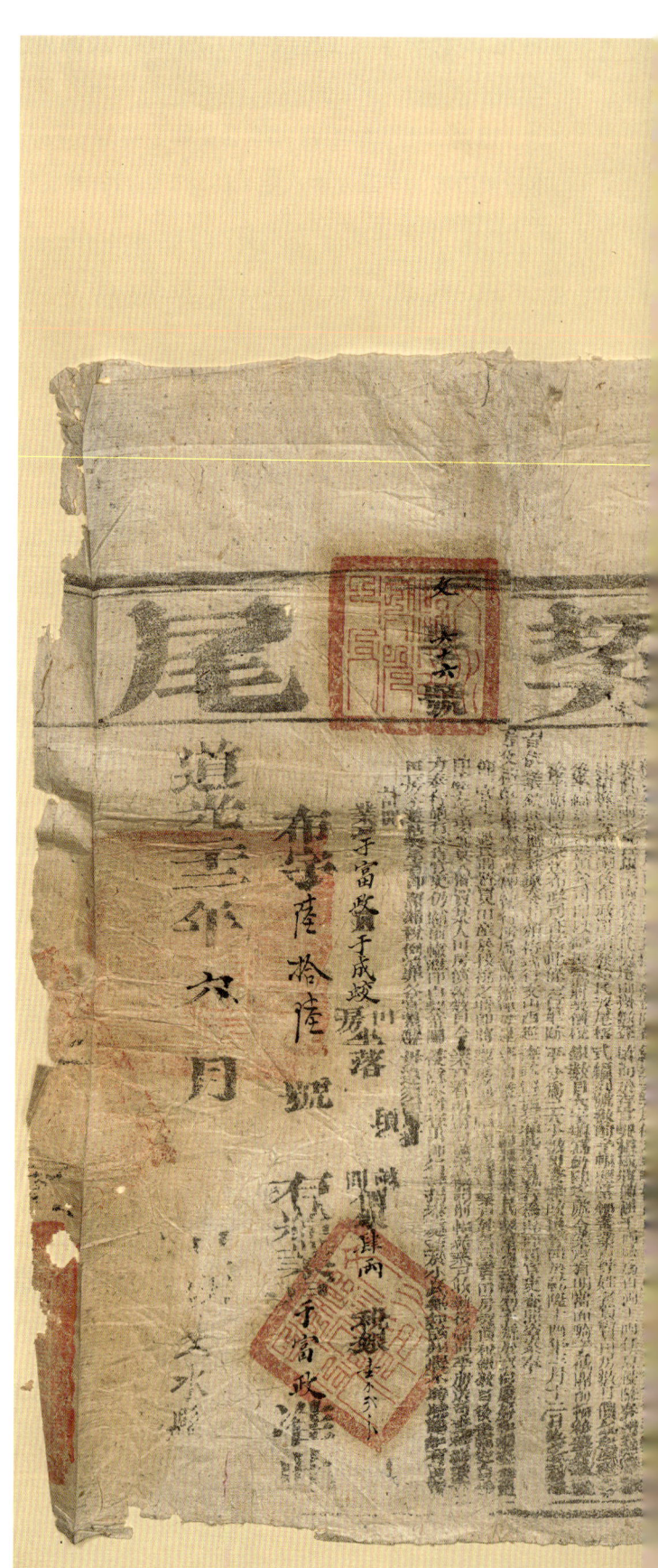

立賣舍基契今成蛟因為一時不便今將自己原分祖業前院西面舍基一塊不計分釐
東至四頁王西至出入通街行道南至內有成蛟行道三尺通街北至買主四至開明今立契出賣與于富政
永遠作業同眾書定買價銀肆兩整其銀旦日交足並無欠少此舍基有碍有立契人一面承
當恐後無憑立賣舍基契為証

隨契開糧一升

道光廿戈年六月十五日立

契見人 武贊候
于富汕
于武封候
于成彩

于輔清書

道光二十八年（1848）山西省平定州杨聚和卖地契

道光二十八年山西省平定州杨聚和将名下祖业立契卖给崔梦龄，次年经官府立尾契。草契正文末尾有关门押，有同中人落款、画十字押，盖官印、骑缝章。

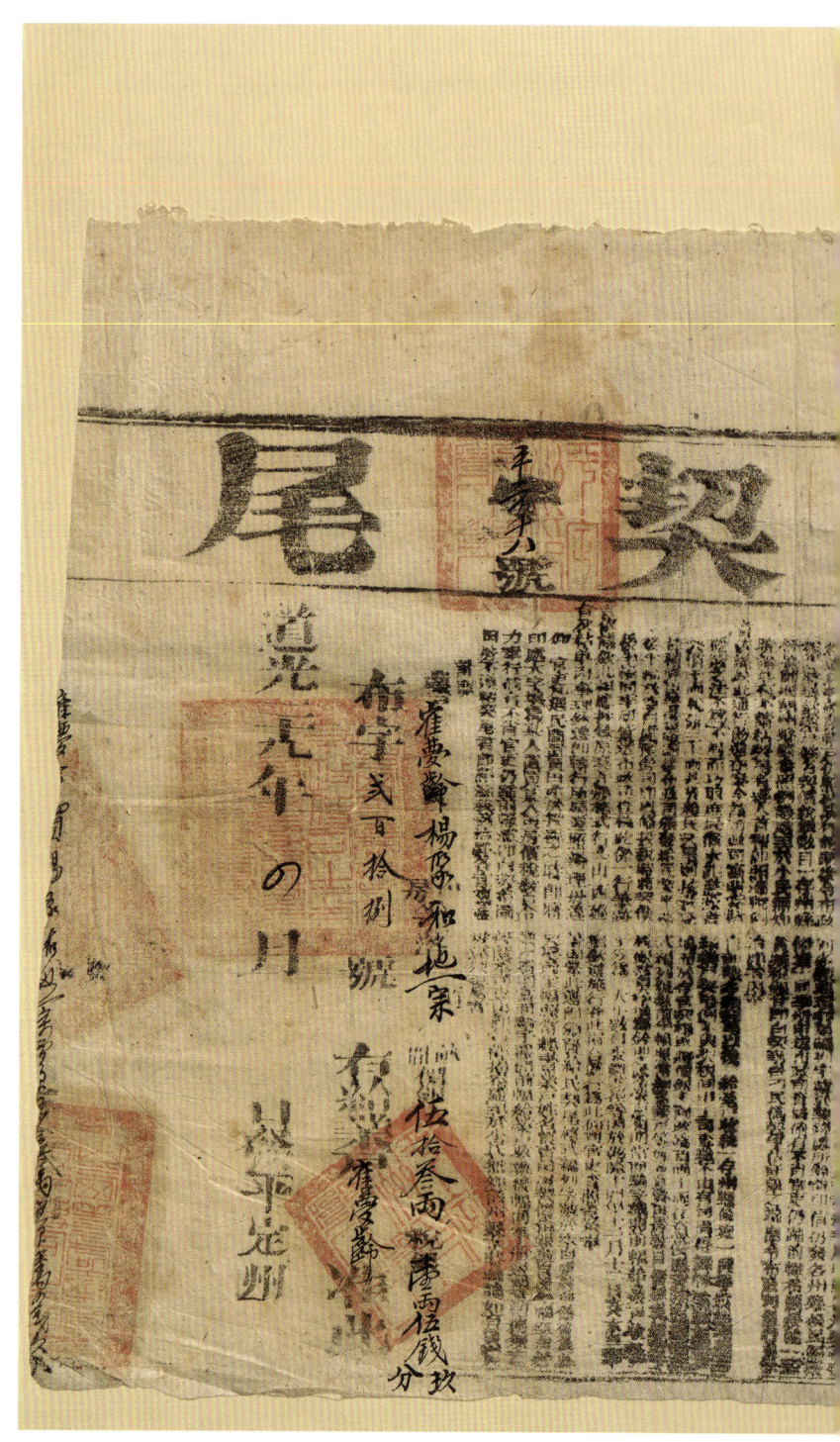

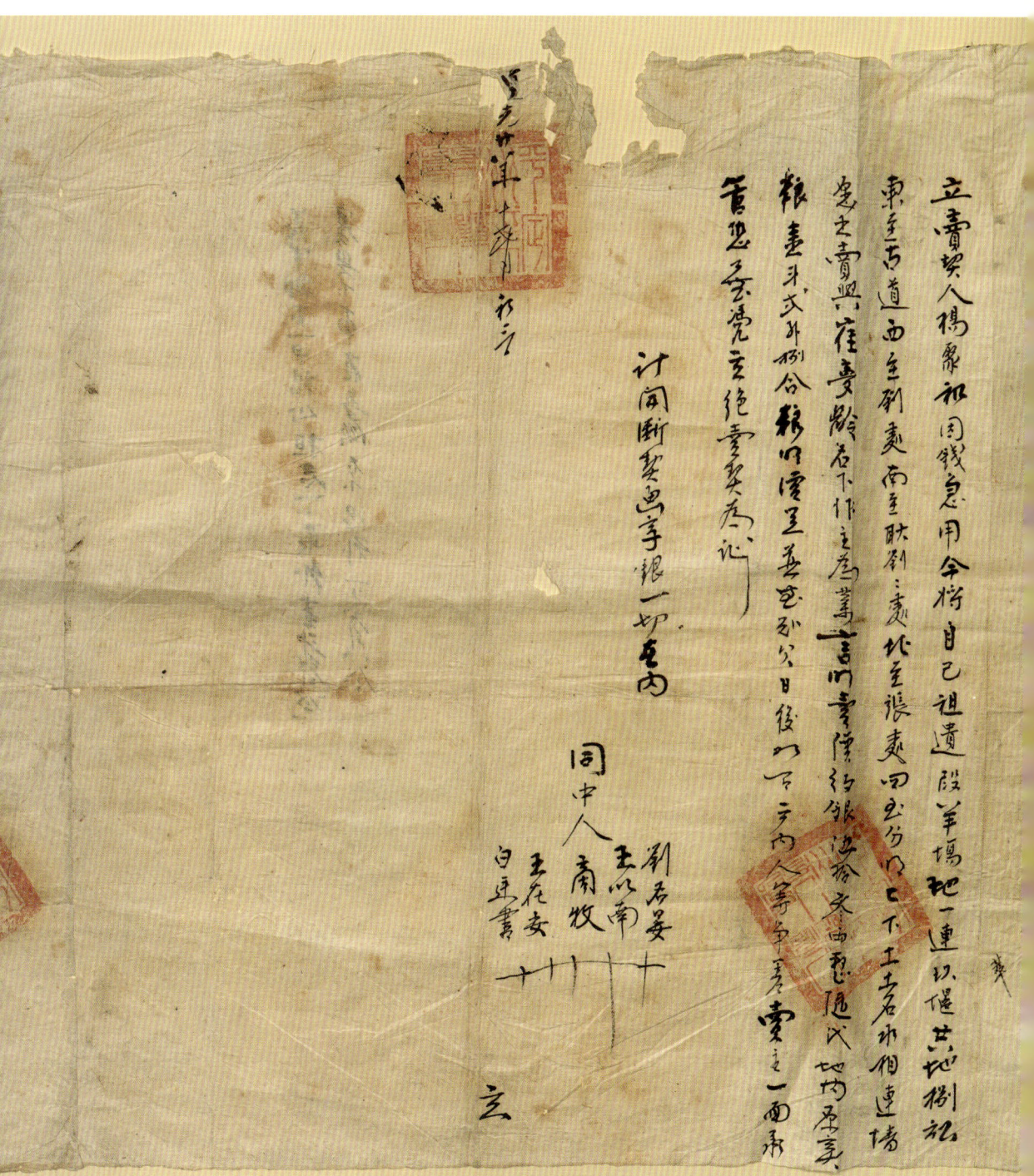

立賣契人楊黎祖因錢急用今將自己祖遺殷筆塲地一連玖堵共地捌祉東至古道西至劉處南至耿劉二處北至張處四至分明以上工名所相連情愿出賣興崔貴齡名下作之為業言明賣價紋銀伍拾玖兩惠隨契日後如另戶丙等爭差賣主一面承管恐無憑立絶賣契為記
糧隨頭式升捌合糧附楊呈善毛豹父日後如另戶丙等爭差賣
計開斷賣畫字銀一切在內
　　　　同中人 劉名晏
　　　　　　　王以南
　　　　　　　南牧
　　　　　　　王在安
　　　　　　　自延書立

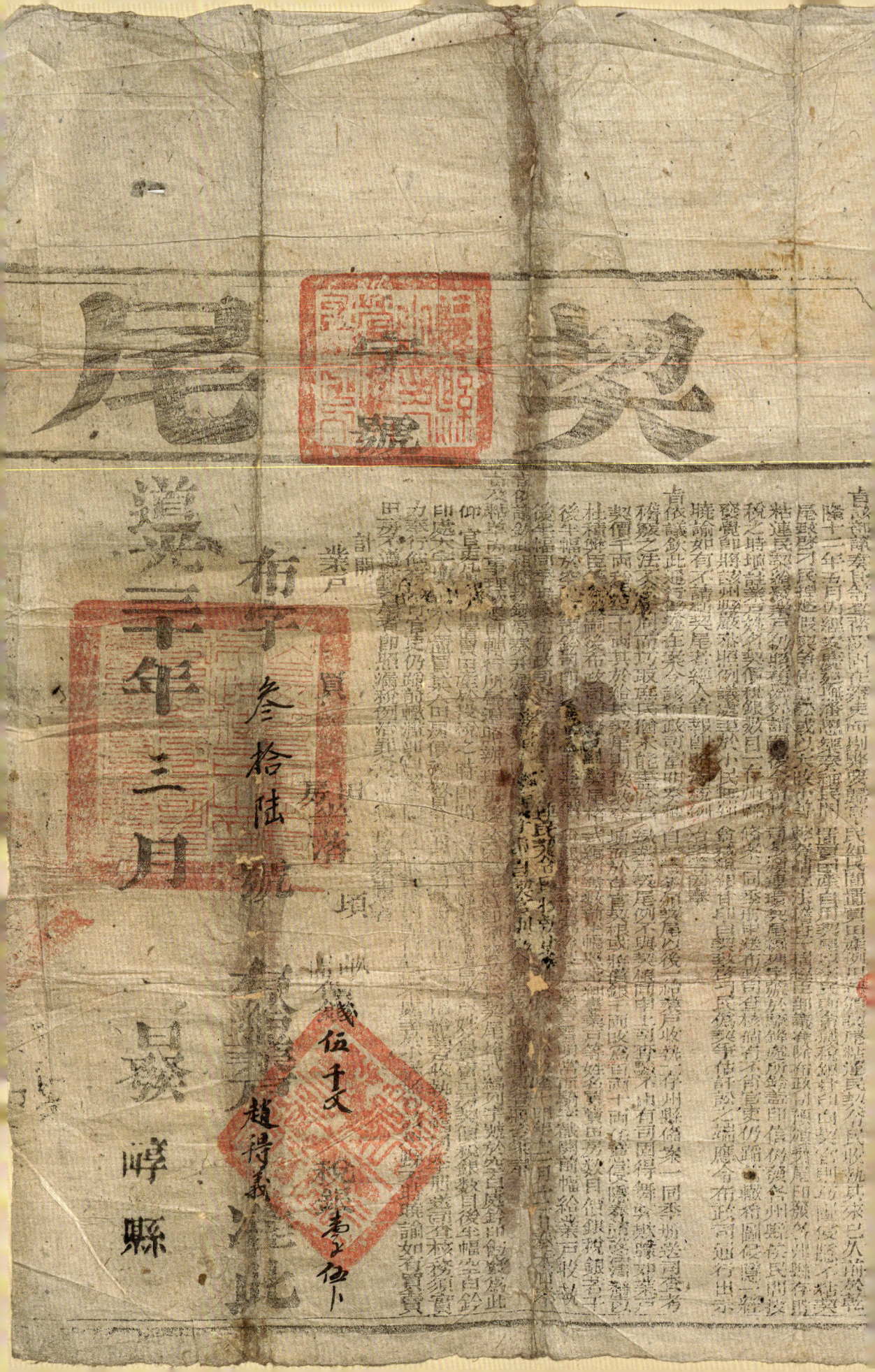

道光三十年（1850）山西省崞县粟树兰卖地契

道光三十年山西省崞县粟树兰将自己应分到土地立契卖给赵得义。契约正文末尾有关门押，中见人包括粟树兰的叔父、族兄。同年经官府立尾契一份，盖官印、骑缝章。

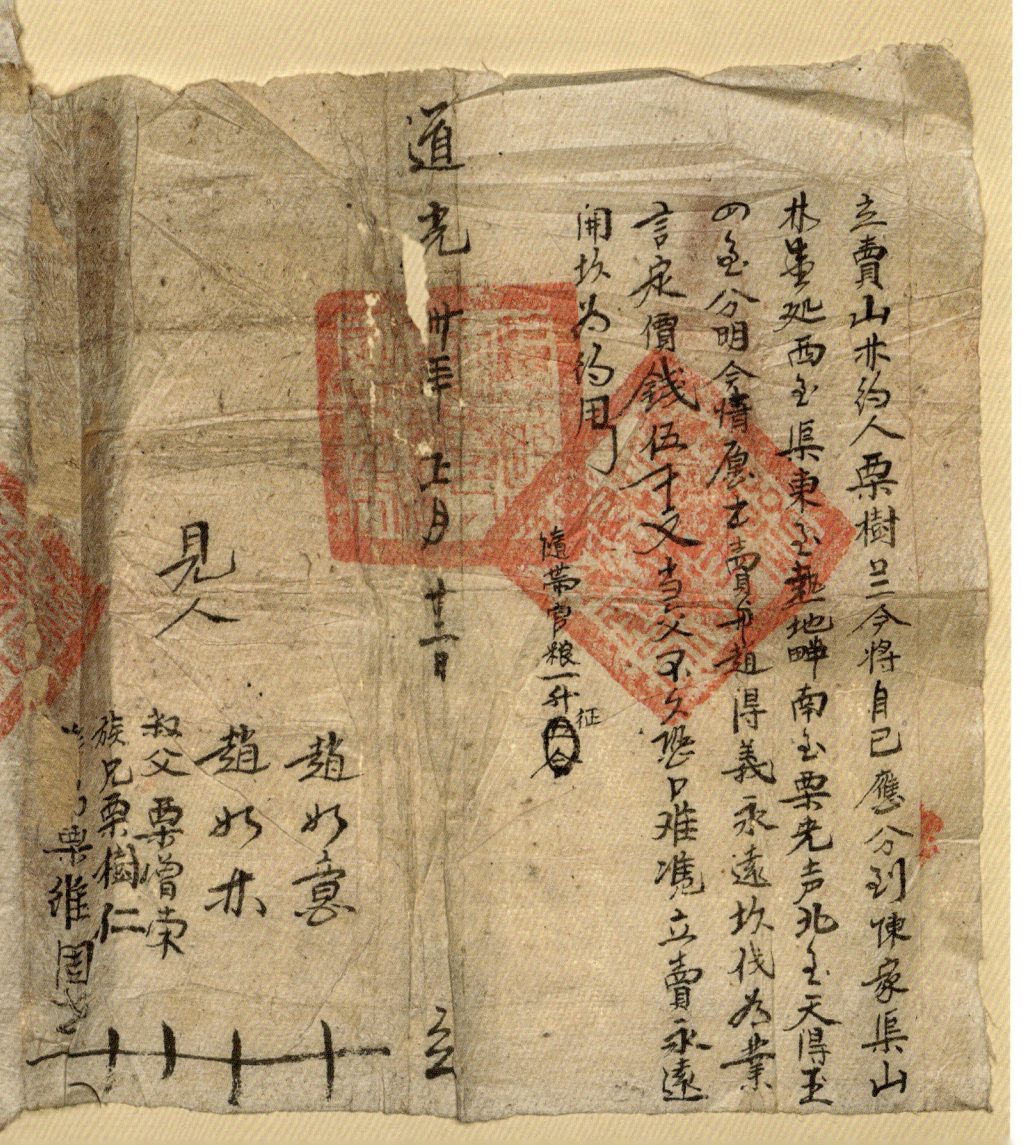

道光三十年（1850）山西省梁万成卖地契

道光三十年山西省梁万成在中见人梁辅志、梁喜贵说合下将一段地立契卖给梁斌元，经官府确认后，又立有光绪八年（1882）尾契与民国三年（1914）官契各一张。草契有知见人签字、画十字押，盖官印、骑缝章。

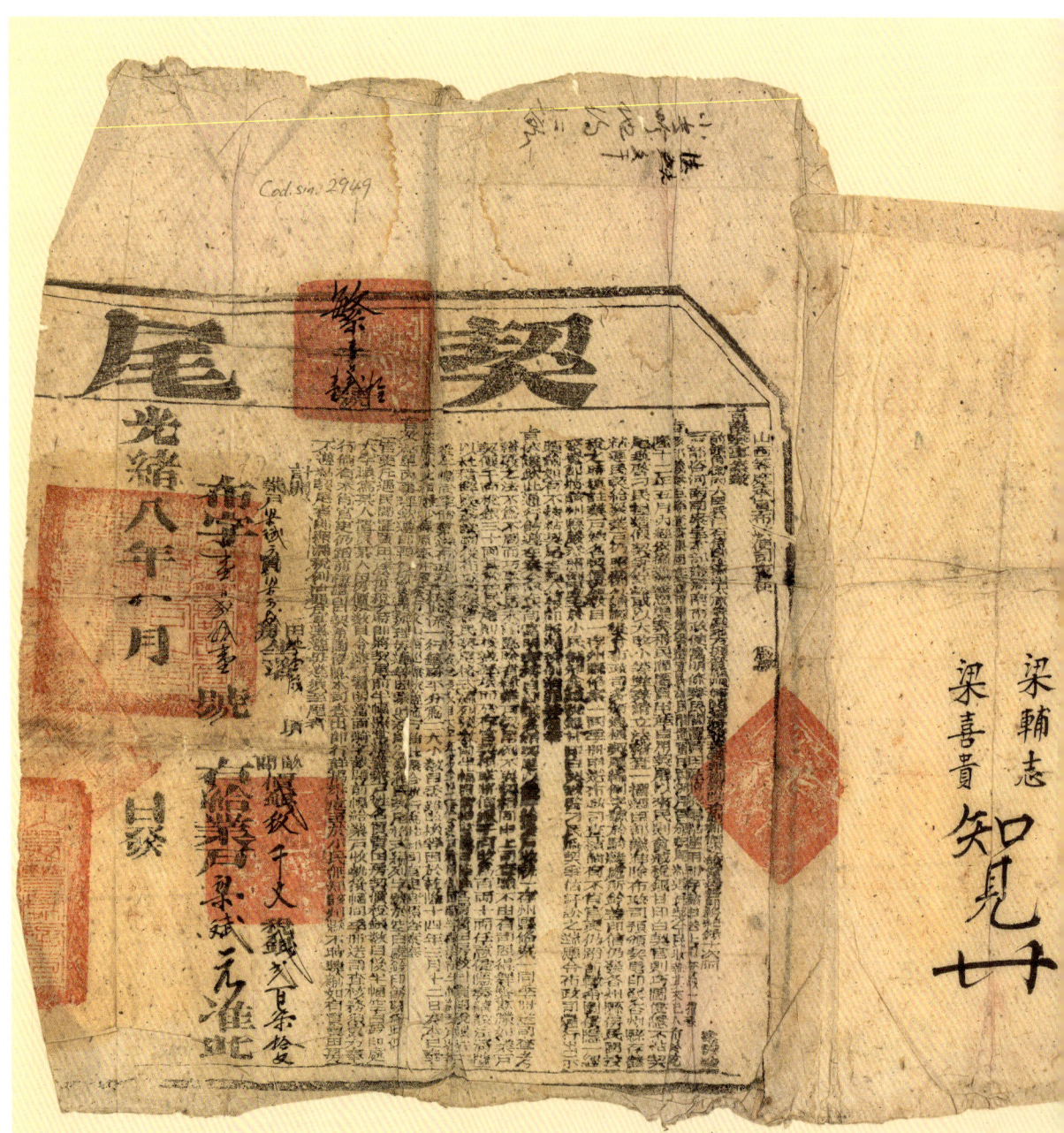

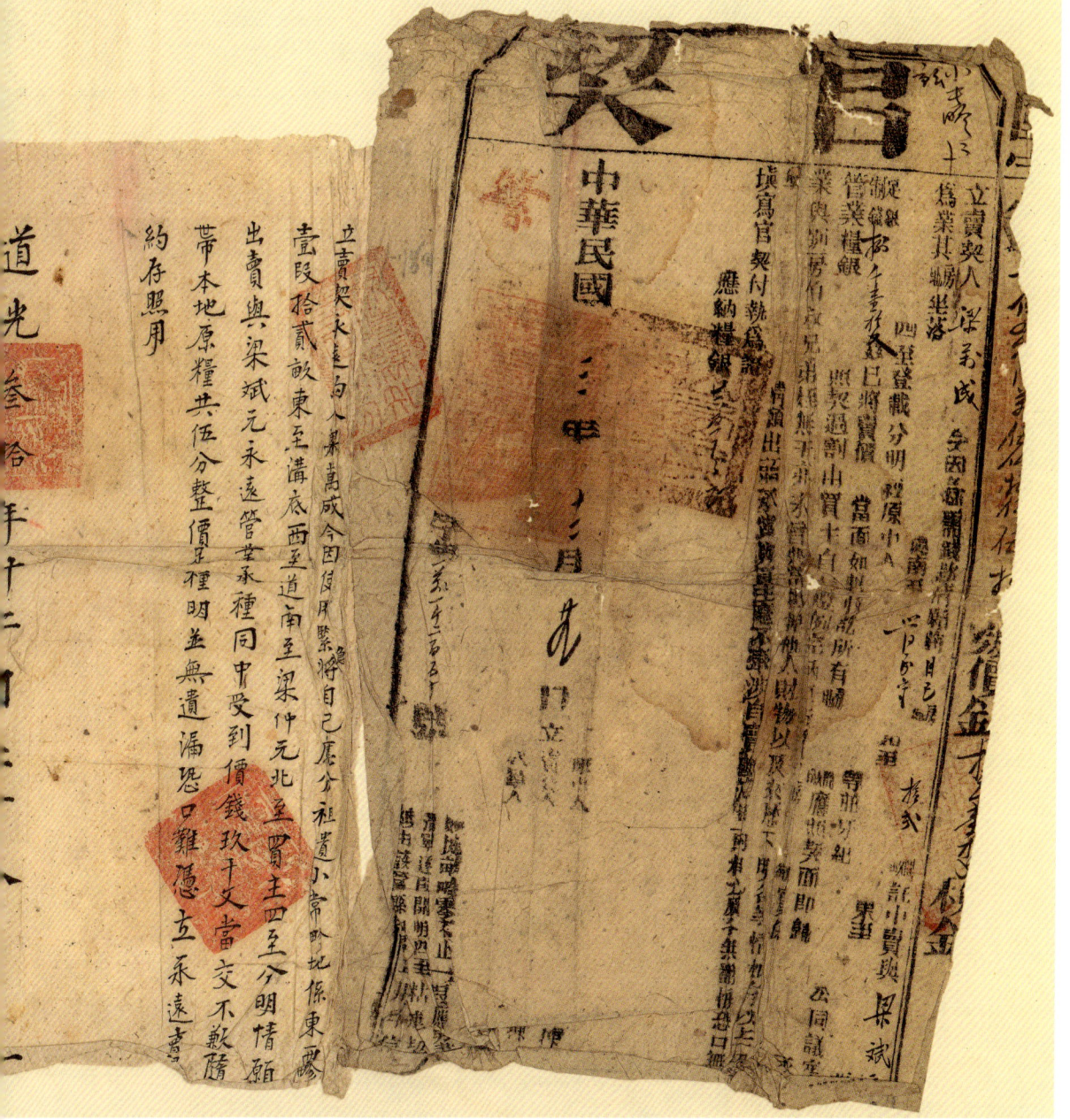

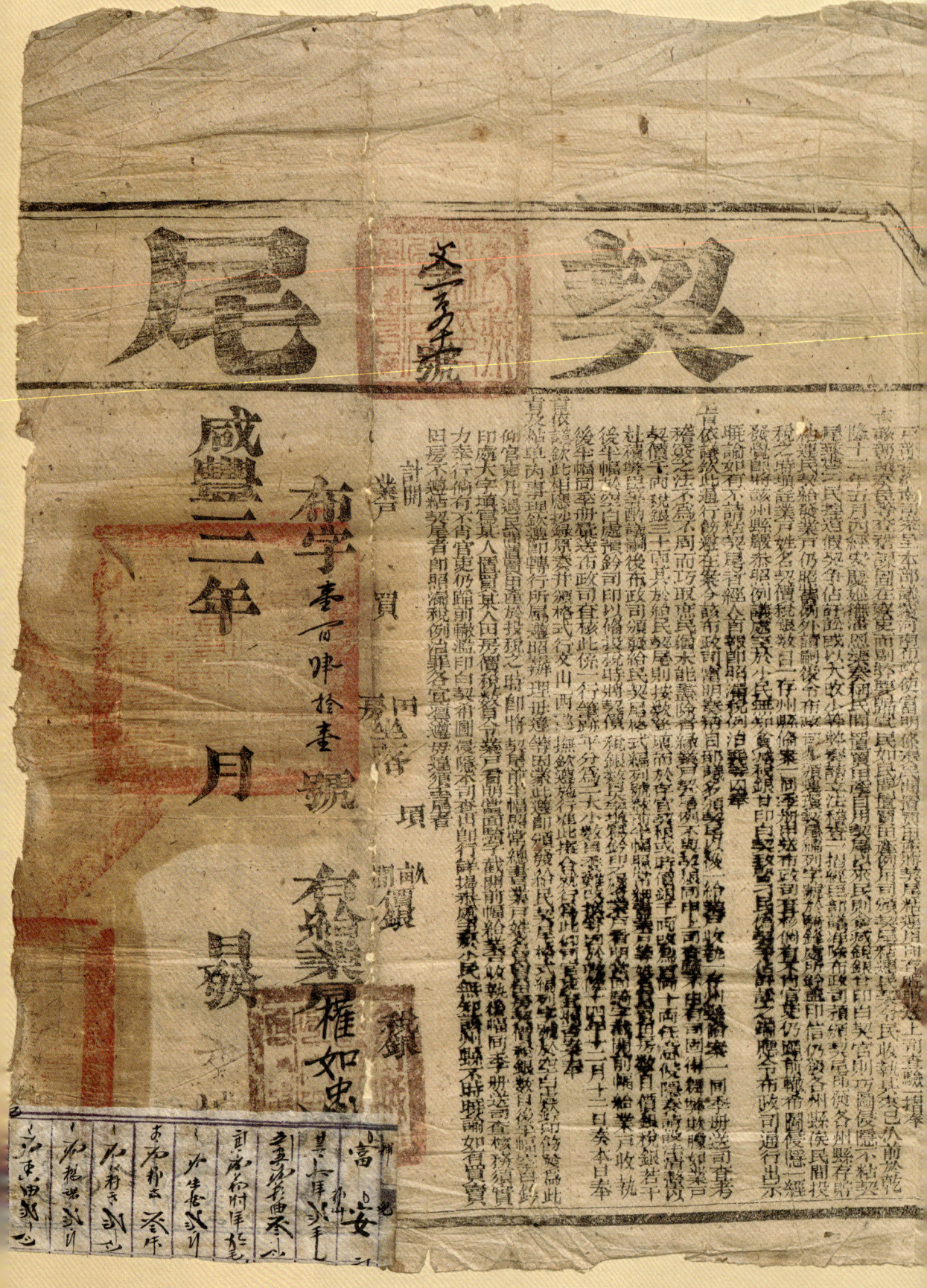

咸丰四年（1854）山西省交城县辛北都贾学智卖房契

　　咸丰四年山西省交城县辛北都二甲贾学智将自己买到的一处房产经中人说合立契卖给权如忠。契纸写明随原老契一张。契文末尾有关门押，有中见人、立契人落款并画十字押，代笔人签名。左侧为咸丰三年（1853）权如忠买地尾契一张，盖官印、骑缝章。

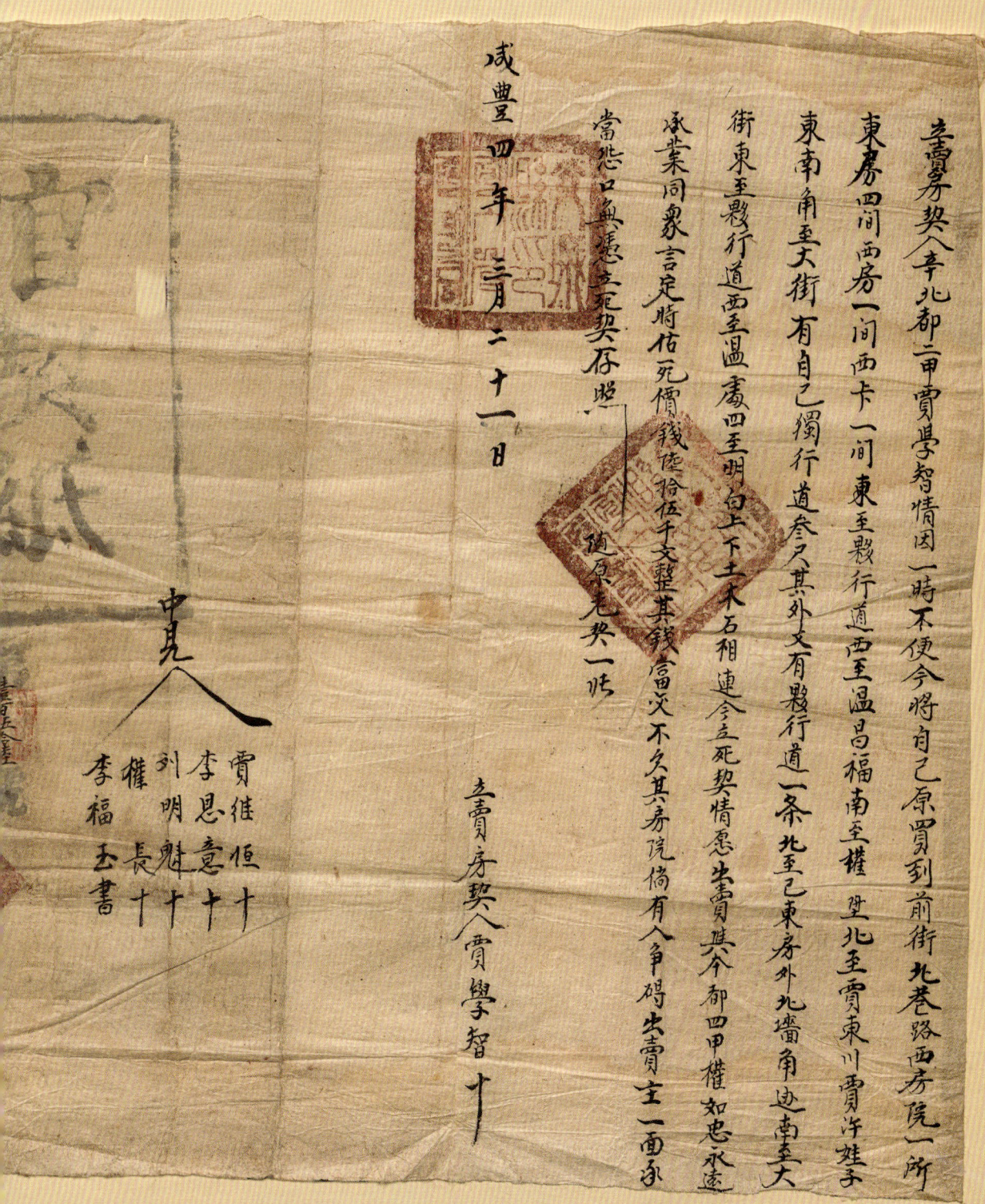

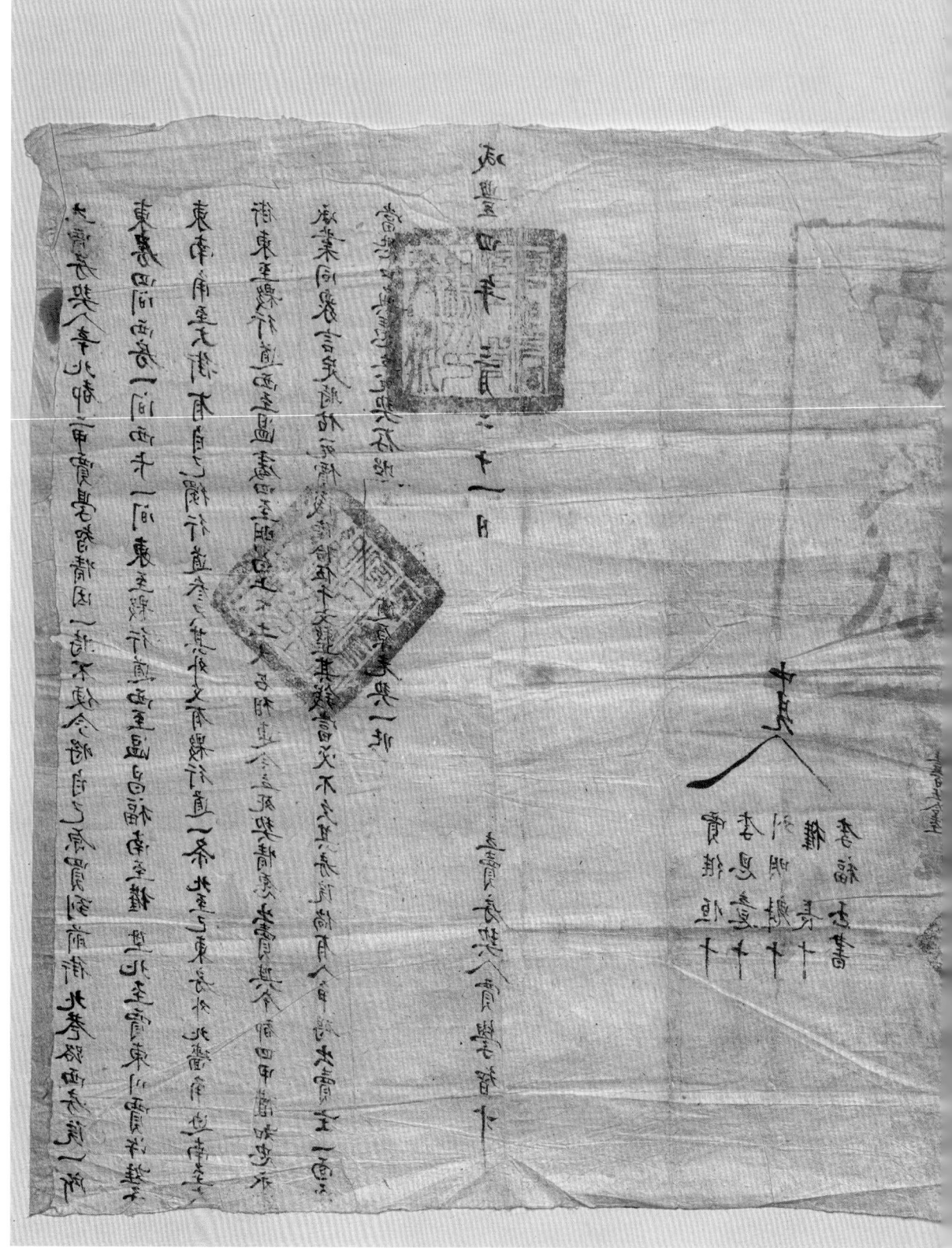

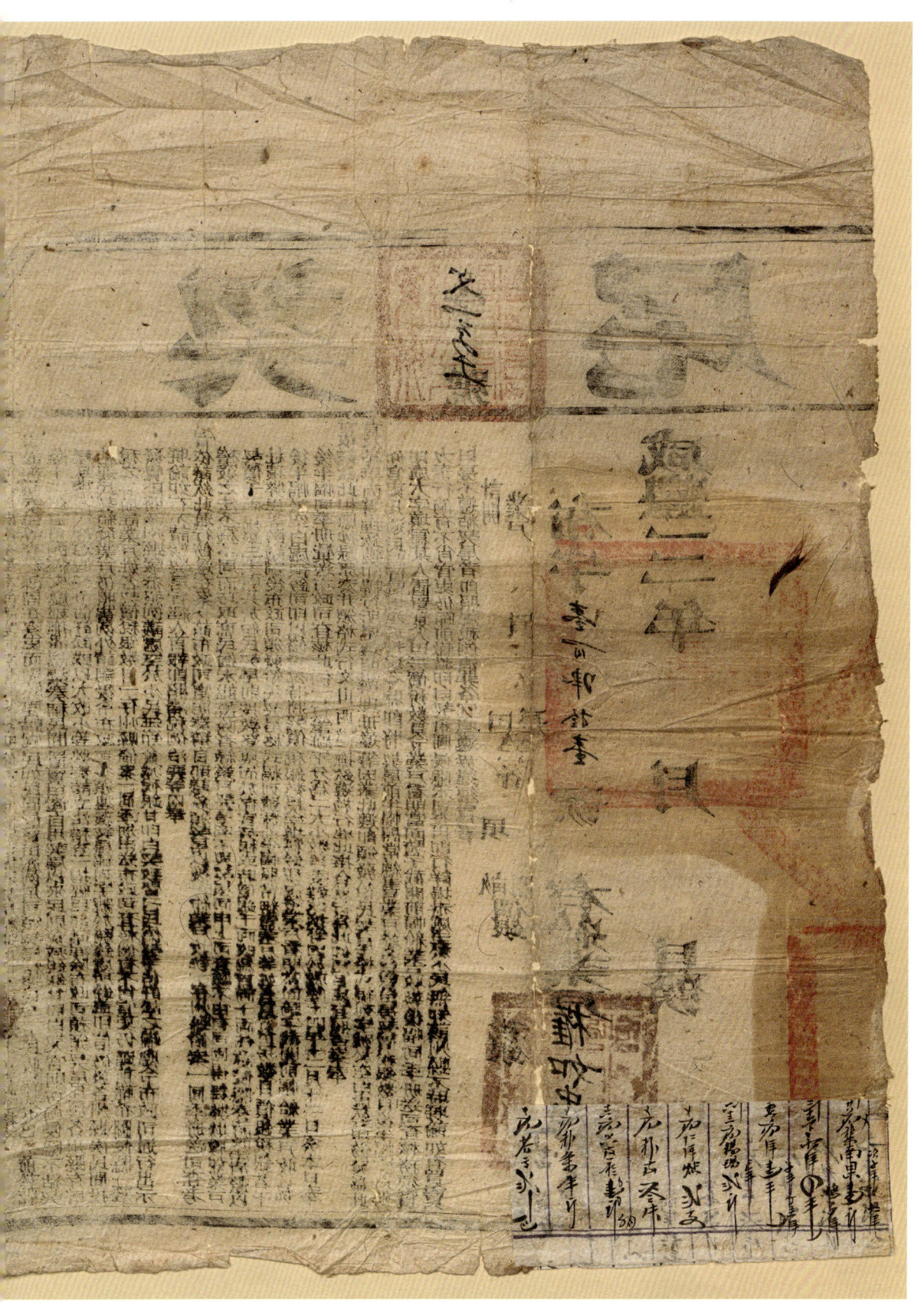

《咸丰四年(1854)山西省交城县辛北都贾学智卖房契》契约背面

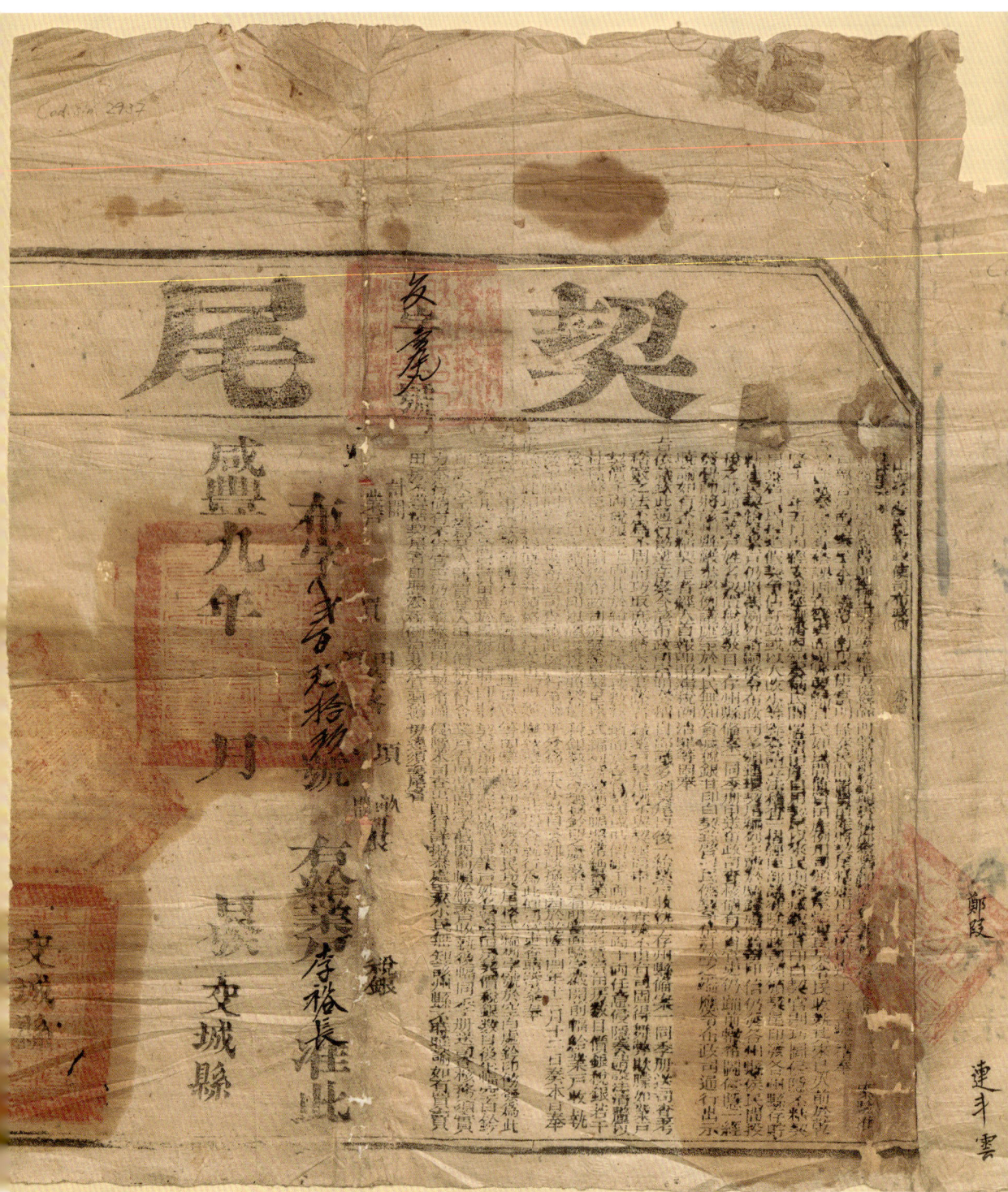

咸丰九年（1859）山西省交城县闫富卖地契

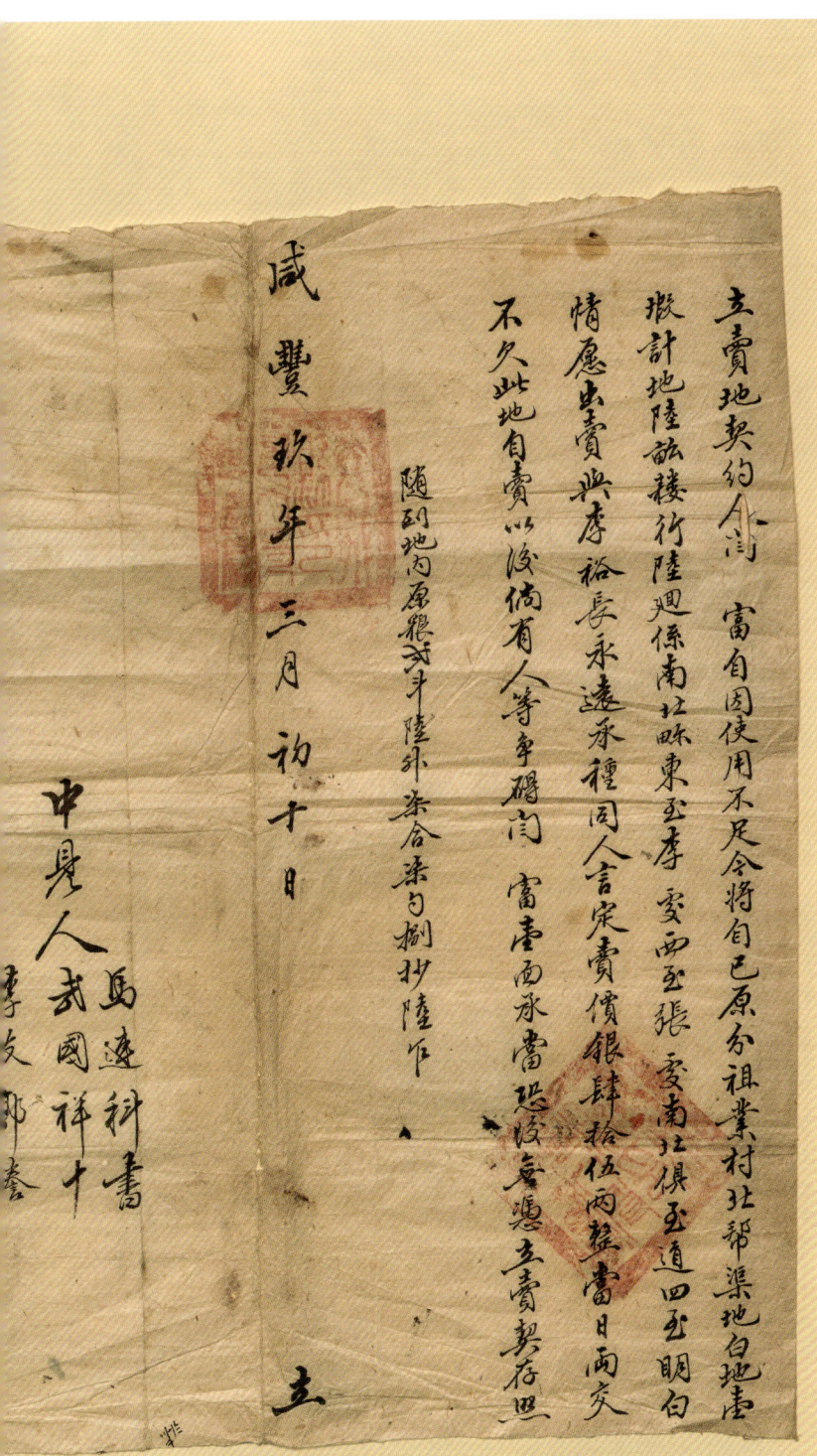

咸丰九年山西省交城县闫富将自己祖传白地一段卖给李裕长为业，立有官契纸、尾契各一份。有代笔人、誊写人签名，中人落款、画十字押，盖官印、骑缝章。

咸丰十一年（1861）山西省太谷县王九诚、王九钺卖地契

咸丰十一年山西省太谷县王九诚、王九钺将名下土地一段立死契卖给郭维翰，并经官府确认立尾契一份。有中人落款、画十字押，盖官印、骑缝章。

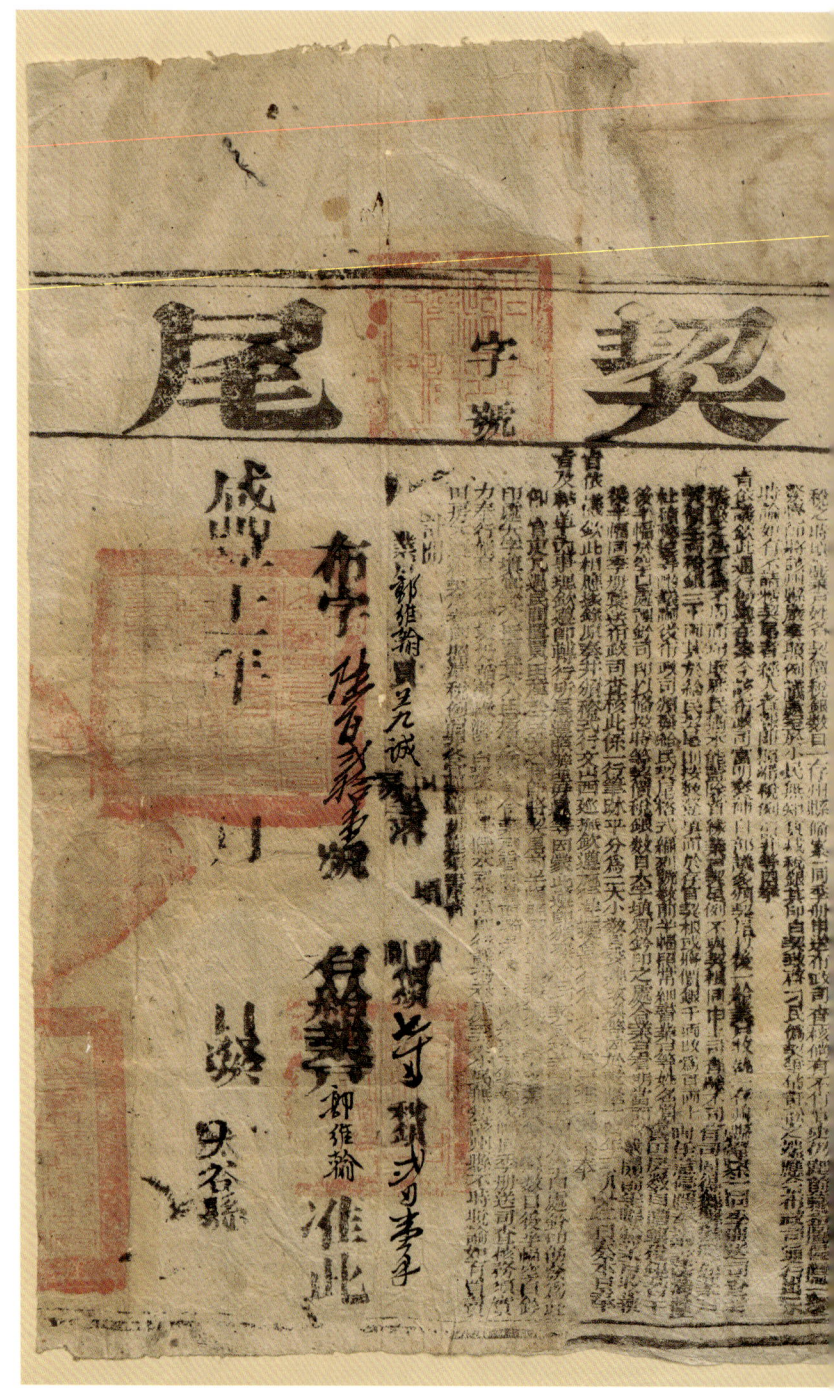

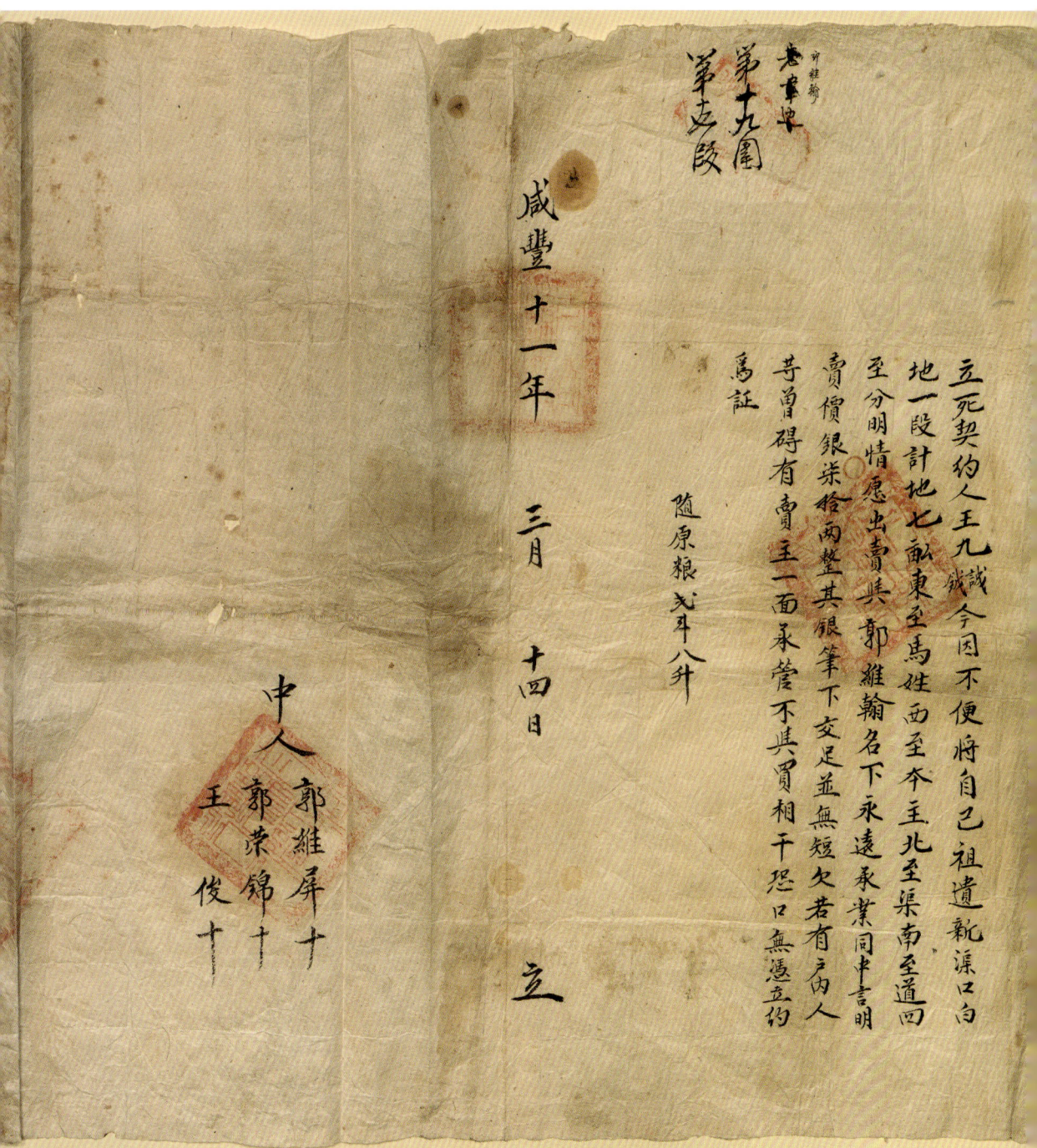

立死契約人王九誠今因不便將自己祖遺靴渠口自
地一段計地七畝東至馬姓西至本主北至渠南至道四
至分明情愿出賣與郭維翰名下永遠承業同中言明
賣價銀柒拾兩整其銀筆下交足並無短欠若有戶內人
寺曾碍有賣主一面承當不其買相干恐口無憑立約
為証

　　　　　　　隨原粮戈斗八升

咸豐十一年　三月　十四日　立

中人　郭維屏
　　　郭榮錦
　　　王　俊

同治元年（1862）山西省李朝忠土地执照、光绪十六年（1890）杨庆雨买地尾契、民国年间摊款收据

右侧为同治元年山西省李朝忠与李朝唐经过中人说合，明确东场社基的所有权，立执照一份作为凭证。草契有说合人落款、画押及代笔落款，盖官印、骑缝章。左侧为光绪十六年杨庆雨买地尾契一份，贴有民国年间摊款收据一份。

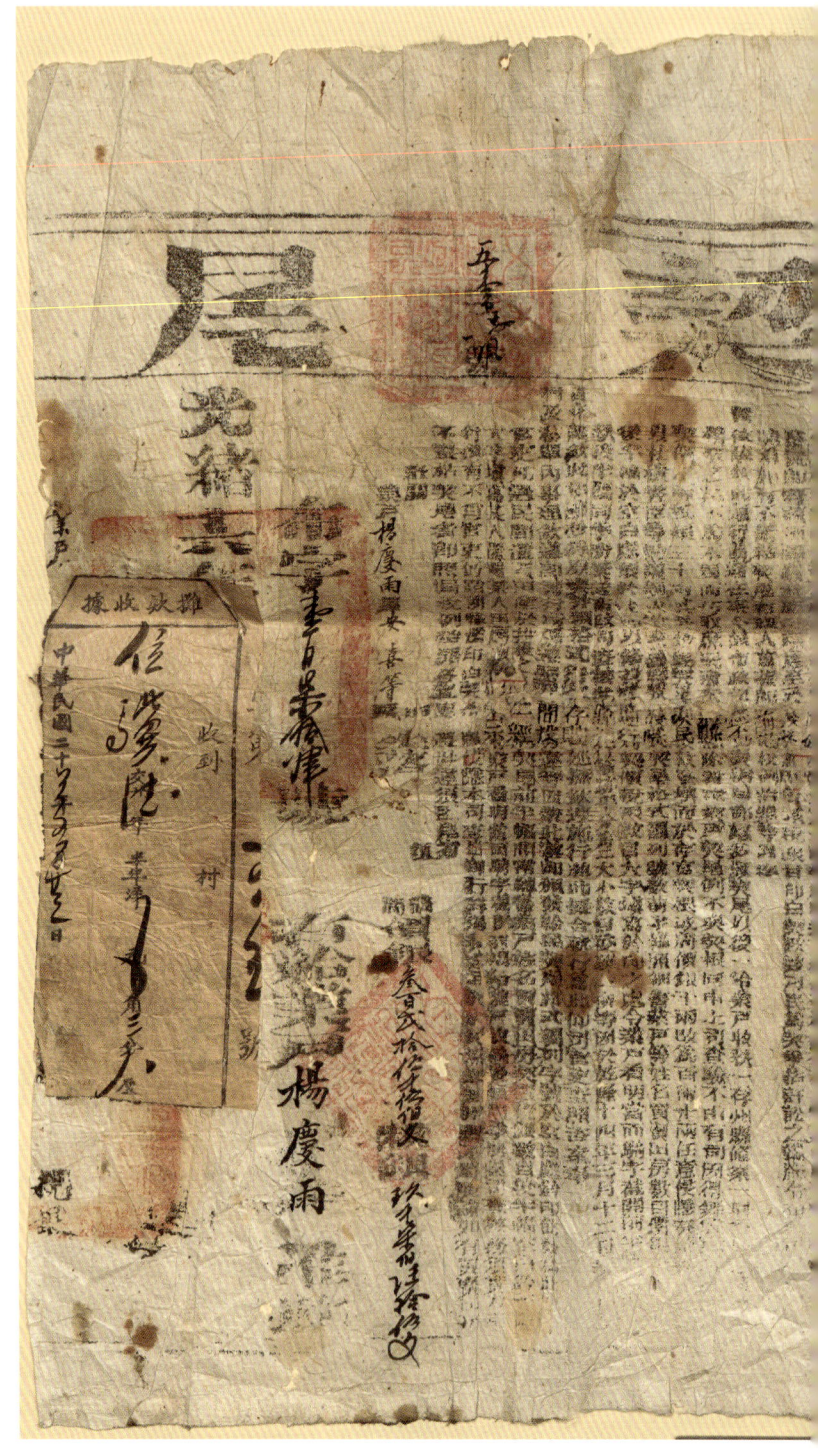

立執照人李朝忠 今有與

李朝唐上年有東暘社墓所錯之事不肯差今以右同人說令李所皆明兩情兩愿永不許爭口舌有旁親戶內爭奪者有李朝忠出面承當與李朝唐毫並無干忍口無虎立執照為証十

同治元年十月廿八日

說合人 喬山俊十
　　　　李朝年十
　　　　王國厚十
　　　　群學寬十

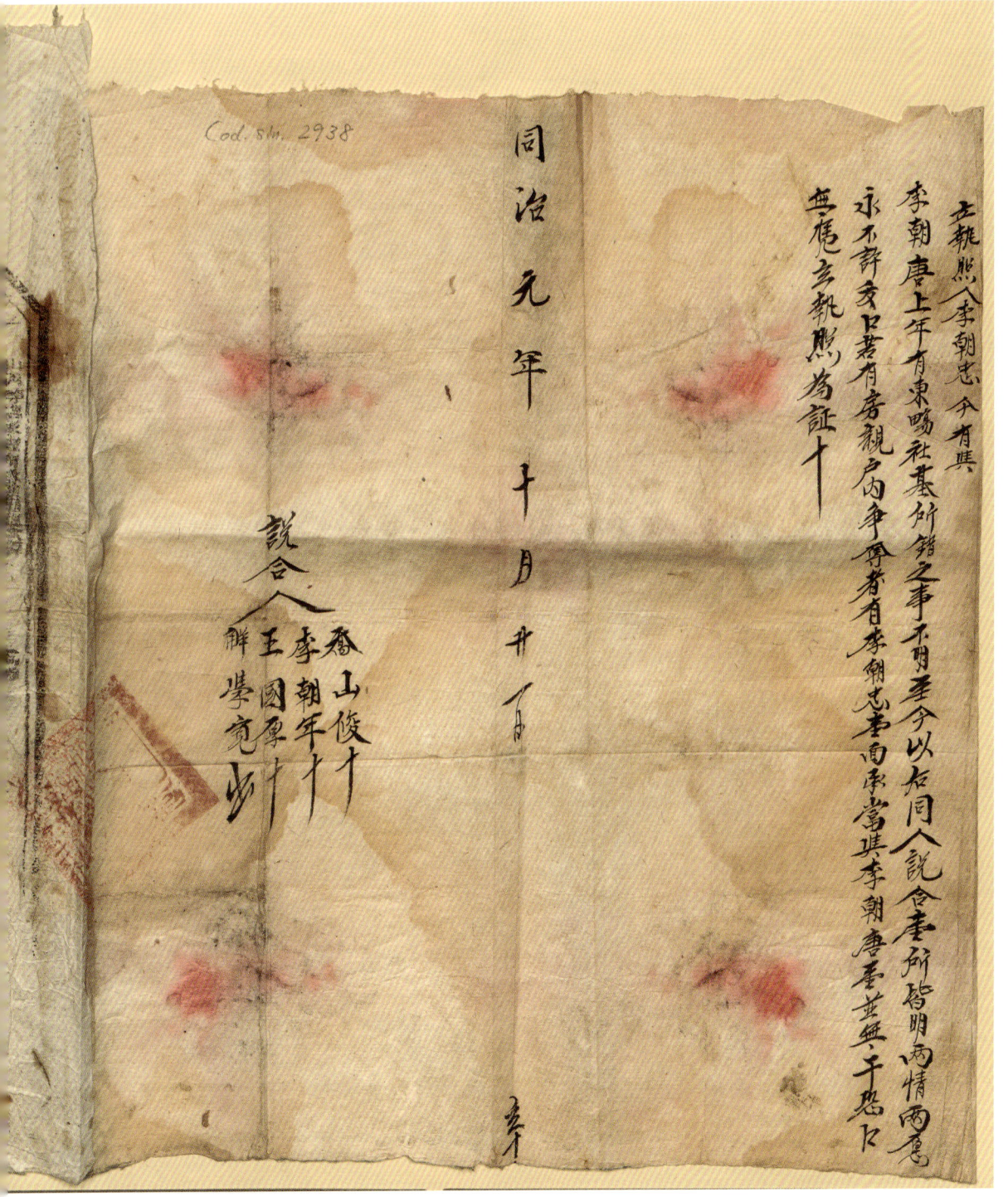

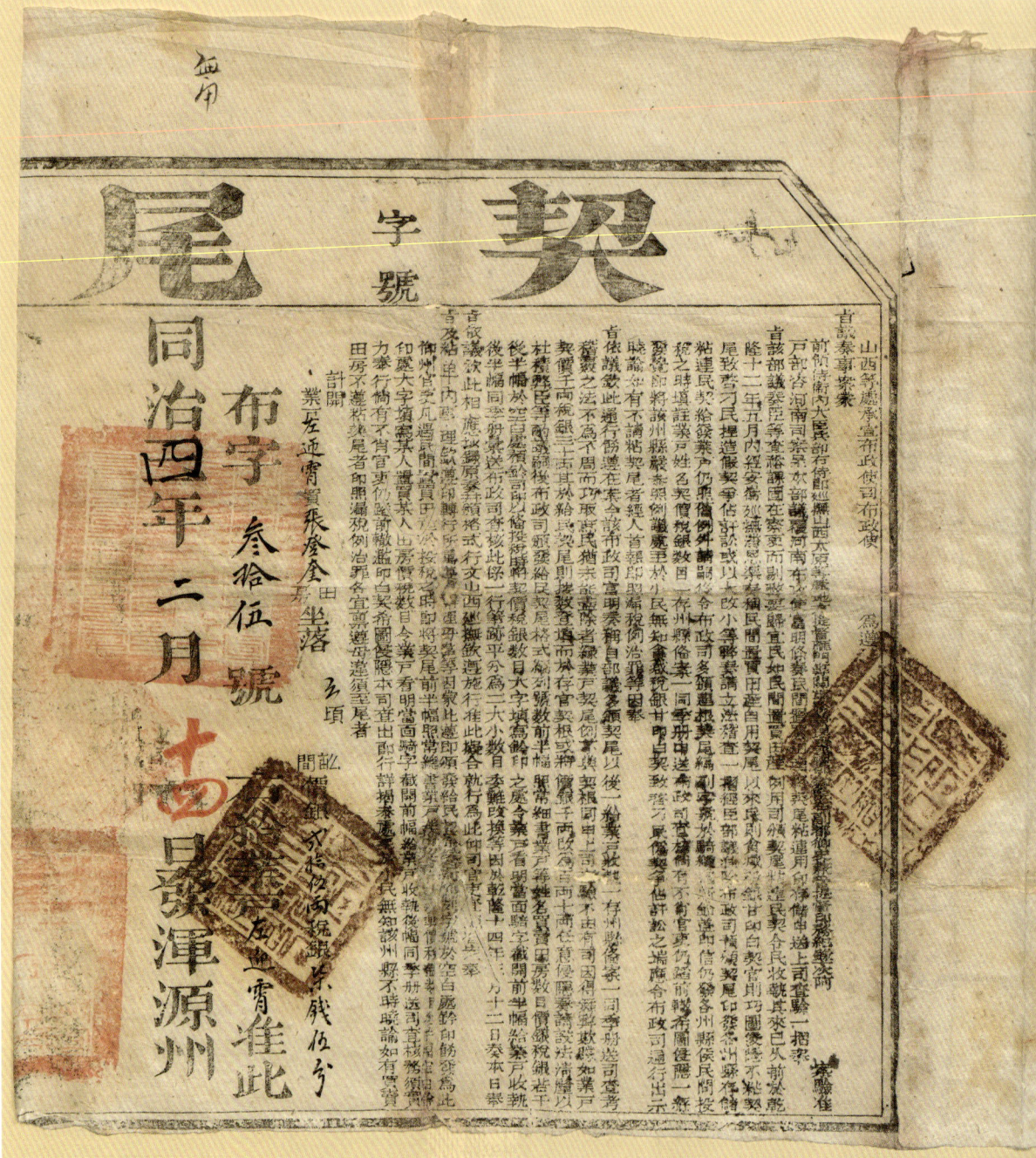

同治三年（1864）山西省浑源州张登奎卖地契

同治三年山西省浑源州张登奎将土地立死契卖给左□霄。有中人名，无画押，盖官印、骑缝章。次年经官府立尾契一份。

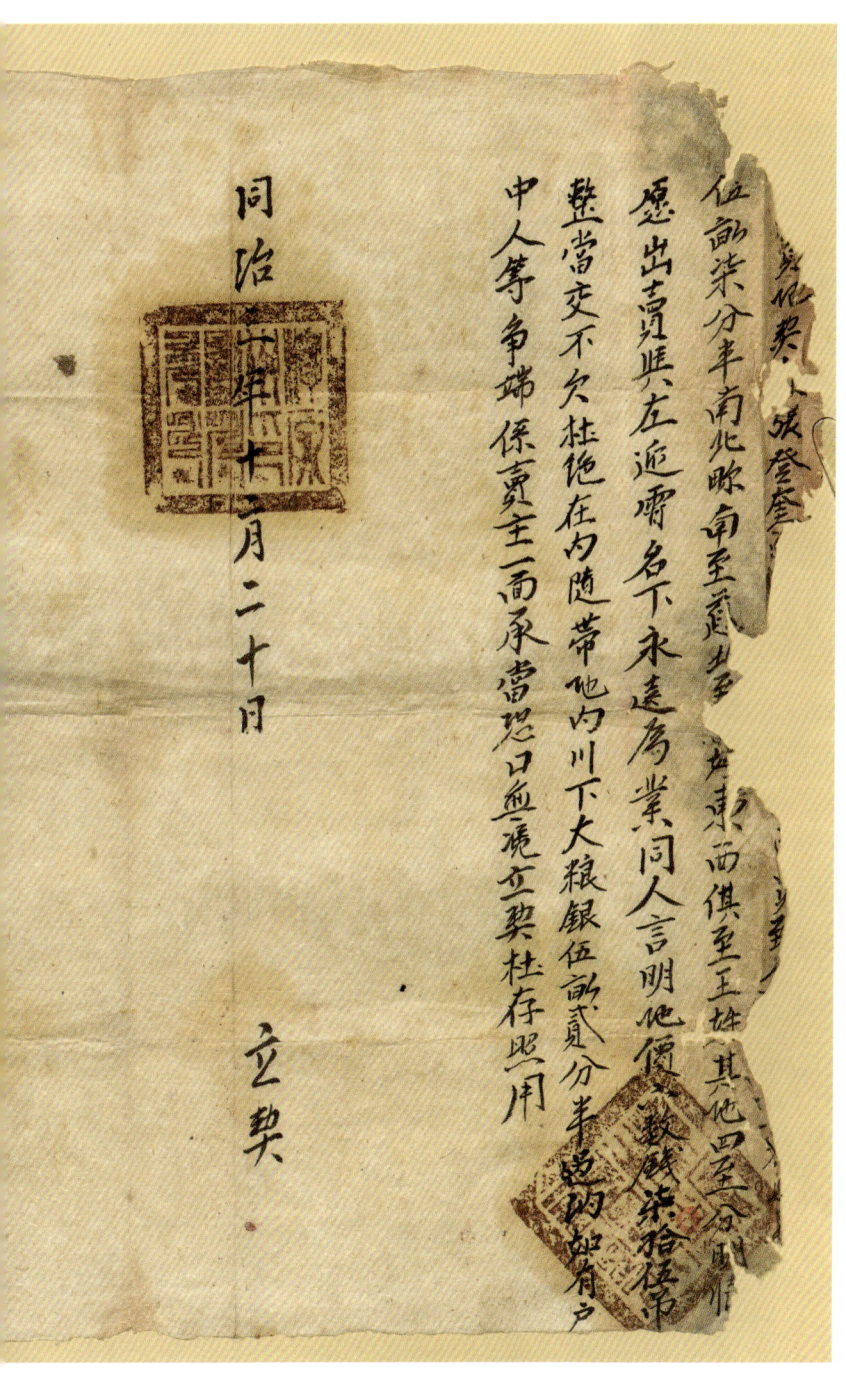

同治六年（1867）山西省崞县赵逢年卖地契

同治六年山西省崞县赵逢年将自己名下两段地经中见人说合立死契卖给赵金宝。契约正文后补注"民国拾叁年原地原约原价推与[于]侄子赵增寿名下经管为业"。正文有知见人、代笔人及其子赵义签字、画十字押，补注后有后见人、代笔签字，画十字押。同治八年（1869）经官府立尾契一份。契纸均盖官印、骑缝章。

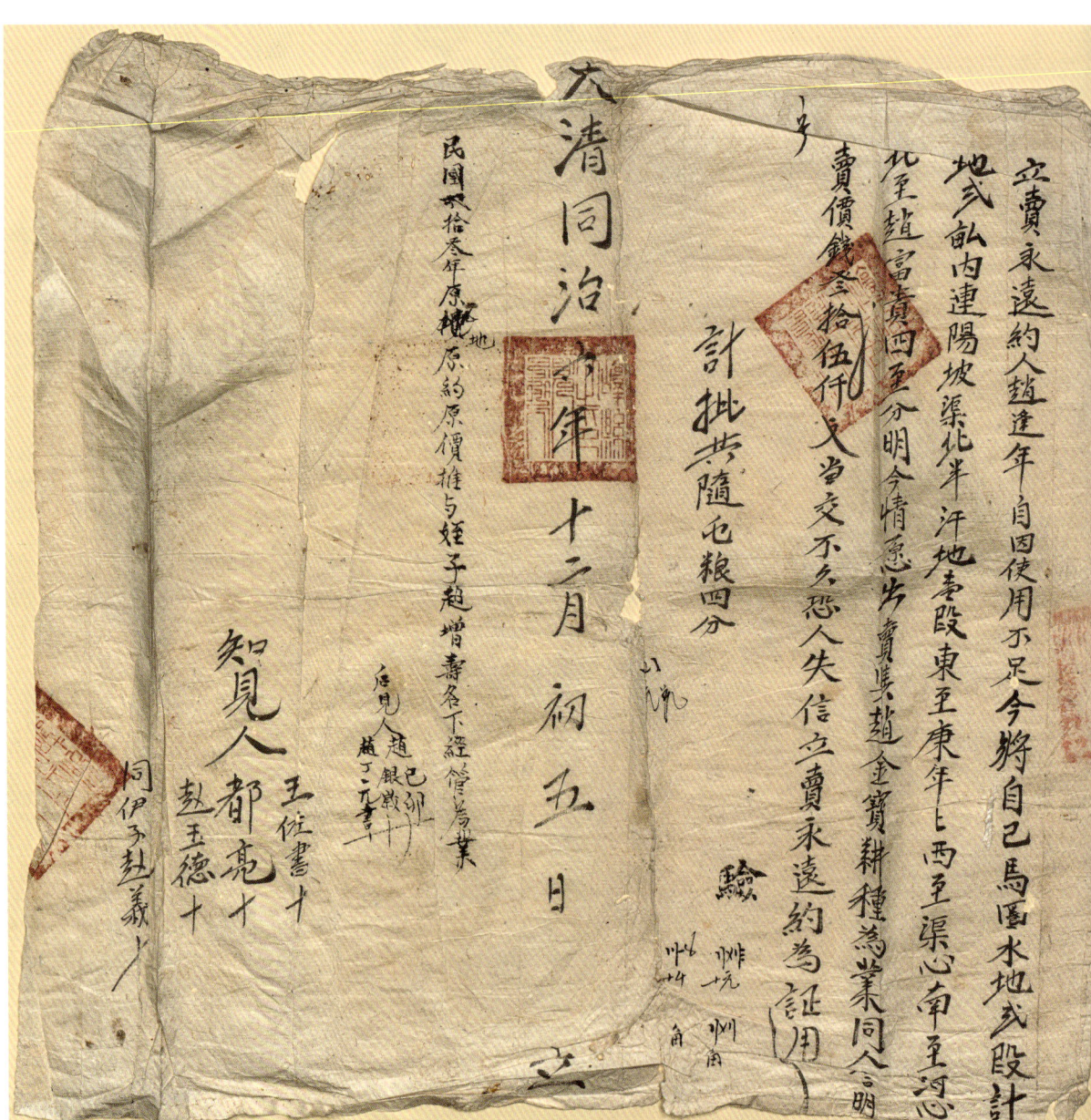

草契

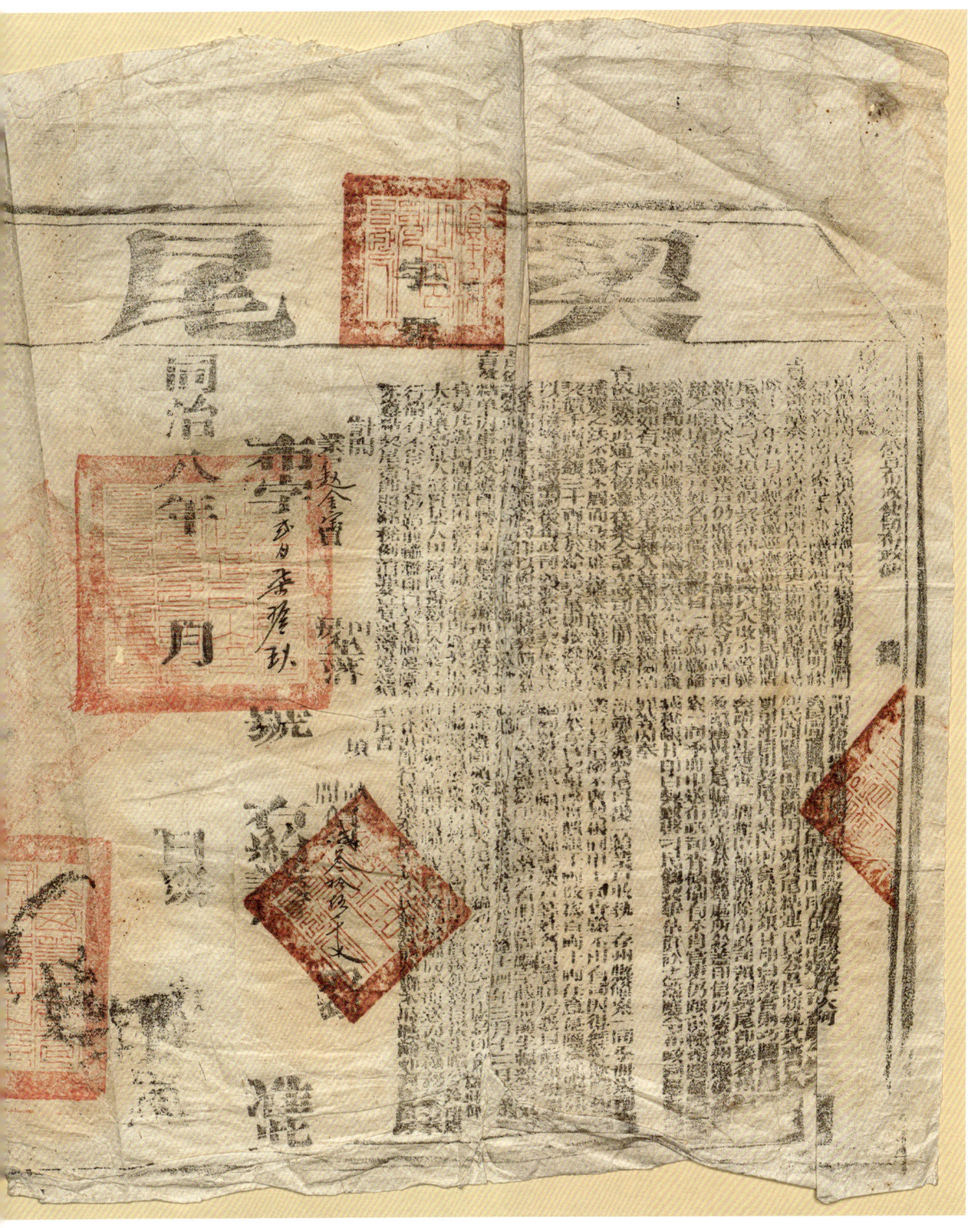

尾契

同治八年（1869）山西省临汾县刘正先卖地契

山西省临汾县刘正先将名下三段地经中人说合卖给刘秉武，同治八年六月立契式，同年八月立尾契一张，贴于契式背面，民国三年（1914）另立官契一张。契式有立契人、中人、□□签字，盖官印、骑缝章。

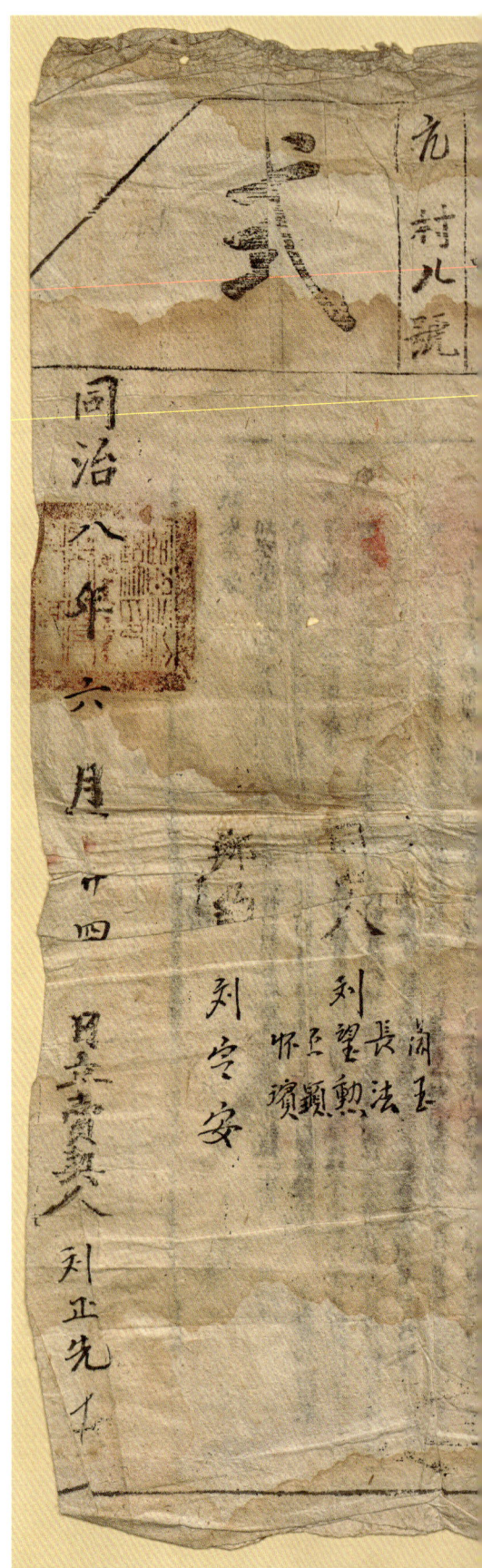

契式与官契

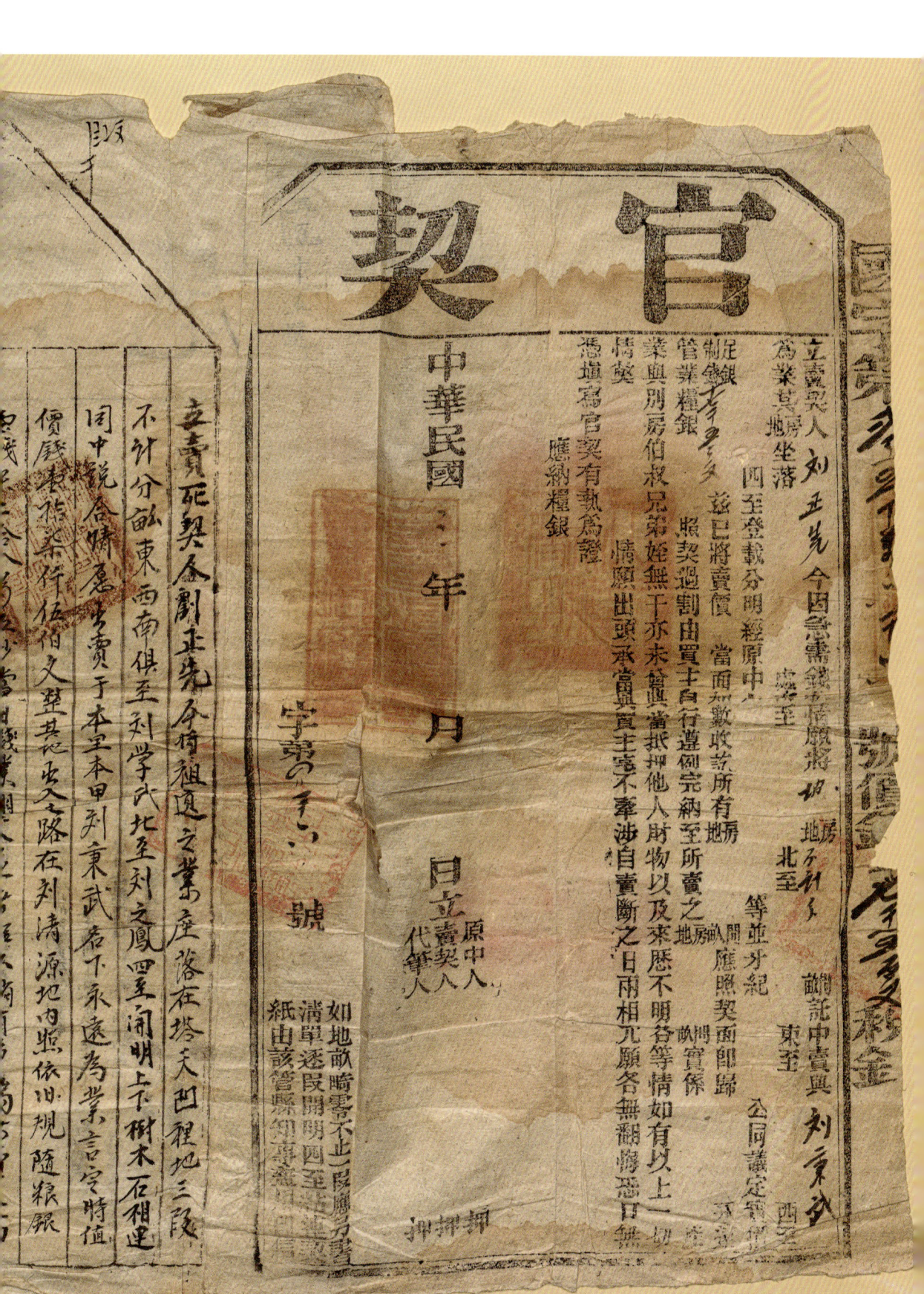

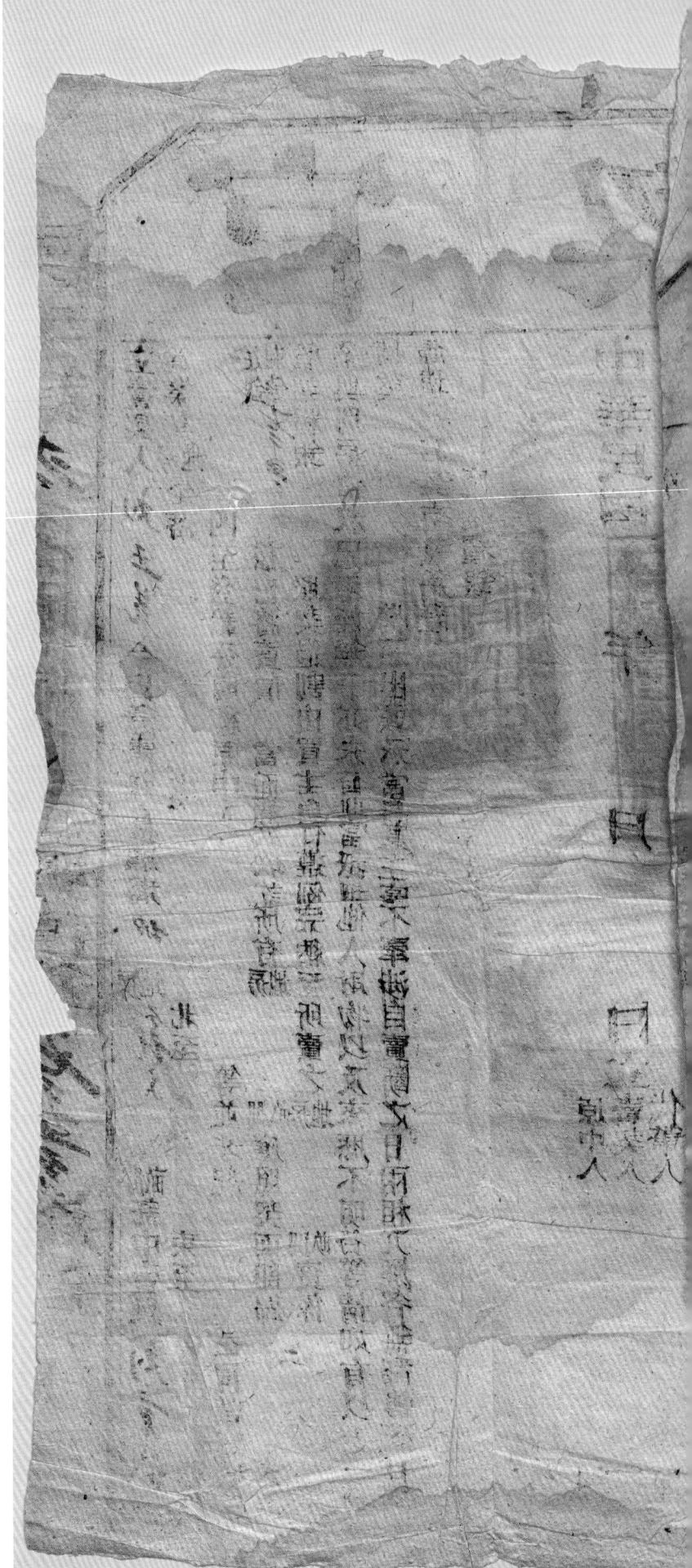

《同治八年（1869）山西省临汾县刘正先卖地契》尾契

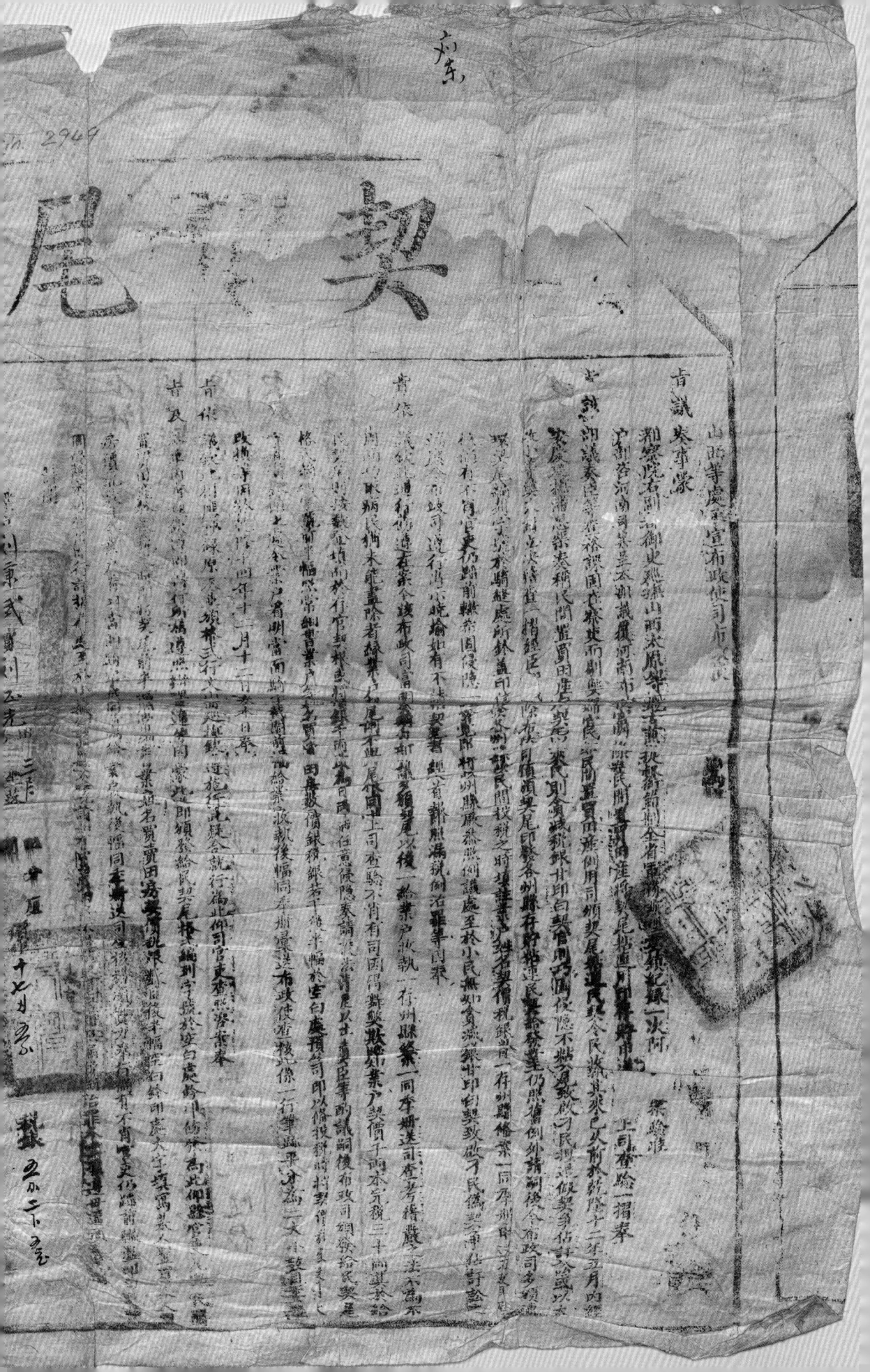

同治十一年(1872)山西省孝义县蔚继先卖房契

同治十一年山西省孝义县蔚继先将自己祖业一所经中人说合立死契卖给魏生福。同年经官府立尾契。草契有中书人、协同乡地签字并画十字押,盖官印、骑缝章。

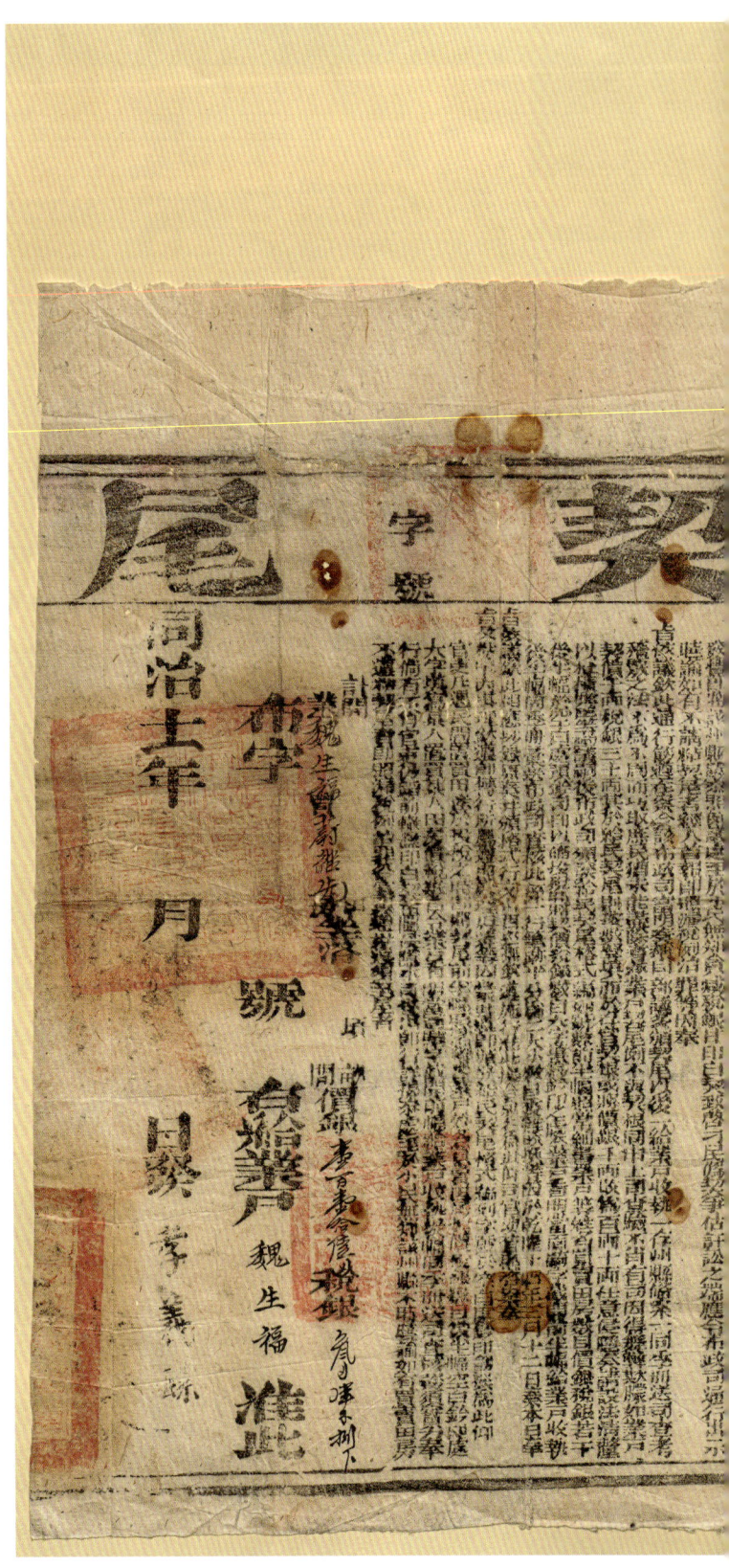

立賣死契文約人蔚継先情因手中使用不便今将自己原分祖業壹所托上窑四眼
東西厦窑四眼窑基毛厮俱以在內上下土木石相連走路東至張維全西至蔚
相清南至張姓水井係幣托至張維簫四至明白全中說合情愿出山賣與
魏生福名下作業居住全中說合時值死價錢壹佰壹拾八仟文整其錢筆下交清不欠
分毫隨窑認到官粮八各年上送納日有戶族人等爭論有賣主壹面承當不與
買主相干恐后無憑立賣死契約為証

同治拾壹年正月廿四日　　立賣死契文約人蔚継先 十

中書人 金如清 十
　　　郭萬英 十

恊同鄉地楊世萬 十

光绪三年（1877）山西省五台县杨氏兄弟卖地契

光绪三年时值凶荒，山西省五台县杨氏三兄弟出门在外，家中日用无资，在祖母做主、亲族见证下，将一批土地房屋出卖给杨树芳居住为业。次年经官府立尾契，民国三年（1914）另立官契存档。草契正文末尾有关门押，盖官印、骑缝章。

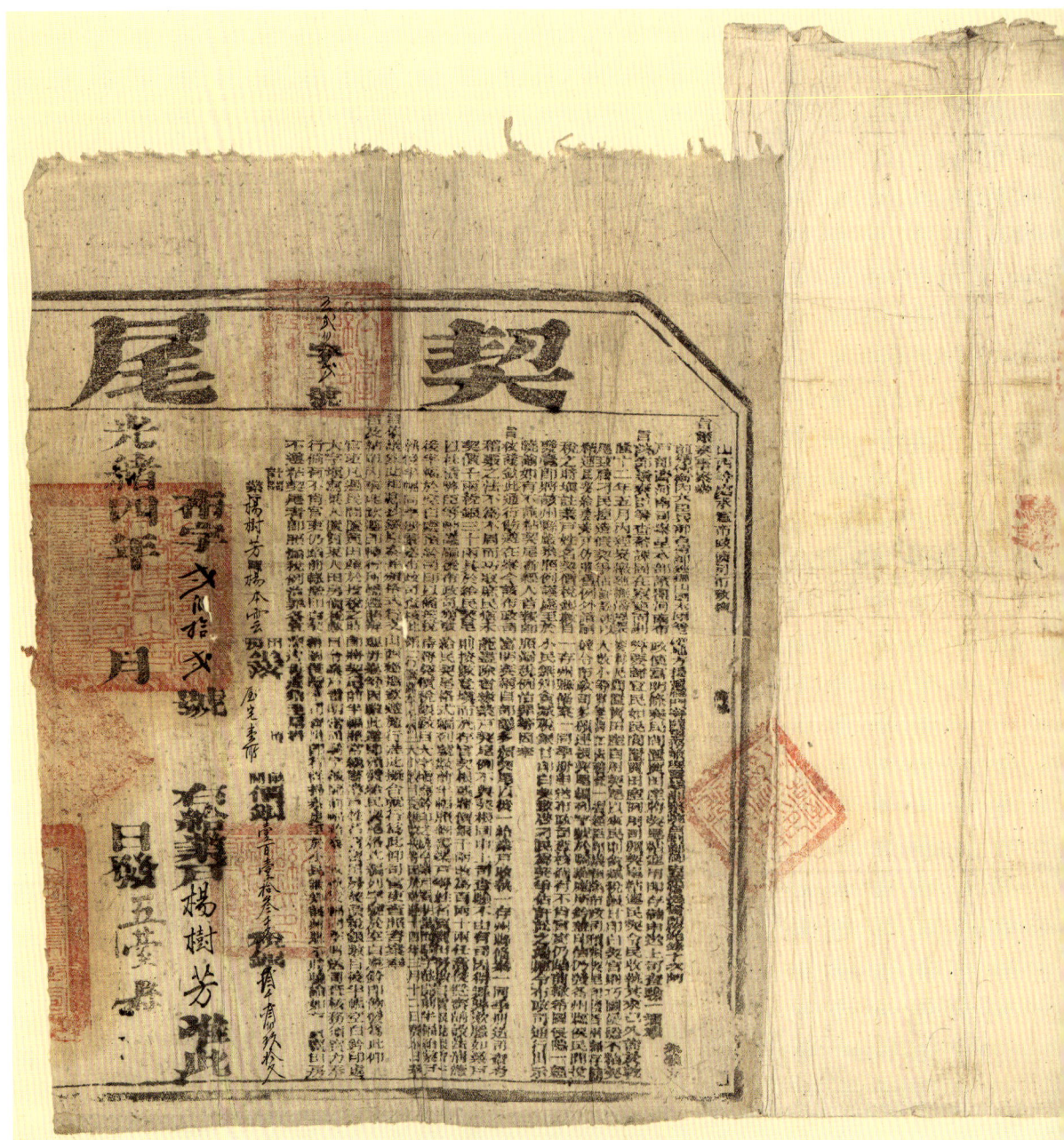

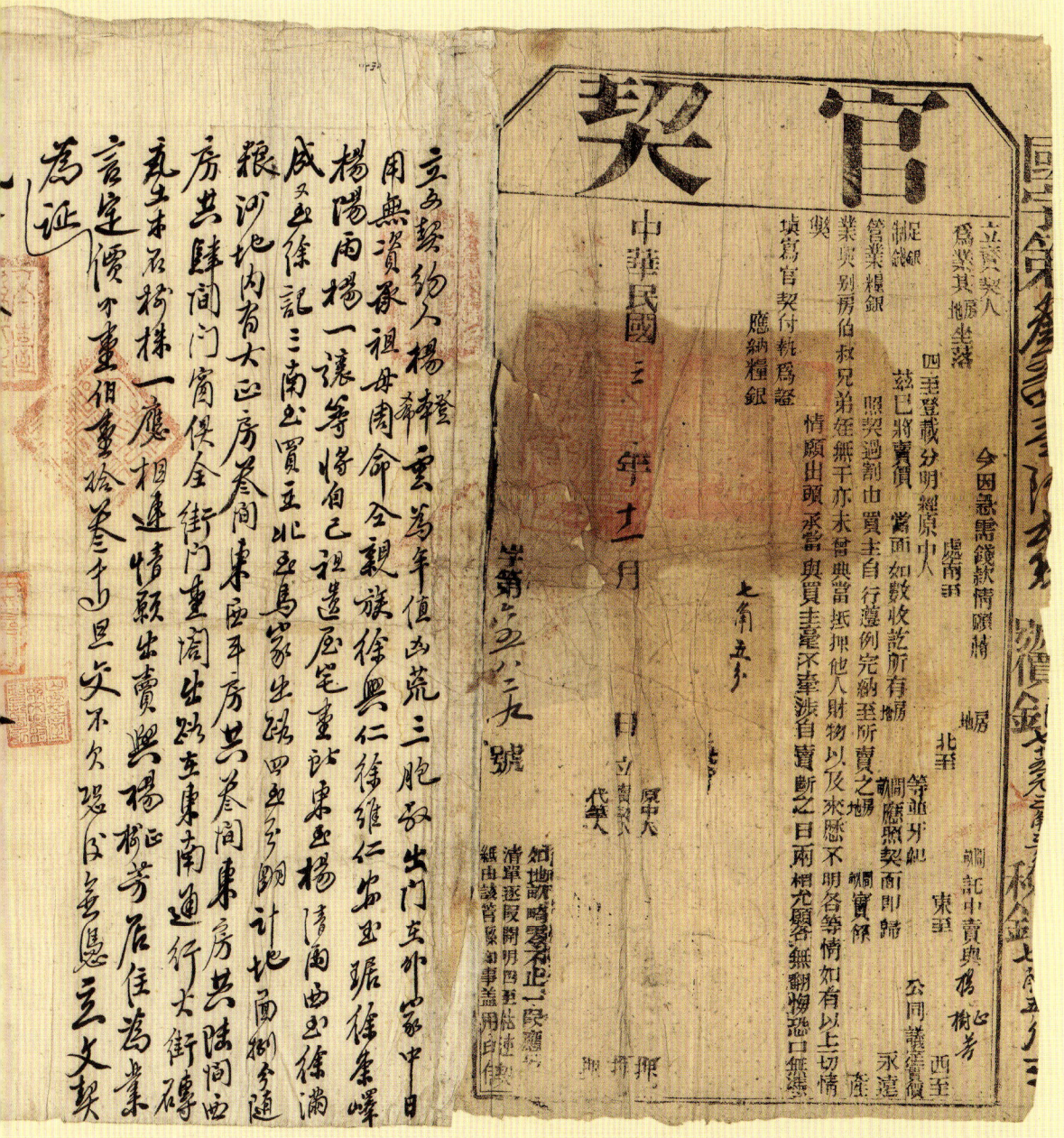

光绪四年（1878）山西省崞县黄敖敖卖地契

光绪四年山西省崞县黄敖敖将自己名下一段白地立死契卖给黄遴。草契有知见人、代笔人签字并画十字押，正文末尾有关门押，空白处有花码。光绪二十六年（1900）立尾契一份，正文印有相关章程。

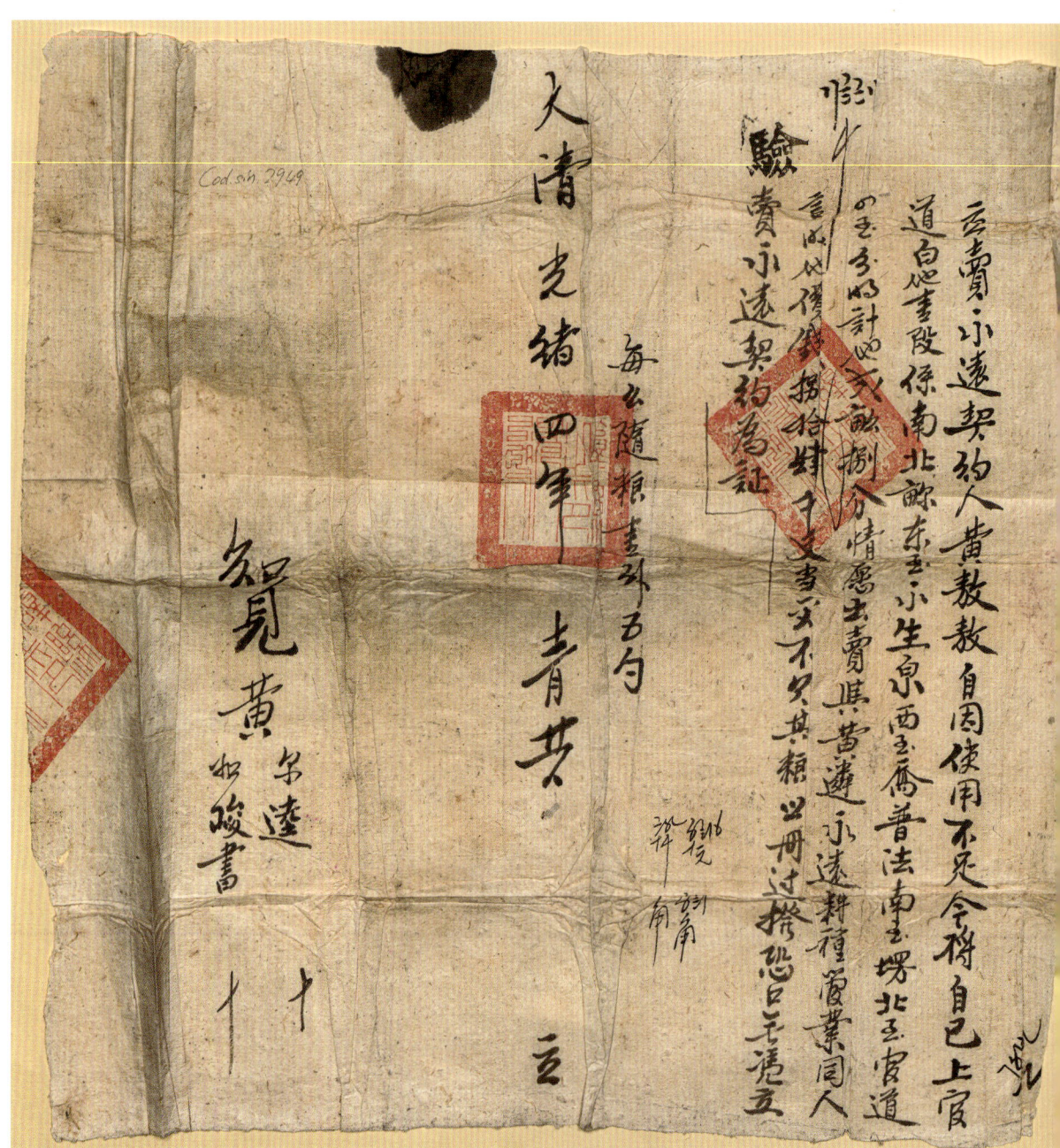

草契

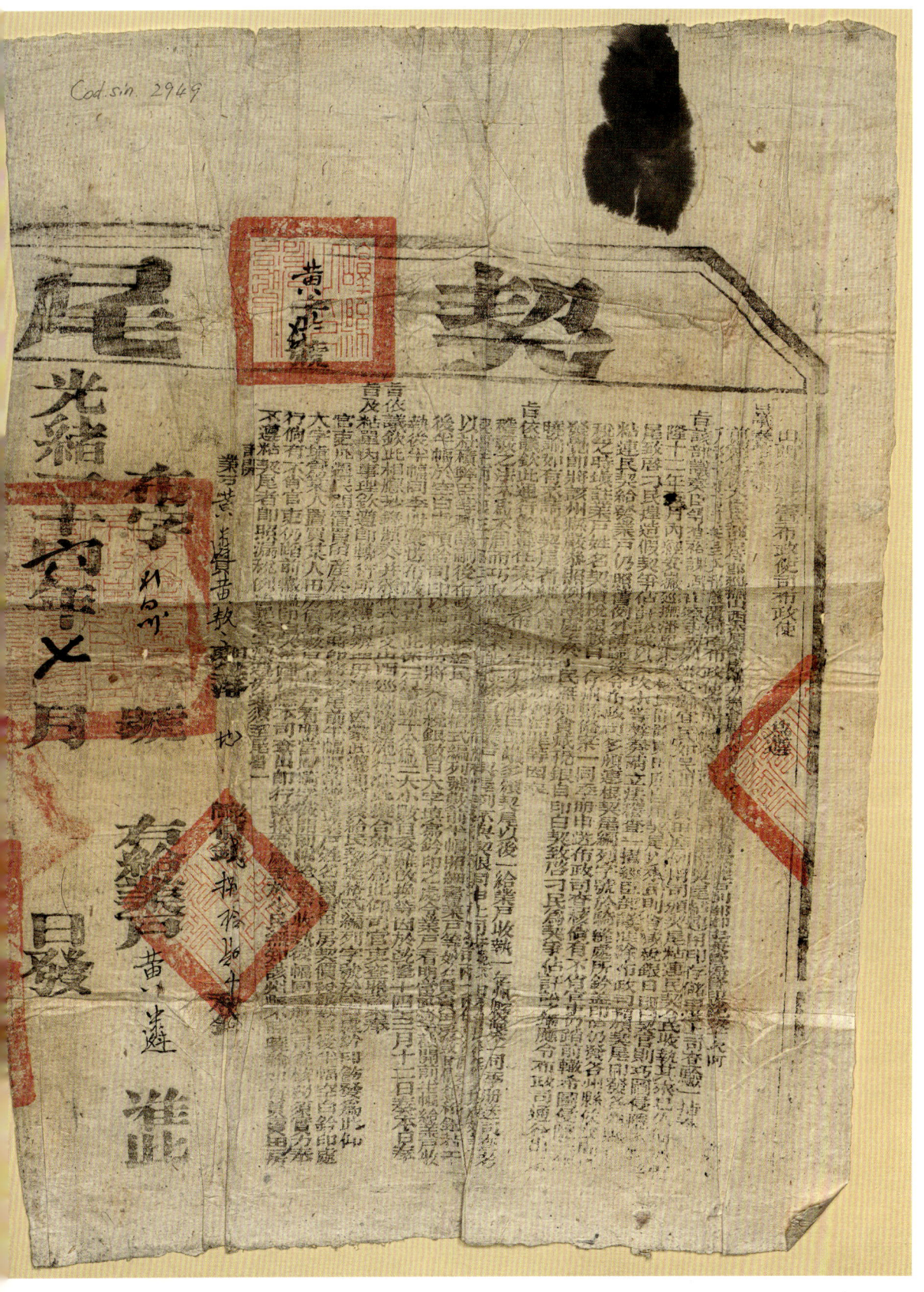

光绪八年（1882）山西省忻州南乡郭廷智卖地契

光绪八年山西省忻州南乡郭廷智将自己名下一段地经中人说合立契卖给堂弟郭廷荣。契纸有中见人、牙纪人、代笔人落款，有花码计数。民国三年（1914）另立官契一张作为存档。盖官印、骑缝章。

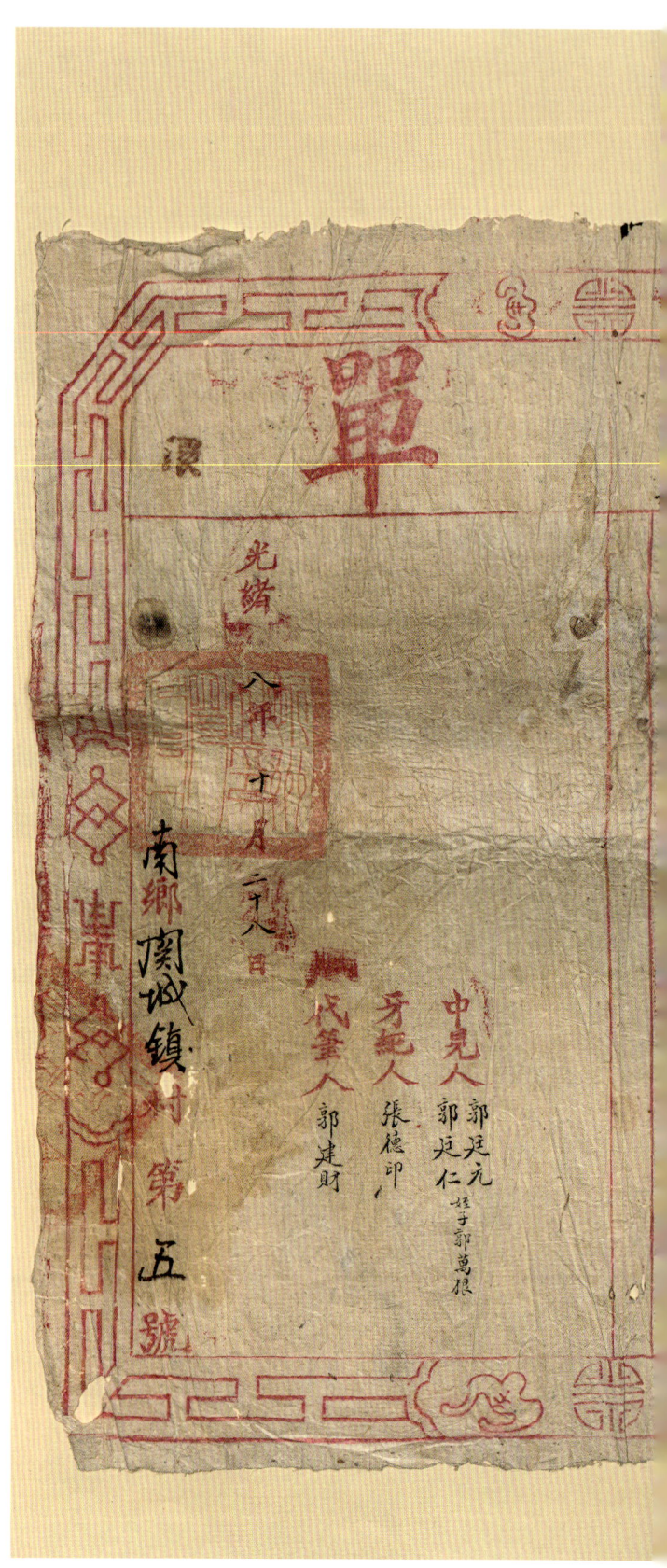

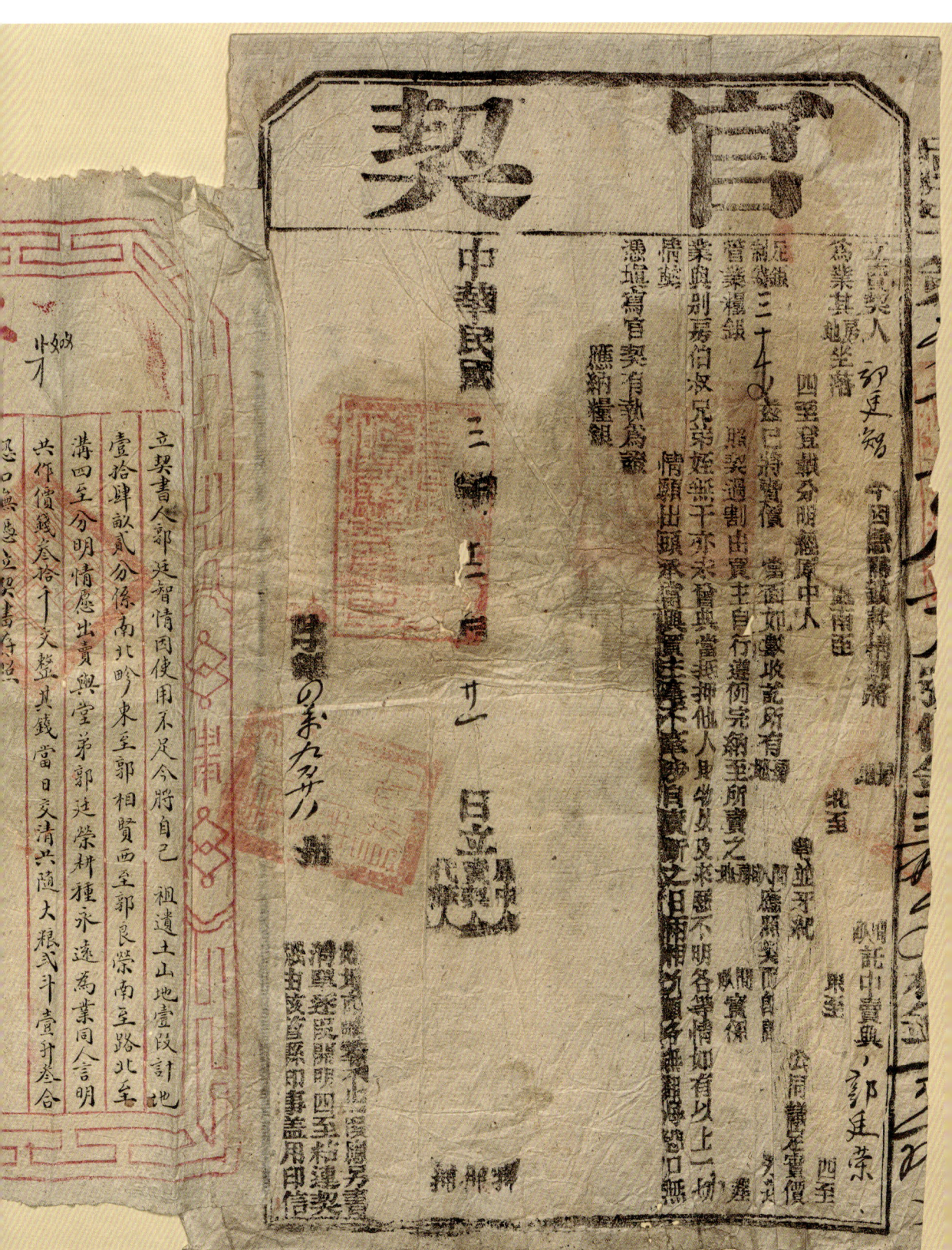

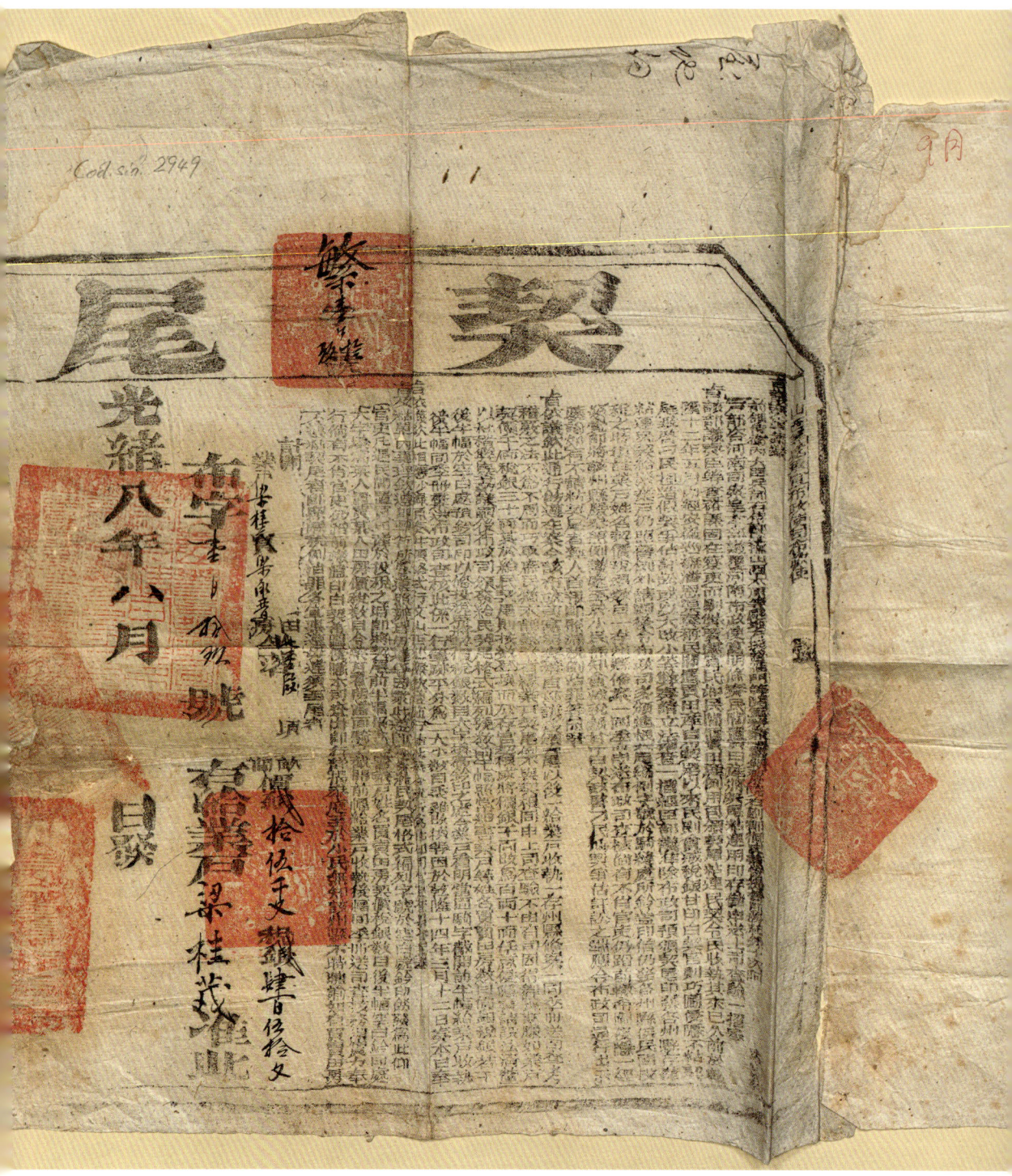

光绪八年（1882）山西省梁承晋、梁嗣晋卖地契

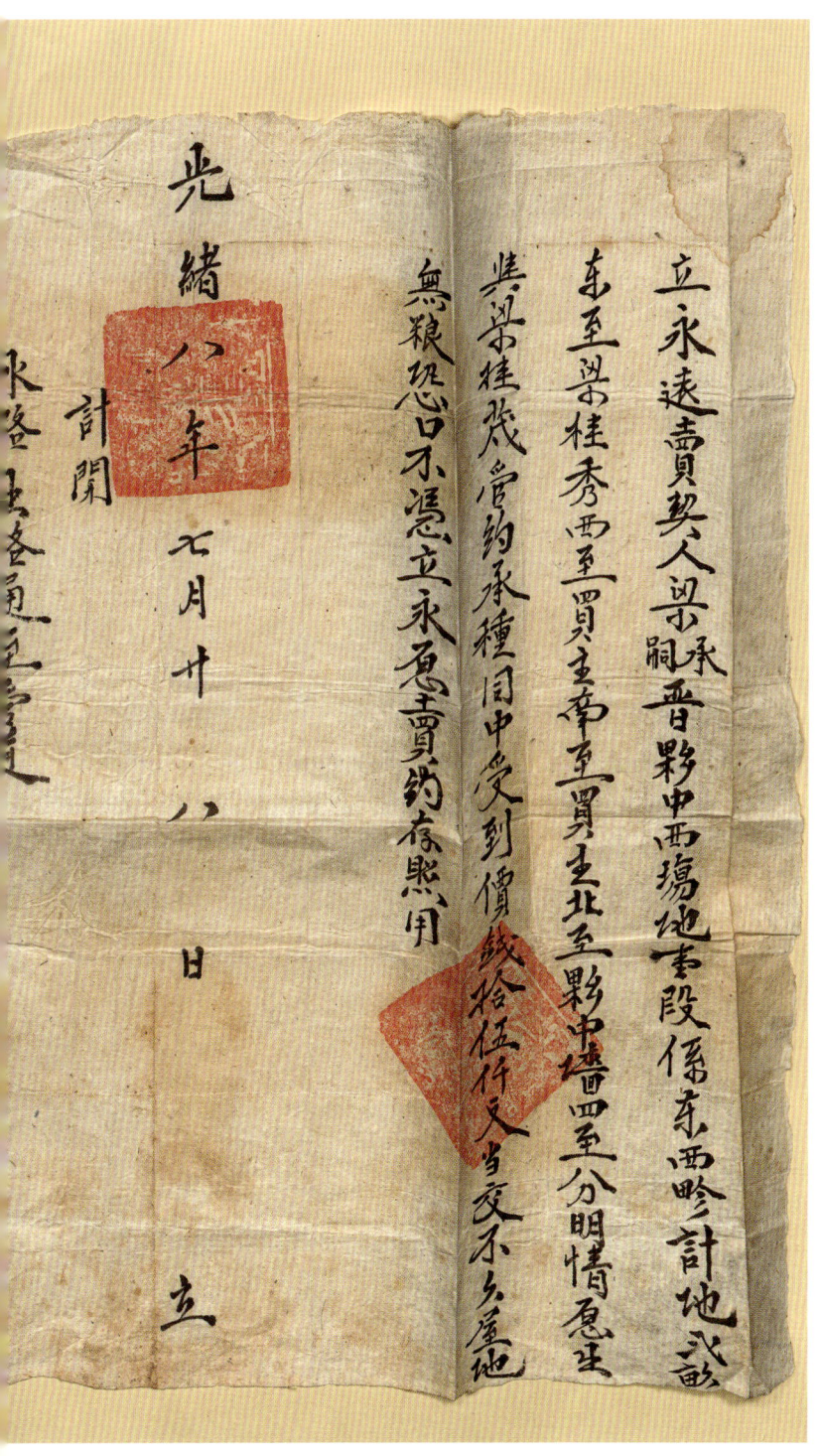

光绪八年七月，山西省梁承晋、梁嗣晋经知见人梁有明见证将名下一段地立死契卖给梁桂茂。经官府批准于同年八月立有尾契。草契有知见人签字、画十字押，盖官印、骑缝章。尾契上方印章中书写有字，正文印有相关章程。

光绪十二年（1886）山西省崞县张氏母子卖房契

光绪十二年山西省崞县张氏母子将祖遗屋宅地一段经中见人说合卖给高有富。价格与契尾有防伪标记，有中见人落款。同年经官府立尾契，盖官印、骑缝章。

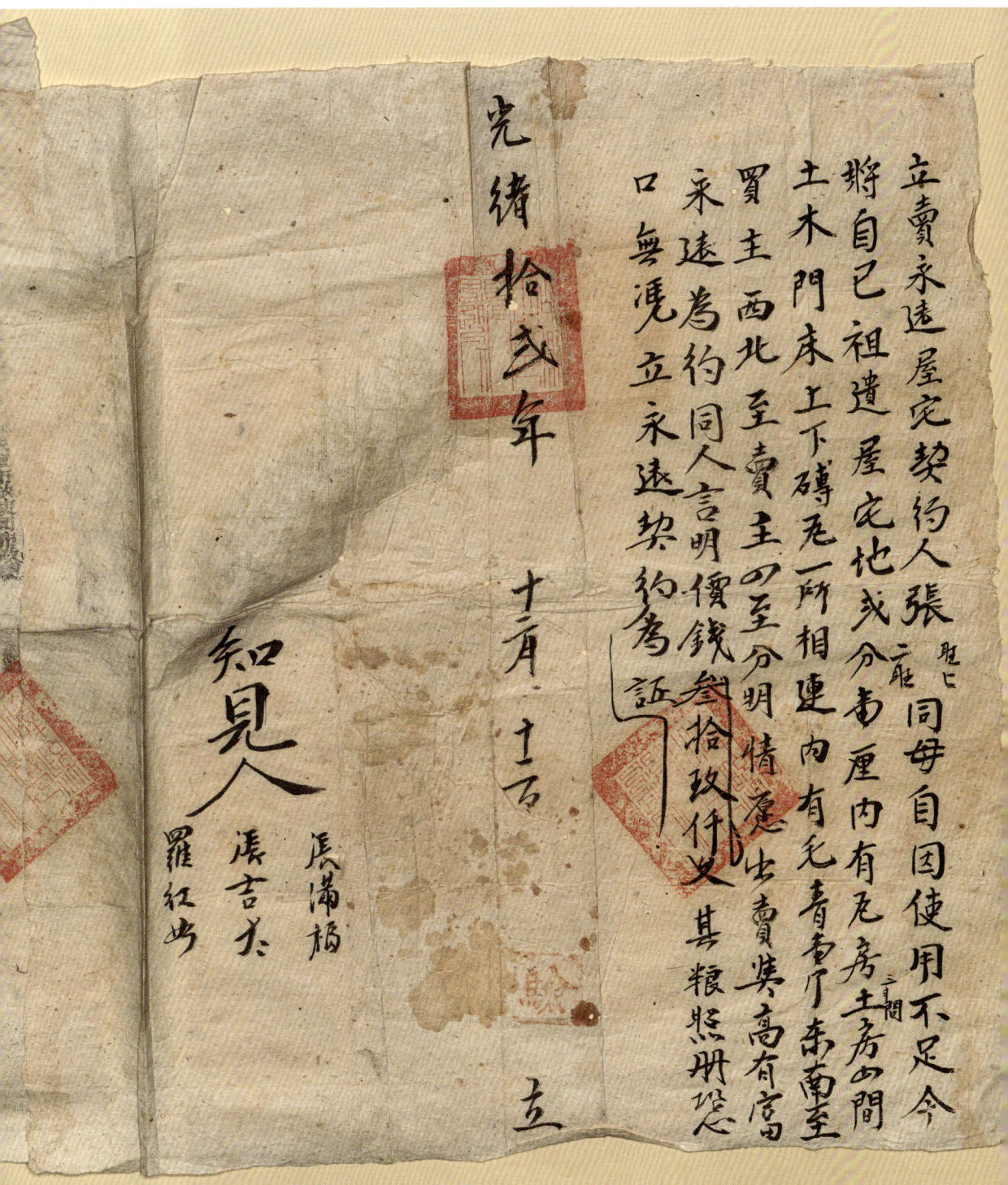

立賣永遠屋定契約人張之龍胞叔同母自因使用不足今將自己祖遺屋定地戒分南厘内有瓦房四間三間土木門床上下磚瓦一所相連内有瓦青寉厂東南至買主西北至賣主四至分明情愿出賣與高有富永遠為約同人言明價錢叁拾玖仟文其糧照冊悞口無憑立永遠契約為証

光緒拾貳年　十月十三日　立

知見人　張滿榴
　　　　張吉大
　　　　羅紅妙

光绪十五年（1889）山西省崞县黄发富卖房契

光绪十五年山西省崞县黄发富将自己前街屋宅立死契卖给黄遴。有花码计数，卖地价格旁做防伪标记，有家长、叔父等签字并画十字押。光绪十七年（1891）经官府立尾契，盖官印、骑缝章。

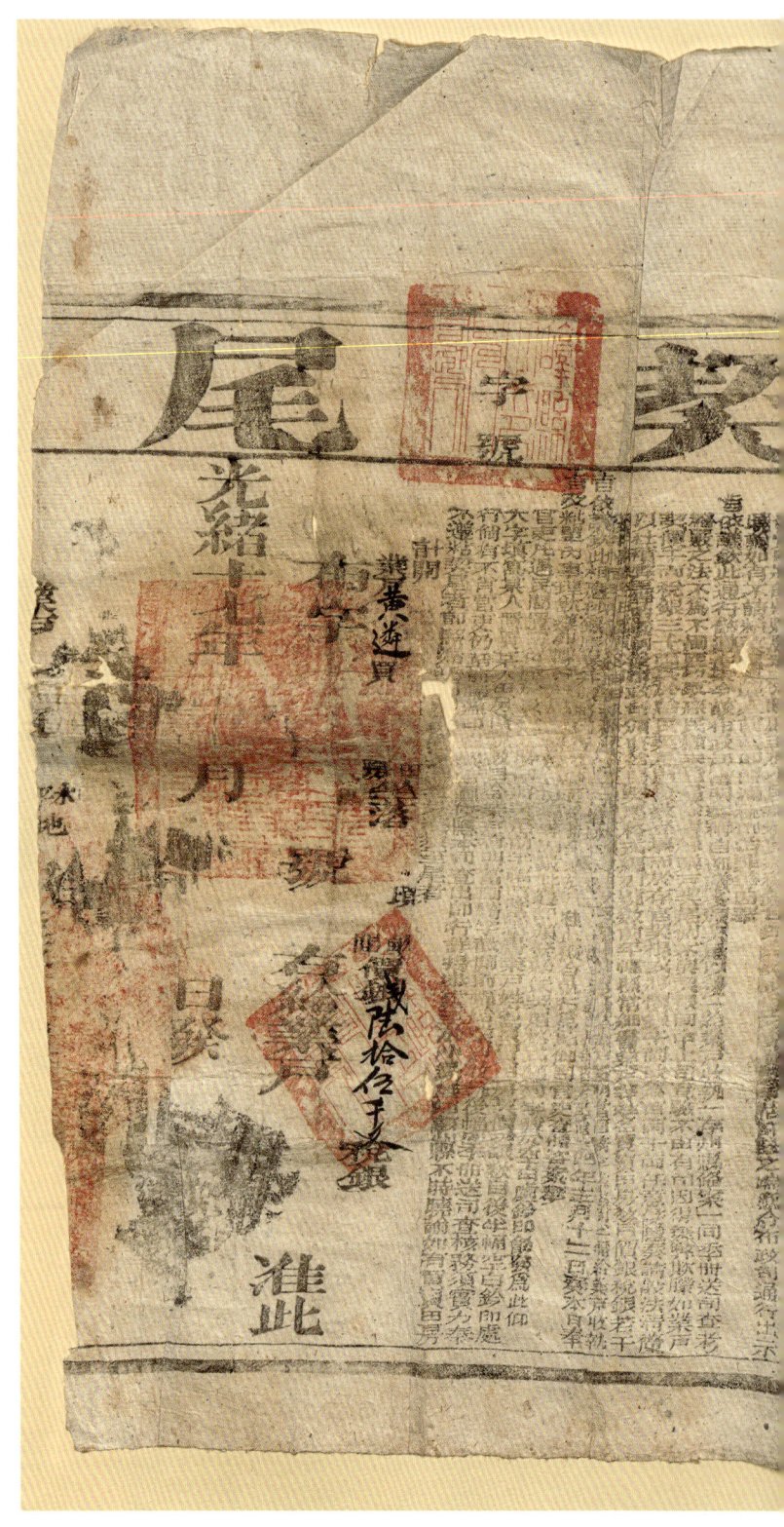

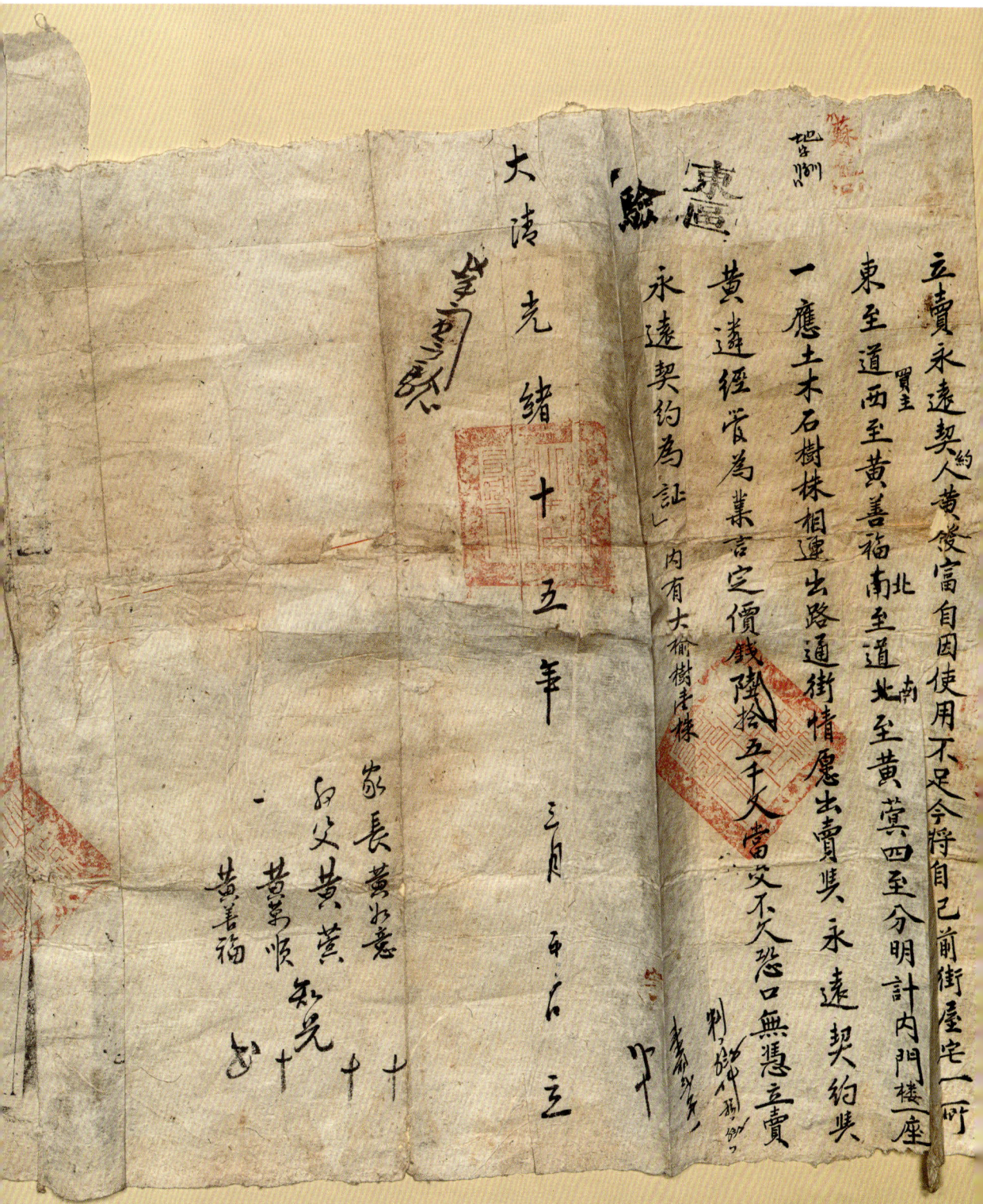

立賣永遠契約人黃俊富自因使用不足今將自己前街屋宅一所
東至道西至黃善福南至道北至黃蕢四至分明計內門樓一座
一應土木石樹株相連出路通街情願出賣與永遠契約與
黃遠經賞為業言定價錢陸拾五千文當交不欠恐口無憑立賣
永遠契約為証 內有大榆樹壹株

大清光緒十五年三月 日 立

家長 黃以意
母父 黃黃
弟兄 黃草順
　　 黃善福

立賣永遠屋宅門樓契約人張和同母自因使用不足今將自己祖遺屋宅一段寬壹丈畫尺長五丈北至官街東南俱至買主西至賣主四至分明門樓一座碾房土木討東一座運水院西門通街情愿出賣與本村高有富永遠為業同人言明價錢肆拾壹仟文整其錢筆下交清其糧丗冊過撥恐口難憑立永遠契約為記

光緒十伍年青古年

證見人 高陛十
王子保

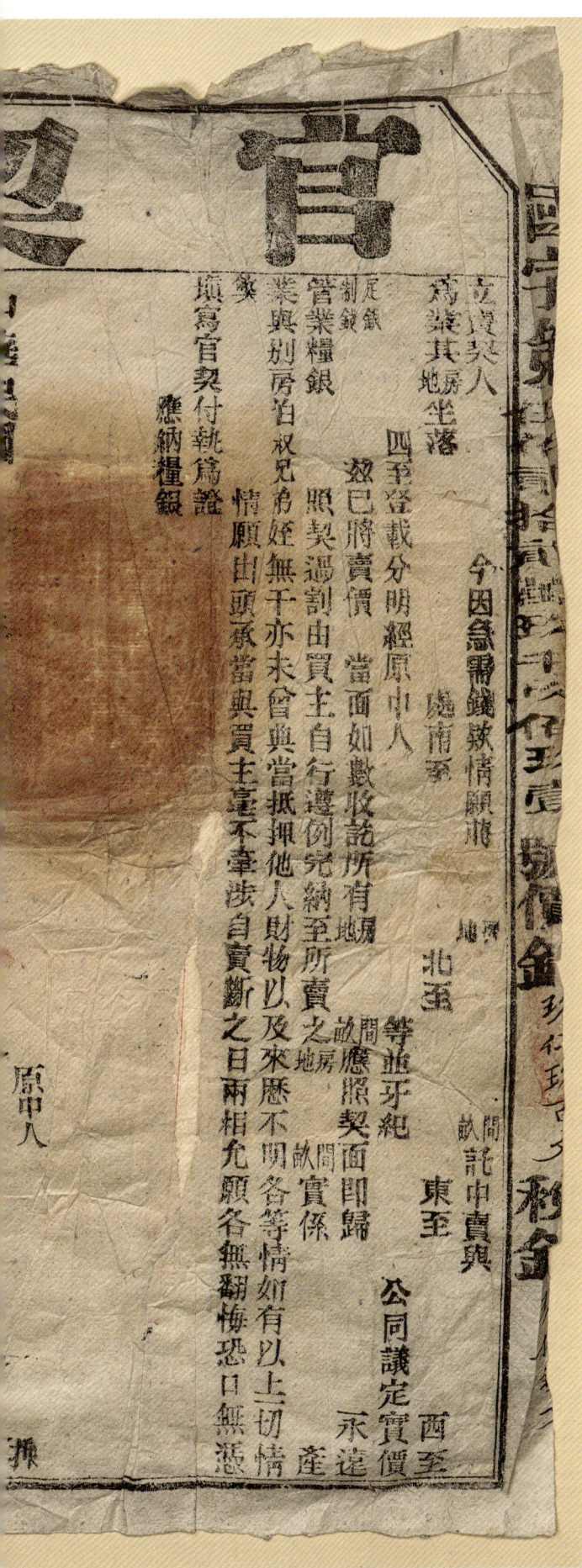

光绪十五年（1889）山西省崞县张氏母子卖房契

光绪十五年山西省崞县张氏母子将祖遗屋宅地一段经中见人卖给高有富。价格与契尾有防伪标记。草契有花码计数，有证见人落款、画十字押。背面为光绪年间所立尾契。民国四年（1915）经官府另立官契一份，盖官印、骑缝章。

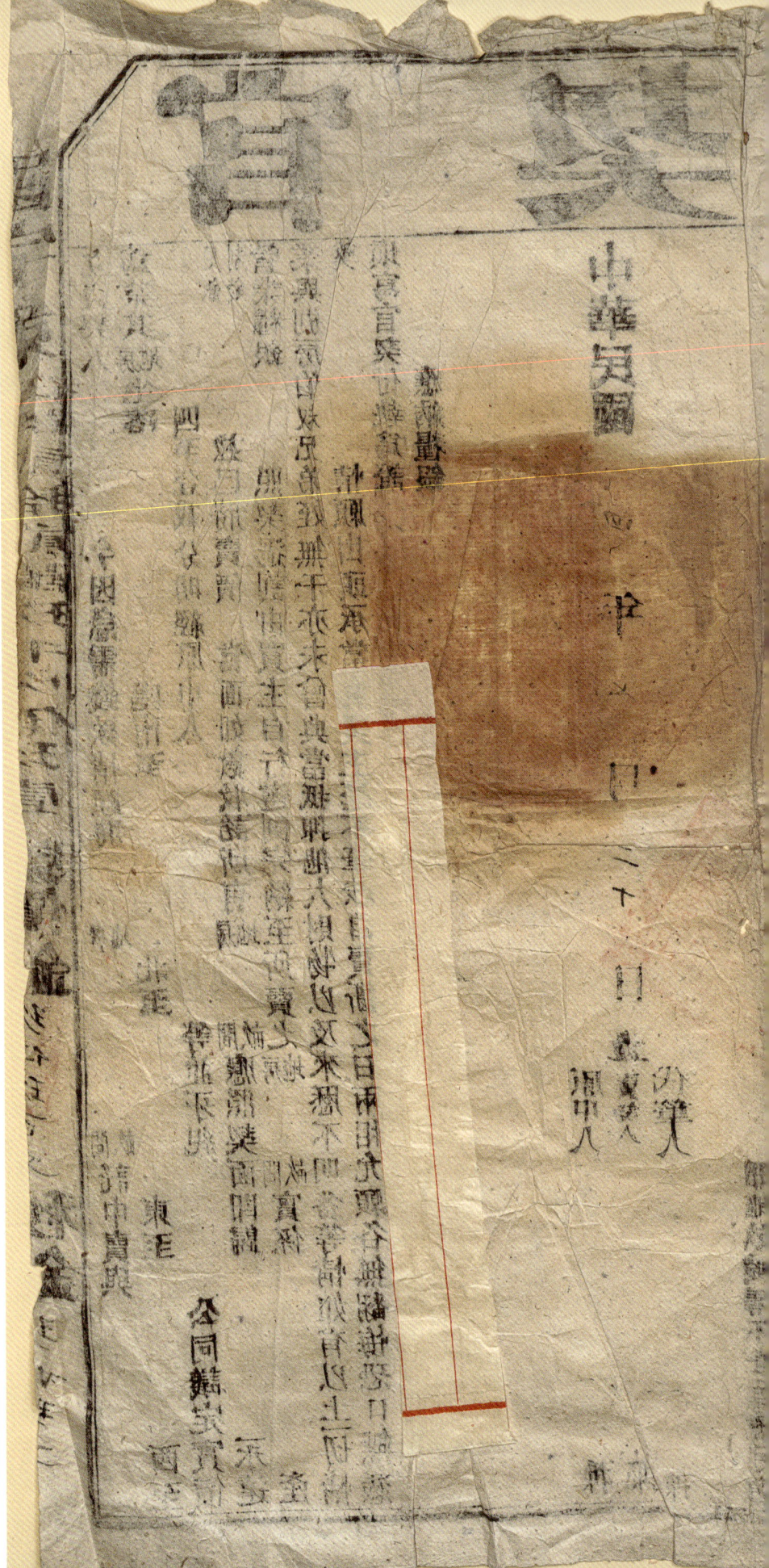

《光绪十五年（1889）山西省崞县张氏母子卖房契》尾契

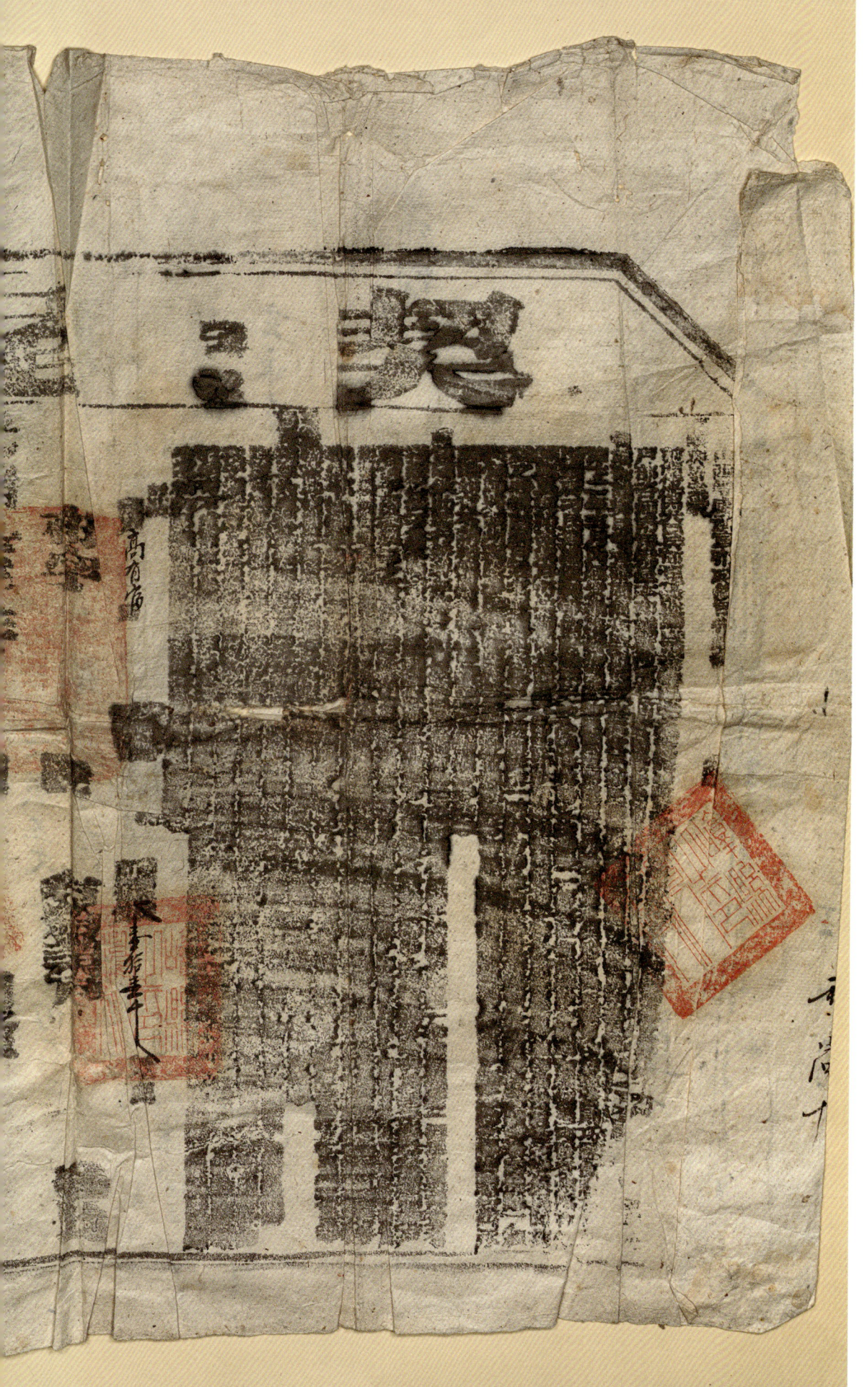

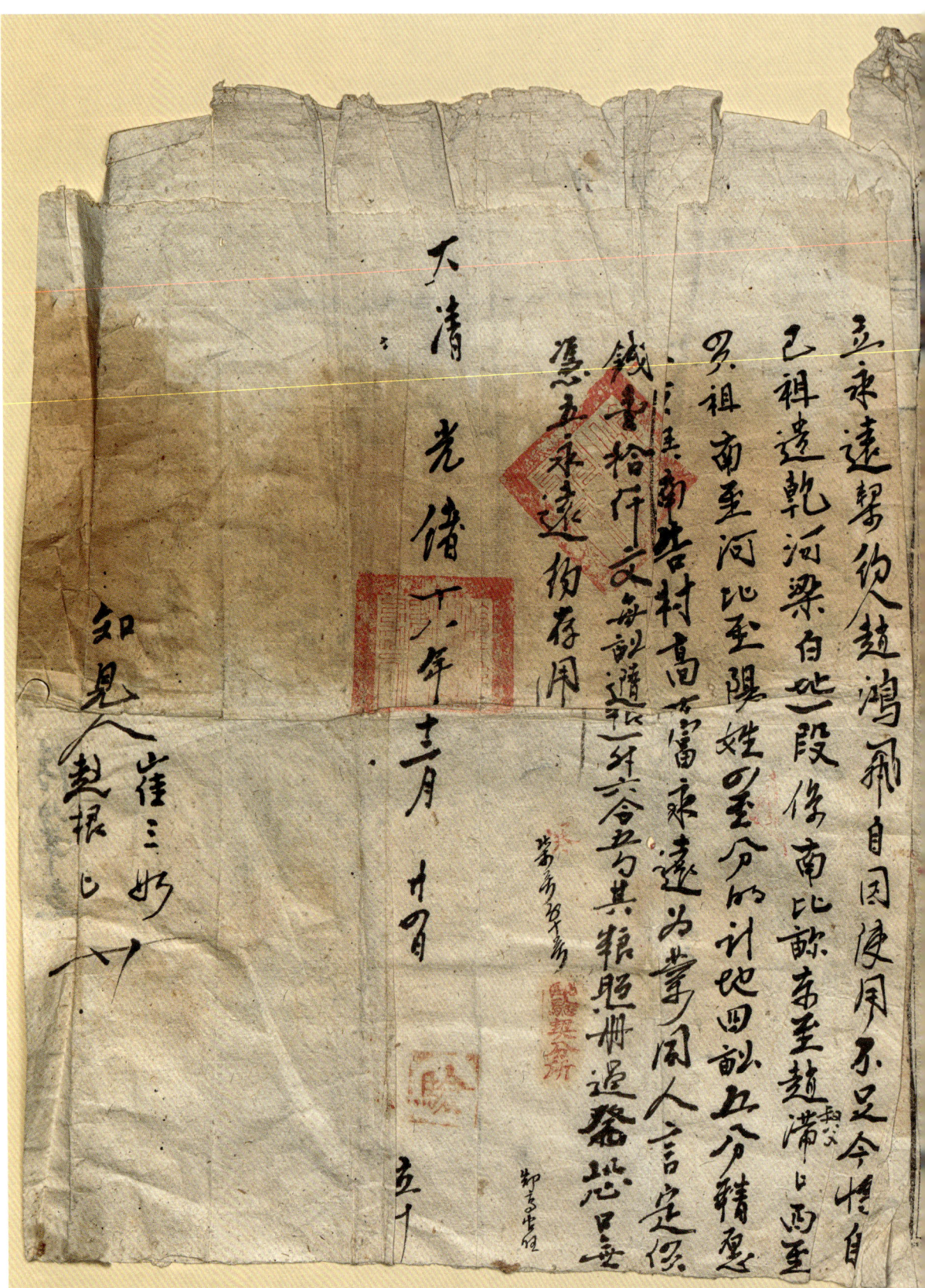

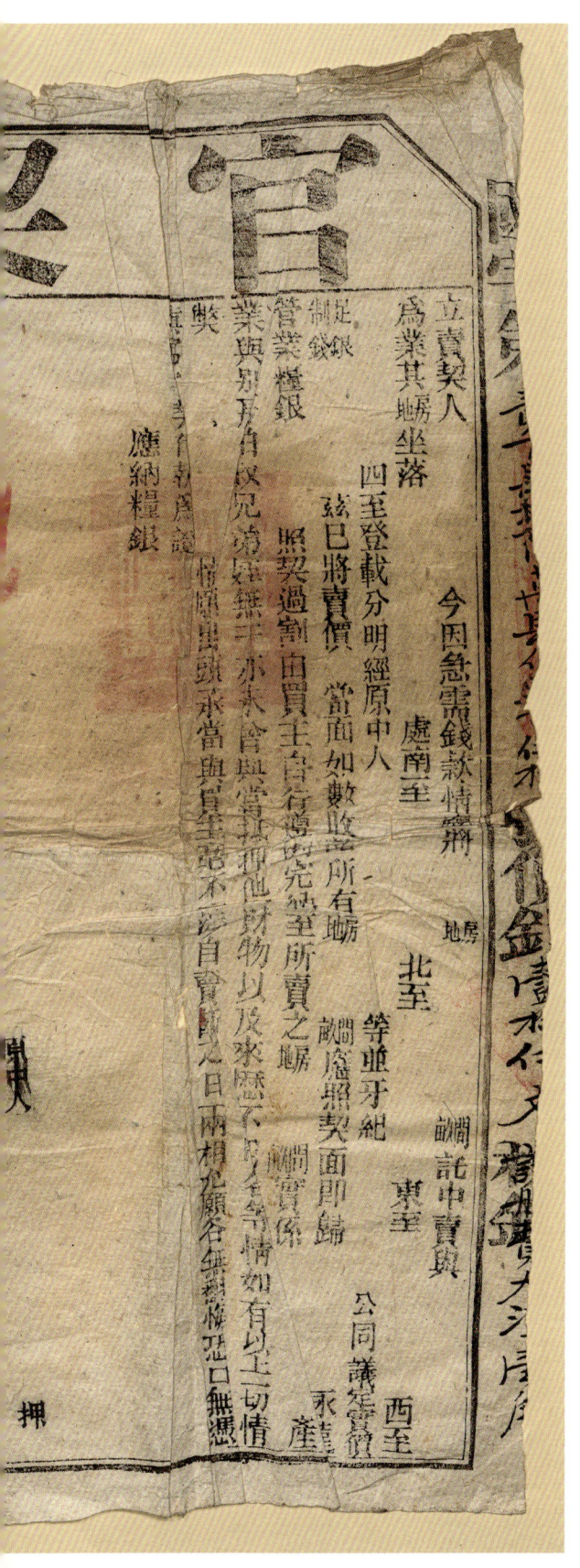

光绪十八年（1892）山西省崞县赵鸿飞卖地契

光绪十八年山西省崞县赵鸿飞将自己祖遗乾河梁一段白地立死契卖给南告村高□富。草契正文末尾有关门押，有知见人画十字押，背面为光绪年间所立尾契。民国三年（1914）另立官契存档，盖官印、骑缝章。

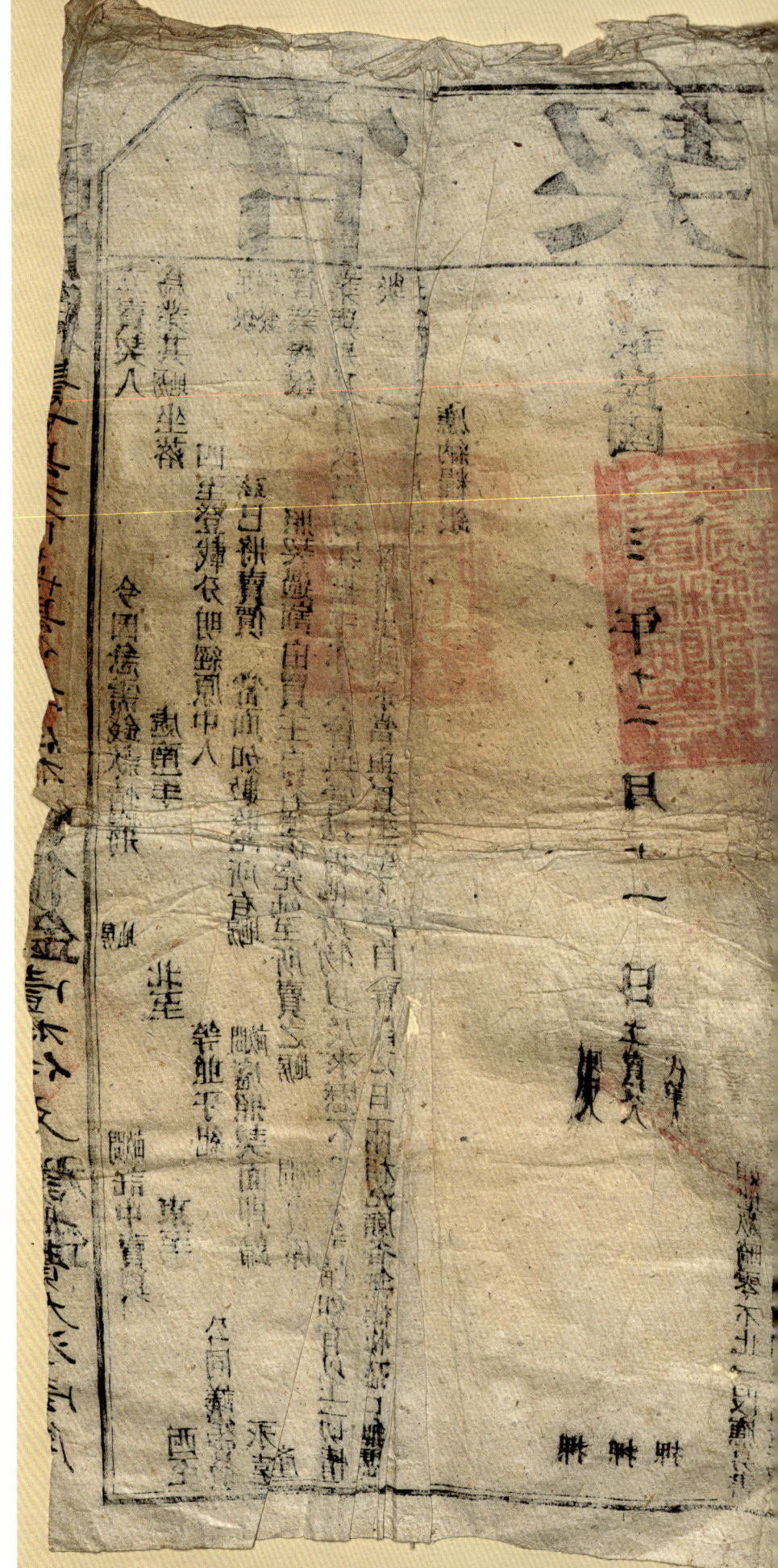

《光绪十八年（1892）山西省崞县赵鸿飞卖地契》背面

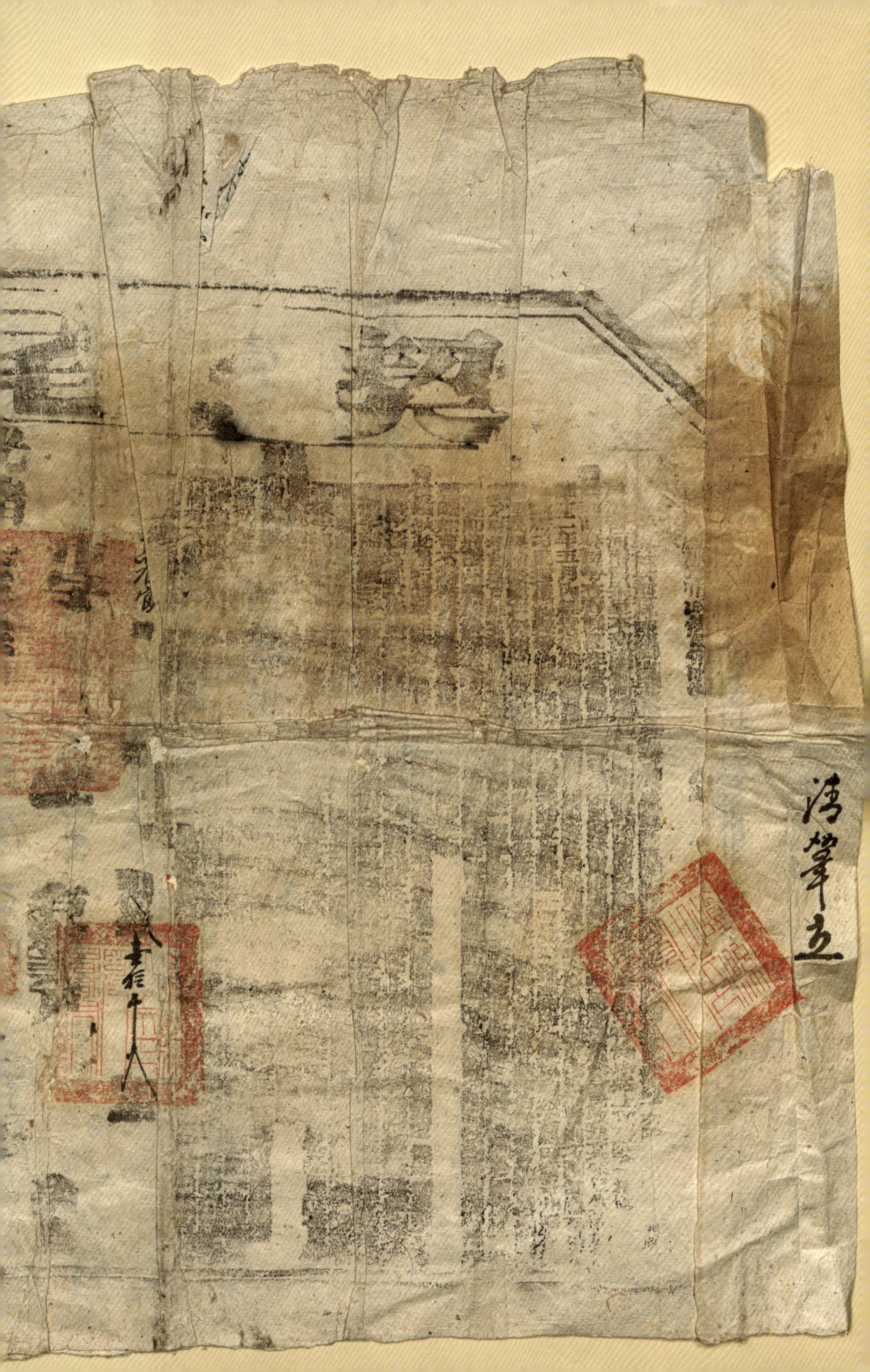

光绪十九年（1893）山西省麻沟地邢文粹卖地契

光绪十九年山西省麻沟地邢文粹将自己祖产坐落于麻沟地的一段白地立死契卖给兴义昌。草契有花码计数，有立契人画押，背面为光绪二十二年（1896）经官府所立尾契。民国三年（1914）另立官契存档，盖官印、骑缝章。

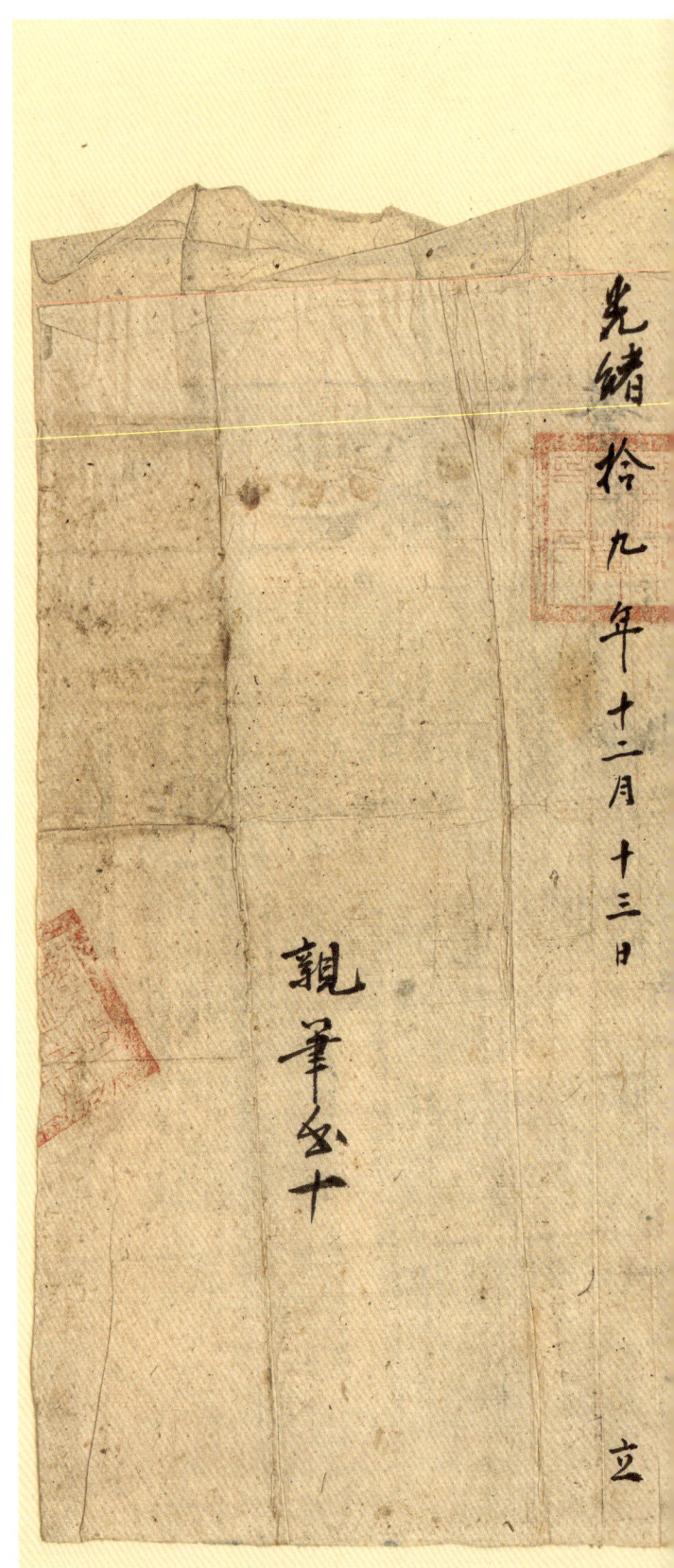

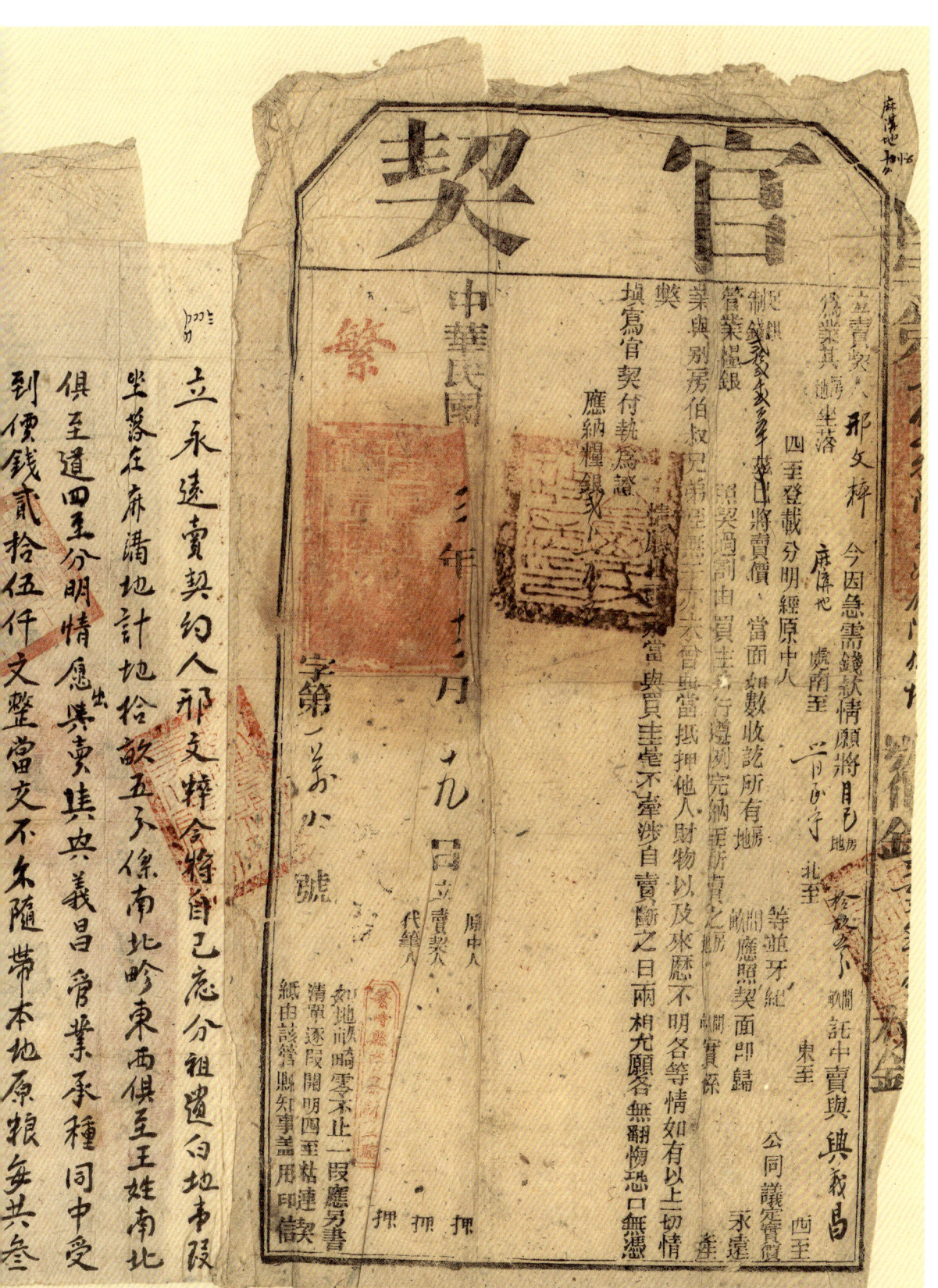

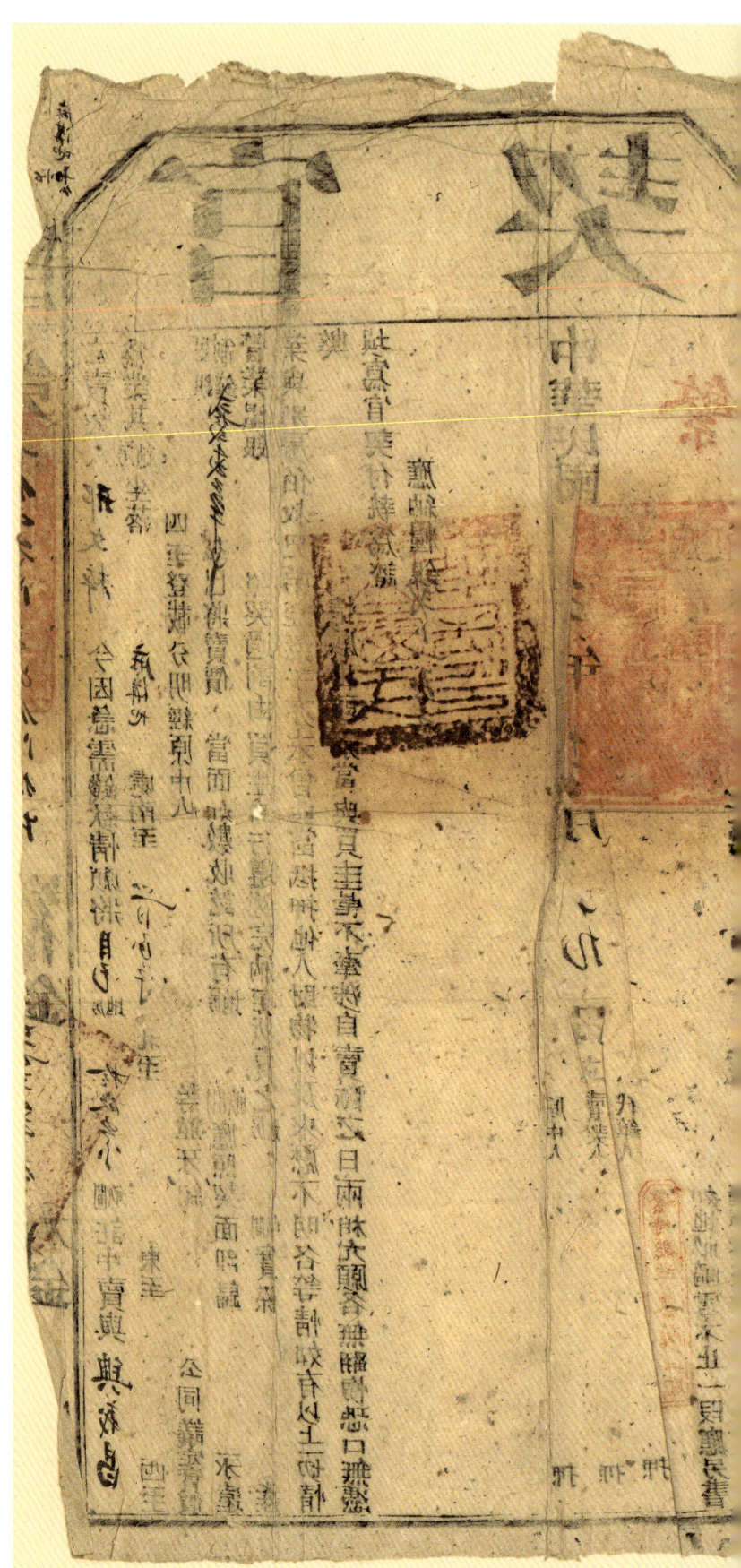

《光绪十九年（1893）山西省麻沟地邢文粹卖地契》背面

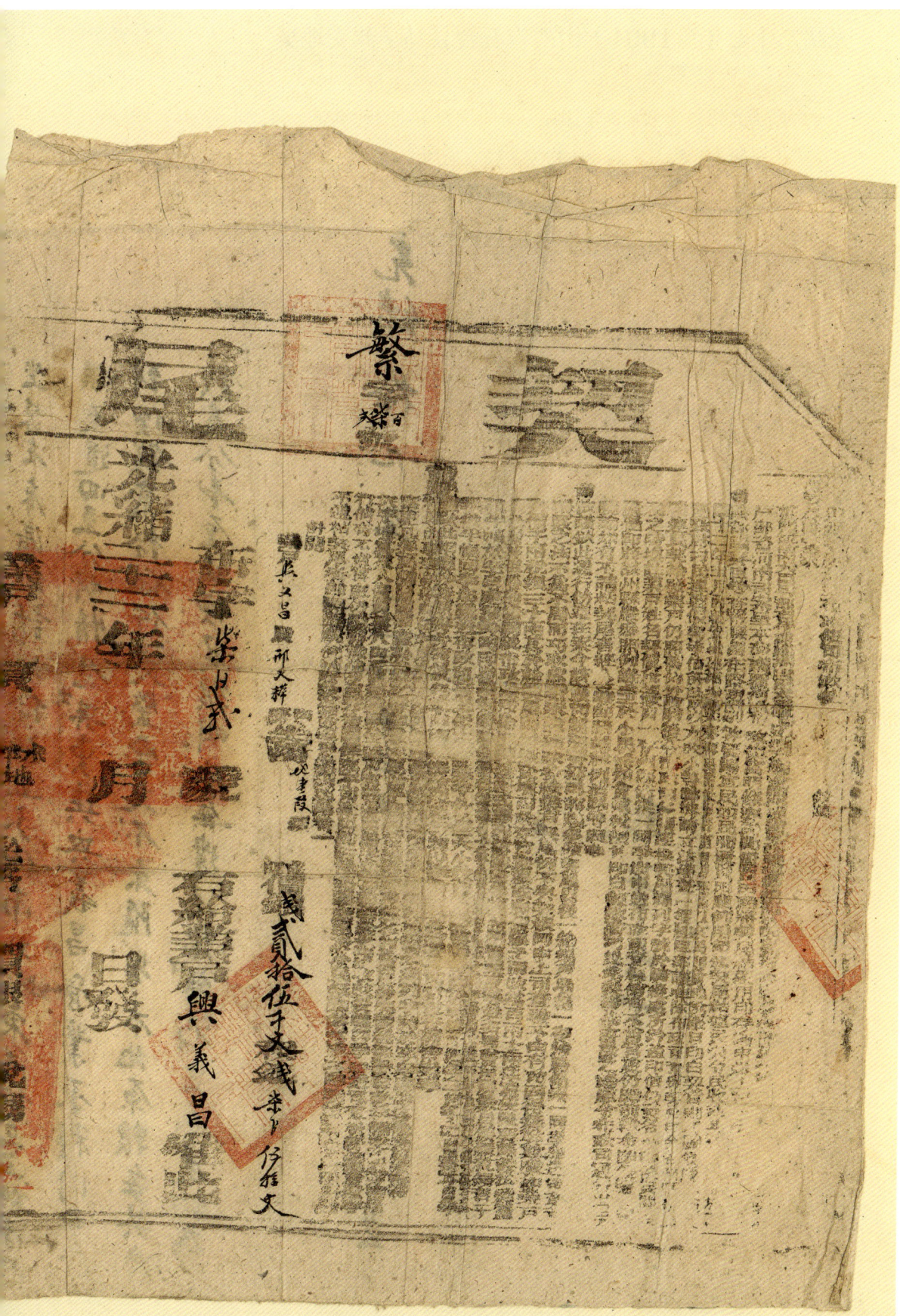

光绪二十七年（1901）山西省五台县马学渊卖地契

中间为光绪二十七年马学渊在中见人说合下将自己名下一段地卖给杨增幹所立草契。左侧为光绪二十八年（1902）经官府所立尾契。右侧为民国三年（1914）立官契以存档。草契有中见人、书约人签字并画十字押，盖官印、骑缝章。

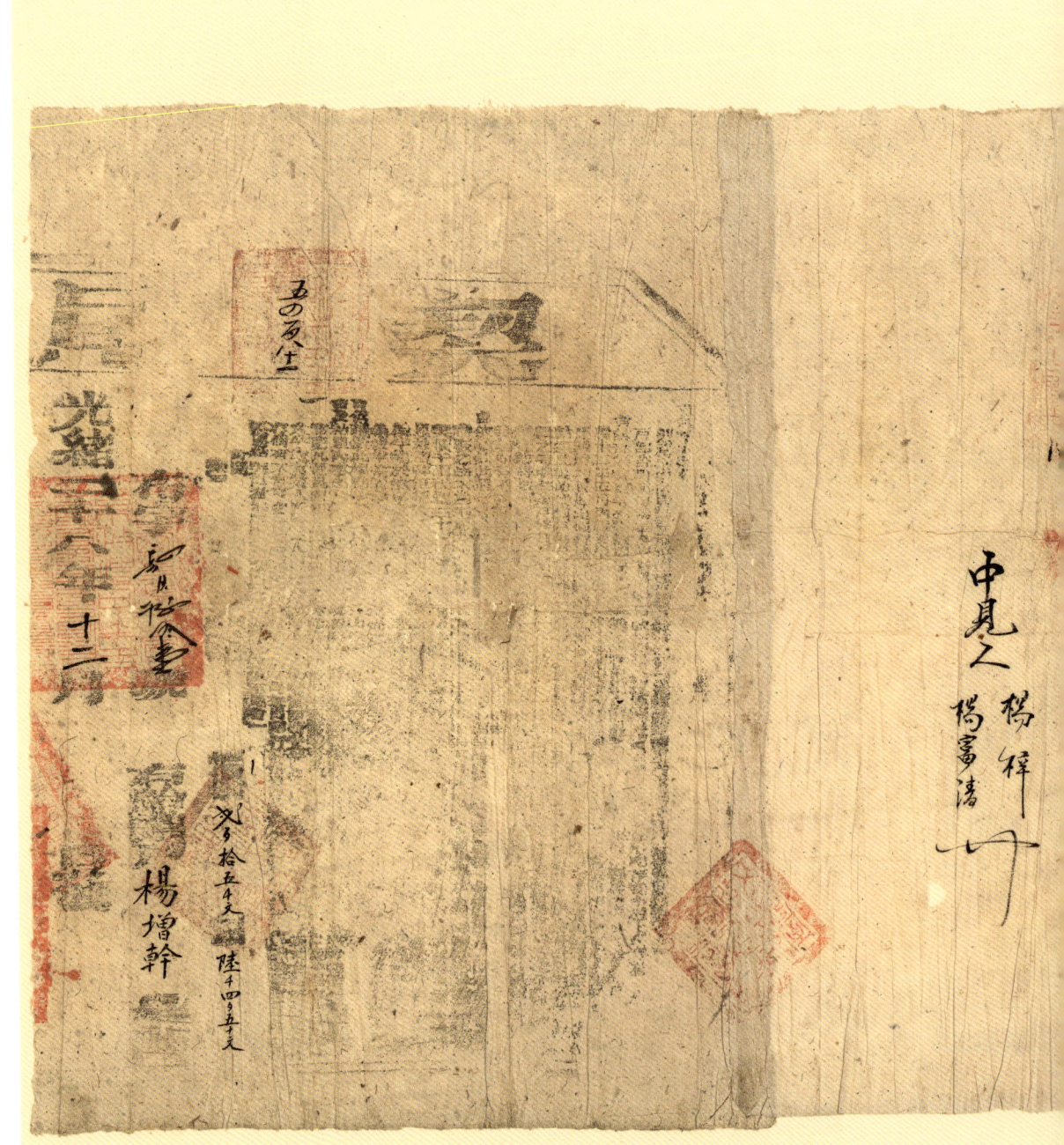

官契

立買契人　　　今因織需錢款情願將　地房
為業其地坐落
　　　　四至登載分明經原中人　處說明
　　　　　　　　　　　　　　　東至
　　　　　　　　　　　　　　　　　　北至
　　　　　　　　　　　　　　　　　　　等說牙紀
　　　　　　　　　　　　　　　　　　　　　　　　調話中賣與楊修鈞
　　　　　　　　　　　　　　　　　　　　　　　　　　　　　　西至
定銀　　　　　　　　　　　　　　　　　　　　　　　　　　　　　　　　　　公同議定實價
制錢　　永遠
　　　産
　　朝寶係
　　　　　照契過割由買主自行遵例完納至所賣之地
　　　　　　　　　當面如數收訖所有地
管業糧銀　　　敬照將賣價　　間願照契面即歸
　　　　　　　　　　　　　　　　　敬誠抵押他人財物以及來歷不明各等情如有以上切情
業與別房伯叔兄弟姪無干亦未曾典當
　　　　　　　　　　　　情願出頭承當與買主毫不牽涉自賣斷之日兩相允願並無翻悔恐口無
填寫官契付執為證
　　　　　　　應納糧銀

中華民國三年十一月　　　日
　　　　　　　　　　　　　　　　　　　　　　原中人
　　　　　　　　　　　　　　　　　　　　　　　　　立賣契人
　　　　　　　　　　　　　　　　　　　　　　　　　　代筆人

立文契約人馬學淵今將自己小道兒水上地壹段係南北畛
東至馬鍾瀚西至楊森南至渠北至渠心四至分明內計地伍畝
每秋隨粮伕升叁合情愿去契與楊增幹永行為業言定價
銀貳佰伍拾伍文但交不欠恐口無憑立文契為証

　　　　　　　　　計前樹木柳達

契尾

戶部咨河南司案呈戶部謹奏為遵議河南布政使司郎中荊道乾奏定民間置買田房契尾辦理章程一案乾隆十一年五月內經安徽巡撫魏梅均奏稱民間置買田房例用司頒契尾以杜捏混...（略）

光緒二十九年　月　日發徐溝縣

業戶 郭榮亮

地段閻價銀半千

稅銀貳百壹拾

業戶 郭榮亮 押

光绪二十九年(1903)山西省徐沟县边保和卖地契

光绪二十九年山西省徐沟县边保和卖土地给郭荣亮,立尾契一张。民国三年(1914)又立官契一张。有花码计数,盖官印、骑缝章。

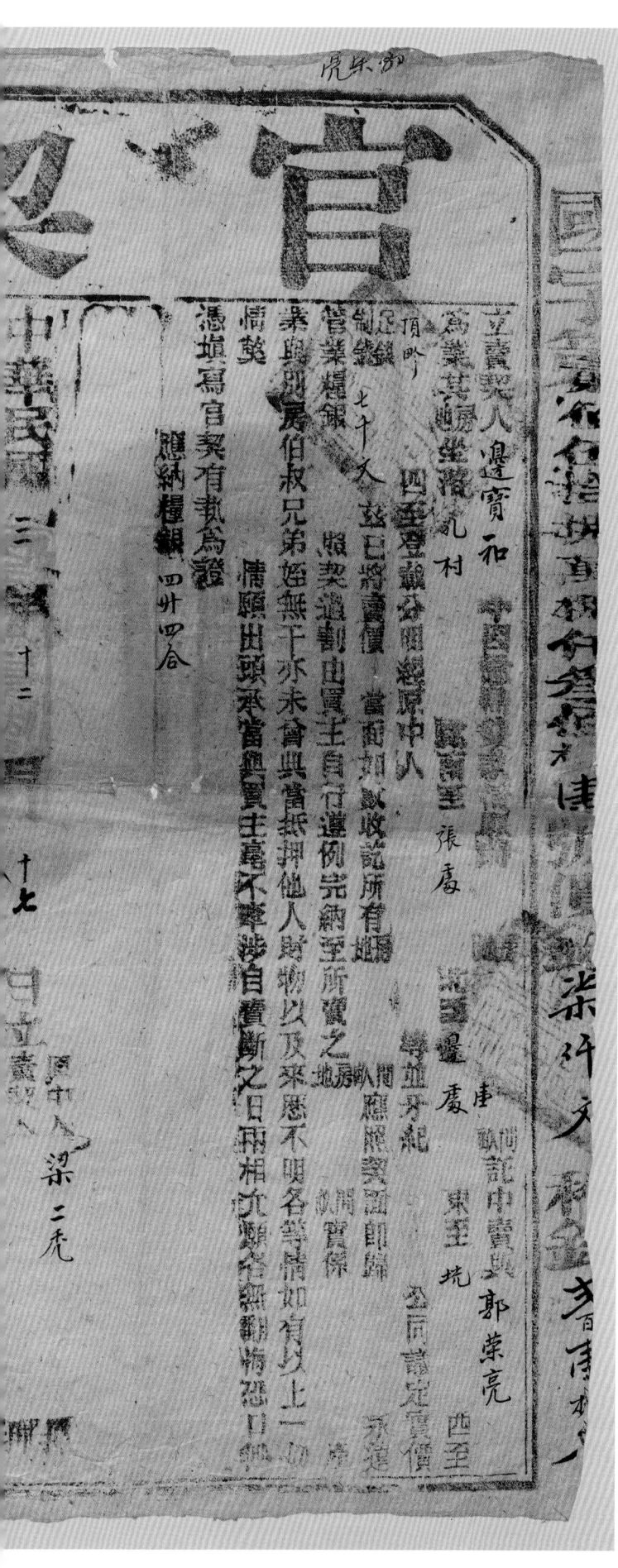

光绪三十一年（1905）山西省徐清县南青堆秦宝州卖地契

光绪三十一年山西省徐清县南青堆秦宝州在中见人田富的说合下，将自己的一段白地卖给吴惠南，并立死契。经官府确认，次年立官契纸一张。草契有中见人落款、画十字押。

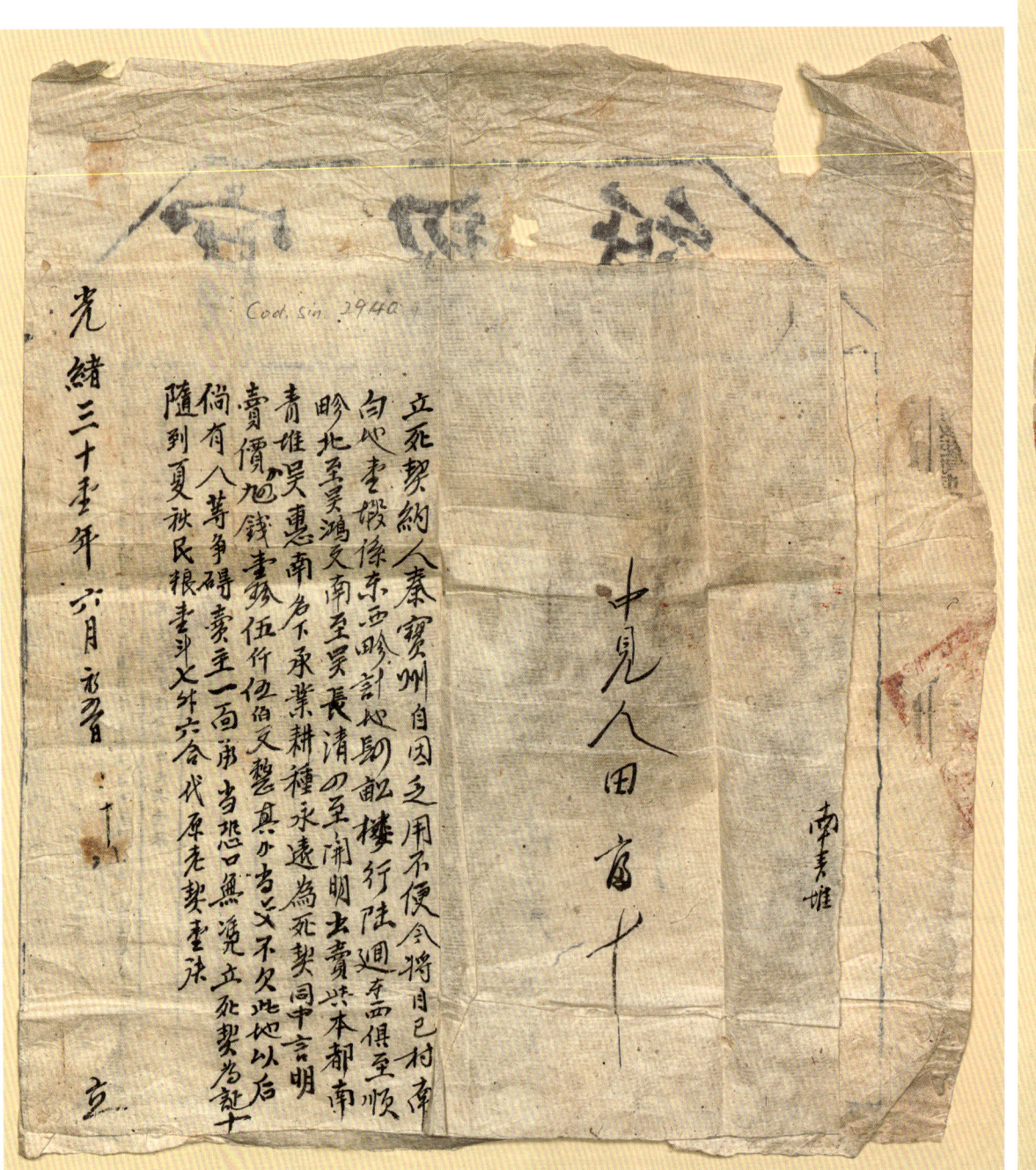

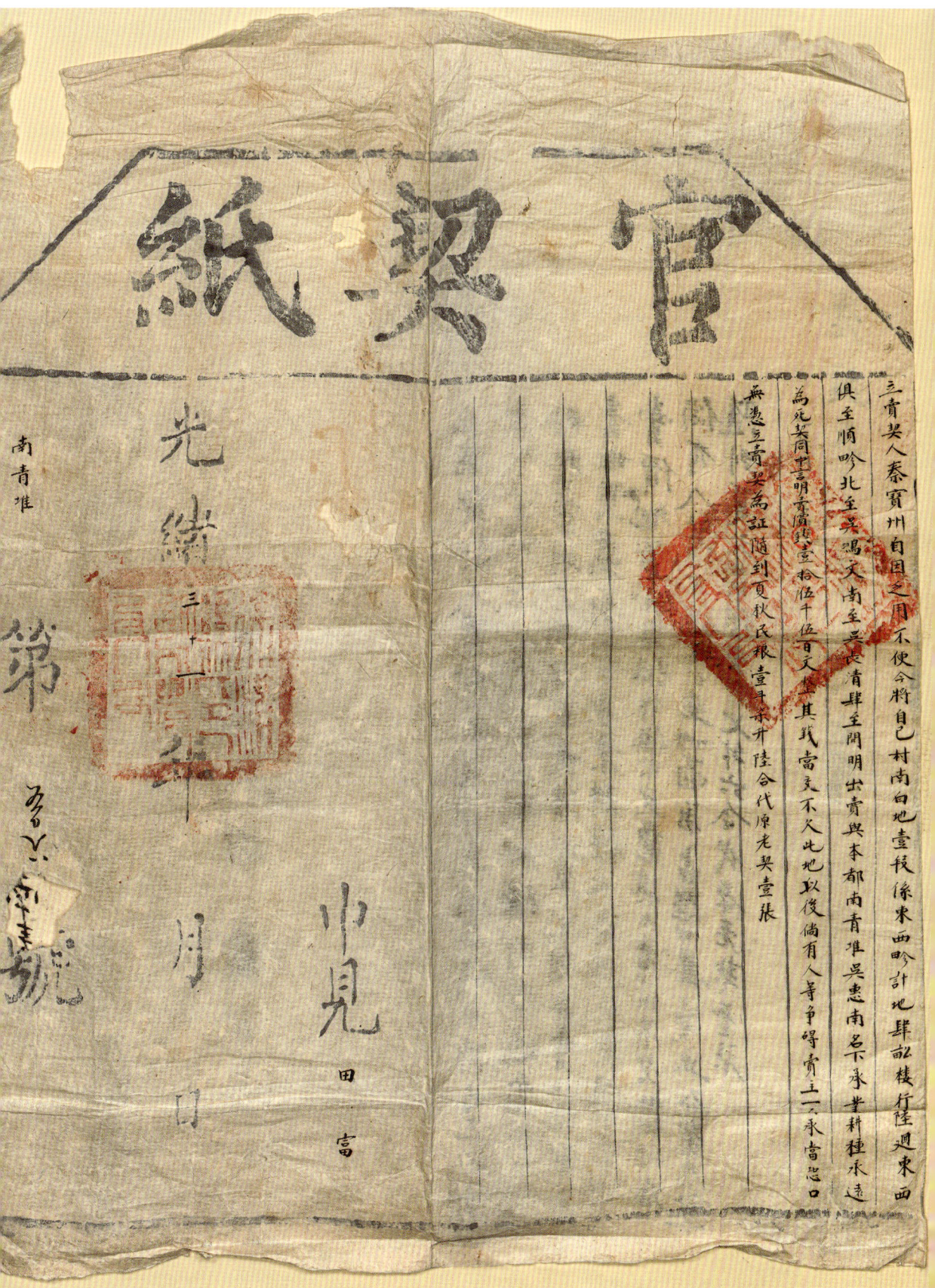

光绪三十二年（1906）山西省席耀隆卖地契

光绪三十二年席山西省席耀隆将自己祖遗白地一段立死契卖给贾仲。契约正文后补注"带东庄村神社七亩渠路通河，带老约壹支"，有知见人签字、画十字押。同年经官府立尾契一份，民国七年（1918）立贾仲买契一份。盖官印、骑缝章。

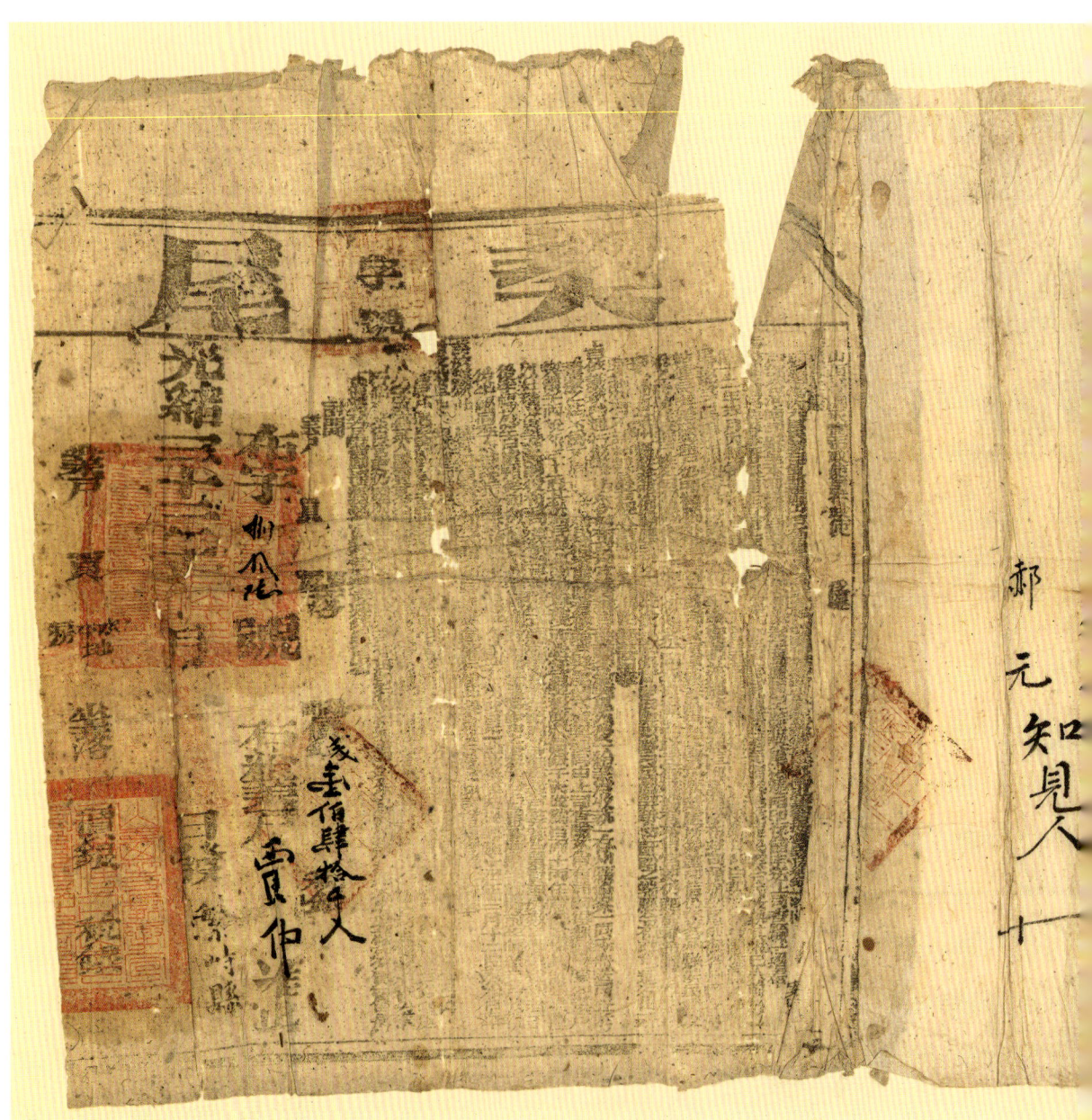

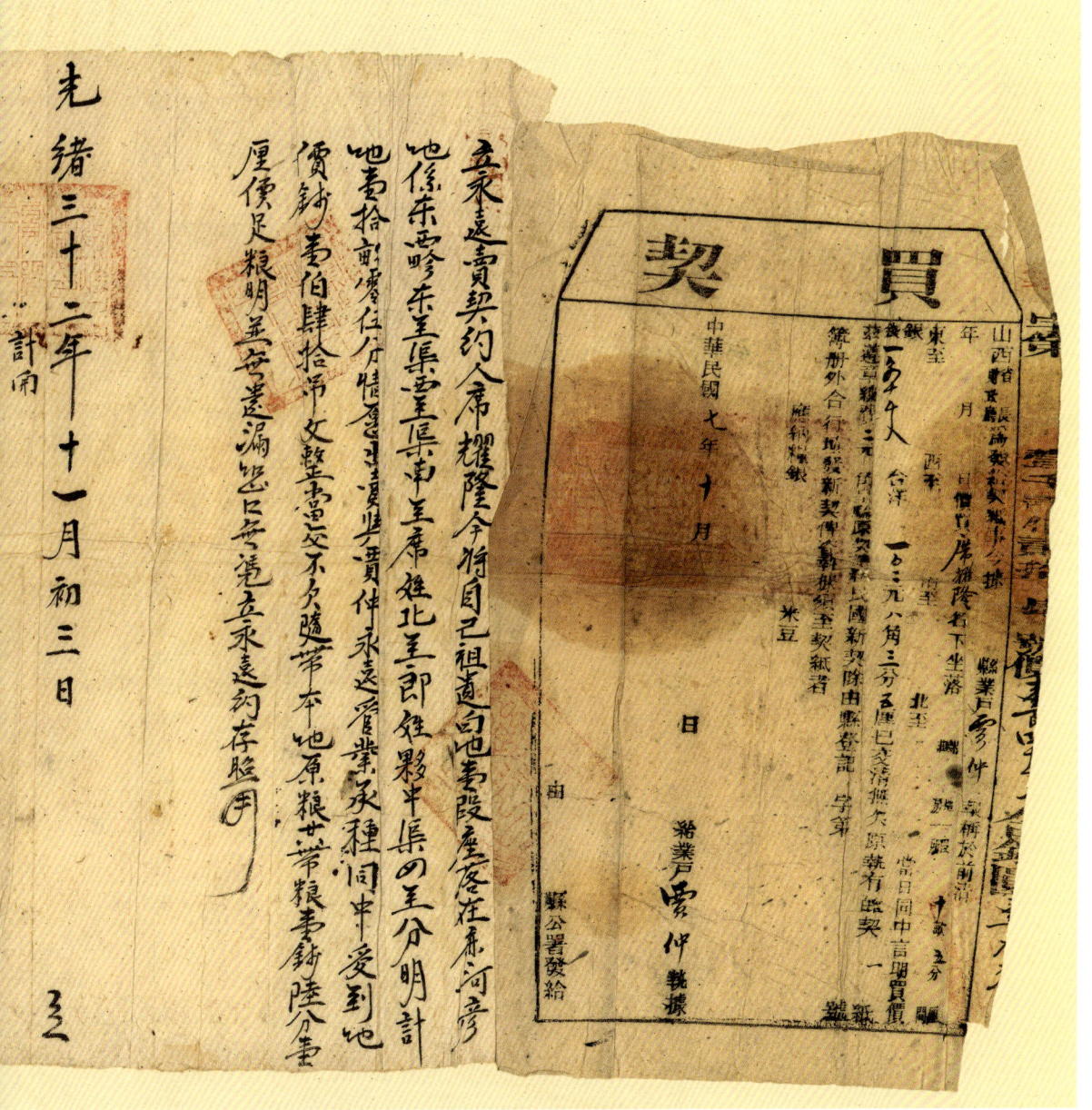

光绪年间山西省焦士昌卖房契、民国年间山西省焦安根卖地契

左侧为光绪年间焦士昌将自己祖产楼房若干立死契卖给王鸿勋的官纸一张，盖官印，列同本族人中人、代笔人、同家长名，无画押。右侧为民国年间焦安根将自己祖遗土地立死契卖给王满赐的草契一张，无具体时间，有立契人、代笔人画押，同本族人、同说合人证明。

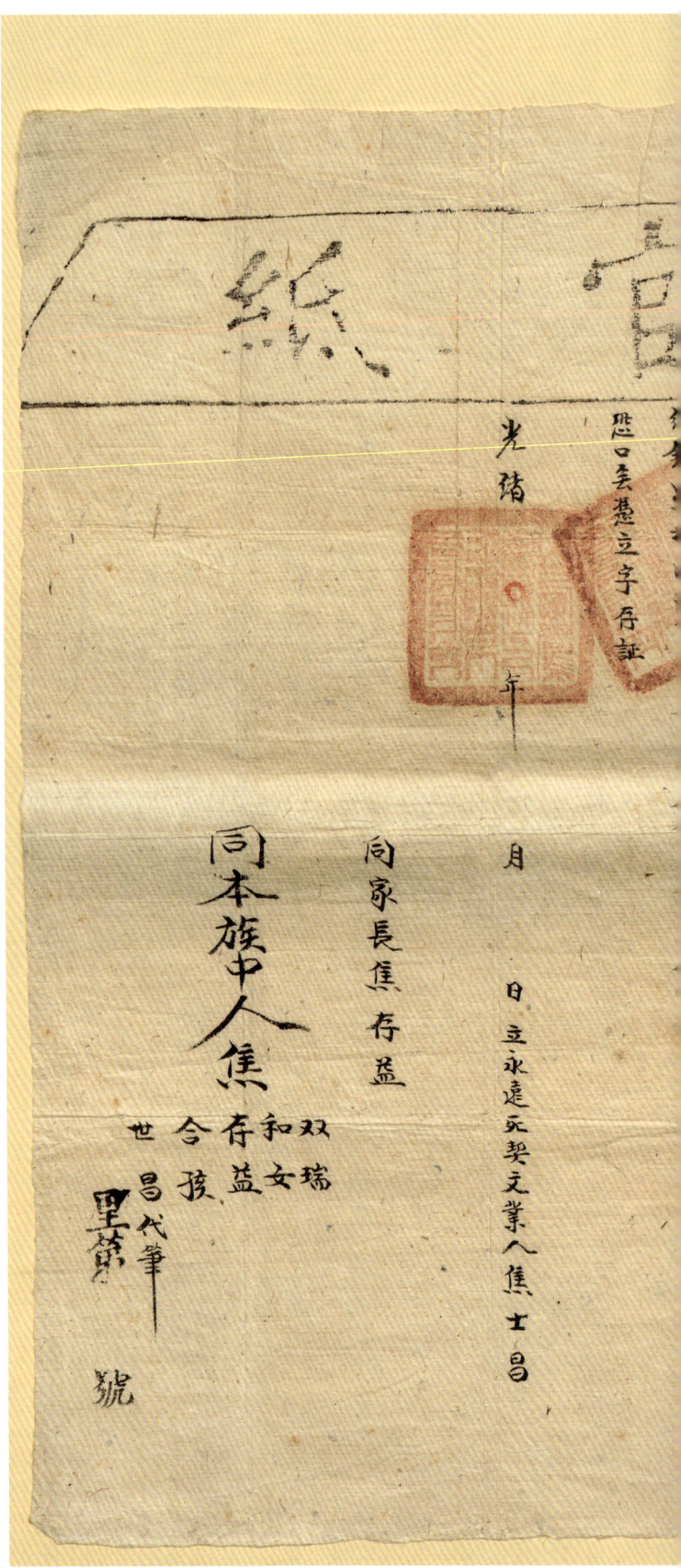

立賣永遠死契文字人焦安根因一時不便令將自己祖遺八畝地一塊水三段計地八畝計測四至東至賣主西至墳下根南至墳根北至墳下根四至以裡土木金石相連水流照舊車牛出入通行自央中說合情愿出賣死于王滿賜名下為永遠死業耕種時值受過死價伴叅佰元正當日錢業兩交分文不欠至賣死之後若有族人等爭端者盡在賣主一身承此條兩家各出情愿並無他說恐口無憑特立死契一字為據

立賣永遠死契文字人焦安根十

同本族焦鶴皋証

同說合人焦喜瓜全記

原德保

依口代筆焦永章押

民國　年　月　日

立永遠死契文字人焦士昌因一時不便自俠等說合今將自己祖業南屋樓房三間東南小屋樓二間

光绪年间山西省党庄焦张氏卖地契（六亩地）

光绪年间山西省党庄焦张氏将自己祖遗盆地坡地立死契卖给王鸿勋。有立卖契人、族侄、中人画押，代笔人落款。民国三年（1914）又立官契一张。盖官印、骑缝章。

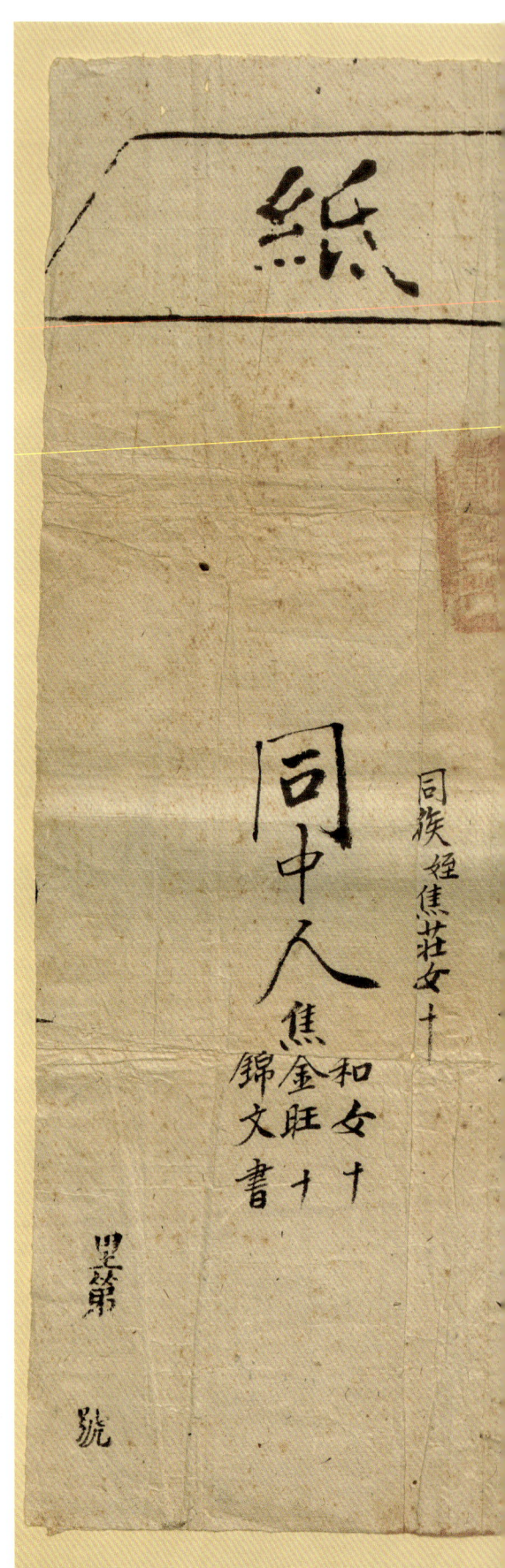

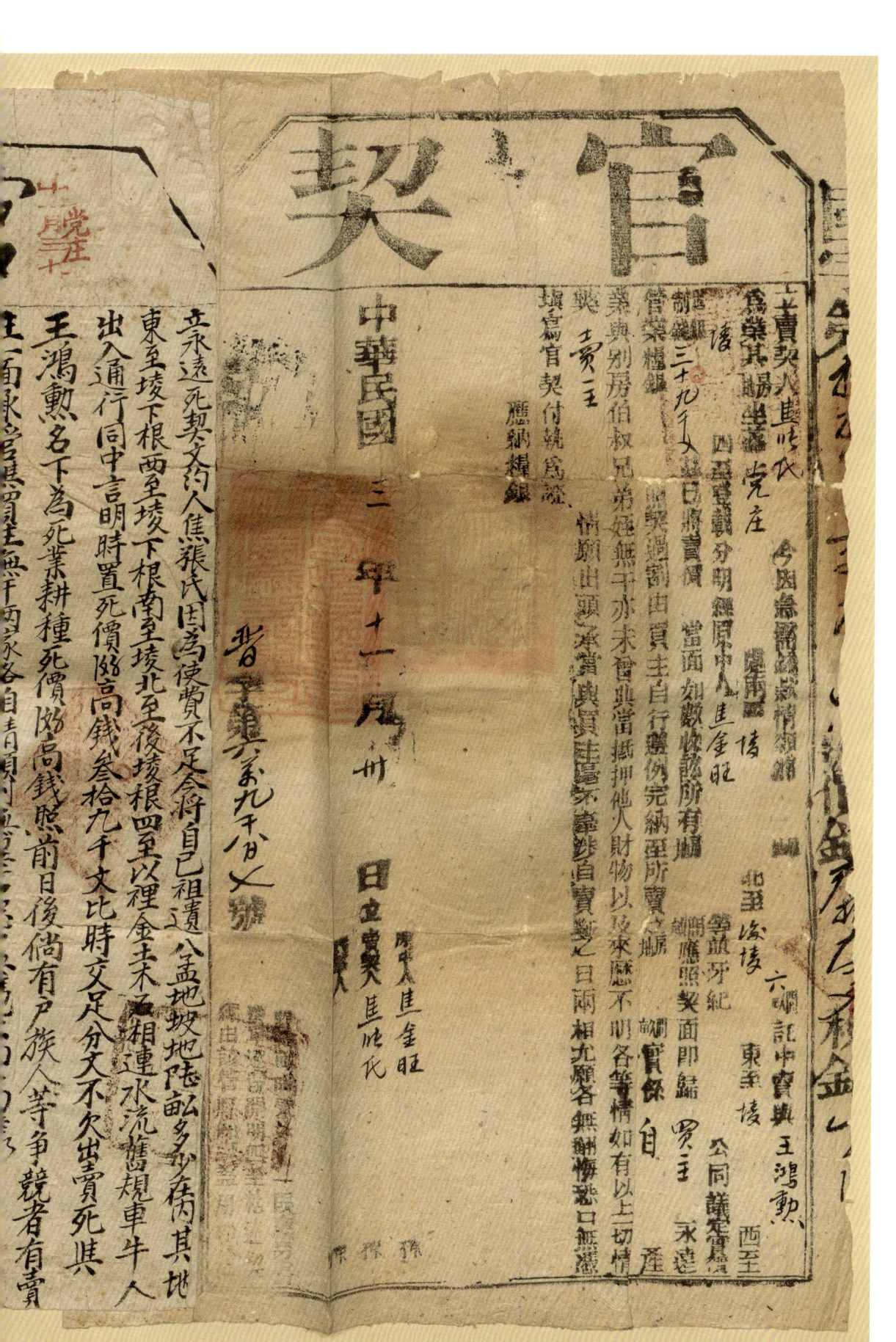

立永遠死契文約人焦張氏因為使費不足今將自已祖遺村西小圍坡地壹段貳畝其地東至後坡根西至坡下根北至界石南至官路四至以內金土木一相連水流舊規車牛人出入通行出賣死於王鴻勳名下為死約耕種同中言明時值死價悠高錢拾弍千文比時交足分文不欠倘有戶族人等爭競者賣主一面承担其買主無干恐口無憑立約存沁此據

光緒　　年　　月　　　日立永遠死契人焦張氏十

同家族姪　焦莊女　和女十

同中人　焦金旺母十
　　　　　錦文代筆

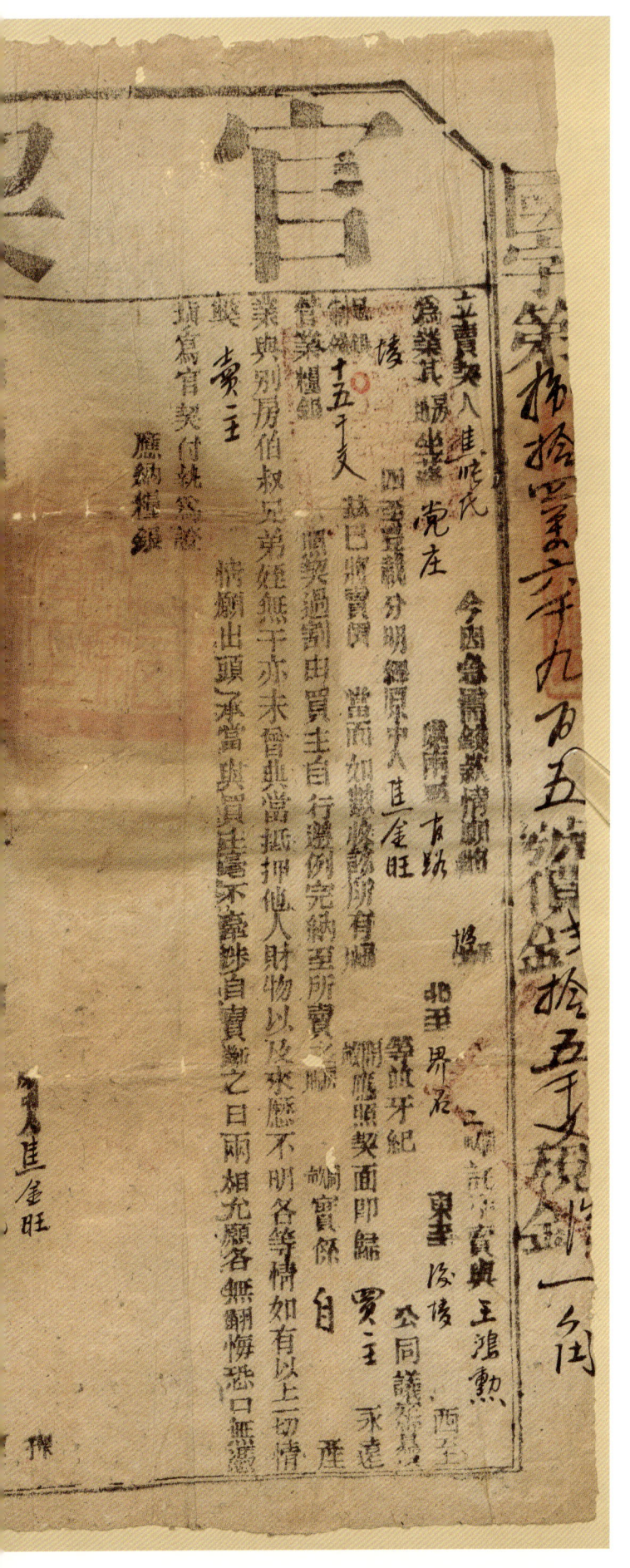

光绪年间山西省党庄焦张氏卖地契（二亩地）

光绪年间山西省党庄焦张氏将自己祖遗坡地一段立死契卖给王鸿勋。契约有立卖契人画十字押，族侄、中人、代笔落款。民国三年（1914）又立官契一张，盖官印、骑缝章。

宣统元年（1909）山西省任希孟同侄子卖房契

宣统元年山西省任希孟同侄子一起将房院一所经中人说合立死契卖给郭长宁。经官府立官契一张。有同中说合人、同乡地、立卖契人签字并画十字押，盖官印、骑缝章。

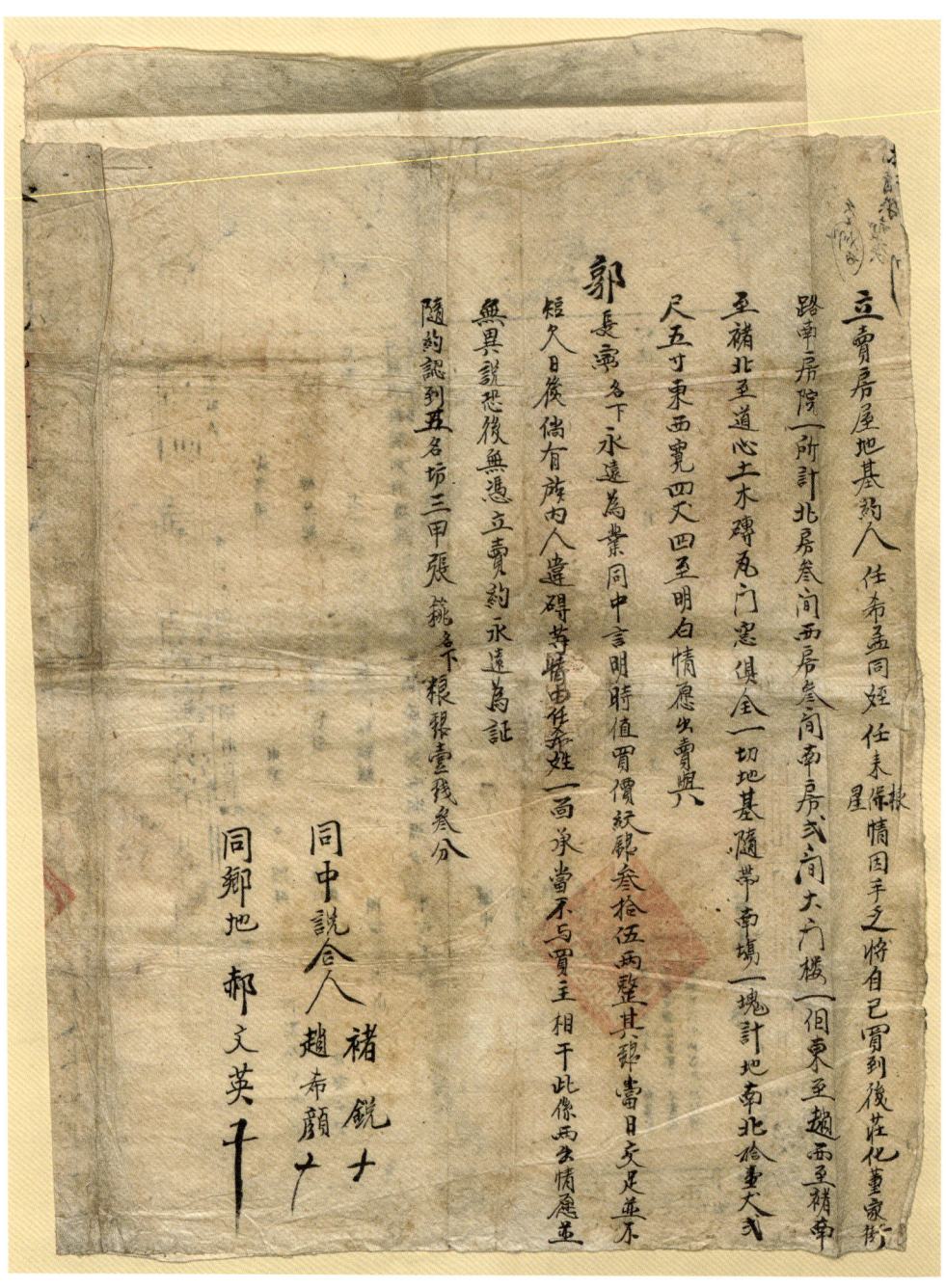

草契

官契

宣统三年（1911）山西省焦士昌卖房契

宣统三年山西省焦士昌将自己祖产楼房两所立死契卖给王鸿勋。契约盖官印，列同本族人、同中人、代笔人名，无画押。

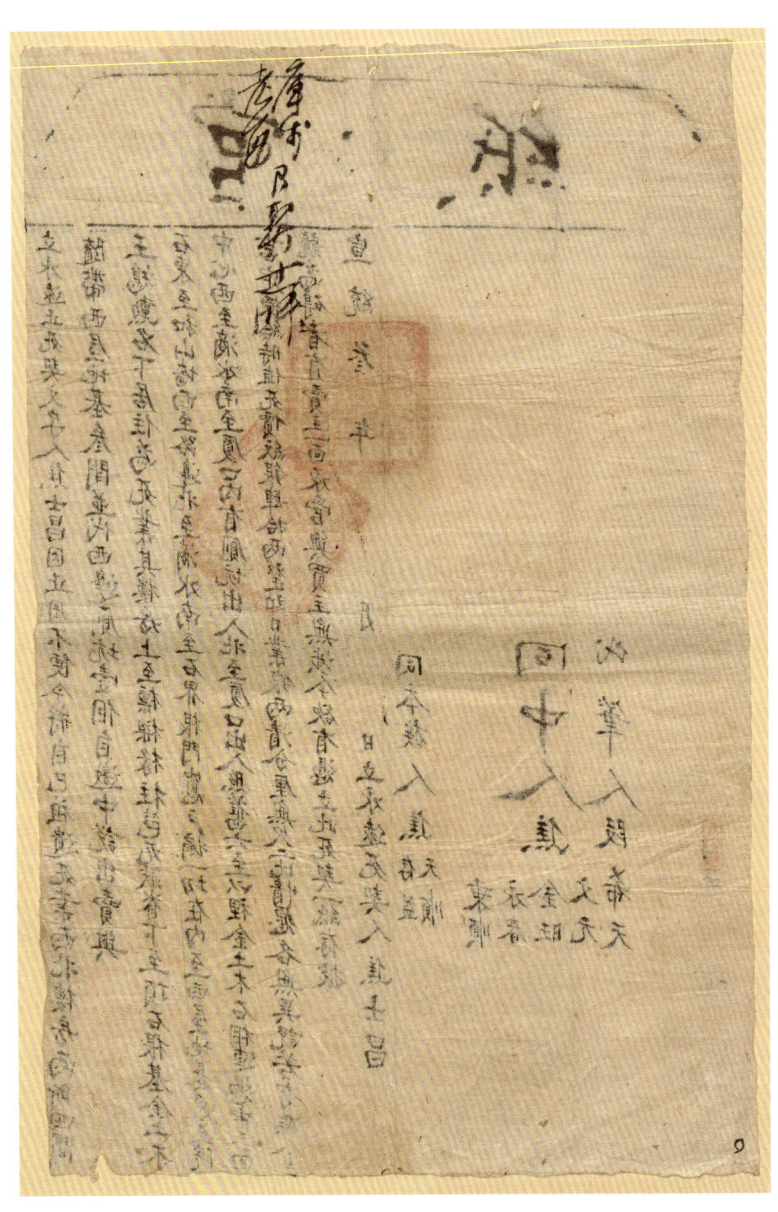

《宣统三年（1911）山西省焦士昌卖房契》背面

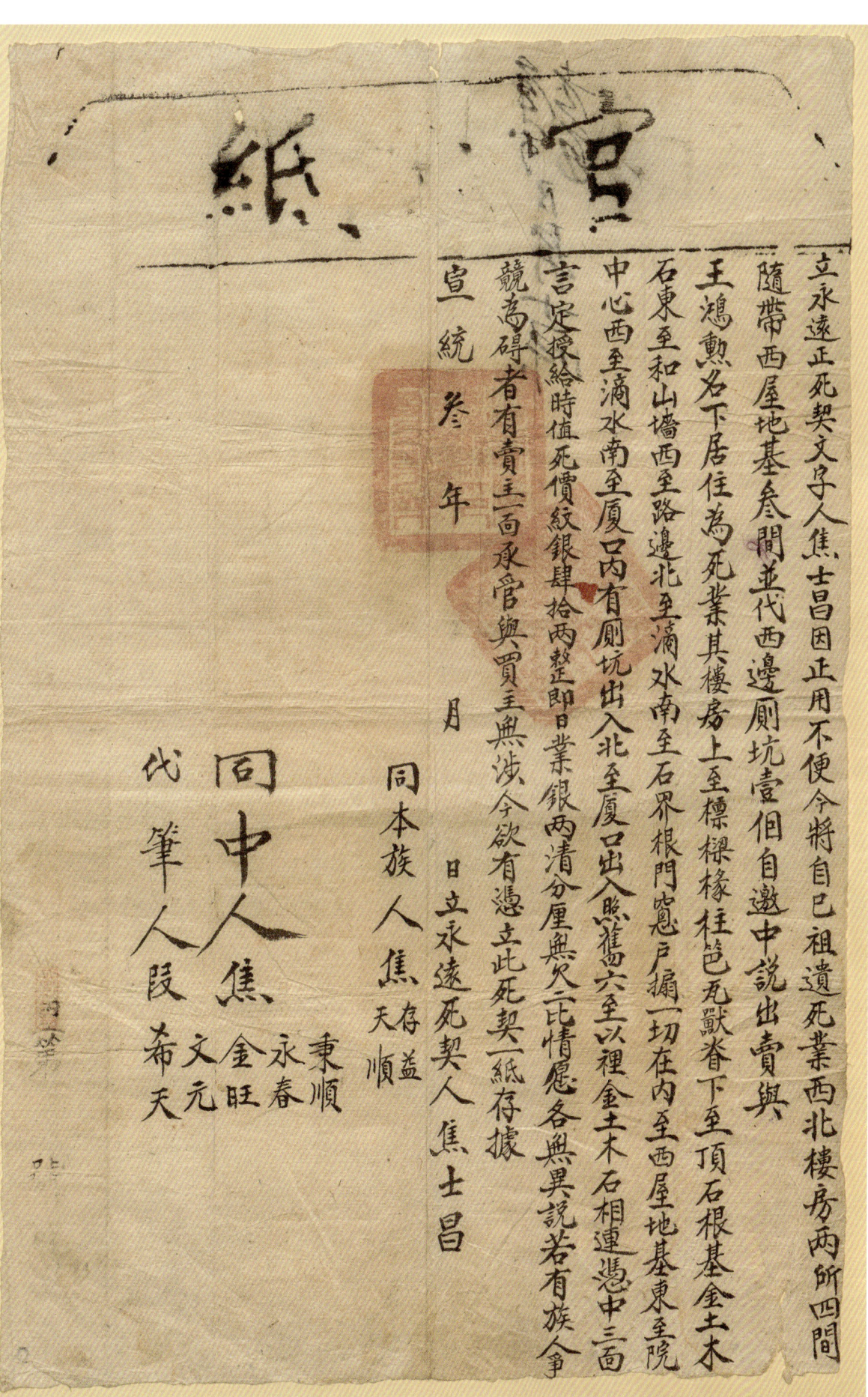

立永遠死契文字人焦雙瑞因夫婦年近七旬終後亏靠因口食衣木賑頃不給今

邀同本族公同議定將上下柳園地尽賣作為費用今將下柳園地大小四段基粮地尽畝

將四至開叨東至後坡根西至水壕毛南至官路北至路四至以內土木金石相連水流照舊出入

通行今央說合出賣死契

王鴻勳名下為永遠死業耕裡同中言叨時值死價銀貳拾兩整開日銀業兩文各不

短少三面言叨兩家情愿各无異說如有戶族人等爭端者有賣主一面承當再買主亏平並

遍勒等情文說恐口无憑立永遠死契為記

宣統三年　月　日立永遠死契文字人焦雙瑞

同本族人焦補旺

同中見成人焦來順
　　　　　　　永煥

宣统三年（1911）山西省党庄焦双瑞卖地契（三亩地）

宣统三年山西省党庄焦双瑞夫妇因年近七旬、终后无靠，将名下的下柳园地大小四段基粮地立死契卖给王鸿勋。契约盖官印，有同本族人、同中见成人、立卖契人签名。民国七年（1918）又立王鸿勋买契一张。

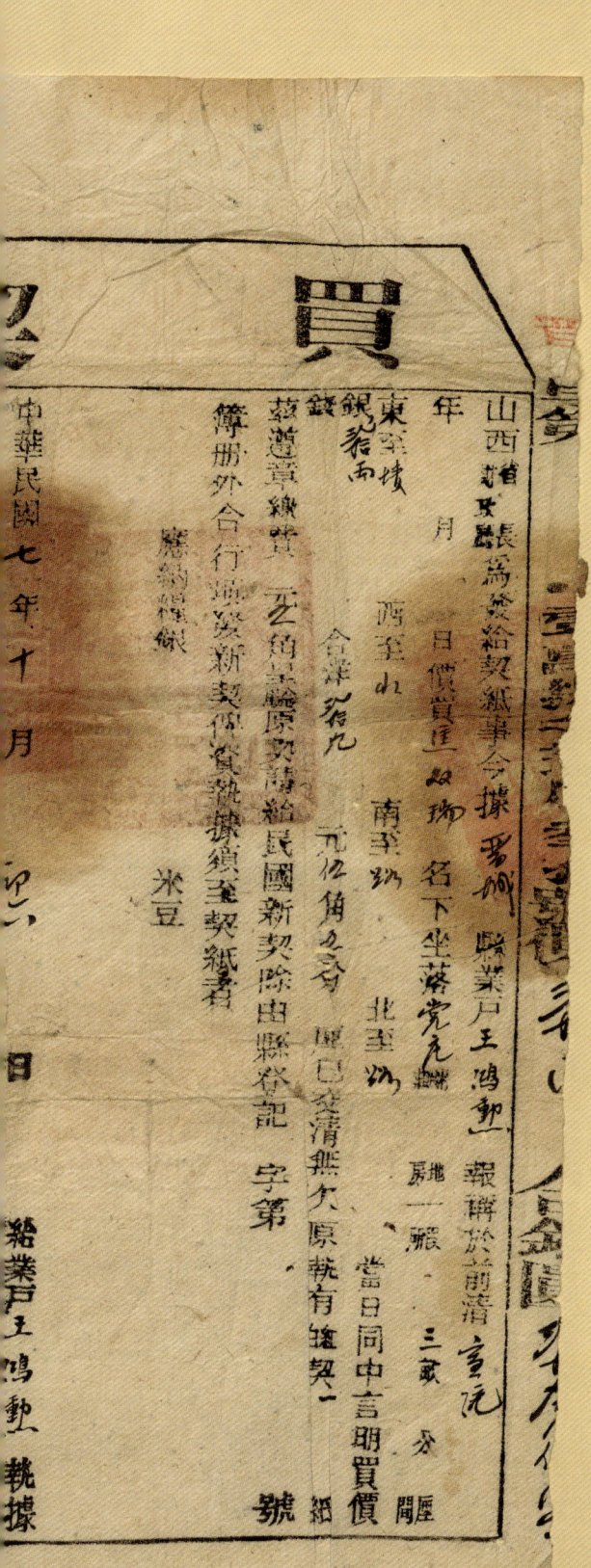

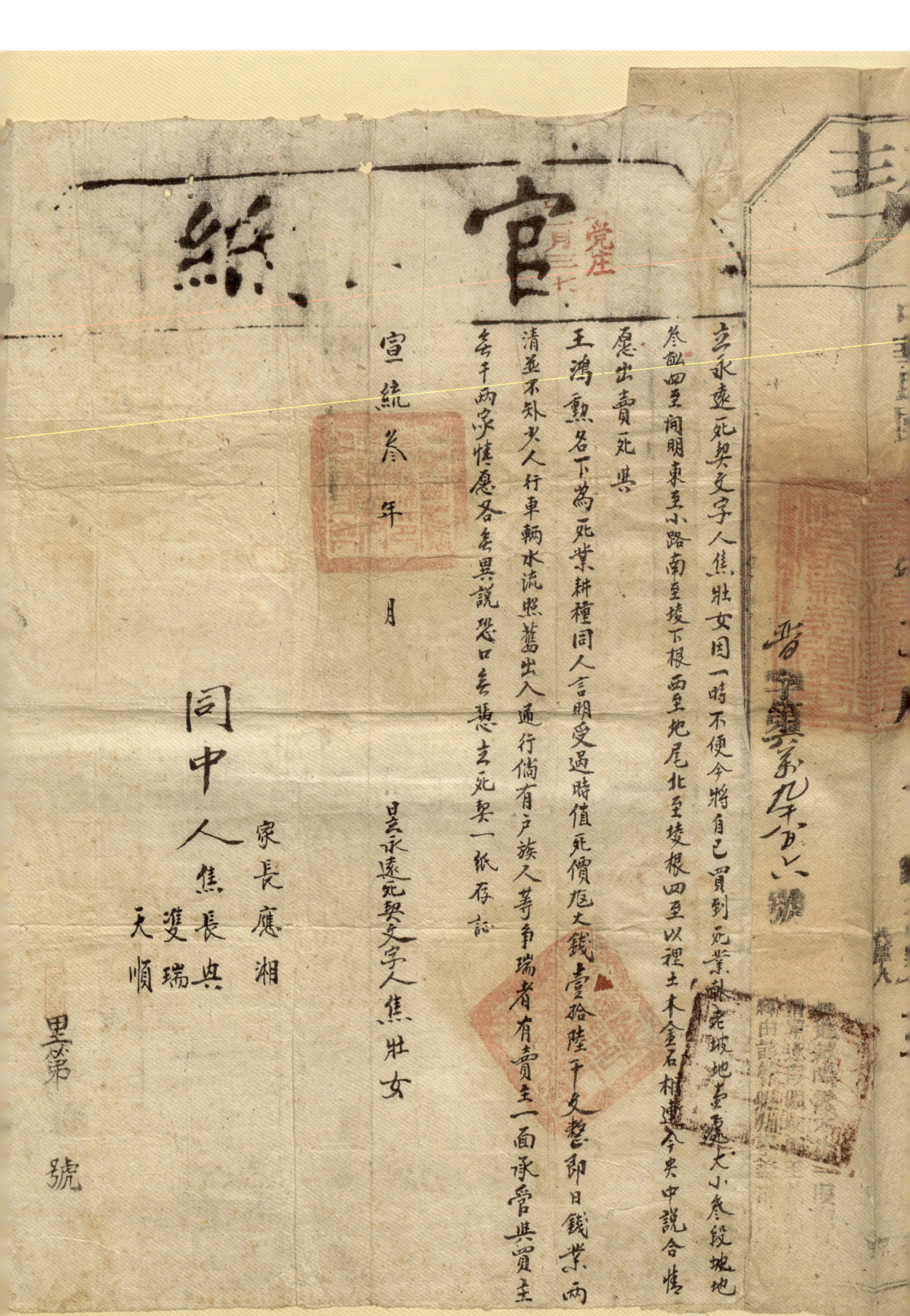

立永遠死契文字人焦壯女因一時不便今將自己買到死業耶老玻地荒處大小叁段地叁畝四至開明東至小路南至埂下根西至地尾北至埂根四至以裡土木金石樹連今央中說合情愿出賣死與

王鴻勛名下為死業耕種同人言明受過時值死價厄大錢壹拾陸千文整即日錢業兩清並不外火人行車輛水流照舊出入通行倘有戶族人等爭端者有賣主一面承當與買主無干兩家情愿各無異說恐口無憑立死契一紙存証

宣統叄年 月 日 立永遠死契文字人焦壯女

同中人 焦長興 護瑞 天順

家長 應湘

里第 號

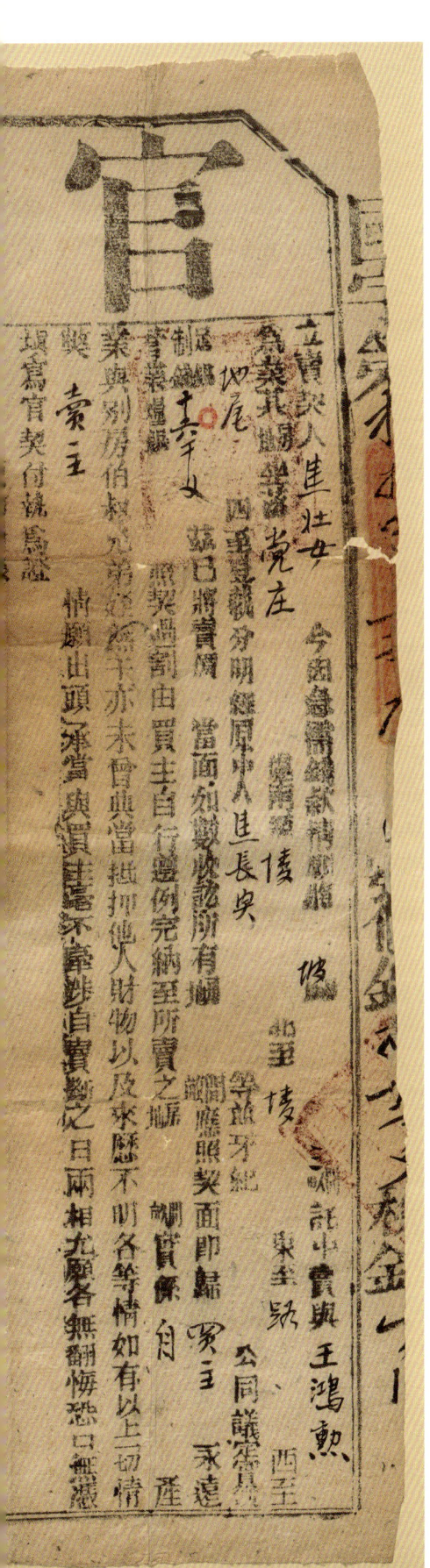

宣统三年（1911）山西省党庄焦壮女卖地契

宣统三年山西省党庄焦壮女将名下坡地三亩立死契卖给王鸿勋。契约盖官印，有家长、同中人、立卖契人签名。民国三年（1914）又立官契一份。

立永遠死契文字人焦雙瑞因夫婦年邁貧寒終後無靠口食衣木賬項不給今邀同本族公同議定將上下桃園地辧賣作為費用今將上桃園地坡糧白地一段計地貳畝將四至開明東至後崚根西至崚下根南至買主北至路四至以裡土木金石相連水流出入照舊通行今央中說合出賣死與

王鴻勳名下為永遠死業耕種同中言明時值死價銀拾伍兩整即日銀業兩交各不短欠三面言明兩家情愿各無異說如有戶族人等爭端者有賣主一面承當與買主並無逼勒等情之說恐口無憑立永遠死契為証

宣統叄年　月　日立永遠死契文字人焦雙瑞

同本族人　焦補旺

同中見成人　焦來順

焦永煥代筆

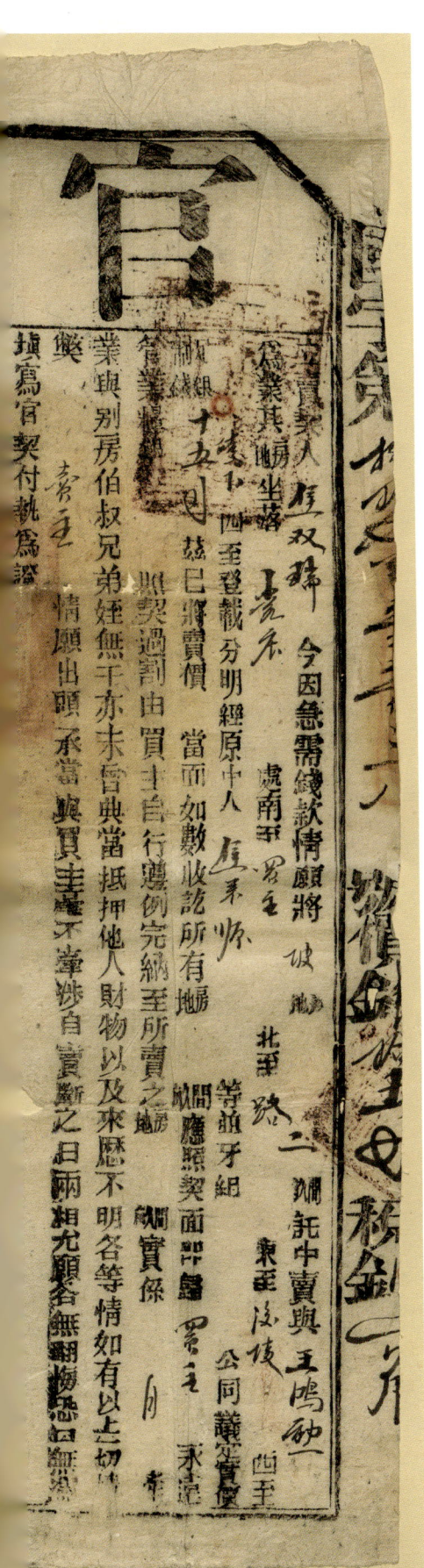

宣统三年（1911）山西省党庄焦双瑞卖地契（二亩地）

宣统三年山西省党庄焦双瑞夫妇因年近七旬、终后无靠，将名下上桃园地坡粮白地一段立死契卖给王鸿勋。契约盖官印，有同本族人、同中见成人、立卖契人签名。民国三年（1914）又立官契一张。

宣统年间山西省大箕村崔谷永卖地契

宣统年间山西省大箕村崔谷永立死契将自己原买到土地卖到王东来名下。契约有中人落款、画十字押，盖官印、骑缝章。民国三年（1914）又立官契一张。

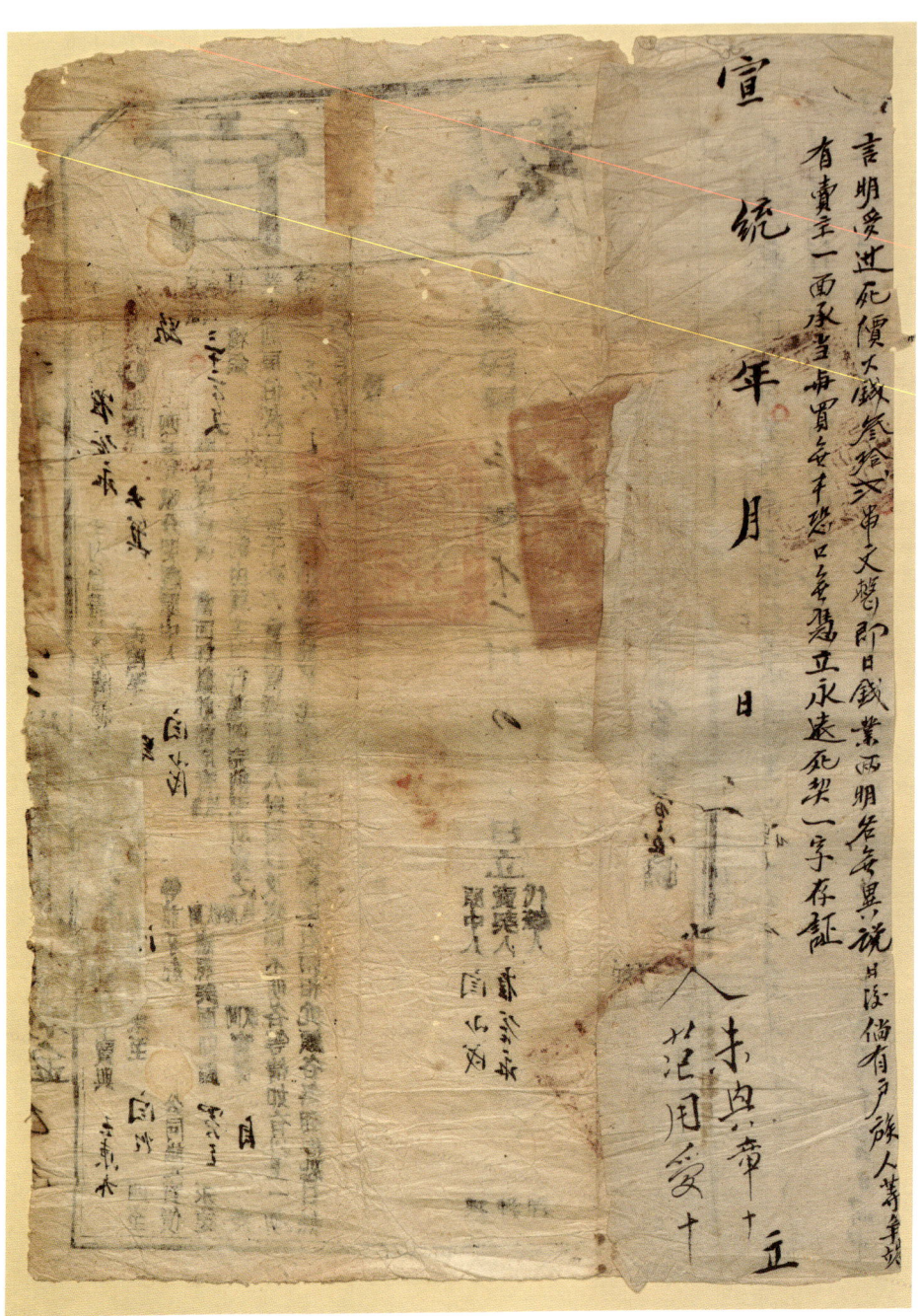

官契

中華民國 三 年 十二 月 ○ 日立

立承遠死契文字人崔名永今將自己原買利瑪坨饒坡地壹畝糧小科地連頭九段其地先盡東至門進西至路南至路北至水溝四至以裡土木金石相連人行道路出入照此通行央中說合情願出賣死毋…

原中人 閆山戌
賣契人 崔名永
代筆人

押 押 押

民国三年(1914)山西省段文元卖地契

民国三年官方验契一张,记录段文元将自己一段地卖给孙章,有官府盖章,无立契人、中见人签字画押。

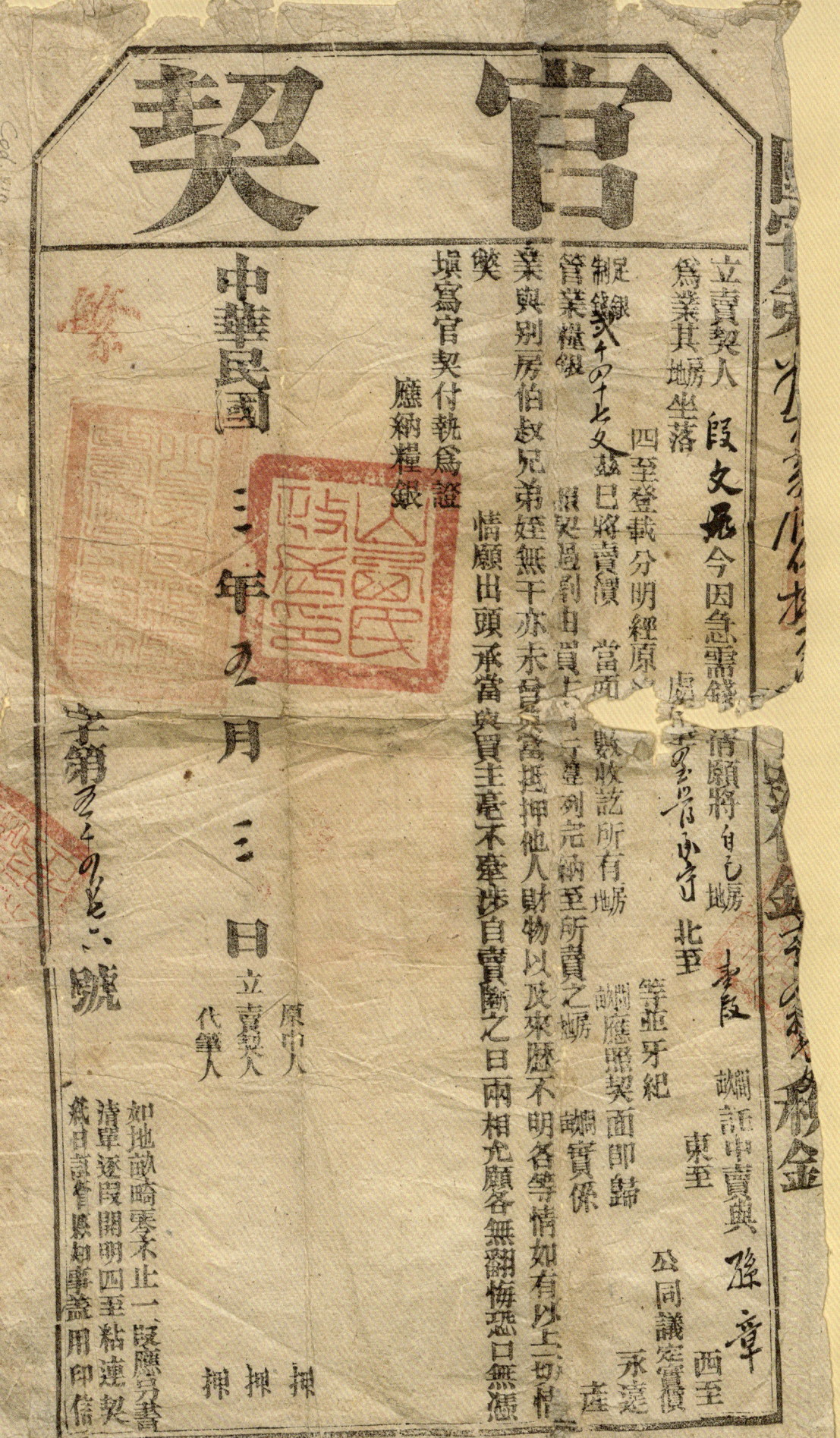

洪宪元年（1916）山西省卖地契

洪宪元年官契一份，主体内容为印刷体，除编号与年份外无手写内容。印刷体内容包括描述土地方位与四至情况，交代钱财已清，往后再无纠纷。盖有"山西民政厅印"，应为山西省契约。

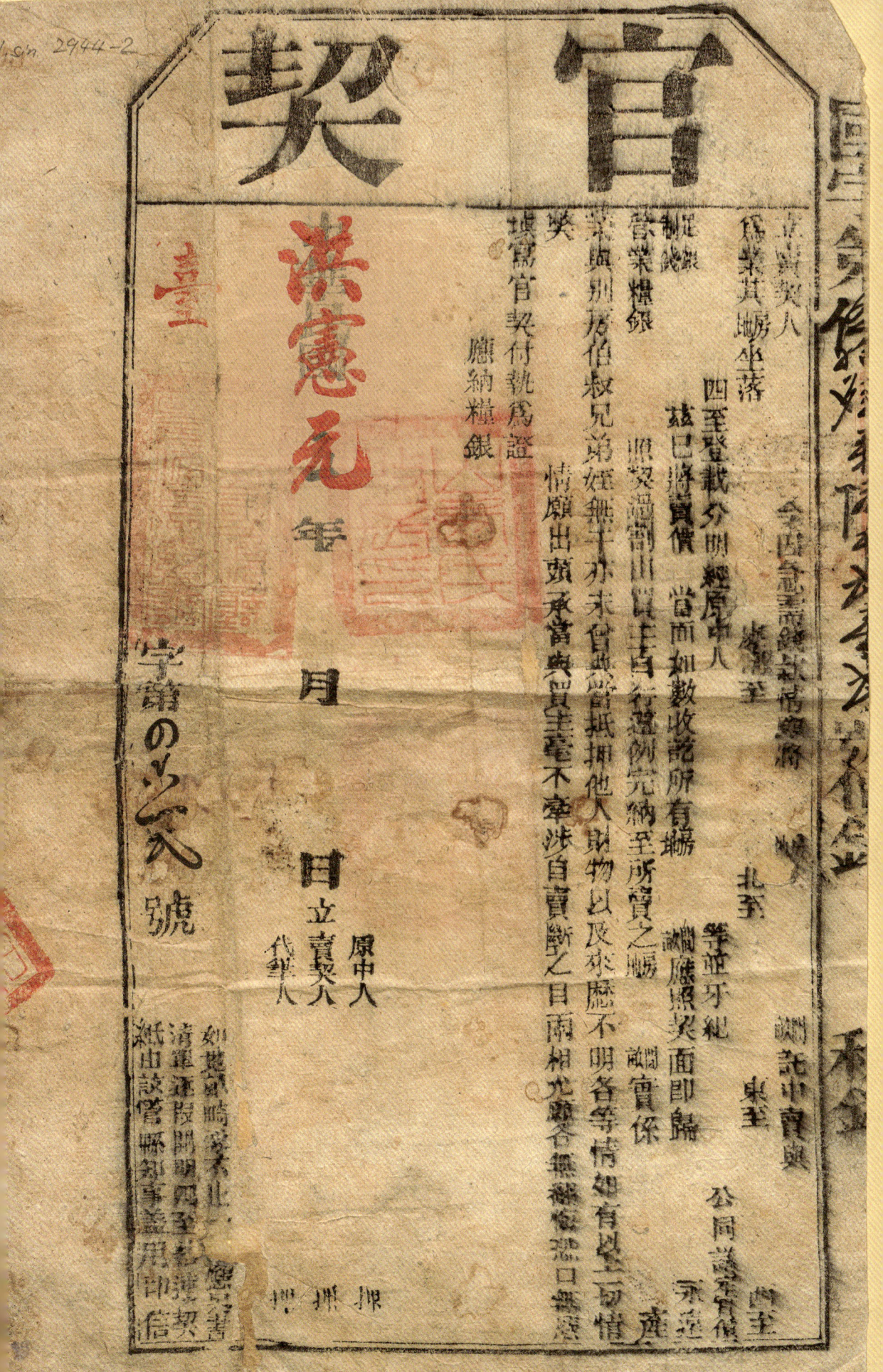

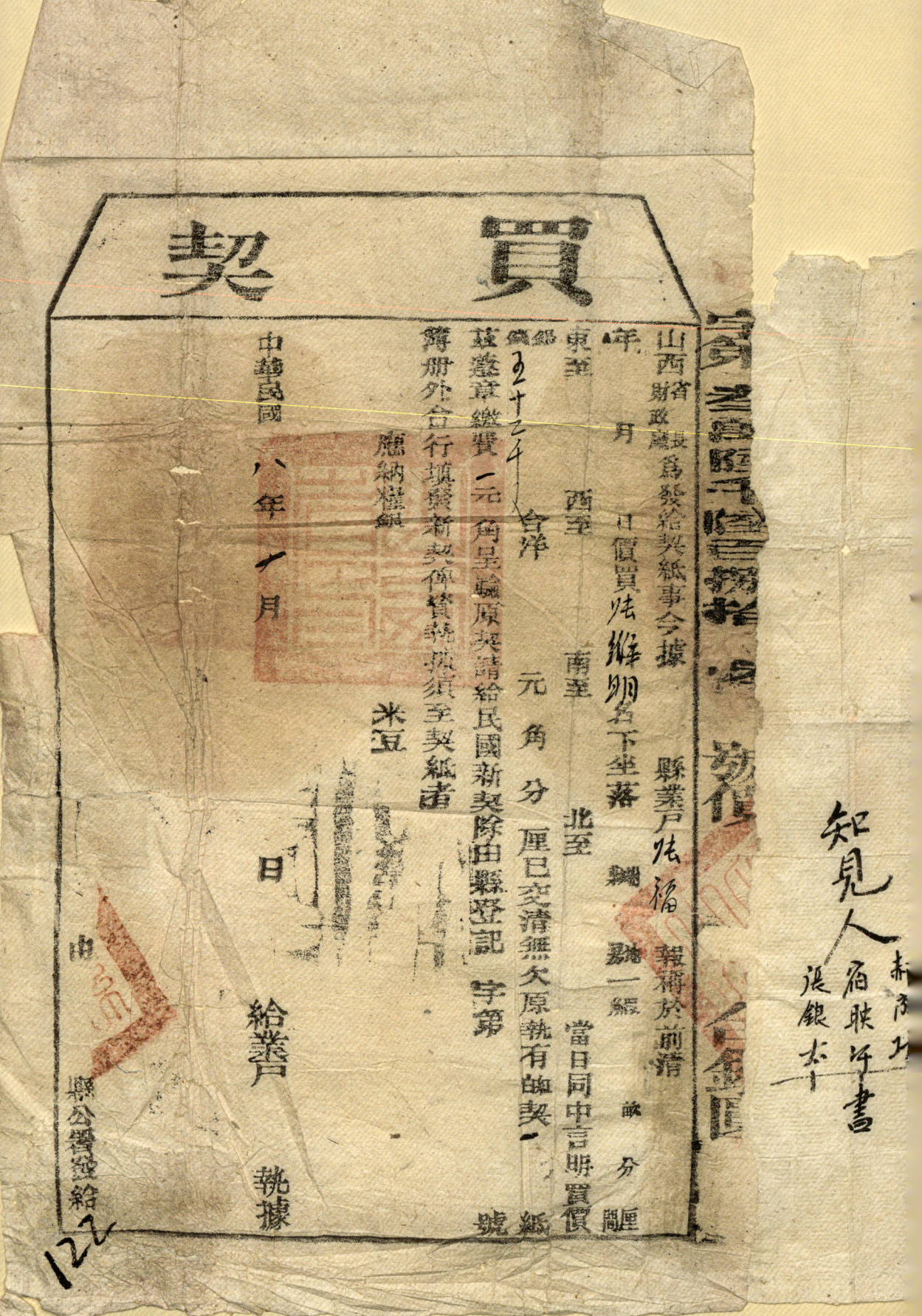

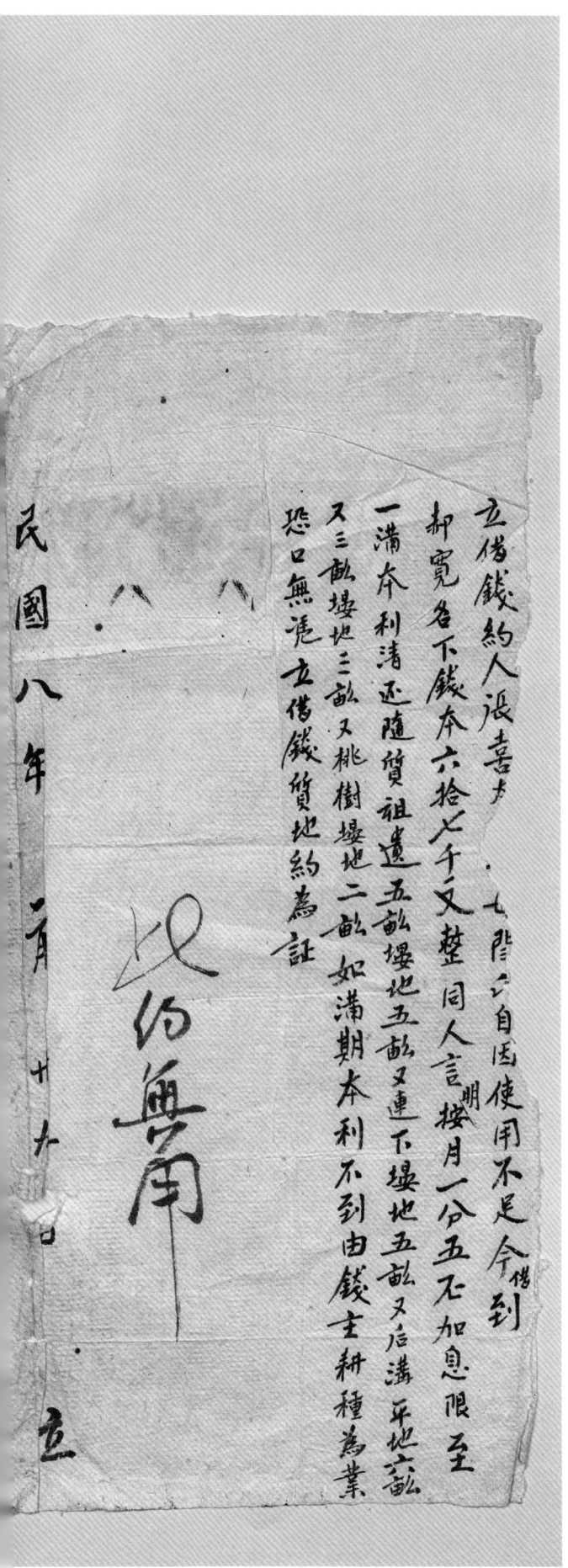

民国八年（1919）张喜□借贷契、民国八年山西省张维明卖地契

右侧为民国八年张喜□抵押自己土地，在郝宽名下借六十七千文的草契。契纸约定到期本利不到，就将土地交于郝宽，有知见人、代笔人落款并画十字押，空白处写明"此约无用"。左侧为山西省张维明将自己名下一段地卖给张福，于民国八年所立买契一张。缴费一元，盖官印，骑缝章与草契不合。

民国二十四年（1935）山西省汾阳县李书国田房草契

民国二十四年山西省汾阳县李书国因债务周转，在中人李士柱、李仲武说合下将自己名下土地卖给闫瑞芳。有说合人、立契人签字并画十字押，书契人、公证人乡长以及乡副签字、盖姓名章，盖官印、骑缝章。契纸由财政局印制，上方有章程摘要与花码计数。该契约每张收价贰角。

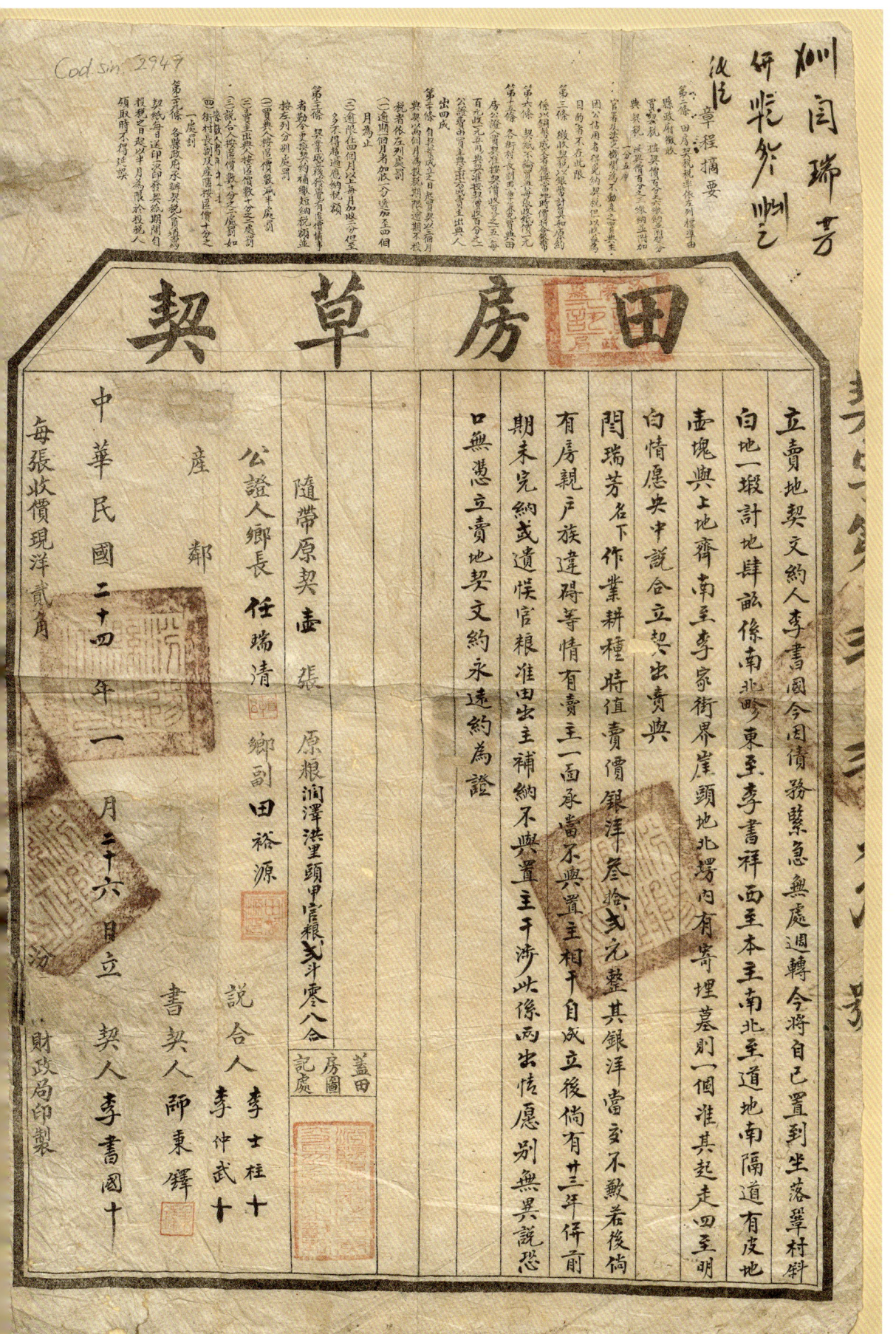

第三十條　自契業成立之日起買契以三個月典契以兩個月為投稅期限逾期不投稅者依左列處罰

（一）逾期一個月者加收一分遞加至四個月為止

（三）逾限在四個月以上每月加收二分但至多不得超過應納稅額

第三十條　契業成立後發覺有匿價情事者勒令更換契約補繳短納稅額並按左列分別處罰

（一）買典人按匿價數減半處罰

（二）賣主出典人按匿價數十分之三處罰

（三）說合人按匿價數十分之二處罰如係數人者平分之

（四）街村長副及產隣按匿價十分之一處罰

第三九條　各縣政府承辦契稅人員填寫契紙每日送印一次發契紙期間自投稅之日起以半月為限於投稅人領取時不得延誤

契草

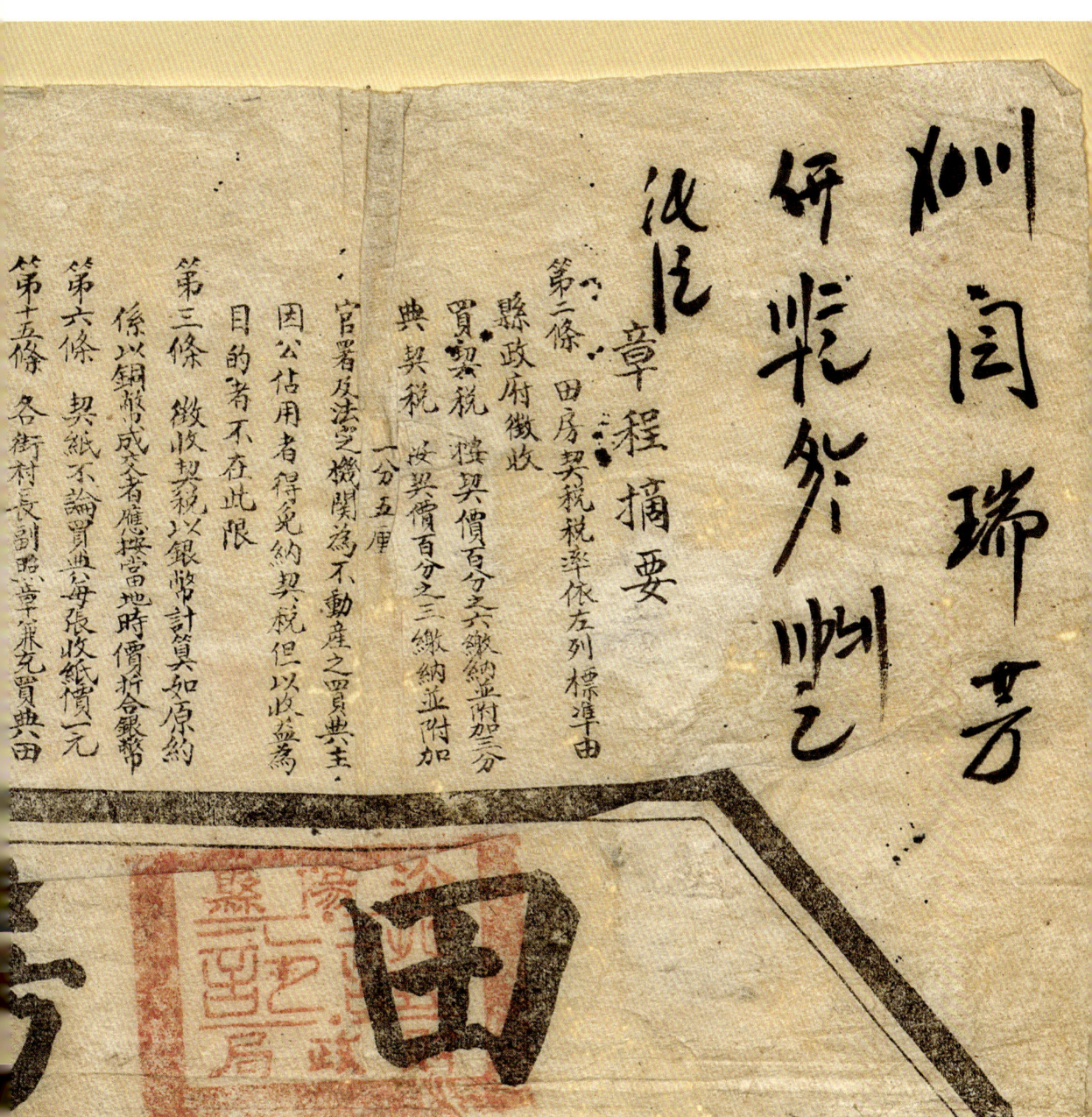

《民国二十四年（1935）山西省汾阳县李书国田房草契》正面上部章程摘要

民国三十年（1941）山西省襄垣县李继成卖地契

民国三十年山西省襄垣县李继成将自己名下土地立契卖给张财兴。次年经官府立买契一份。草契有花码计数，贴有税票，上方有章程摘要，盖官印、骑缝章。

章程摘要

第二條 貞契以三個月為投契期限愈期未投
稅者依左列處罰但在章程頒布成立
之日得予免罰

(一) 逾期一個月者賀款一分遞加至四個
月為止

(二) 逾期四個月以上每月加百分之三至
多不得超過應納稅額

第三條 貞契的成立發覺有產匿價值
按左列分別處罰

1. 產主虛報匿價款罰二倍
2. 貞典人隱匿價款罰款半倍
3. 賣典主典價價匿數十分之二應賣扣
數者罰二分之一

(四) 賣典人於立書立契契匿同價書
後私自改換匿價經查出照明各當事人
確共同隱匿價經查明照照值負担半份
金視歸貞典人自行負担每罰一半份
或數部份人知情不報者仍應按
規定辦理

草契

立賣契人李經成今因正用特自己座落溪溝便
窯   地六畝一分一厘
房
間
服
東至小路 南至墻根 西至岸根 北至石坡 上下金玉水
一併相連同中說合情願出賣與
張財貴名下永遠為業言明時值價洋加拾叁元
整當日錢業兩交各無異說自賣之後倘有親鄰
佑爭執或先典未贖情事由賣主一面承當與賣主
無干恐口無憑立賣契為証
隨帶舊契一張 原粮四分五厘

公証人村長 奉子玄
      副 記合人李德云 李金云
                書契人李玉琿
中華民國三十年十月廿八日立賣契人李繼成

(一) 買典人按匿價數減半處罰

(二) 賣主出典人按匿價數十分之二處罰

(三) 說合人按匿價數十分之二處罰如係數人者平均分担

(四) 辦別委員及產辦按匿價數十分之一處罰 買典人於書立草契共同審查後私自改換匿價經訊明各當事人確無扶同隱匿行為者㕥三四各項罰金槪歸買典人自行負担但有一部份或數部份人知情不報者仍應各按規定辦理

章程摘要

第二十條自契約成立之日起買契以四個月典契以三個月為投稅期限逾期未投稅者依左列處罰但在事變以前成立之契得予免罰

（一）逾期一個月者加收一分遞加至四個月為止

（二）逾限在四個月以上每月加收二分至

第二十一條契為成立案之父母已育兒童正月多不得超過應納稅額

《民国三十年（1941）山西省襄垣县李继成卖地契》正面上部章程摘要

辽宁地区契约

光绪五年(1879)辽宁省承禧寺租地契

光绪五年辽宁省承禧寺将原有的一段地租给李□。右侧为汉文契约,左侧为满文契约。契纸有完整方形印章两枚与骑缝章两枚。

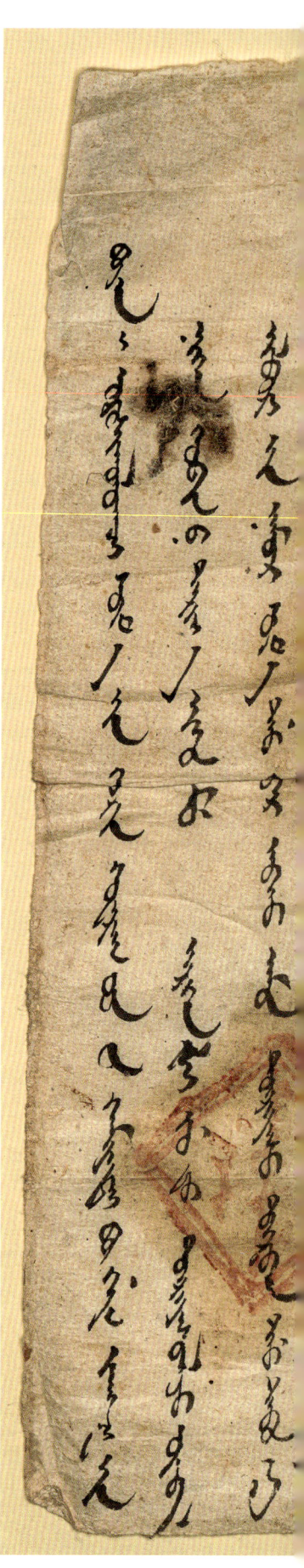

立祖契文約人永祿等寺願押家人等有普年賣壽投祖邦地
一多咲啓慶邁丈子自願人說允情愿祖甫某人 李裡
各不新種永遠為基言言三國無祖上中下地記數吏賣秋
凌父祖米雖斗半 別無雉蓁立契三淩寄栗的由地戶自
便謊地吃祖兩家情愿三兩言吃各不悔恐口無憑立字房
　　證
大清光緒五年二月廿六日　　立

康德四年（1937）"满洲帝国"锦州省安如玉卖地契

康德四年"满洲帝国"锦州省安如玉将自己名下土地立契卖给魏长龄，经官府缴税后颁给契税执照和土地执照。契纸正文后注明"该地大照已在农商贷款所抵押"，

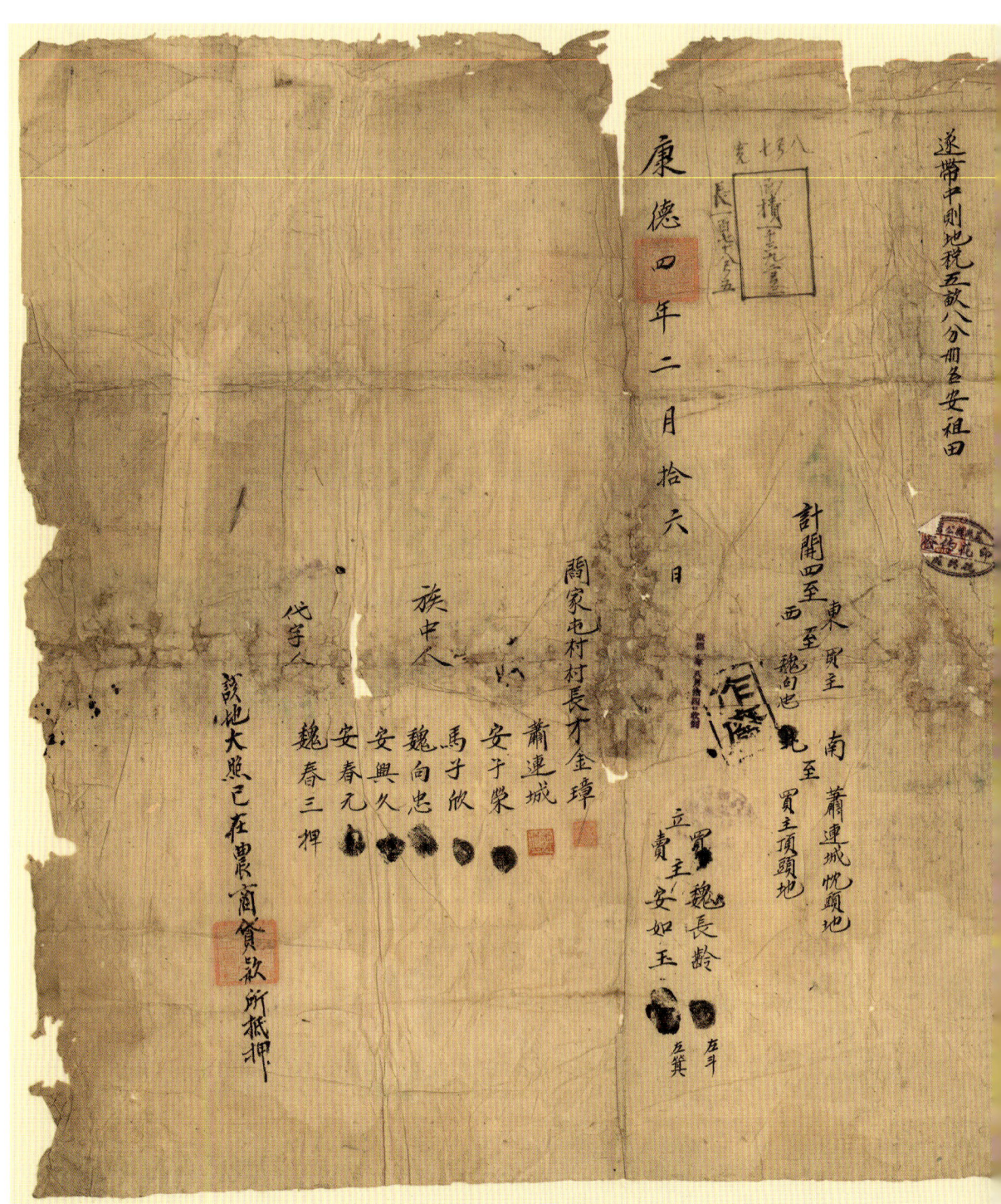

有买主、卖主、族中人签字并按手印,村长签字、盖姓名章,盖官印、骑缝章,贴有税票。在草契与土地执照上盖"作废"印。

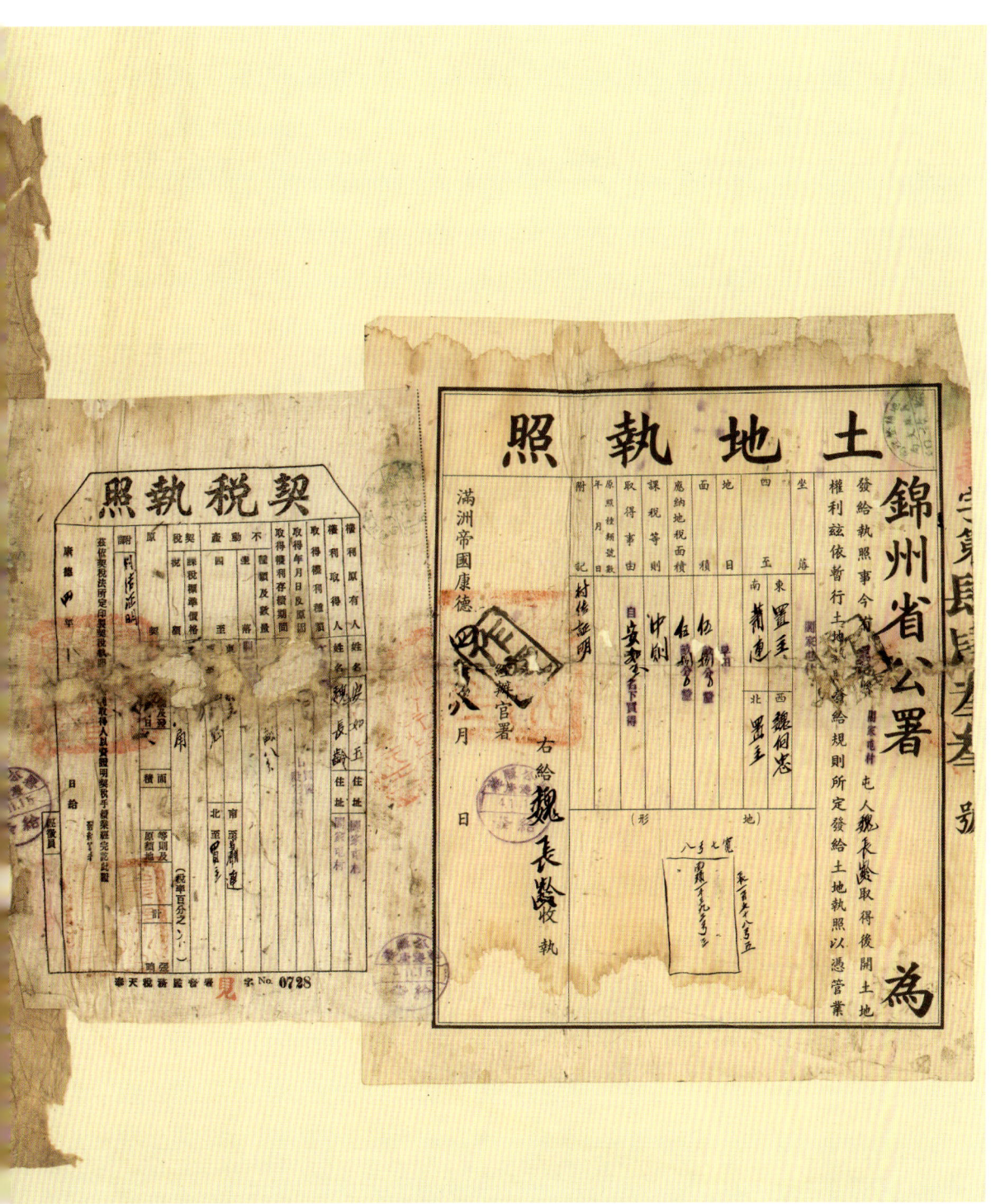

山东地区契约

雍正十年（1732）山东省庆云县范辉祖卖地契、同治年间山东省庆云县范从宽买地尾契

雍正十年山东省庆云县范辉祖在中人高文吉说合下将名下一段有树的地卖给范从宽，并经官府同意，立同治年间范从宽买地尾契一张。有中人、官中、立契人签字并画十字押，盖庆云县官印、骑缝章。草契正文中有四至描述，正文后有边长描述。

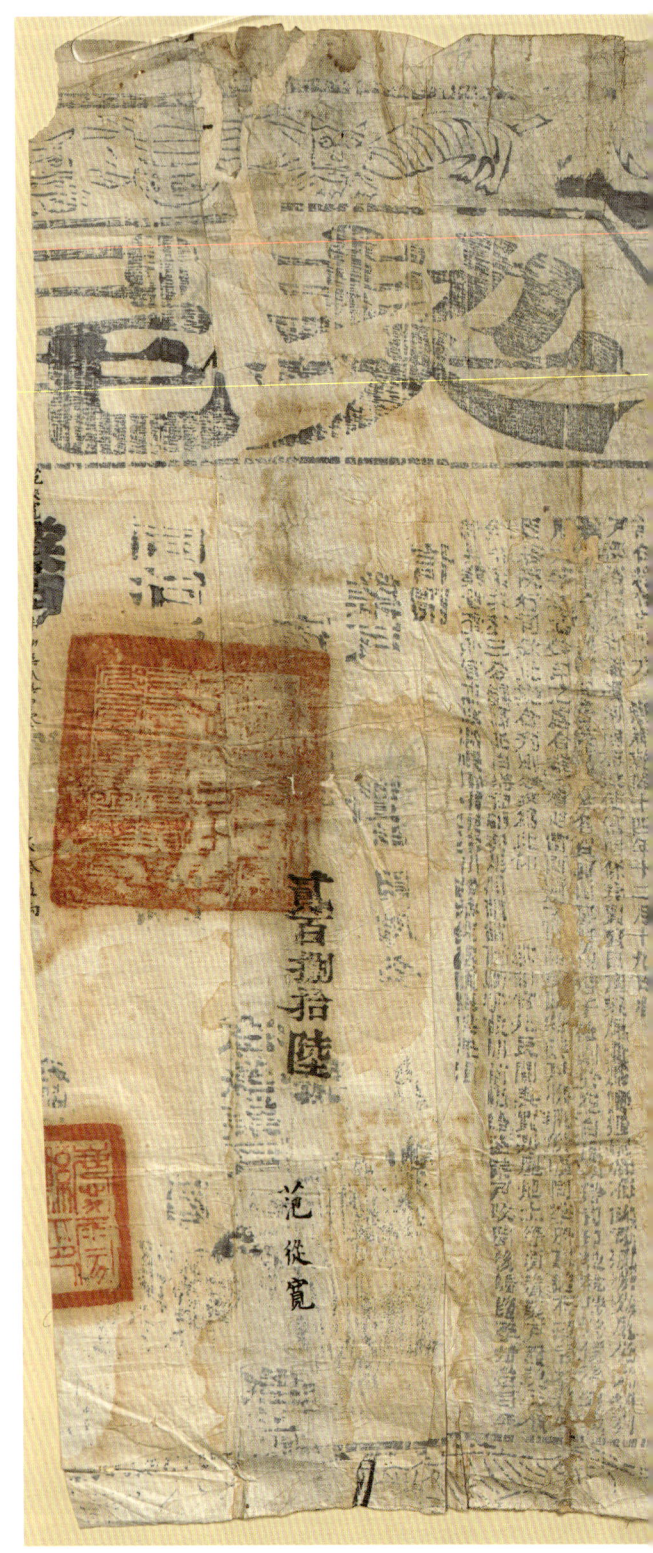

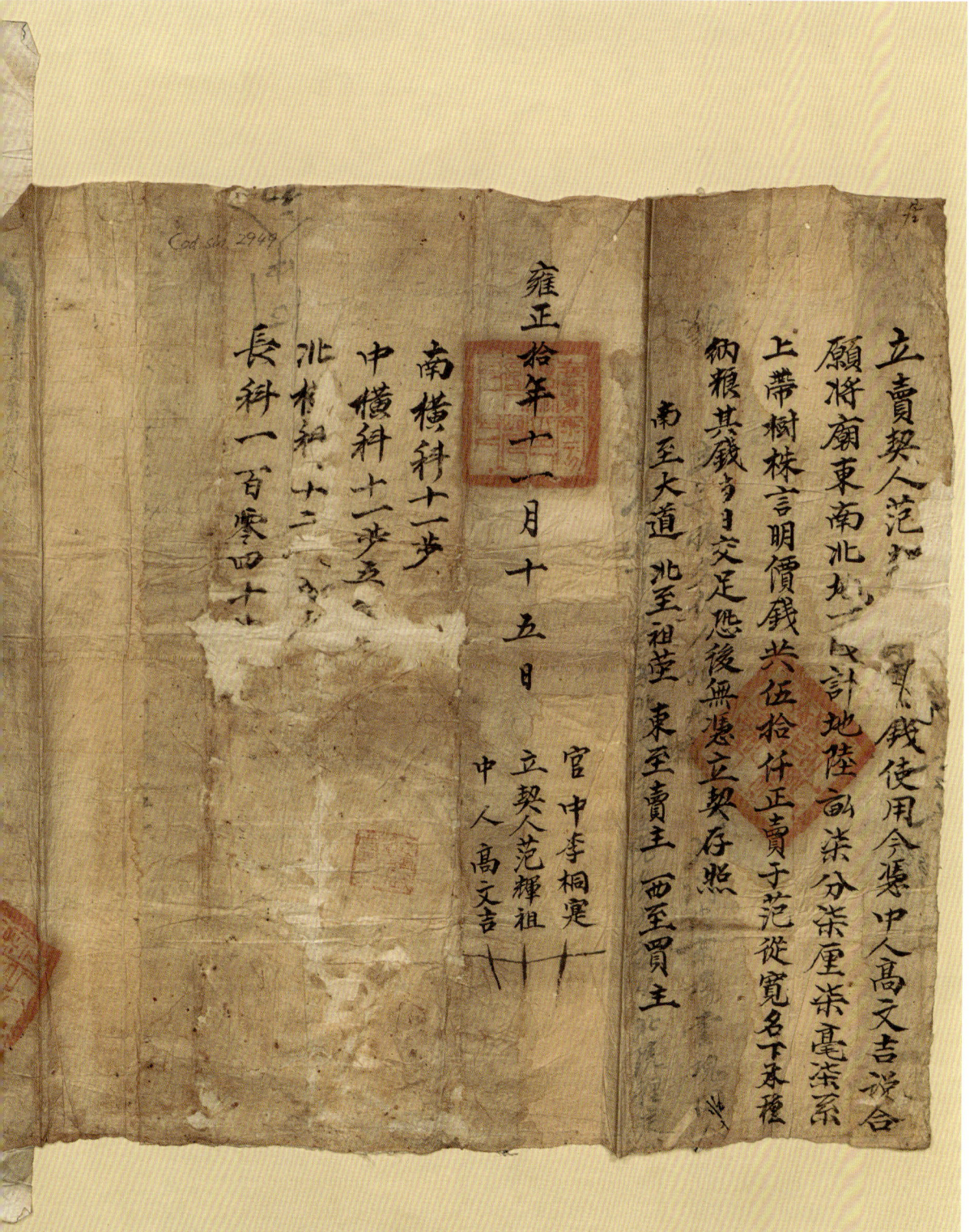

立賣契人范〿〿〿〿錢使用今憑中人高文吉說合
願將廟東南北地〿〿〿計地陸畝柒分柒厘柒毫柒系
上帶樹株言明價錢共伍拾仟正賣于范從寬名下承種
納粮其錢當日交足恐後無憑立契存照
　　南至大道　北至祖塋　東至賣主　西至買主

雍正拾年十一月十五日
　　南橫科十一步
　　中橫科十一步五〿
　　北橫科十二〿〿
　　長科一百零四十〿

官中李桐竁
立契人范輝祖
中人高文吉

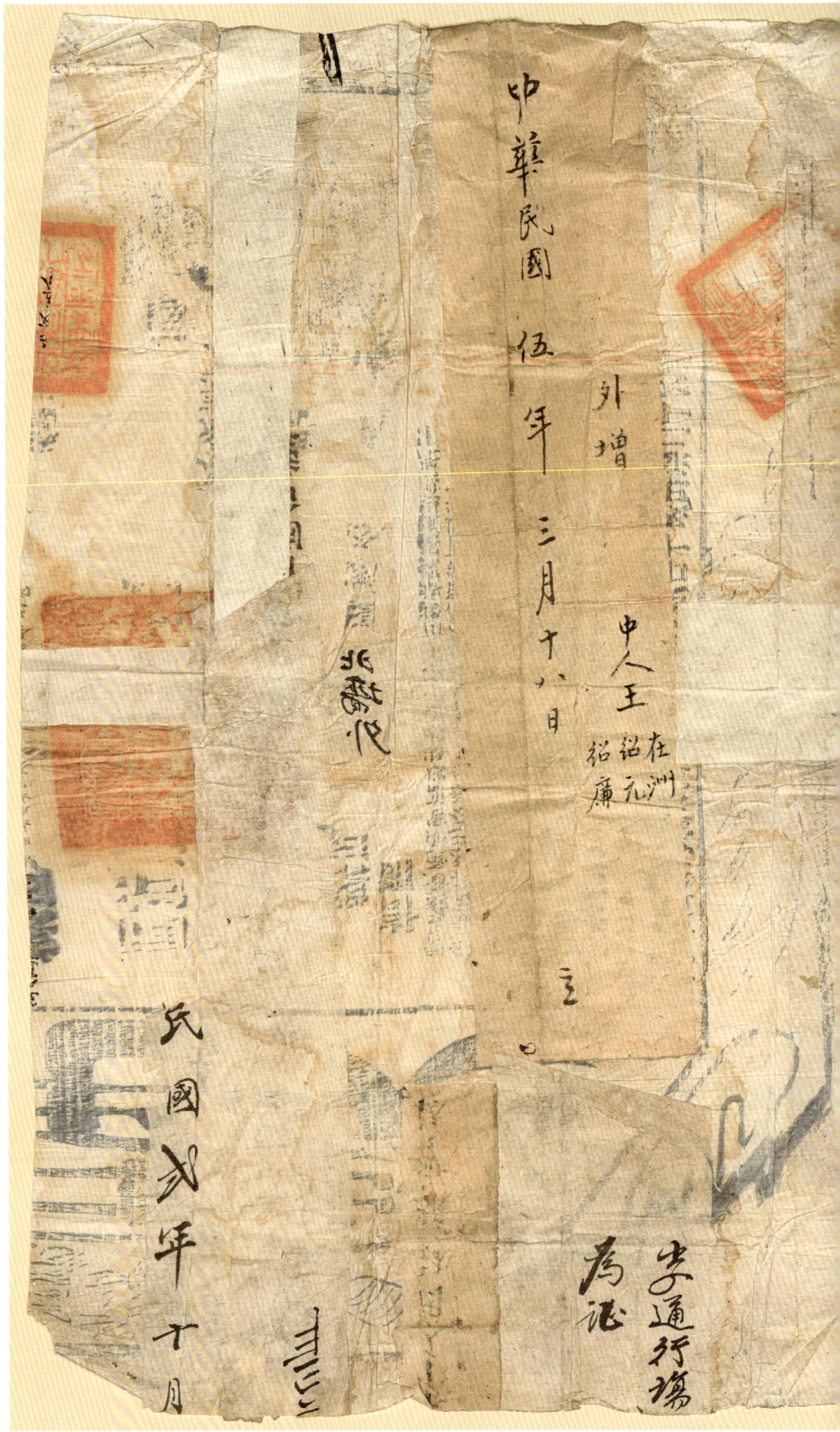

中華民國伍年三月十八日

外增

中人王鉛元在洲
　　　鉛廉

為證 　安通行場

民國弍年十月

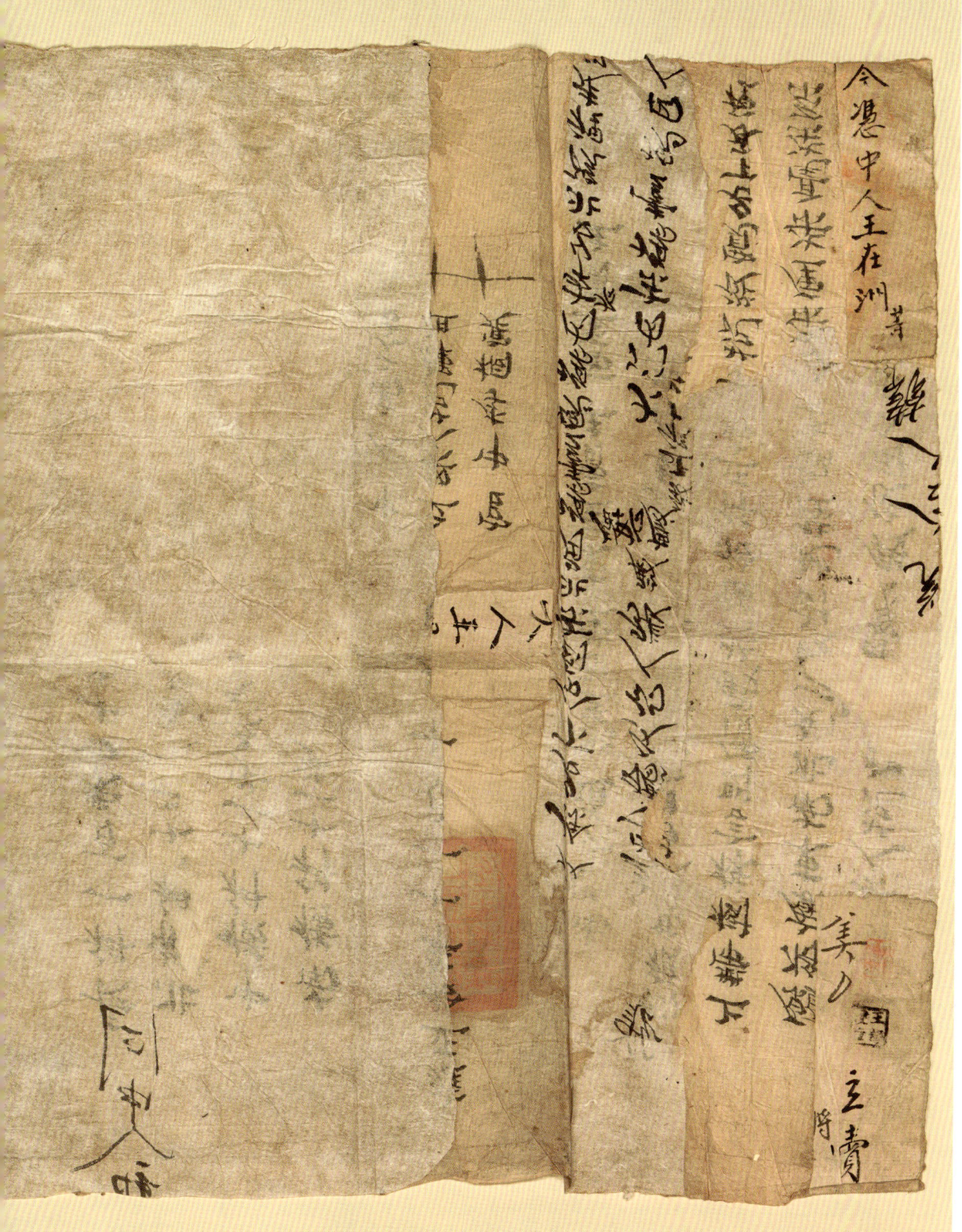

《雍正十年（1732）山东省庆云县范辉祖卖地契、同治年间山东省庆云县范从宽买地尾契》背面

同治十一年（1872）山东省李天佑卖房契

同治十一年山东省李天佑将名下房产卖给王凤羽，立草契一张，有花码计数。民国四年（1915）立买契、验买契各一张，盖官印、骑缝章。

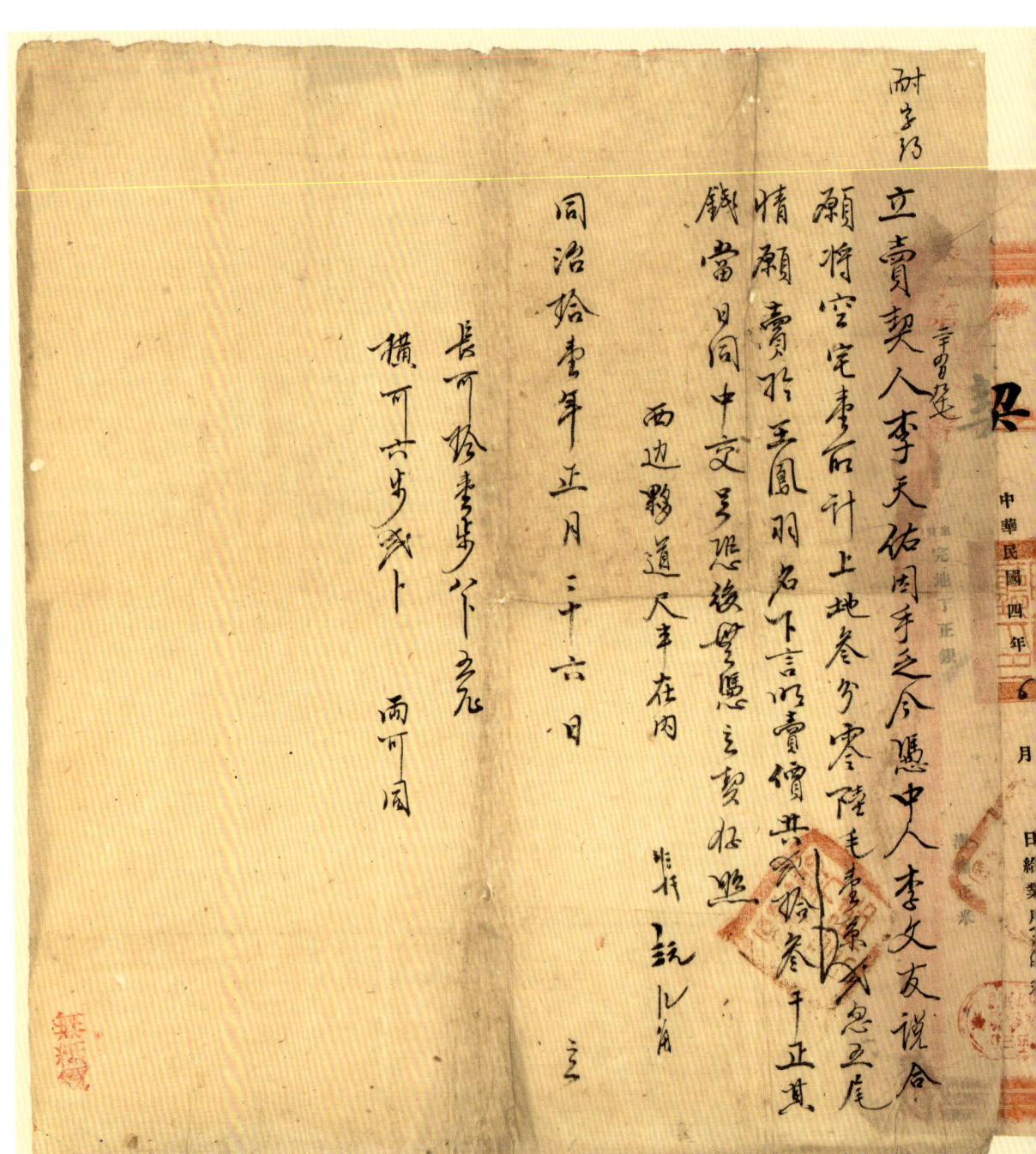

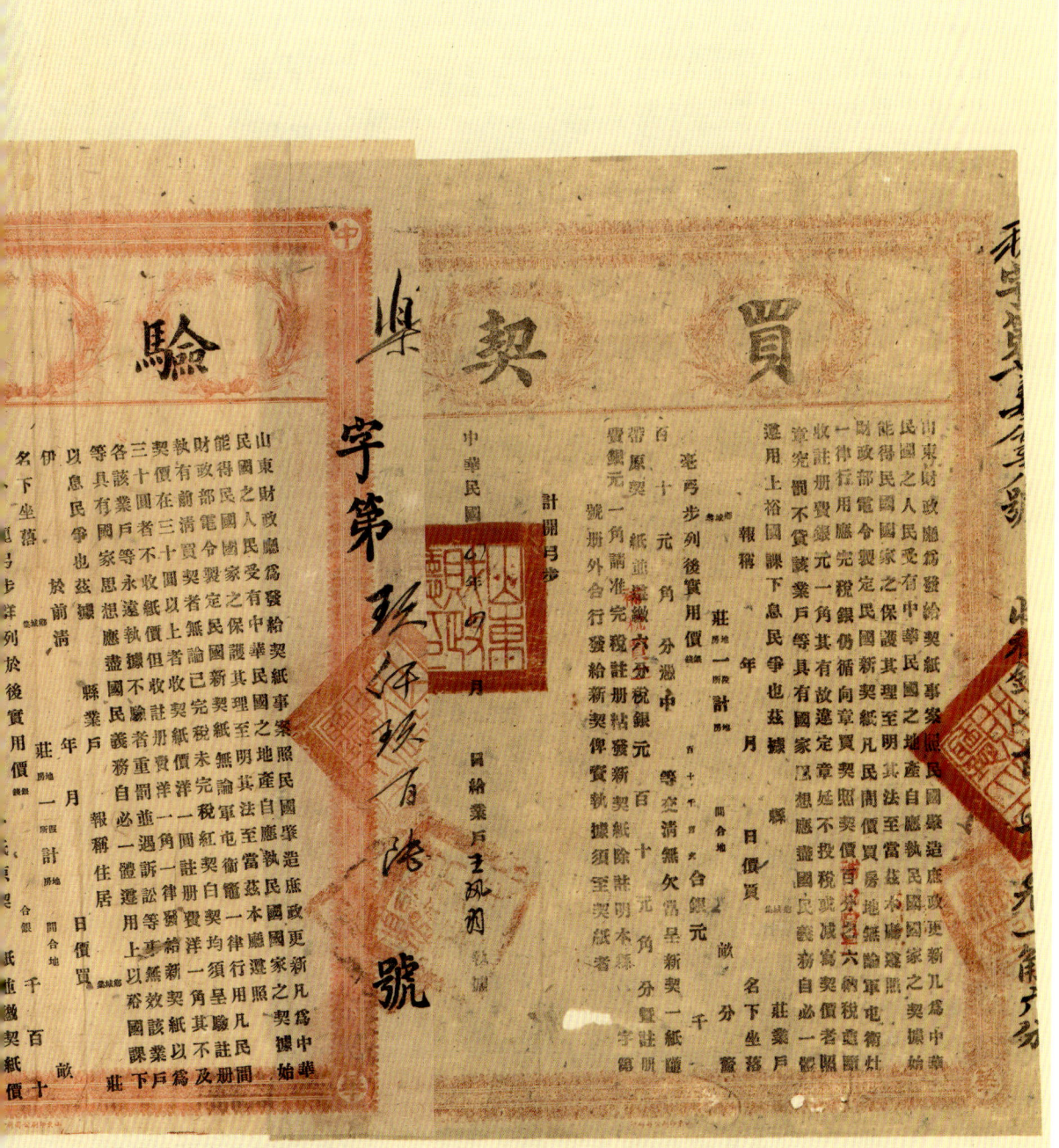

光绪四年（1878）山东省德平县刘德山卖地契

光绪四年山东省德平县刘德山将自己家北地一段立契卖给刘克良。光绪六年（1880）经官府立尾契一张，民国八年（1919）立验买契一张。盖官印、骑缝章。

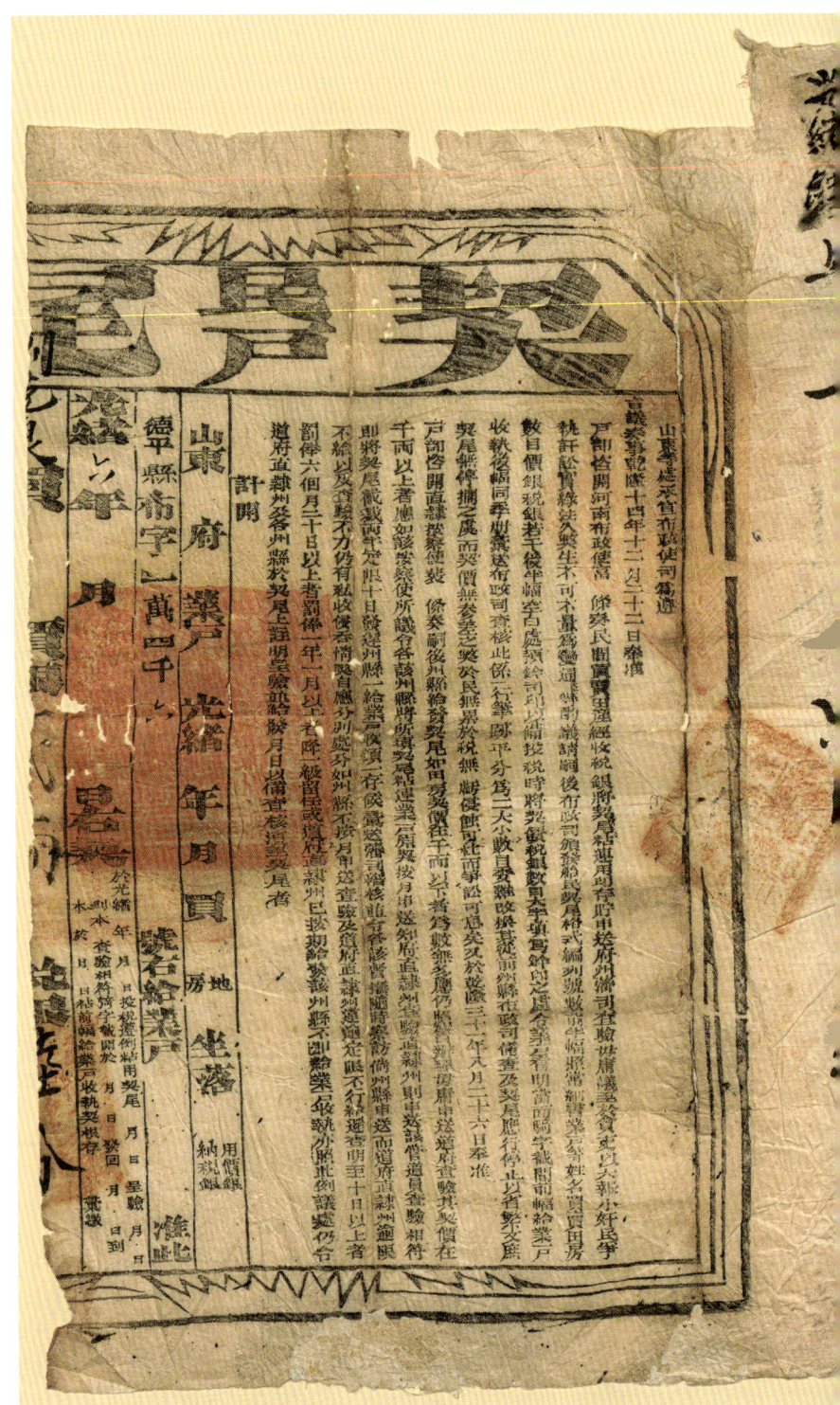

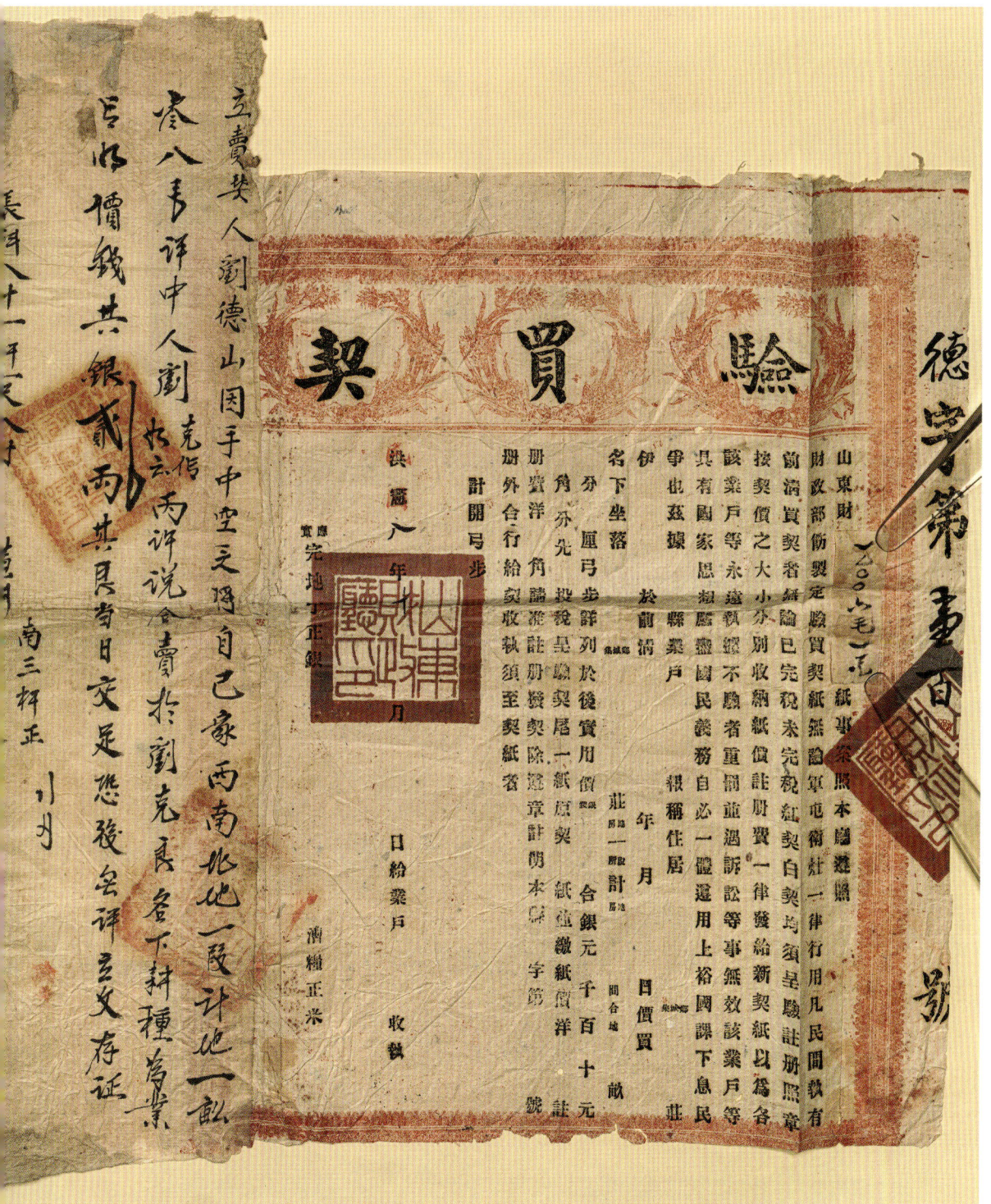

民国三年（1914）山东省海阳县进增庆卖地契

　　民国三年山东省海阳县进增庆将自己的土地立契卖给堂兄，立草契一份。经官方盖章认定，立海阳县田房卖契约纸一份，又于民国

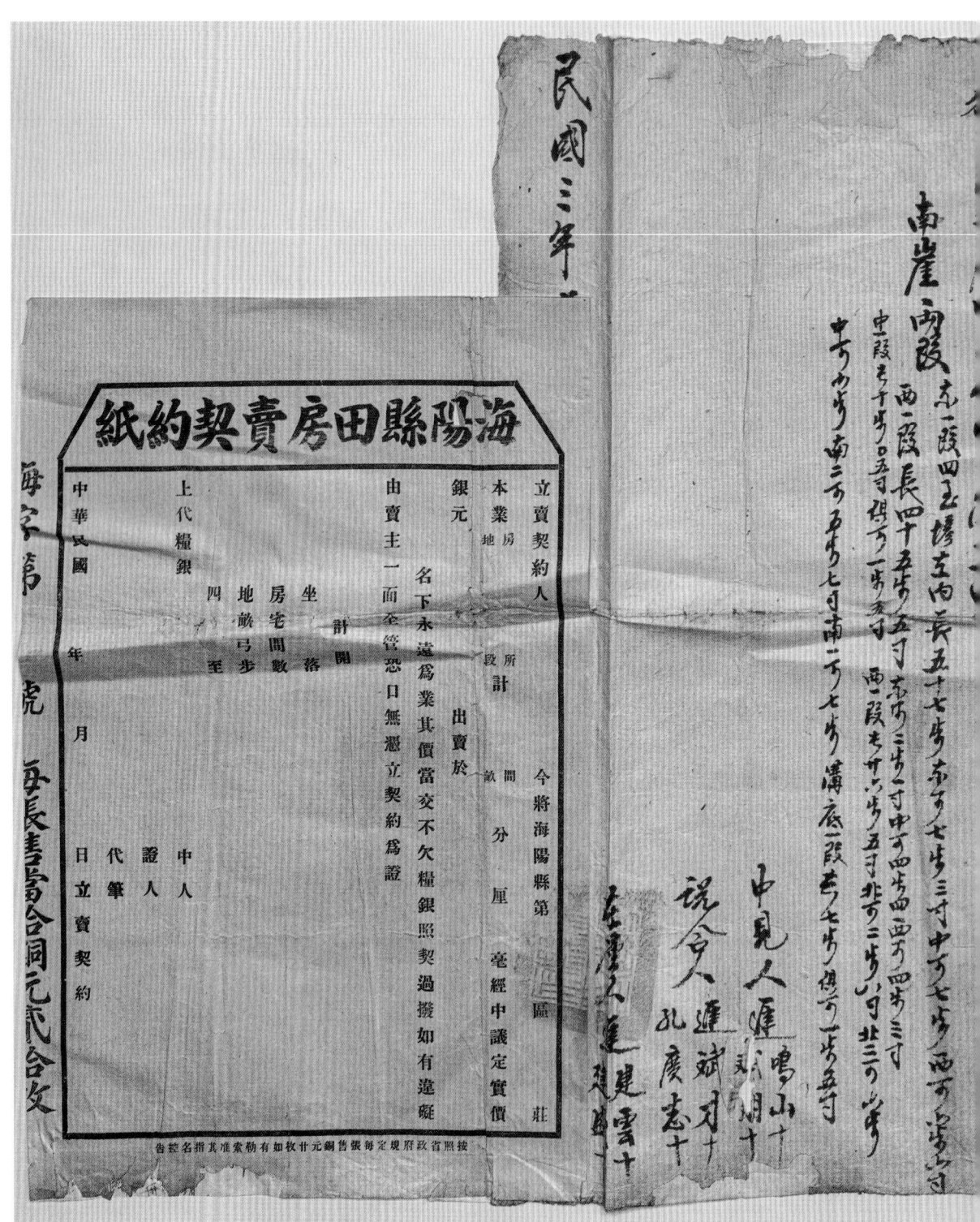

二十七年（1938）立买契纸一份，盖官印、骑缝章。草契有中见人、说合人、在□人签字并画十字押，有民国二十九年（1940）的"验讫"印。

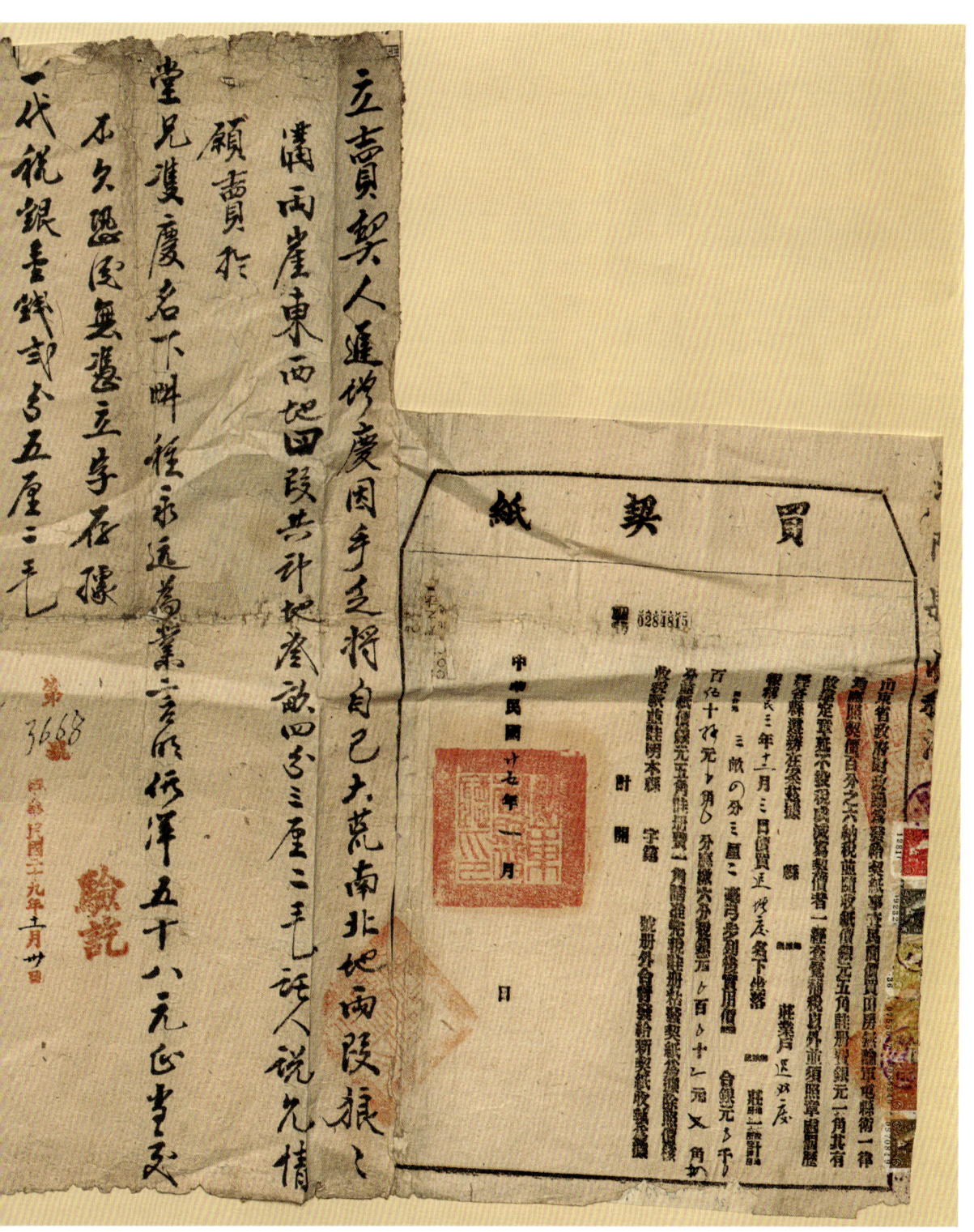

一 癡并有大宋紹聖五年及勿迷鈔勸字樣與新本稍有參差新本稱遊四川而舊本則云西川舊本有紹聖五年等語而新本則失書此外蓋悉若合符節也世有見玉應一書非示爲語句庸常即

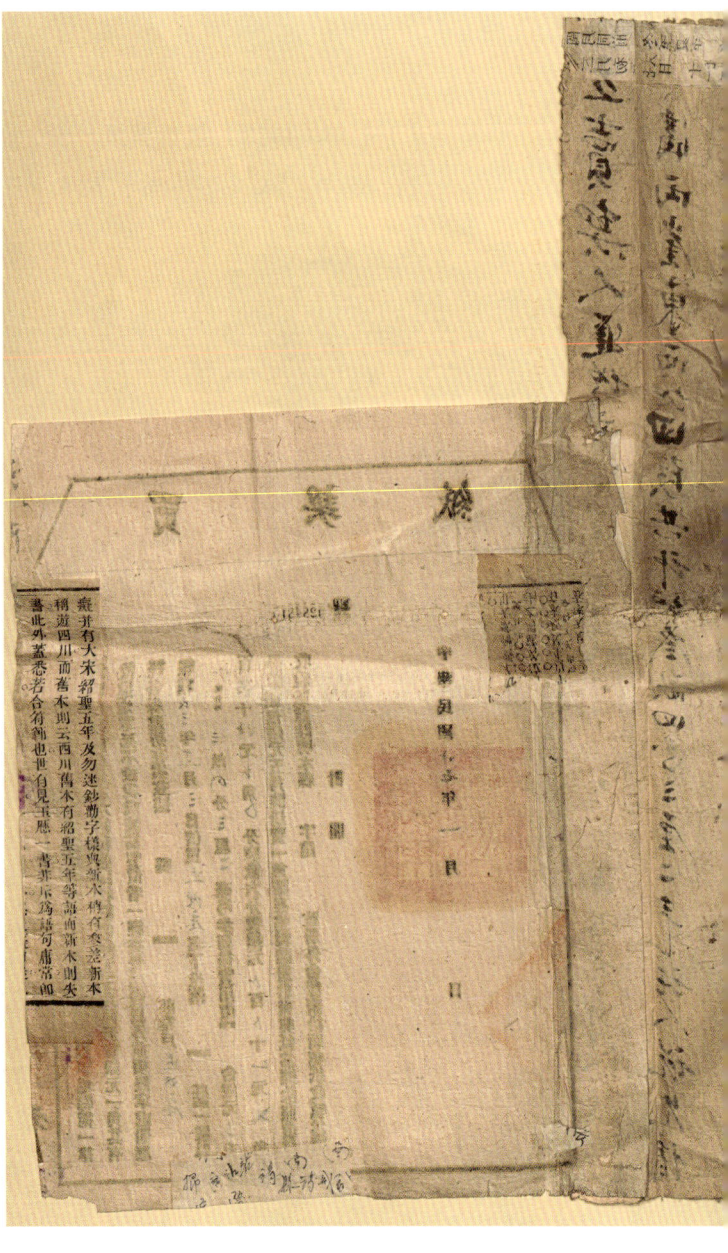

背面左側粘貼（應是補丁）

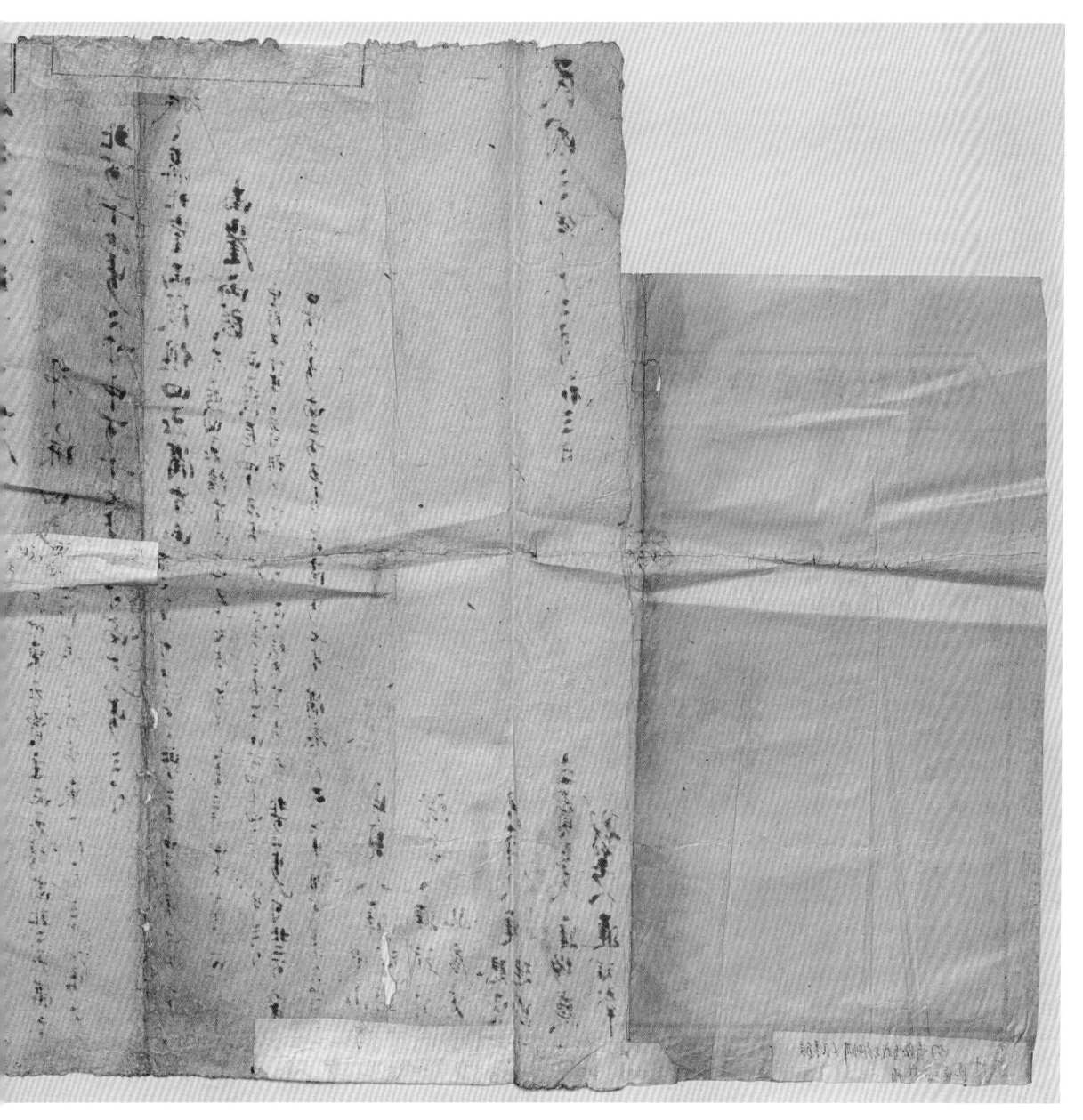

《民国三年（1914）山东省海阳县进增庆卖地契》背面全图

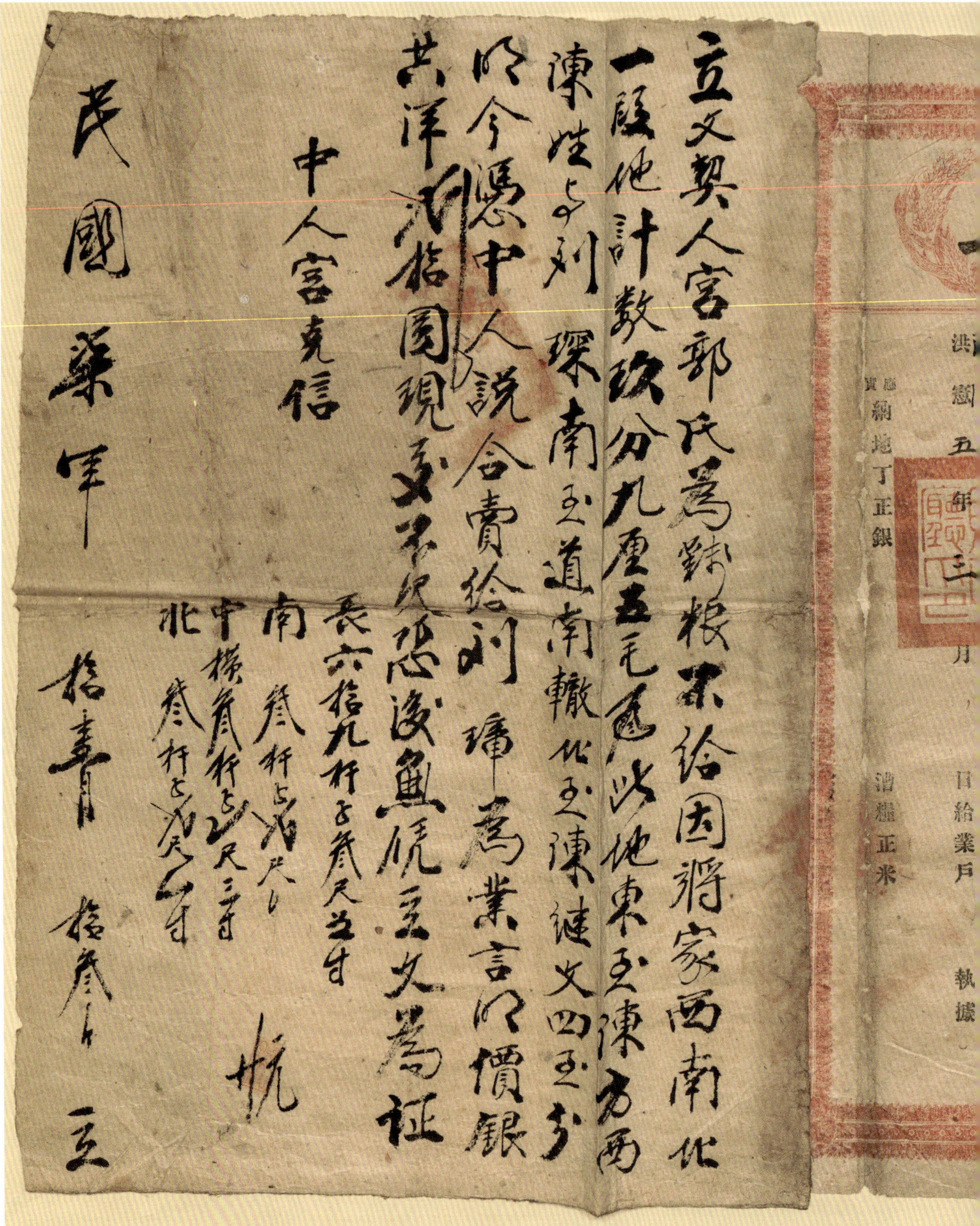

立文契人宮郭氏為鉤糧東給因將家西南化
一段地計數玖分九厘五毛憑以地東至陳方西
陳姓与刘琛南至道南轍北至陳連文四至步
明今憑中人說合賣与刘瑾為業言以價銀
共洋列拾圓現辛交不欠恐後無憑主文為証

中人宮克信

長六拾九行七尺三寸
南叁行七沿尺
中橫貧行七山尺三寸
北叁行七尺七寸

民國藥軍 拾壹月 拾叁日 立

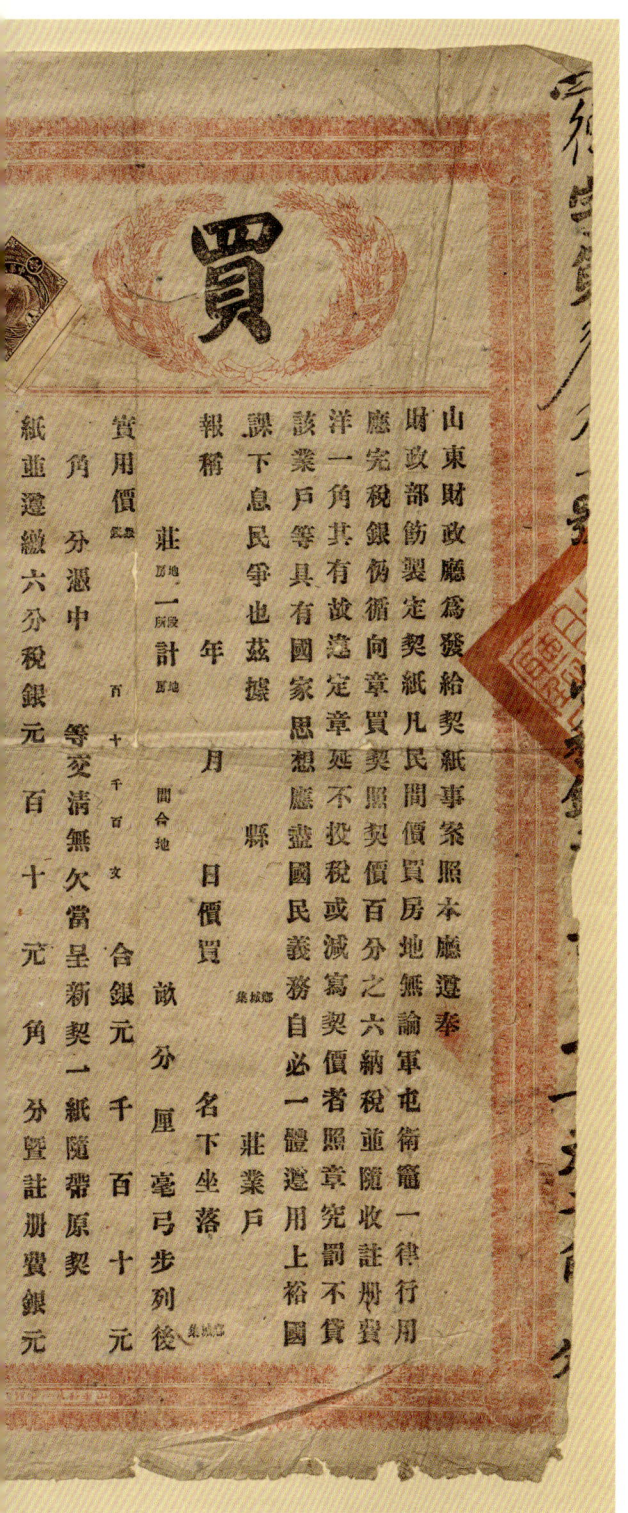

民国七年（1918）山东省宫郭氏卖地契

民国七年山东省宫郭氏将土地立契卖给刘璋。贴有税票，有中人落款，盖官印、骑缝章。卖地契右侧粘贴民国五年（1916）所立空白买契一张。

民国二十四年（1935）山东省威甯县白沙滩庄孙寅俭买地契

山东省威甯县白沙滩庄孙寅俭于民国二年（1913）在孙寅喜处买了一段地，民国二十四年经官府补买契纸一张。按照官方章程缴纳百分之三的税，并随收纸价五角、注册费一角。

買契紙

山東鹽運使公署為發給契紙事照得民間價買各場灶地草蕩民各縣民個煖地一律均應照契價百分之三納稅並隨收紙價銀元五角註冊費銀元一角其有故違定章不投稅或匿寫契價一經查覺延不除應繳納之稅款並紙價註冊費外照應納稅額加倍處罰所匿寫價者照所匿賞在數目如數勒繳業經准合行各場遵辦在案茲據攄感再場

上籍二年十一月二十日價買孫寅喜下坐落

白沙灘莊業戶孫寅俊

鎮白沙灘莊草民們社地一段計

二畝〇分〇厘〇毫弓步列後用價銀錢

合銀元〇十〇

二十元〇角〇分應繳三分稅銀元〇百〇十〇元三角〇分並紙價

五角註冊費一角請准完稅註冊粘蓋契紙為據除照價按收稅歇並證

明發縣陽字第三八號冊外合行發給轉契紙收執為據

計開

中華民國二十四年四月二十日

民国三十二年（1943）晋冀鲁豫边区筑先县盛金轩卖地契

民国三十二年晋冀鲁豫边区筑先县盛金轩将名下土地卖给盛士恩，民国三十六年（1947）经冀鲁豫边区政府投税领取正式契纸。契纸半版以表格形式登记土地买卖情况。有中人姓名，盖政府印、骑缝章。

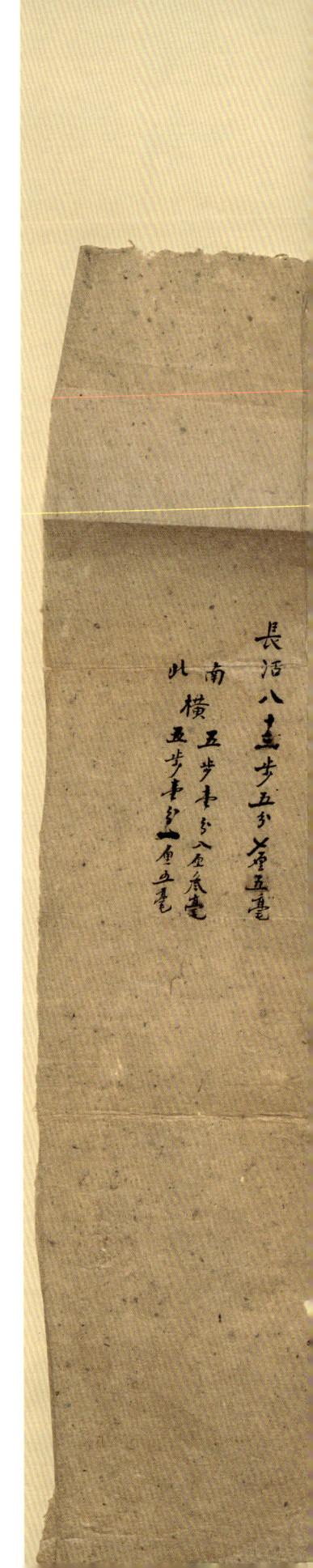

盛士恩
下等地 1792
税率 2088

立賣契人盛金軒因耕種不便今將自己賣名家東南此地率段計地貳畝八釐八系其地南至盛伏賣此至大路東至賈至西至王兆增四至分明情愿賣於

盛士恩名下耕種永遠為業其洋當日家收外不欠少恐口無憑立賣約存证

每畝金洋七十元貳角共價洋書叁拾元貳角盛字

紅契紙
第160666號
中華民國三十六年 五月 八 日

坐落 盛唐家朱
地畝等級 下廿
面積 正居八十三弓七厘五七 角樓黃毫六分厘五毫七

附開
賣主 盛金軒
中證人 王桂成
書繕人 王桂元
豐 王兆靖
查 盛學度
眾此基 大路
村長

河南地区契约

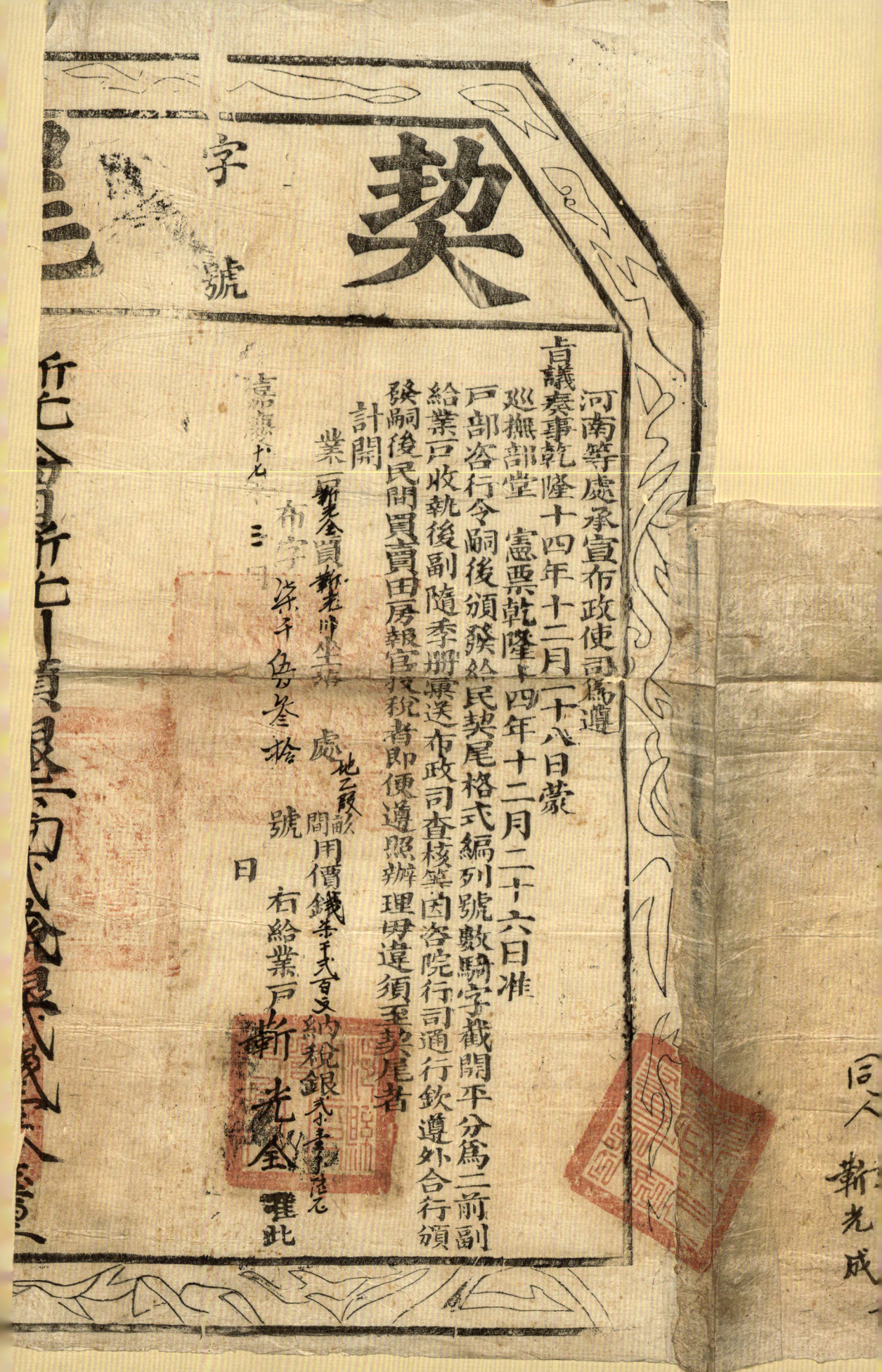

嘉庆十六年（1811）
河南省涉县靳光川卖地契

　　嘉庆十六年河南省涉县靳光川在中人靳光宇、靳光成说合下将门口滩中渠水地一段立死契卖给靳光全。次年立尾契，并截开平分为二，前副给业户收执，后副给官府留档。草契有立契人、中人签字并画十字押，盖官印、正堂戳记与骑缝章。

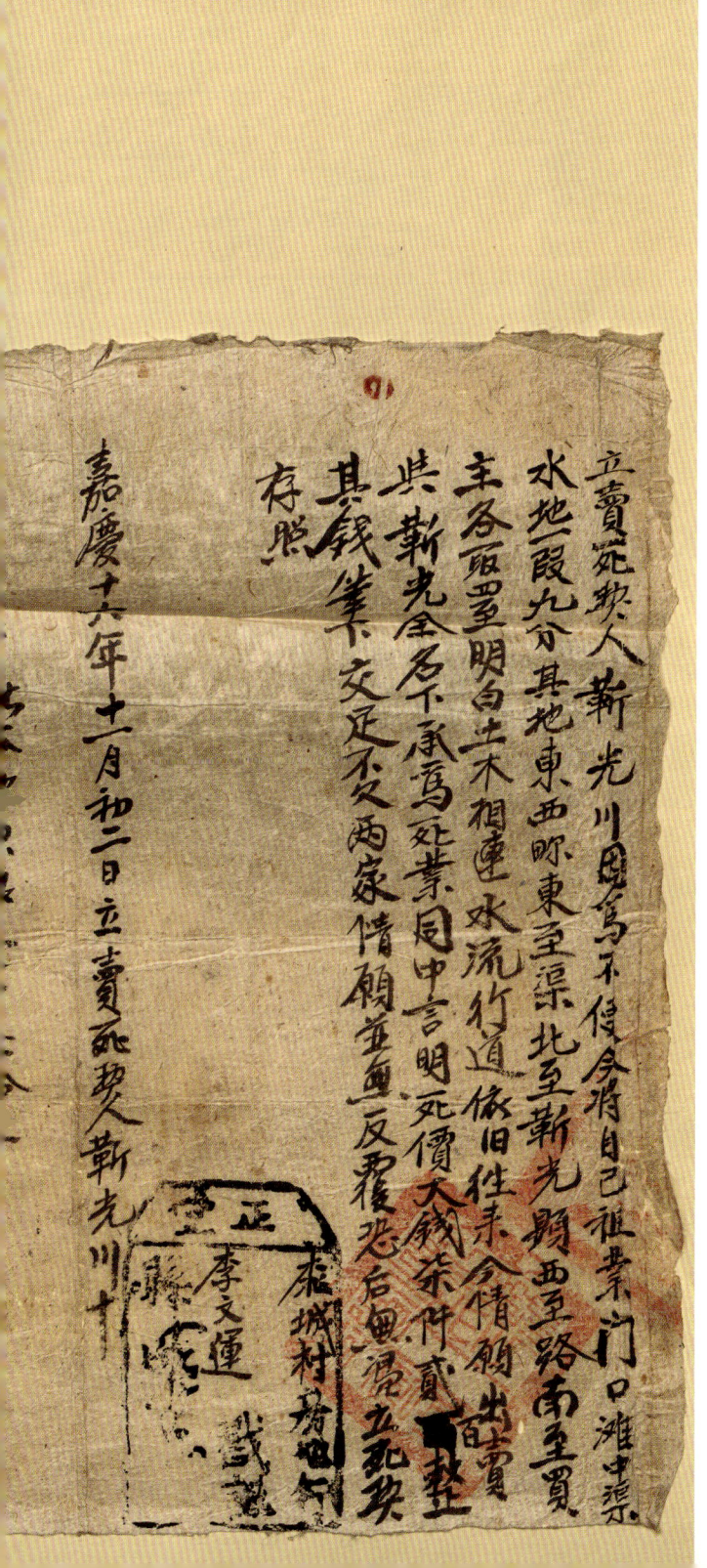

光绪二十三年（1897）河南省七原村汤敬芝卖地契

光绪二十三年河南省七原村汤敬芝将自己名下旱地二亩地立契卖给张盘麒。经官府立官契与尾契。尾契对半裁开，前副给业户收执，后副由官府存档。官契有同中人、立契人落款、画十字押，盖正堂戳记、官印、骑缝章。

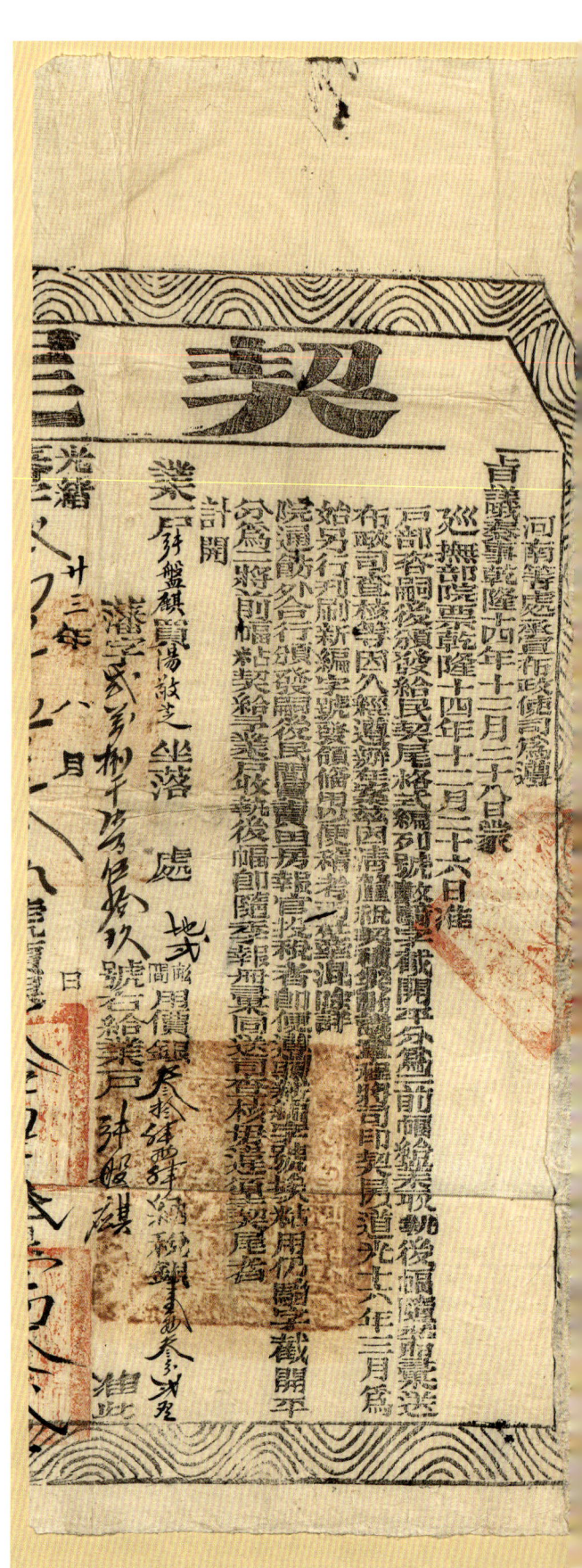

官 頒 契 紙

正堂諭為發給契紙立賣契人湯敬芝因房不便將自己業小泉磽口旱地戈畝壹起東
事查民間置買田產 至何溝內有一𨚪坵在外西至路南至烆九後立陽邊旁各一畝四至明白又
設立產行例應成契 水行道後田塊本根余產內今情愿憑中人戶明歪價祭 獨捌伍大元其業交足不及樂堂實契
後遵用官紙據實填 寫立即投稅以杜 為死業 同中人戶明歪價祭 運不誤房契二紙足足畫字現無异
國課而克慮隱匿 翻悔十價足諸明雨家情愿 笋足夜立空契武卖
太古整頓稅務功令 存證平 為此喻
各圖董事當認真辦理

本縣發給契紙交約
聯戶轉發給于人成契
時一律遵用余成該
產行導稅照術規備
隨稅克成呈月呈驗以
筹箱幸減價漏稅全
盖諱諒業戶如不
用或致隱匿不稅查
出定即照例科罰不
貸其凜持諭

光緒三十叁年柒月兩八日立賣契人 湯敬芝十

同中人 張 金 熊卄
        熊鶴卄

正堂戳
為堂戳行
呂英發
契堂記

七原村房地行

七原 宇第戊 號

宣统元年（1909）河南省侯保隆卖地契

宣统元年河南省侯保隆将名下土地立死契卖给冯振珠，经官府立官发卖契及正契各一份。官发卖契中写明"……购买转售教堂即将此契作为废纸"。契纸有中人、立卖契人画押，盖正堂戳记、官印、骑缝章。

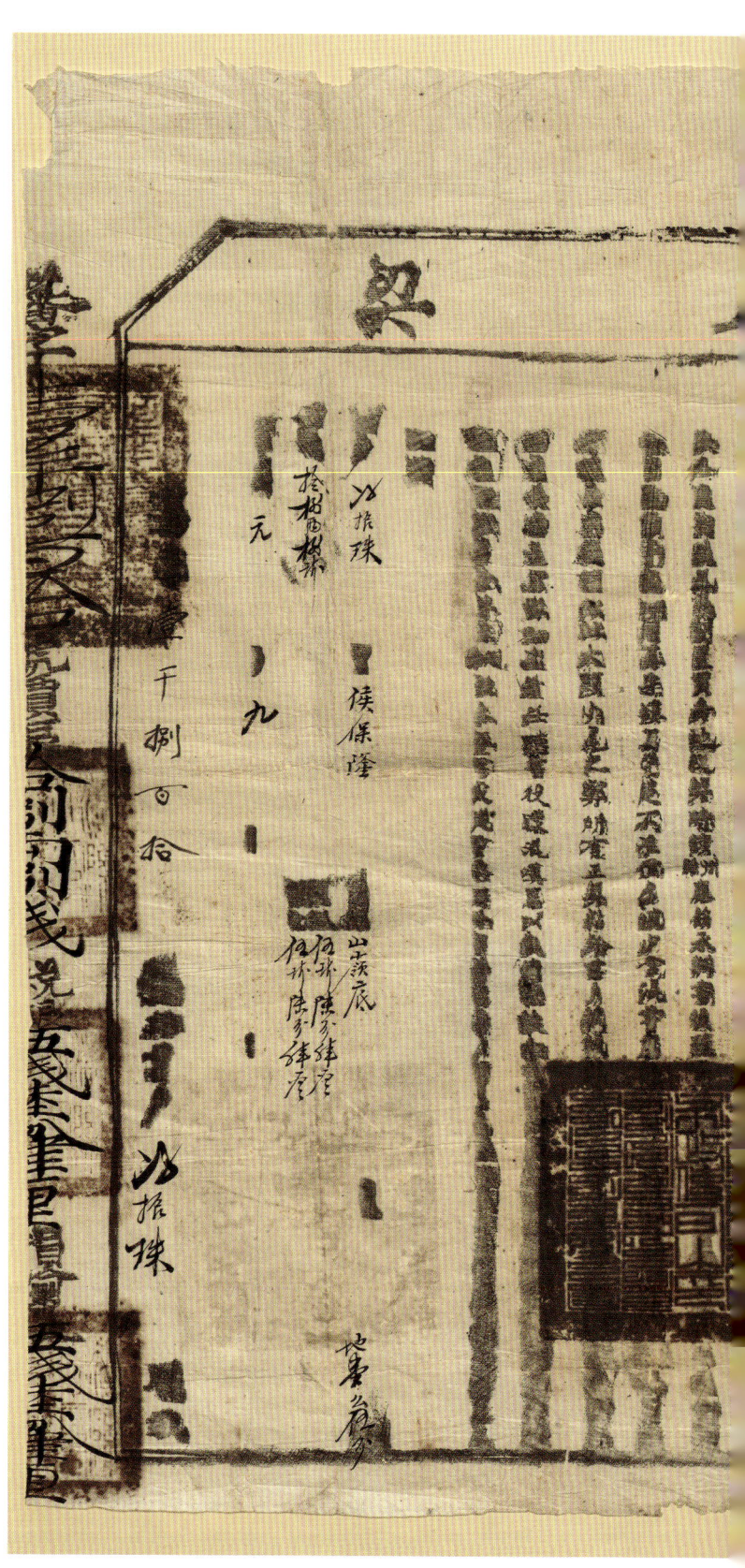

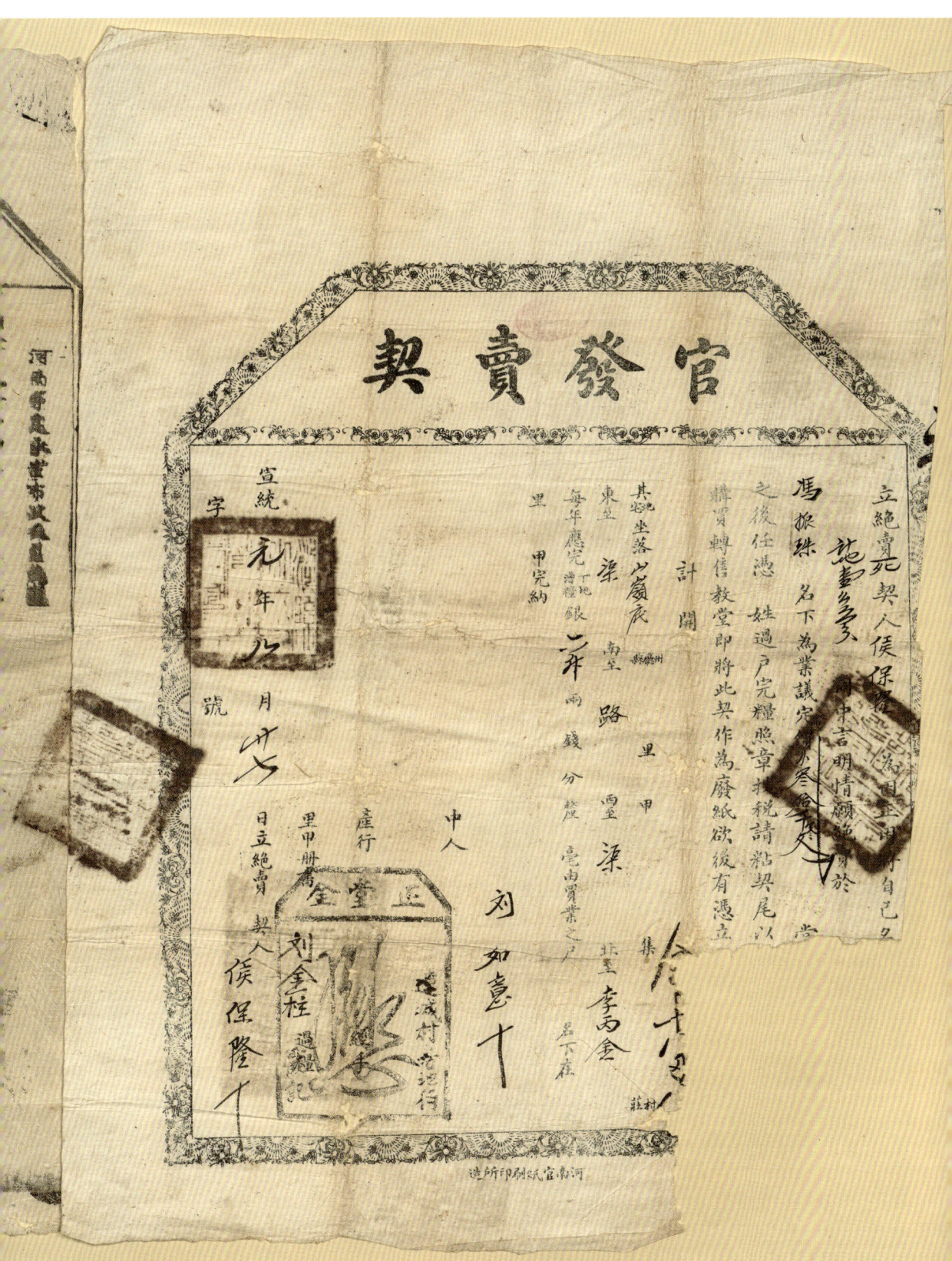

巴县（今重庆）
教会契约

巴县教会契约有 28 份[①]，分布在光绪十三年（1887）至 1951 年，包括买卖田房土地契、租赁契、转当契、补契、请中契、房产申请书、管业证等七种形式。契约当事人主要为真原堂与苏格兰圣经会两个教堂。

表 10　巴县教会契约详表

契约	立契人	对应人
嘉庆八年（1803）四川简州李氏族人卖地契	李氏族人	吴元逢
光绪七年（1881）重庆邓文远卖房契	邓文远	易万全森
光绪十三年（1887）重庆真原堂、公义书院买地补契（一）	真原堂、公义书院	葛必源、葛树生（父子）
光绪十三年（1887）重庆真原堂、公义书院买地补契（二）	真原堂、公义书院	刘裕赏
光绪二十三年（1897）重庆龚严山、龚锡龄卖房契	龚严山、龚锡龄	真原堂
光绪二十三年（1897）重庆李大兴卖房契	李大兴	真原堂
光绪二十三年（1897）重庆宋树廷父子卖房契	宋树廷、宋先德（父子）	真原堂
光绪二十三年（1897）重庆梁兴发卖房契	梁兴发	真原堂
光绪二十四年（1898）重庆尹怀德卖房契	尹怀德弟兄叔嫂等	真原堂
光绪二十五年（1899）重庆邓燡之卖房契	邓燡之	真原堂
光绪二十五年（1899）重庆邓燡之请中契	邓燡之	胡希孟、黄相荣、吴雨膏
光绪二十五年（1899）重庆胡静菴等卖房契	胡静菴、胡显之、胡用宾	真原堂
光绪二十七年（1901）重庆陈骏亭等卖房契	陈骏亭、陈唐氏、陈伯尊（叔嫂侄）	真原堂
光绪二十八年（1902）重庆体心堂首事卖房契	体心堂首事（十人）	真原堂
光绪三十年（1904）重庆曾李氏同子卖房契	曾李氏同子	蔚章堂
重庆传教士穆慕理契约（一）：宣统元年（1909）重庆传教士穆慕里转让地契	穆慕里	苏格兰圣经会驻华西委员会
重庆传教士穆慕理契约（二）：光绪二十八年（1902）重庆杨炳堂租赁契	杨炳堂	穆慕里

① 在德国巴伐利亚州立图书馆的原始数据中，这 28 份契约分属典藏号 Cod. sin. 2947、Cod. sin. 2960 的《文书》《重庆真原堂文书（1900）》。

续表 10

契约	立契人	对应人
重庆传教士穆慕理契约（三）：光绪二十八年（1902）重庆黄庆合租赁契	黄庆	穆慕里
重庆传教士穆慕理契约（四）：光绪二十八年（1902）重庆马兴发租赁契	马兴发	穆慕里
重庆传教士穆慕理契约（五）：光绪二十八年（1902）重庆何大顺租赁契	何大顺	穆慕里
重庆传教士穆慕理契约（六）：光绪十八年（1892）重庆张鸿顺转当契	张鸿顺	穆慕里
宣统三年（1911）重庆曾蒋氏、曾唐氏母子请中契	曾蒋氏、曾唐氏、曾少之	陈华彬、汪宝三
宣统三年（1911）重庆曾唐氏母子卖房契	曾唐氏、曾少之	真原堂
民国十年（1921）重庆易信廷卖房契	易信廷	罗彬三
民国二十年（1931）重庆启明学校管业证	启明学校（即美美会）	
民国二十五年（1936）重庆真原堂买地契、1951年重庆外侨房地产申请登记书	真原堂	刘裕赏
民国二十八年（1939）重庆彭瑞清堂卖房契	彭瑞清堂	田鑫发
1951年重庆市外侨真原堂传教士房地产申请登记书	重庆真原堂	

这批契约中出现了真原堂、公义书院、体心堂、启明学校（美美会）、苏格兰圣经会五个机构，易万全森、穆慕理（Jas. Murray）两个外国人名。但实际上，编者通过查找当地地方志、宗教志，确定了公义书院、启明学校（美美会）均属真原堂，体心堂契约交易方也为真原堂，因此，这批契约可归为真原堂契约与苏格兰圣经会契约，由于同属重庆教堂且数量有限，地理位置上十分接近，暂将其归为一户。

自1844—1845年道光皇帝准许对天主教、基督教解除教禁，开放传教士来华活动后，各教会纷纷开始在当地修筑教堂、进行传教。据1939年的《开辟太平巷应拆外侨产业调查表》[①]记载，当时重庆市内共有三所真原堂[②]，本批资料中出现的真原

---

① 郑洪泉、常云平、唐润明：《中国战时首都档案文献·反轰炸》（上册），西南师范大学出版社，2017年，第25页。

② 分别为重庆真原堂（慈德小学校）、重庆真原堂、法国真原堂。

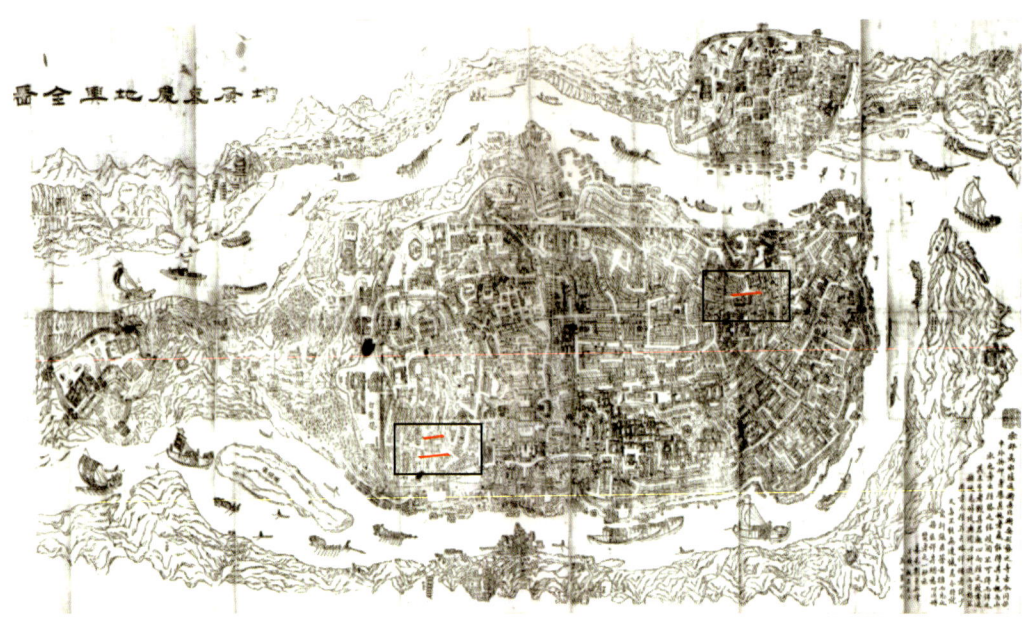

图4 光绪十七年（1891）刘子如绘《增广重庆地舆全图》（重庆市图书馆本）

堂为第二次重庆教案中被烧毁的重庆教区（川东教区）主教府蹇家桥真原堂[①]（今重庆市五四路37号中英联络处旧址），是民国时期重庆地区十分重要的教堂之一。光绪十七年（1891）刘子如绘制的《增广重庆地舆全图》中即有蹇家桥真原堂建筑群，与BSB契约文书中的时间相符合（见图4），下图中标"一"处为蹇家桥真原堂，标"二"处为放牛巷苏格兰圣经会。直至解放初，真原堂仍有房屋88间，面积共计9850平方米。[②]

此外，真原堂还包办了两所学校的开支，即本批资料中出现的启明学校与购置体心堂房产后建立的成德女子中学。据《重庆教育志》记载，民国元年（1912），由天主教会在巴县曾家岩开办启明学校，"由重庆真原堂年支约3千元。民国十四年

[①] 本库的两份补契中均说明了补立缘由为"光绪十二年五月卅日因英美二国修房肇衅，波及法国教堂、天主堂、真原堂，以致川东各州县所买田房契据存置渝城真原堂者尽行失去"，与第二次教案中签订的《中法两方订立赔款合同》记录的"今据五月三十日，重庆滋事，由英美肇衅，波及法国教堂及中国教民……一、此次误扰抢毁法国驻渝巴县城内蹇家桥真原堂、石板街公所……"（四川省档案馆编：《四川教案与义和拳档案》，四川人民出版社，1985年，第458页）相符合。本批补契的第37张现藏于国内会计博物馆，参见王旭：《中国会计博物馆藏品集萃·契据卷》，立信会计出版社，2016年，第49页。

[②] 重庆市志办公室编著：《重庆志》（第2卷），西南师范大学出版社，2004年，第98页。

（1925）在省教育厅立案，更名私立明诚中学校，年捐9千元……"①，本书的《民国二十年（1931）重庆启明学校管业证》（第513页）即为巴县教育局为坐落于关庙街的启明学校颁发的购置官产凭证。成德女子中学则创办于1925年，由真原堂每年拨款八千元包办，后来又有《益世周报》迁入校内。该刊地址原在寨家桥真原堂内，内容为宗教、哲学、社会、政治、经济等多方面的通讯，闻一多、冯友兰、周树人、钱穆等当时的思想家、革命家都曾为其供稿。②

穆慕理夫妇是当时苏格兰圣经会的的重庆代理，负责在华西地区印刷送发圣经。在穆慕理所著的 Records of the West China Missionary Conference at Chungking, January, 1899③ 和华西差会顾问部创办的《华西教会新闻》（The West China Missionary News）④ 中均有提及他以重庆为中心向川、云、贵、甘等地发售圣经及布道的过程⑤。本书中与他相关的契约共有6份，第一份为统领性文件，交代了穆慕理将名下第三号、第三十七号房地产业（共8份契约）转移到苏格兰圣经会驻华西委员会名下，经驻渝英国领事馆代理领事确认，并已登记到重庆英国领事馆土地登记册内。这8份契约中，5份为其转移的具体地产契约，包括4份租赁契与1份转当契，另有3份遗失在外。

---

① 蒋国昌主编、重庆市教育委员会编：《重庆教育志》，重庆出版社，2002年，第855页。
② 王绿萍编著：《四川报刊五十年集成1897—1949》，四川大学出版社，2011年，第488页。
③ 引自陈建明：《近代基督教在华西地区文字事工研究》，巴蜀书社，2012年，第39—41页。
④ ［英］陶维新夫人（MRS. R. J. DAVIDSON）等主编：《华西教会新闻1899—1943》，国家图书馆出版社，2013年。
⑤ 引自陈建明：《近代基督教在华西地区文字事工研究》，巴蜀书社，2013年，第39—41页。

嘉庆八年（1803）四川简州李氏族人卖地契

　　嘉庆八年四川简州李氏族人商议将祖父遗留与自行添置的地产一并经中人说合立死契卖给吴元逢。契纸言明地址边界与买卖价格，注明地界内坟地安排。有立卖契人、亲房签字、画十字押，代笔人、中人落款，盖官印、骑缝章。

立出賣田業契約人序斐序珏序增林序鍾林序嘉林序童俤序貴俤序聿俤今因以
父遺下分爨產業並先年各自買業因有山林竹木房屋基址陰陽貳宅河堰在義三甲四支坐落地名泉水河陳家塆共戴條糧肆錢柒
分整意欲出賣先儘族鄰無人承買轉請中人趙學明等說合賣與吳元澄為業比日踩踏界址東至河邊水田直上與曾姓田埂曲轉
埋石灰椿為界北至山塲地邊俱抵曾姓田邊埋石灰椿為界西至山凹抵李潛俤山塲地邊埋石灰椿為界南至直上山嶺田轉高坎連段山塲
直下山脚又連山塲一段直下第三台高坎抵序斐山塲地邊埋石灰椿為界以下山塲經轉山後島坎旋至序軍宅後直下又抵李軍田邊埋石灰椿為
界回至分明所有田坎地埂照依舊規以上賣下不得鏟廢共有七敗界界相連並無素雜亦無提晉樹木田地外河對門挨河堰上挿花
鎖口田壹塊下河口挿花刀坵挨連水田三塊俱有灰椿定界為有尾房壹正兩橫帶偏厦共壹拾貳間草厰房壹伺共五間外楷門三間碓
子壹座磑房三間所有門檻窗隔磚石瓦片硼井石垣墻概行出賣憑中議定採時值價玖佰色曰價銀共壹千蹓一百拾伍兩整親房壹字老衣
悦業轉契壹並包在價內當即銀契兩交明白毫無短少定後有賣主李斐李珏父母坟壹包兩棺順長穿心五丈四尺中橫穿心肆大肆尺五寸上楷
窠心貳丈陸尺週圍埋石定界界外不得倚坟柴蓺亦不得藉坟砍伐樹木其有河堰水分李增林弟兄先年所買李遮河堰四分之中分壹分與吳
姓取水灌田李童俤弟兄水分賣與吳姓累年與李軍均用灌田此係貳家情願兩無勒逼亦無債貨準折包買包賣等情隨即撥粮過戶各業翰
差賣主子孫地坟人等永不得異言滋事壹賣千秋永無贖取今恐人心不古故立山賣契交與買主子孫永遠為據

親房 李 李先鳳 李椿第十 李椿華十
        李 軍十 李熹俤十 李椿輝十
        澤十 李占俤十 李紹林十 李椿先十
        本十 李志俤十 魏習文 李椿鰲十

        中人 趙學明
             吳德潤

        代筆中人李潛俤

吳道行
李 年
李 斐十

鍾林十 貴俤十

光绪七年（1881）重庆邓文远卖房契

光绪七年重庆邓文远将先父遗留房产经中人说合立死契卖给易万全森。草契与收执前后合写一张，中间大写买卖价格，写有大字“永远管业”，盖多个防伪戳记。契文末尾有挽结，背面贴有税票。有立契人画“实”押，分别列有凭中证与在证人姓名，盖官印、骑缝章。

周王合
陳易生代筆
光緒柒年辛巳歲十二月初一日立出永賣瓦樓房屋鋪面地基文契約人鄧文遠 實
立出全收全領房價文約人鄧文遠今憑衆中証領收到
易萬全森名下房價錢市平足銀叁百伍拾兩整其銀憑衆中証入色入數入手親收並無下欠
分釐亦無貨債準折今恐無憑特立全收全領房價足銀文約一紙存據
光緒柒年辛巳歲十二月初一日立出全收全領房價足銀文約人鄧文遠 實

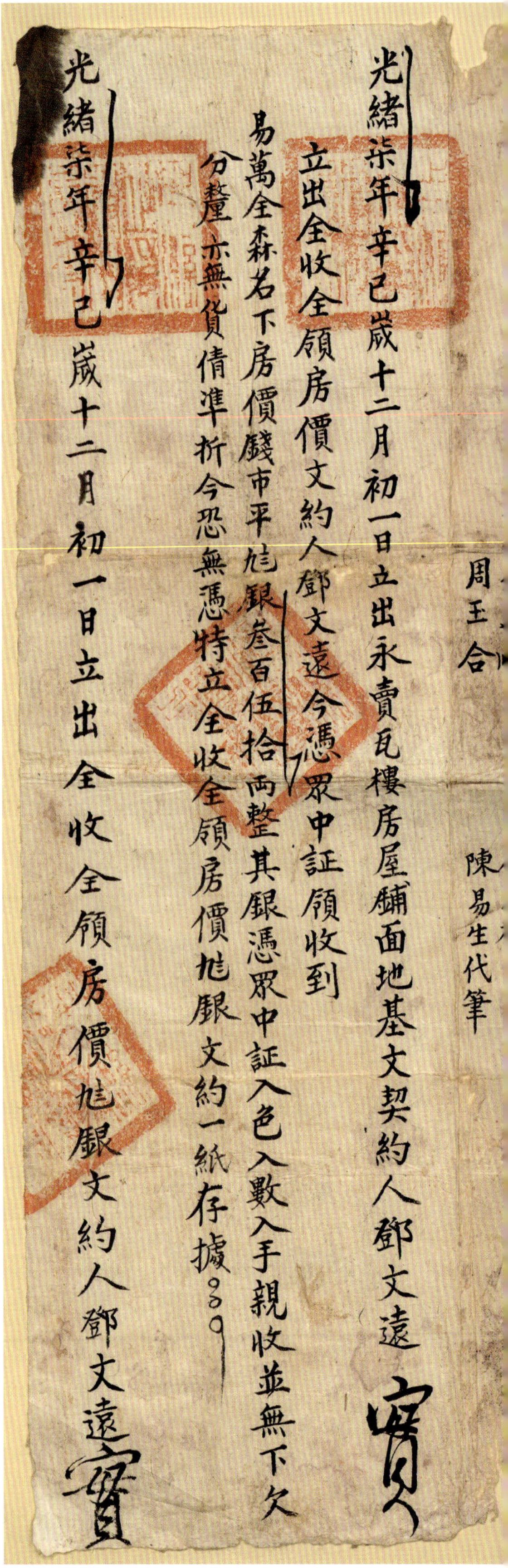

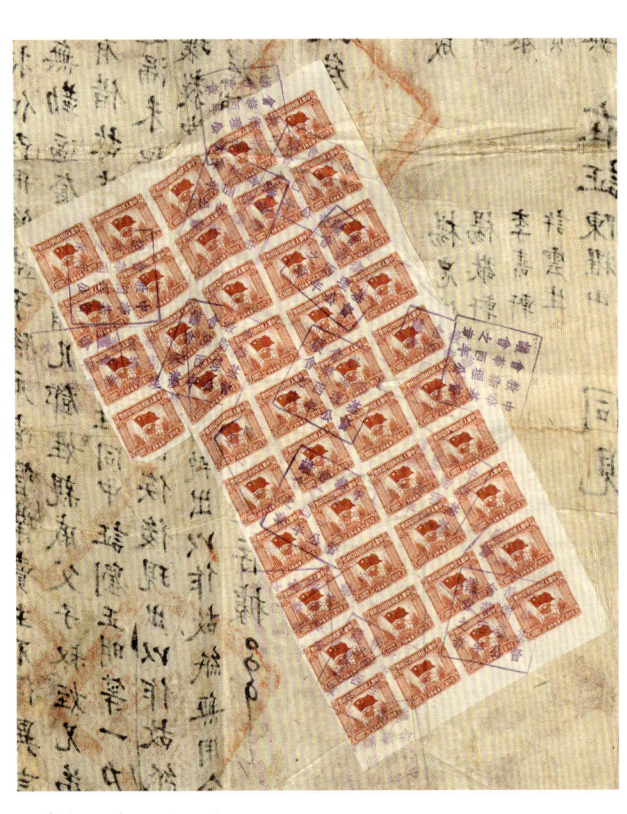

贴在契约背面的税票

立出永賣瓦樓房屋舖面地基丈契約人鄧文遠情因移葬就寬將先父遺留分派己下洪巖坊戴家巷房屋舖面地基全院一向正房一連五大間對廳厠房大小六間當街舖面兩間天樓地振門窗戶格楷簷海面樓梯毛房腰門檻門水井後路牆垣土木石工樹木花菓等項寸木片石片磚片瓦悉行在內並無摘留先儘親族無人承買特請憑中証劉正明李雲亭吳萬順陳合興等說合賣典易萬全森名下子孫永遠管業當日憑中証等三面議定時值實價錢市平尼銀叄百伍拾兩整老票二色扣水走邊畫押移神出火概包價內其有銀兩憑中証入色入數入手親收並無下欠分釐亦無貨帳折扣其有四至界址前底街中後底彭姓牆脚左底夏姓牆脚右底詹姓牆脚為界四界分明並無紊亂自賣之後恁憑易萬全森自坐招佃改形修造子孫永遠管業賣主不得異言此係兩家心甘意願其中並無勒逼套哄等情凡鄧姓親戚父子叔姪兄弟已在未在人等均無異言如有借故生枝一並有鄧姓同中証劉正明等一力承當不與易姓相涉如有遺漏未揭字據押佃約當約候後現出以作故紙所有老契一紙因己亥年毀壞教堂不知失落日後執出以作故紙無用今恐無憑特立承永賣瓦樓房屋舖面地基丈契約一紙永遠存據

時值實價錢市平尼銀叄百伍拾兩整

永遠

劉賢成　楊忠信
劉正明　楊敬軒
吳鴻泰　李壽軒
吳萬貞　許雲生

光绪十三年（1887）重庆真原堂、公义书院买地补契（一）

重庆巴县真原堂因光绪十二年（1886）教堂所存田房契被焚毁，于光绪十三年按照原契约重立一份，经官方盖章认可，有巴县官印、骑缝章。后贴一张民国二十五年（1936）政府颁发的土地权属凭证（四川省政府官契），盖方形印章、骑缝章。

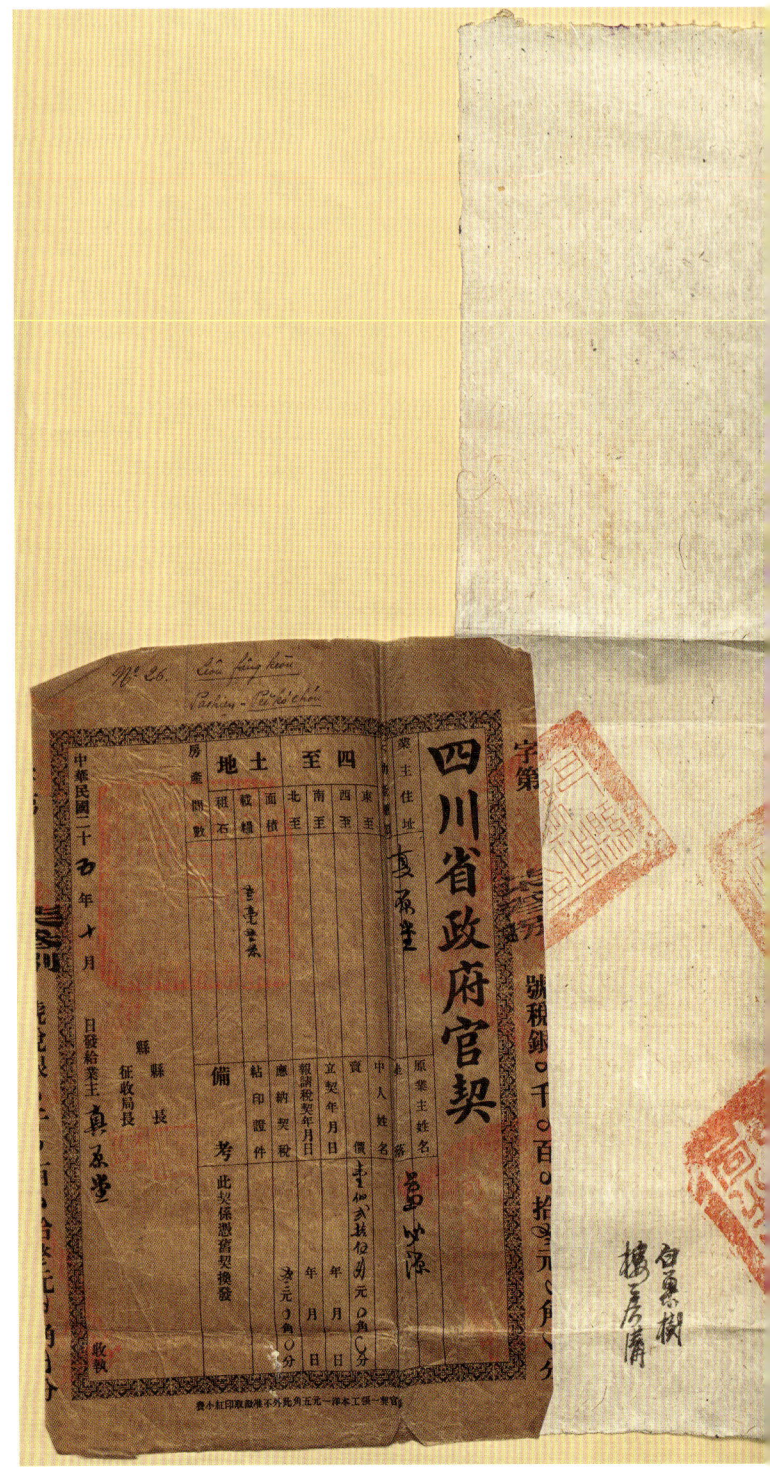

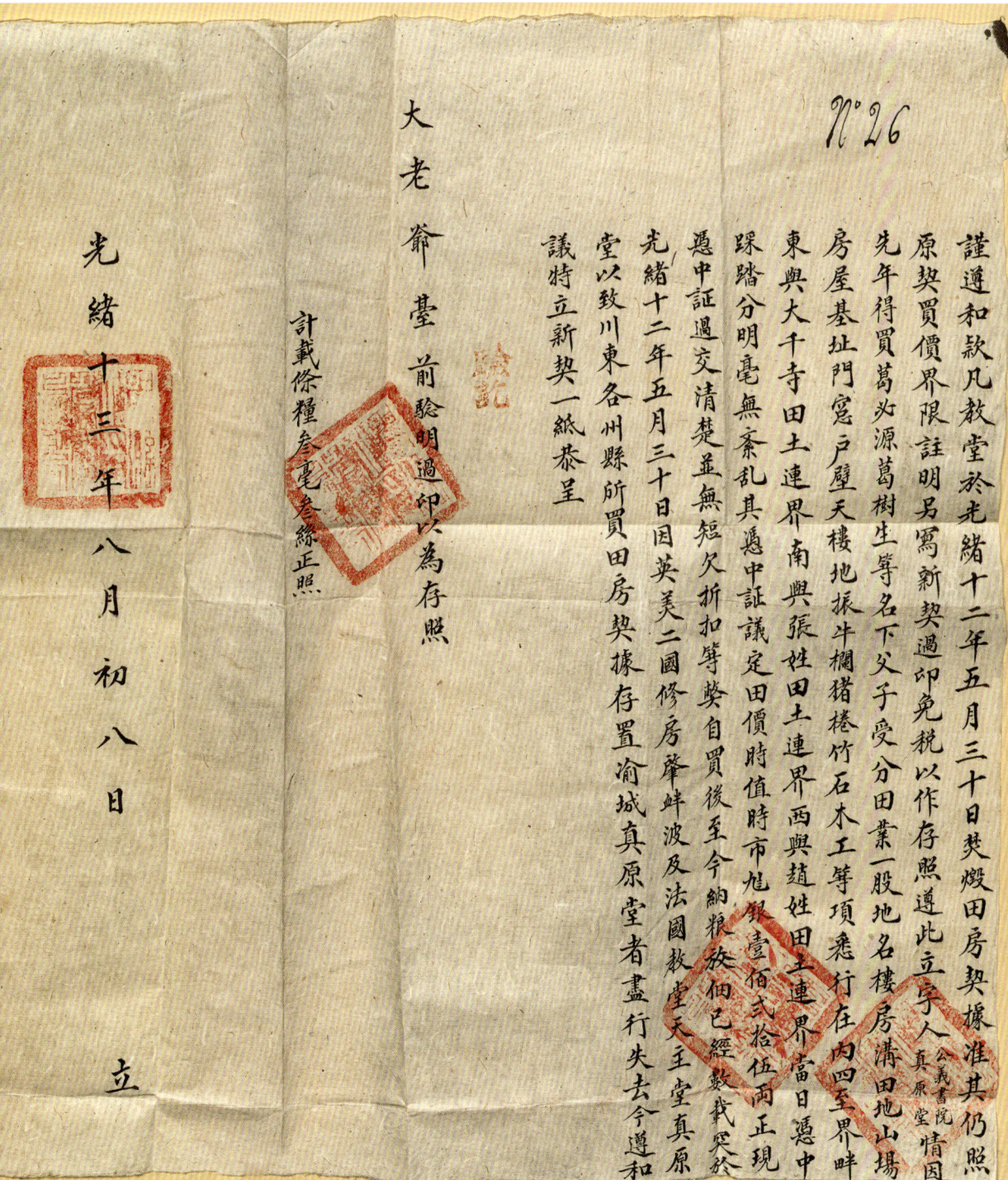

謹遵和款凡教堂於光緒十二年五月三十日焚燬田房契據準其仍照
原契買價界限註明另寫新契過印免稅以作存照遵此立字人真原堂情因
先年得買葛必源葛樹生等名下父子受分田業一股地名樓房溝田地山場
房屋基址門窗戶壁天樓地振牛欄豬捲竹石木工等項悉行在內四至界畔
東興大千寺田土連界南興張姓田土連界西興趙姓田土連界富日憑中
踩踏分明毫無紊亂其過中議定田價時值時市旭銀壹佰貳拾伍兩正現
憑中証過交清楚並無短欠折扣等獎自買後至今納糧佃已經戴契於
光緒十二年五月三十日因英美二國修房肇釁波及法國教堂天主堂真原
堂以致川東各州縣所買田房契據存置渝城真原堂者盡行失去今遵和
議特立新契一紙恭呈

大老爺臺前聰明過印以為存照

計載條糧叁毫叁絲正照

光緒十三年八月初八日　立

光绪十三年(1887)重庆真原堂、公义书院买地补契(二)

光绪十二年(1886)教堂所存一批契约被焚毁,于光绪十三年按照原契买价、地界补立新契,补真原堂、公义书院承买刘裕赏田地契约一份。贴有税票,盖验讫印、官印、骑缝章。

謹遵和款比教堂於光緒十二年五月三十日焚燬田房契據准其仍照原契買價界限註
明另寫新契過印免稅以作存照遵此立字人真原堂情先年承寶劉裕賞田業
全股地名岩底壩載粮壹厘房屋全向山林樹竹園園基址陰陽二宅木工石工等
項其界由竹堰田起直過長秧田抵公義書院界田角直下過堰田壁曲轉搭抵
岩峴人行路曲轉直下抵田角跟岩峴橫過抵鎖口垱河心直上抵碾子河邊
小田壁外直過抵竹堰田交界外提老菜園土半塊又屋壁後岩壁半截土一塊
右抵河溝左抵大千寺界四置界畔眼同中証踩踏交清當憑中証妥議實値
時市價銀貳佰壹拾兩正其銀憑中現交清楚並無短欠扣折自買之後納
粮放租業管數載突於光緒十二年五月三十日因英美二國修房肇鮮波及
法國教堂天主堂真原堂以致川東各州縣所買田房契據存置渝城真
原堂者盡行失去今遵和議特立新契一紙恭呈

大老爺臺前驗明過印以為存照

驗訖

計載條糧壹厘正再照

光緒二十三年十一月十二日立出永賣地基房屋墻垣丈約人龔嚴山錫齡

實值琺捌銀叁百伍拾兩正

永遠管業

憑中証人

楊近遷
胡光廷　同在
雷泰順
馮煥廷
周晉臣筆

光緒二十三年十一月十二日立出全領收文約人龔嚴山錫齡弟兄二人今憑中証收到真原堂名下房價九捌銀叄百伍拾兩正以市平交龔姓憑中証入于親收領足並無下欠分厘亦無貨物私債準折今恐人心不古特立全收一紙為據○○○

憑中証人

吳裕泰
楊近遷
胡光廷　全在
雷泰順
馮煥亭
周晉臣筆

光緒二十三年十一月十二日立出全收文約人龔嚴山錫齡

光绪二十三年（1897）重庆龚严山、龚锡龄卖房契

光绪二十三年重庆龚严山、龚锡龄因移窄就宽经过中人说合将房产立死契卖给真原堂。中间为草契，正文后写有大字"永远管业"。左侧为买主交足银两，经中人手收取的收执，盖巴县契约印、民国十九年（1930）巴县讫验印。右侧为民国二十七年（1938）四川省政府租契一份。契约关键处盖多个防伪戳记，正文末尾有挽结，有立卖契人画十字押，列凭中证人姓名，盖官印、骑缝章。

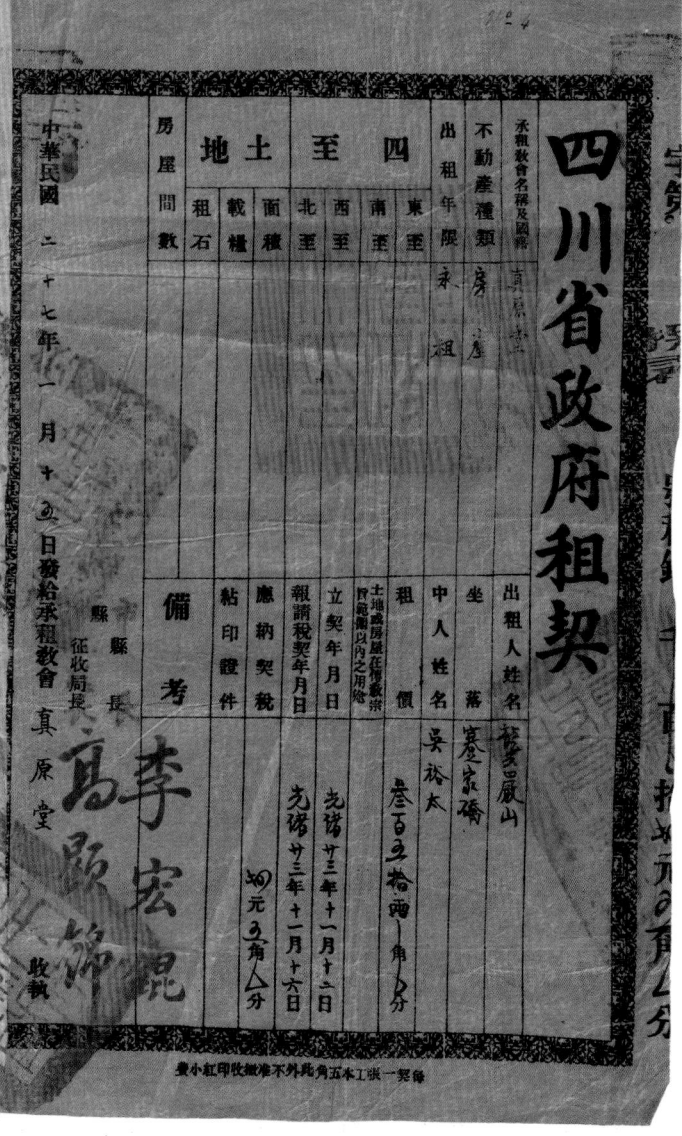

立出永卖地基房屋墙垣等项文契人龚严山锡龄情因先父遗留地名觉家碛房屋地基全院祗窄就宽弟兄商议愿将房屋地基墙垣等项出借郎行请中人吴裕泰雷顺杨近迁胡光廷冯赖廷等为中觅主说合买议定实价九捌色银叁百伍拾两整其银市押比兑票邑申叁其银龚严山锡龄弟兄二人凭中证亲手领足并无下欠分厘亦无货物私债准折其有房屋地基界址当凭中证看明脚踏手指正向厦子厢房共拾叁间地基全院前抵官街后抵彭姓左抵彭姓屋壁石抵韩姓墙垣石脚水井石工砖片寸木寸石天地生成之物良工造作器皿悉行扫卖并无摘留至于卖主恐有抵借跟钱债

光绪二十三年(1897)重庆李大兴卖房契

光绪二十三年重庆李大兴因亲族无人承买而委托中人作证将名下房产立死契卖到真原堂名下,立请中契一份、草契一份、银两收执一份。右侧为民国二十七年(1938)四川省政府租契一份。草契盖民国十九年(1930)

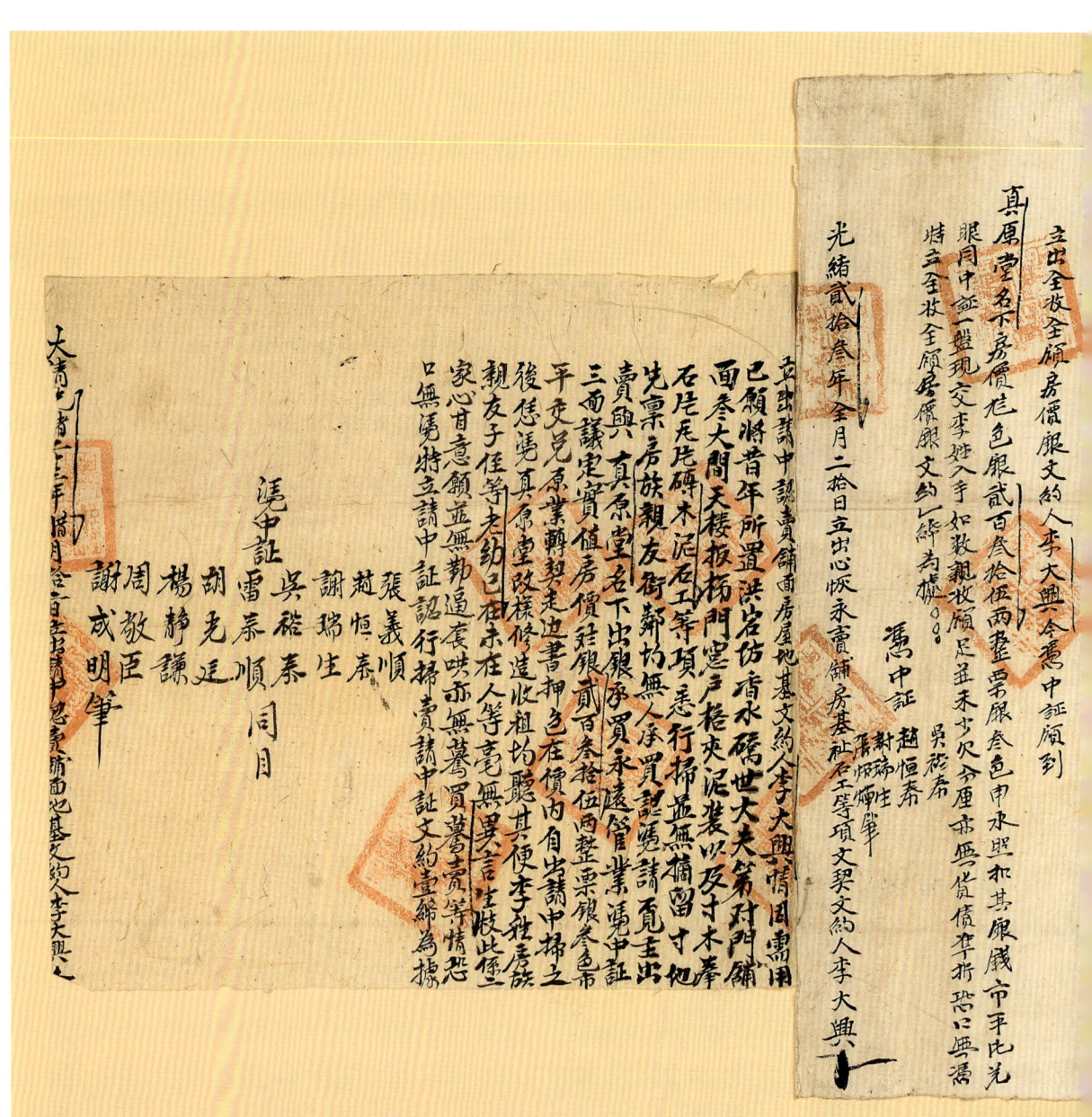

巴县讫验印，贴有税票。契约关键处盖多个防伪戳记，有立卖契人画押，列有凭中证人姓名，盖官印、骑缝章。

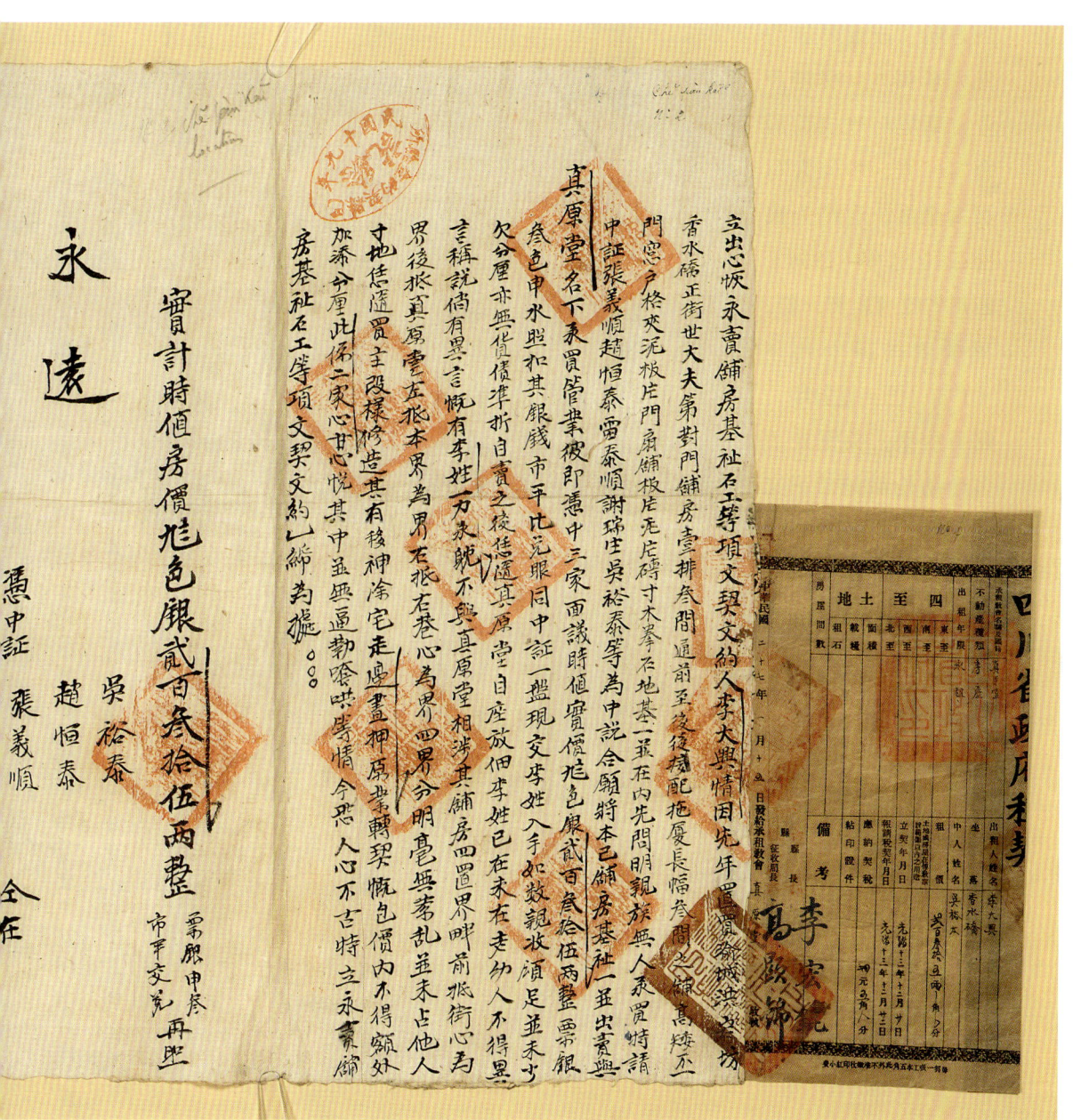

光绪二十三年（1897）重庆宋树廷父子卖房契

光绪二十三年重庆宋树廷父子因另有别院将祖业房产立死契出卖给真原堂。契纸言明"族戚界邻均无人承买"，交割产业。草契与收执前后合写一张，中间大写买卖金额。右侧为民国二十七年（1938）四川省政府租契一份。契纸盖民国十九年（1930）巴县讫验印，贴有税票，关键处盖多个防伪戳记，正文末尾有挽结。有立卖契人、三位中人画十字押，其他中人落款，盖官印、骑缝章。

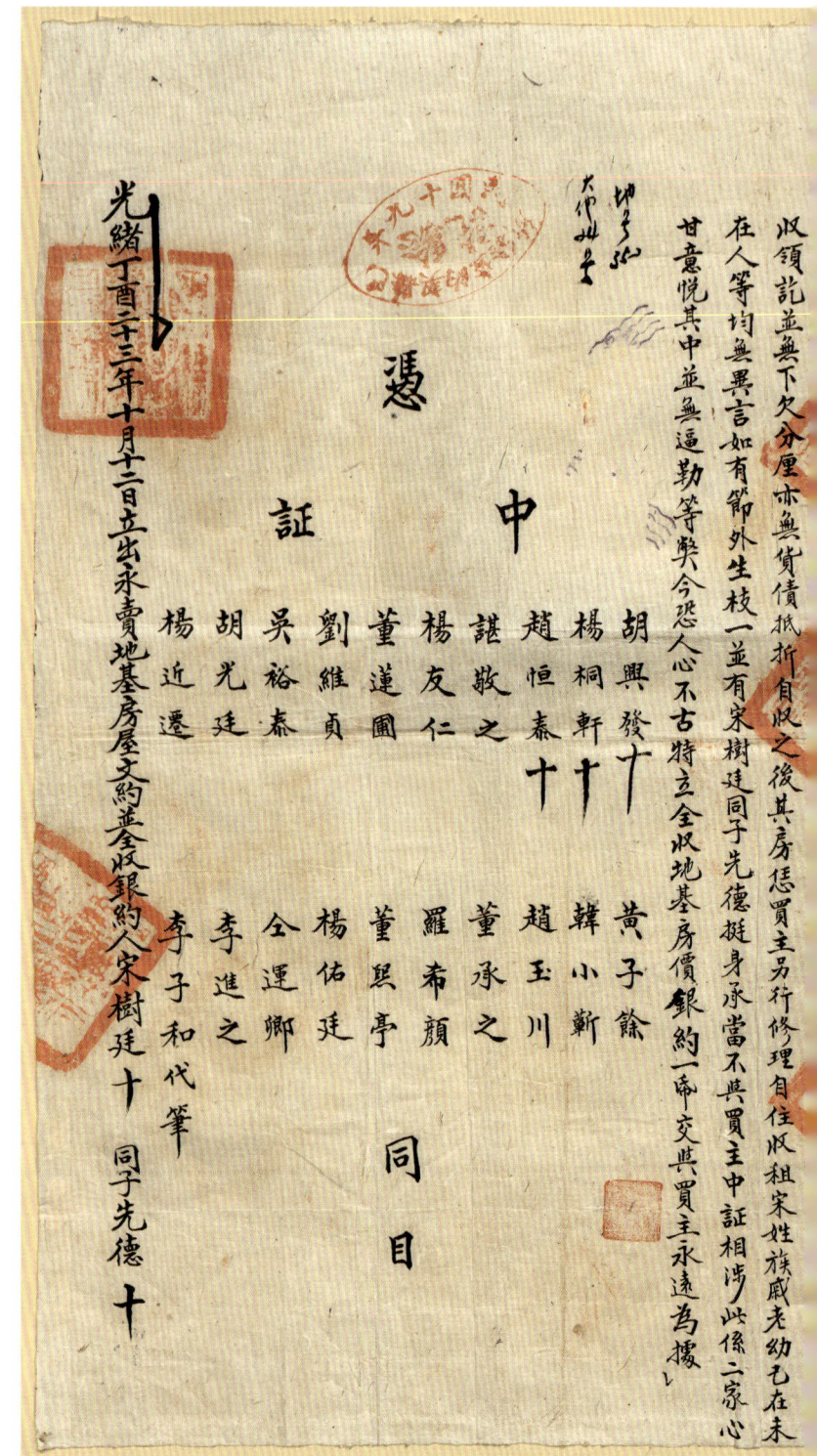

立出永賣地基房屋文契人宋樹廷同子先德商議情因另有別圖願將昔年祖父以宋振昌得買楊紹忠住宅座宅在崇因坊碟子上正街清真寺對門馬家巷進口石首房屋七柱正廳長三間一向左石廂房貳間院俱木架涼蓬又長三間廂房一向偏廈三間地基合共壹全院天楊地振門窗戶格天井海面條石水井東廝後園尺院內花菓樹木人工造就己成未成之物板壁木梯泥瓦警摺寸木寸石塊磚片瓦釘兜土竹木泥石工等項一並掃土盡賣並無絲毫其有界址前抵吳姓鋪面以卒己墻脚為界左抵李房柱礎石坎脚為界後儘族界鄰均無人承買甘願央請中証楊桐軒趙恆泰胡興發等為中說合出賣與原業當戶名下管業當即三面議定時值房價渝錢平尨色銀柒百兩整是日買主價銀眼同中証現交兌先遷書押起銀叁拾兩整移神除火下區去對搬遷關門揮鎖共尨銀貳拾兩整其銀叁色扣水新票交兌兌走遷父子如數入手親收領訖並無貫債準折亦無下欠分厘自賣之後任憑買主招佃自住修理永遠管業家姓己在末在族咸老幼人等均無異言中買主中証相涉此係甘願意悅其中並無舊買舊賣逼勒套哄情弊恐口無憑特立永賣地基房屋文契一紙交此買主永遠存據

賣汁寺直房賈俞戔平尨色銀共叁拾兩整

光绪二十三年（1897）重庆梁兴发卖房契

光绪二十三年重庆梁兴发委托中人作证将名下房产立死契卖到真原堂名下，立请中契一份、草契一份、银两收执一份，合一张纸。右侧为民国二十七年（1938）四川省政府租契一份。契纸盖民国十九年（1930）巴县讫验印，贴有税票，关键处盖多个防伪戳记，正文末尾有挽结。有立卖契人画押，列凭中证人姓名，盖官印、骑缝章。

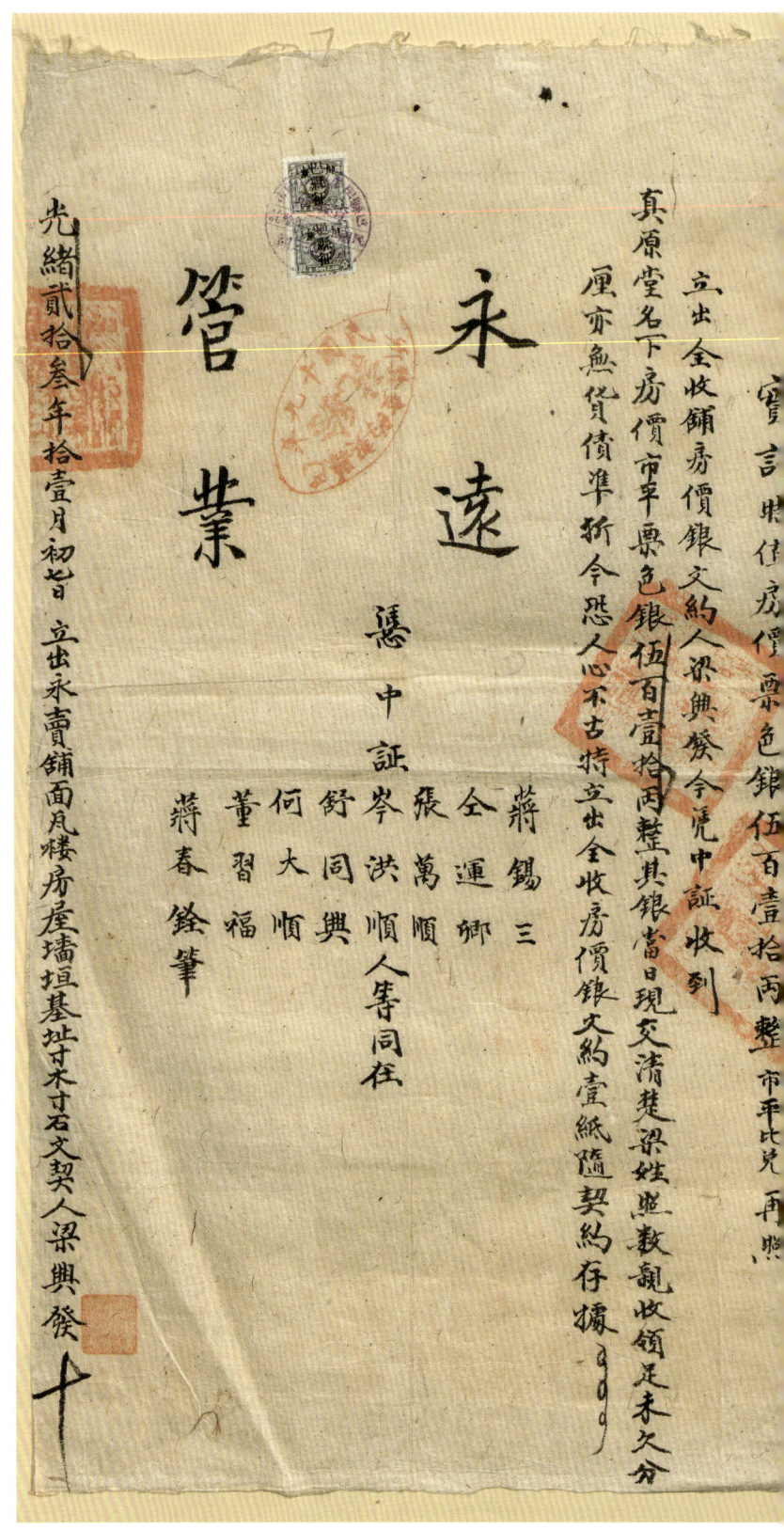

立出請中出售舖面瓦樓房屋牆垣基址寸木寸石瓦片等項文約人梁興發自今移就寬願將先父在日得
買洪岩坊下石板街萬包氏名下舖面房屋伍間一契其房天樓木梯舖枝櫃台門窗夾泥裝修牆垣地基
憑行俱全特以請憑蔣錫三張萬順等為中証寬主出售彼即憑証三家面議定時值實房價市票
銀伍百壹拾兩整其有走邊書押移遷概包價內均無異言稱說自請之後隨便買主定期立約成交臨特不
得高昂翻悔執拗勞攔中証其有恐有私押抵當概有攬發承樓不與買事中証相涉內有煙館騰空不得推卸特
立出永賣舖面瓦樓房屋牆垣地基寸木寸石等項文契約人梁興發自今移就寬特以請憑蔣錫三全運鄉張萬順等証說

光緒貳拾叄年丁酉歲十一月初七日立出請中永賣舖面瓦樓房屋牆垣基址文約人梁興發十

真原堂名下出銀承買管業彼即憑中三家面議定將值實房價市票銀伍百
合甘願將先父在日得買萬包氏名下之舖房一契共計伍間天樓不梯櫃台門窗格領枝夾泥裝修牆垣基址憑行俱全
無碍留自願亦並掃賣與
壹拾兩整其銀當日憑中一盤現交清楚梁姓入手親收領足未欠分厘夾無質債準折其房形勢削抵官街為界
後抵本堂牆腳為界石柢本已牆腳為界左抵巷道直中為界四址界畔腳踏手指憑中文清畢無混亂自

光绪二十四年(1898)重庆尹怀德卖房契

光绪二十四年重庆尹怀德因族邻无人承买而委托中人作证将名下房产立死契卖到真原堂名下,立请中契一份、草契一份、银两收执一份,合一张纸。右侧为民国

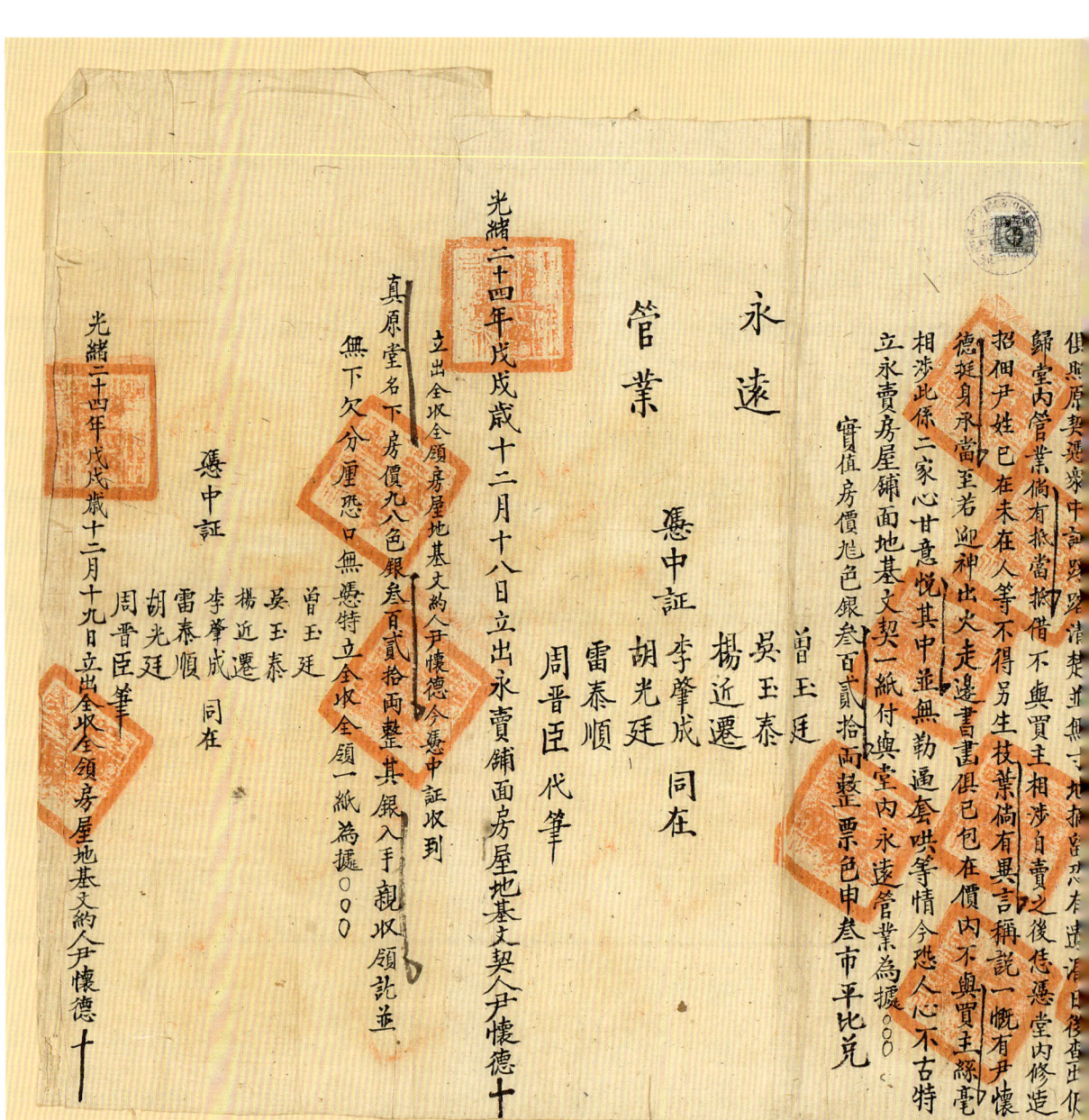

二十七年（1938）四川省政府租契一份。契纸盖民国十九年（1930）巴县讫验印，贴有税票，关键处盖多个防伪戳记，正文末尾有挽结。有立卖契人画十字押，列凭中证人姓名，盖官印、骑缝章。

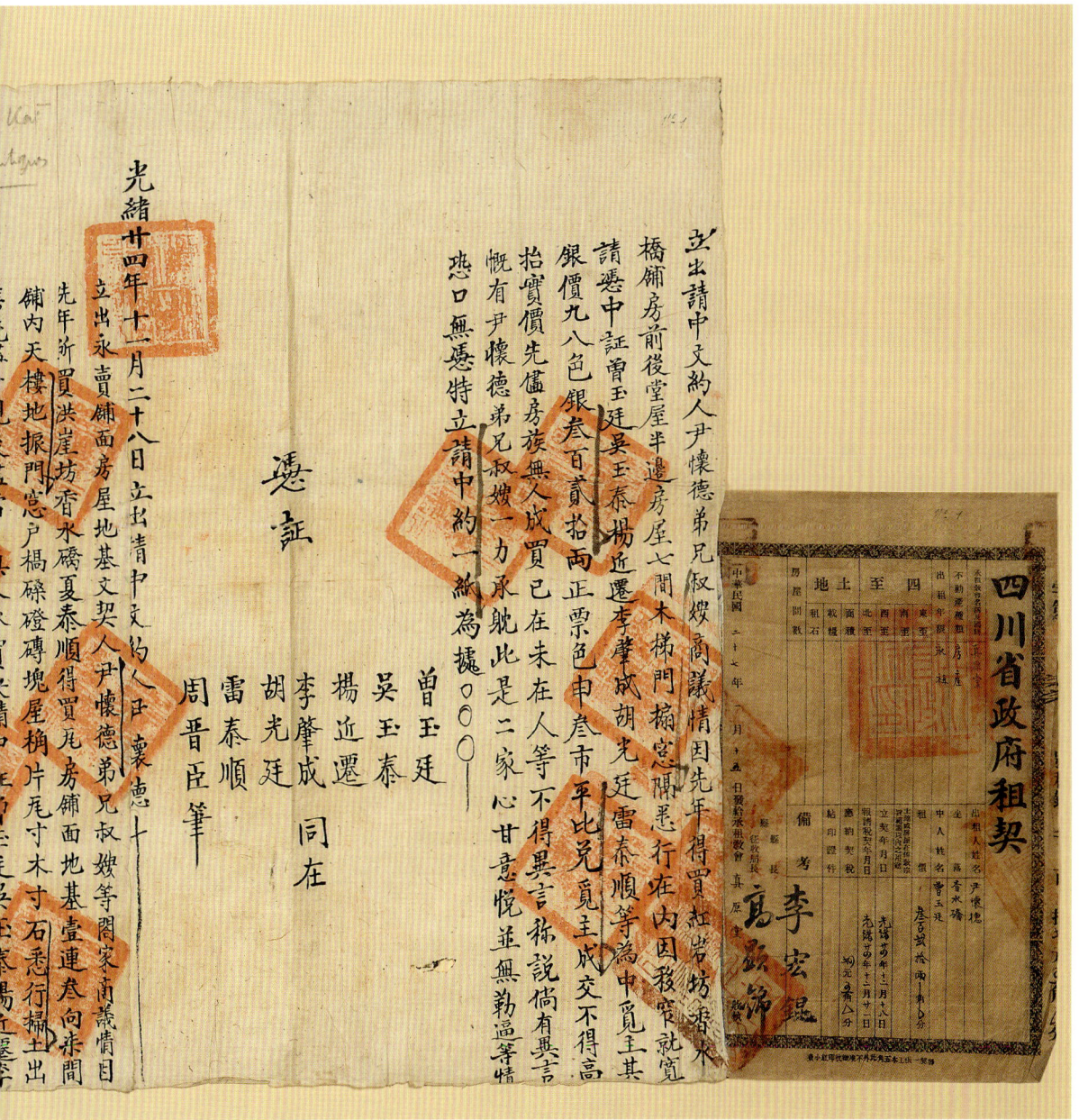

光绪二十五年（1899）重庆邓燡之卖房契

光绪二十五年重庆邓燡之因族邻无人承买而将购自胞婶的房屋数间立契卖到真原堂名下。中间为草契，正文后写有大字"永远管业"。左侧为买主交足银两的收执，

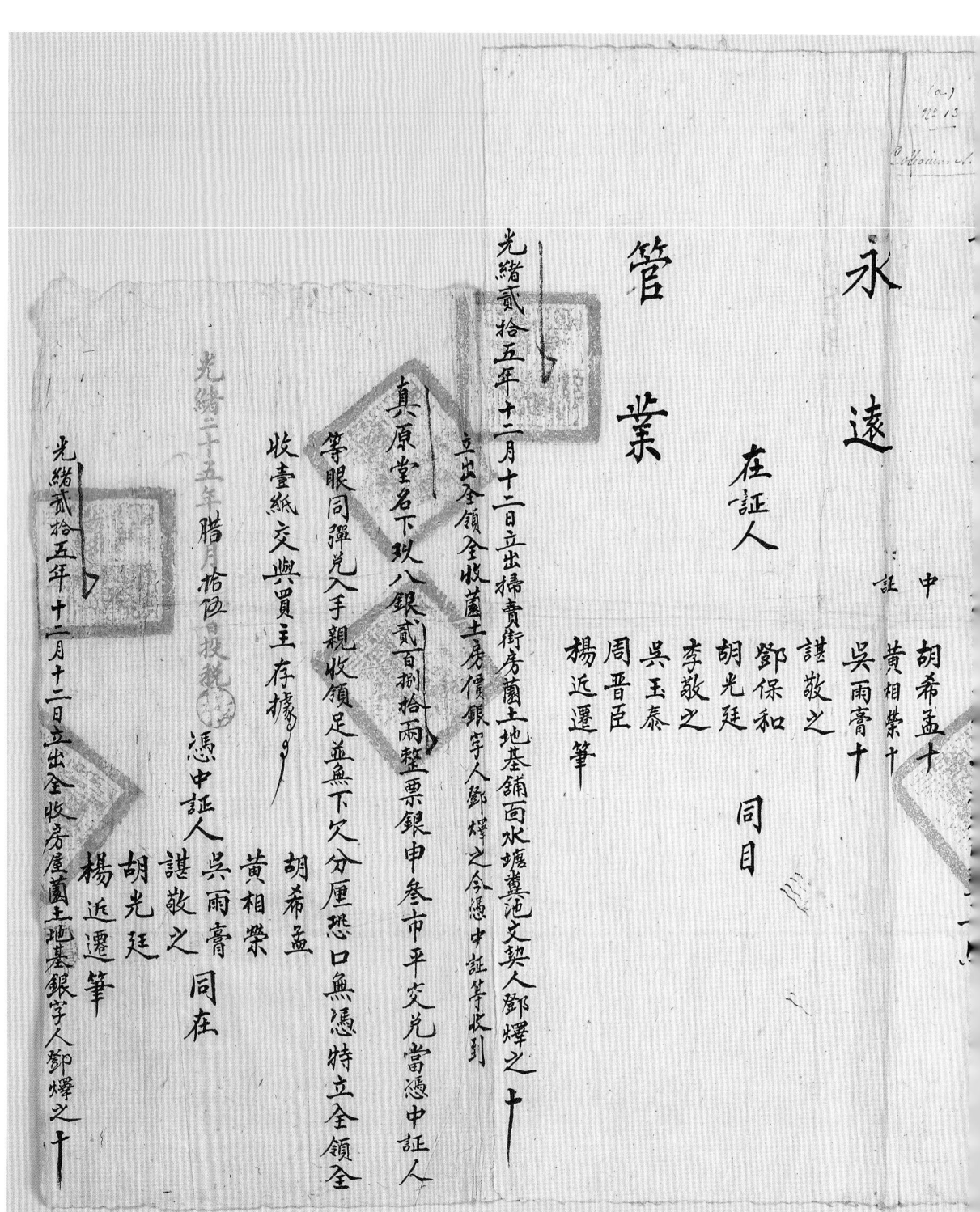

盖投税印章。右侧为民国二十七年（1938）四川省政府租契一份。契纸盖民国十九年（1930）巴县讫验印，关键处盖多个防伪戳记，贴有税票，正文末尾有挽结。有立卖契人及三位在证人落款并画十字押，其余在证人落款，盖官印、骑缝章。

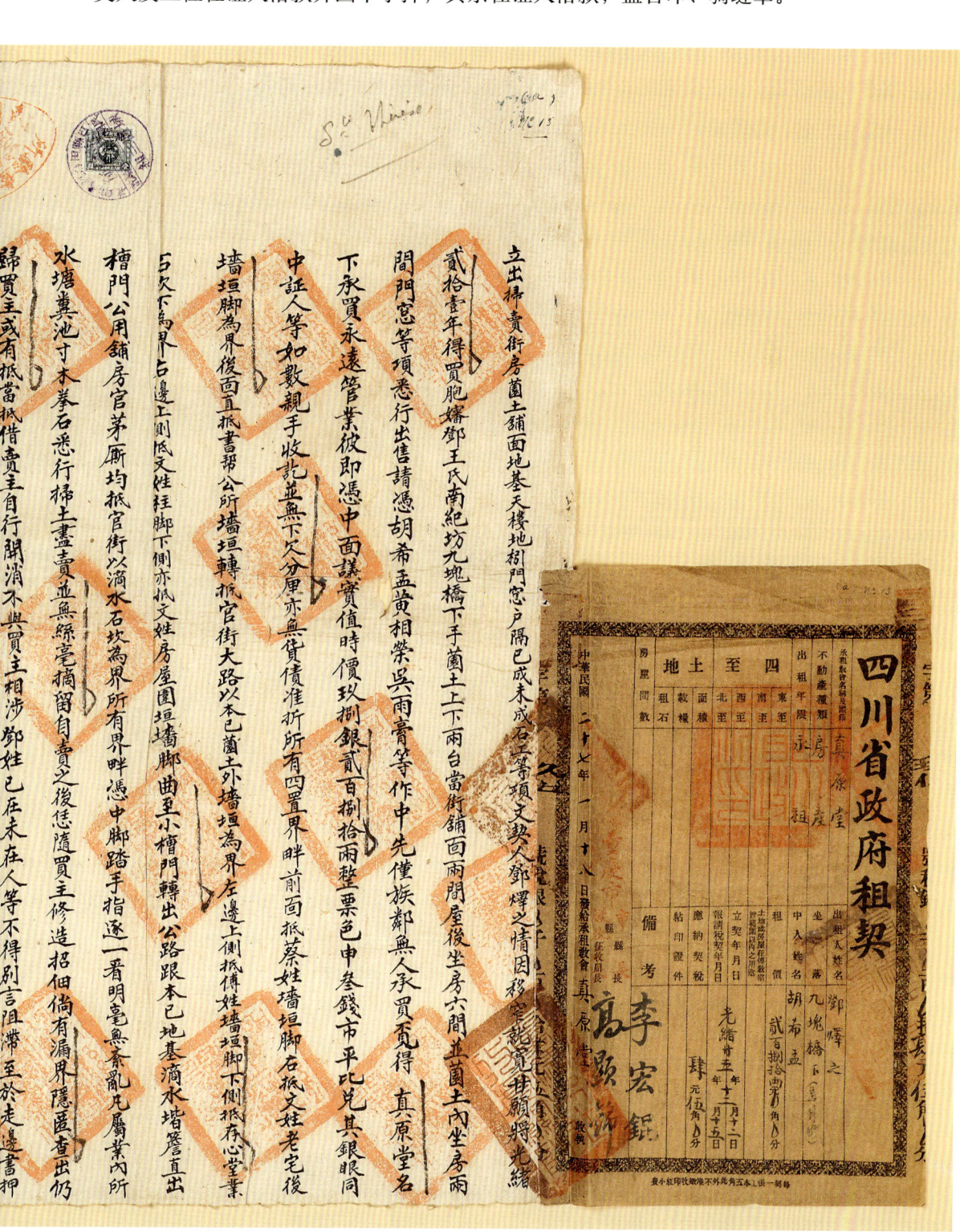

光绪二十五年（1899）重庆邓燡之请中契

　　光绪二十五年重庆邓燡之因要出卖房产，需与中人商定价格、寻觅买主，特立契约一份。契中言明买卖土地情况与定价。契约关键处盖多个防伪戳记，正文末尾有挽结，有立契人画十字押，列在证人、代笔人姓名，盖印章。

立出請中文約人鄧燡之情因移窄就寬甘願將光緒廿
壹年得買脆孀鄧王氏南絕坊九塊橋下手蘭土上下兩名
當街鋪兩間屋後坐房六間並蘭土內坐房兩間門窗
等項悉行梯賣請憑中人胡希孟黃相榮吳兩膏覽
主議定時值實價玖八銀貳百捌拾兩整票銀申叅如尋
有主鄧娃不得柏價今歀有憑特立請中一紙為據

　　　　　　　李敬之
　　　在証人　劉興順　仝日
　　　　　　　胡光廷
　　　　　　　楊遠遷筆

立出全收房價銀約人胡靜菴胡顯之胡用實今憑眾收到
真原堂名下房價票銀貳百叁拾兩整其銀市平比交當即收領清楚並無下欠
分厘亦無貨債準折今恐人心不古特立全收字一紙為據

永遠　　管業

憑中証
　　謹敬之
　　劉子蓉承擔
　　楊近遷
　　周晉廷
　　吳裕泰　同在
　　宋立三
　　殷竹坡
　　熊耳山　筆

光緒二十五年三月初四日立出永賣房屋地基文契人胡顯之
　　　　　　　　　　　　　　　　　　胡靜菴
　　　　　　　　　　　　　　　　　　胡用實

光绪二十五年（1899）重庆胡静庵等卖房契

光绪二十五年重庆胡静庵等因移窄就宽经过中人说合将房产立死契卖给真原堂。中间为草契，写明"如有沾业字约未揭日后寻出以作故纸无用"，正文后写有大字"永远管业"。左侧为买主交足银两，经中人手收取的收执，盖投税印章。右侧为民国二十七年（1938）四川省政府租契一份。契纸盖民国十九年（1930）巴县讫验印，有花码计数，关键处盖多个防伪戳记，正文末尾有挽结。有立卖契人、承担人画十字押，列凭中证人姓名，盖官印、骑缝章。

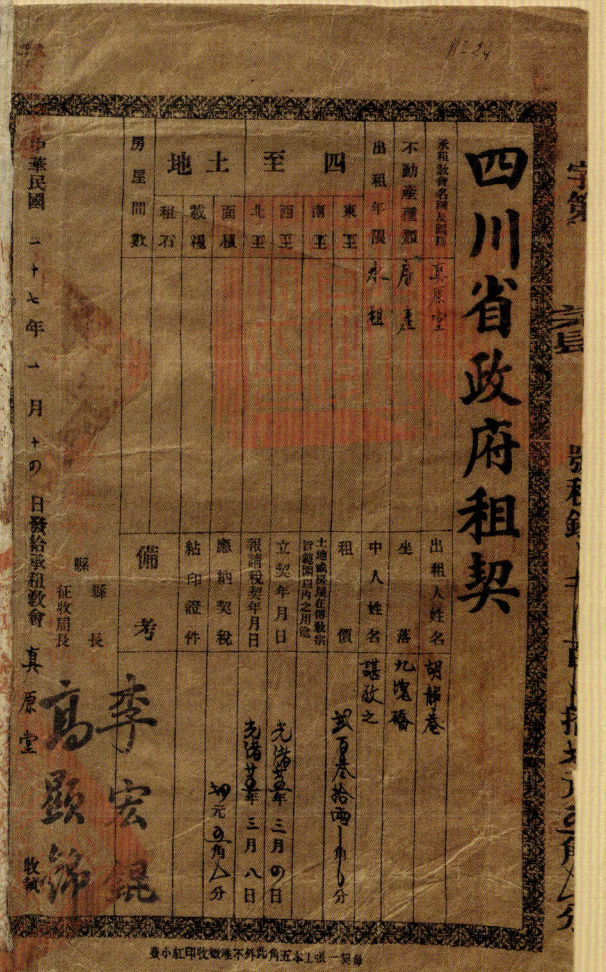

光绪二十七年（1901）重庆陈骏亭等卖房契

光绪二十七年重庆陈骏亭同嫂子、侄子一并将原买于黄授书的院落一所，经中人说合立死契卖给真原堂。草契与收执前后合写一张，中间大写买卖价格，收执后写有大字"永远管业"。右侧为民国二十七年（1938）四川省政府租契一份。盖民国十九年（1930）巴县契约□所验讫印，契纸贴有税票，关键处盖多个防伪戳记。有立卖契人画十字押，列凭中证人姓名，盖投税印、官印、骑缝章。

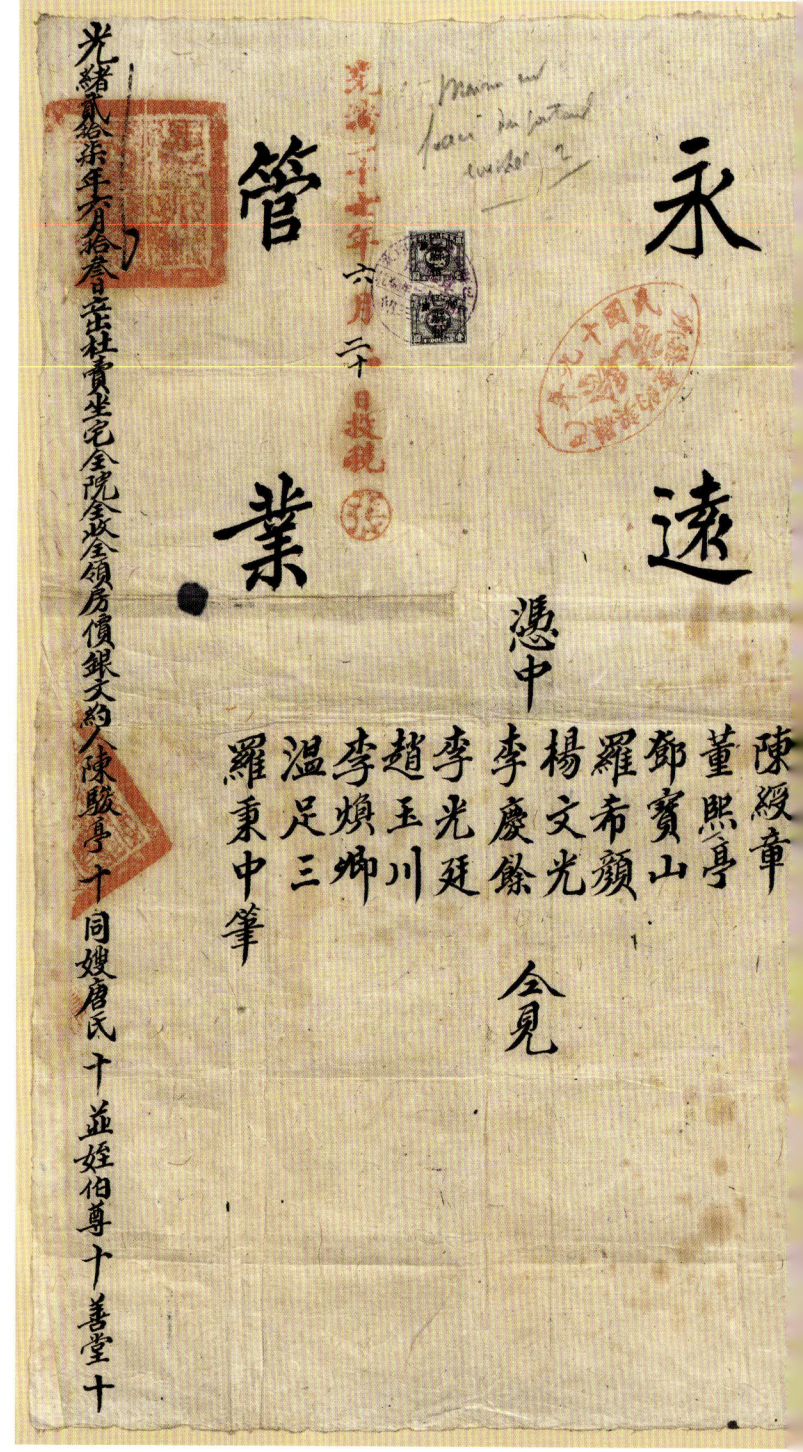

立出杜賣全院坐宅樓房瓦屋磚牆地基亦木石工夫契人陳駿亭同嫂陳鄧氏暨姪陳伯亭
陳善堂情因移家就寬願將主業所買黃授書俞城內臨江坊寨家橋巷內房屋壹院及
門窗戶格寸木寸石天樓地振悉行出賣毫無摟留先儘族戚無人承買至今特請中証李光廷
趙玉川鄧寶工等說合憑袁永賣與人真原堂名下永買承管業彼即憑証面議實值市錢
平票銀捌伯五拾兩正具移神出火走過書押敢區下對外議票銀五拾兩正具買主眼
同中証以錢市平肖扦匪巳壹盤比交陳母入手如數全收足並未下欠分厘亦無賒債準
折其四界畔分明並無紊亂自賣之後其房屋地基低隨改樣修造自坐招佃收租均由便所
為界四界畔前抵官街為界後抵汪姓牆脚為界左抵楊姓為界右抵本己牆脚
有陳姓以及族戚己在未在老幼人等並無異言阻攔偷有藉房生枝覬有陳駿亭一力承就不
與買主相涉此係二家心歡意悅並無勒逼套哄等情今恐人心不古特立賣房地基文契交
真原堂永遠存執為據

實計時值房價市錢平票銀捌伯玖拾兩正 內有東區下對畫押銀肆兩正 押銀拾兩整

立出全收全領足房屋價銀文約人陳駿亭同嫂並姪今憑中証全收全領到

光绪二十八年（1902）重庆体心堂首事卖房契

光绪二十八年重庆体心堂首事因另图别谋将过去信徒捐入堂内的房产立死契卖给真原堂。草契与收执前后合写一张，中间大写买卖金额，收执后写有大字"永远管业"。右侧为民国二十七年（1938）四川省政府租契一份。契纸盖民国十九年（1930）巴县讫验印、投税印章，贴有税票，关键处盖多个防伪戳记，正文末尾有挽结。有立卖契人画押，列在见人姓名，盖官印、骑缝章。

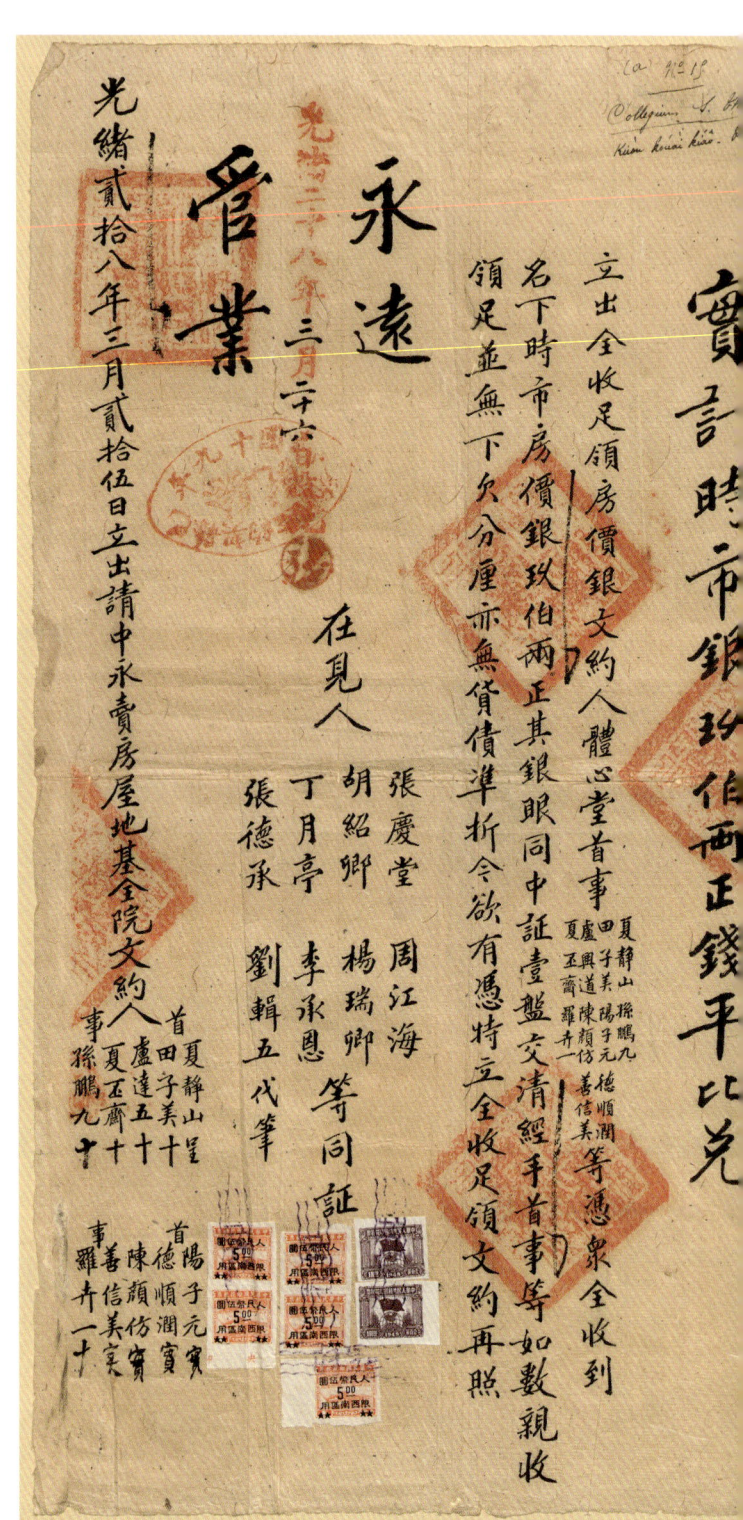

立出永賣房屋地基全院文約人體心堂首事夏靜山田子美盧達五夏玉齊孫鵬九陽子元陳顏仿羅卄一德順潤善信美等情因另圖別謀願將同治十一年黃姓所捐入堂內之金湯坊天燈街房屋全院以及地基門窗戶格寸瓦寸木寸石等件悉行變賣請憑中證朱崑山劉輯五等為中說合甘願出掃賣與真原堂名下永遠營業被日憑中三面議定實值時幣銀玖伯兩正以錢平比兌其銀買主壹盤現交體心堂首事等如數收清領足並無下欠分厘亦無貨債準折所有四址邊界前抵石坎為界後抵仁愛堂石坎為界左抵官街本院牆腳為界右抵會內首事等足踏手指分明並無遺漏以後各按各界牆腳為界四全界址均係會內首事等足踏手指分明並無遺漏以後各按各界營業自賣之後任憑買主永遠營業體心堂會內首事已在未在人等日後均不得異言牽歩亦不得另生枝節如有另主支節等事說共會內堂首事[...]

四川省政府租契

光绪三十年（1904）重庆曾李氏同子卖房契

　　光绪三十年重庆曾李氏与子商议，将丈夫之前所买张文安的房产立死契卖给蔚章堂。草契与收执前后合写一张，中间大写买卖金额，写有大字"永远管守"。后附尾契一张，民国年间四川省新契纸一张。另附光绪三十年捐输税票一组，分为给票和执票，证明蔚章堂已随契缴纳税款。契约贴有税票，关键处盖多个防伪戳记，盖投税印。有立卖契人、中人画押，盖官印、骑缝章。

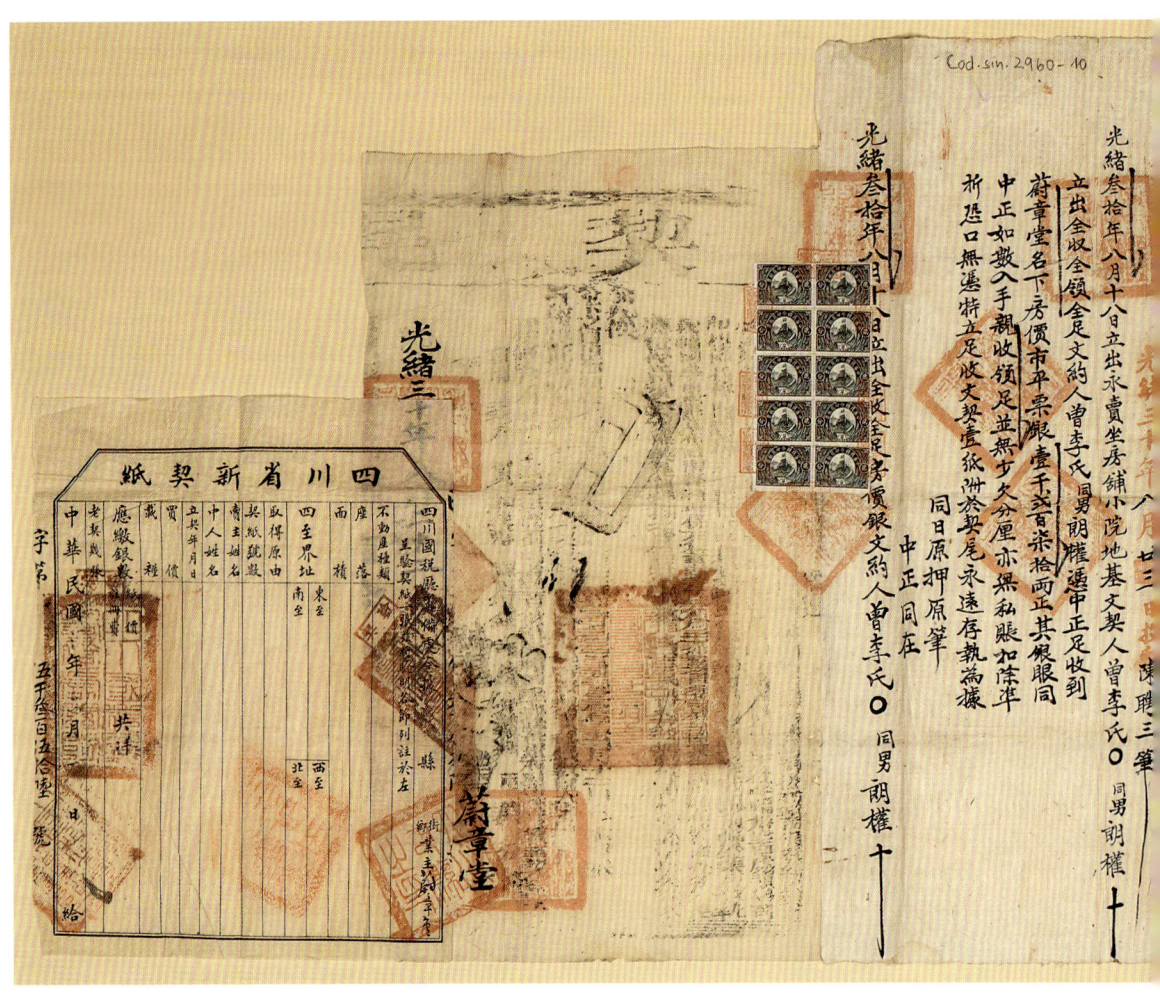

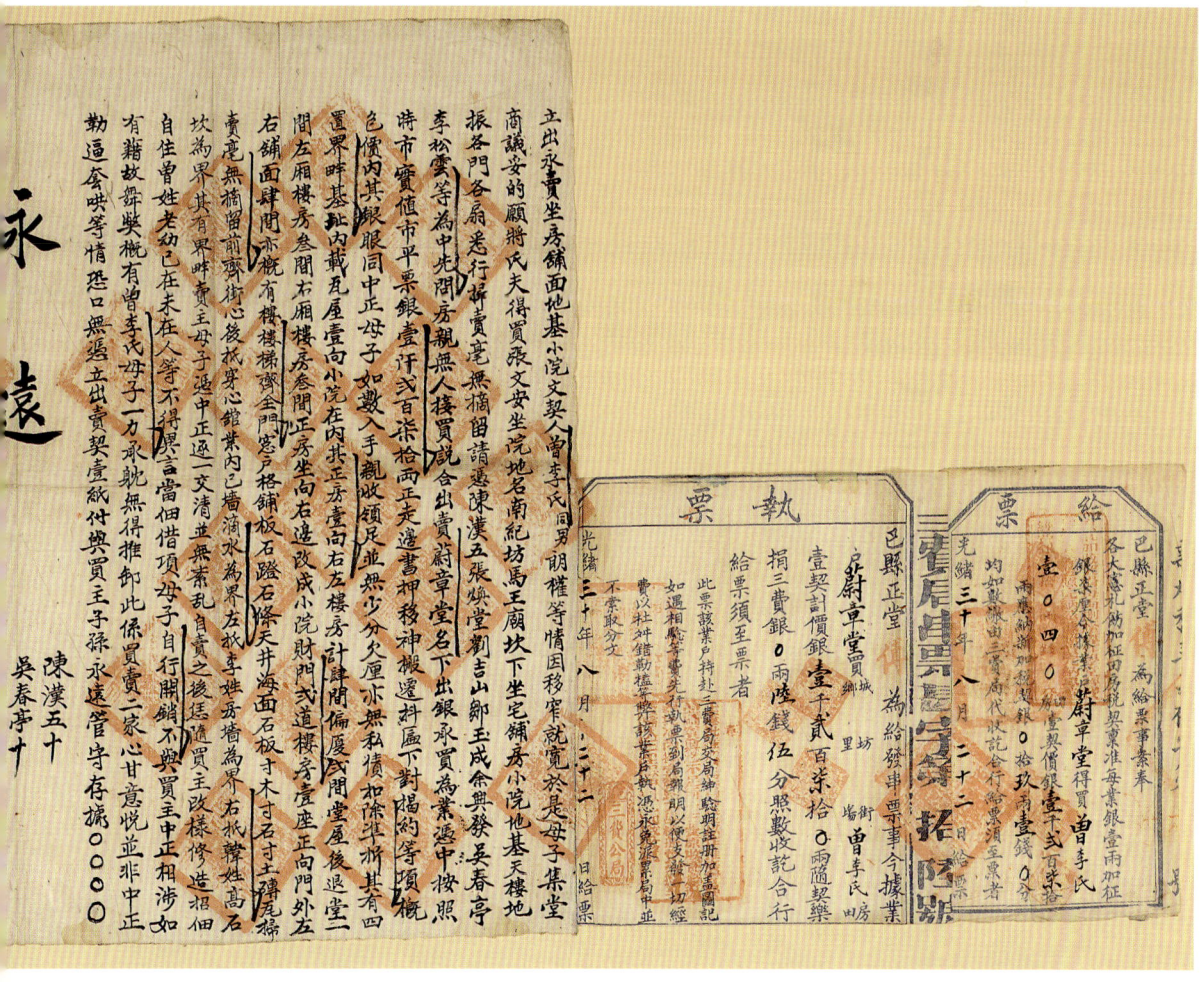

重庆传教士穆慕理契约（一）：宣统元年（1909）重庆传教士穆慕理转让地契

"重庆传教士穆慕理契约"共六份，包括一份统领性文件与五份具体地产契约。本套契约排序遵从 BSB 馆方原序。

宣统元年重庆传教士穆慕理将名下第三号、第三十七号房地产业移转到苏格兰圣经会驻华西委员会名下，经驻渝英国领事馆代理领事确认，并已登记入

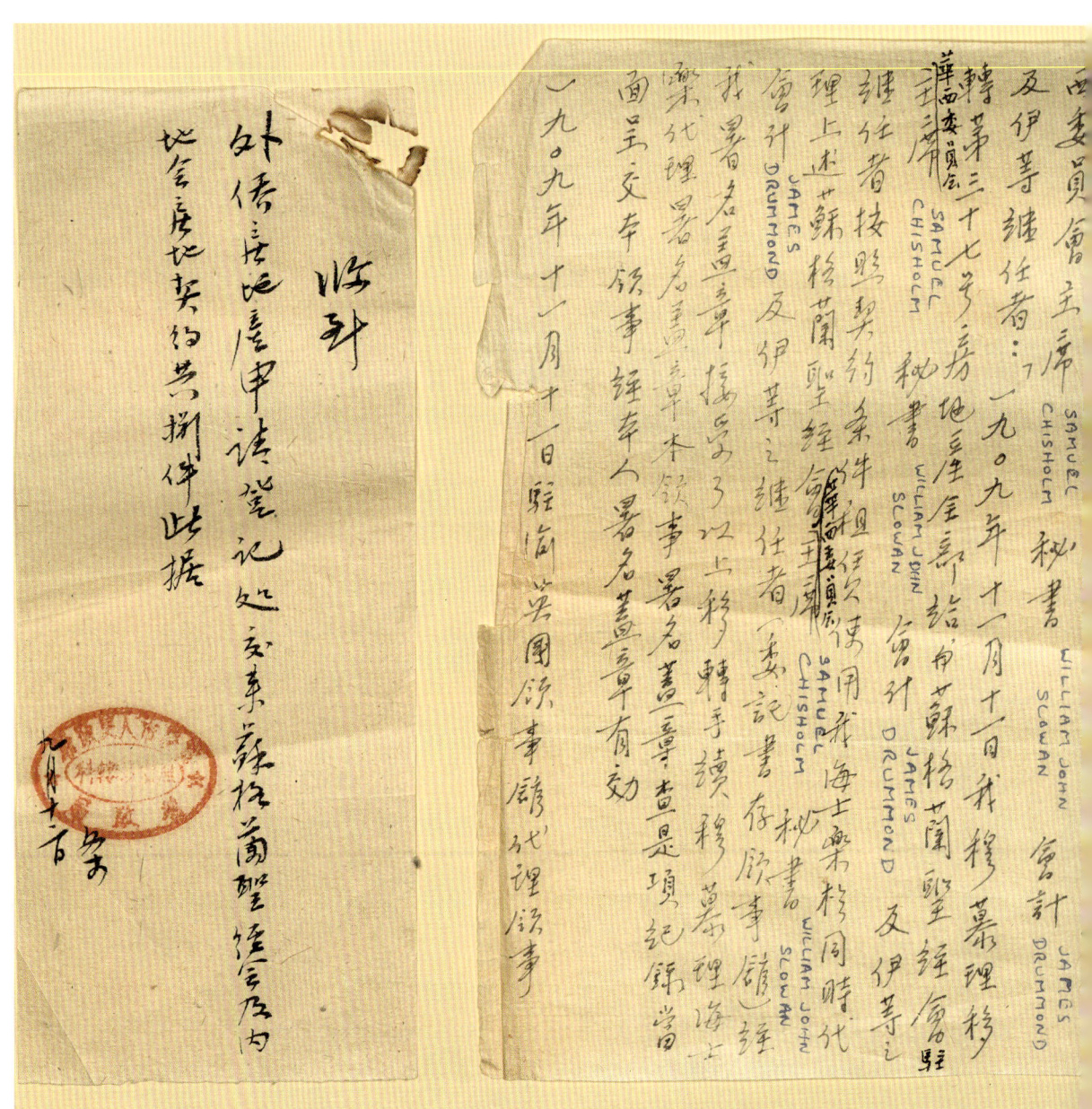

重庆英国领事馆土地登记册内，后附英文译文两份。此契左侧贴有"外侨房地产申请登记处交来苏格兰圣经会及内地会房地契约共捌件"的收据一份。

一九〇九年十月十四日驻渝英国领事馆代理领事签署穆慕理将重庆较场坝巷十三号部份房地产移转於苏格兰圣经会驻华总干事訢明书译文如後：

本领事证明下列的记录确已登载英国领事馆土地登记册内，关於一九〇九年十一月移慕理将所置第三号房地产移转於苏格兰圣经会驻华西委员会主席

JAMES DRUMMOND 及伊等之继任者（妻记书存领事馆）

会计 SAMUEL CHISHOLM 秘书 WILLIAM JOHN SLOWAN

一九〇九年十一月十一日我移慕理移转苏格兰圣经会驻华西委员会主席

JAMES DRUMMOND 及伊等之继任者按照契约条件全部租与苏格兰圣经会

会计 SAMUEL CHISHOLM 秘书 WILLIAM JOHN SLOWAN

经我署名盖章复写乙式上述移转手续移慕理海士乐杉同时代理上述苏格兰圣经会

会计 JAMES DRUMMOND 及伊等之继任者按照契约条件承租赁使用我海士乐杉本领事经本人署名盖章查是须记录当面呈交

一九〇九年十一月十日驻渝英国领事馆代理领事

签署穆慕理将重庆较场坝巷十三号部份房地产

Following is certified copy of the endorsement made in the Land Register at H. B. M. Consulate, Chungking, on the transfer on November 11th, 1909, of Lot No:37 from James Murray to Sir Samuel Chisholm, Baronet, William John Slowan and James Drummond, Chairman Secretary and Treasurer of the Western Committee of the National Bible Society of Scotland and their successors in office :-

"On this eleventh day of November, 1909, I James Murray hereby transfer the whole of the within - named Lot No:37 to Sir Samuel Chisholm, Baronet, William John Slowan and James Drummond Chairman Secretary and Treasurer respectively of the Western Committee of the National Bible Society of Scotland and their successors in office to rent and to hold subject to the conditions of the title - deeds granted for the said Lot of Land and I, R. B. Whittlesey, Attorney for the within - named Sir Samuel Chisholm, Baronet William John Slowan and James Drummond, Chairman Secretary and Treasurer respectively of the Western Committee of the National Bible Society of Scotland and their successors in office (Power of Attorney dated September 13th, 1909, exhibited and copy deposited with the Title Deeds to Lot No:3) accept the above transfer.

Witness our hands and seals:-

    James Murray.
    Sir Samuel Chisholm, Baronet, William John Slowan and James Drummond, Chairman Secretary and Treasurer of the Western Committee of the National Bible Society of Scotland by their Attorney :-
    R. B. Whittlesey.

Signed, sealed and
delivered before me :-
   H. E. Sly.
    Acting Consul.
November 11th, 1909."

                              Acting Consul.
Chungking, November 11th, 1909.

Following is certified copy of the endorsement made in the Land Register at H. B. M. Consulate, Chungking, on the transfer on November 11th, 1909, of Lot No: 3 from James Murray to Sir Samuel Chisholm, Baronet, William John Slowan and James Drummond, Chairman Secretary and Treasurer of the Western Committee of the National Bible Society of Scotland and their successors in office :-

"On this eleventh day of November, 1909, I James Murray hereby transfer the whole of the within - named Lot No: 3 to Sir Samuel Chisholm, Baronet, William John Slowan and James Drummond Chairman Secretary and Treasurer respectively of the Western Committee of the National Bible Society of Scotland and their successors in office to rent and to hold subject to the conditions of the title - deeds granted for the said Lot of Land and I, R.B. Whittlesey, Attorney for the within-named Sir Samuel Chisholm, Baronet, William John Slowan and James Drummond, Chairman Secretary and Treasurer respectively of the Western Committee of the National Bible Society of Scotland and their successors in office (Power of Attorney dated September 13th, 1909, exhibited and copy deposited with the Title Deeds to this Lot), accept the above transfer.

Witness our hands and seals :-

James Murray.

Sir Samuel Chisholm, Baronet, William John Slowan and James Drummond, Chairman Secretary and Treasurer of the Western Committee of the National Bible Society of Scotland by their Attorney:-

R. B. Whittlesey.

Signed, sealed and delivered before me:-

H. E. Sly.
Acting Consul.
November 11th, 1909."

Acting Consul.
Chungking, November 11th, 1909.

《宣统元年（1909）重庆传教士穆慕理转让地契》英文译文两份

重庆传教士穆慕理契约（二）：光绪二十八年（1902）重庆杨炳堂租赁契

光绪二十八年重庆杨炳堂经中人说合将名下土地立死契租给英国传教士穆慕理。契约右侧有英文签名，左侧有立租赁契人画"忠"押，列在见人、代笔人姓名，盖官印。

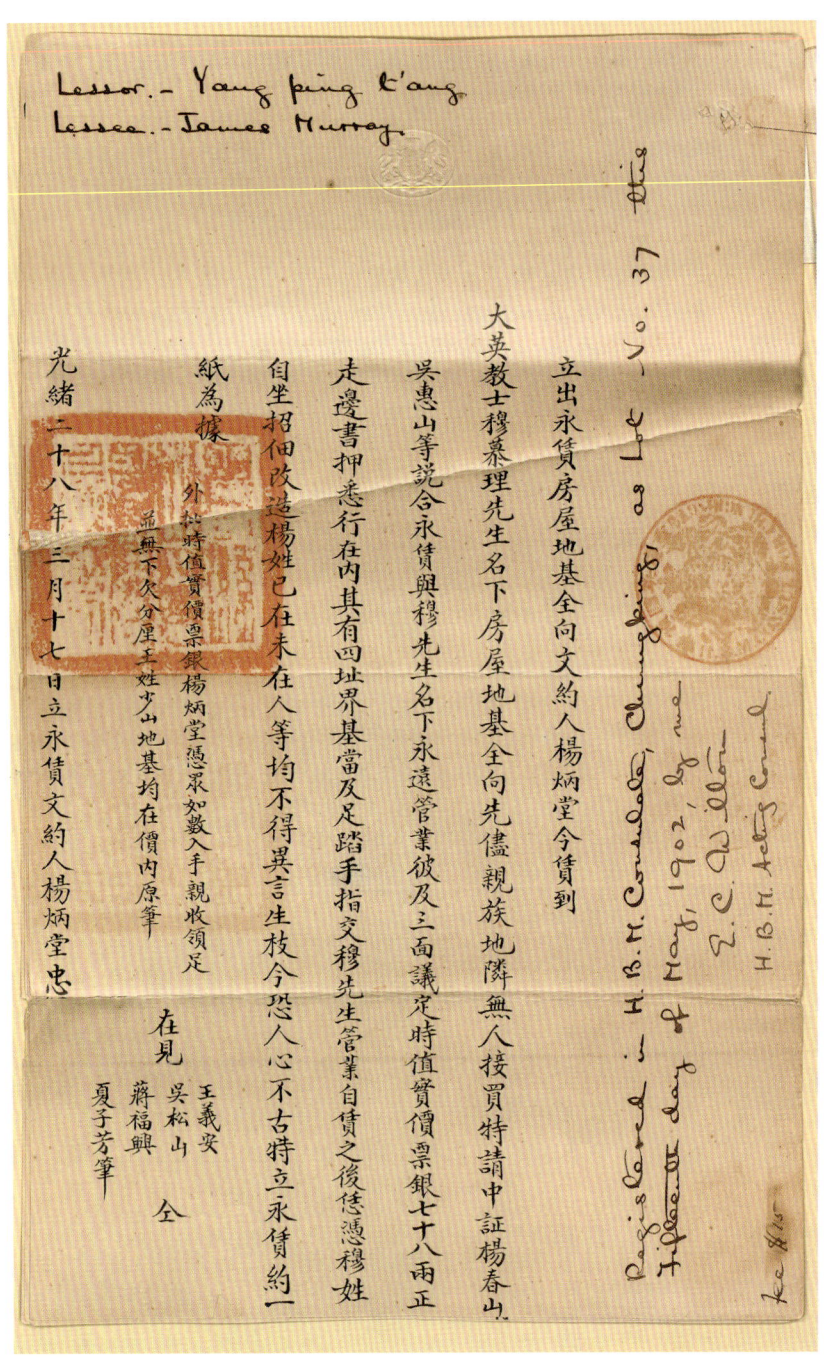

重庆传教士穆慕理契约（三）：光绪二十八年（1902）重庆黄庆合租赁契

光绪二十八年重庆黄庆合经中人说合将名下土地立死契租给英国传教士穆慕理。契约右侧有英文签名，左侧有立租赁契人画"忠"押，列在证人、代笔人姓名，盖官印。

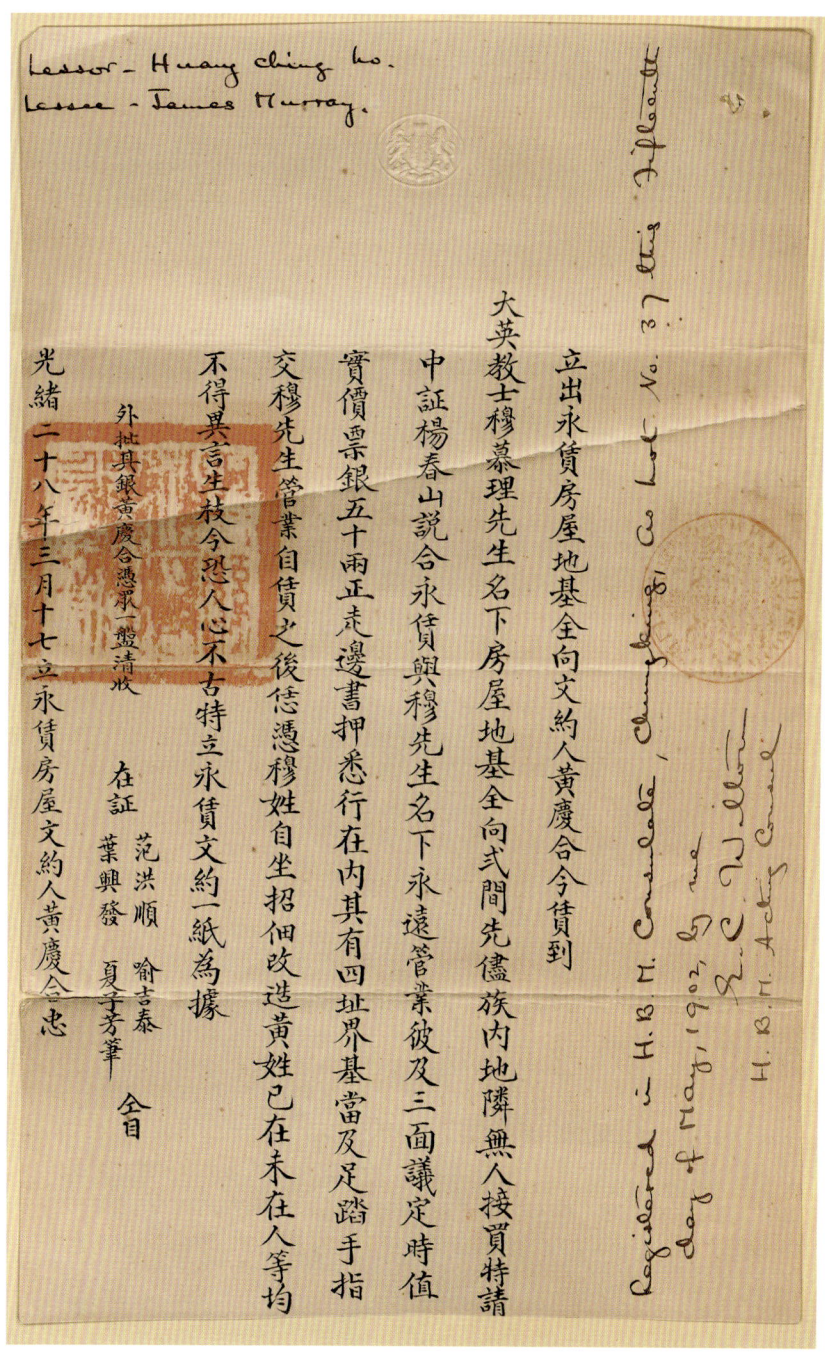

重庆传教士穆慕理契约（四）：光绪二十八年（1902）重庆马兴发租赁契

光绪二十八年重庆马兴发经中人说合将名下土地立死契租给英国传教士穆慕理。契约右侧有英文签名，左侧有立租赁契人画十字押，列在证人、代笔人姓名，盖官印。

Lessor — Ma hsing fa.
Lessee — James Murray.

Registered in H.B.M. Consulate Chungking, this Fifteenth day of May 1902,

J.C.W.Ubbi
H.B.M. Actg Consul.

Lot No. 37

立出永賃房屋文約人馬興發今憑眾賃到

大英教士穆慕理先生名下房屋地基余向一間先儘戚族地隣無人接買特請中

証吳惠山王利淵楊春山三人說合永賃與穆先生名下永遠管業彼即議

定時值寶價票銀三十二兩正走邊書押悉行在內其有四趾界基當及足踏手

指交穆先生管業自賃之後任憑穆姓自坐招佃改造馬姓已在未在人等均不得

異言生枝今恐人心不古特立永賃文約一紙為據

外批時值寶價票銀馬興發憑眾如數入手
當收領足並無下欠分厘

在証 胡雙發
梅洪順
王興發 仝目
夏子芳筆

光緒二十八年二月十七日立永賃房屋文約人馬興發十

重庆传教士穆慕理契约（五）：光绪二十八年（1902）重庆何大顺租赁契

光绪二十八年重庆何大顺经中人说合将名下土地立死契租给英国传教士穆慕理。契约注明因老约被毁再立新约，正文末尾有挽结，背面有英文签名，有立租赁契人画十字押，盖官印。

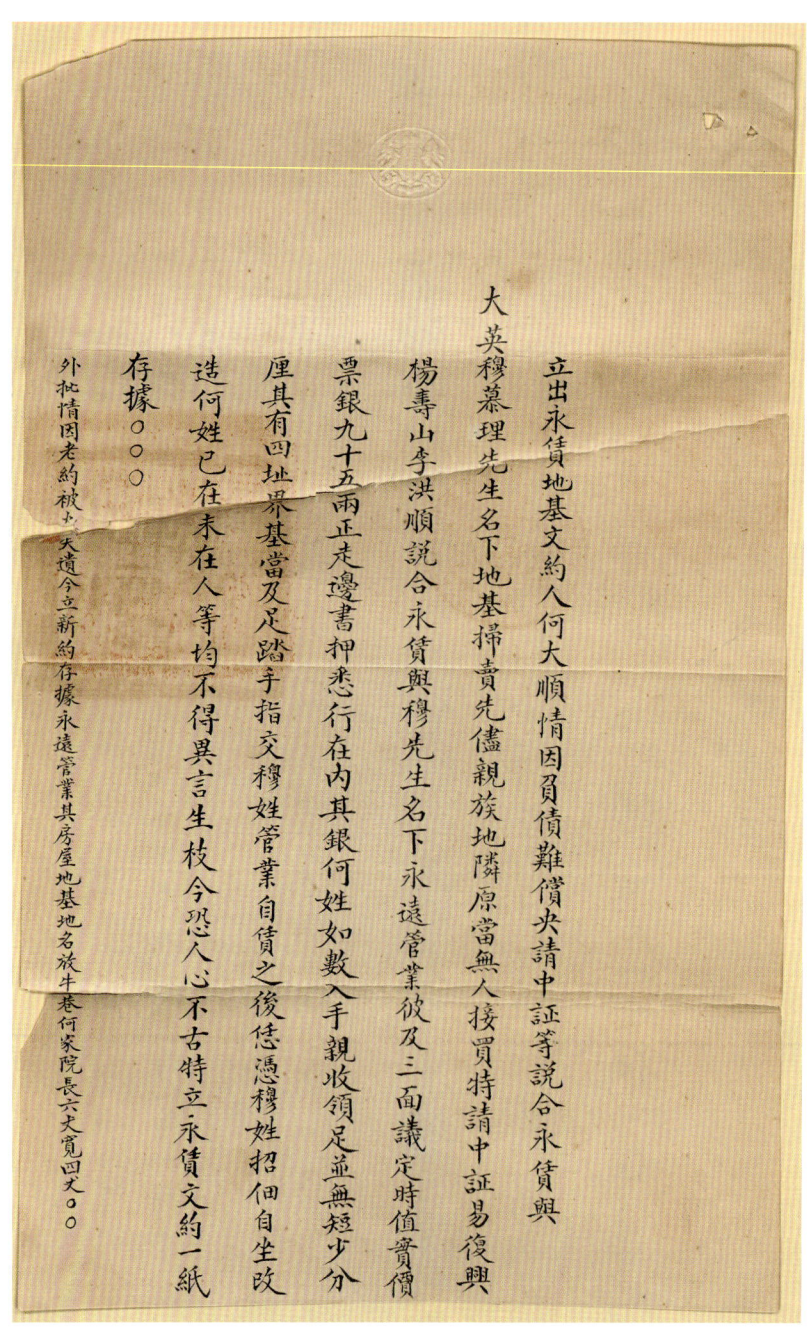

Lessor – Ho ta shun.
Lessee – James Murray.

Registered in H.B.M. Consulate, Chungking, as
Lot No. 37 by me this fifteenth day of
May, 1902.

E. C. Wilton
H. B. M. Acting Consul.

光緒二十八年三月二十六日立永債房屋地基文約人何大順十

重庆传教士穆慕理契约（六）：光绪十八年（1892）重庆张鸿顺转当契

光绪十八年重庆张鸿顺将以前从晏新顺处典当得到的房产，经中人说合立死契典当给英国传教士穆慕理。契约正文后写明买卖价格，有立契人画十字押，列凭中证人、代笔人姓名。

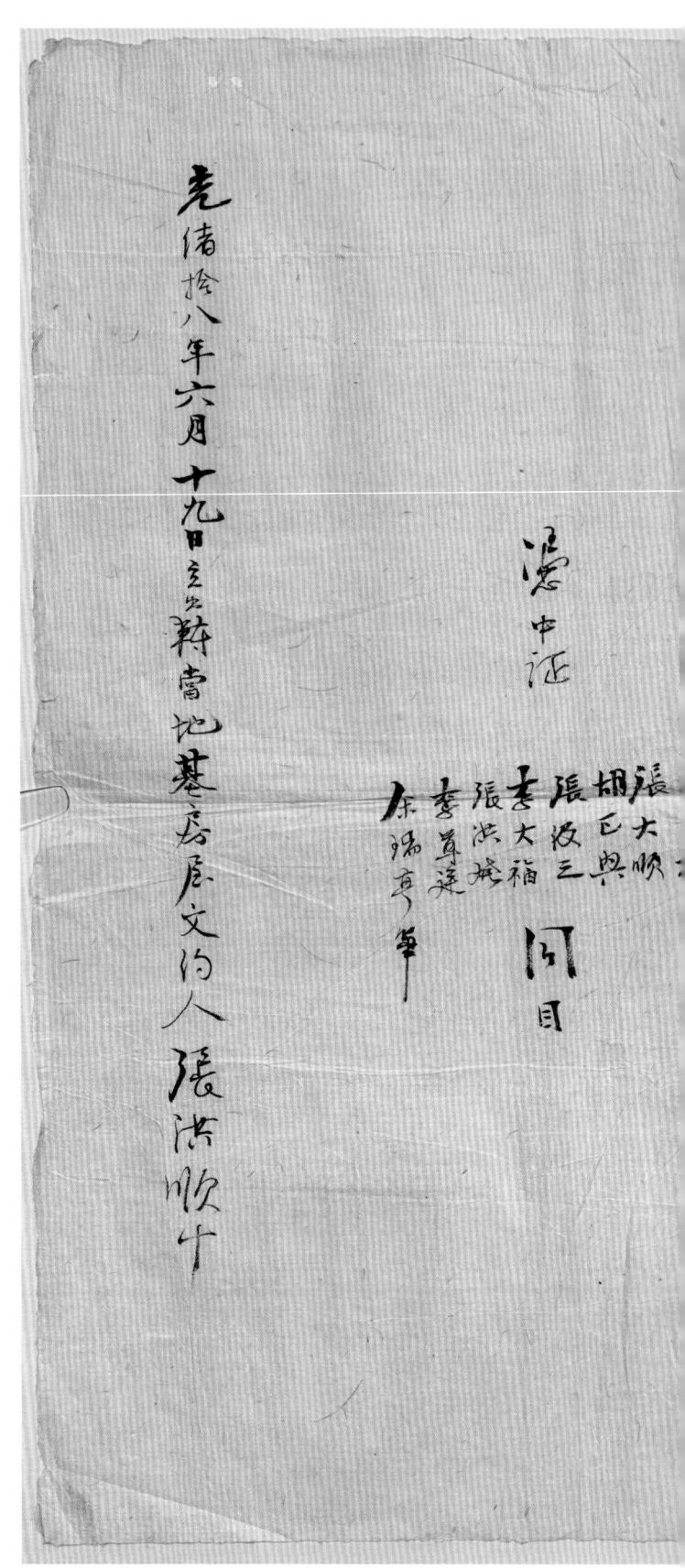

立出轉當地基房屋文約人張洪順情因先年得當晏新順名下金陽坊
放牛巷房屋地基壹連武間其有界址手指腳踏洋空分清前抵街
心後抵已宅左抵已界右抵己界其門扇鋪板及寸土寸石樹木
悉行屁的張姓並無捐留尺寸石當日請憑中證張大快李其
中說合甘願出當與
英國穆慕理永遠管業當日退中証講定實值當價九毛色銀多拾式雪正
其銀市平交兌張姓入手親收頓定並無少欠分厘亦無債準折目
當之後恁遇穆姓或有修概不干張姓相涉其張姓永不贖取如有別人
視族已從來放人等不得異言宝校自當之後張姓永不贖敢如有別人
贖取之时一概有張姓永悦不得穆姓相渉監抵揭約世計克約九張
來行揭向穆姓旧依恐有末揭今恐人心不古特文書轉當
二家心甘意悦其中並無勒迫查哄异情今恐人心不古特之書轉當
房屋地基文約一紙為據

宣统三年（1911）重庆曾蒋氏、曾唐氏母子请中契

宣统三年重庆曾蒋氏因负债难偿要出卖房产，委托曾唐氏母子与中人商定价格寻觅买主，特立契约一份。契约言明买卖土地情况与定价，正文末尾有挽结，有立契人画押，列见证人、代笔人姓名，盖真原堂印章，有半书法"各执合同为据"防伪。本契为《宣统三年（1911）重庆曾唐氏母子卖房契》（第506页）的请中部分。

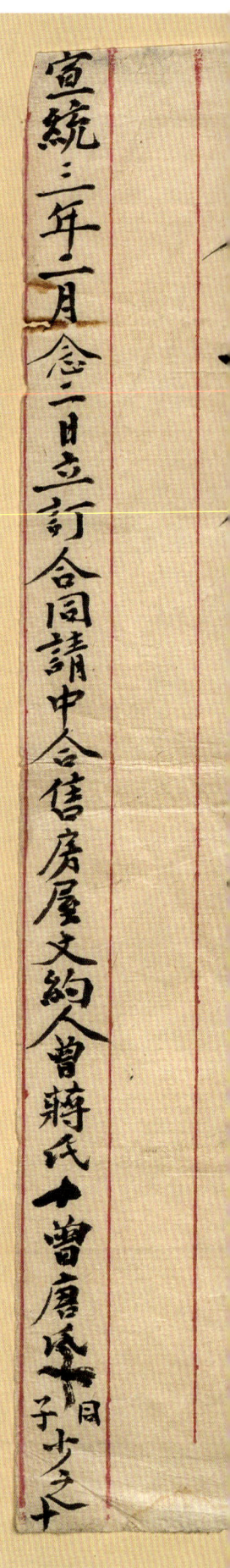

立訂合同請中售分遺業文約人曾蔣氏曾唐氏同子少之情因曾
蔣氏負債難償願將先年必有分受遺業地名八塊磚院內小院
全向並接連房屋參間以及餘地基址卷行在內並無摘留請中
陳華彬汪寶三等覓主並業合售定議退賣價銀參千兩正四股
均派任憑少之母子請中合賣擇日立契成交曾蔣氏不得異言
翻悔亦不得別生枝節欲後有憑特訂合同請中併業合售文約一紙各執為據

見証
　唐元興
　張春元　合目
　王提臣
　劉鴻卿帶筆

宣统三年（1911）重庆曾唐氏母子卖房契

　　宣统三年重庆曾唐氏同子绍之委托中人作证将祖遗房产立死契卖到程厚堂名下，立请中契一份、正契格一份。右侧为民国二十七年（1938）四川省政府租契一份。契纸盖民国十九年（1930）巴县讫验印，贴有税票，关键处盖多个防伪戳记，正文末尾有挽结，有立卖契人画十字押，列凭中证邻人、在证人、代笔人姓名，盖真原堂印、官印、骑缝章。

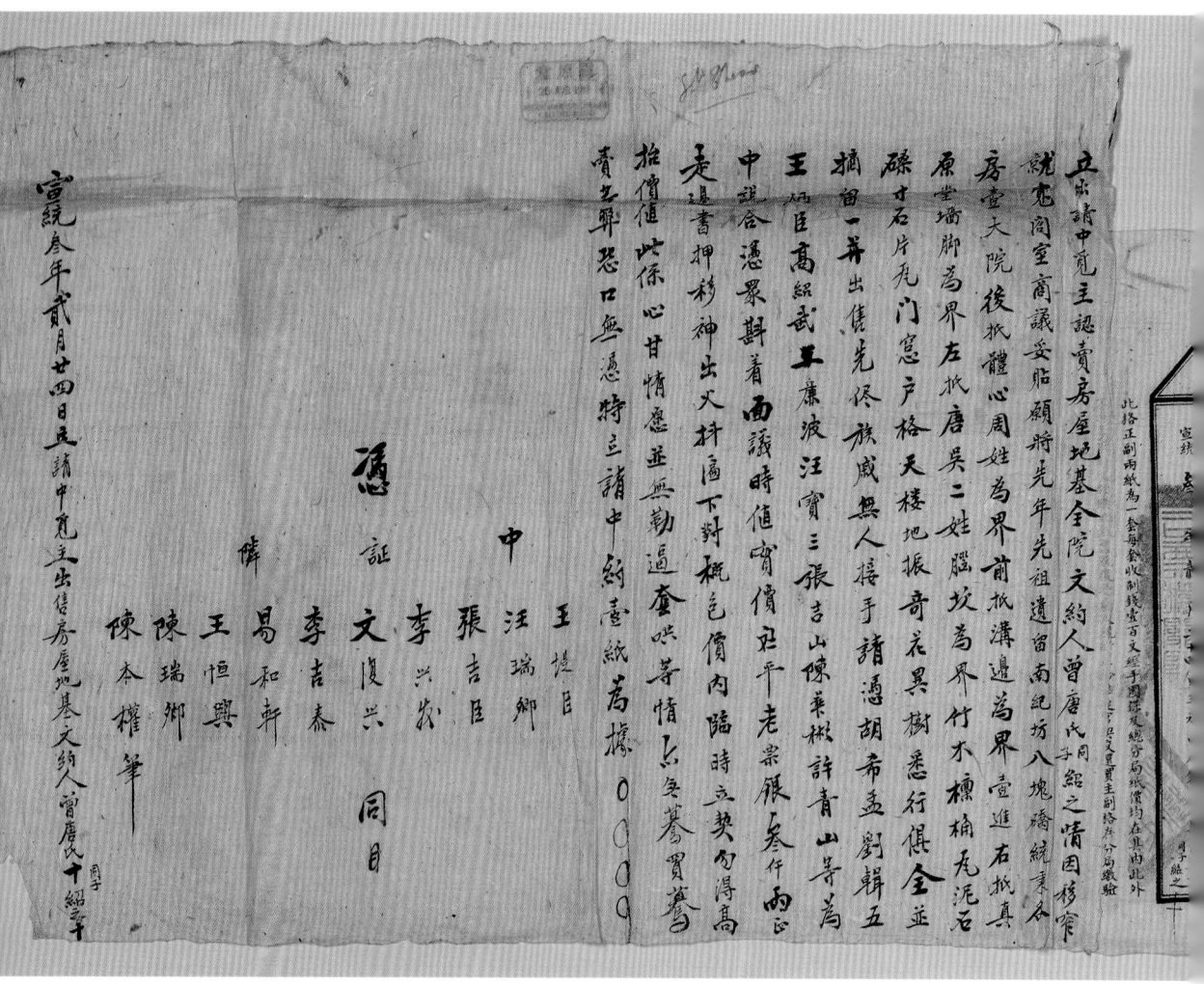

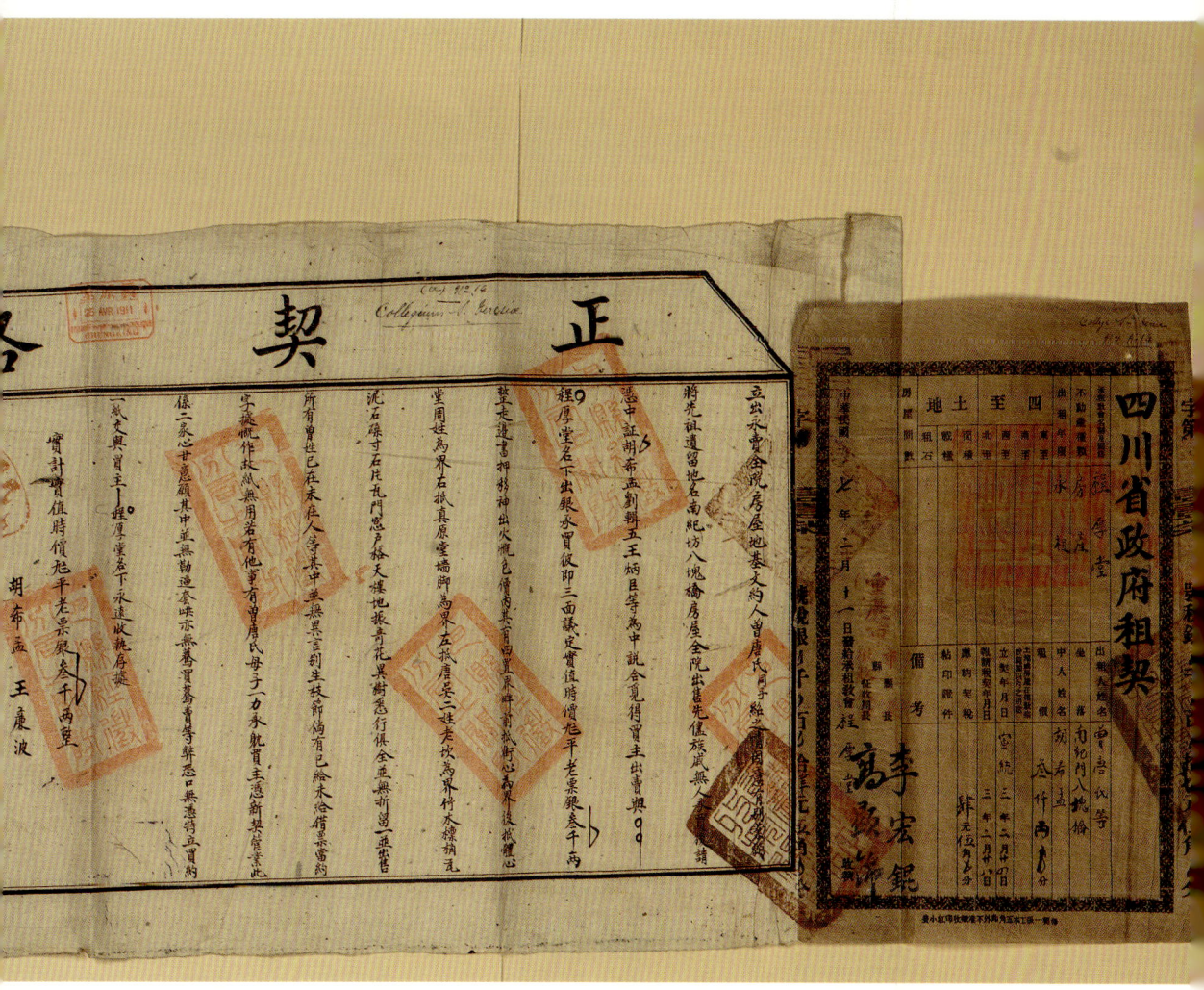

立永賣全院房屋基地文約人盧慶綢

將祖遺留地名萬紀坊八撘橋房屋全院盡係无人承讚，先盡族房人等無人承買，自己情愿合同兌買主出賣與○

經中證明希亞劉朝五王炳民等名下出頭承買，依卽三面議定賣值時價紋平老票銀叁千兩

整。其銀契書，銀即日兩相交訖，並無短少。毫釐其賃原臺牆腳為界，五造計東至樊坟界，南至樊坟

墳為界，北至後街大橋溝水為界，西至路心為界。統共前后左右瓦屋正屋花廳書房廚房灶房全座樓上樓下

流水磚右所有进出门户繫一體全在內，並無移易遗留，異日及日後子孫永遠照契管業，亦不得異言滋事。

此係二比情愿，各無反悔，共中並無勒逼等情。自賣之後買主永遠管業，如有他人爭占，賣主自出頭理落，不干

買主之事。今欲有憑，立此永遠賣全院房屋基地文約存照

一批買主名下遂收挑後歷契紙一紙

實賣值時價紋平老票銀叁千兩整

在證人 胡希亞 汪興順 王康波
       劉朝五 陳許青 王振吉三
       王炳民 陳華彬 全日
       周紹武 王捉臣 彭國輝筆

宣統三年青河月十四日立永賣房屋基地文約人盧慶綢手筆

四川省政府租契

承租教會名稱及國籍	程學堂
不動產種類	房產
出租年限	永租
四至 東至	
南至	
西至	
北至	
土地 面積	
載糧	
房屋間數 租石	
出租人姓名	曾唐氏等
坐落	南紀門八塊橋
中人姓名	胡希孟
租價	叄仟兩 分
立契年月日	宣統三年二月廿日
報請稅契年月日	三年二月廿八日
應納契稅	肆元伍角分
粘印證件	
備考	

中華民國七年二月十一日發給承租教會程學堂收執

重慶市市長 縣長 徵收征收局長 高頤銀 李宏銀

每契一張工本五角此外不准徵收印紅小費

《宣統三年（1911）重慶曾唐氏母子賣房契》四川省政府租契

民国十年（1921）重庆易信廷卖房契

民国十年重庆易信廷经中人说合，将民国三年（1914）所买曾振铎堂房产立死契卖给罗彬三。草契与收执前后合写一张，中间大写买卖金额，末尾写有大字"永远管业"，下方纸张破损有缺。契纸贴有税票，盖巴县讫验印、投税印章、"重庆市土地登记处证明此件作废"印，关键处盖多个防伪戳记。草契正文末尾有挽结，有立卖契人画十字押，列有凭证人、代笔人姓名，盖官印、骑缝章。

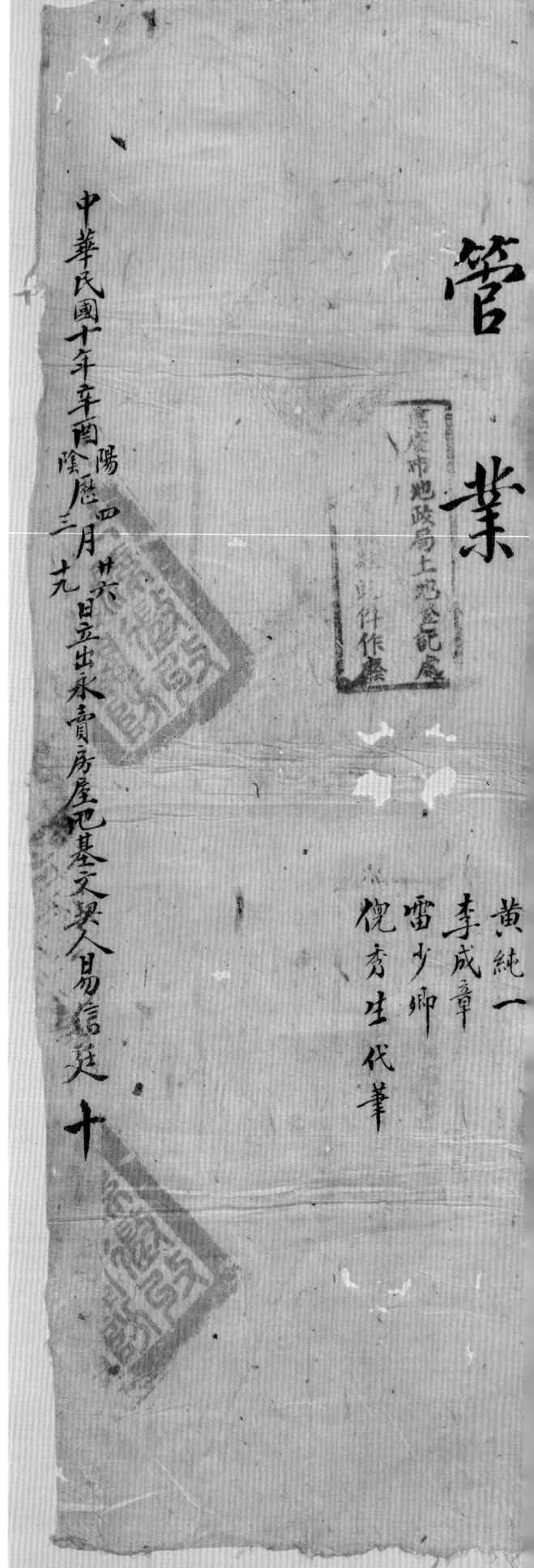

立出永賣房屋地基文契人易信廷情因移官就寬門家老幼人等協同商議停受爾辦民國三年得買曾振鐸堂售出之房業壹契在南紀坊遼業蒼口房屋全院並槽門外鋪面房屋一排叁間天櫻木梯門窗戶格瓦桶樑柱板壁夫泥水井晒亮槽門墻垣通前達後巷道徑全房基址木石裝修磚瓦寸木萃石卷行莊內毫無摘留請中覓主出售先儘族戚四鄰無人承買今特請段永藩杜金和胡寶珊王吉臣吳修齡等從中說合辦此會奧房屋廂兩地基永賣與羅彬三名下承買管業彼即憑中証三面議定實值時價生銀壹仟柒百伍拾兩正走邊書押絞神出火生銀以龙平比兌如數現交賣主眼同中証人親收領足並未另笺分厘亦無貨債準折有賣之後易姓子孫永遠不能贖取怎隨買主改撤修造招佃自坐永遠管業其身地界畔前齊官街後抵蒿姓左抵巷道右抵羅姓週圍俱以本已墻脚為界即憑中証脚踏手指踪看分明毫無亂所有易姓抵押當佃等項悉該賣主一力行了銷不與買主相涉此業新舊契約當面揭清嗣後現出片紙片約以作故紙無用賣主已在未老幼人等不得異言倘有別人籍房易生稜郎等異概有賣主一力承肮不得推卻此係二家心甘意悅並無勒逼倉哄舊買舊賣等情今欲有憑特立永賣房屋地基文約一紙交買主存執為據

實計房價生銀壹仟捌百兩正再照

立出全收領房價文約人易信廷今憑中証全收到
羅彬三名下房價尤平生銀壹仟柒百伍拾兩正走邊書押生銀伍拾兩正其銀如數入手親收領足並未下
欠分厘亦無貨債準折恐口無憑特立全收文約附契後為據

       周達齋
  金字名 何休徵

管業證

巴縣教育局為發給管業證事本局根據巴縣縣政會議決案並
呈准
國民革命軍第二十一軍軍部備案成立巴縣學產整理委員會凡本
局所有不合經濟原則之地產委員會均得變賣整理之茲有啟
明學校承買本局關廟街地皮一幅計營造尺〇〇〇叁方丈
陸拾貳方尺按照委員會規定變賣辦法繳納價銀 伍百元正
業經本局如數收清除形勢界址由重慶拍賣行給製詳細圖粘附
本証以備存查及印契納稅承買人自行照例辦理外特給管業証一
紙以憑管業此證

　　　　　右給 啟明學校存執

　　　　　　巴縣教育局 局長 曾紀瑞
　　　　　　巴縣教育局學產整理委員會主席 吳象癡
　　　　　　巴縣教育局會計科 科長 潘嘯仙

中華民國貳拾年叁月 壹 日給

民国二十年（1931）重庆启明学校管业证

民国二十年重庆启明学校承买巴县教育局官产地皮一块，详细图由重庆拍卖行制作。巴县教育局发给管业证一张。粘附民国二十六年（1937）四川省政府租契一张，写明"启明学校即美美会"。右侧为民国二十七年（1938）重庆市不动产契验换据一张，业主为美美会。管业证贴有税票，盖查验印，盖负责人姓名章、政府印、骑缝章。

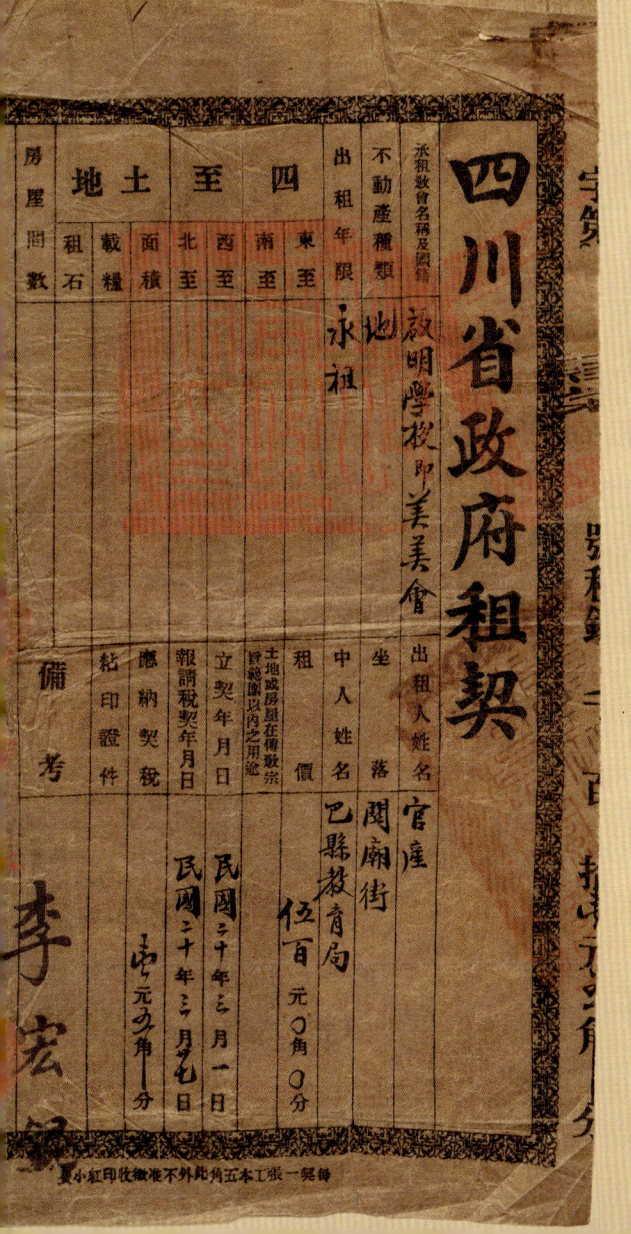

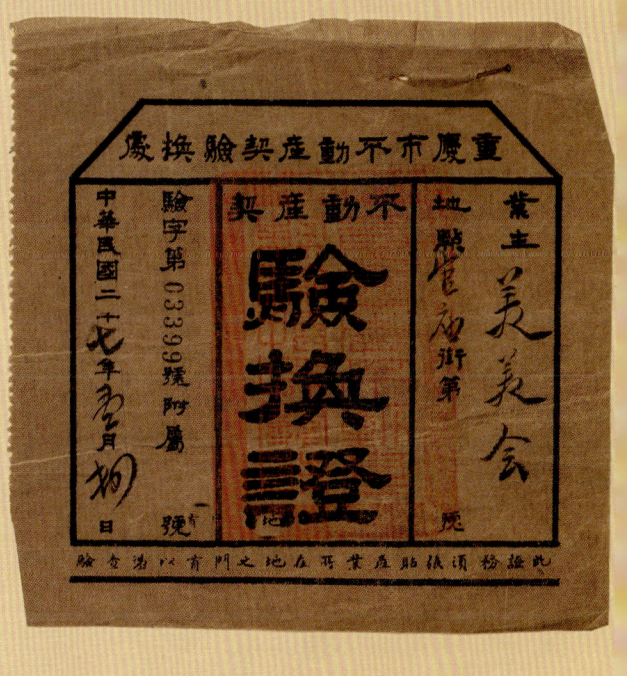

管業證

本證以備存查及印契納稅承買人自行照例辦理外特給管業證一紙以憑管業此證

右給 啟明學校存執

巴縣教育局　局長　曾紀瑞
巴縣教育局學產整理委員會主席　吳象癡
巴縣教育局會計科　科長　潘嘯仙

中華民國貳拾年叄月　壹　日給

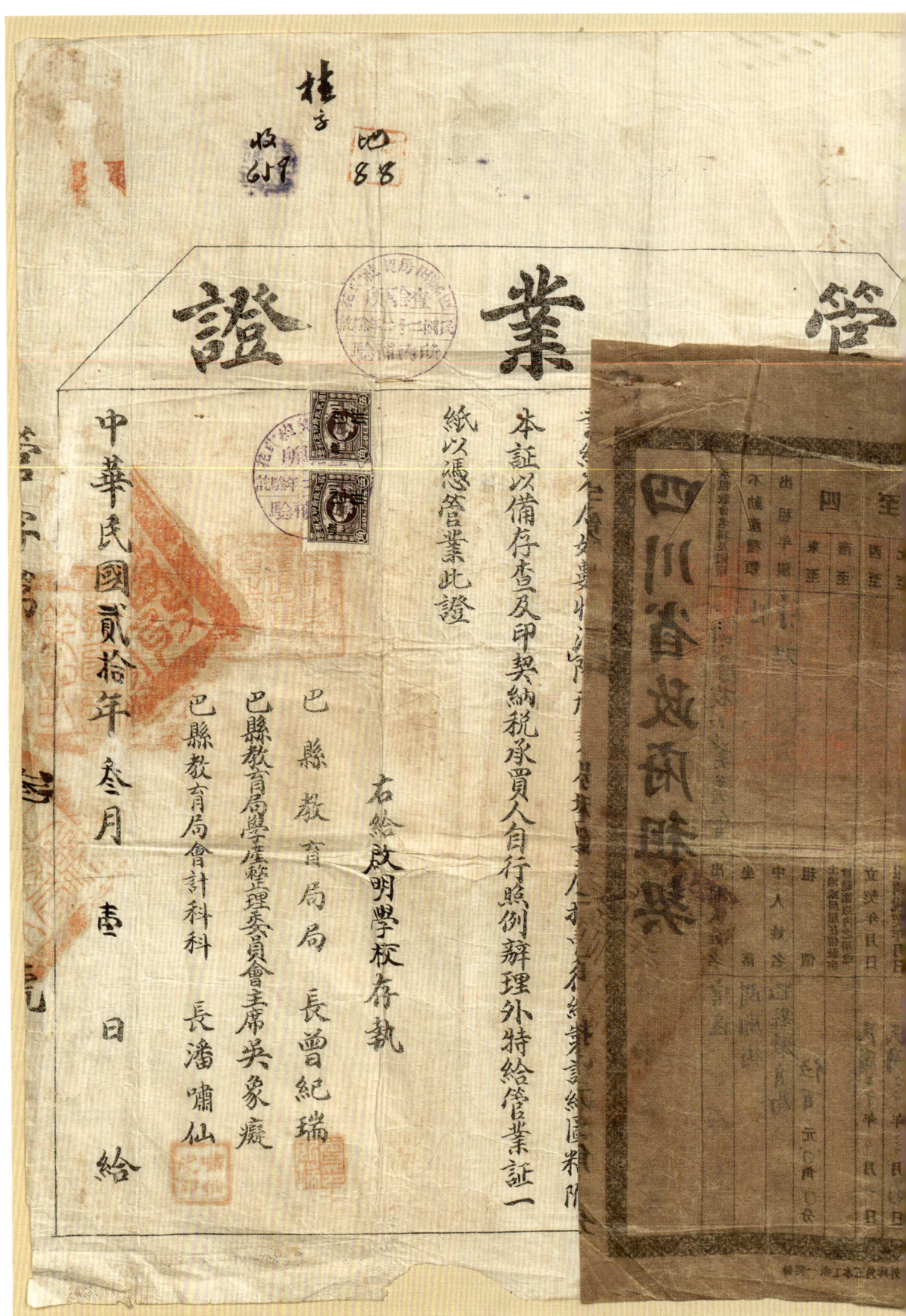

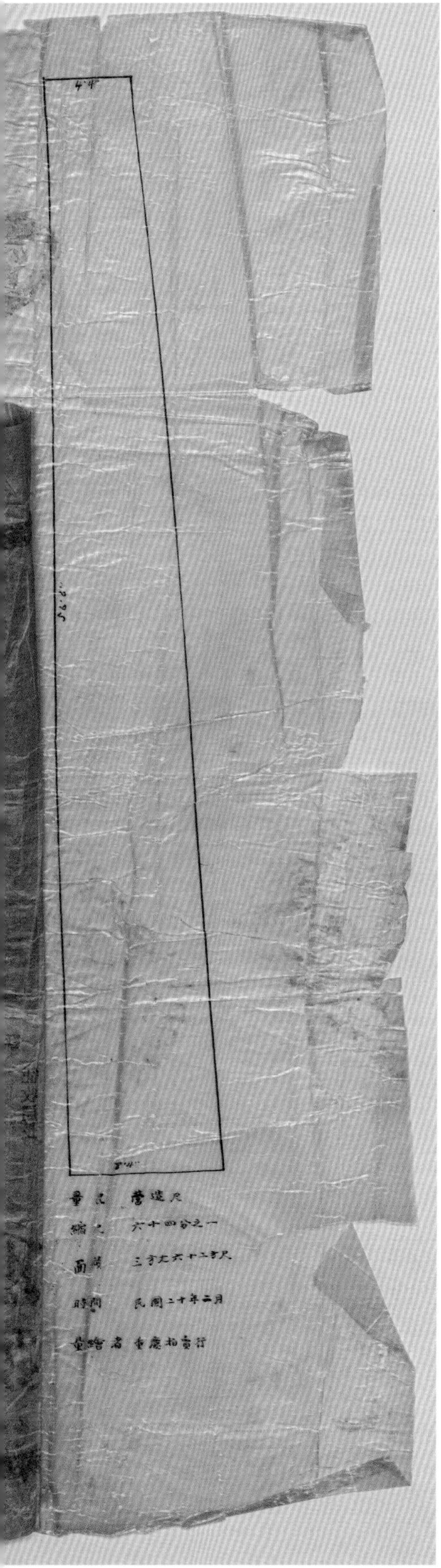

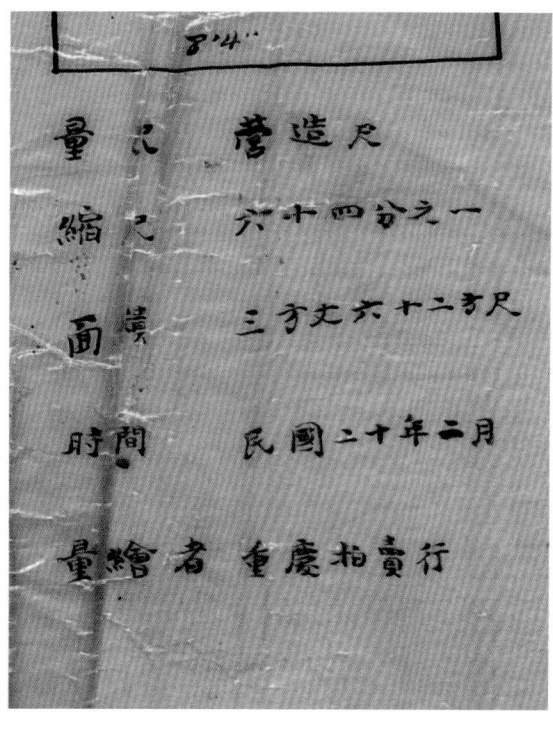

正面右下角记有土地丈量信息

《民国二十年（1931）重庆启明学校管业证》掀开正面四川省政府租契后露出右下角土地丈量信息

民国二十五年（1936）重庆真原堂买地契、1951年重庆外侨房地产申请登记书

右侧为民国二十五年登记真原堂承买刘裕赏土地官契一张，上方有外文标注。左侧为1951年重庆真原堂外侨房地产申请登记书草表，包括

土地情况与房产历史沿革情况，有申请人与代理人签名，有相关政府部门盖章。

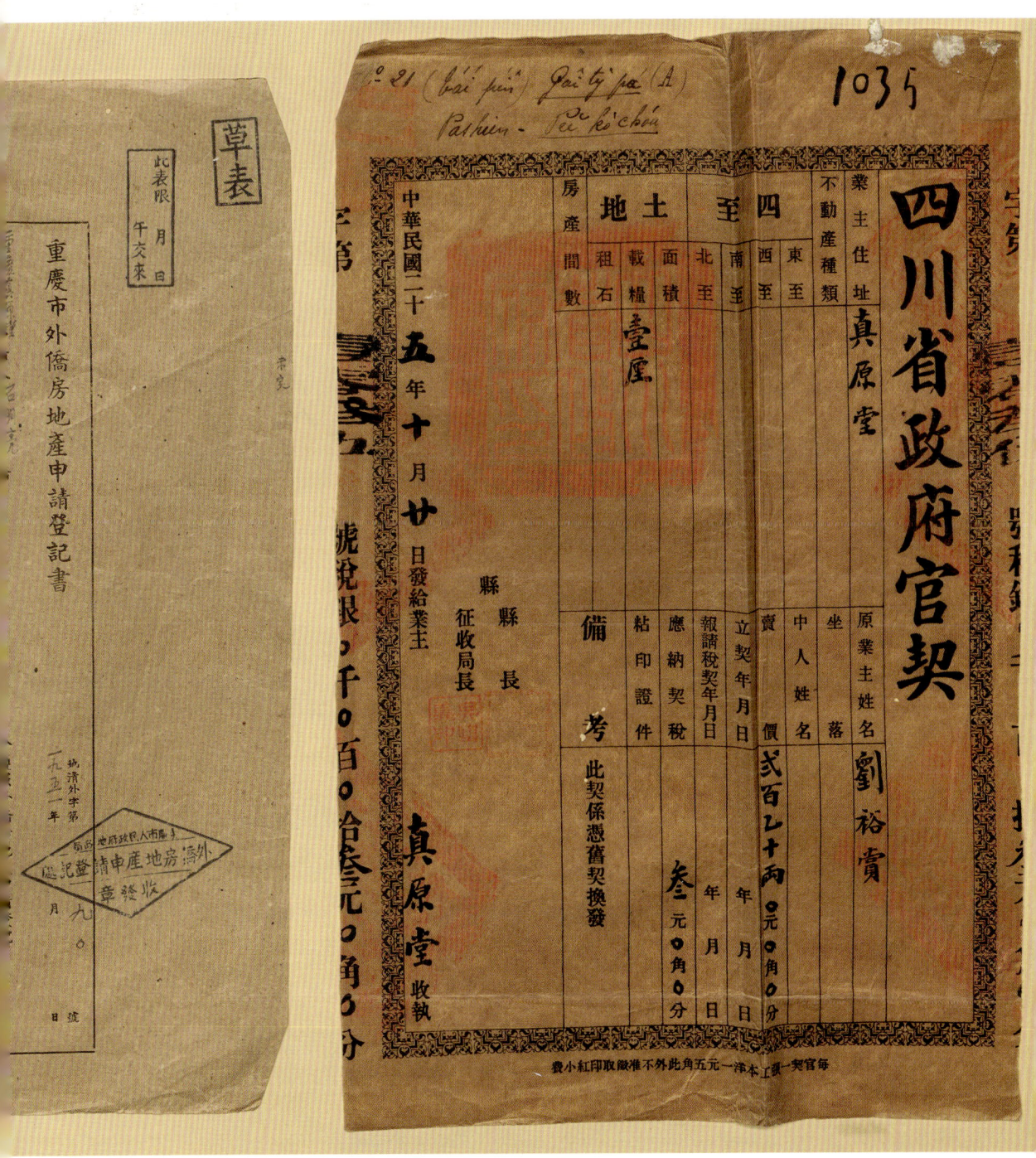

民国二十八年(1939)重庆彭瑞清堂卖房契

民国二十八年重庆彭瑞清堂将名下房产立死契卖与田鑫发。草契与收执前后合写一张,中间大写法币金额,末尾写有大字"永远管业"。右侧为民国二十八年契格一份。契纸贴有税票,关键处盖多个防伪戳记,盖"重庆市财政局土地登记处验讫"印,有立卖契人画十字押,列凭证人、代笔人姓名,盖官印、骑缝章。

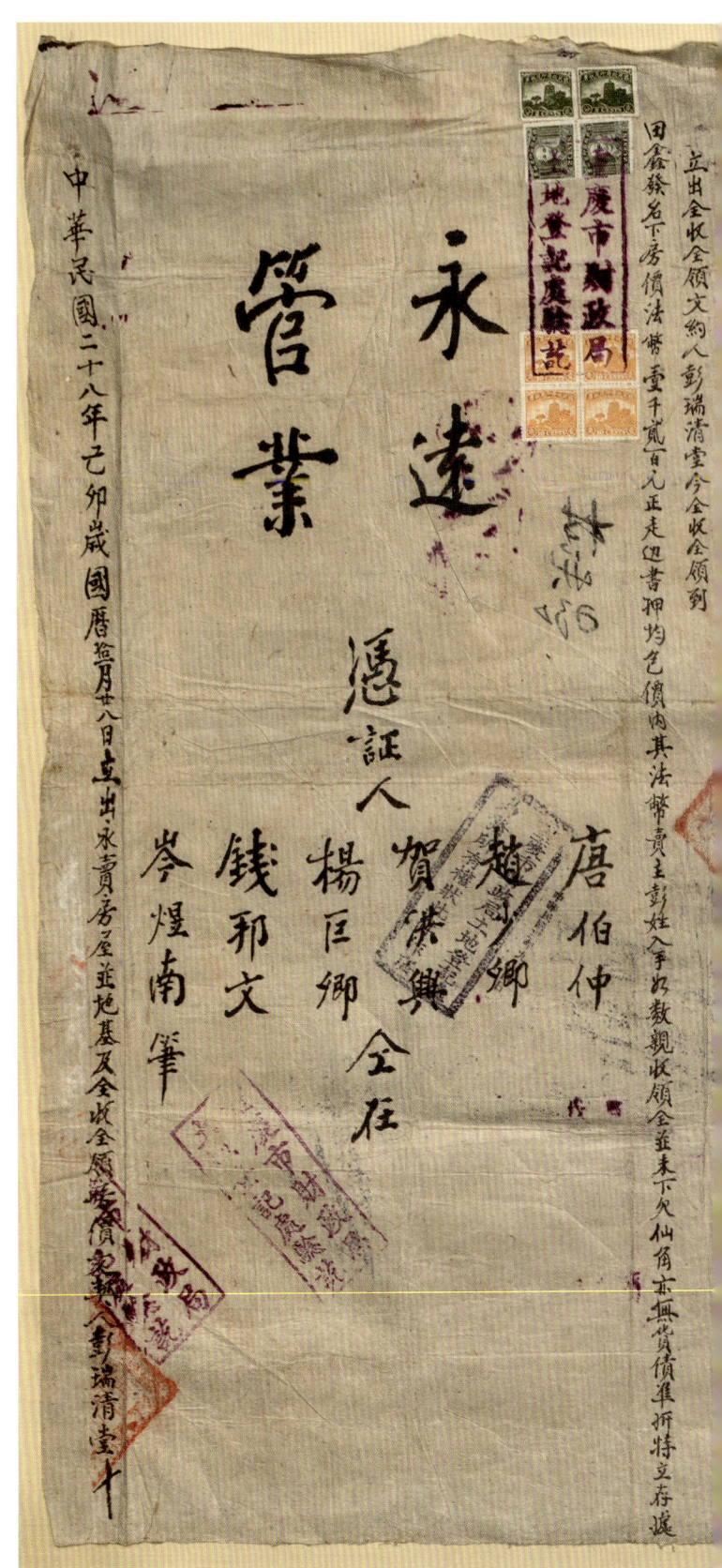

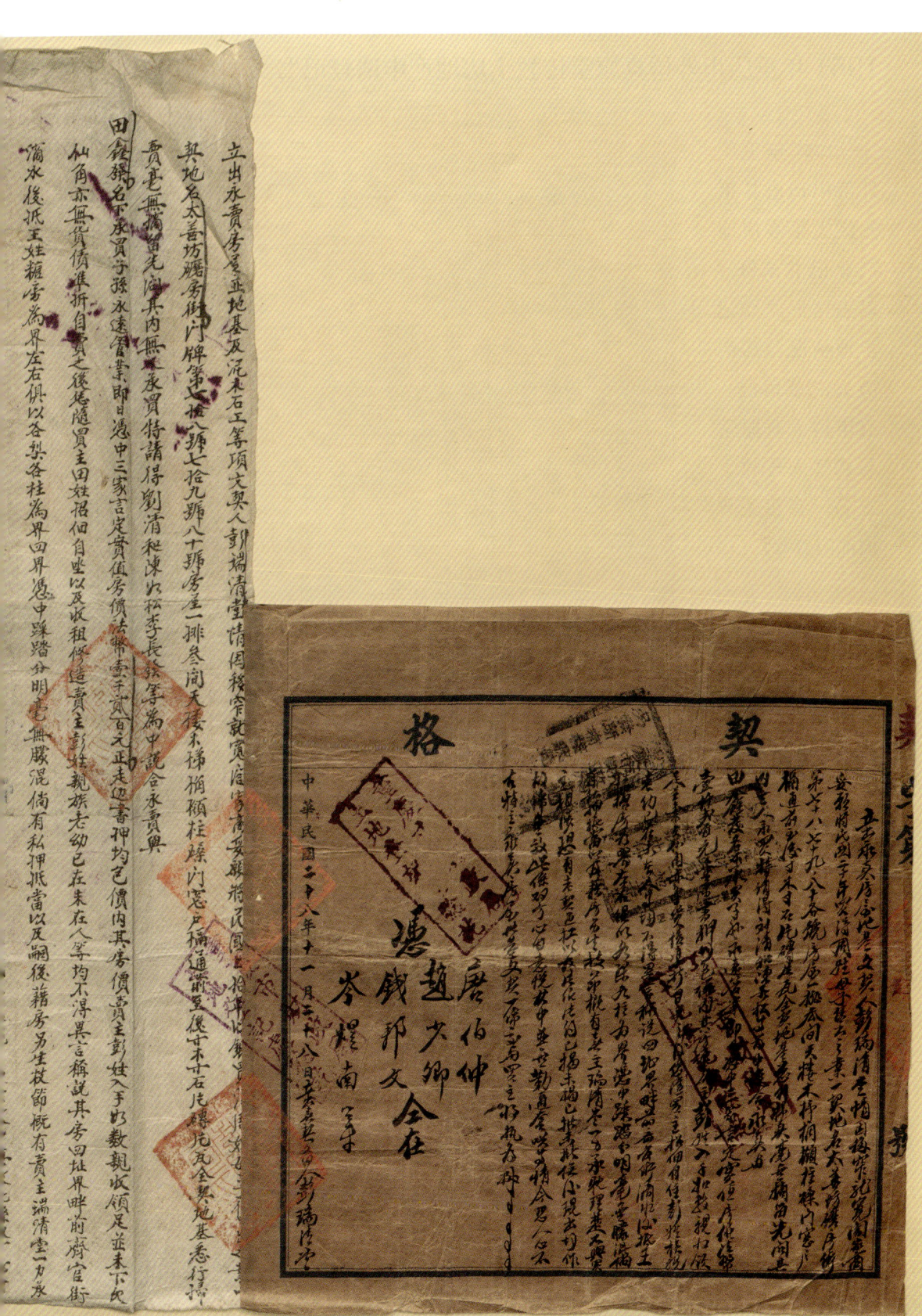

1951年重庆市外侨真原堂传教士房地产申请登记书

1951年重庆外侨申请巴县第八区太平乡房地产登记书一份，以表格形式登记土地情况与房产历史沿革情况，有申请人真原堂与代理人传教士签名，有相关政府部门盖章。

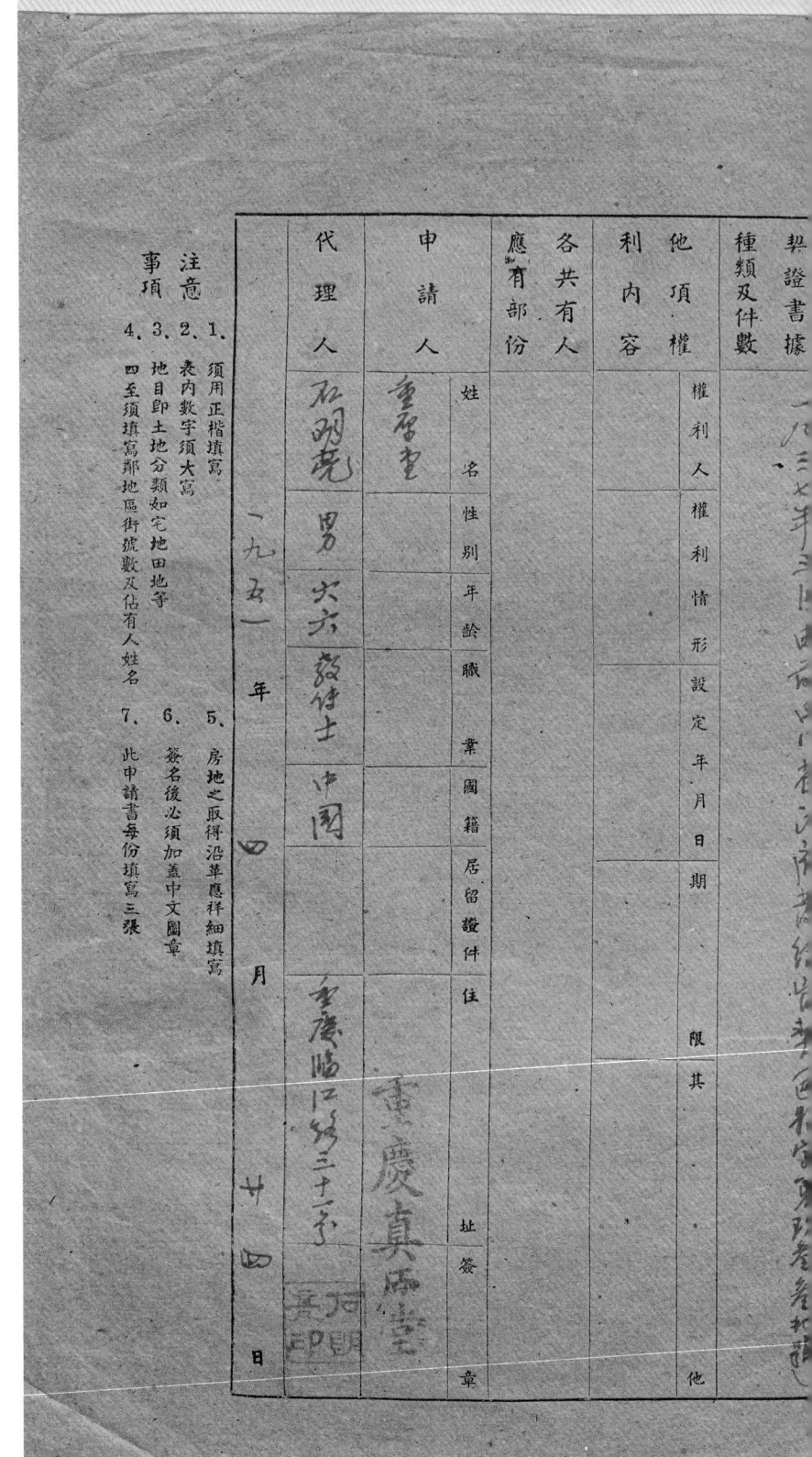

草表

此表限 月 日
午交來

重慶市外僑房地產申請登記書

辦法填具申請書如左：

申請人 僑 重慶真原寺 重

坐落 巴縣 重慶市第 八 區太平鄉段第四郡街門牌 表家灣 號 路 巷 地號 鎮第 號

今遵照外僑房地產申請登記

地濟外字第 號
年 五 月 三 日

重慶市人民政府地政處
外僑房地產申請登記草發收

土地		
面積		市畝十八百畝 分 厘 毫
地目		田地、宅地
四至	東	由長生水田灣直下田脚橫過主橋子桐方中曲折直下沿田角石五桐
	西	下跟老壁換表家次尾桐邊曲折上山看地機過振小滿直上曲折長主
	南	六振水滿直下炭長生灣由合界
	北	由真泉至橫岩青地天主堂賈
使用	使用途	業佃使用
	使用人	水鴨窟天主堂
狀況	住址	巴縣第八區太平鄉

房屋		
建築材料	種類 棟數 層數 間數	
	樓房	
	平房	
	倉庫	
使用	自營業	間 共間
	住宅	間 共間
狀況	出營業	間 共間
	租住宅	間 共間

其他地区契约

道光十四年（1834）胡明卖地契

道光十四年胡明因无钱使用将自己一段地卖给闫吉庆并立契一份。契中约明土地四至、价格与每年上交一钱一分地银，有同中人签字、画十字押。道光十六年（1836）经官府批准立尾契，盖官印、骑缝章。

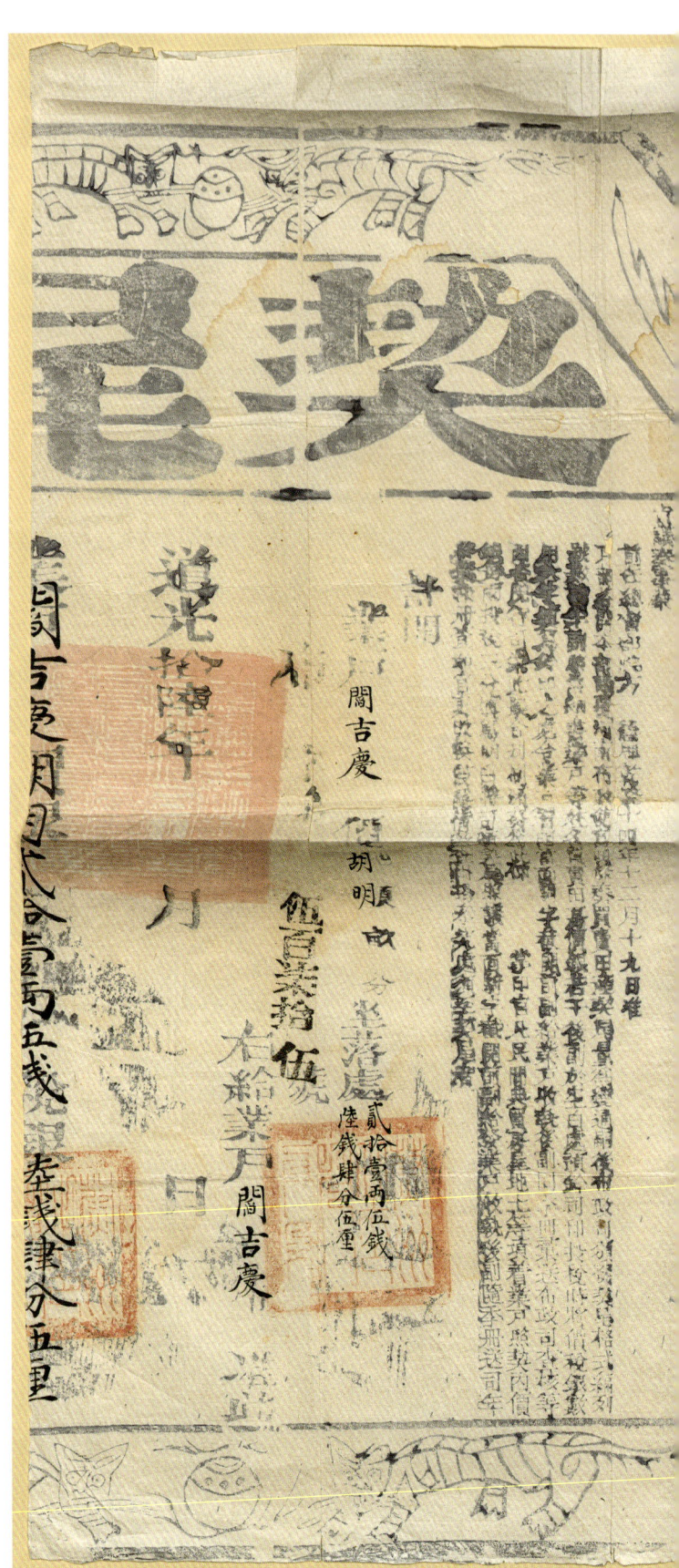

立賣地契人胡明因為無錢使用今將自己主業郝家故地壹段計地捌畝係南北畛東至郝姓西至郝姓南至大道北至郝家茂四至俱明情愿出賣與閆吉慶名下永遠為業同中言明地價大錢貳萬壹千伍百文整其錢當日交足並無短少隨代懷忠里十甲任家莊郝正奇地銀壹錢壹分屡年上納不許短完如戶內人等爭競係賣主一面承當恐口無凴立賣地契存照用

郭進千 同中人十

大清道光 拾四年 十一月 十九日 立

道光二十五年（1845）丁氏祠堂卖水田契

　　道光二十五年丁氏祠堂因"秋季开消［销］少费"，所以当年的管年人质夫、章甫克、千式卓等通过商议，出卖坐落于杨家陇的水田一丘。契约言明"先尽原业无人承买，复问到本族明能为业"，仅有中人落款画押，无立契人落款，但在正文末尾有管年人的"质夫亲笔"。契纸盖官印、骑缝章，中人落款处上方写有"正契"。

立賣水田約人丁氏祠堂秋季開消少費當年人賀夫章甫克千弍卓等同依商
議出賣坐落楊家壠水田一坵計種五斗束至殷能西至崔之恒殷大典南王厥
能北至程正楷四至明白要行出賣請起中人本族太能朝甫弍兵先儒原業与人
承買復問到本族明能為業當日憑中言定定價錢弍拾串整載民粮一升錢
係賣主同中親手領訖無欠自賣之後田聽從買主落業耕種祠堂永無異言
後無憑立賣約存據
　　　　　　　　　　　　賀夫親筆

道光弍拾五年拾月十六日立

　正
　契　時見人　本族　大秀十
　　　　　　　　　　廣得十
　　　　　　　　　　大成十

咸丰三年（1853）热河侯安林兑地契

咸丰三年热河侯安林将自家三亩二分五里[厘]地卖到吕景毕名下，立有兑契草契，于民国八年（1919）立热属验发特别契纸执据一份．契纸执据为汉文、满文对应。草契有中见人与代笔人落款，有花码计数，盖官印、骑缝章。

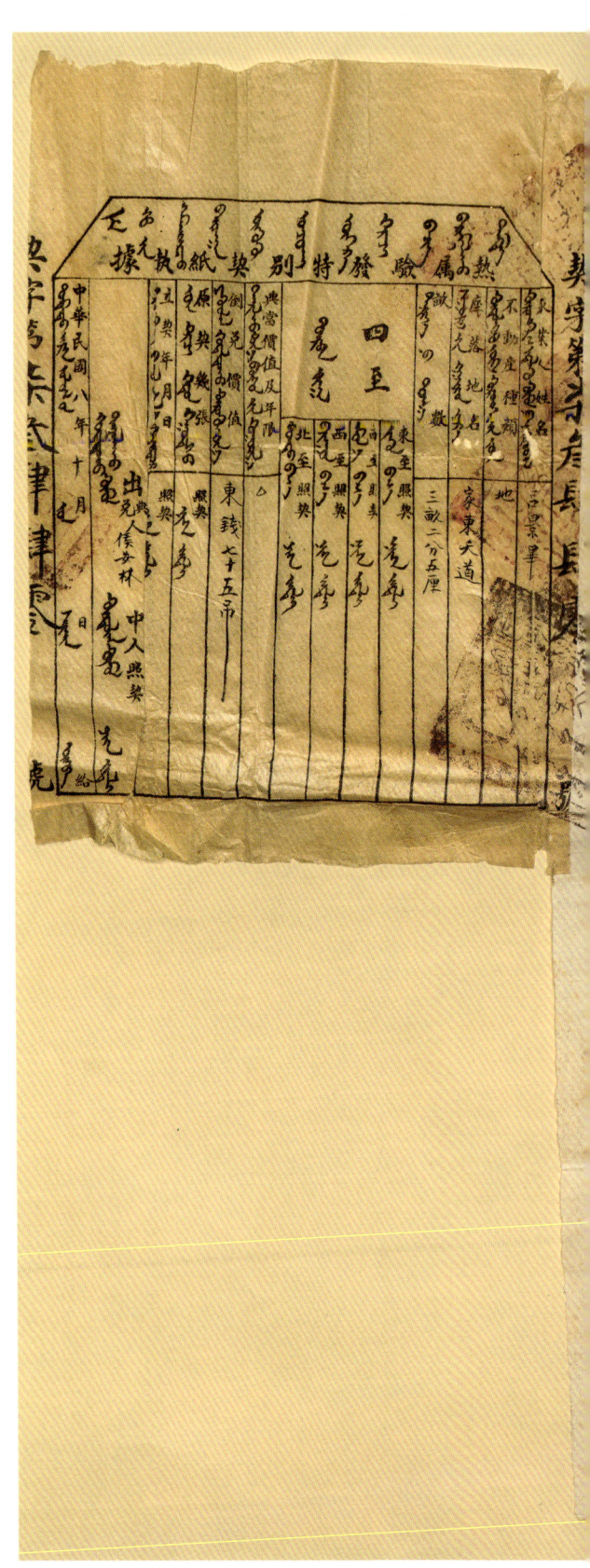

立兌契文約人侯安林因為手乏無錢使用今將
自己家東天道地壹段計地三畝二分五里
今托中人說妥情愿兌與呂景畢名下耕種
永遠言明兌價錢柒拾伍吊整其錢筆下支足
兩家情愿各無反悔恐口無憑立此文約存照
計開四至 南指荒界四至分明
　　　　 北指大道
　　　　 西指水溝
　　　　 東指侯姓

中見人　侯萬花
　　　　侯天貴
　　　　侯天明

大清咸豐三年二月二十二日　立契

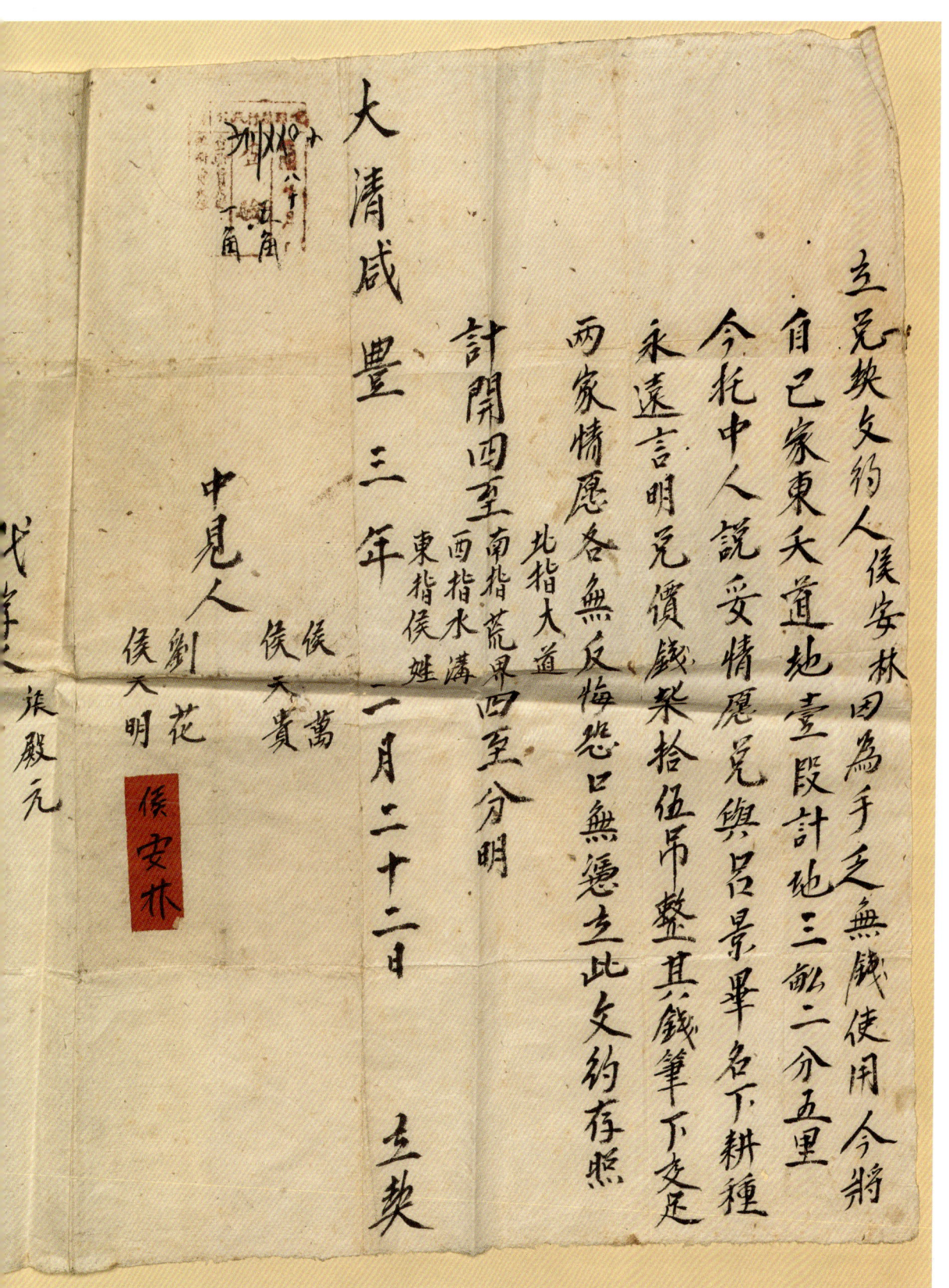

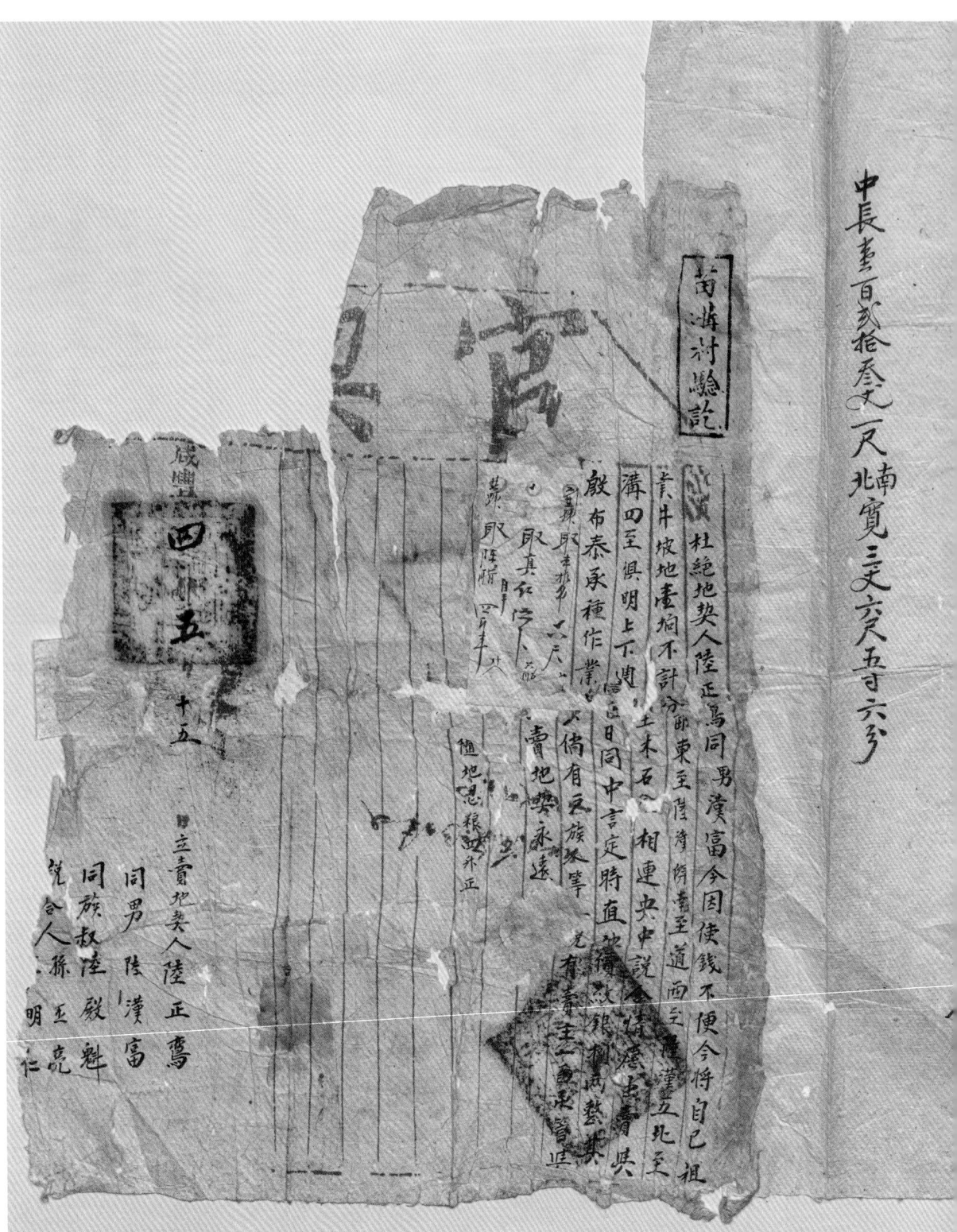

中長畫百貳拾叄丈一尺 北南寬三丈六尺五寸六分

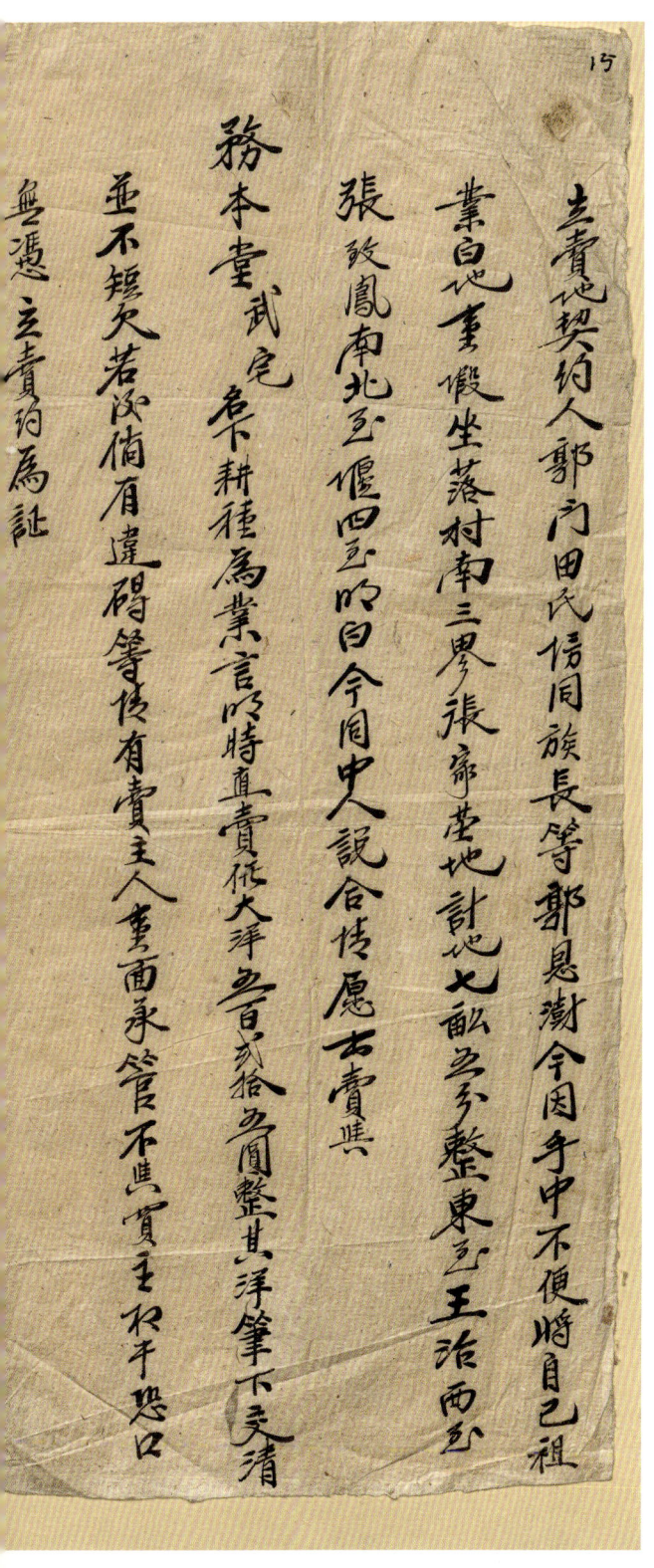

咸丰四年（1854）苗沟村陆正鸾卖地契、某年郭门田氏卖地契

左侧为咸丰四年苗沟村陆正鸾同男（陆）汉富在中人说合下将自己一段地卖给殷布泰所立契约，有立契人、儿子、族叔、说合人落款，盖官印。右侧为某年郭门田氏同郭恩澍将自己一段地卖给务本堂武宅所立契约，有中见说合人落款、画十字押，无印。

光绪三年（1877）□陆县西路北村刘万禄卖地契、某年裴合心卖地契

右侧为光绪三年刘万禄经中人李占杰说合立死契卖给马某所立官契纸，有中人落款，盖官印、骑缝章。左侧为裴合心立死契将自己名下一段地卖与杨益盛所立契约。

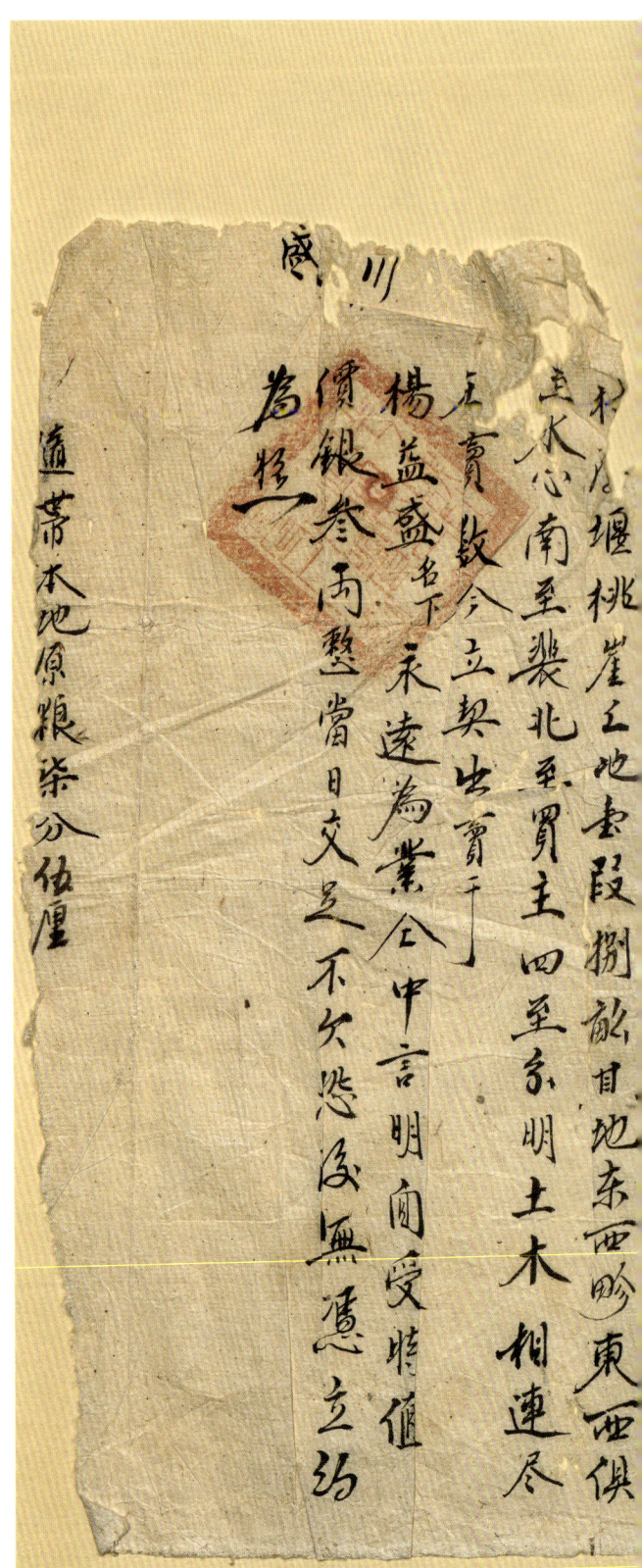

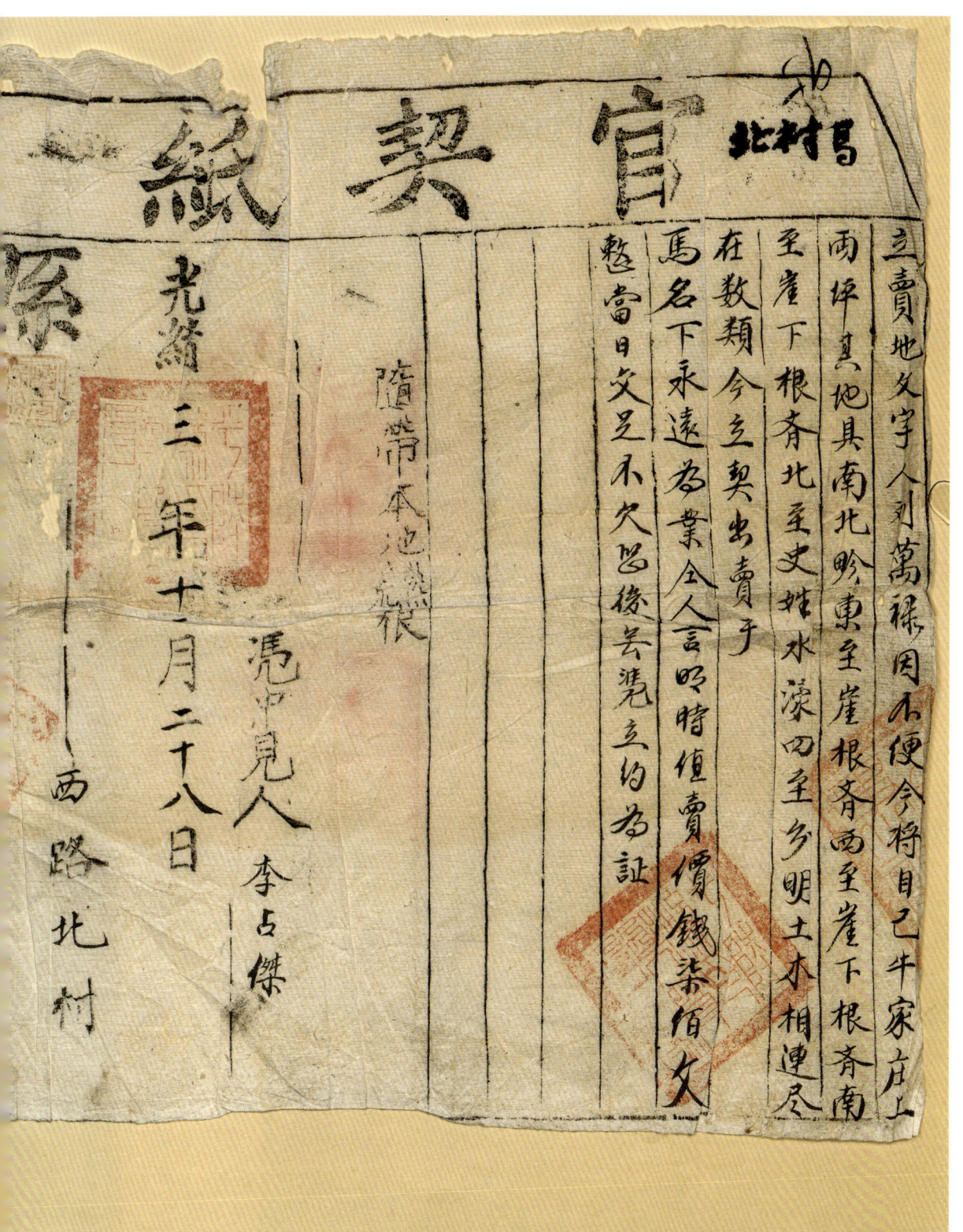

官契紙

昌北村

立賣地文字人刘萬祿因不便今將自己牛家庄上
兩坪其地具南北畛東至崖根齊西至崖下根齊南
至崖下根齊北至史桂水濠四至多明土木相連盡
在數類今立契出賣于
馬名下永遠為業今人言明時值賣價錢柒佰文
整當日文足不欠以後云凭立約為証

隨帶本地糧根

憑中見人 李占傑

光緒三年十一月二十八日

西路北村

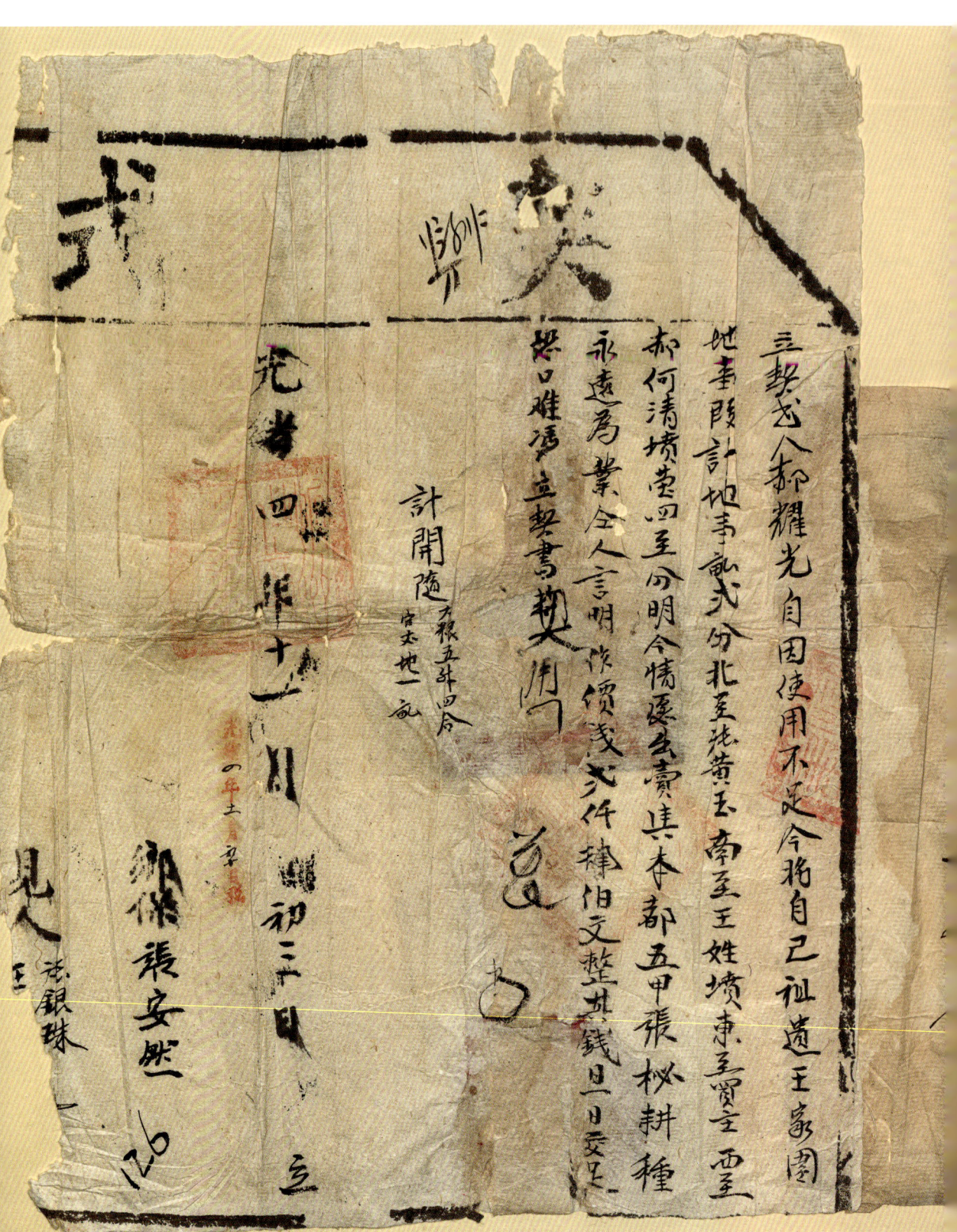

契

立契文人郝耀光自因使用不足今將自己祖遺王家圈
地壹段計地事畝玖分北至花黃玉南至王姓墳東至賣主西至
郝何清墳共四至分明今情愿出賣其本郝五甲張秘耕種
永遠為業全人言明依價錢玖仟稈伯文整共錢日日交足
恐口難憑立契書契為門

計開隨方糧五升四合
官丈地一畝

光者四那十二月初三日 立

見人 杜銀珠
郝保 張安熙

光绪四年（1878）郝耀光卖地契、道光二十二年（1842）郭序林典当契

左侧为光绪四年郝耀光将自己名下一段地卖给本都五甲张柲所立契式一份，有乡保和中见人落款，盖官印。右侧为道光二十二年郭序林将一段地的典当契转给他人所立凭证，有中见人落款并画十字押。

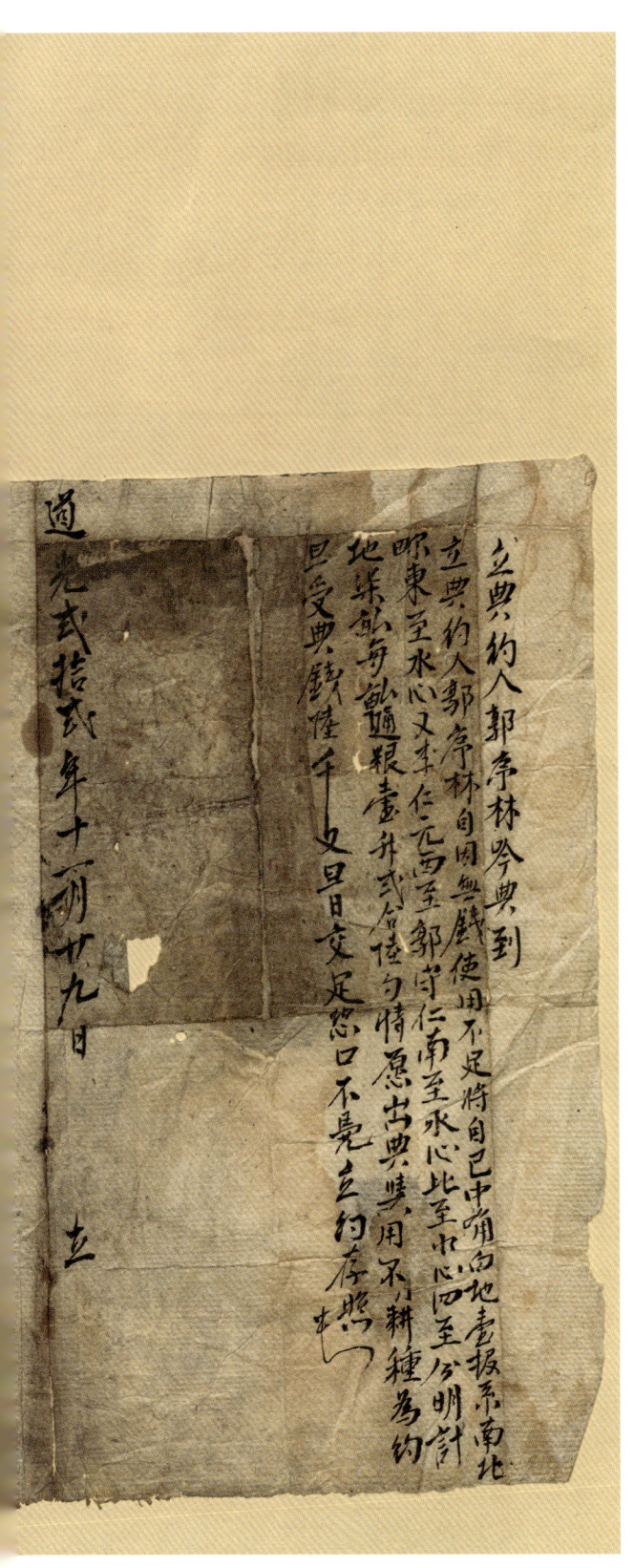

宣统元年（1909）张道文卖地契

　　宣统元年张道文因耕种不便在中人说合下将自己一段地卖给张国训并立死契。经官府认同立地契官纸和尾契各一份。官契纸上印有官契投税章程。契纸盖官印与骑缝章。草契有中人签字，尾契有买地人签字。

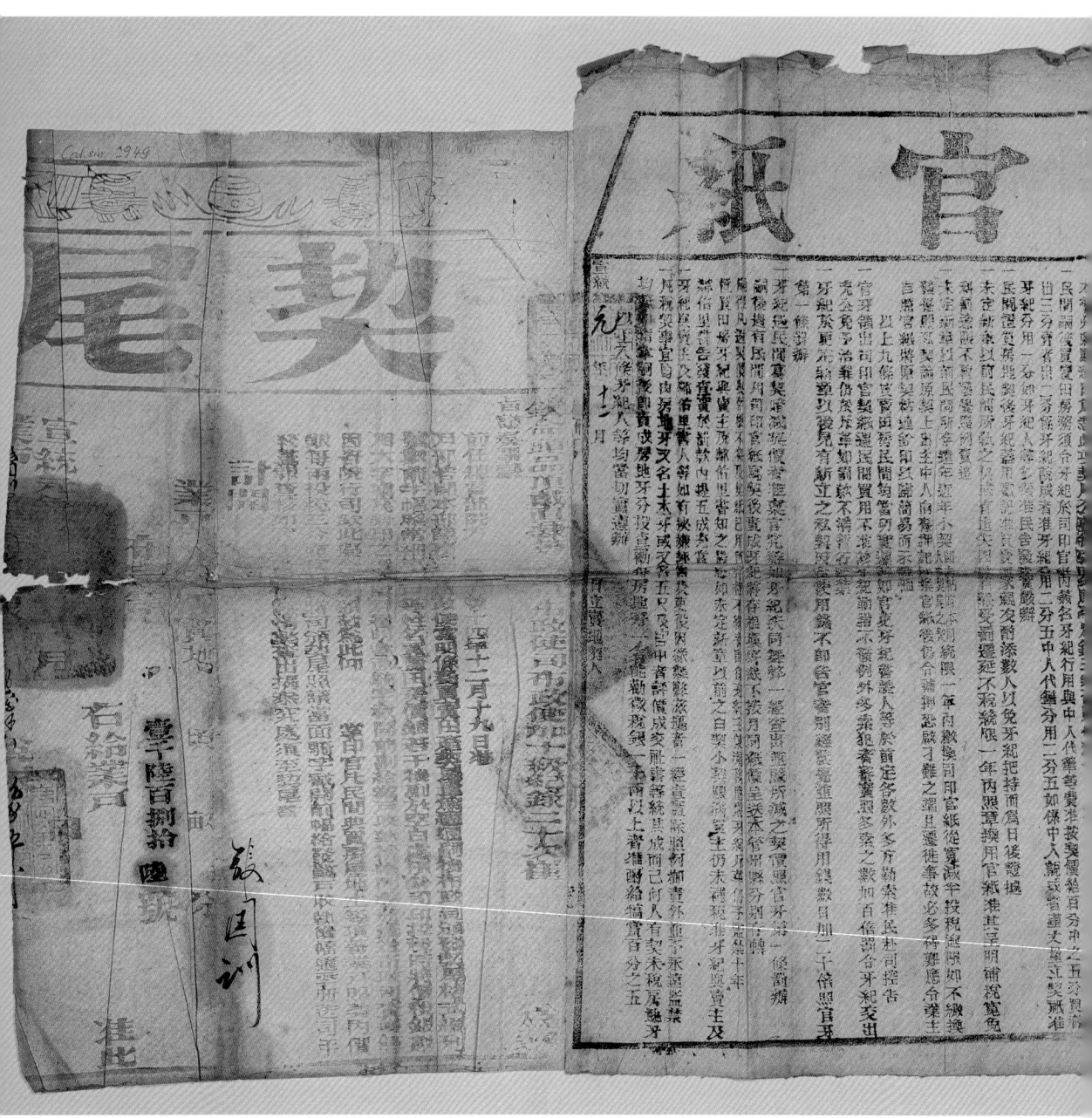

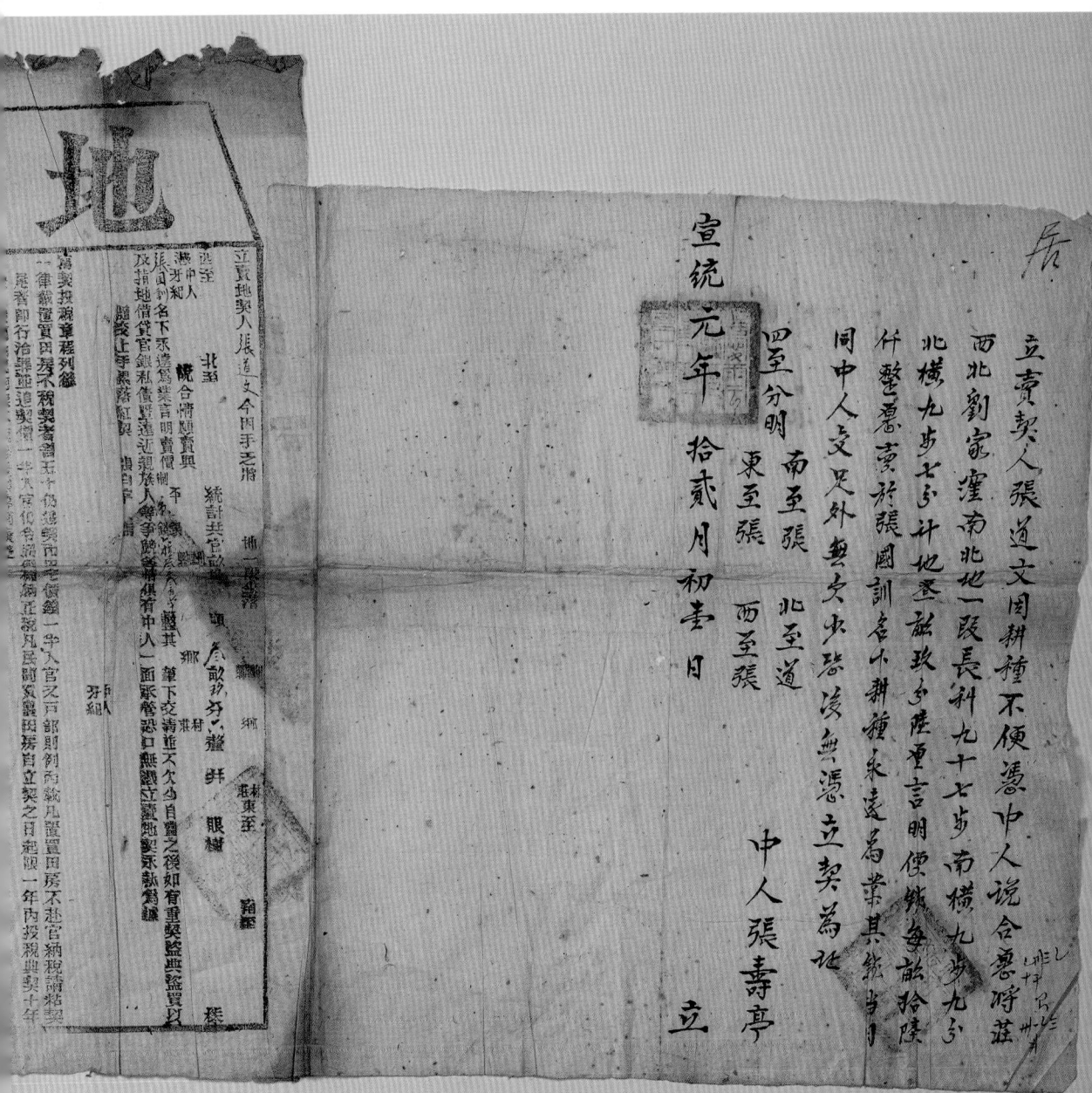

立賣契人張道文因耕種不便憑中人說合鹽將莊西北劉家窪南北地一段長利九十七步南橫九步九分北橫九步七分計地墨畝玖分陸厘重言明便銀每畝拾陸仟整賣與張國訓名下耕種永遠為業其錢當日同中人交足外無文少錢後無憑立契為証

四至分明
　南至張　　北至張
　東至張　　西至張

宣統元年拾貳月初壹日

中人 張壽亭

立

地契官

立卖地契人张道文今因手乏将

西至　　　　　　　　　　　　　　地一段坐落
中人　　　　　　　　　　　　　　　　　　　　县
凭牙纪　　　　　　　　　　　　　　　　　　　乡
张国训名下永远为业言明卖价制钱　　　　　　　　　　村
　　　　　　　　　　　　　　　　　　　　　　庄东至
　　　　　　　　　　　　　统计共官地　　　顷　亩敷分六毫
　　　　　　　　　　　　　　　　　　　　　　　　　　眼树
合情愿卖与　　　　　　　　　　　　　　　　　　　　　南至
　　　　　　　　　　　　　　　　　　　　　　　　　　　　楼

及指地借贷官银私债并远近亲族人等争竞等情俱有中人一面承管恐口无凭立卖地契永执为据
随袭上手契落红契　　　　　　　　　　　张自卖
　　　　　　　　　　　　　　　　　　　　　　印

写契投税章程列後

一律载置买田房不投契者五年仍追契内四老价银一半入官之户部则例凡置买田房不赴官纳税请粘契
　　　　　　　　　　　　　　　　　　尾即行治罪并追契价一半入官伤令地邻佃邻指证凡民间买田房自立契之日起限一年内投税并向房牙
　　　　　　　　　　　　　　　　　　限清例视税捐银不赊明系律例违违
一民间嗣後置买田房必须换用印官纸写契事寻业作草契官承不得此项官纸每张交公费制钱一百文向房牙
　　用准说牙行仍换入城赴官领制钱八十文官纸一张仍令该牙纪缴销作废公估按项官纸领蕃官写买入官另行估缴皆以卖为买以
一民间除後置买契仍将兴价一半入官
　　　田即令更换契约不用同即官纸照旧契办理一　　　　　　　　　　　　　
一民间嗣後置买田房其契价作为百分纳税三分三釐官给官纸号每张契价庫平足纹三两
　　　纳税制钱如育以纳官立契者仍照例制钱一千作京饮三分三釐银按批到官内鲜契平抄银经手人李等费用
三钱如育　州县额溢价者仍给经由牙纪总於司印岁使与中人代笔等经手人李等费用
一民间嗣後置买田房限制不粘戒而管牙纪被官用二分五中人代笔用二分五如保中人经或查报弊董丈量立契纸准
牙纪争用一分粘换牙纪並上手粘契官纸照数酌添数人以免牙纪把持面为日後证据
一未定新章之前民间契纸照例貼
一未定新章以前民间置买牙紀均原契二日后伤令补即税寬免
　　　由於缓照前章所官粘官紙限一年内照章换用官纸准其呈明補稅寬免
　　　年前若暨並限前年小契以本輕限後牙紀並倘赊經歎故多碍應令業主
　　　自繳牙紀後紅契粘進印官紙從實減半投税補限如不繳税
　　　上上九條民間由於民間巧密忍隱買用不推切外多索倍數加百倍罰合牙紀
一凡牙紀出詞即官紙租電用價本推從民問均管牙紀交出

《宣统元年（1909）张道文卖地契》地契官纸、尾契

宣统三年（1911）元村苏门张氏卖地契

宣统三年元村苏门张氏因其子苏汝林逃外钱粮不足将一段地立死契卖给张起茂。经官府立官契纸一张，盖官印。画十字押人为中人苏开有、书人郭焕云、立契约人苏汝林。

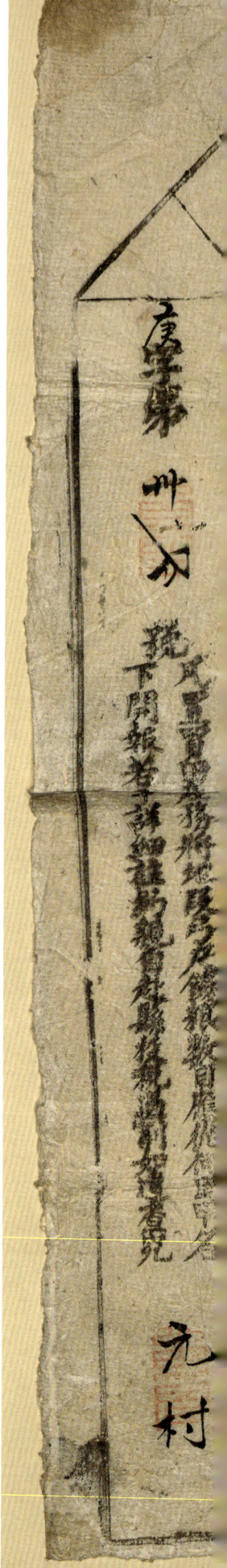

官契

立賣死地契文約蘇門張氏因子蘇汝林逃外良錢不足今將自己後道崖上地一段計地八畝東至郭合年西至李有珍南至車路北至小路兩至明白全中說合情愿出賣與

張起茂名下作為死業耕種時直賣價錢六拾壹仟文整其洋當父不久並不短少隨地認到官難每畝茶分五釐夏秋邊納如日後有戶族人等增諭有賣主一面承當此至兩土情愿並無反悔恐口難憑立賣死地契約為証

賣人 蘇開有十
　　　郭煥雲十
代筆人 蘇汝林十

宣統三年臘月廿八日立賣

民国十年（1921）景县宋金堂卖地契

民国十年景县宋金堂将名下土地立死契卖给永盛号。买卖田房草契注明内有坟地的安排，贴有半书法合同一张。买契以表格形式记录买地情况，有官中人签字，盖官印、骑缝章。

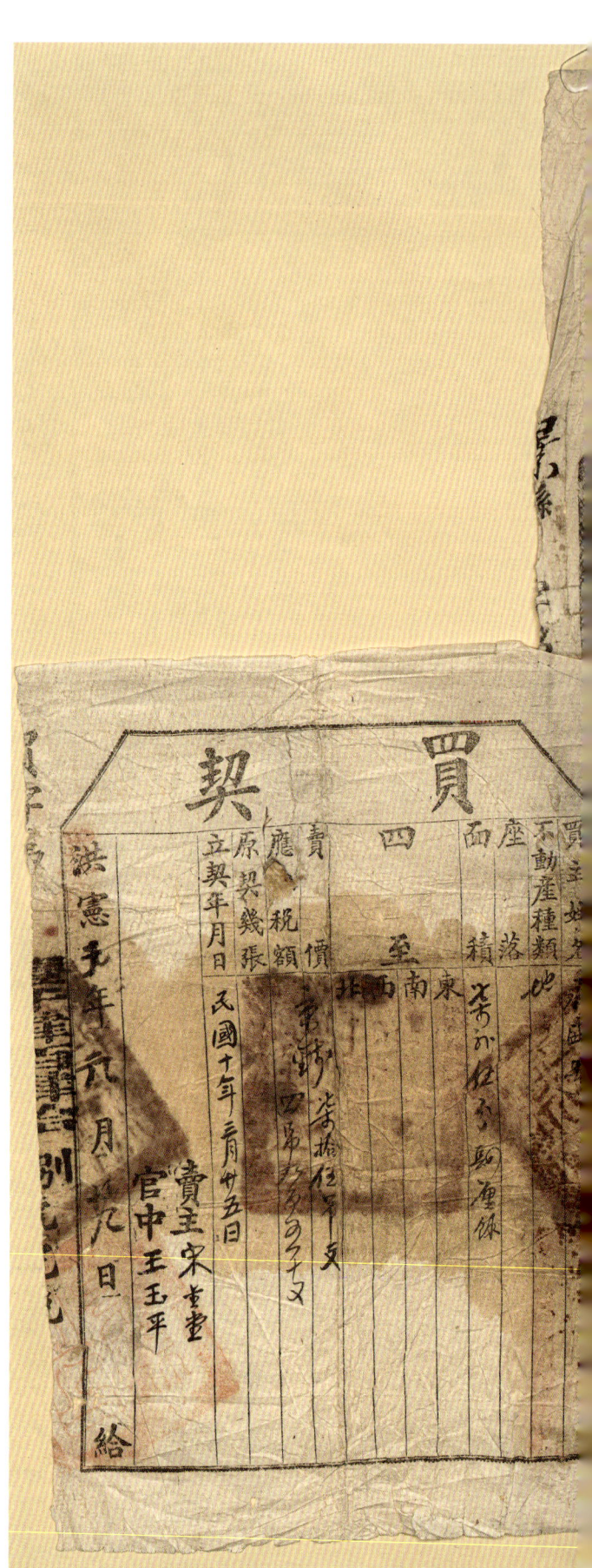

買賣田房草契摘則例

立賣契人宋金堂加捺茲爲辦村東南宋家坡南地房一坐落

情願賣與 景縣 八 區

永盛號 名下承遠爲業言明賣價紗元柒拾伍千文

筆下交清並無短少日後如有別項糾葛情事俱有說合人一面承當

與買主無干恐口無憑立賣契爲證

內有涂坡廠伍盫[座]東

現在閃友坡武畝辟南池美居伍拾尒柝伍尺

丁俠占日後進其 南橫居梁柝六尺五寸

埋坡川坡種地邊 北橫居柝柝柒尺

傳自由不須栽種房

樹木如有丟出小樹

樹長七均歸買主

情愿賣砖

說合人 宋入明

坐落 大道

賣地伍分朝鋪陸毛捌糸柒忽伍尾

南大分 今后

東西行地二畝半九卅吊

西丙行南边均動半十二百吊

西丙行地九畝洋瓶文㭋私千九百吊

監證人 王文秀
說合

王玉平

民国三十三年（1944）任允让土地补契

任允让原地契于民国三十一年（1942）因敌人扫荡损毁，民国三十三年在村干部、产邻证明下立补契一张。契纸有村长、农会主任盖姓名章，盖官印、骑缝章。

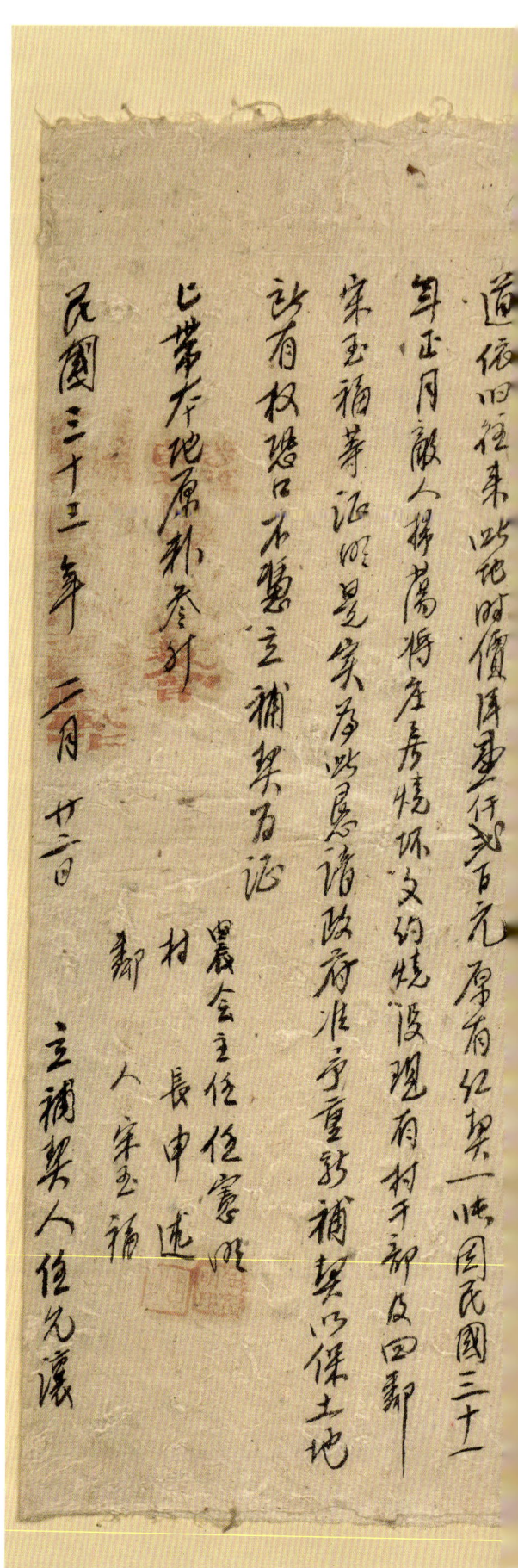

補

立補契人任先瀼今將自已坐落山神廟四

窰眼 房 間 等地基址

工分 屋東至 分水處西至 分水處南至 中岔亀此至 中岔地產

上下金石立木一併相連同中説合情願出與

名下言明時價洋壹仟攴百 元九角當日錢

上下金石立木一併相連同中説合情願出與

業兩交各無異言自 之後倘有親族鄰佑爭執或先典

未贖情事由 主自承當與 主無干恐口無憑立補

契為証

中華民國三十三年二月廿二日立契人任先瀼

農會申籌⃞ 説合人

村長申述 書契人

原契殘跡	一紙	公正人	申管重	
稅款	叁仟			收契人

民国三十四年（1945）晋冀鲁豫边区吕村李金刚买地契

民国三十四年晋冀鲁豫边区吕村李金刚买地一段，立契约纸、买契纸各一张。经官府纳税百分之三，缴契纸费十元。契纸盖人名章、官印、骑缝章。

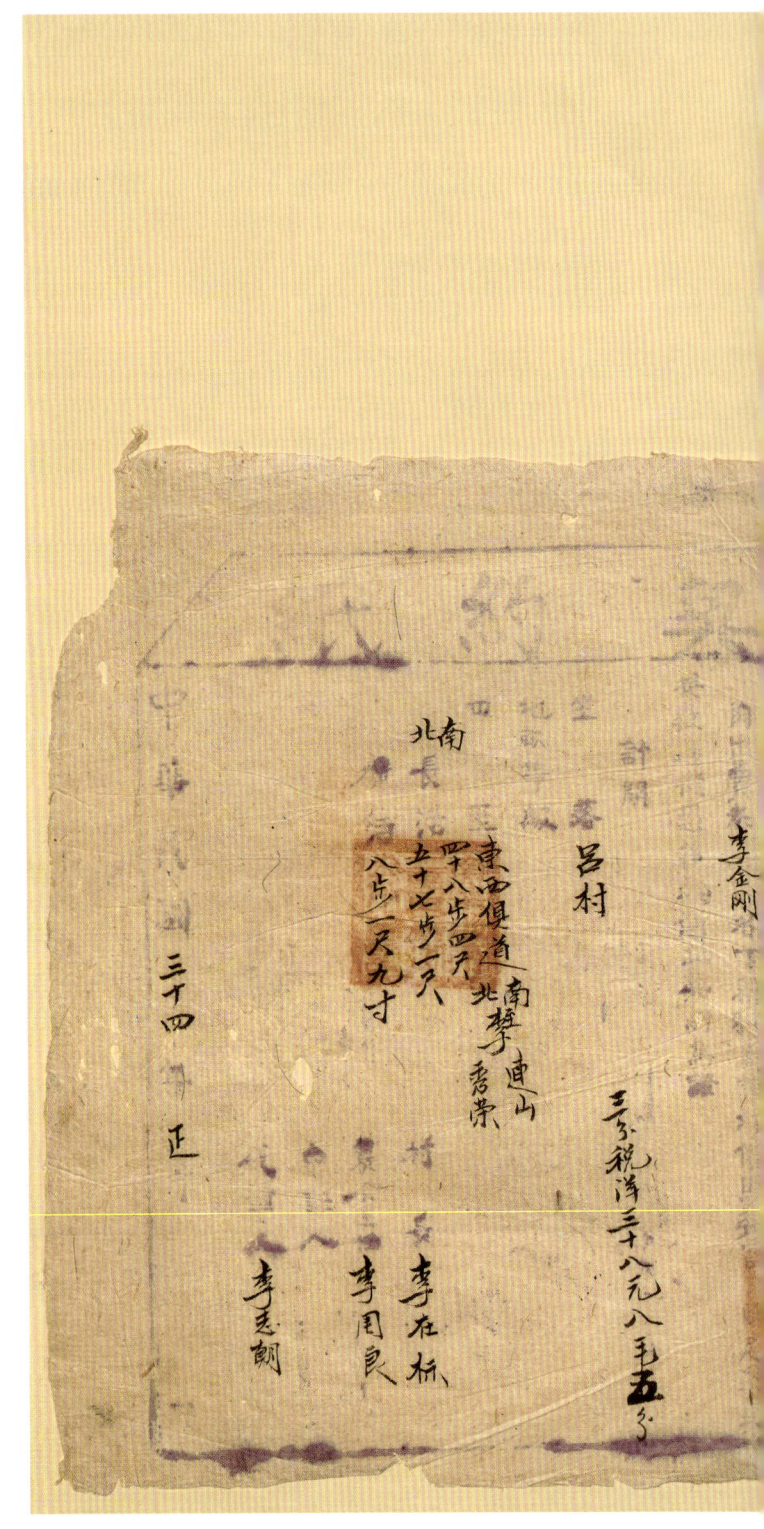

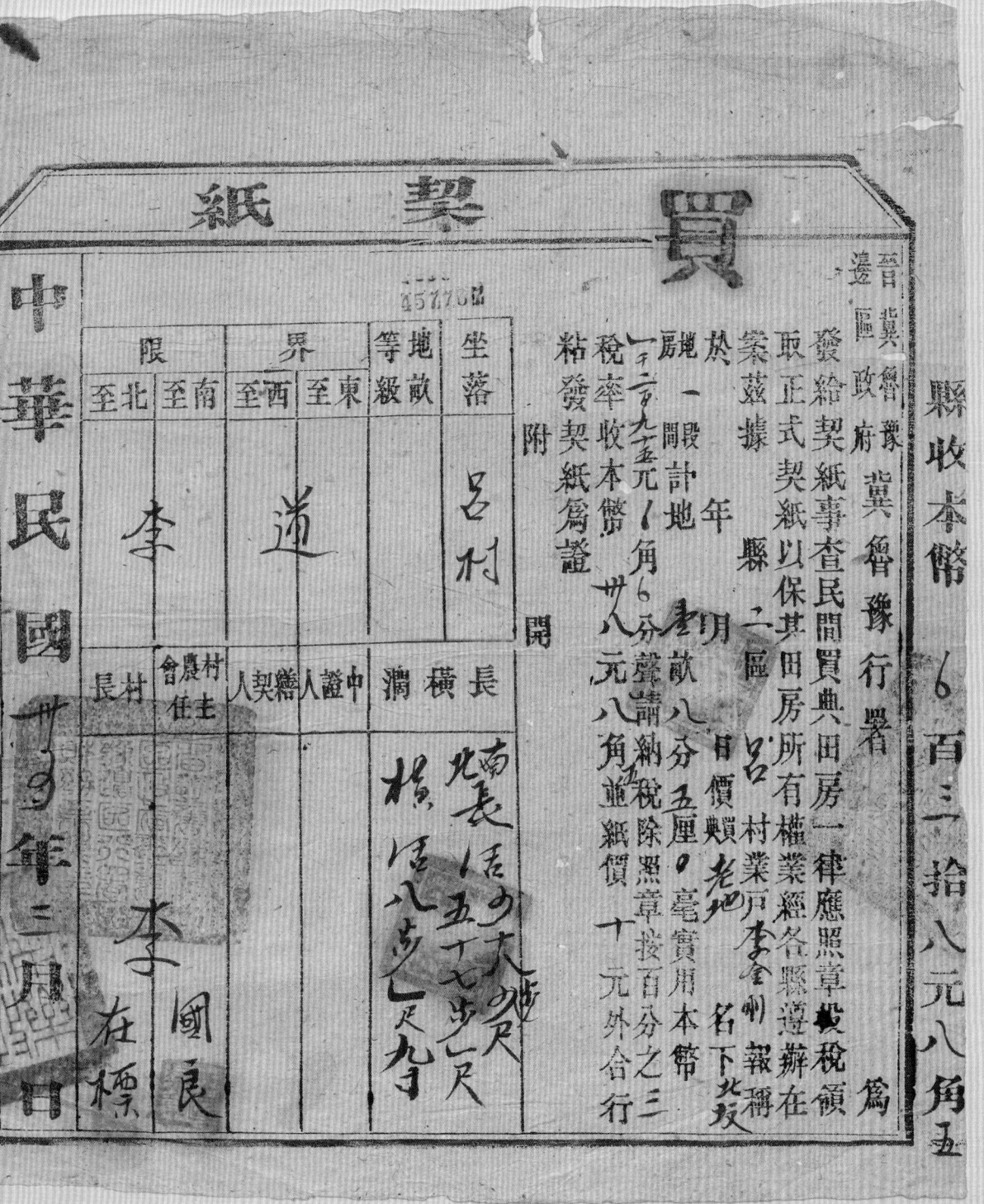

1952 年王巧琴卖地契

1952 年王巧琴将场院一所立死契卖给王喜良，以"麦子双市斗贰石肆斗"交易。契纸正文后注明"杨树归王喜良，言明三年内无人干涉"，贴有税票，有村长、代笔人、立卖场院人、中人、交易员等按手印，盖印章。

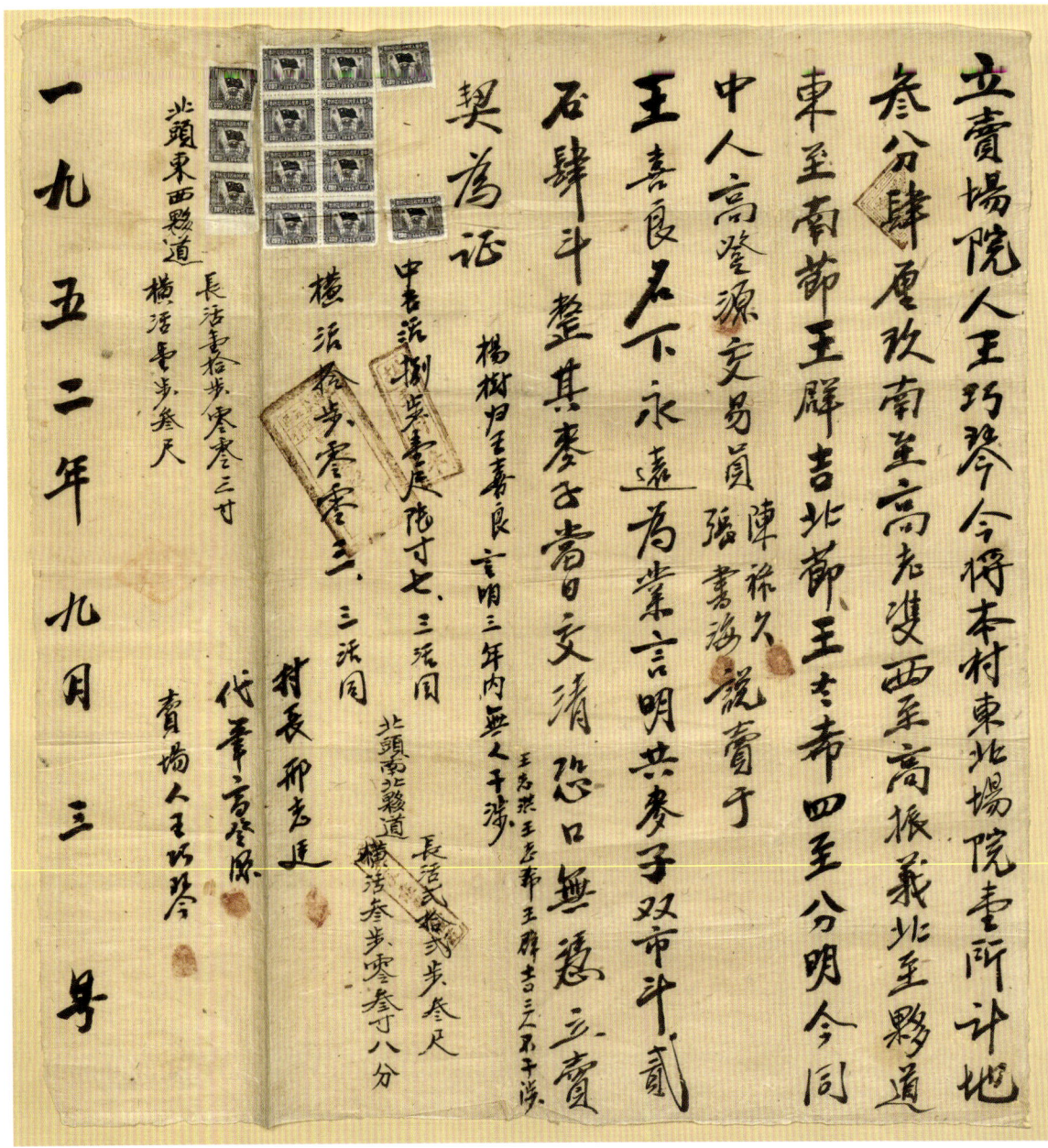

典当契约

典契是将财产作为抵押物用以贷款的契约，与之类似的是当契。将土地财产典出后，土地暂时归受典人支配，出典人已无耕种、租佃等使用权，这种契约即为典契。①而当契则不转出使用权，凭抵押物每月收取利息，最后同样钱到回赎，一般与典契合称为典当契。但在整理过程中，编者发现，并非所有在契文中写明"典当"契约的主题词都可用"典当契约"，BSB契约文书中的一份《重庆传教士穆慕理契约（六）：光绪十八年（1892）重庆张鸿顺转当契》（第502页）②，其内容实际上与死卖契一致，因此并未编入当契类。

这类契约挂"典"名，实为"卖"契。典契实际上是一种民间的活卖契约，将一块完整的土地通过出典分为"田底"与"田面"，被称为"只有回赎权的转让"③。在这种典契签定后还可能会出现找价的现象，典地的价格一般比一次性的断卖低很多，出典人很可能在几年之后再找承典人要求补足与当时市场的差价，这种找补的行为甚至可以有二次、三次，直至买断。《民国二十年（1931）山西省孝义县吴钦典房契》（第148页）④正文后，附注了三次找价，在民国二十年以一百一十元大洋、三年为期成交后，民国二十八年（1939）先后找价大洋五元和三十五元，民国三十年（1941）又找价大洋二十元。有学者认为这种找价的习俗是出于对弱势群体的同情。大部分出典人是由于贫穷而出卖土地，市场上地价的上涨及其带来的找补为其带来了数年的生活来源。对于承典人来说，这样又可以分散一次性付款的金额，减小了经济压力。因此只要出典人不过分索取，双方都乐意为之。⑤

民间又有"转典"的习惯，即在第一次典出后，承典人甲又可转典给承典人乙，《同治八年（1869）山西省邓玉章转让典地契》（第557页）⑥中就记载了同一块土地的四次交易行为，同治八年邓玉章将其原本典来的一段白地出典给王延龄，同年王延龄又转典给常福安，最后民国七年的典契上写明了这块地又回到王延龄的名下。这种一般以三年、五年为期的转典交易使得民间的土地流转变得更加频繁、灵活，

---

① 严桂夫、王国键：《徽州文书档案》，安徽人民出版社，2005年，第153页。
② 见《重庆传教士穆慕理契约（六）：光绪十八年（1892）重庆张鸿顺转当契》（第502页）。
③ 曹树基、陈支平主编：《客家珍稀文书丛刊》（第1辑），广东人民出版社，2019年，导论。
④ 见《民国二十年（1931）山西省孝义县吴钦典房契》（第148页）。
⑤ 罗海山：《试论传统典契中的找价习俗》，载《文化学刊》2010年第4期。
⑥ 见《同治八年（1869）山西省邓玉章转让典地契》（第557页）。

同时也加大了官府的管理难度，为此，官府又推出了类似卖契官契纸的官方典契纸。同治六年（1867）印的山西省北席村官典契纸①叙述了由于土地流转管理不善导致的纳粮混乱的情况，及同年所立"无论典当、质押一概令其过割新名"的政策，规定典当土地和买卖土地一样要经官府立官契。

---

① 见《同治九年（1870）山西省北席村吴有银典地契、同治十一年（1872）山西省北席村王一魁典地契》（第558页）。

康熙三十三年（1694）河北省忻州曹奇秀典地契、乾隆四十八年（1783）郭复旺买地尾契

右侧为河北省忻州曹奇秀将自己一段地典当给剌而盛十五年所立地契，约明随地贷粮和每年粮钱，有立契人签字画押。左侧为郭复旺买地尾契，盖官印。左下角贴有一张买契，盖官印。

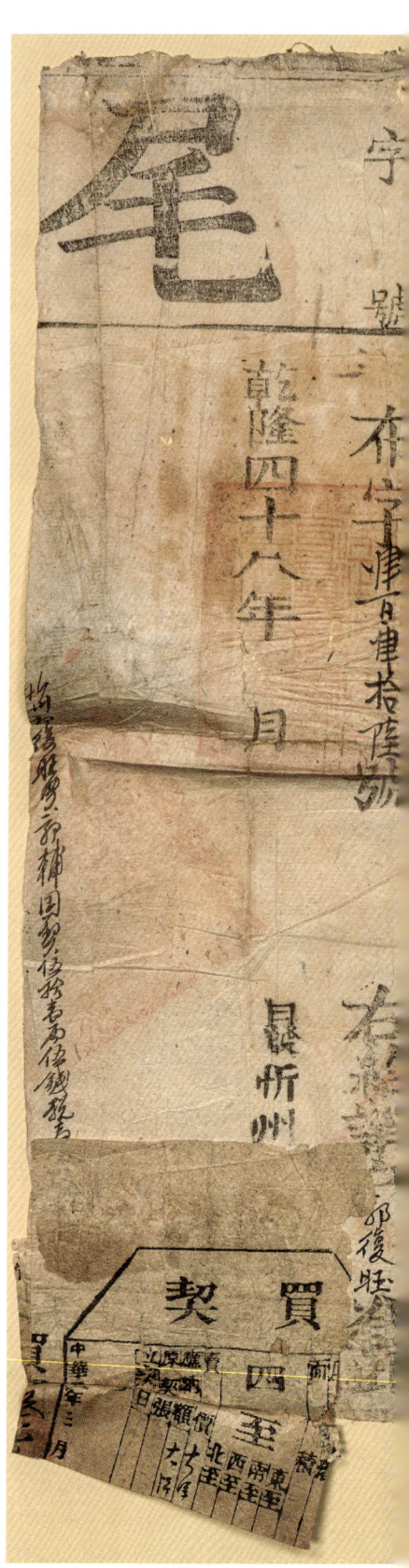

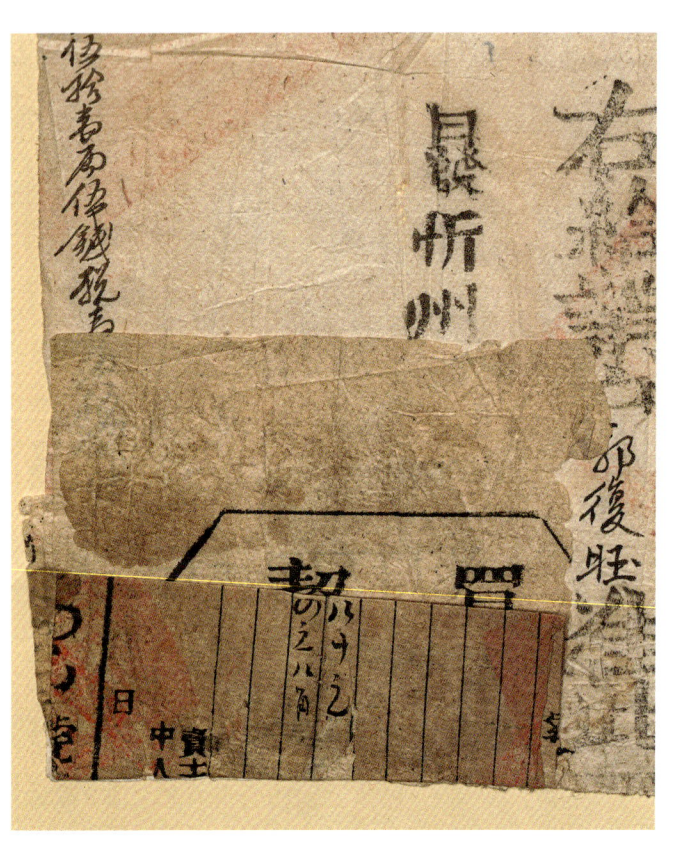

左下角买契下半部分

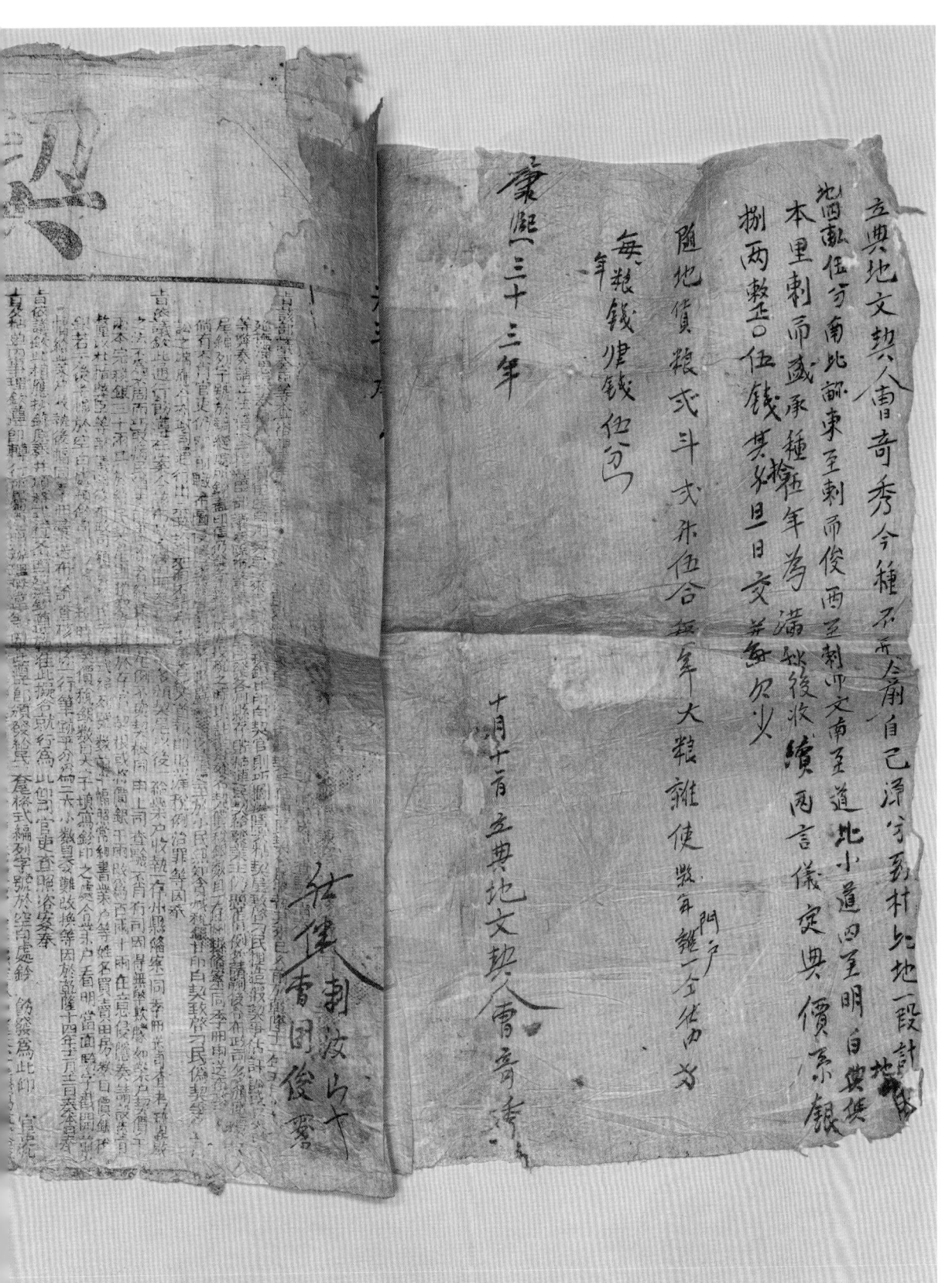

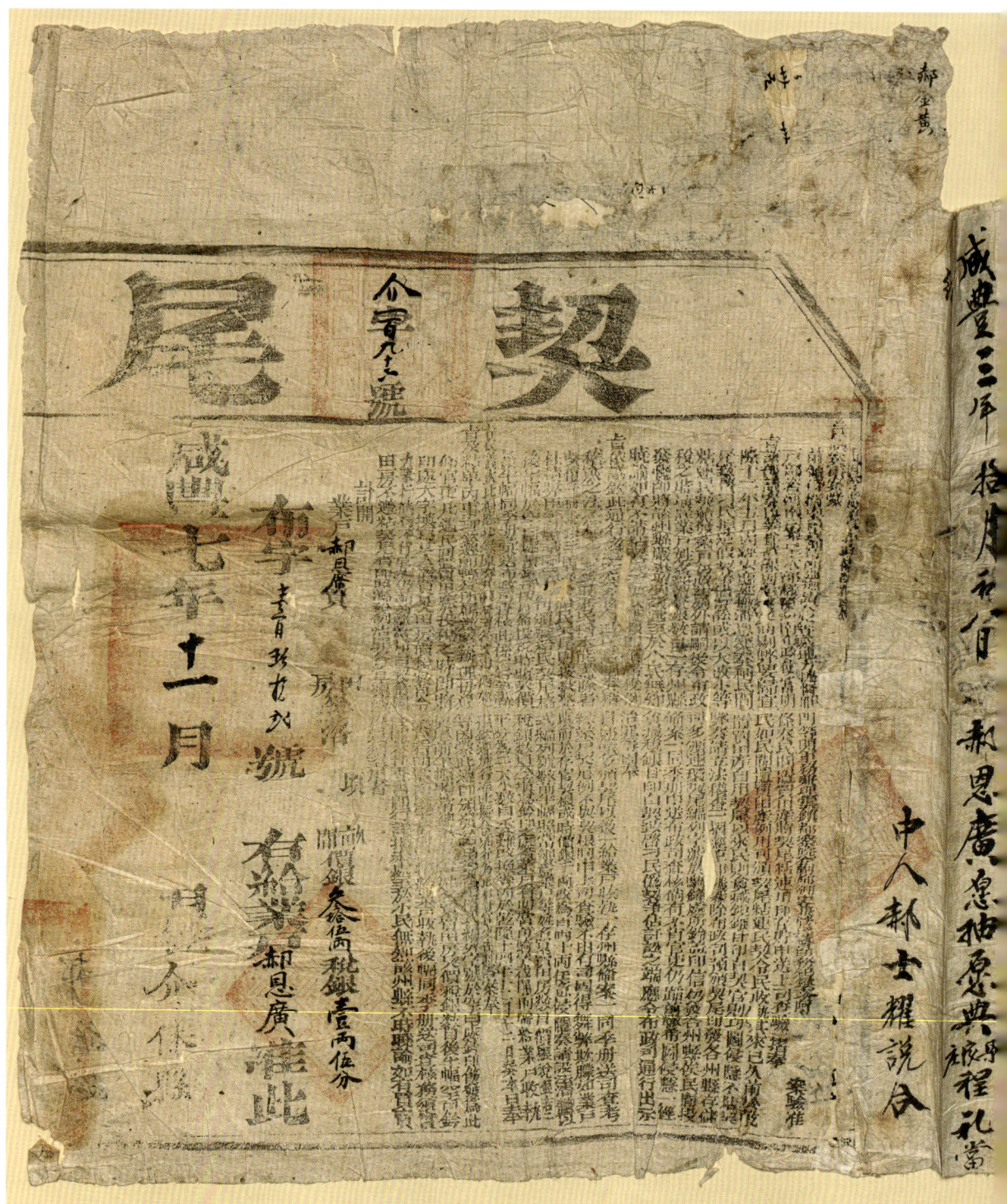

道光二年（1822）山西省介休县郝家堡郝养德典地契

立典地契人郝養德今將郝家堡東門外三畝店背后自己白地一段計地五畝係東西畝同中説合請恩典與郝恩廣、楊德曉名下耕種三年為滿錢到回贖言定典價錢叁拾伍仟文整其錢當日交足並無短欠恐口無憑立典約為証 計地四畝[illegible]地

道光弍年弍月廿三日 立典地契人郝養德十

中人郝士林十

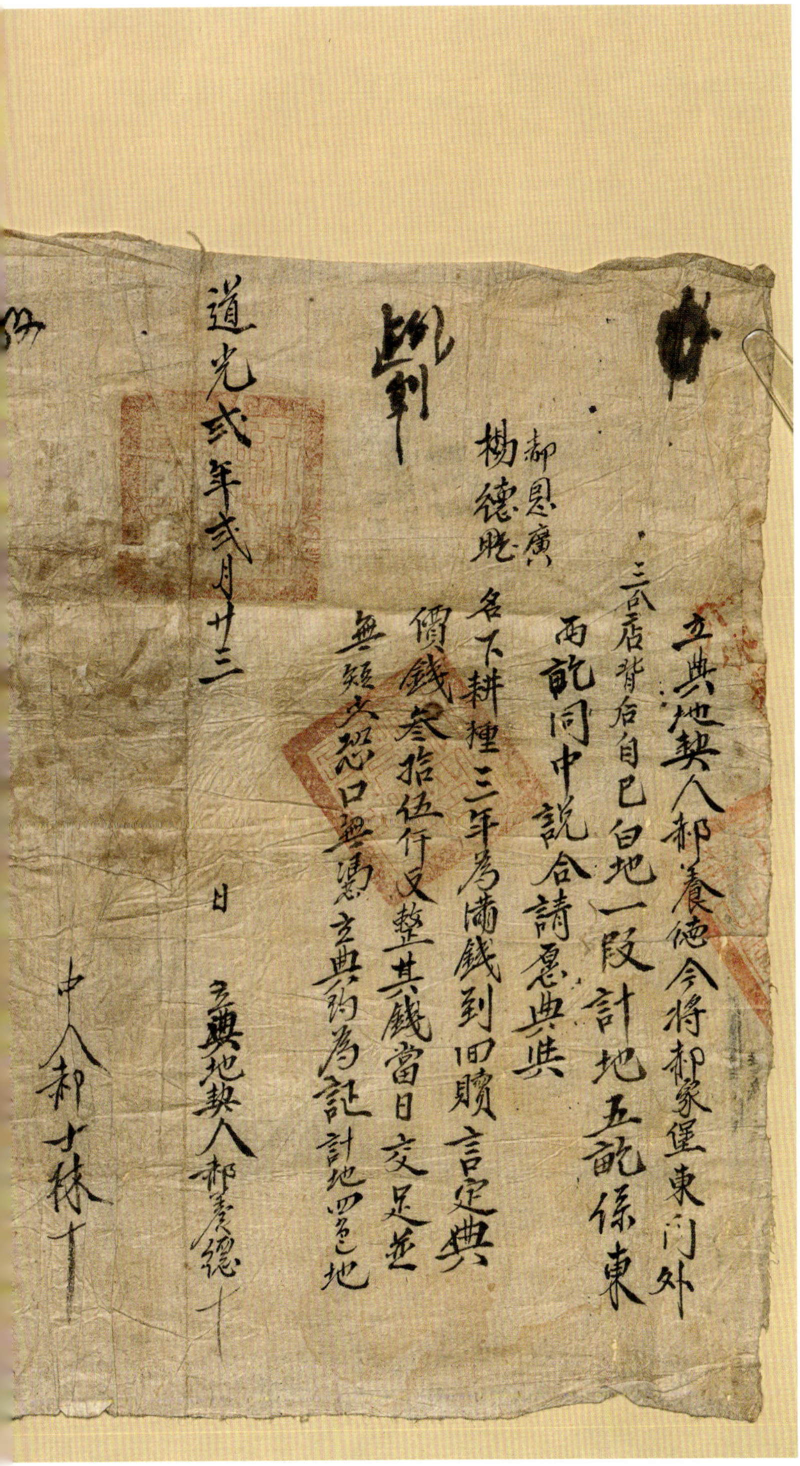

道光二年山西省介休县郝养德在中人说合下将郝家堡一段地典当给郝恩广、杨德晓，约定三年为期。郝恩广又于咸丰三年（1853）经中人郝士耀说合将这段地转典给程礼当。咸丰七年（1857）经官府立郝恩广领地尾契。典地契有花码计数，有立契人、中人落款并画十字押，盖官印、骑缝章。

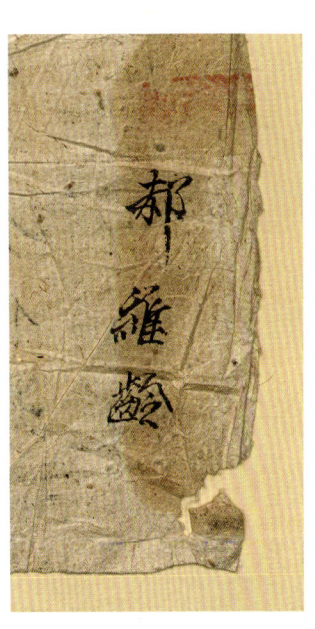

尾契背面内容

立轉典文约人鄧玉章，因因路遠不便耕種，將典到異燦和蘆村東西畝白地一段，計地三畝三分，東至曉南王侯宅，情願出典與王廷齡名下耕種，同中說合言定時值[價錢]…錢當日交足，其地亦無爭差，倘有爭差有業主一面承當，與典地人無干，言明三年為滿錢，到回贖恐口無憑，立典契為証，永遠存照

說合人 王廷傑
中人 王廷傑
同治八年三月初十日 鄧玉章 立

八年七月初十日照原價轉典與常福安名下耕種三年為滿錢到回贖

中人 宋秉良
森效閔

同治八年（1869）山西省邓玉章转让典地契

同治八年山西省邓玉章因路途遥远将自己典到的一段地转给王延龄。契中约定三年为期，钱到回赎，后又注明同年七月原价转典到常福安名下。民国七年（1918）立官方典契一份用以登记。契纸有立契人、说合人落款并画十字押，中人画花押，盖官印、骑缝章。

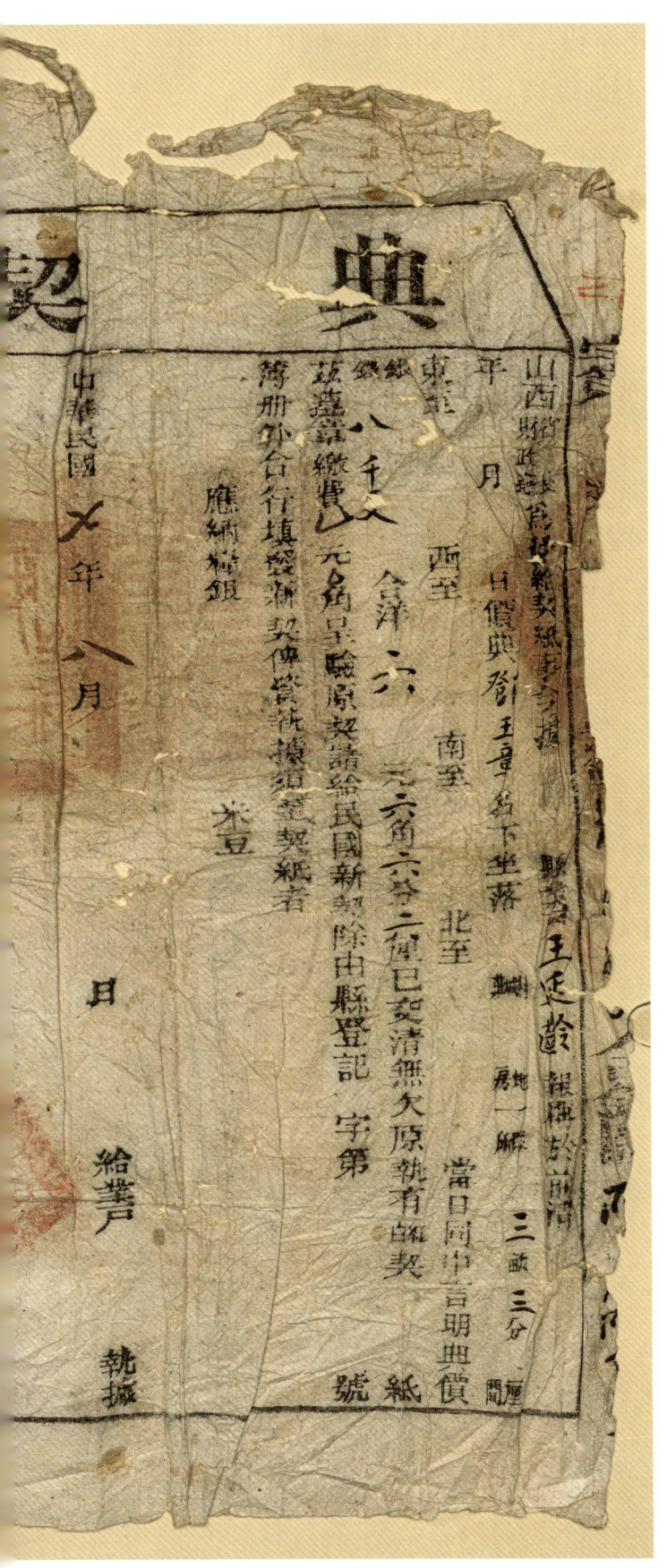

同治九年（1870）山西省北席村吴有银典地契、同治十一年（1872）山西省北席村王一魁典地契

右侧为山西省北席村吴有银在中人说合下典当七棵柿树给闫可敬所立草契，约定对月取赎，有中人签字。左侧为王一魁在中人说合下将祖产一段地典当给

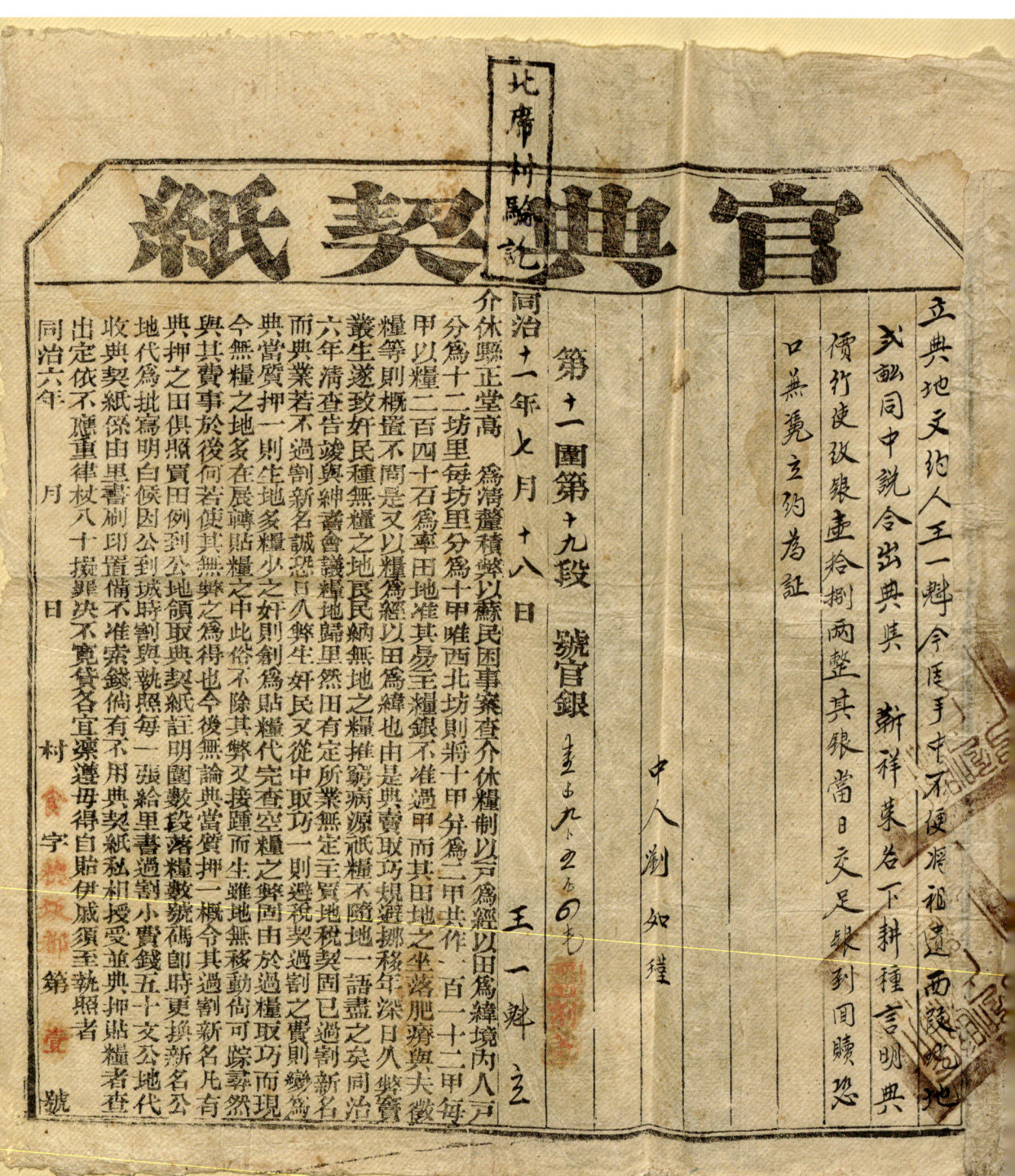

靳祥荥所立官典契纸，约定银到赎回，盖官印。官契左侧部分叙述了由于土地流转管理不善导致的纳粮混乱，及同治六年（1867）所立"无论典当、质押一概令其过割新名"的政策，规定典当土地和买卖土地一样要经官府立官契。

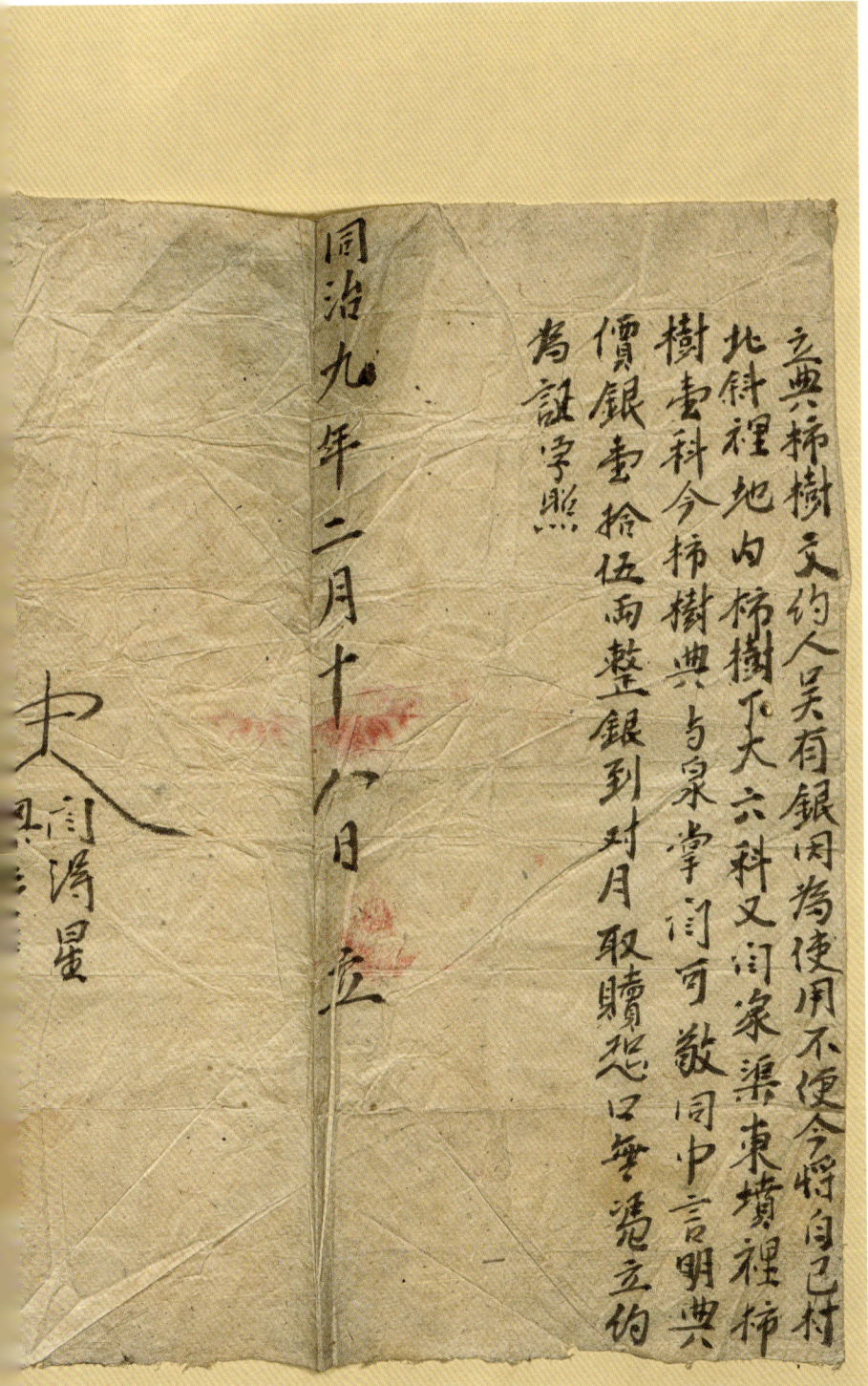

官契

立賣契人　　　　　　今因急需錢中人願將　水地　房
為業其房地坐落　　　　　　　　　　　　處房屋
四至　　　　　　　　　　　　　　　　　間託中賣與胡小定出
　　　　　　　　　　　　　　　　　　　　　東至
足　　　　　　　　　　　　　　　　　　　西至
　　　　　　　　　　　　　　　　　　　　　北至
兹已將賣價　　面加至　　訖所有房　　　　　　　　　　等並牙紀
　　　　　　　　　　　　　　　　　　　　問應照契面即歸
　　　　　　　　　　　　　　　　　　　　買主　永遠
　　　　　　　　　　　　　　　　　　　　公同議定實價
莫奥用　　伯叔兄弟姪甥人等未曾　　　　　　之地產
　　　　　　　　　　　　　　　　　　　　　　　　
　　　　　　　　　　　　　　　　　　　　　　　　
　　　　　　　　　　　　　　　　　　　　　　　　
　　　　　　　　　　　　　　　　　　　　　　　
　　　　　　　　　　　　　　　　　　　　　　　張友諒
中華民國　三　年十二月　　　日立賣契人　　　　　　　楊作楨
　　　　　　　　　　　　　　　原中人
　　　　　　　　　　　　　　　代筆人
第　　　　　　號

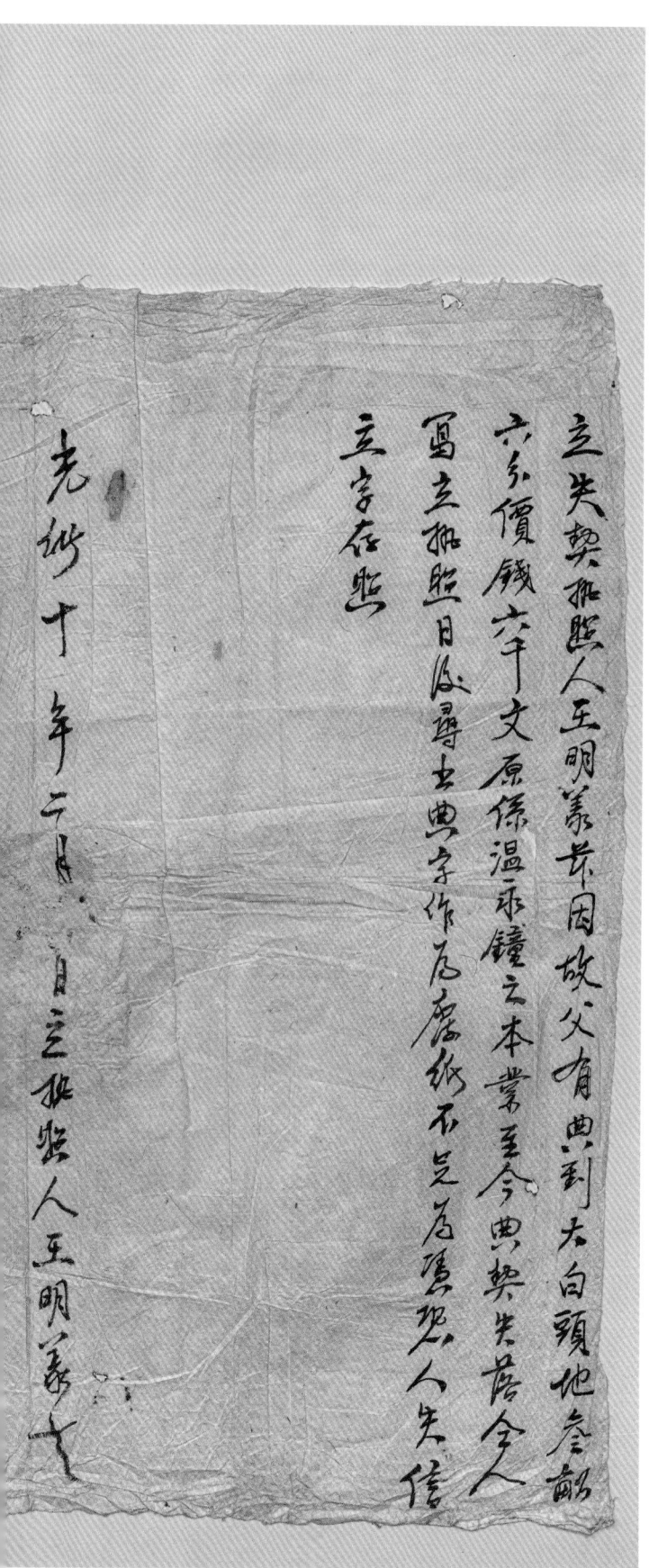

光绪十年（1884）山西省王明菜典当补契、民国三年（1914）胡小蛋买地官契

光绪十年山西省王明菜因以前的典地契约遗失，重立补契一份，有立契人、中人、代笔落款及画押。原典地契约为温永钟典给王明菜之父大白头地。后附一张民国三年胡小蛋买地的官契，盖官印。两契骑缝章不合。

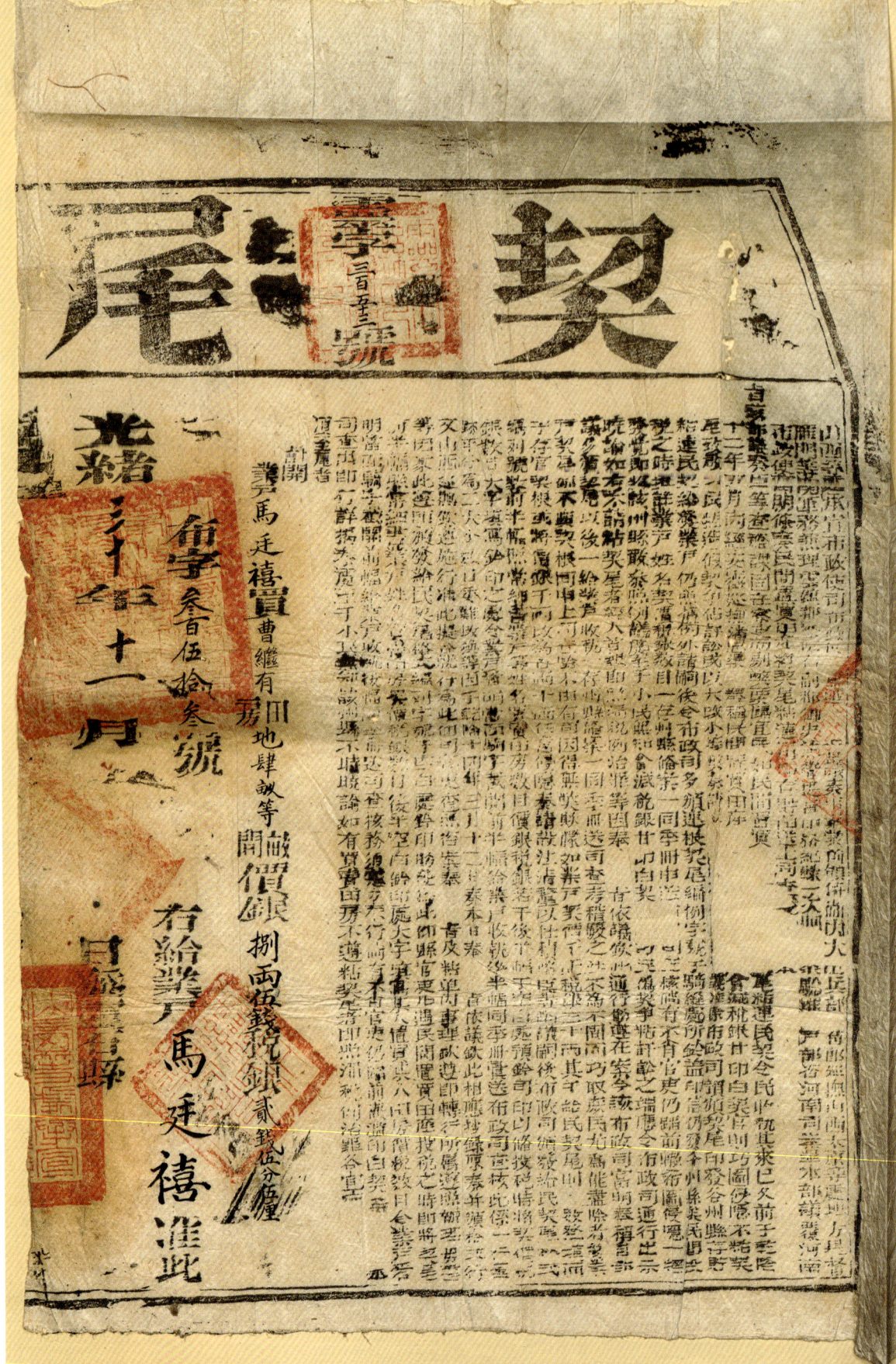

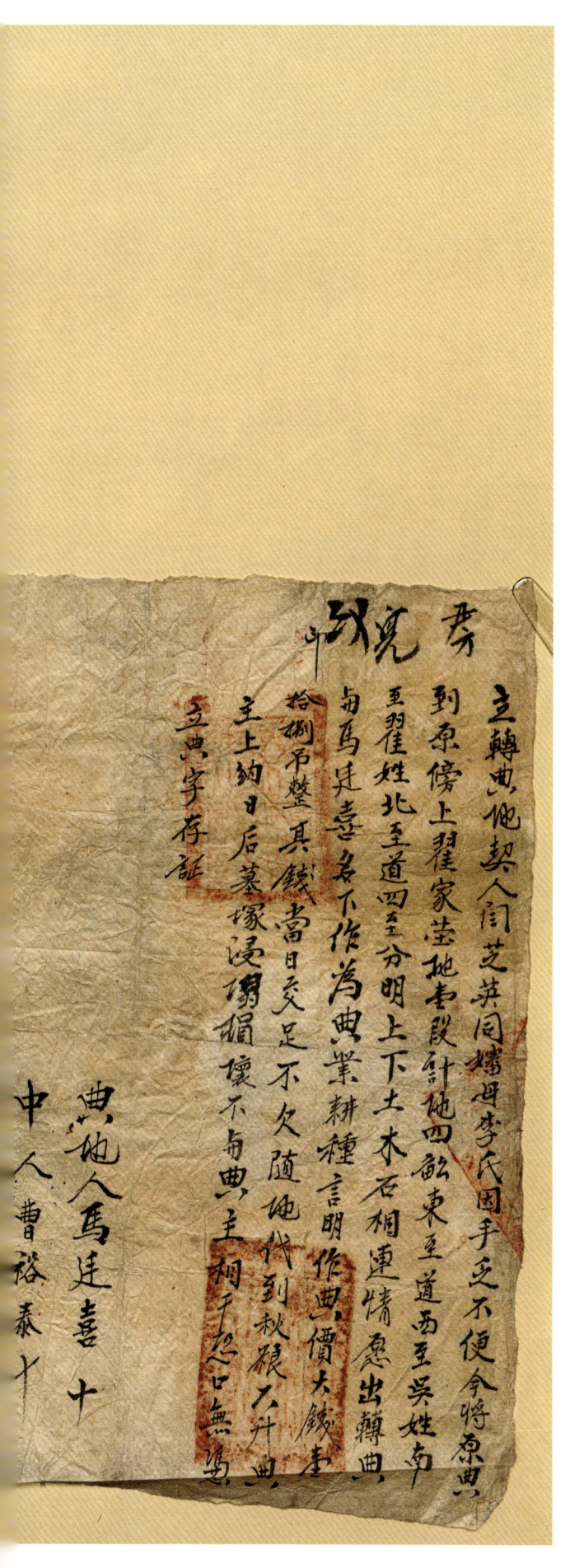

光绪三十一年（1905）山西省灵石县闫芝英转让典地契、光绪三十年（1904）马迁喜买地尾契

右侧为光绪三十一年闫芝英同婶母李氏将以前典到的翟家一段坟地转让给马迁喜所立契约，有立契人、中人、典地人、书人画押。左侧为光绪三十年马迁喜买曹继有地的尾契，骑缝章与右侧草契不合，盖官印。

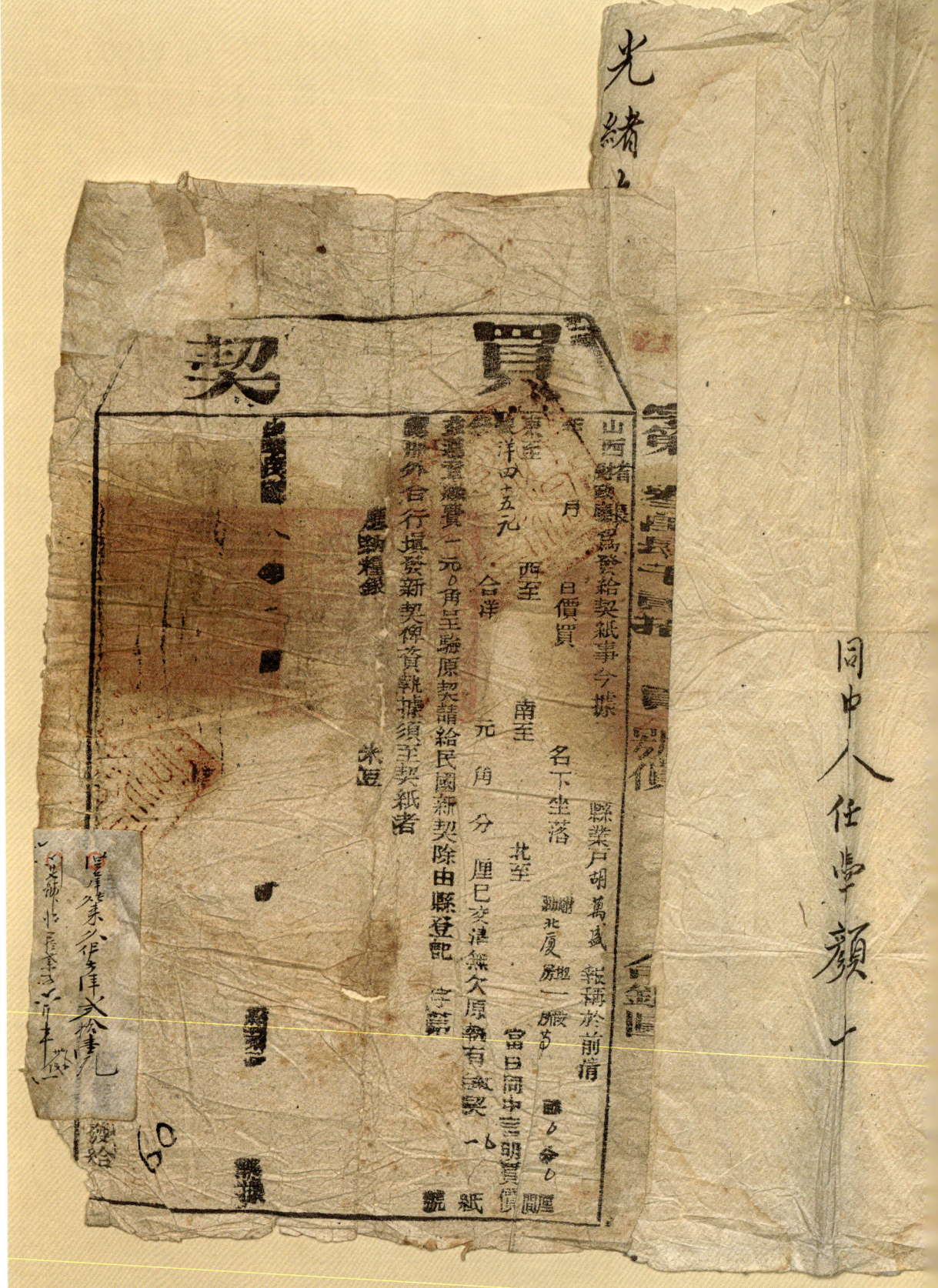

光绪年间山西省孙乃漪转让典地契

光绪年间山西省孙乃漪将自己典到的一段地转给和合永。契中约定三年为期，钱到回赎，有同中人画押。后贴山西省买地官契一张，盖官印，骑缝章与右侧草契不合。

立傅典地约人孙乃漪今因使用不便令将之已典到自业现在村东高道南白地一段计地四畒东至侯三福西至侯正台北至道南主复四至朋白同中说合清凉出典共和合永名下耕种言明时值典价龙钱贰拾六千正其钱当日交足并不短少日復倘有为碍等清有地主一面永管不其钱主相干三年为满钱到回赎恐口无凭立约为证

租赁契约

租赁是指出租人将财物交给承租人使用，承租人交付一定的租金并取得用益物权的民事行为。[1] 租地即契约学领域研究颇多的"佃"，佃农从地主处承租土地，并缴纳地租，这一制度在中国农业社会的发展中有着非常悠久的历史。租房则与现代意义上的"出租"更为接近。在城镇和商业逐渐发展的过程中，除自住以外对商铺等其他房宅的需求增大，租房契约也随之增多，如《民国六年（1917）山西省孝义县天盛成租赁契》（第137页）即以商号的名义进行租房：

立赁铺房约人天盛成今赁到王福充、王福永名下，北街上坐北向南铺房壹处，内计门柜房壹间，柜房贰间，南北房贰间，正房叁间，内外出入通行，茅厕贰个一应，粪窖门外困地一应在内。同中言明，每年作赁价钱贰拾陆仟文整，其钱按以四季收使，限至六年，不许长［涨］赁价。若后，此系许退不许夺，房屋如有损坏，房东葺补修造，所有社中房捐等项亦是房东所管，不与房客相干。两情两愿，别无异说。恐后无凭，立写赁房约为据。

　　　　　　在中人　王□忠　王殿臣　赵亦豹　程丕贞　张由明　张培义书　同证
　　　　　　民国六年二月二十四日　立赁铺房约天盛成

这份契约写明出租的房屋情况、租金、收租方式、年限等内容。其中"许退不许夺"就是永租地的一个标志，意味着只有租赁方有主动退租的权力，而出租方没有主动收回房屋的资格。何莉萍认为这是永佃制由初始形态发展到成熟形态的过渡阶段，是准物权的形态，意味着租佃权即将与所有权完全分离，形成自由而独立的市场。[2]

---

[1] 田涛：《徽州民间私约研究及徽州民间习惯调查》（上册），法律出版社，2014年，第75页。
[2] 何莉萍：《民国时期永佃权研究》，商务印书馆，2015年。

光绪三十四年（1908）辽宁省承禧寺租地契

光绪三十四年辽宁省承禧寺众僧人将一段地租给李景云，每年秋后交租一斗。

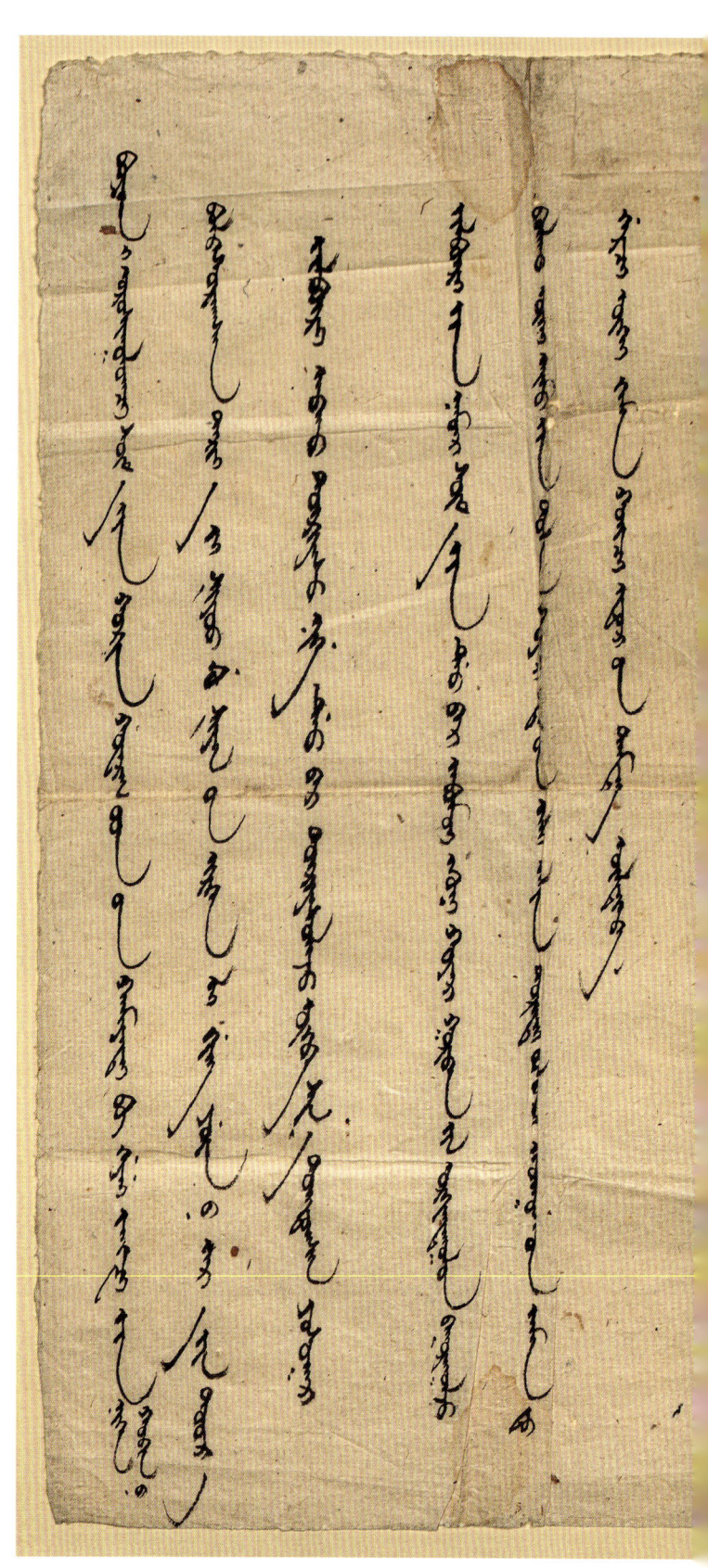

立租文約承禧寺衆僧人因昔年念弟經祖一矽坐落十八里沃簿家枝子自煩衆人說允情愿租与李景茂下耕種為業言明三國無租每年秋後隨年自交承禧寺上中下地租另日字別無裸項自立契之後守業均由地戶自便認吃租三兩言明各無反悔恐口不憑

立字为

證

大清光緒卅四年 二月 十二日 立

1951年北京市宣武区陈文芳民用公产租赁契约

北京市民用公产租赁契约一份,包括租赁人陈文芳信息、土地情况、机关或团体保证、保铺信息、民租租约甲乙两方遵守事项、装修情况与设备情况等。有政府税务局核准章及立契人,保人盖姓名章。

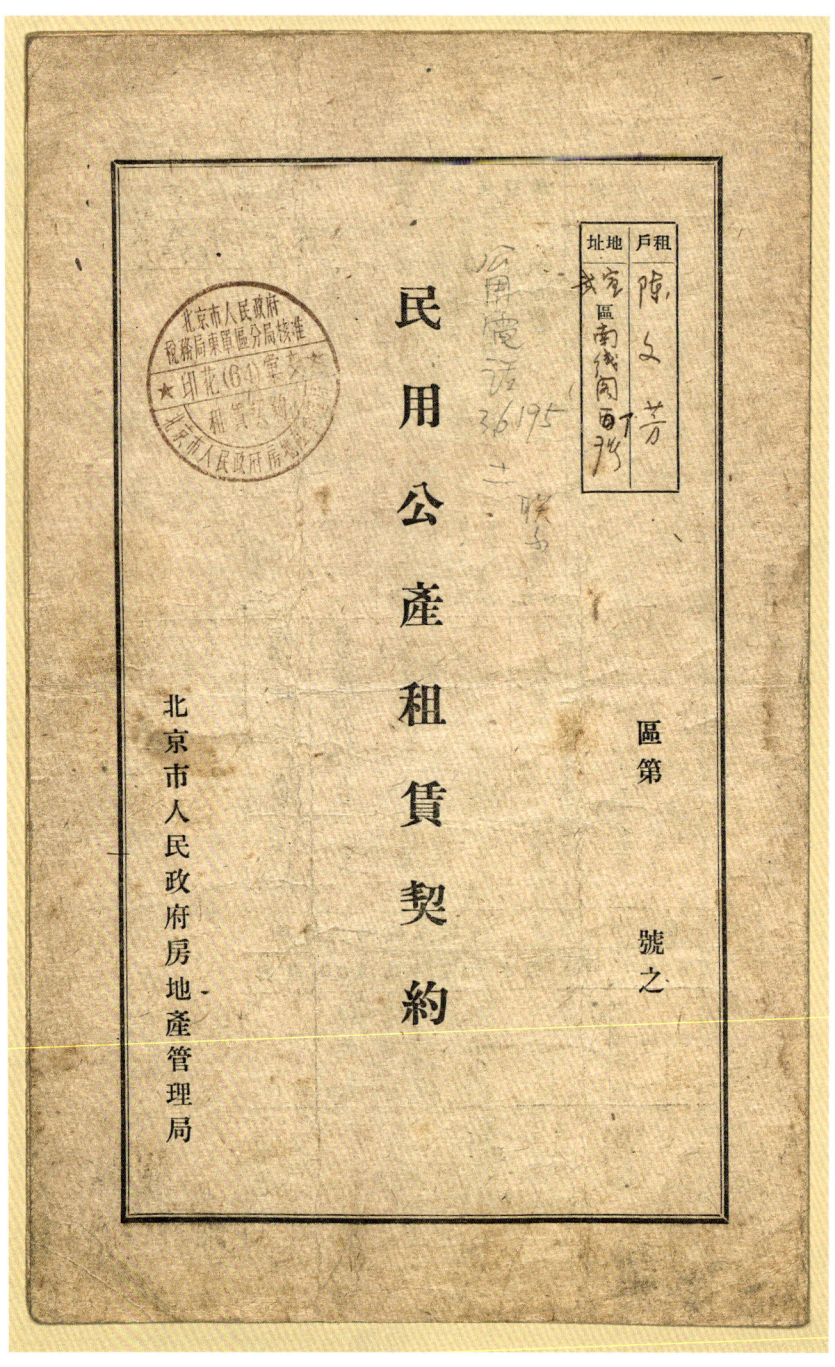

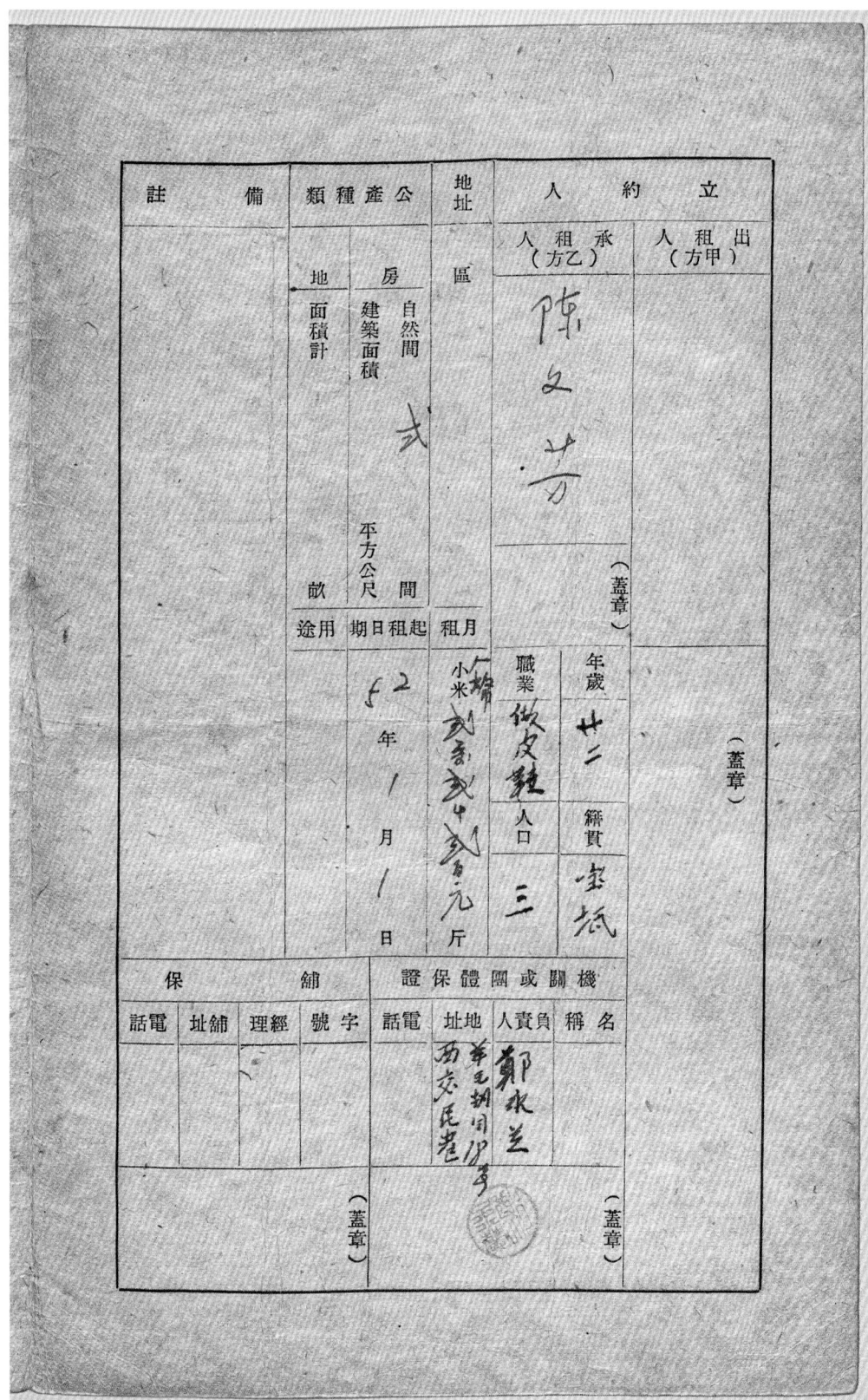

立約人		出租人（甲方）	
		承租人（乙方）	陳文芳（蓋章）
地址	區		
		年歲	廿二
		職業	做皮鞋
		籍貫	寶坻
		人口	三
公產種類	房 建築面積 自然間 式 間 平方公尺	月租	小米 貳竟貳斗叁亢 斤
	地 面積計 畝	起租日期	二年1月1日
		用途	
備註			
機關或團體保證			舖保
名稱	鄭根蘭	字號	
負責人		經理	
地址	第五期月18号	舖址	
電話	西交民巷	電話	
（蓋章）		（蓋章）	

立約人	出租人（甲方）			
	承租人（乙方）	陳文芳（蓋章）	年歲	廿二
			職業	做皮鞋
			籍貫	寶坻
			人口	三
地址	區			
公產種類	房 自然間 建築面積 平方公尺 間	貳		
	地 面積計 畝			
	月租	一增小米貳拾貳中貳舍元斤		
	起租日期	卌二年1月1日		
	用途			
備註				

機關或團體保證		舖保
名稱	鄭永蘭（蓋章）	字號
負責人 地址	華亞胡同18号 西交民巷	經理
電話		舖址
		電話

民租租約甲乙兩方遵守事項

一、乙方應付租金，於每月十五日以前，持「公產租戶付租憑摺」向人民銀行按當日財政米價折欵交納。如起租退租月份，住用不滿一個月者，租金按日計算。

二、租金數額依據本市公房租金標準核定之。如租金標準，或房屋建築情況變更時，其租額得另行調整之。

三、乙方對所租之房屋，裝修設備樹木，及其他附着物，應負責保管，愛護使用，經常保持整潔，注意防火、如有缺損，應負修復或賠償之責。

四、房屋安全修繕，（如屋頂滲漏牆壁歪閃，木架槽朽等）由甲方負責。但乙方發現危險情況時，應及時通知甲方勘修，為保護乙方之安全，必要時得停止使用。

五、乙方為住用或業務需要，如有拆改添建時，須事先商得甲方同意，並簽訂修建契約，方許動工。

六、乙方有左列情形之一時，甲方得終止租約，收回房屋，並追補欠租或其他損失。

1. 訂租後房屋空閒連續兩個月以上者；
2. 轉租、轉倒、轉借、轉讓、私自變換，及以承租權抵作投資者或抵押借貸者；
3. 私自添建拆改損害原有建築者；
4. 拖欠租金者；

七、乙方退租時，須辦清退租手續後，方得解除租賃關係。

八、房地產稅，由甲方交納。但乙方在公產內自建之房屋，未訂租者，房產稅由乙方負擔。

九、乙方如係職工，由其服務之機關或團體出具保證。一般市民應覓具舖保，舖保與被保人對本約之規定，負連帶責任。

十、本約一式兩份，甲乙兩方各執一份。

公曆一九五五年10月25日立

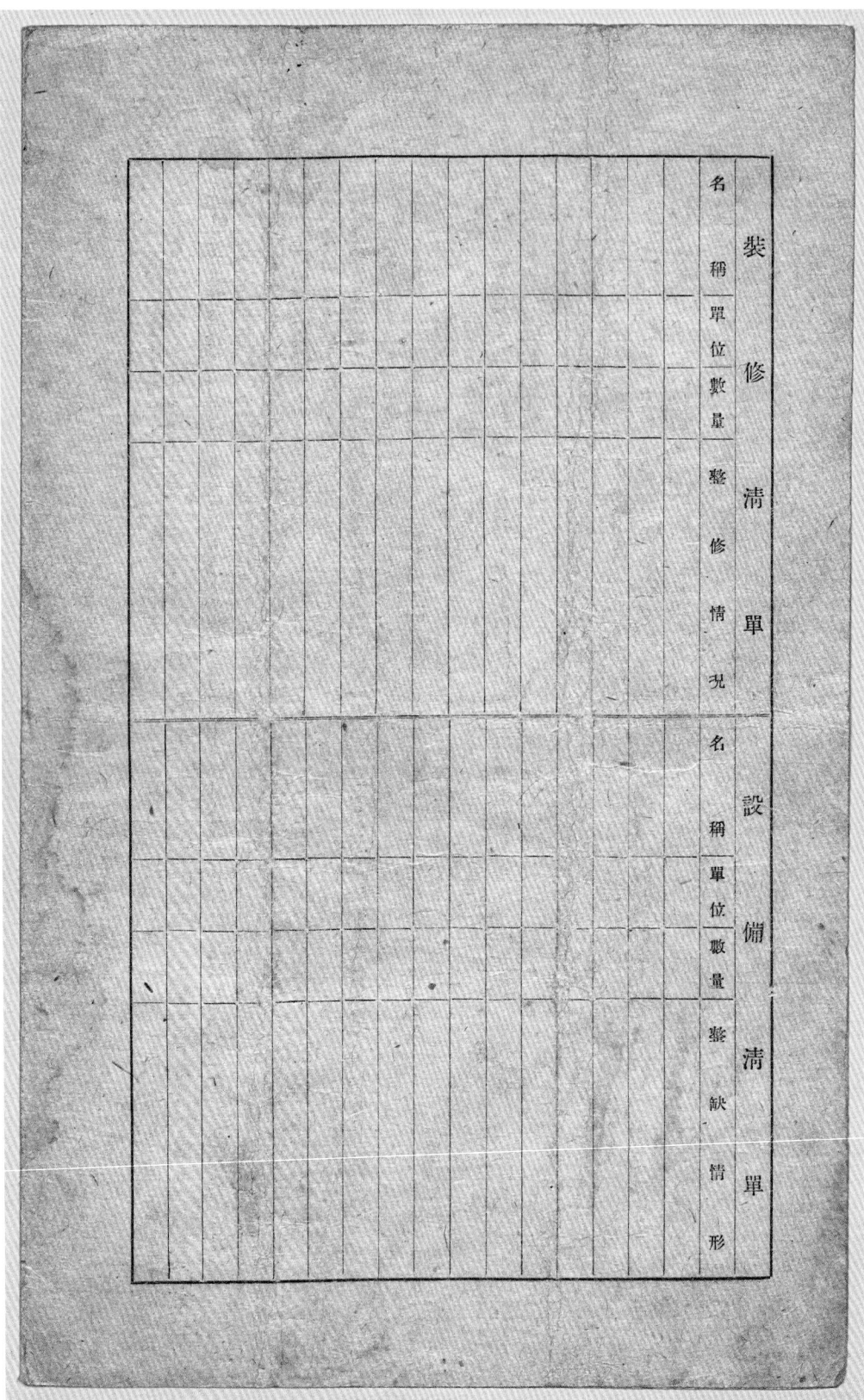

1955年北京市宣武区阎国民民用公产租赁契约

北京市民用公产租赁契约一份，包括租赁人阎国民信息、土地情况、机关或团体保证、保铺信息、民租租约甲乙两方遵守事项、装修情况与设备情况等。有政府税务局核准章及立契人、保人盖姓名章。

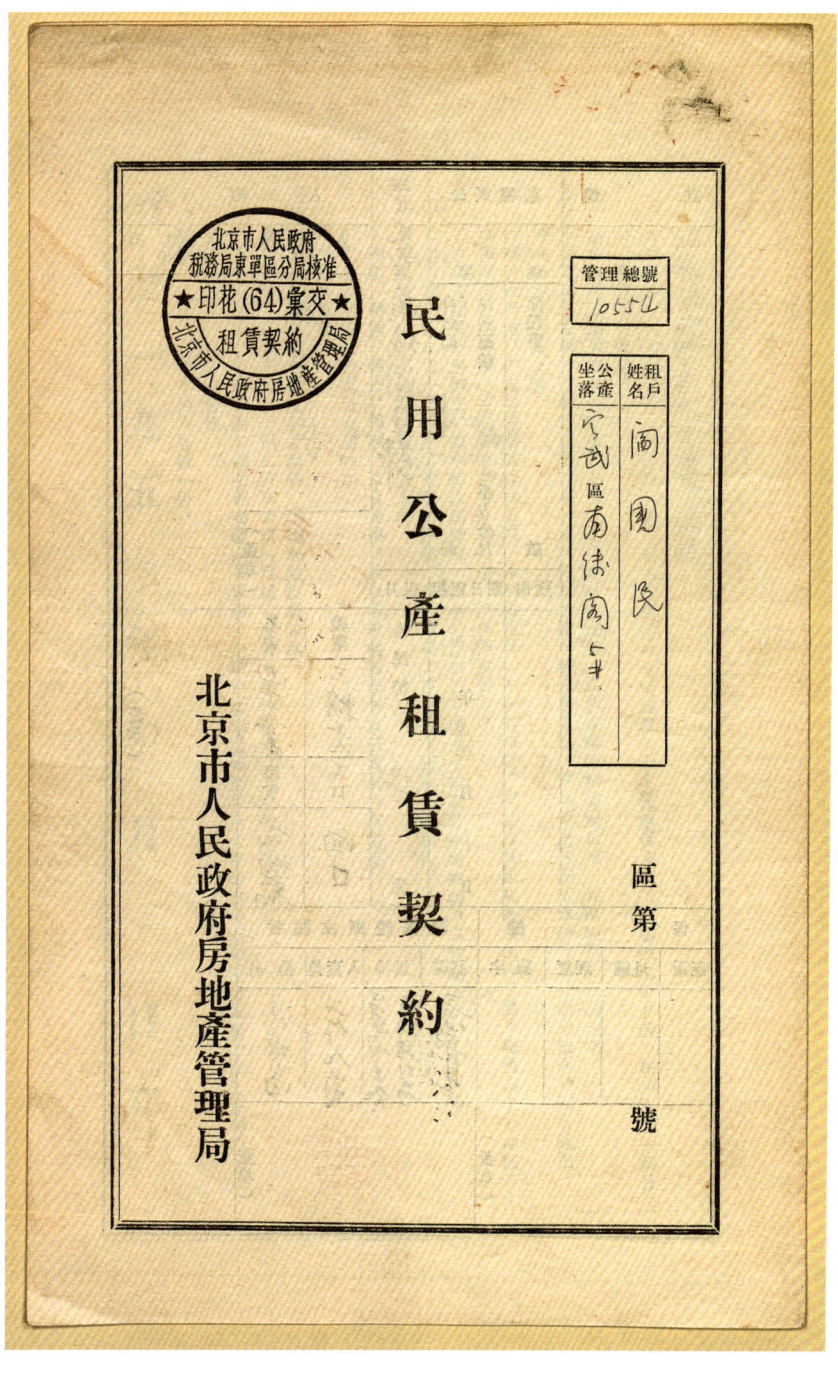

立約人		地址	公產種類		備註
出租人（甲方）	承租人（乙方）	宣武區南綫閣五號	房 自然間 建築面積	地 面積計	
	高國民		45 平方公尺		
	（蓋章）				
	年歲 四十二歲 職業 三輪工人	籍貫 良鄉縣 人口 四口	月租 人民幣 45 元	起租日期 55年1月1日	用途
機關或團體保證			舖保		
名稱 馮寶田 負責人 工作人員 地址 宣武區南綫閣五號 電話			字號 經理 高井生 舖址 自新路二号 電話		
（蓋章） 馮寶田印			（蓋章）		

民租租約甲乙兩方遵守事項

一、每月租金，乙方應於當月十五日以前，持「公產租戶付租憑摺」向人民銀行交納。如起租退租月份，住用不滿一個月者，租金按日計算。

二、租金數額依據本市公房租金標準核定之。如租金標準，或房屋建築情況變更時，其租額得另行調整之。

三、乙方對所租之房屋，裝修設備樹木，及其他附着物，應負責保管，愛護使用，經常保持整潔，注意防火、如有缺損，應負修復或賠償之責。

四、房屋安全修繕，（如房頂滲漏牆壁歪閃，木架糟朽等）由甲方負責。但乙方發現危險情況時，應及時通知甲方勘修，為保護乙方之安全，必要時甲方得停止使用，住戶應即遷出。

五、乙方為住用或業務需要，如有拆改添建時，須事先商得甲方同意，並簽訂修建契約，方動動工。

六、乙方有左列情形之一時，甲方得終止租約，收回房屋，並追補欠租或其他損失。

1. 訂租後房屋空閒連續兩個月以上者；
2. 轉租、轉倒、轉借、轉讓、私自交換，及以承租權抵作投資者或抵押借貸者；
3. 私自添建拆改損害原有建築者；
4. 拖欠租金者；

七、乙方退租時，須辦清退租手續後，方得解除租賃關係。

八、房地產稅，由甲方交納，但乙方在公產內自建之房屋，未訂租者，房屋稅由乙方負担。

九、乙方如係職工，由其服務之機關或團體出具保證。一般市民應覓具舖保或在本市有固定職業之人保，保人與被保人對本約之規定，負連帶責任。

十、本約一式兩份，甲乙兩方各執一份。

公歷一九五五年○月一日立

裝修清單

名稱	單位	數量	整缺情況																

設備清單

名稱	單位	數量	整缺情形																

分家契约

民间生活中涉及土地产权转让的文书还有分家契约,又称"分单""分产阄书""关书"等。在中国传统社会中,一个原有的大家庭随着父辈去世或子辈独立而分化成几个新家庭时,需要重新分配财产,并以书面形式留下证明,防止日后产生纠纷。这类契约往往涉及的财产较多,按条罗列,依次分配,最后分给各当事人收执。试以BSB契约文书中的《民国六年(1917)张进财分家契》(第584页)为例:

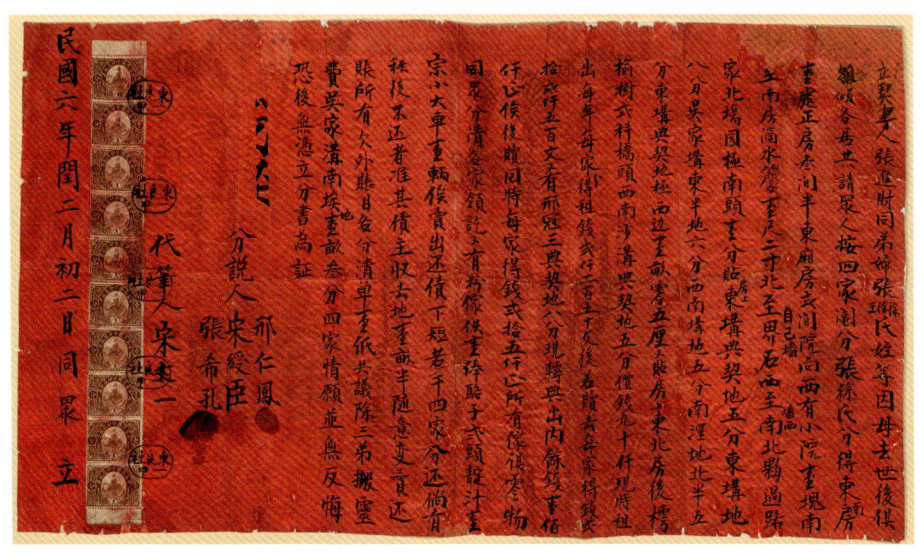

图7 《民国六年(1917)张进财分家契》

立契书人张进财同弟妇张徐氏、张徐氏、张王氏、侄等因母去世后俱难倾各居,共请众人,按四家阄分。张徐氏分得东南房壹处,正房叁间半,东厢房贰间,院向西有小院壹块,南至南房滴水檐壹尺二寸,北至自己墙界石,西至墙西,南北伙过路家北场园极南头壹分,贴房上东墙典契地五分、东墙地八分、吴家墙东半地六分、西南墙地五分、南泽地北半五分、东墙典契地极西边壹亩零五厘。又贴房上东北房后楼榆树贰科,桥头西南沙沟典契地五分,价钱九十千,现时租出每年每家分得租钱贰仟二百五十文,后若赎去,每家得钱贰拾贰仟五百文。又有邢冠三典契地八分,现转典出内余钱壹佰仟整,候后赎回,特每家得钱贰拾五千整,所有傢俱零物同众分清,各家领讫。又有□傢伕壹俸、骆子贰头、靛汁壹宗、小大车壹辆,侯卖出还债下短若干,四家分还，倘有秩后不还者，准其债主收去地壹亩半，随意变卖还账。所有欠外账目各分清单壹纸共议，除三弟搬灵费，吴家沟南埃地壹亩叁分。四家情愿并无反悔，恐后无凭，立分书为证。

分说人　邢仁凤（押）

宋绶臣（押）

张希孔（押）

代笔人　宋文一

民国六年闰二月初二日同众　立

这份分单订立的背景是家中母亲去世，兄长同三房弟媳及侄子以抓阄的方式，在众人的见证下分家析产，其内容包括原先共有的房宅、田地、作物以及债务。

与土地交易类契约一般为单份文书、仅由买主一人收执不同，分家单采用的是多联合同制，各家收执。编者推测这一份为张徐氏所收执的存照，所以仅列出张徐氏一房所分财产。正文左侧有"半书法"留下的部分字样，这种做法是将几份分单叠合在一起，在骑缝处大书"同气连枝""合同为据""分官各执一词"等，几份契约上分别留有此类字样的不同部分，在出现问题时即可用以勘合契约的真实性。[①]

[①] 冯学伟：《明清契约的结构、功能及意义》，法律出版社，2015年，第107—108页；田涛：《徽州民间私约研究及徽州民间习惯调查》（上），法律出版社，2014年，第150页。

民国六年（1917）张进财分家契

民国六年张进财在母亲去世后将家产四分并立下契约，红纸书写，有分说人与代笔人签字，贴有一排税票，盖"东良社一甲"印章，在分说人上方有半书法防伪字。

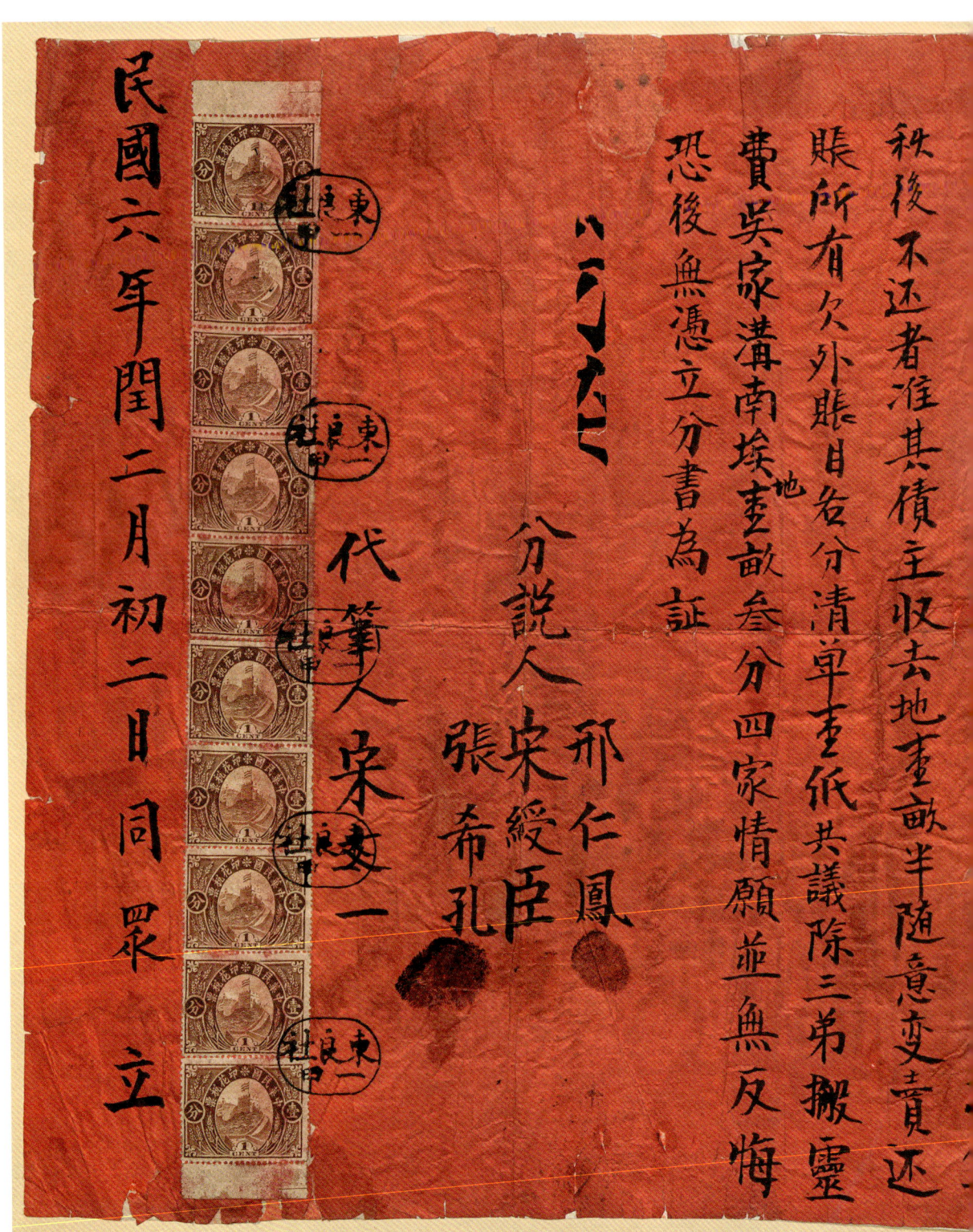

立契書人張進財同弟婦張璘徐氏姪等因母去世後俱
難領各居共請眾人按四家闔分張徐氏分得東房
壹處正房叁間半東廂房貳間院向西有小院壹塊南
上南房滴水簷壹尺二寸北至界石西至南北鄰過路
家北塲園極南頭壹分貼東塲典契地五分東塲地
八分吳家塲東半地六分西南塲地五分南滙地北半五
分東塲典契地西邊壹畝零五厘大貼房壹東北房後樹
榆樹貳科橋頭西南沙溝典契地五分價錢九十仟現時租
出每年每家得租錢貳仟二百五十文後若贖去年家得錢貳
拾貳仟五百文又有邢冠三典契地八分現轉典出內餘錢壹佰
仟正俟後贖囬時每家得錢貳拾五仟正所有傢俱零物

山西省孟氏兄弟分家契、1954 年王长青卖地契

山西省孟氏兄弟同母亲商议后，在亲戚、族人等的见证下立分家契一份，分割了产业田房土地等，并安排了母亲的后续赡养。契纸有亲谊按手印，族谊、邻谊盖姓

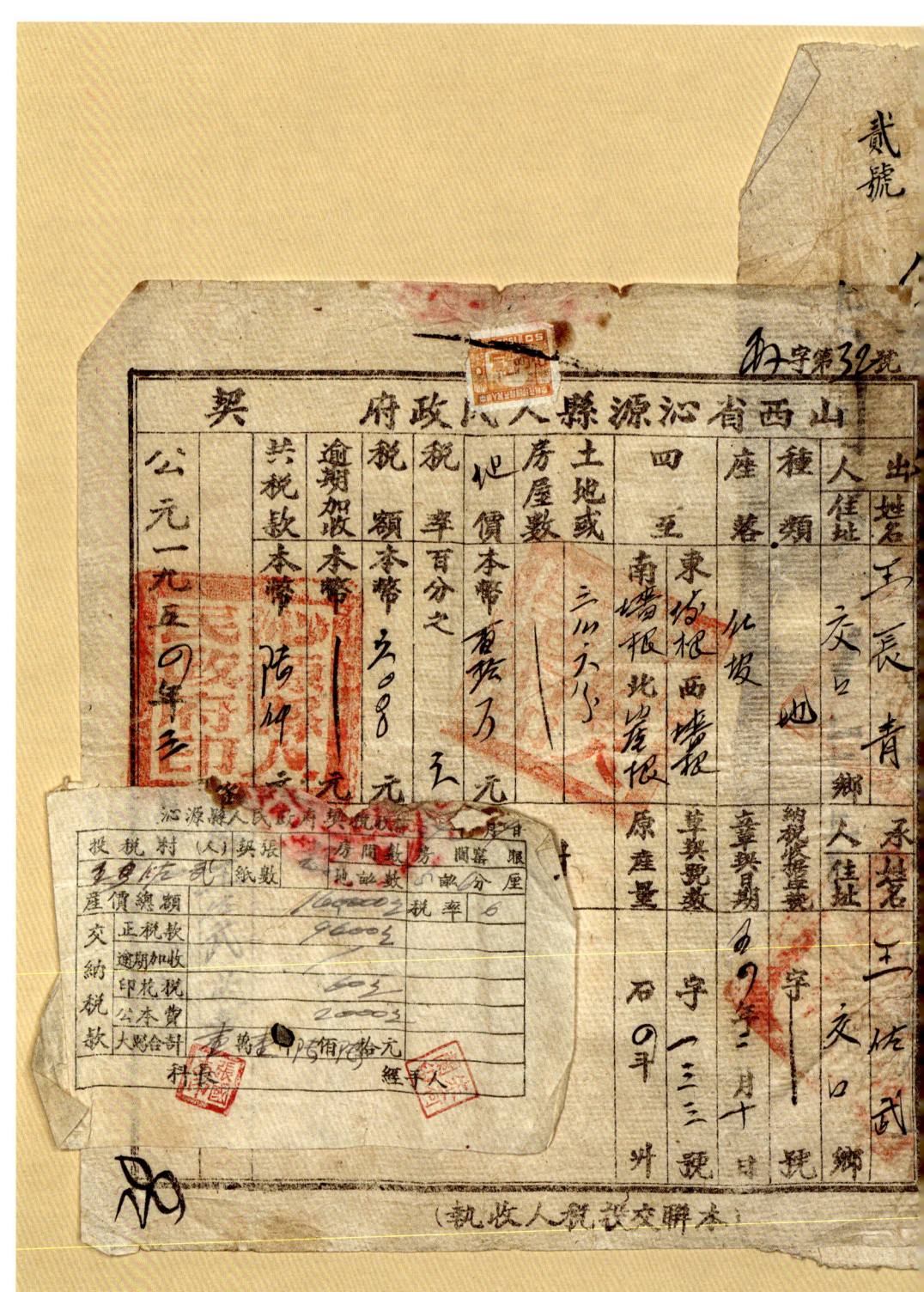

名章。后附1954年王长青卖地官契一张，贴有税票、纳税证明，盖官印。

立分炊产文约人孟啓懃啓信啓茶同胞弟兄五人同老母再三商议剩下弟兄们俱能自主过度对于一切生活均能保存养赡自已所有房屋土地以及农俱一切牲畜等分别清楚各有执凭今邀请亲族降交割场分撥各自保存外惟老母分到之产或修或卖自主协同长子等皆愿再行辨理活为养赡育一波以作埋葬之需所剩田房等物

以分今有来面食粮以及零星物

惟车门毛厕未擴作为公行公修使用恐有碍物等伴商量使用不得瞒昧双方情愿並无

异说嗣没勿论何人不得争论一样立此分单五履各执一张永远保存为证

许将各自分到产业田房土地分别开明于後 計開

老母分到磚塞地以名南庙西起州内南寨围地以維王彦地以 柳樹一个牛一頭大小盤三个院北门道三间

啓茶分到 南来围地飯以北黄維地

啓寛分到 劉泉楼地以西巷地以 东院东房两间

啓信分到 磚塞地咧以坑塔地咧以南黄維地以 东院东卡则北西间半

啓敏分到 磚塞地以名泉托塔地咧 东院东卡则南

族誼 孟邦昌
親誼 鈕丙戌
師 鄭光明
王彭令

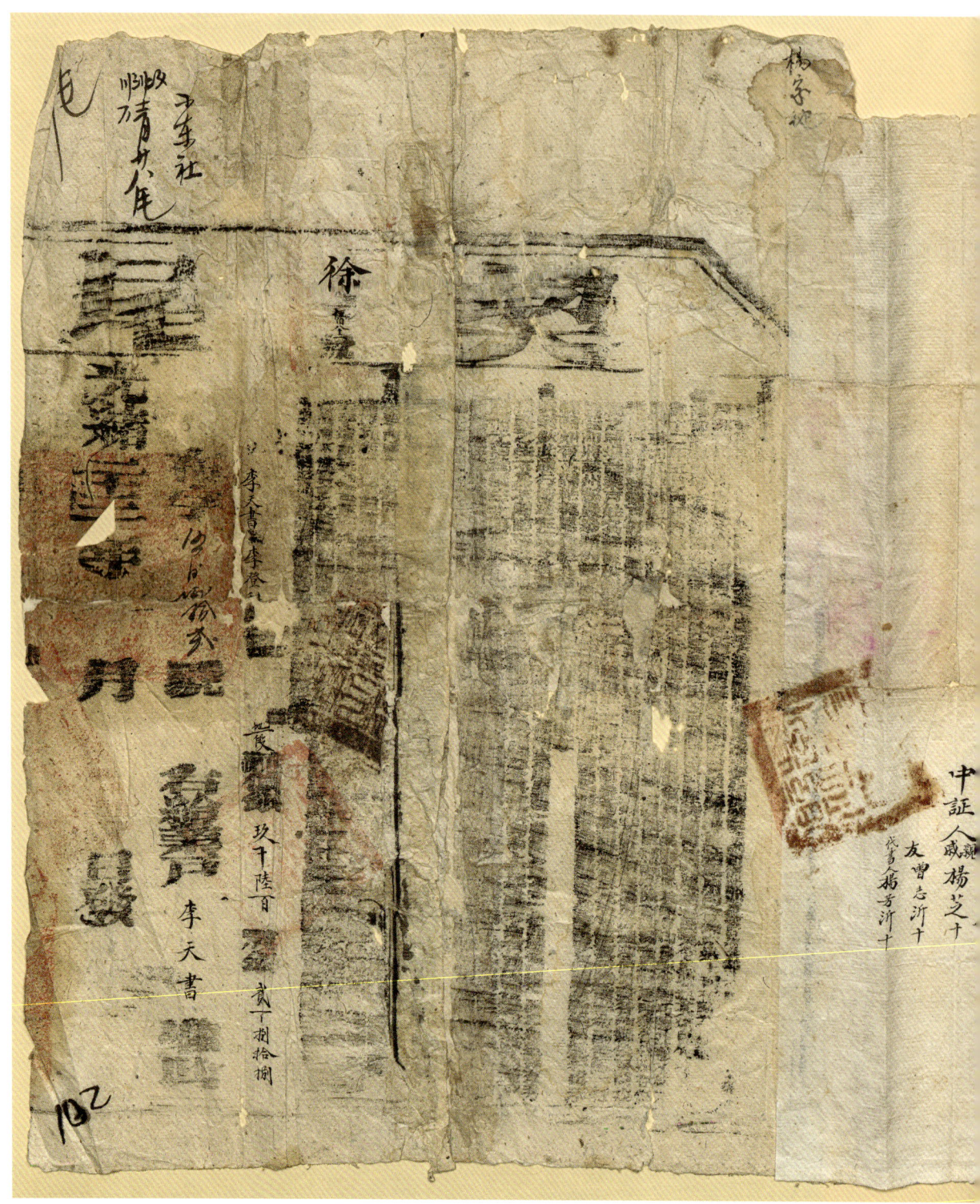

贺氏叔侄分家契

贺氏叔侄因老者逝世、幼者未谙世事而一直同居，今叔侄三人平均分产，各立门户，立契为证。有亲戚、族人、友人、代笔人画押，有半书法防伪字。后附光绪二十三年（1897）李天书买地尾契一张，盖官印。

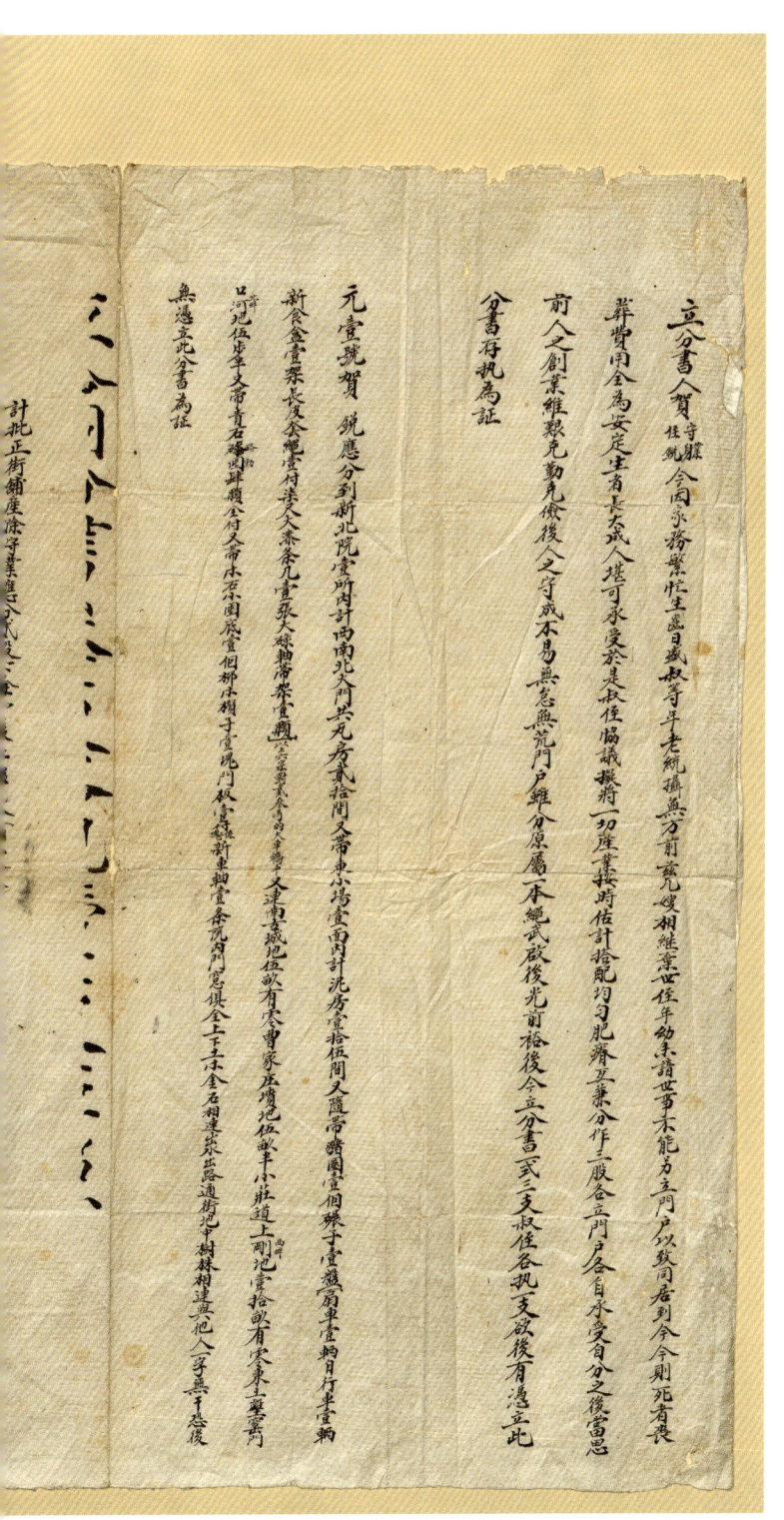

立分书人贺守业、侄锐，今因家务繁忙，生齿日盛，叔等年老统摄无方，前兹兄嫂胡维叶世侄年幼未谙世事，不能另立门户，以致同居到今。今则死者丧葬费用金为安定，生者长大成人堪可承受。于是叔侄协议，拟将一切产业按时估计拾配均匀肥瘠，互兼分作三股，各立门户，各自承受自分之后，当思前人之创业维艰，克勤克俭，后人之守成不易，无怠无荒，门户分原属一本绳武，启后光前，裕后。今立分书式三支，叔侄各执一支，欲后有凭，立此分书存执为证。

元壹号 贺锐应分到新北院壹所，内计西南北大门共无房贰拾间，又带东小场壹面，内计泥房拾伍间，又随带骡骡壹个骡子壹匹扇车壹辆，月行车壹辆，新食盒壹架长凳叁条，绳壹付，送丈夫桑余几壹张，大碌碡带架壹颗（二六年对贰叁号的大车鞴乎），又建南垣城地伍亩有零，曹家庄坟地伍亩半，小庄道上刚地壹拾亩有零，东云鹫窝口河地伍步半，又带青石磙四坪颗（帮勋），全付又带永东囤底壹佃，椰木桶子壹（规）门叛壹佩，新东轴壹条，院内门窗俱全上下土木金石相连，炭盐路通街地中树株相连，与他人毫无干恐后无凭立此分书为证

计批正街铺产除守业应分贰股，下余壹股在毂东分（因共叁股）此分单内批四字里陆贰字滁叁字花处言明住占年即行造务

赋税凭证

赋税凭证是官府用以管理税收的文书，多以"××执照"为名。BSB契约文书中所收包括田粮税收执照和契税执照。

　　田粮税收执照由于明、清、民国的土地政策变化而各不相同。其中一份明代长汀县的"归户由帖"①，是将各项赋役整合，统一征收银两的纳税单据，出现于张居正"一条鞭法"改革之后，记录内容包括纳税等级、种类、违章处罚、土地情况及归户人；还有多份清代的"上下忙执照"②，是由赣州官府开给汤楚良、汤宿贾、汤学栋征收忙银（土地银钱）的收据，这种田赋制度是将二月开征、五月截止的征收行为称为"上忙"，将八月开征、十一月截止的征收行为称为"下忙"，在此，以往的田赋、丁银两税合一为"上下忙"；另还有地方政府按其征收所给的米执照、银粮执照；等等。

　　契税执照是在土地交易产生时通过官府批准并缴税产生的执照，税款通常在百分之三左右，附于契约一侧，代表了官方的认可和契约的合法性。BSB契约文书中还有一份手写的河南彰德府给出的王元蛟买地后向官府投税的收执，是少有的非印制的执照。③

---

①见《万历八年（1580）福建汀州长汀县府归户由帖》（第594页）。
②见《江西省赣州府赣县汤氏上下忙执照》（第596页）。
③见《顺治七年（1650）河南彰德府磁州王元蛟投税收执》（第595页）。

万历八年（1580）福建汀州府长汀县归户由帖

万历八年福建汀州府长汀县发给佃人的土地权属凭证，记录内容包括编号、归户佃人、四至情况等。

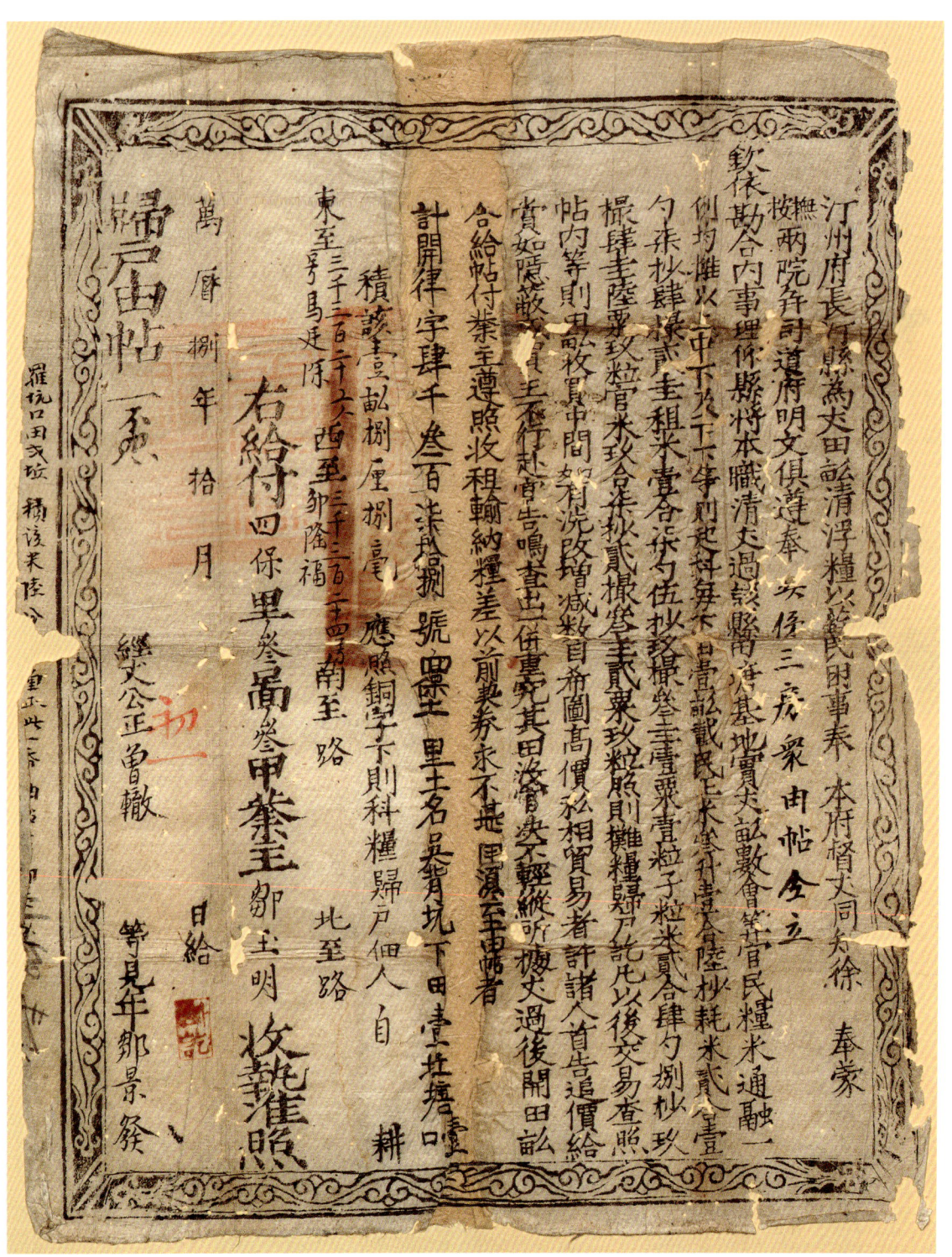

顺治七年（1650）河南彰德府磁州王元蛟投税收执

顺治七年河南彰德府磁州王元蛟买地后缴纳相应税款，得官府投税收执一份。盖满文、汉文各一半的官印、骑缝章。

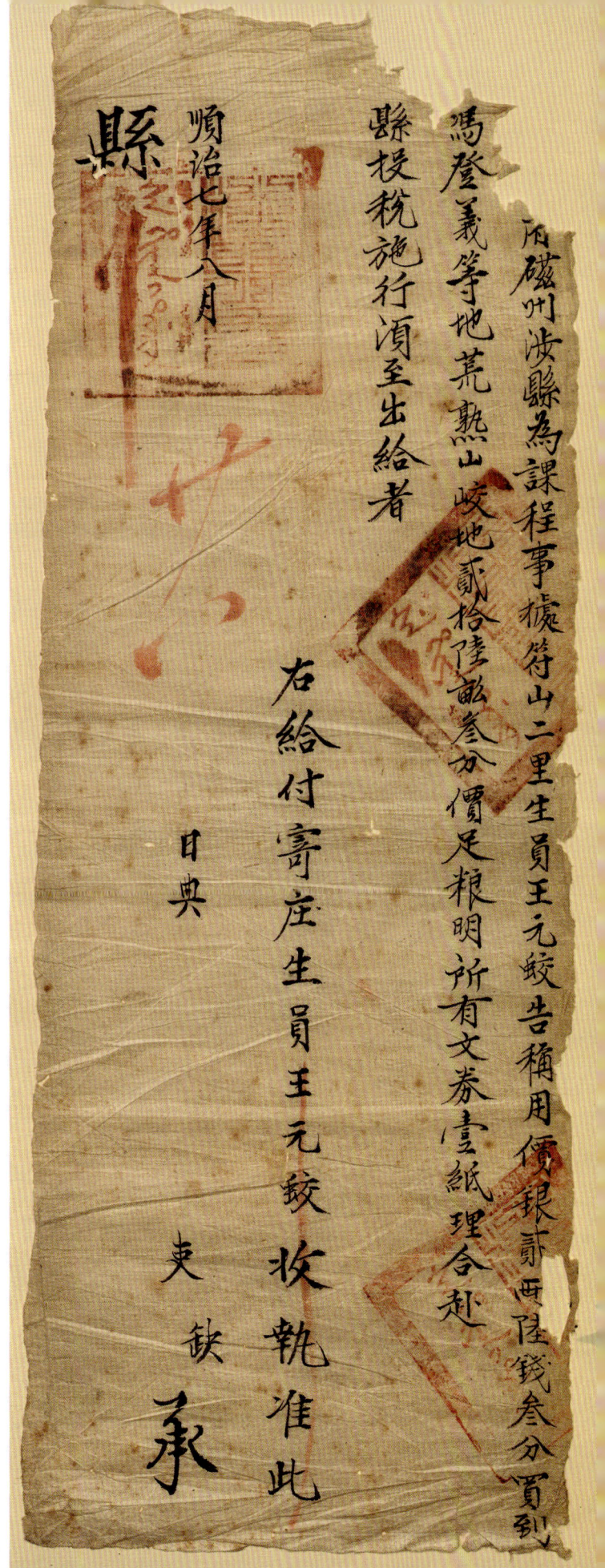

山东省乐陵张耀晖米执照、江西省赣州府赣县汤氏上下忙执照等（共六份）

右起分别为张耀晖上交纳米的执照凭证，赣州官府开给汤氏汤楚良、汤宿贾、汤名栋的征收忙银（土地银钱）的收据。二月开征、五月截止的忙银为"上忙"，八月开征、十一月截止的忙银为"下忙"。在此，以往的田赋丁银两税合一为"上下忙"。

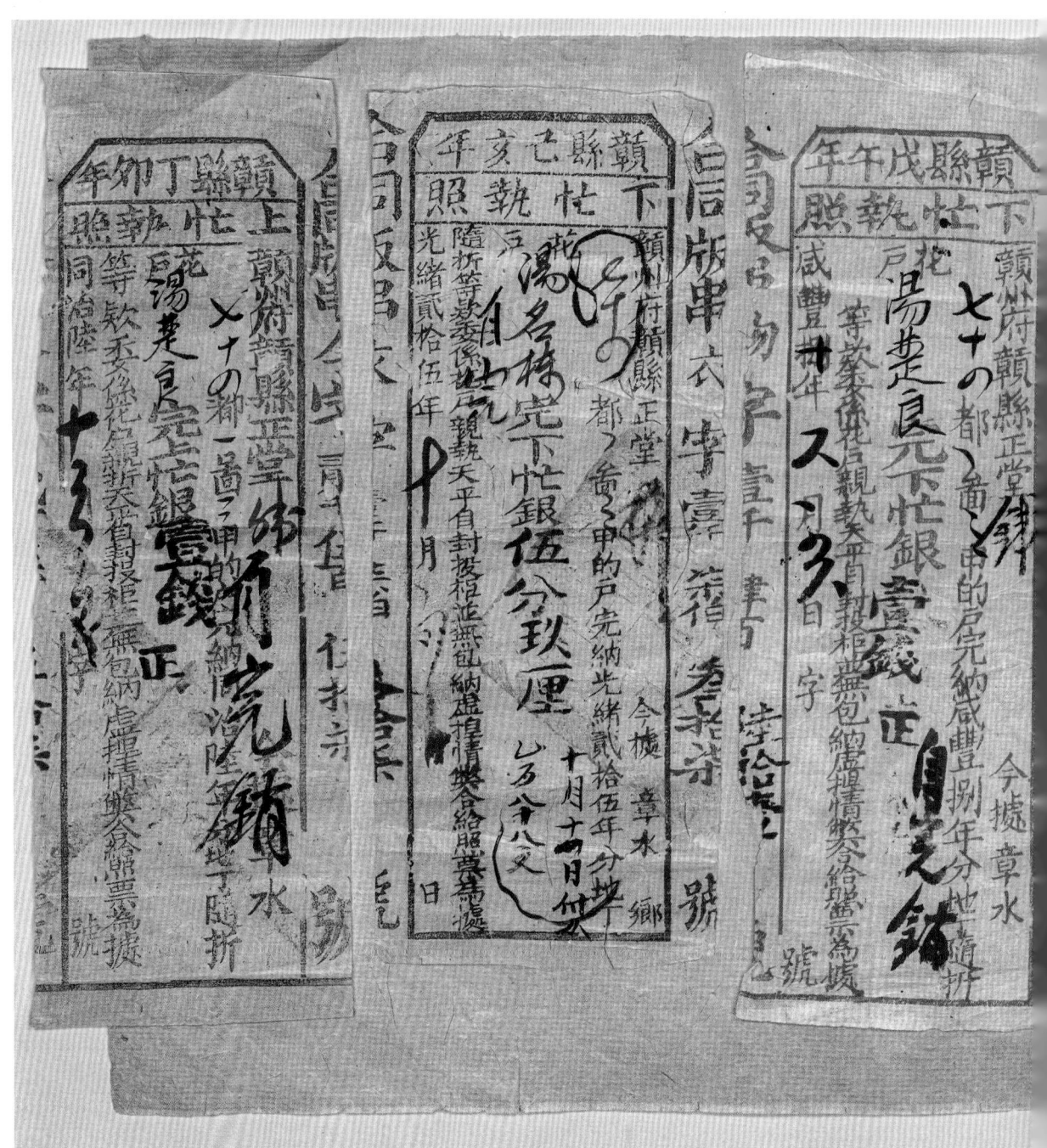

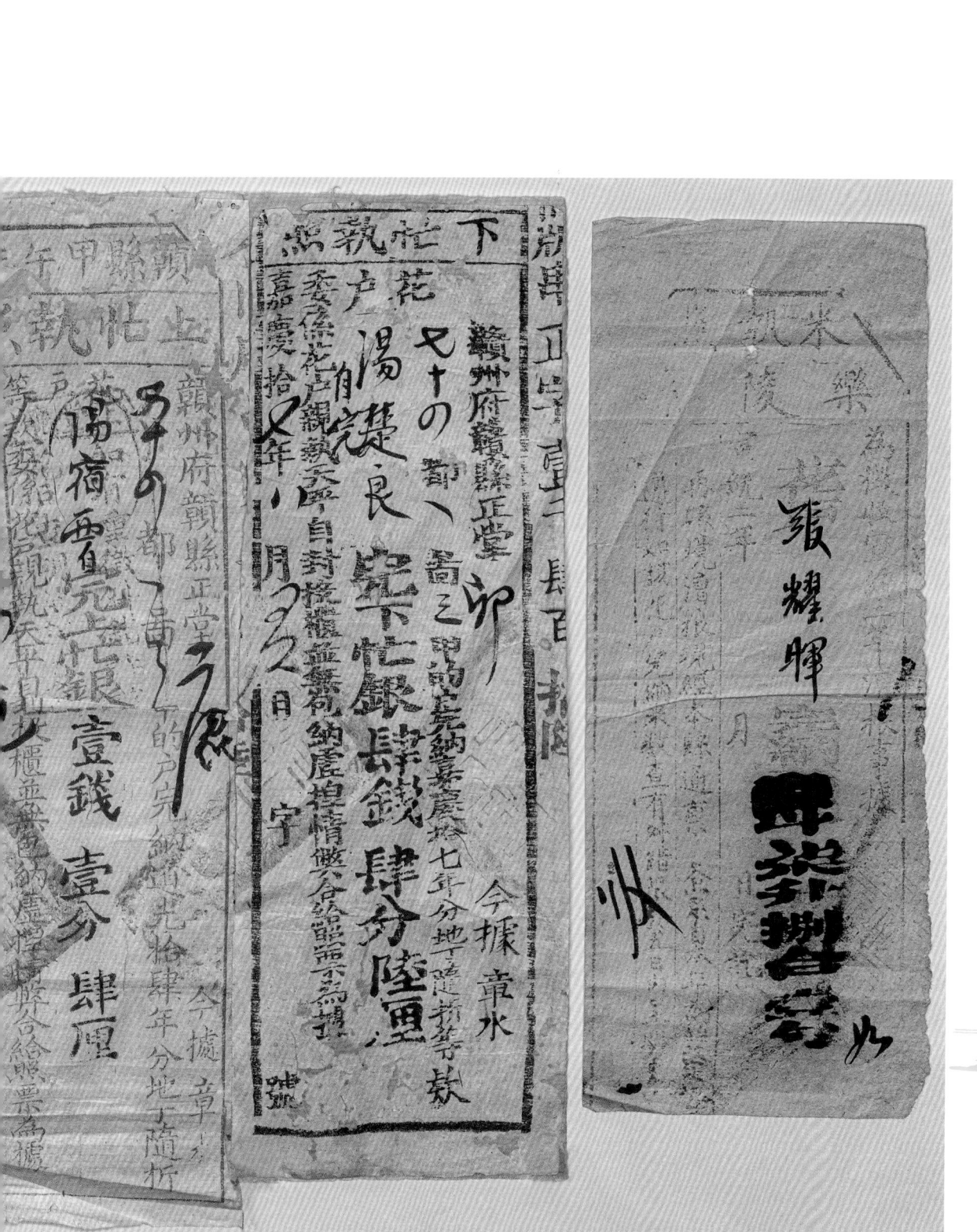

土地证

BSB契约文书中的土地证以1941年、1947年和1950年三次土地改革之后发给民众作为合法土地权益凭证的表格式凭证为主，一般记载有业户的房屋四至情况与产权所有人的家庭情况，有县长、副县长、农会主任等人落款，并加盖姓名章。

　　土地改革前的土地证则有"垦荒大照"、领地、领租地等凭证。其中一份"垦荒大照"记载了朱法庆从奉天度支司领了一段熟地，并需按年限上交银两，逐年上涨。大照后粘连准单，盖官印与骑缝章，并有方位四至图。[1]《奉天省赋课章则汇编》中也记载了"左列各项，奉天省习惯通谓之大照……清赋旧案新案荒熟各地"[2]，"凡属大照均系报领荒地执以管业者"，也印证了这种名为"大照"的开垦荒地证明文书在奉天省的存在。在内蒙古一带，为了获得垦荒的权利，还需缴纳"荒价银"[3]（"押荒银"），即垦务机构向承垦佃户收的垦荒押金，按照土地的肥沃情况分级缴纳。执照中写明了每亩应缴的荒价银，及在年限之内要垦熟升科、正式征收纳税。[4]

---

[1] 见《宣统元年（1909）奉天省铁岭朱法庆领地契》（第602页）。
[2] 江苏省中华民国工商税收史编写组、中国第二历史档案馆编：《中华民国工商税收史料选编·地方税及其他税捐》（下册），南京大学出版社，1999年，第3289—3290页。
[3] 见《民国十二年（1923）银名财政部执照》（第604页）。
[4] 沈斌华：《内蒙古经济发展史札记》，内蒙古人民出版社，1983年，第158页。

宣统元年（1909）奉天省铁岭朱法庆领地契

宣统元年奉天省铁岭人朱法庆从奉天度支司领了两段熟地，并需按年限上交银两，逐年上涨。大照后粘连准单，盖官印、骑缝章，并有方位四至图。

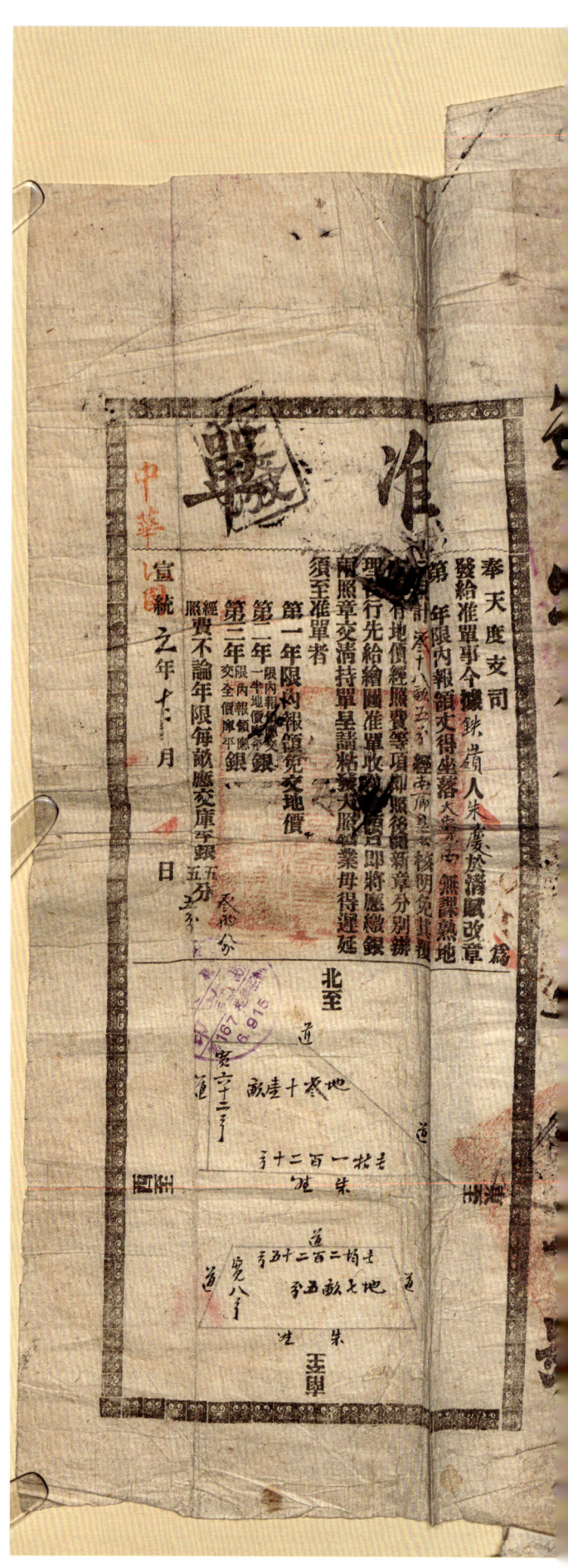

民国十二年（1923）银名财政部执照

放垦政策中，垦务机构向承垦佃户收的垦荒押金称为"荒价银"，包括垦荒价与升科额数。该执照为民国十二年财政部发给银名垦荒凭证与缴纳荒价银的文书。背面贴有一段不完整的出卖佃地于任坏[怀]珠的地契。此处原为"任坏珠"，根据民间取名传统推测应为"任怀珠"的讹误。

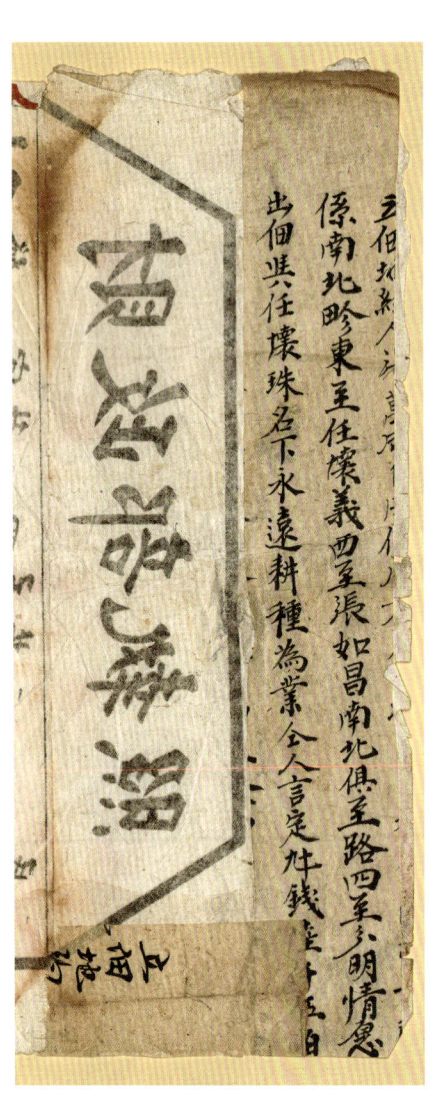

背面内容（应是补丁）

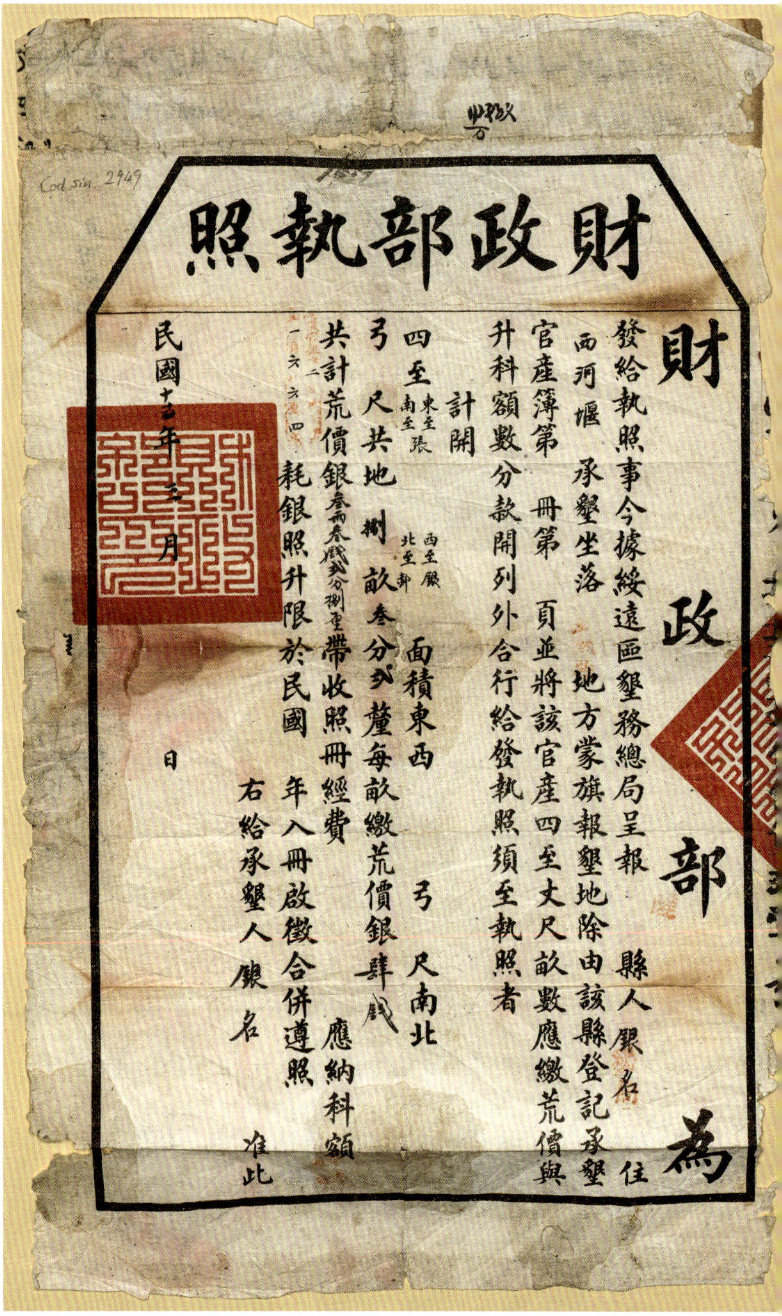

民国十三年（1924）吉林省榆树县王连富土地执照

民国十三年财政部经丈量后发给吉林省榆树县王连富土地执照一份。执照上备注"……卖于外国人即作无效"，盖官印、骑缝章及其他印章若干。

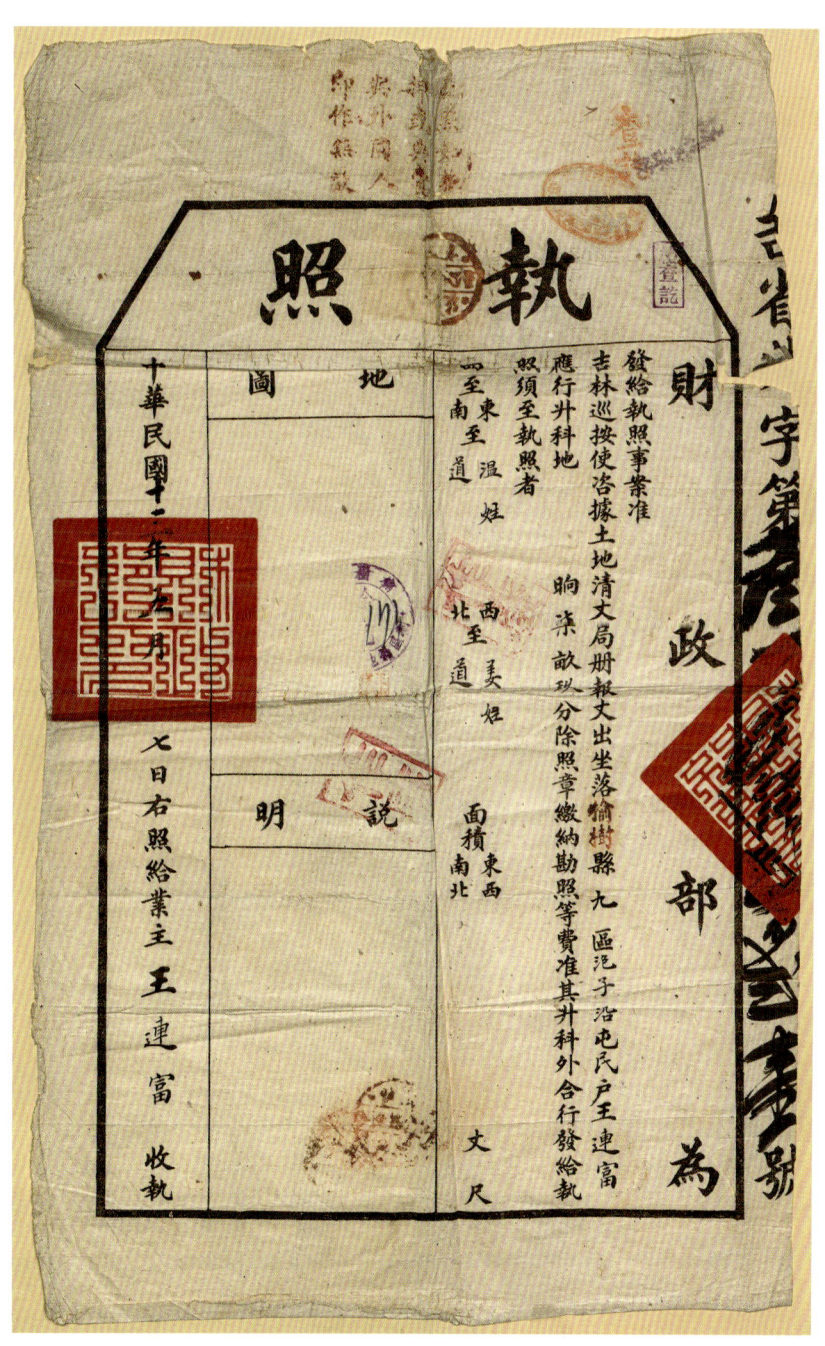

民国十七年（1928）奉天省怀德县王凤梧领租地契

民国十七年王凤梧在奉天省领租了一段地，需按章程交十分之四的地价，余下十分之六限一年内交齐。丈单为缴纳通知。凭照为地产凭证，盖官印、骑缝章，印有"如抵押典卖于外国人者概作无效"。

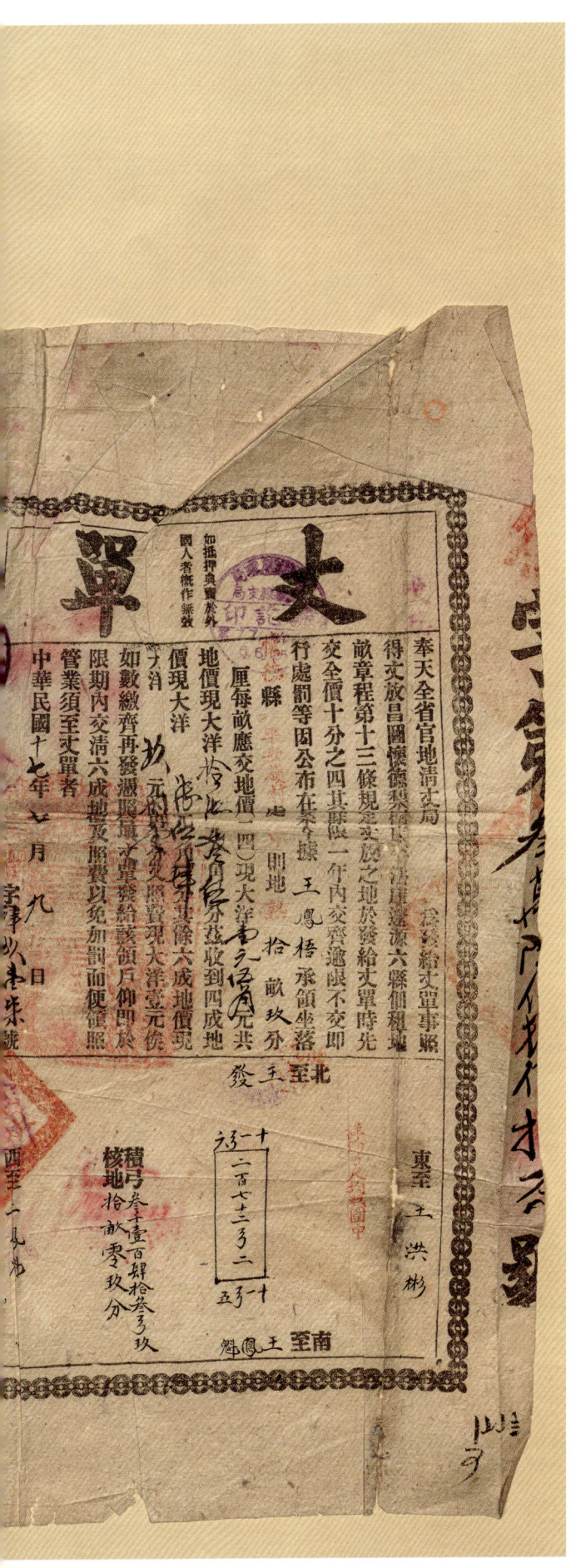

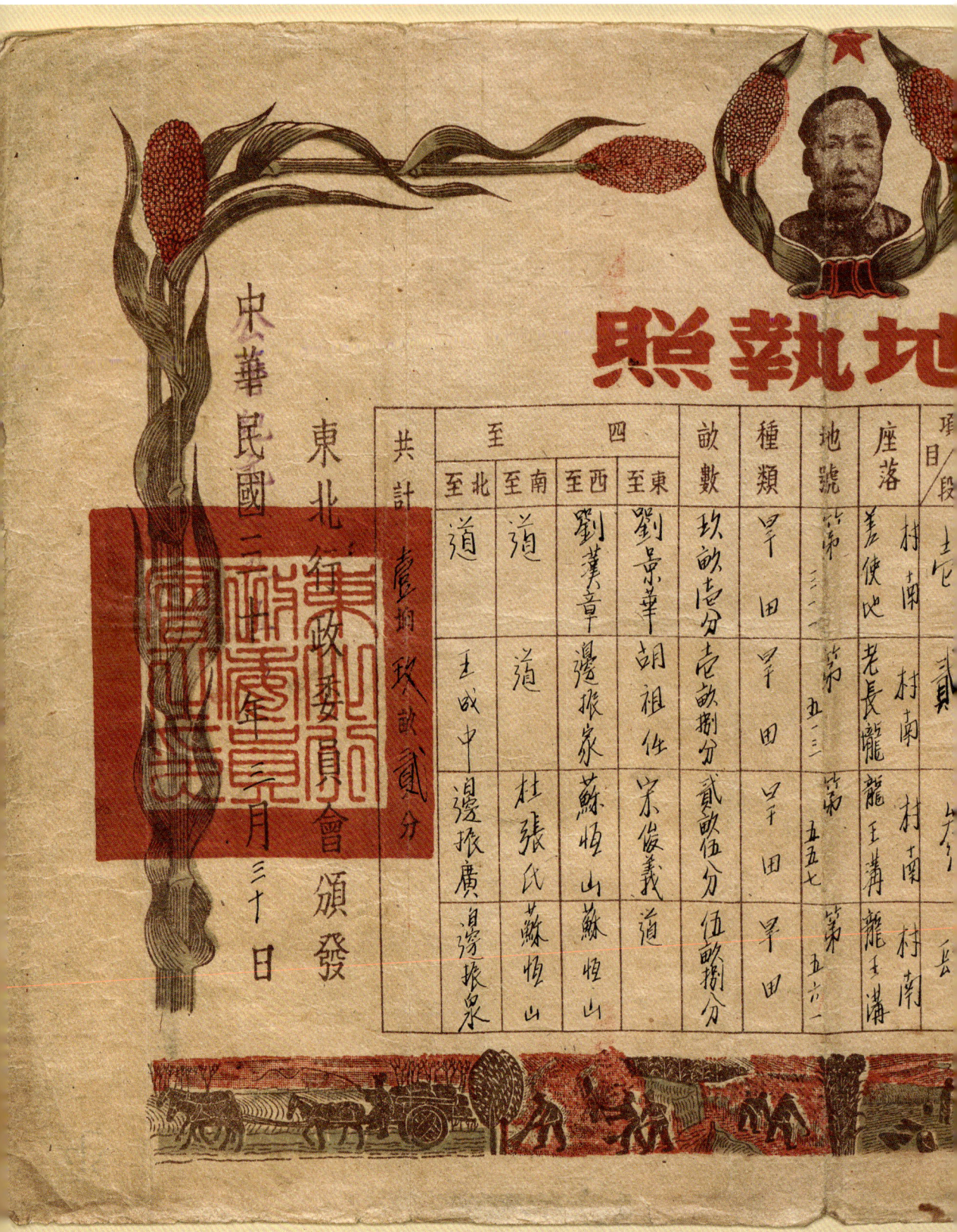

地 執 照

項目/段	壹	貳	參
座落	土宅 村南老長隴龍王溝	村南 村南龍王溝	
地號 第	三一 第五三	第五五七	第五六二
種類	旱田	旱田	旱田 旱田
畝數	玖畝壹分壹	畝捌分 貳畝伍分	伍畝捌分
四至 東至	劉景華	胡祖任	宋俊義道
西至	劉漢章	邊振家	蘇恆山 蘇恆山
南至	道	杜張氏	蘇恆山
北至	道	王成中	邊振廣 道邊振泉
共計 壹頃玖畝貳分			

東北行政委員會頒發

中華民國三十八年三月三十日

民国三十年（1941）辽东省辽阳县边德第土地执照

民国三十年辽东省辽阳县边德第土地执照一张，作为其已得土地所有权证明，记录土地位置、地号、种类、亩数、四至情况等，盖"东北行政委员会"印。

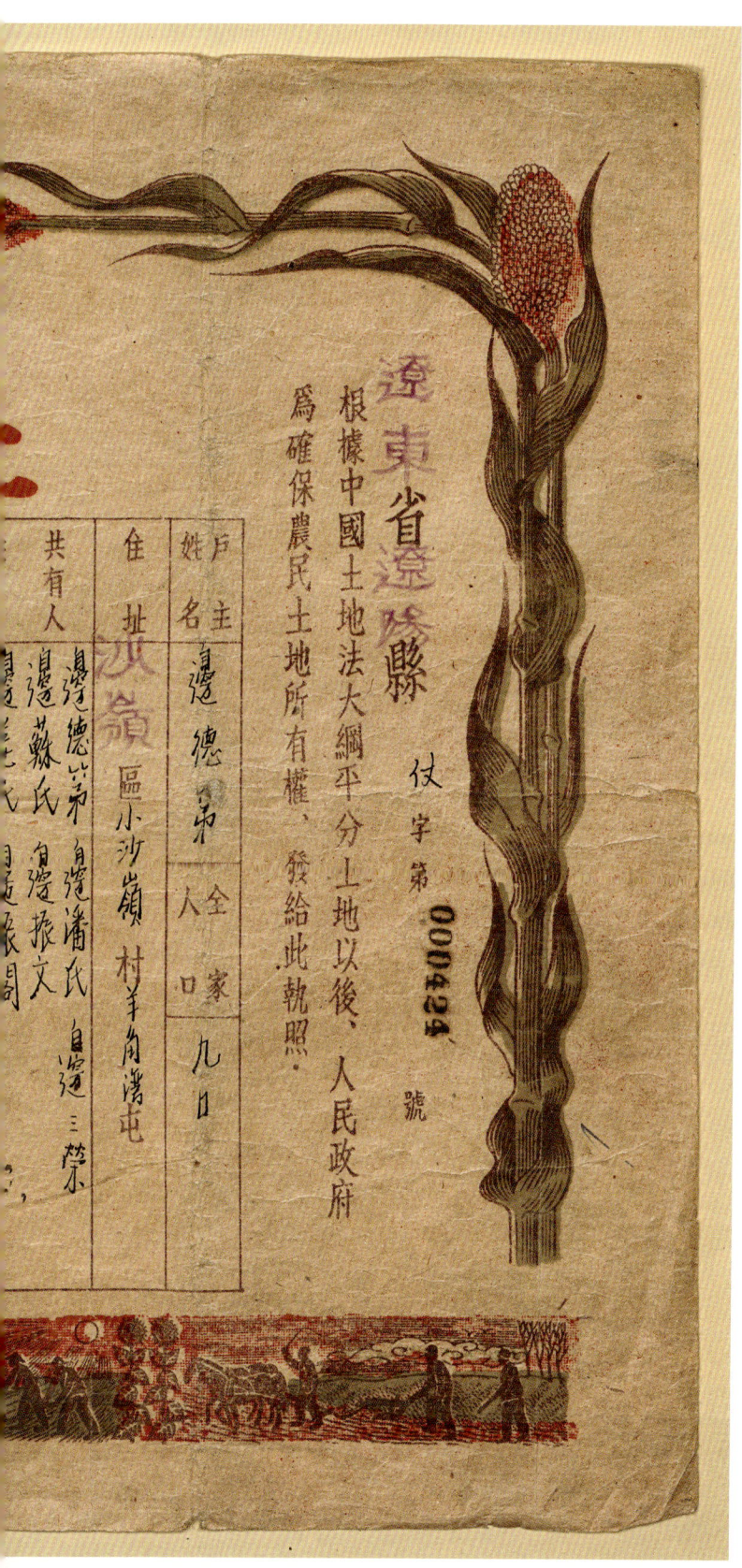

地執照

項目/段			
座落	東山地 趙房西	趙房西	后山地
地號	肆陸玖號	壹肆柒貳 壹肆零壹	捌百柒
種類	旱田	旱田 旱田	旱田
畝數	叄畝	壹畝伍分 壹畝陸分	貳分
四至	至東	高紹林木戶 小道心 牆	
	至西	陳慶升滴心本戶 牆根	牆
	至南	邊 趙云祥 牆	
	至北	滴邊 趙云廷 劉鳳鳴	山邊
共計	零垧陸畝叄分		

東北行政委員會頒發

中華民國三十年十二月二十日

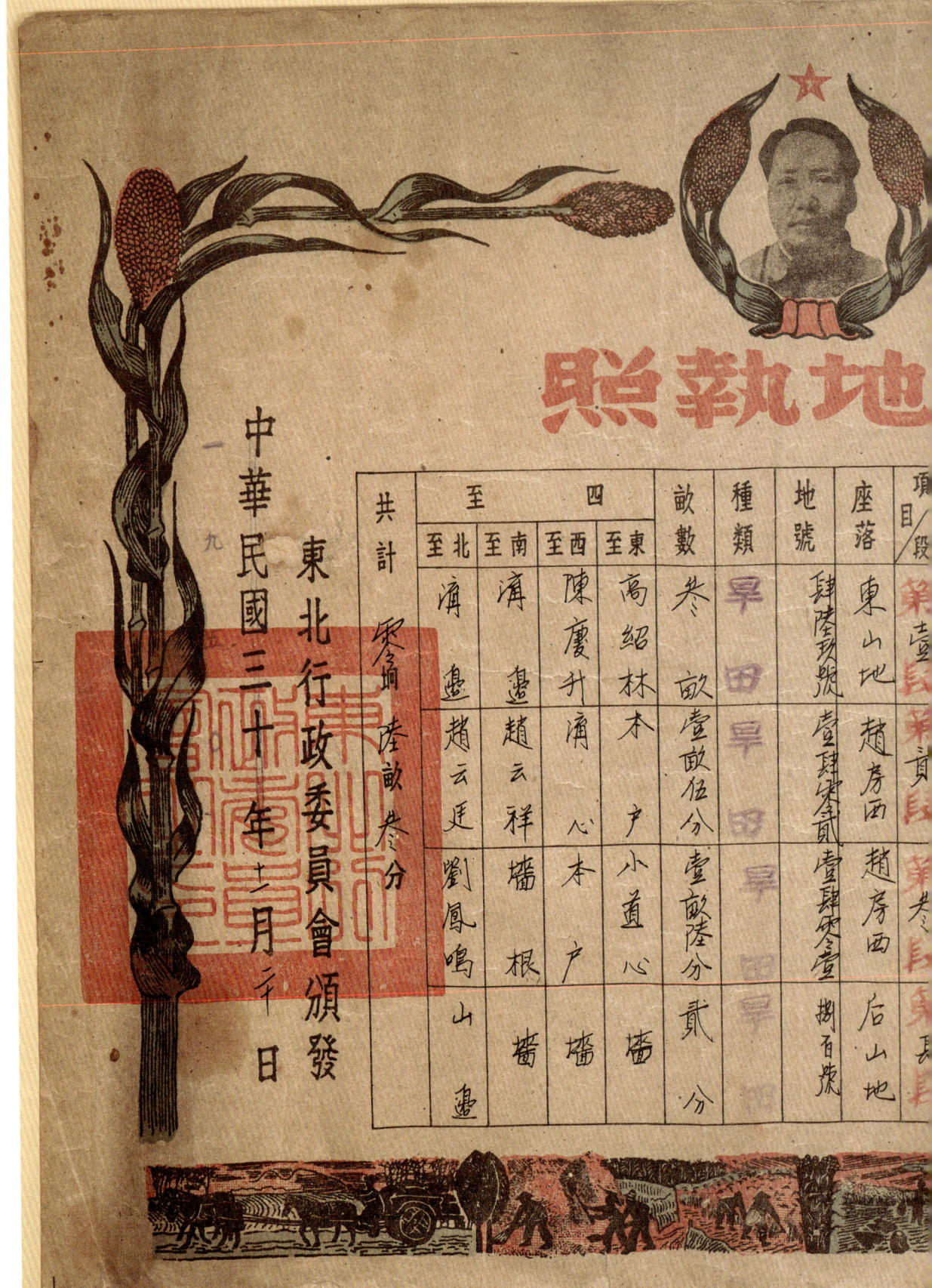

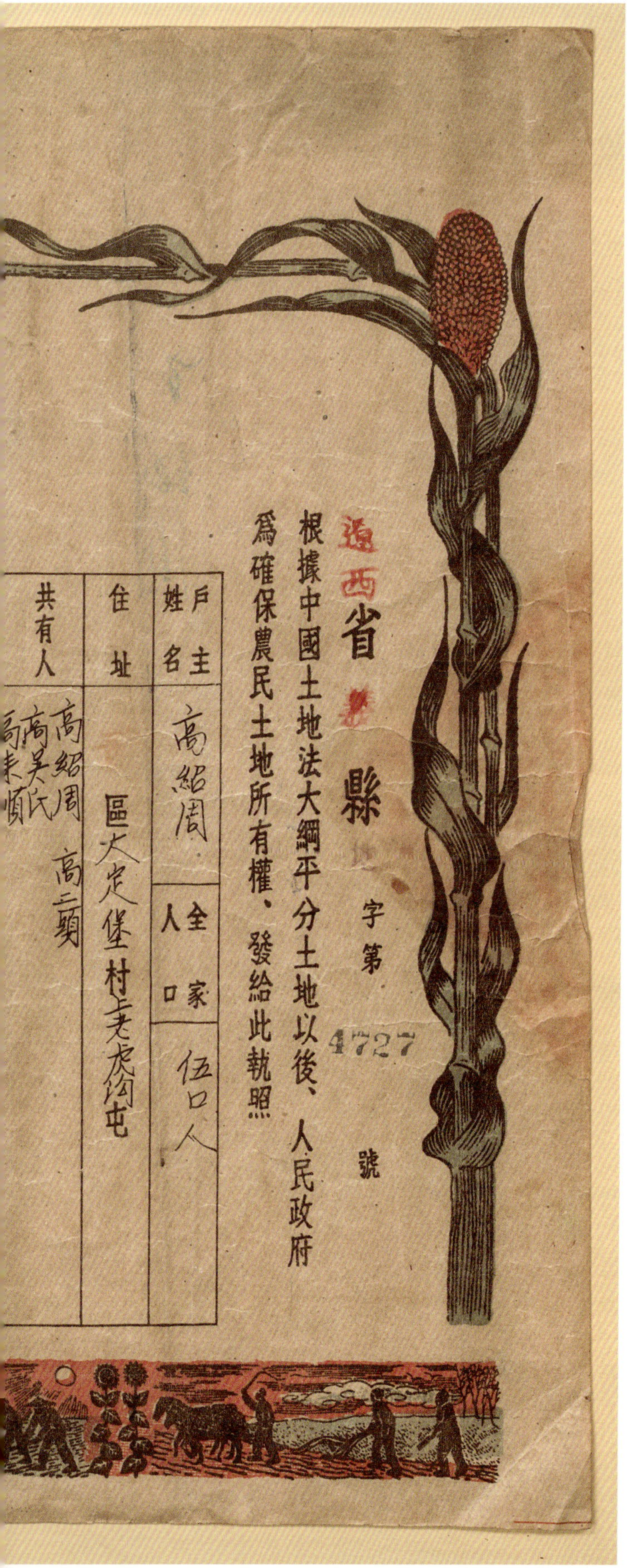

民国三十年（1941）辽西省义县高绍周土地执照

民国三十年辽西省义县高绍周土地执照一张，作为其已得土地所有权证明，记录土地位置、地号、种类、亩数、四至情况等，盖"东北行政委员会"印。契纸背面写有"高绍周"。

辽西省 义 县 字第 4727 号

根据中国土地法大纲平分土地以後、爲確保農民土地所有權、發給此執照、人民政府

戶主	姓名	高紹周	全家人口	伍口人
住址		區大定堡村老虎洞屯		
共有人		高紹周 高吴氏 高二萌 高来顺		

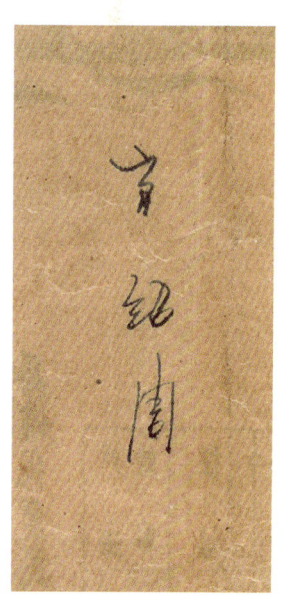

契纸背面写有"高绍周"

民国三十八年（1949）晋绥边区山西省崞县南阳店村土地证

土地改革之后，山西省崞县南阳店村樊栓增一家分有土地贰拾叁亩捌分、房产七间。该证记录土地房屋四至情况与产权所有人的家庭情况，有崞县县长、副县长、农会主任盖姓名章。

晋绥边区土地证

查本县第四区 南阳店 村户主 樊拴增 一家在土地改革中分得土地
贰拾叁亩捌分 响房壹 柒 间经勘查确属实在为保证人民土地房屋所有权
（上下土木金石相粘矿权在外）特为证明嗣后此项土地所有权即归该户所有此证

土地房屋四界表				附记
座落	类别	数量	四至	人口 姓名
曾家坟茔地	淤	肆亩九分	东 李二亥 西 赵三孟 南 横渠 北 界至	男女大小
张家坟地	沙	壹亩九分	樊明红 樊保生 横渠	一 二
海子地	城	壹亩六分	合河村地 张心保	樊樊樊 拴三 工 水 二
东崖地	沙	壹亩六分	头 赵二科 郭铁中	曾 登 梨
屯良地	城	壹亩	头 梁德义 赵喜福 河头	兰 班
曾家坟茔地	旱	壹亩九分	横 张二东 赵二科	
南项王地	早	壹亩八分	闫玉保 渠 樊俊虎	
屯良地	城	壹亩壹分	李仓斗 赵相印 渠头 道	
唐窑地	柔淤	柒亩六分	李束亨 樊保受 渠头 道	
东街 赵△一所		柒间	赵二虎 樊逐银 街 裴任氏 头 街	

峄县 县长 张△山
副县长 中△
农会主任

人口 男女大小 一 二 二
姓名 樊樊樊 拴三工 水二 曾登梨兰班

一 地人口姓名 一 男女姓名均应填入

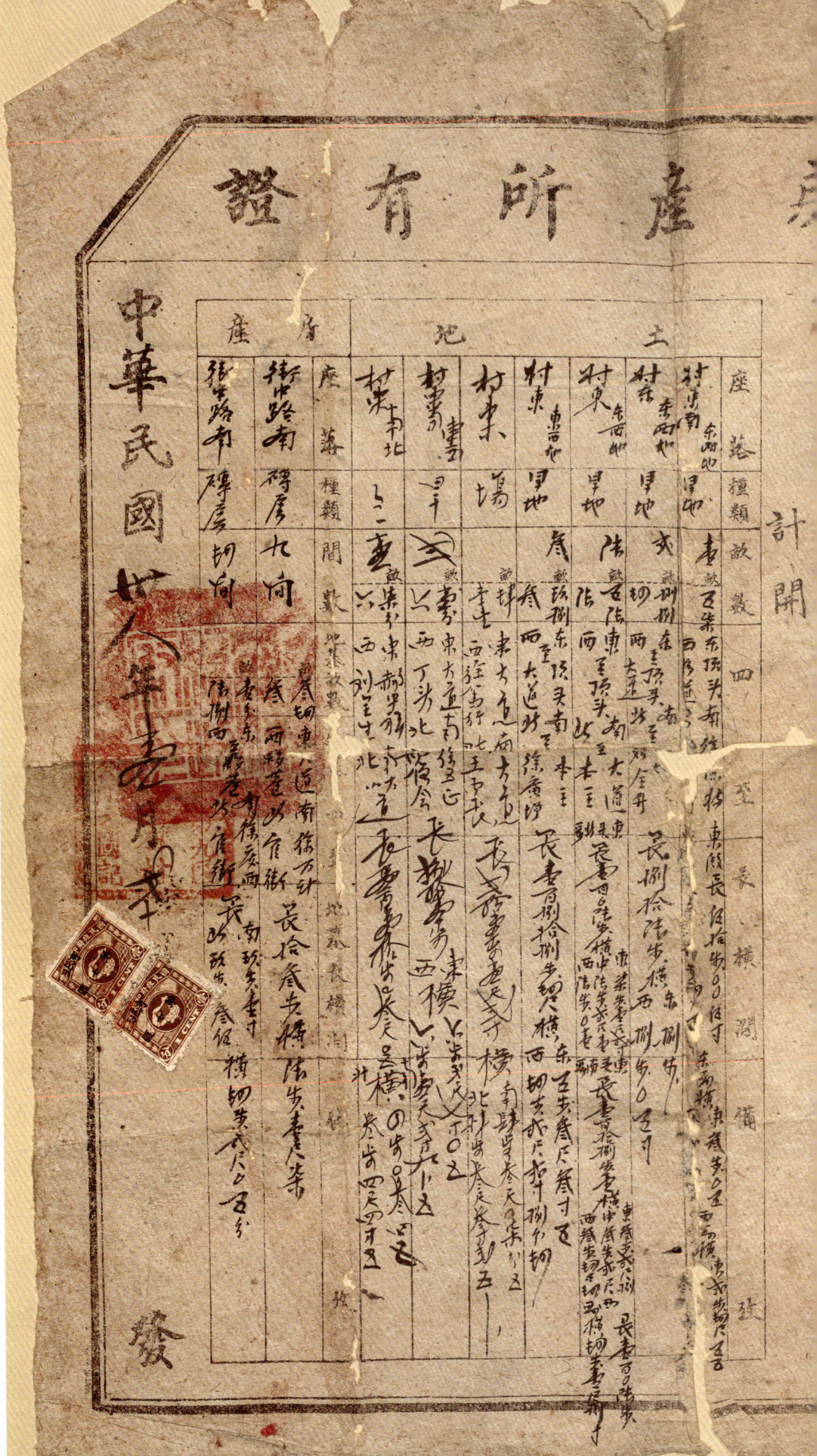

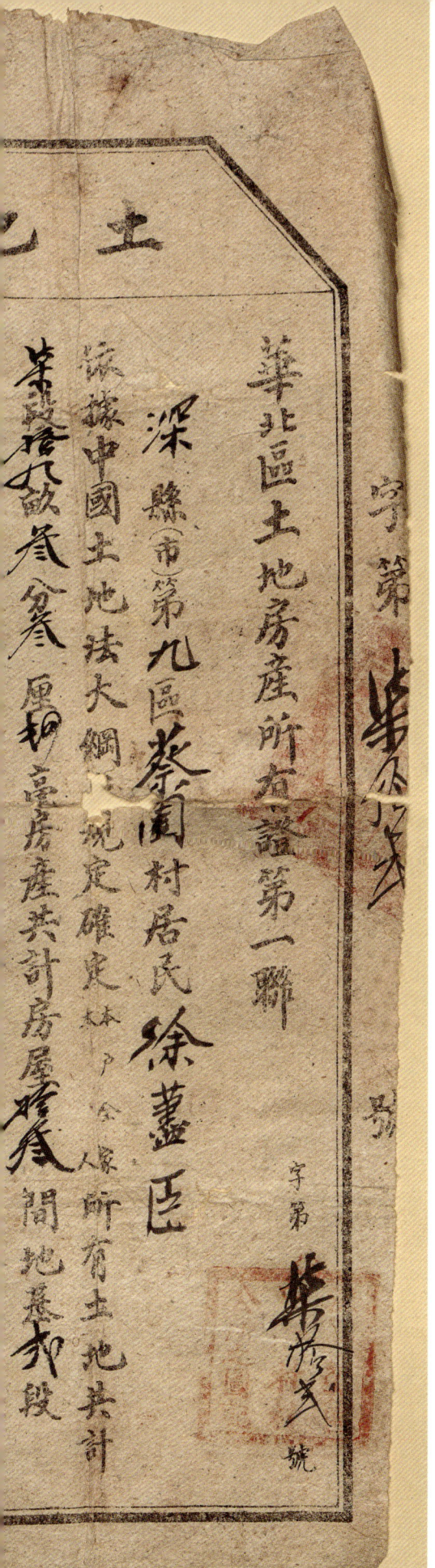

民国三十八年（1949）华北区深县徐荩臣土地房产所有证

民国三十八年华北区深县徐荩臣土地房产所有证一张，作为其据《中国土地法大纲》已得土地所有权证明。该证登记土地、房产两类，记录其位置、种类、亩数、间数、四至情况等，贴有税票，盖骑缝章、政府印。

1950年辽西省法库县田宝生房产执照

1950年辽西人民政府颁发给法库县田宝生的房产执照，以表格形式登记产权人信息、土地情况说明与房屋情况说明，盖官方印章。背面为房产共有人名簿。

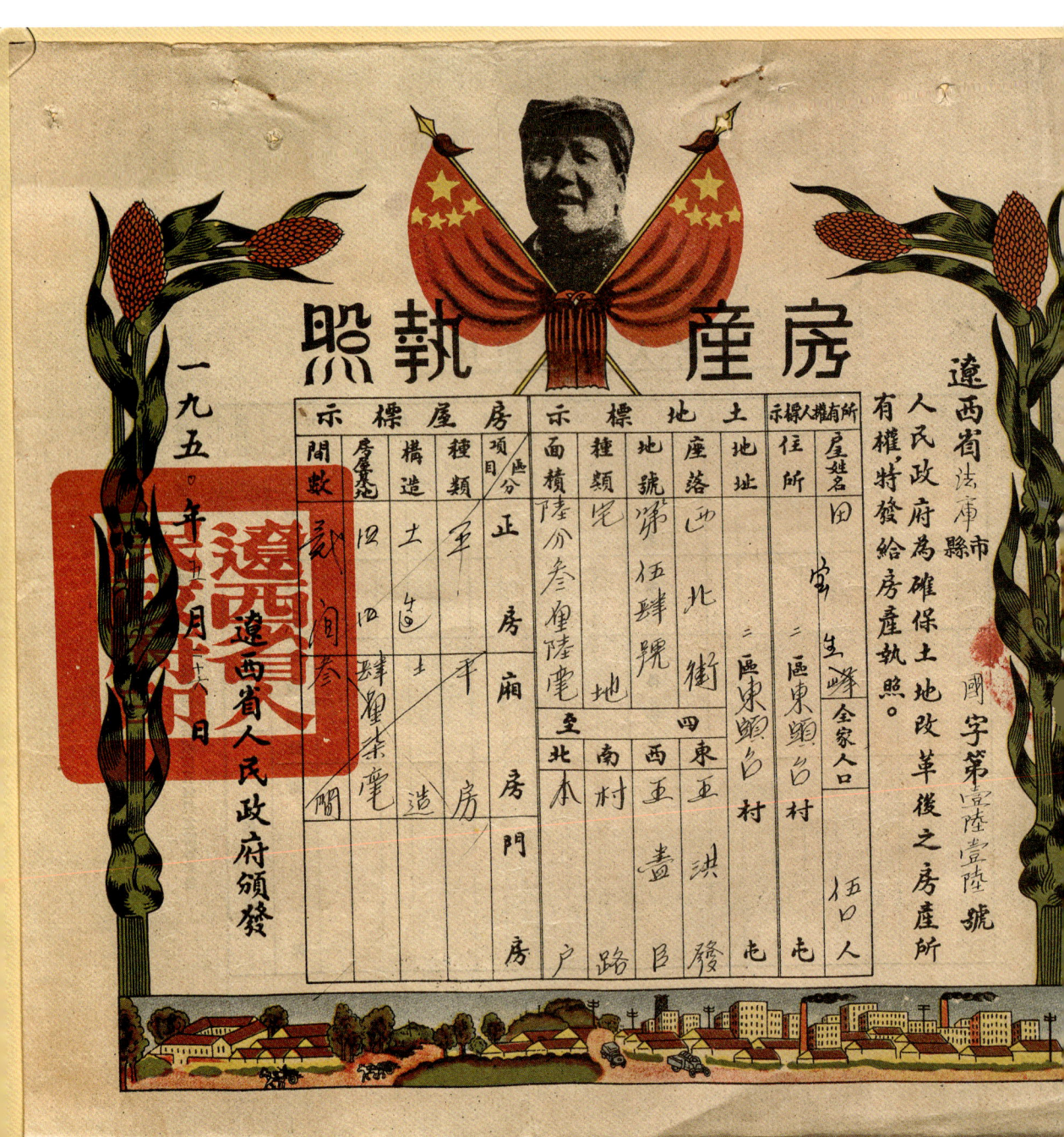

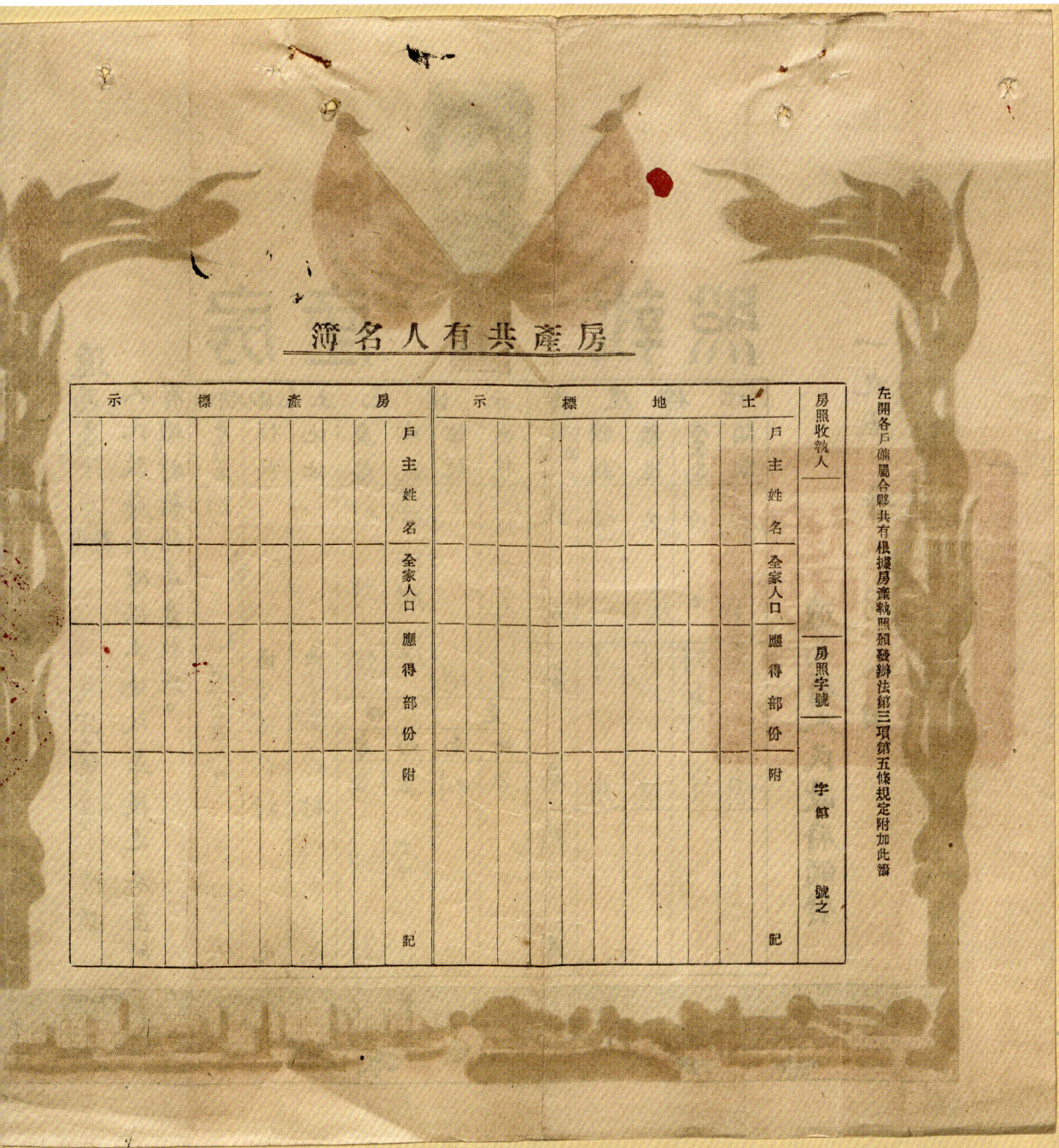

1950年陕甘宁边区高郭亮房窑证

陕甘宁边区房窑产权凭证一张,以表格形式登记业主姓名、地址、房间数量、面积、四至情况、来源等土地房产情况,盖方形印章。

陝甘寧邊區房窰證

業主 男 馬郭氏	年齡 男 三十 女	編號	住址 延川縣 禹居 鄉 老永 村	人口 男二人 女二人 共四人

現在房窰孔數	石窰二孔
房間	
東至	李村 方丈 方尺
西至	式丈 方丈 方尺
南至	高玉福 方丈 方尺
北至	碾背 方丈 方尺

經過房窰孔數	石窰二孔 碾窰孔
房間	
東至	李村 方丈 方尺
西至	方 方丈 方尺
南至	高安郎 方丈 方尺
北至	高信正 方丈 方尺

水池 方丈 方尺
苹果樹 方 子棧地 天 崖
出產 杏二 業
來歷 老
等則 一級 繳納手續費 末米 元

有房窰一處經政府核准依法確定為業主給此證為憑

中華民國一九五五年 月 十四 日

縣長 副縣長 伍

發給特
證第 號
號 第一號

1950年辽西省法库县史久财房产执照

1950年辽西人民政府为确保土地改革后的房产所有权而颁发的房产执照，以表格形式登记产权人信息、土地情况说明与房屋情况说明，盖官方印章与骑缝章。

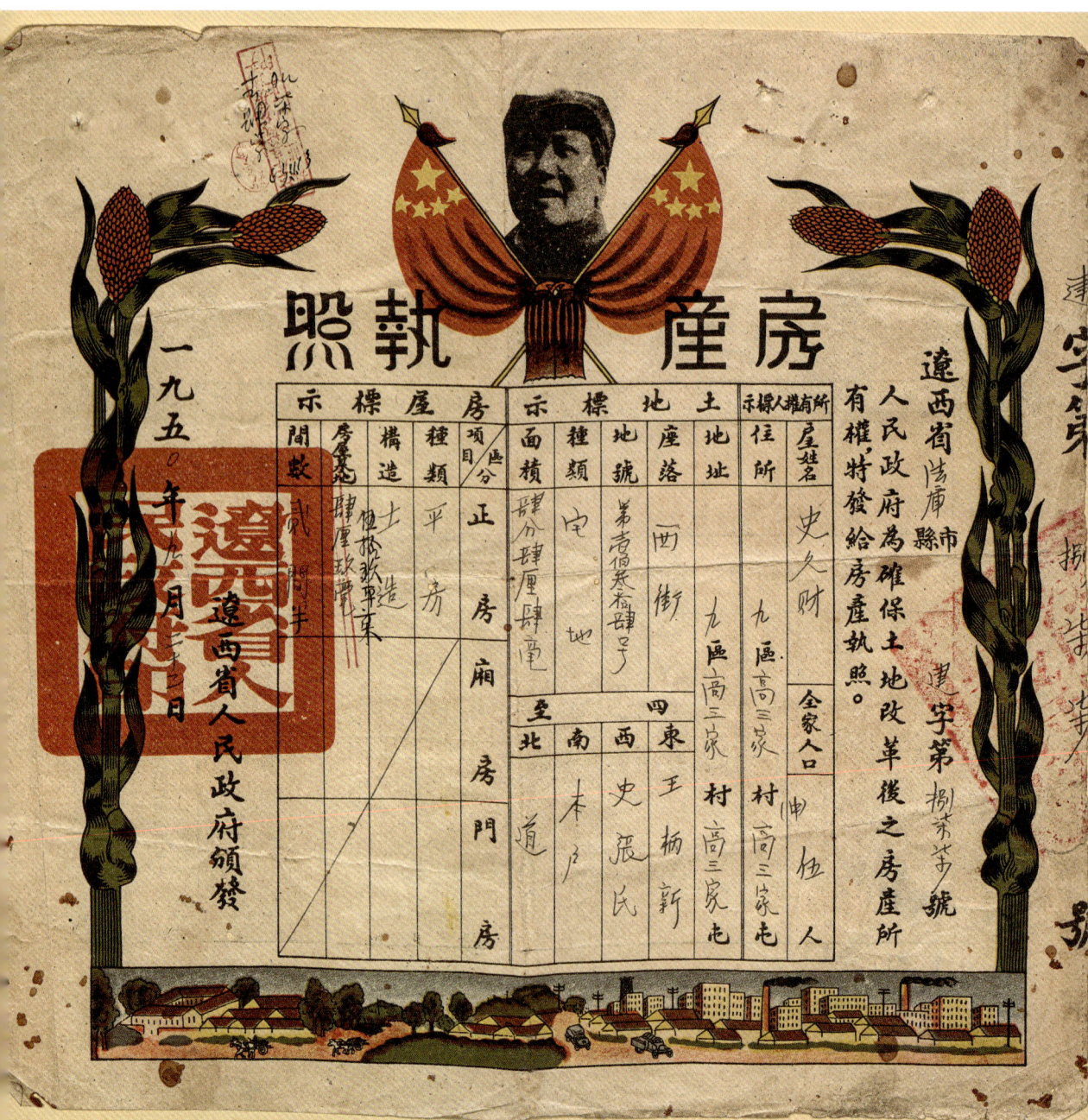

1950年察哈尔省蔚县周起荣土地房产所有证

1950年察哈尔省蔚县周起荣土地房产所有证一张，作为其已得土地所有权证明。该证登记可耕地、不可耕地、房产三类，记录其位置、种类、亩数、间数、四至情况等，盖骑缝章、人民政府印。

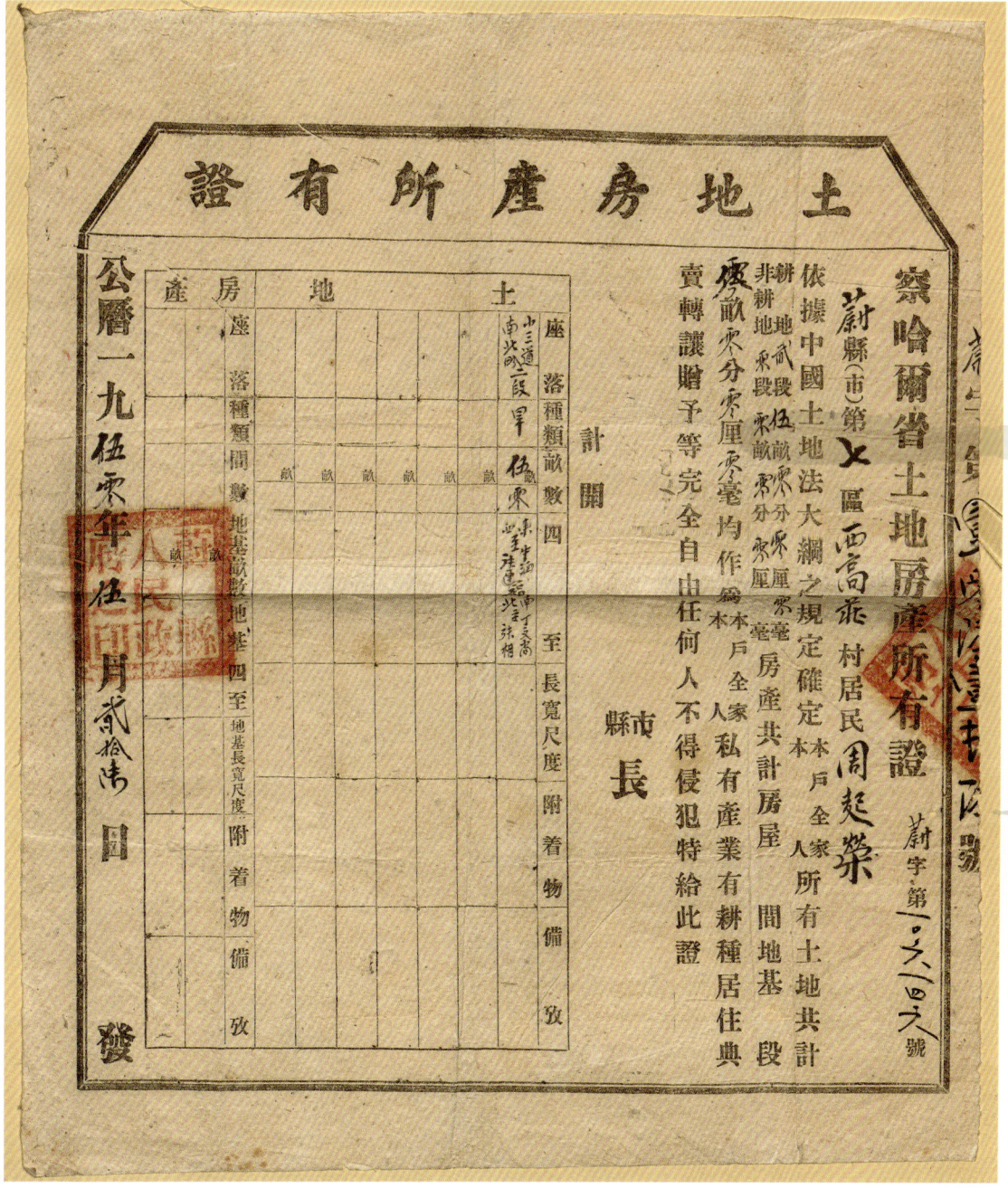

1950年华北区霍县朱壮士土地房产所有证

1950年华北区霍县朱壮士土地房产所有证第一联一张,作为其已得土地所有权证明。该证登记土地、房产二类,记录其位置、种类、亩数、间数、四至情况等,房产一栏覆纸修改,盖骑缝章、政府印。

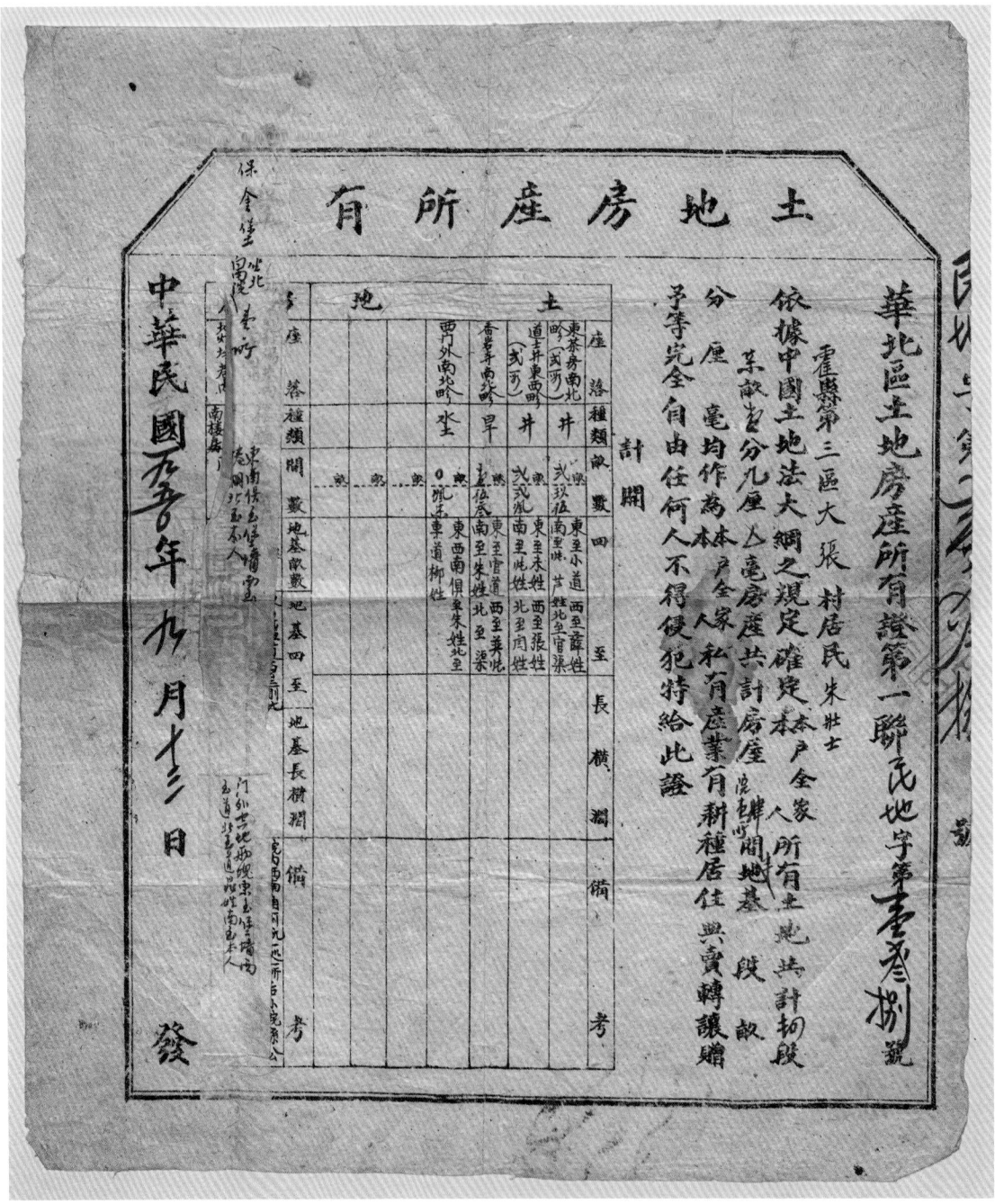

1950年北京市李□文、杨玉亨建筑契

1950年北京市李□文、杨玉亨申请于空地上添建房屋，申请报税。盖官印、骑缝章。

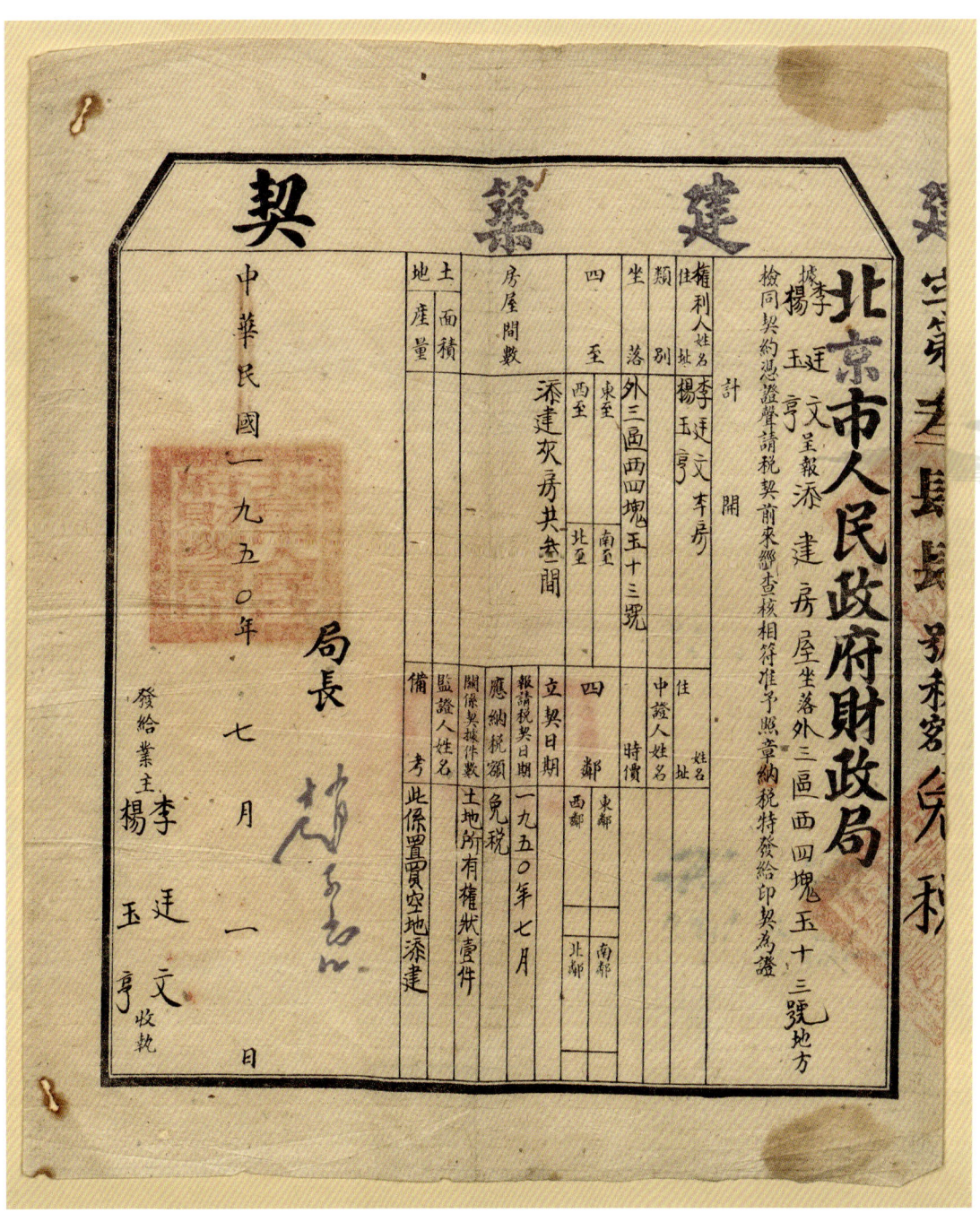

1950年吉林省农安县白布和房屋执照

1950年吉林省农安县白布和房屋执照一张,作为其已得土地所有权证明。执照记录房屋位置、房号、种类、房向、间数、房基、四至情况等,盖县人民政府印。

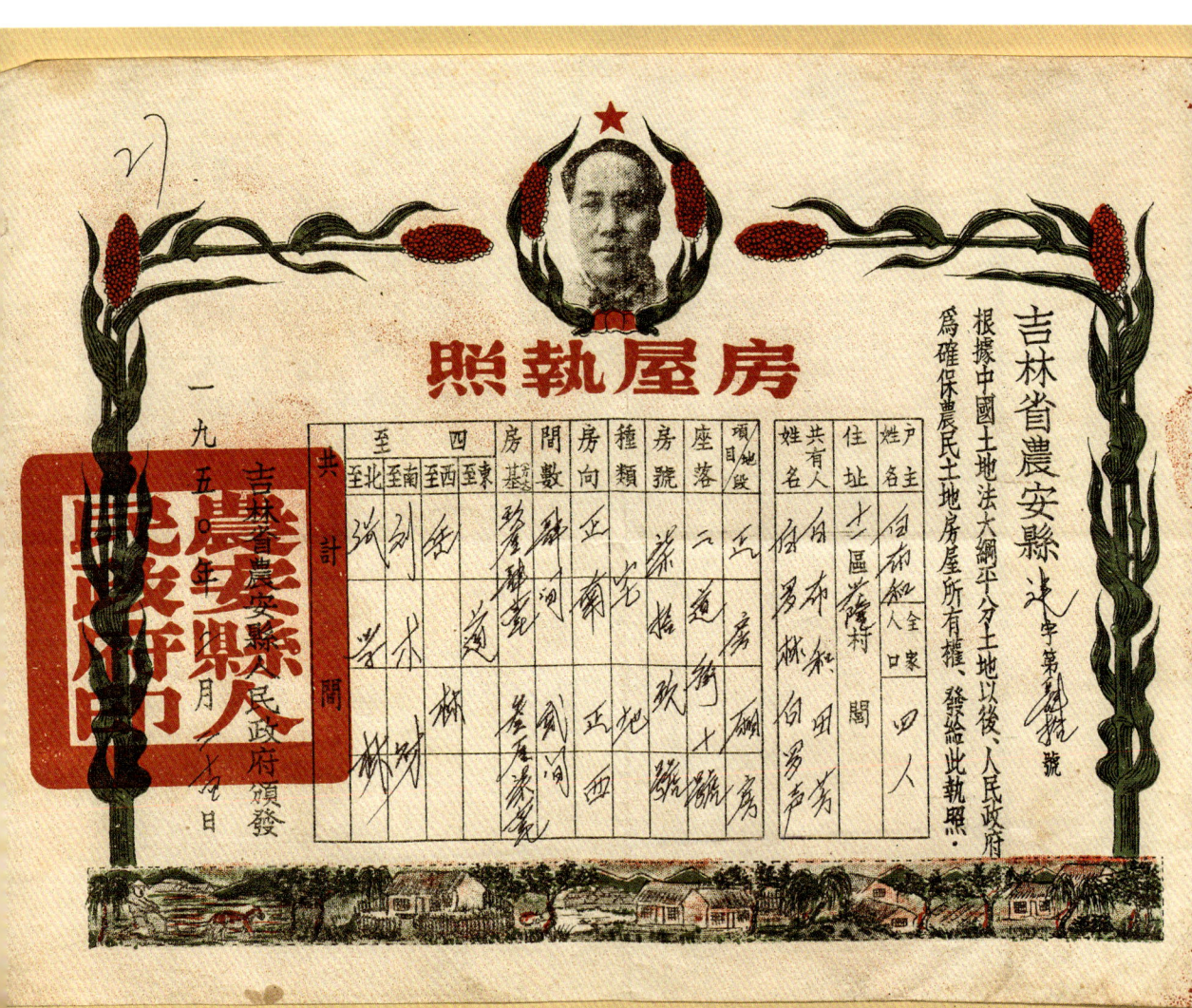

1950年热河省刘金祥土地执照

1950年热河省刘金祥土地执照一张,作为其已得土地所有权证明。执照记录土地位置、地号、种类、亩数、四至情况等,盖县人民政府印。执照左侧将时间改印为1950年。

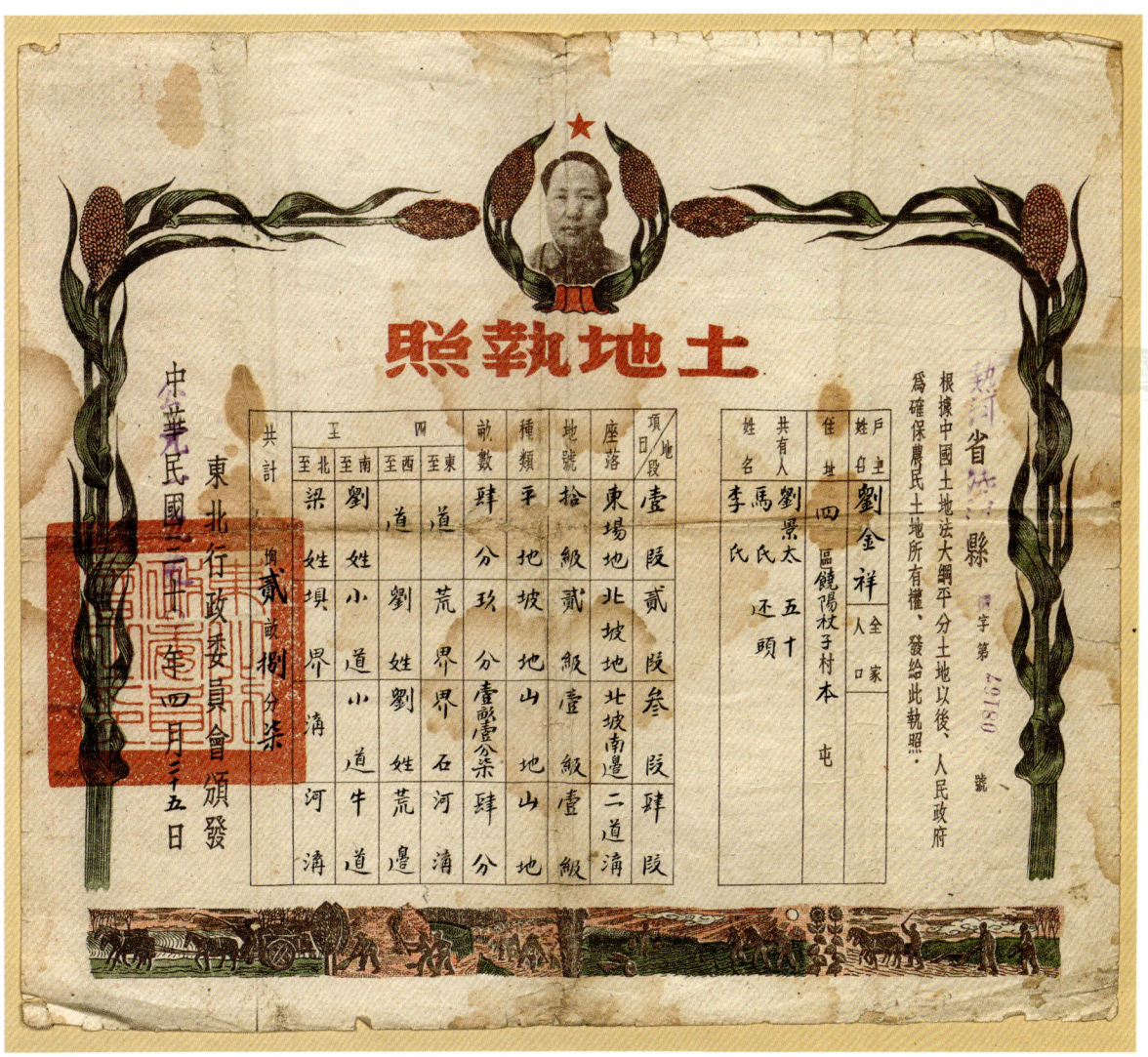

1951年福建省龙溪县陈金泉等土地房产所有证

1951年福建省龙溪县陈金泉等土地房产所有证一张,作为其据《中华人民共和国土地改革法》已得土地所有权证明。该证登记项土地、房产两类,记录其位置、种类、地名、间数、亩数、四至、长宽情况等,盖骑缝章、政府印。

土地房產所有証

福建省 龍溪 縣土地房產所有證

依據中國人民政治協商會議共同綱領第二十七條「保護農民已得土地所有權」暨中華人民共和國土地改革法第三十條「土地改革完成後由人民政府發給土地所有證」之規定確定本戶全家所有土地共計產業有耕種居住典賣轉讓贈與出租等完全自由任何人不得侵犯特給此證

第 伍 區 鐵山 鄉(鎮) 渡頭 村居民 陳金泉

本戶全家人名 陳金土萬、雍

計開

土地房產座落種類地名			計開	地基長寬尺度附屬物備考
座落	種類	間數	原地基單位數折市畝數	
渡頭	田	食飲垾	零陸零	東陳金魚田 西陳永福田 南路 北陳老我田 長陸拾叁尺 寬叁拾尺
渡頭	田	壙仔	壹任零	東陳木水田 西陳仁定田 南陳树根田 北陳西村田 長壹佰尺 寬壹拾尺
渡頭	田	門仔園	零貳細	東陳政良 西陳漢水農 南陳文得農 北陳天得農 長叁拾尺 寬壹叁尺
渡頭	農	眠東脚	零零叁	東陳菜農 西陳碣農 南陳旺農 北陳路 長贰拾尺 寬贰拾尺
渡頭	農	門仔園	零壹叁	東陳米農 西陳華農 南陳灯水農 北陳私東农 長叁拾叁尺 寬壹陸尺
渡頭	農	長條路	零壹贰	東陳苦農 西陳陳農 南陳煩農 北陳老農 長陆拾叁尺 寬贰拾尺
渡頭	農	岸脚	零零玖	東陳 西陳 南陳 北陳 長伍拾叁尺 寬贰拾陸尺
渡頭	農	洲仔	零零陸	東陳 西陳染碣農 南陳 北陳 長叁拾壹尺 寬捌尺
渡頭	田	溝墘	零贰零	東陳仁和田 西陳溝 南陳旺盛田 北陳四 長叁拾贰尺 寬捌尺

房產 座落 種類間數 地基 地基長寬尺度附屬物備考

日月樓厝 樓仔陸間 零贰捌 東陳仁樓厝 西自己農 南陳永農 北陳永茂厝 長叁拾尺 寬拾陸叁寸 一座和棊公者

龍地壹字 第陸壹叁 伍號

縣長 [印]

一九五壹年 月 日發

1951年苏南区吴县府邦杰等土地房产所有证

1951年苏南区吴县府邦杰等土地房产所有证一张，作为其已得土地所有权证明。该证登记可耕地、不可耕地、房产三类，记录其位置、种类、亩数、间数、四至情况等，盖骑缝章、人民政府印、县长名章。

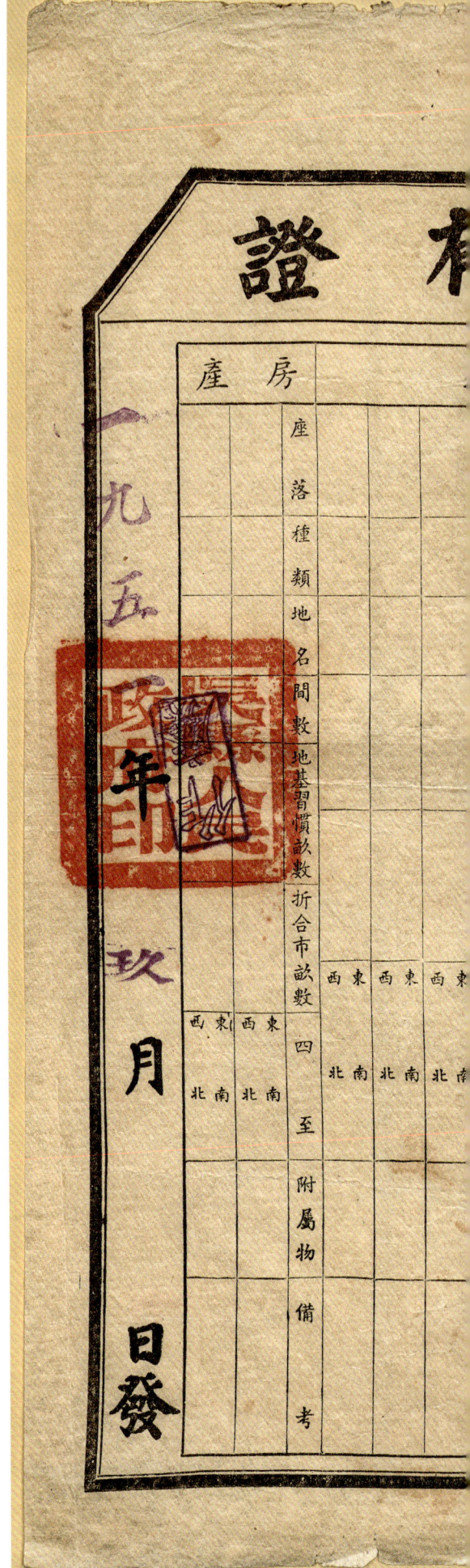

土地房產所有證

蘇南區 吳 縣土地房產所有證 提字第八三八號

光福區 長堤 鄉(鎮)居民府郝傑賀美荽荟府翼麟府慧英暨中華人民共和國土地改革法第三十條「土地改革完成後由人民政府發給土地所有證」之規定確定本戶全家所有土地共計非耕地叁段壹畝陸分壹釐壹毫可耕地叁段壹畝陸分陸釐壹毫房產共計房屋○間地基○段○畝○分○釐○毫均作為本戶全家私有產業耕種居住典賣轉讓贈與出租等完全自由任何人不得侵犯特給此證

依據中國人民政治協商會議共同綱領第二十七條「保護農民已得土地所有權」

縣長 傅宗華

計開

座落	種類	地名習慣畝數	折合市畝數	四至	附屬物備考
謝介庄村南	水旱田	村南		東西南北	
楓涇村南	水旱田	西畝		東西南北	
凌池頭	桑田	高木橋		東西南北	
		伍分叁釐		東西南北 東陳金如田南池塘 西府仁顏田北溝	
		貳畝貳厘		東馬根菜田南金才才田 西金泉林田北府路	
		壹畝陸分壹厘		東府安生地南府重華地 西府安生地北府左賢地	更正
				東西南北	
				東西南北	

1951年河北省顺义县土地房产所有证存根

1951年河北省顺义县七区冯家营土地房产所有证第三联，村政府存根所用，其中登记项目包括土地、房产情况，户主赵长贵的信息。土地一栏上有花码标注，并备注此地1954年被征用。

土地房產所有證存根

項別	土地				地		房產	

河北省土地房產所有證第三聯（村存）冯字第號

縣(市)區 順義縣 七區

村名 馮家營

戶主 趙長貴

人口 六口

土地 共 耕地伍段贰畝贰分□厘□毫 非耕地 分 厘 毫
房產 房屋（窰洞）共捌間 地基共贰段肆畝肆分伍厘□毫

一九五一年一月廿五日

座落	種類	畝數	四至	長寬尺度附著物備考
村南官壋	早	肆	东道 南刘万寿 西道 北王九维	
村南短管子	早	伍	东赵璋 西刘万年 南通 北堤	
莱北马蒙道	早	叁	东赵璋 西刘万年 南通 北堤	
莱北马蒙道	早	壹	东道 西刘万年 南通 北堤	
莱北新房坟	早	肆	东赵徒忠 西刘孝先 南堤 北堤	
村南新房坟	早	玖	东赵永安 西赵孝仁 南堤 北赵伦	

房座	落種類間數 地基畝數	地基四至	地基長寬尺度附著物備考
东南街路北	土房 捌间 壹敝壹柒	东赵瑶 西赵兰 南通 北赵章	南北玖丈叁尺吕 东西柴丈五尺 树肆棵
东南街路南	場 戈柒	东赵士义 西赵珠 南赵珠 北刘富	南北禾丈戈尺五 东西五丈南尺五 东西通行宫道 南北宽壹丈吕尺

1951年北京市东营房村孙占斌土地房产所有证

土地改革后,北京市政府对经核实为私有农业土地者的孙占斌发给土地房产所有证。该证以表格形式登记土地与房产情况,盖北京市人民政府、北京市东四区人民委员会办公室印章与骑缝章,有市长、副市长姓名章。

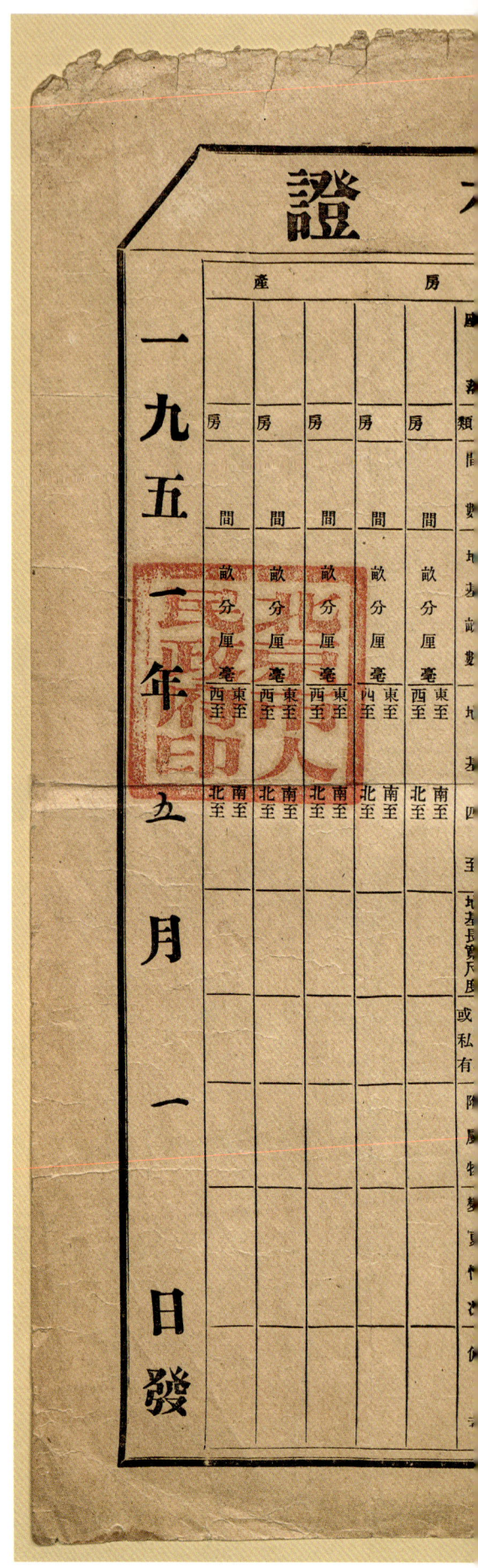

土地房產所有證

京交十四字第　　　號

北京市郊區土地房產所有證 京郊十四字第 玖申零柒 號

本市第十四區東營房行政村 南裡廠二九 自然村居民孫占斌 內五區

依據中央人民政府政務院頒佈城市郊區土地改革條例第十七條「對私有農業土地者發給土地所有證保障其土地所有權」之規定

經查實確定此 壹 段耕地 壹 畝 叁 分 叁 厘 貳 毫 暨房產 間地基 段 畝 分 厘 毫 為該戶全家私有產業有耕種居住典賣轉讓贈與等完

分 厘 毫 為該戶全家私有產業有耕種居住典賣轉讓贈與等完
全自由任何人不得侵犯特給此證

市　長 張友漁
副市長 吳晗

土	座落種類畝數	計開	四 至	長寬尺度	附屬物變更情況備考
	營房旱 壹畝壹分陸厘貳毫		東至 西至劉林 南至 北至秦敬泰		
地	畝 分 厘 毫		東至 西至任于民 南至 北至益昌		
地	畝 分 厘 毫		東至 西至 南至 北至		
地	畝 分 厘 毫		東至 西至 南至 北至		
地	畝 分 厘 毫		東至 西至 南至 北至		
地	畝 分 厘 毫		東至 西至 南至 北至		

1951年北京市朱永长房地产所有证

1951年北京市朱永长房地产所有证一份，作为其已得土地所有权证明。第一页为房地产所有证及土地使用状况图，第二页为他项权利，第三页记录具体的房屋构造情况等。盖市人民政府地政局印、人名章、骑缝章。

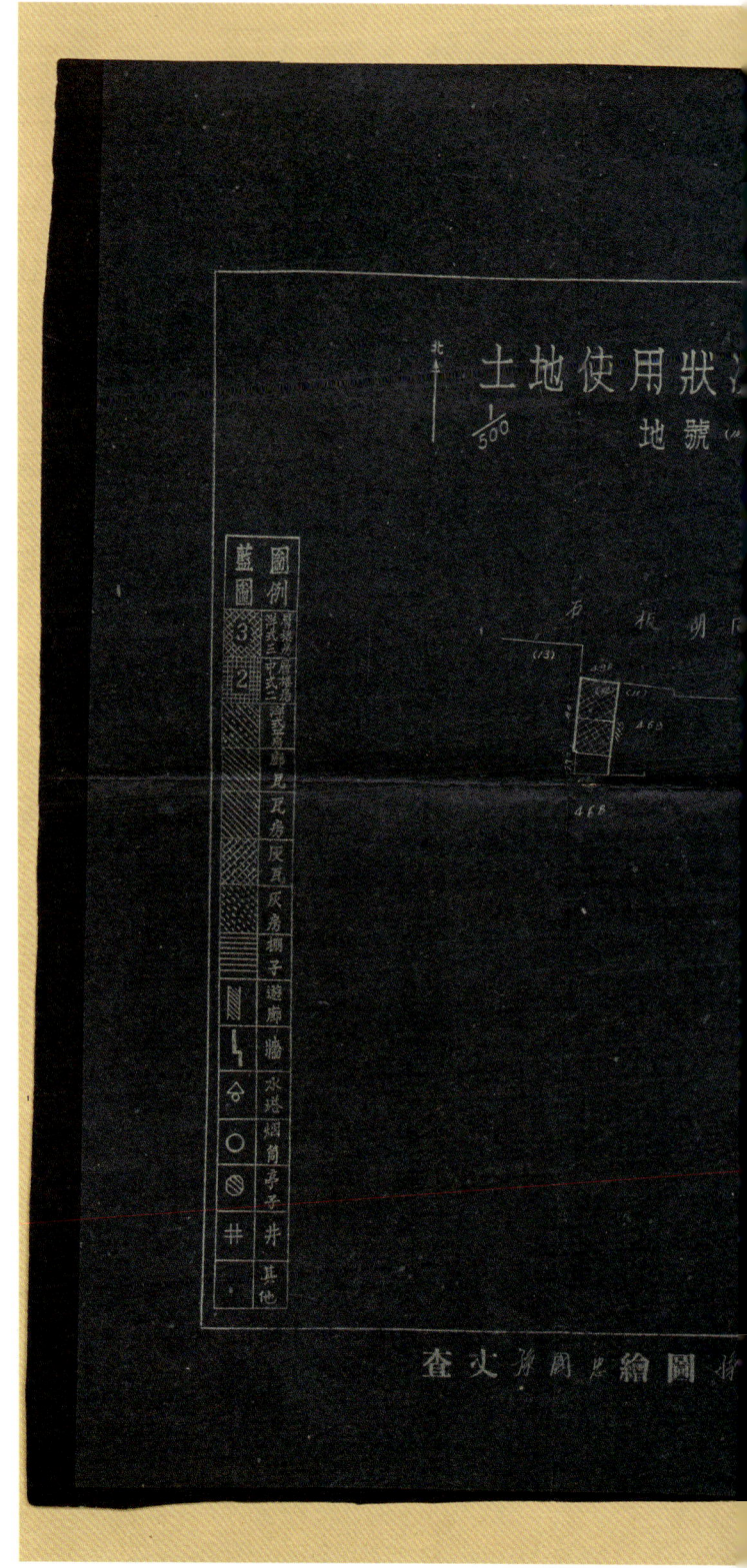

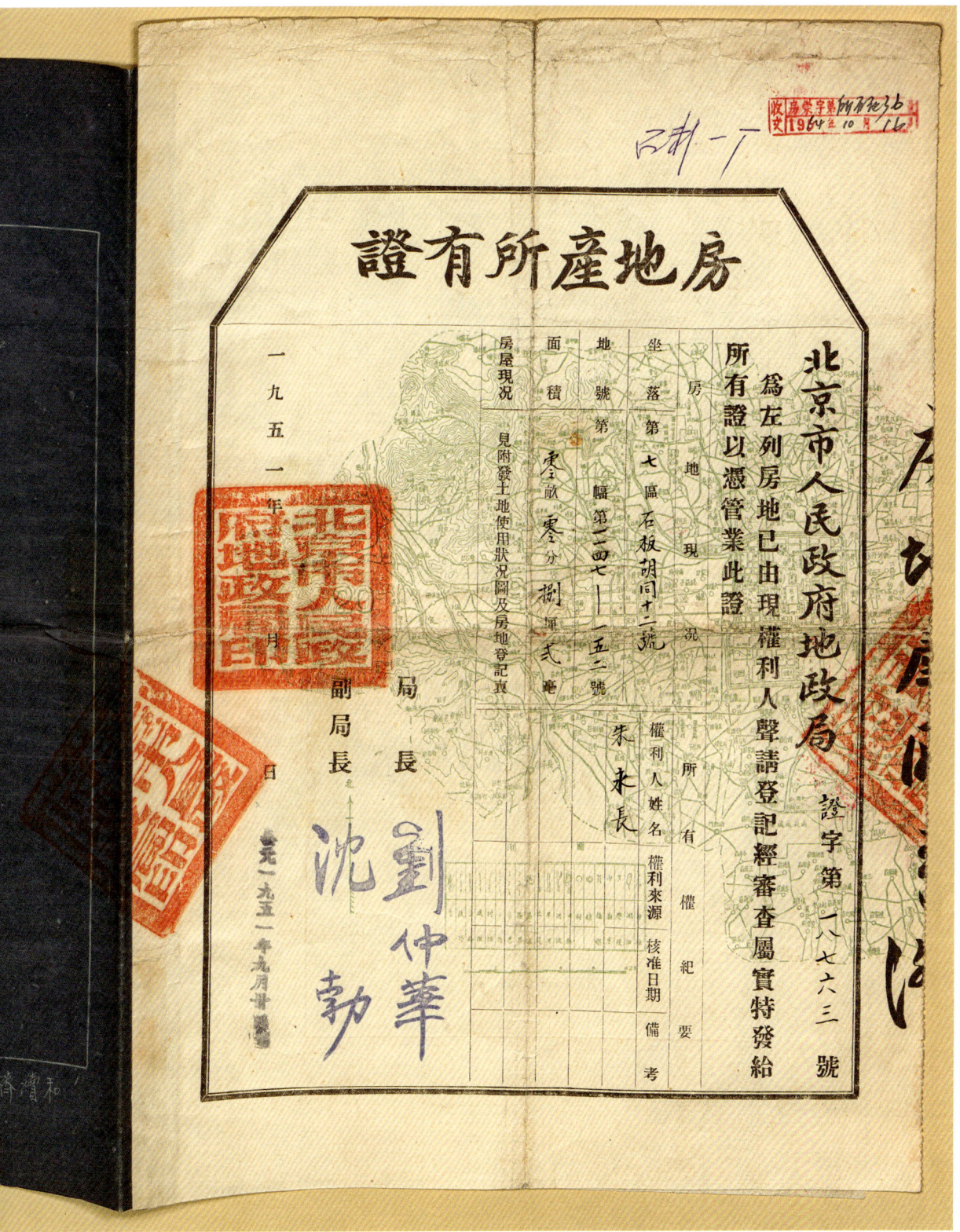

房地產所有證

北京市人民政府地政局　證字第 一八七六三 號

為左列房地已由現權利人聲請登記經審查屬實特發給所有證以憑管業此證

房地現況	所有權紀要
坐落 第 七 區右板胡同十一號	權利人姓名 朱永長
地號 第一幅第二四七一一五二號	權利來源
面積 壹畝零分捌釐貳毫	核准日期
房屋現況 見附發土地使用狀況圖及房地登記裏	備考

一九五一年　　月　　日

局長　劉仲華
副局長　沈勃

公元一九五一年九月

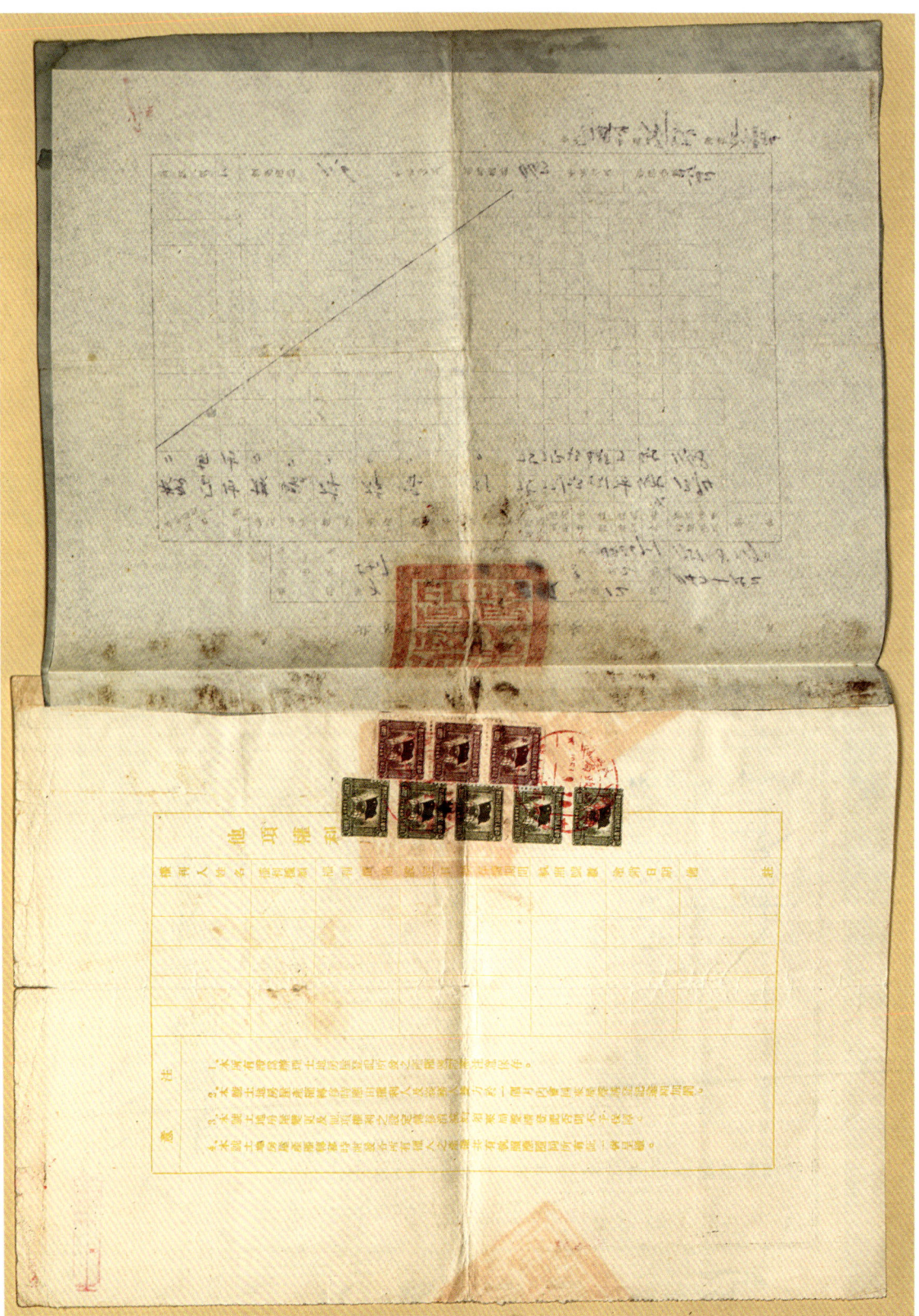

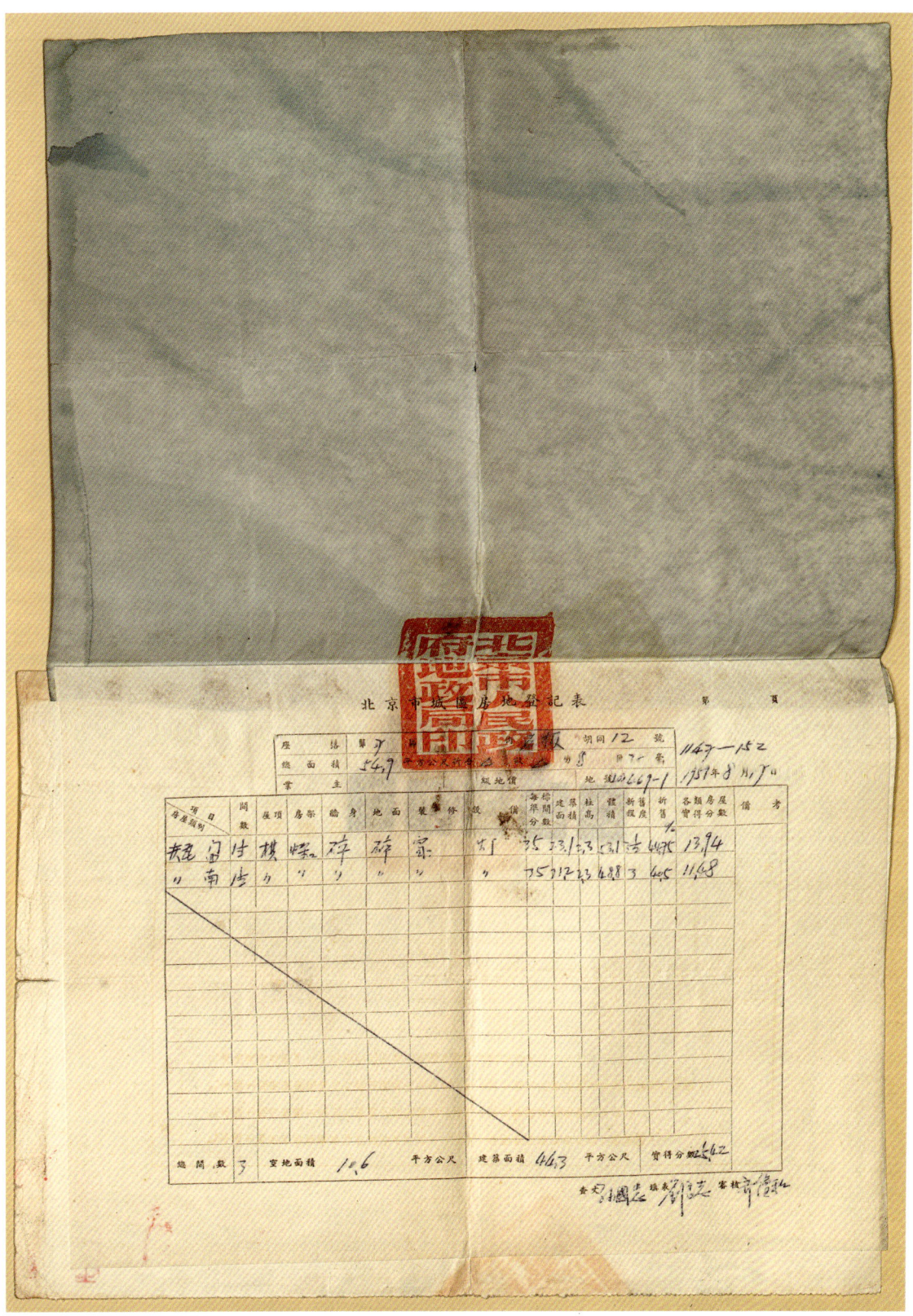

土地房產所有證

孝義縣（市）第一區前營行政村後營村村居民董狍娘孫芽娥孫學顏趙愛英孫振全依據中國土地法大綱之規定確定本戶全家人所有土地共計肆段玖畝肆分伍厘，房產共計房屋伍間地基參段故分厘毫均作為本戶全家人私有產業有耕種居典賣轉讓贈予等完全自由任何人不得侵犯特給此證計開

土地	座落種類	畝數四至	長横濶備攷		
	大山地平	六畝三分五	東孫栢山南大道西賀殆太南大道南娘名北	112	65 1512
	大山地坡	三畝五分	東孫栢山南大道西孫栢山北本主	215	93 924
	營後地平	五畝三分	東孫栢山南本主西闊尚士	105	15 15
	營後地平	三畝叁分	東孫栢山南大道西于運章北崚	211	41 901
房座	落種類開數地基畝數		地基長横濶備攷		
	北街室一間攷		東祥栢南闊悮心西袋佛北場	空基二呎	
	北街房二間攷		東合主南大通西北垿栢場	場一以一家傔影	
產	北街房二間攷		東土門南左通未朱西垿端北垿塄芯朱	場一以二家傔影	

公元壹九五一年 月 日 發

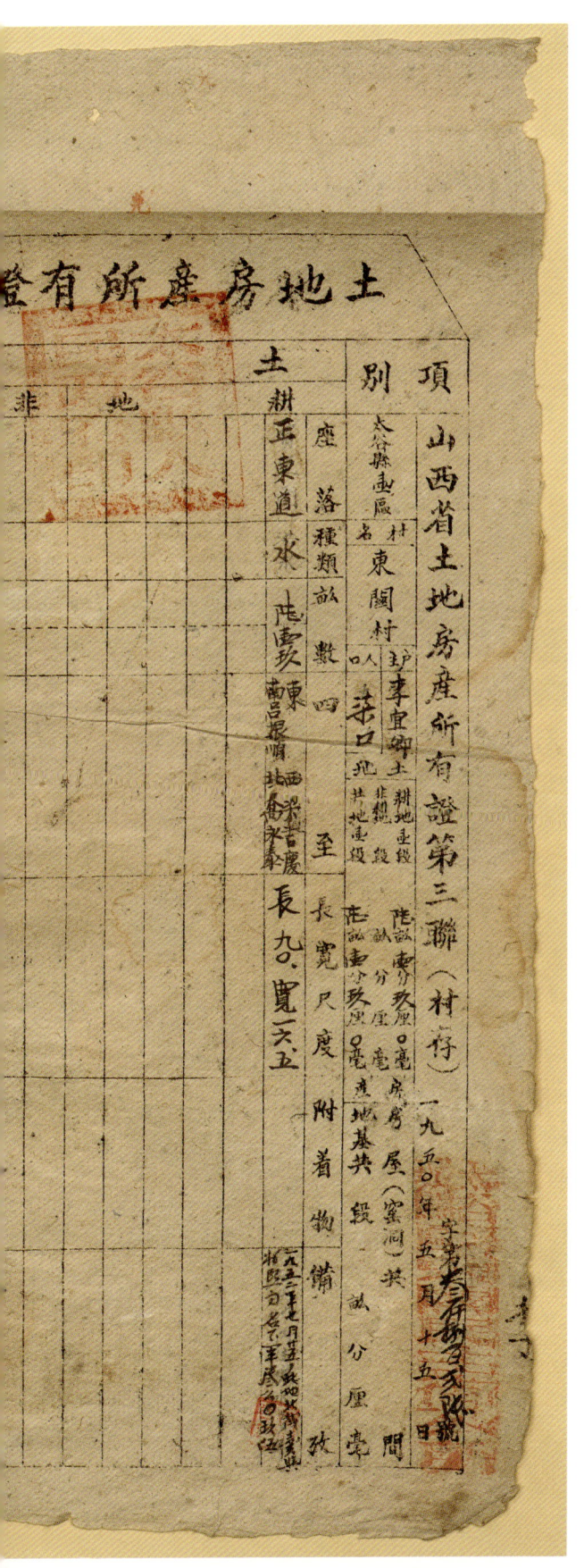

1951年华北区、1950年山西省土地房产所有证

左侧为1951年华北区孝义县孙学颜一家的土地房产所有证第一联一张，作为其据《中国土地法大纲》已得土地所有权证明。该证登记土地、房产两类，记录其位置、种类、间数、亩数、四至、长宽情况等，盖骑缝章、政府印。右侧为山西省太谷县李宜卿土地房产所有证第三联（村存）一张，记录格式同左，盖政府印。

1951年松江省巴彦县杜显亭房产执照

1951年松江省巴彦县杜显亭房产执照一张,作为其已得土地所有权证明。该证以表格形式记录房产位置、种类、间数、房基面积、四至情况等,盖县人民政府印。背面为执照注意事项。

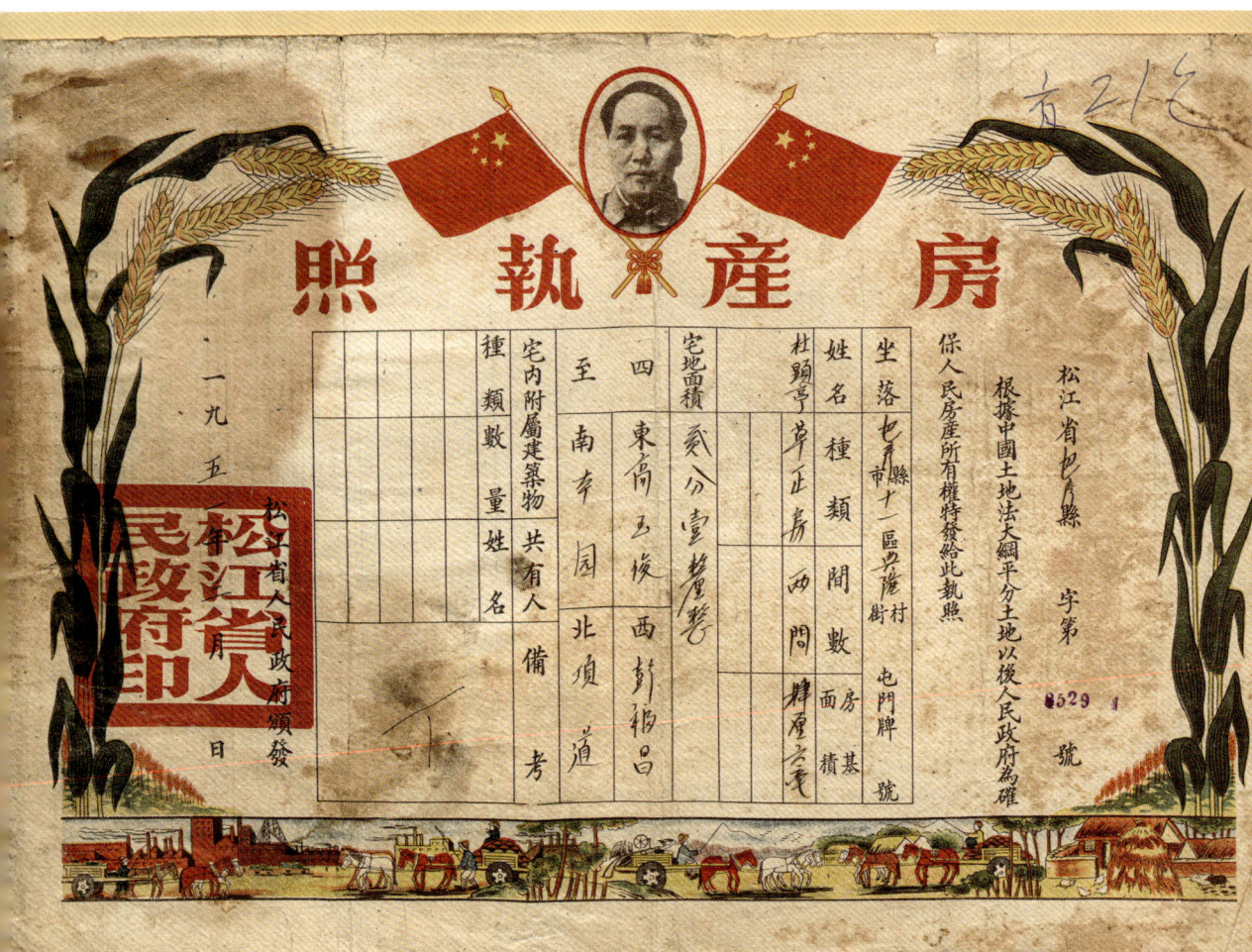

正面

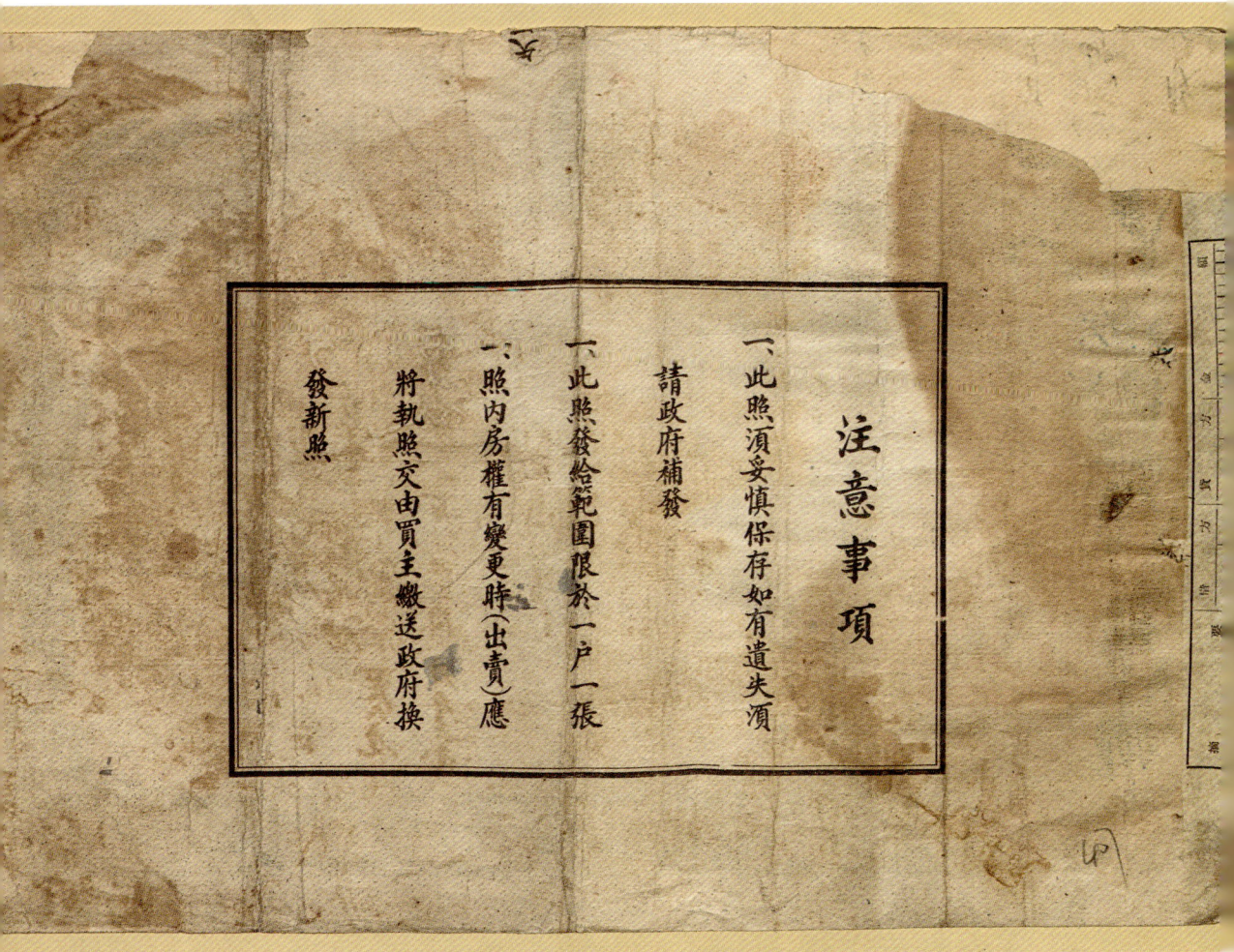

注意事項

一、此照須妥慎保存如有遺失須請政府補發

一、此照發給範圍限於一戶一張

一、照內房權有變更時(出賣)應將執照交由買主繳送政府換發新照

1952年山东省盐山县李印炳土地房产所有证

1952年山东省盐山县李印炳土地房产所有证一张,作为其已得土地所有权证明。该证登记可耕地、不可耕地、房产三类,记录其位置、种类、亩数、间数、四至情况等,盖骑缝章、人民政府印、县长名章。

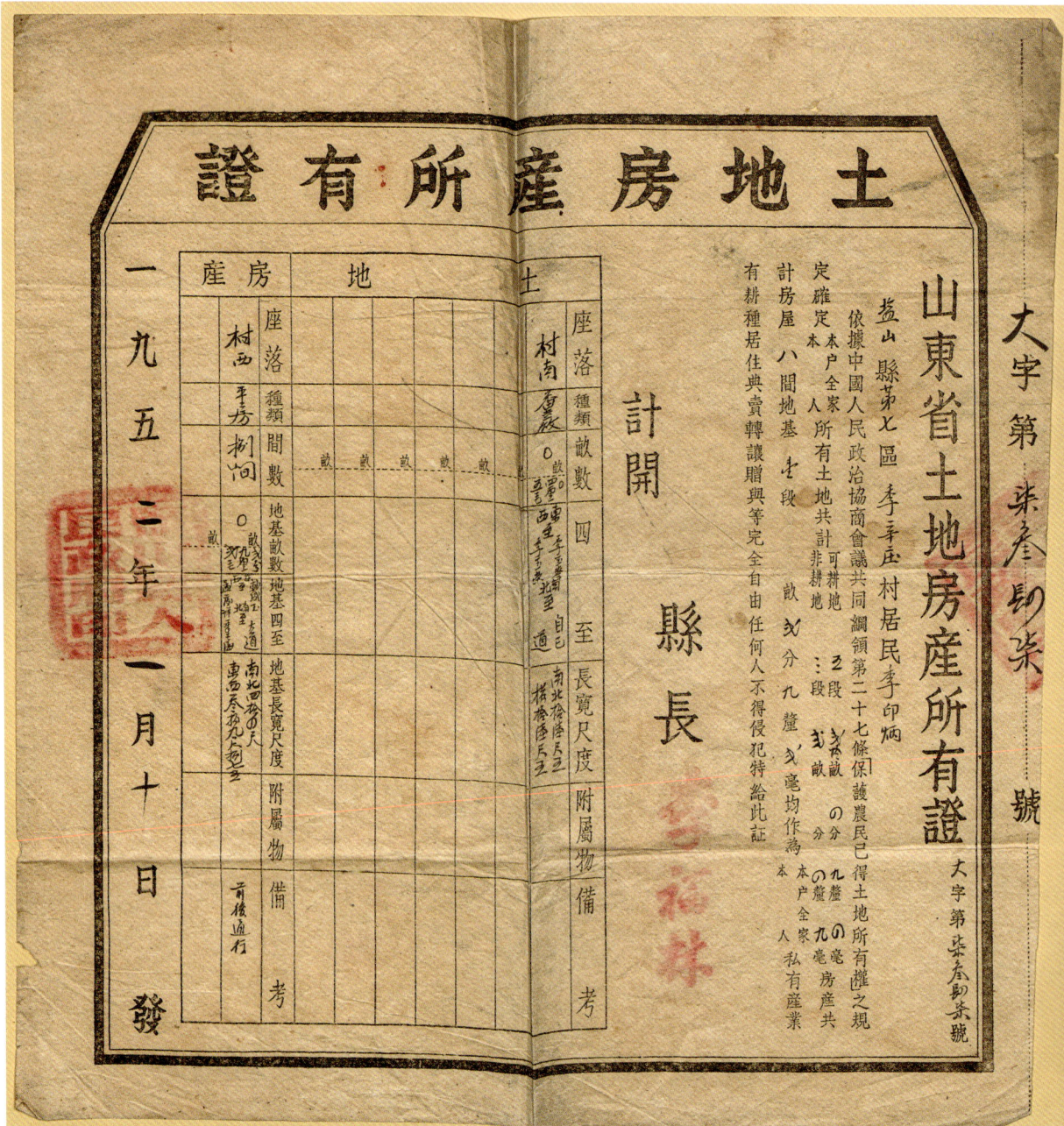

1953年辽西省法库县倪广武房产执照

　　1953年辽西省法库县倪广武房产执照一张，作为其已得土地所有权证明。该证记录土地位置、种类、地号、面积、四至情况，房屋的间数、构造、房基、种类等，盖省人民政府印、县人民政府印、人名章、骑缝章。背面为共有人名簿。

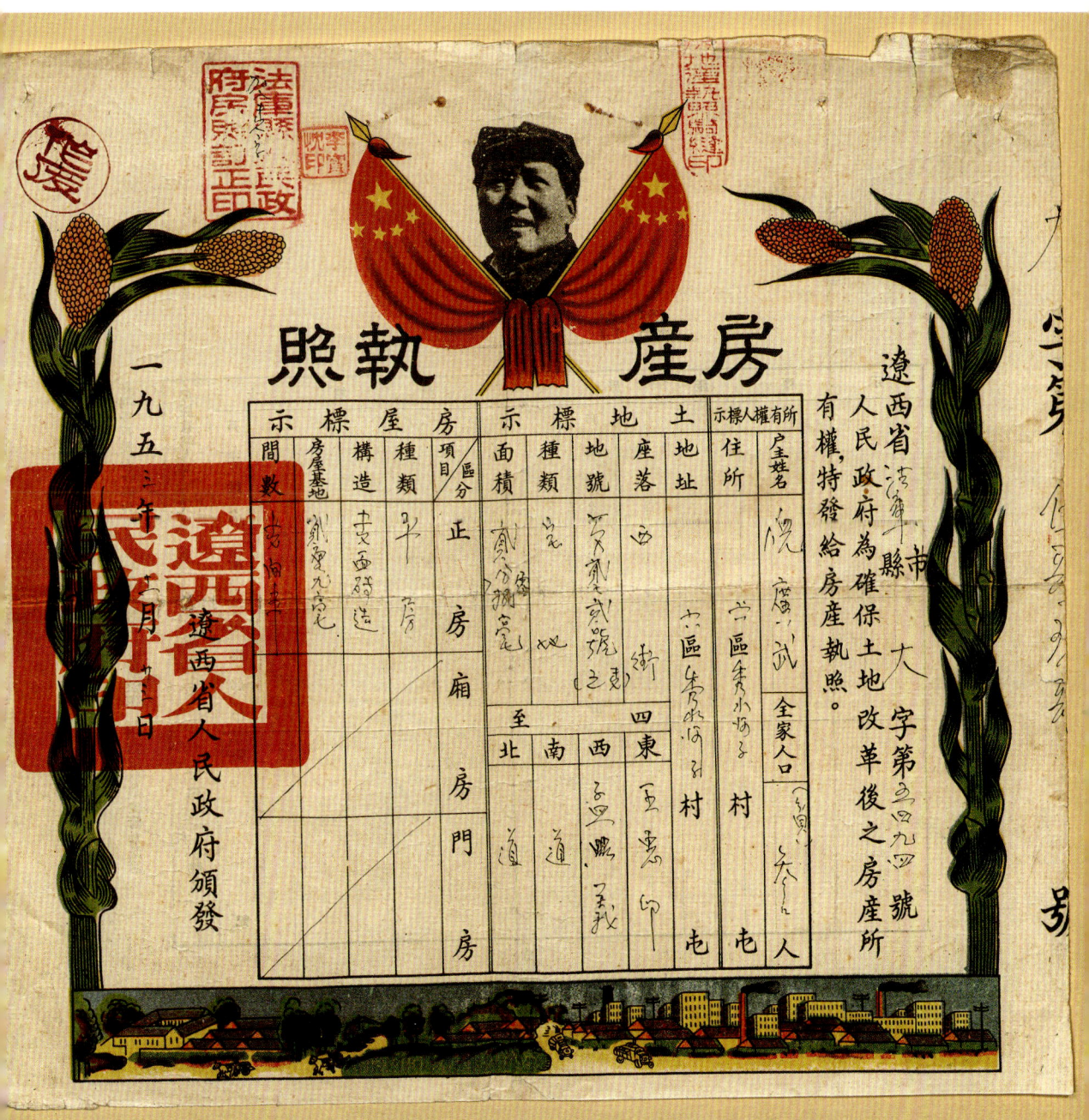

《1953年辽西省法库县倪广武房产执照》背面

1953 年新疆省土地管业临时执照

1953 年新疆省人民政府财政厅土地管业临时执照一份，记录包括位置、土地四至、地价、登记造簿在内的情况，有相关负责人盖章与政府印章、骑缝章。汉文内容下注有维吾尔文对应。

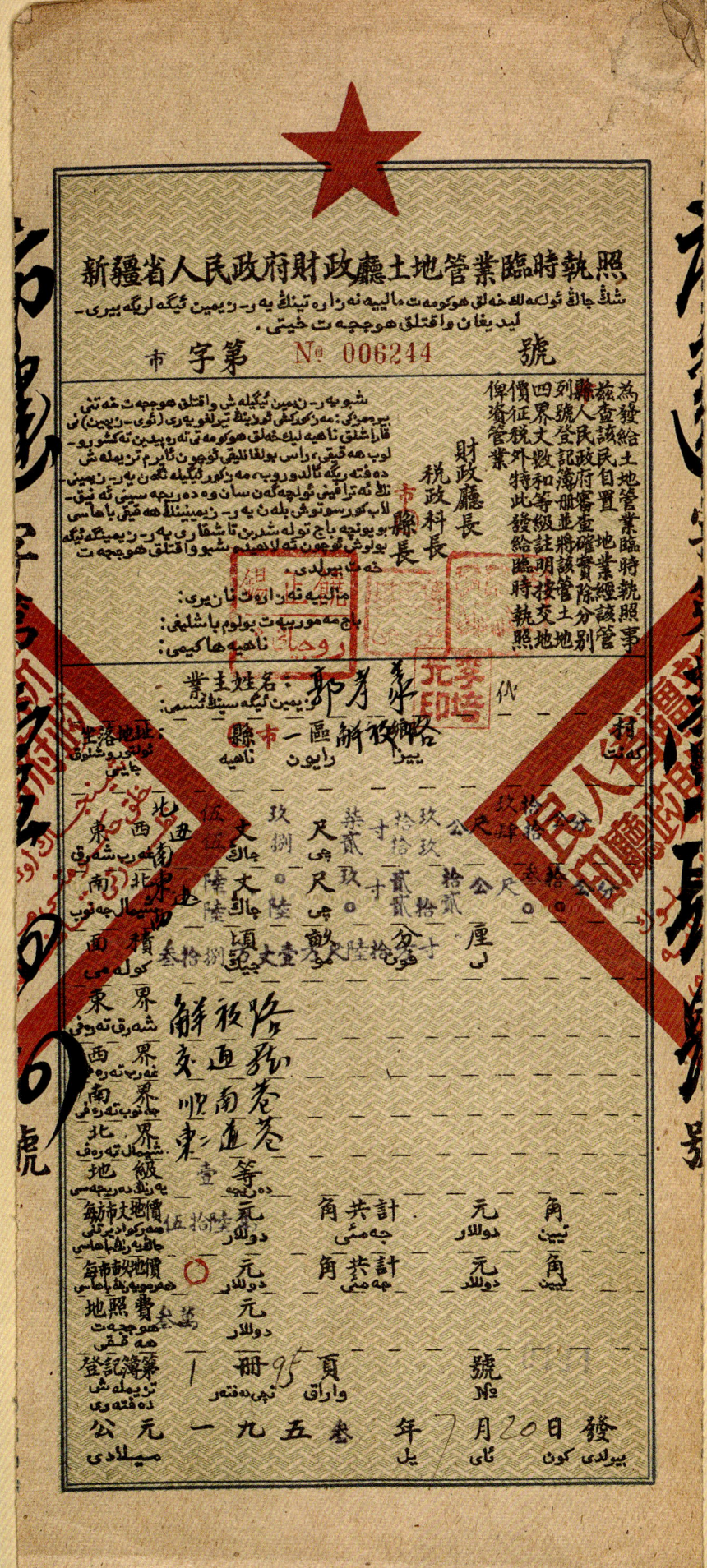

西藏自治区筹备委员会土地所有证

西藏自治区筹备委员会土地所有证一张。右侧为第一联，记录全家人口、土地位置、地名、种类、原耕地单位数、四至情况等。左侧为第二联，作存根用。该契约未填写具体内容。

བོད་རང་སྐྱོང་ལྗོངས་གྲ་སྒྲིག་ཨུ་ཡོན་ལྷན་ཁང་གི་ས་ཞིང་དབང་བའི་ལག་འཁྱེར། ས་ཨང་། ཨང་ཀྲག །

西藏自治区筹备委员会土地所有証　土　字第　号

གཤམ་གསལ་ཀྲུང་ཧྭ་མི་དམངས་སྤྱི་མཐུན་རྒྱལ་ཁབ་ཀྱི་རྩ་ཁྲིམས་དོན་ཚན་བརྒྱད་པའི་"རྒྱལ་ཁབ་ཀྱིས་ཁྲིམས་ལུགས་གཞིར་བཟུང་ཞིང་པའི་ས་ཞིང་དབང་བའི་ཐོབ་ཐང་དང་ཐོན་སྐྱེད་རྒྱུ་ཆ་གཞན་དག་གི་དབང་ཐོབ་སྲུང་སྐྱོབ་བྱེད་ཅེས་དང་། ཀྲུང་ཧྭ་མི་དམངས་སྤྱི་མཐུན་རྒྱལ་ཁབ་ཀྱི་ས་ཞིང་བཅོས་བསྒྱུར་ཁྲིམས་ཀྱི་དོན་ཚན་སུམ་ཅུ་པའི་"ས་ཞིང་བཅོས་བསྒྱུར་ཚར་རྗེས་མི་དམངས་སྲིད་གཞུང་ནས་ས་ཞིང་དབང་བའི་ལག་འཁྱེར་སྤྲོད་དགོས་ཞེས་པའི་བཀོད་པ་ལྟར་གཏན་འཁེལ་བྱས་པའི་ཁྱིམ་ཚང་ཡོངས་/མི་དེ་ཉིད་ལ་ས་ཞིང་དབང་བའི་བོངས་ཚད་བྱེད་ས་་་་་་་གདན་(ཁོང)་་་་་་་ཁྲུ་ཁྲལ་་་་་ཁྱིམ་ཚང་ཡོངས་/མི་དེ་ཉིད་སྒེར་གྱི་རྒྱུ་དངོས་སུ་ངོས་འཛིན་བྱ་རྒྱུ་དང་གཞན་སུས་ཀྱང་དབང་བཙན་བྱེད་མི་ཆོག

依据中华人民共和国宪法第八条"国家依照法律保护农民的土地所有权和其他生产资料所有权"暨中华人民共和国土地改革法第三十条"土地改革完成后由人民政府发给土地所有証"之规定确定 本户全家/本人 所有土地共計可耕地　　段(坵)　　克批　作为 本户全家/本人 私有产业任何人不得侵犯特给此証

གནས་གཤི་གསལ་བཀོད།
計开

ཀྱུན་རིན་ཡོན་ལས་ཚབ།
代理主任

ཀྱུན་རིན་ཡོན་གཞོན་པ།
付主任

ཁྱིམ་མིའི་གྲངས་འབོར།			གནས་ཡུལ།	མིང་།	རིགས།	སྔར་ནས་ས་ཞིང་གི་བོངས་ཚད།		མཚམས་བཞི།	ཟུར་བཀོད།
全家人口			座落	地名	种类	原耕地单位数		四至	备考
མིང་། 称谓	མིང་། 姓名	ལས་རིགས། 职业				(段丘)	(克批)	东 南 西 北	

སྤྱི་ལོ་ １９　　ལོ་　　ཟླ་　　ཚེས་ལ་སྤྲད།
公元一九　　年　　月　　日发

其他文书

除上述类别外，还有换房契约、合约记据、借贷契约和请中文书，以及不属于契约范畴内的官方告示、族穴谱，在BSB契约文书中零散分布。出于对本批文献完整性的考虑，这些文书一并收纳在"其他文书"内进行编排。

《民国十七年（1928）山西省孝义县高锦春、高锦堂换窑院契》（第250页）和《道光二十一年（1841）范兴吉换房契》（第288页）两份换房契约均发生在亲属之间（兄弟、叔侄），与调解土地纠纷的《民国十九年（1930）山西省孝义县记据合约》（第146页）相同的是，都采用了合同格式，在正文后半书"立合同存照""合约贰张各据一张"，其余与上述契文格式基本一致。

而借贷契约是民众在借钱时留下的凭证，一般名为"借钱约""借现银元"。借贷契约的内容包括借贷金额、利息、时限、抵押物、违约处罚等，其中抵押物以土地居多，既可以是自己名下的土地①，也可以是说合人名下的②。需要注意的是，有的借贷契约也以"典/当"为名，虽在契约中同使用"典"字，但实际上与前文所述典地不同，其区别在于借贷期间使用权并不转移。③

请中文书是巴县（今重庆）在产生出卖田宅土地意愿，但还未找到买家时，用于请中人代觅买主的文书。如《宣统三年（1911）重庆曾蒋氏、曾唐氏母子请中契》（第504页）中记录因曾蒋氏负债难偿要出卖房产，委托曾唐氏母子与中人商定价格寻觅买主，特立契约一份，文约内言明买卖土地情况与定价，并约定不得有异言。在巴县真原堂文书中既有独立成份的请中书，也有与草契、银两收执共写在一张契纸上的请中书，构成了一个完整的"准备交易+进行交易+完成交易"的立契流程。

---

① 见《民国八年（1919）张喜□借贷契》（第413页）："如满期本利不到，由钱主耕种为业。"
② 见《民国二十一年（1932）山西省文水县李起禄借贷契》（第178页）："如交还不到者，有说合人完全负责………倘若□归还不到，有中人□产归还。"
③ 曹树基、陈支平主编：《客家珍稀文书丛刊》（第1辑），广东人民出版社，2019年，导论第1—2页。

道光三十年（1850）范元族穴谱

道光三十年范元族穴谱一份，记有墓主人信息、墓穴风水、位置等。

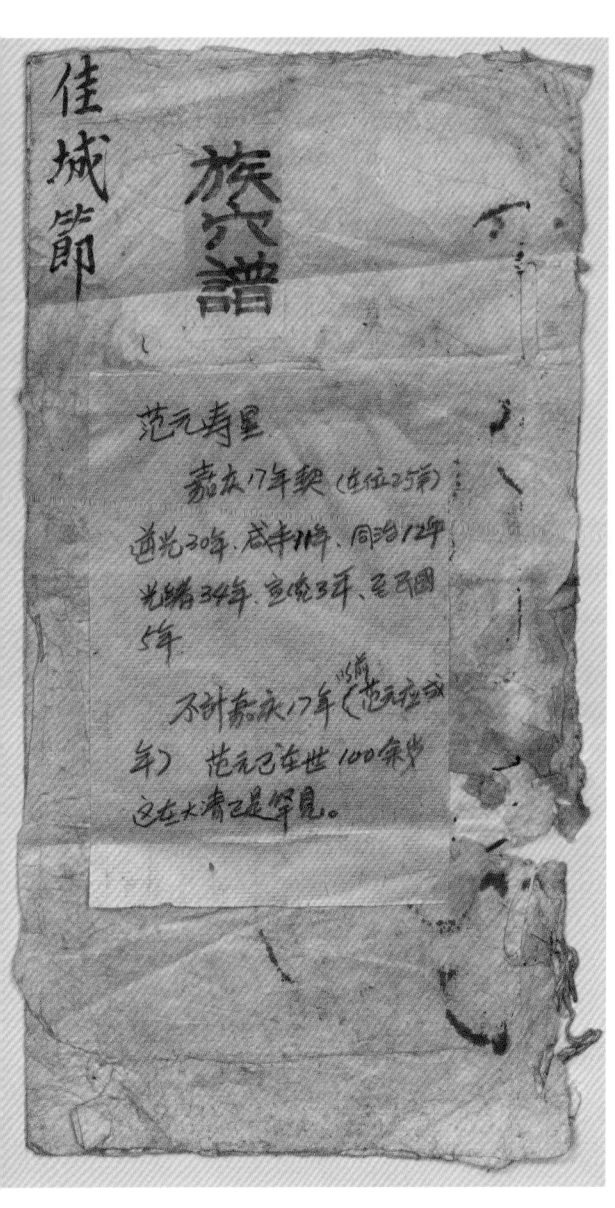

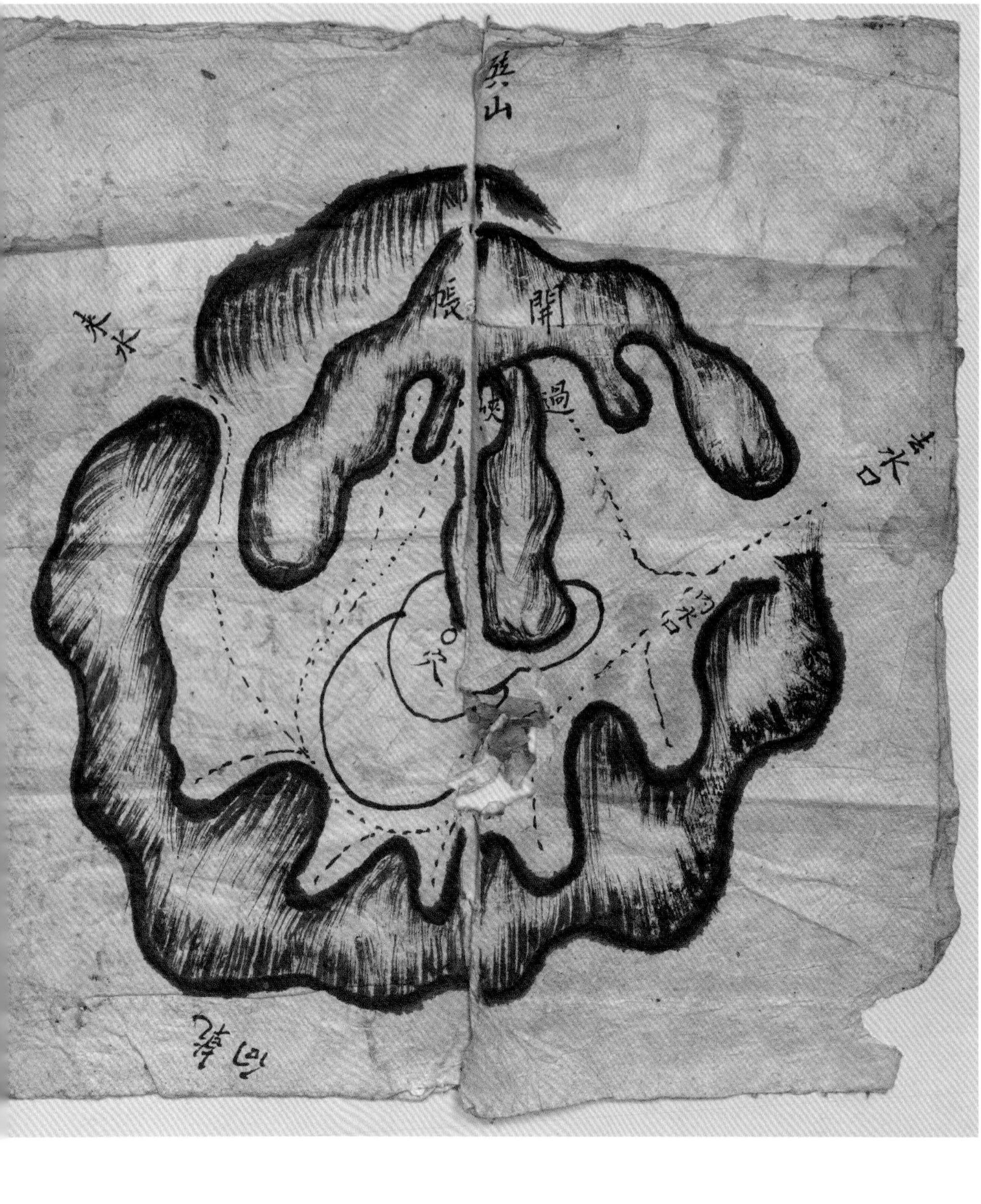

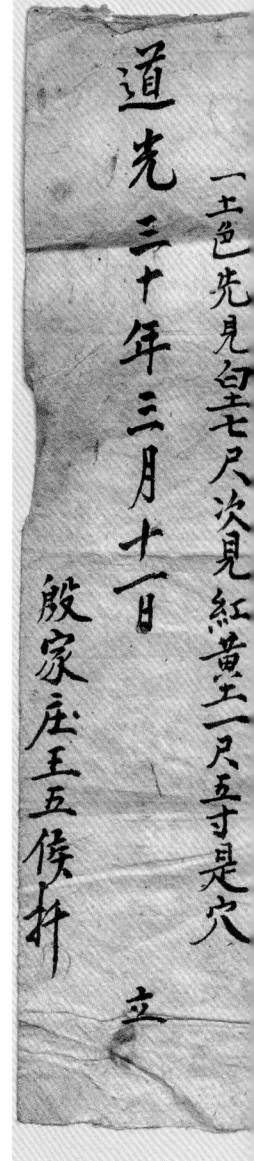

道光三十年三月十一日 殷家莊玉五候扦 立

一土色先見白七尺次見紅黃土一尺五寸是穴

范公崔城炎局戌庫変立拱局○龍向内水出
戌外水出未○吉局合局更有未戌洲帳過峡
入脉復結崇山乾向生旺官禄朝堂不絶俱
出戌庫外水又出未局禾可謂人丁昌盛吉
天相福寿綿遠之地也
山向巽山乾向○

一分金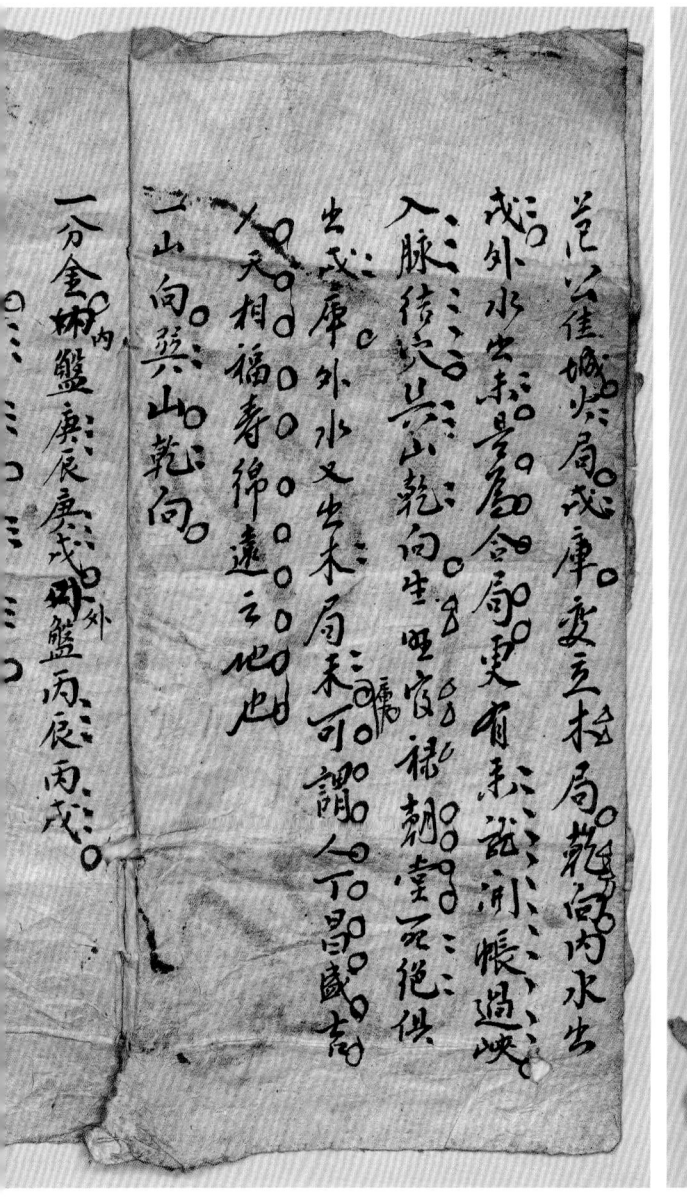内盤庚辰庚戌外盤丙辰丙戌○
○二三○二三○

光绪二十六年（1900）安民告示

官方镇压义和团的誊黄告示一份，分发通知城中御史。

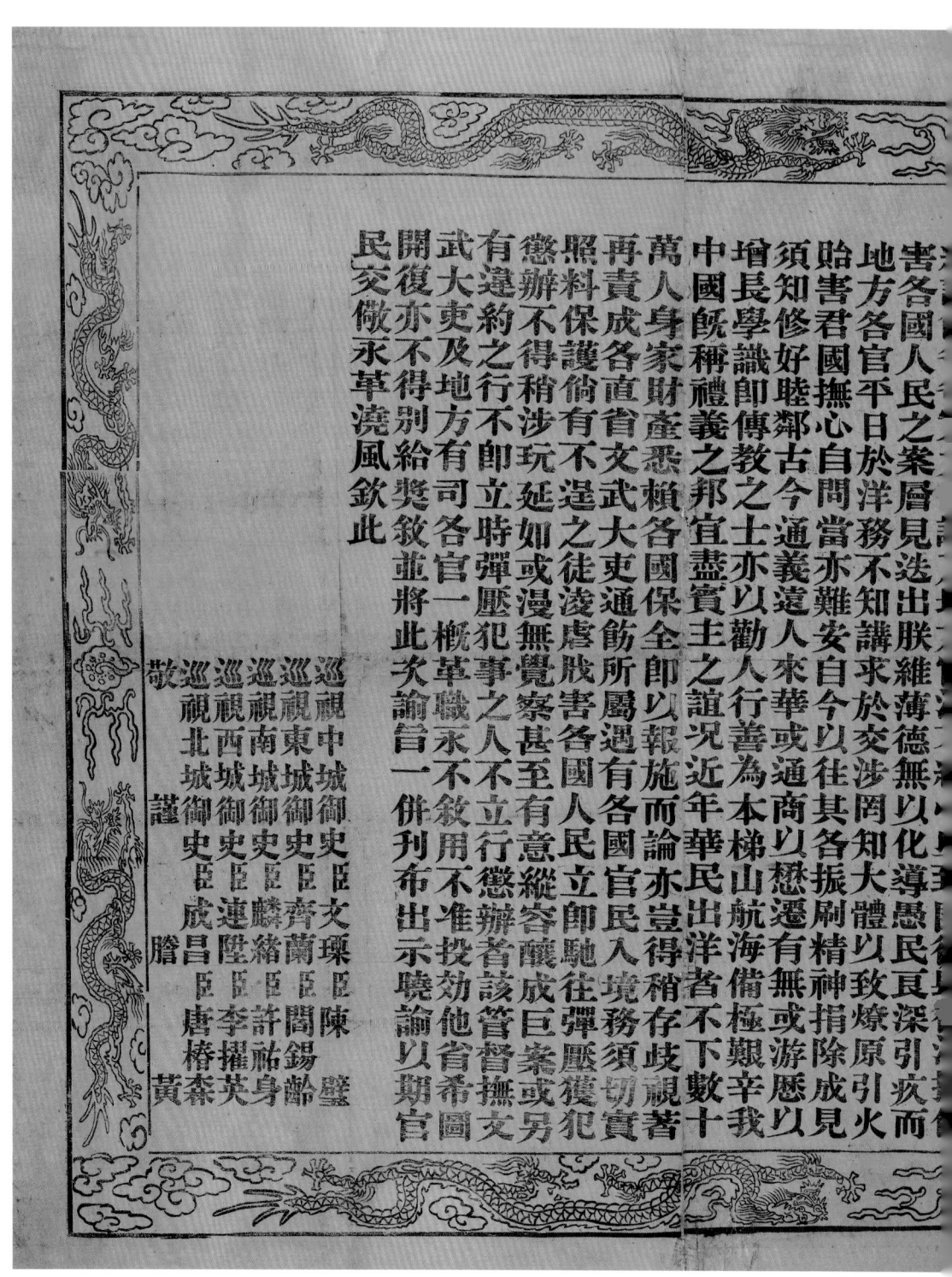

上諭

光緒二十六年十二月十三日奉上諭各省匪徒藉滅洋為名糾眾立會攻擊各國人民迭經降旨嚴禁不啻三令五申乃近年山東各屬竟有大刀會義和拳等名目到處傳習肆行殺掠蔓延直境闌入京師以致焚燬教堂各國人民咸受其害百姓平日食毛踐土具受國恩乃敢逞其好勇鬥狠之私習為符咒邪妄之術追念拳匪肇禍深堪痛恨朕以保護未至負疚殊深已經嚴飭各路統兵大臣實力剿辦務淨根株並將縱庇義和拳之王大臣照各路統兵大臣實力剿辦之罪分別輕重示懲儆惟恐鄉愚民向未周知特再嚴行申禁以免誅戮軍民人等須知結黨入會例禁甚嚴

列朝辦理會匪之案從未稍寬況各國皆圖友邦教民亦係赤子朝廷一視同仁毫無歧視無論民教即或果有被欺情事亦應呈報官司聽候持平判斷何得輕聽謠傳藐視刑章逞忿之後各宜悔悟自新痛改舊習如再有怙惡不悛之徒私立擅入仇視各國人民各會格者受戮法所難容實可憫自此次嚴諭之後將軍督撫大吏均有牧民之責務嚴密查擎盡法懲治決不寬貸諭並將此次諭旨刊刻謄黃遍行張貼務使家喻戶曉為

宣统年间满文契约

宣统年间表格制式满文契约一份，内容暂未识别，正面与背面均有花码计数，贴有一分税票，盖官印、骑缝章。

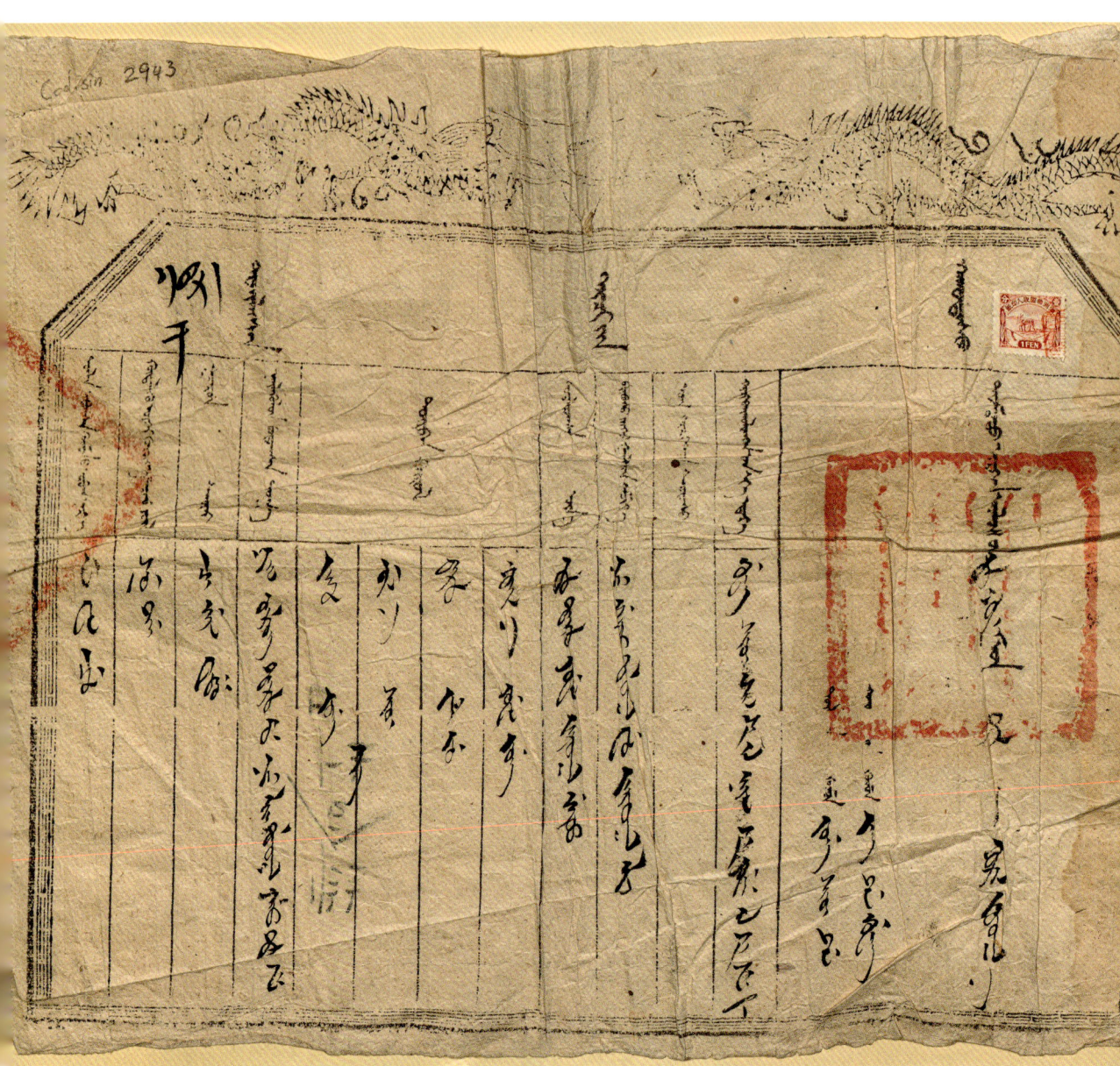

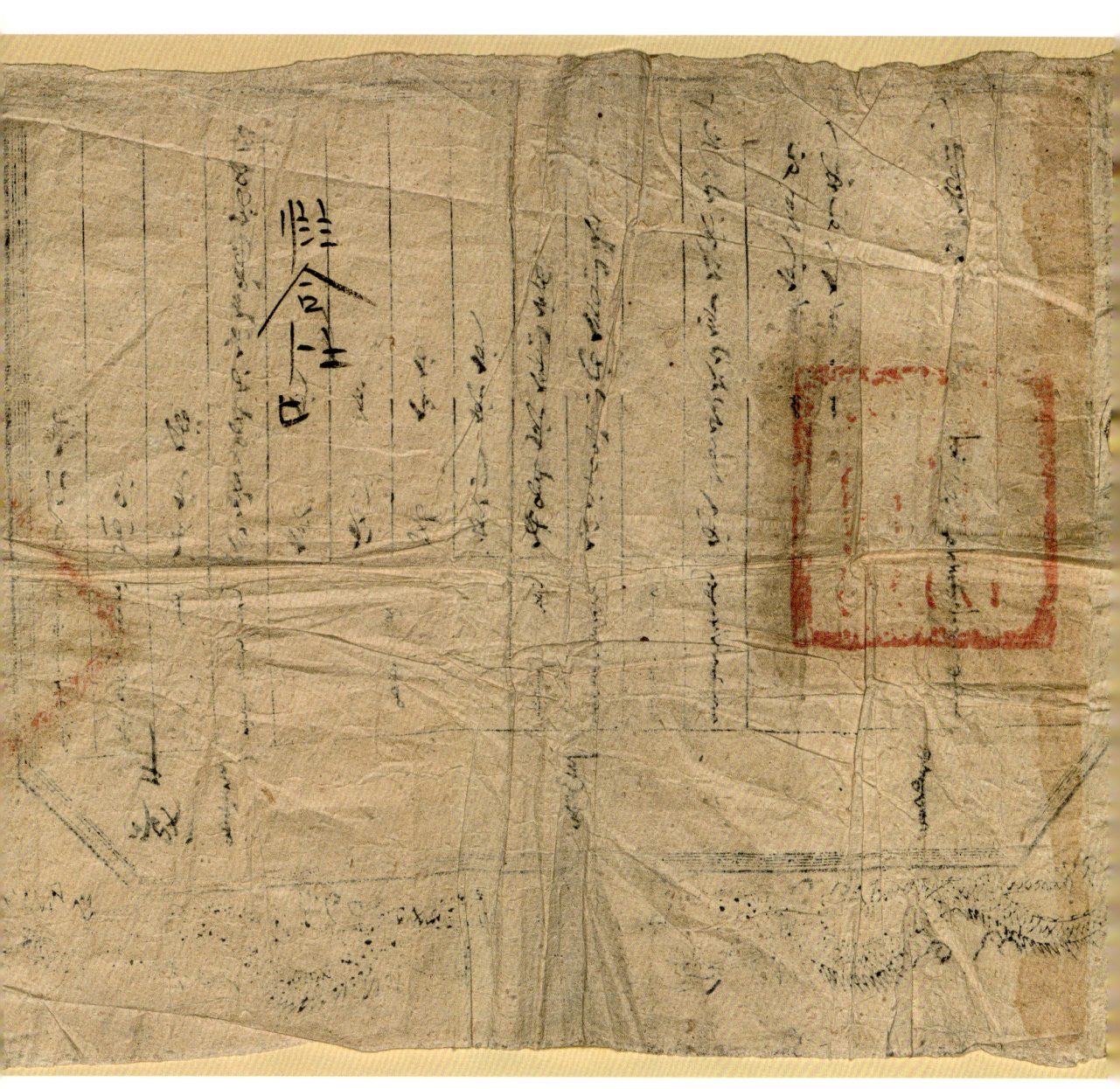

《宣统年间满文契约》背面

民国八年（1919）热河候跻封换地契

民国八年热河候跻封将自己名下的九条垄换到吕佳明名下，言明换契无价，立有换契草契、热属验发特别契纸执据各一份。契纸执据为汉文、满文对应。草契有十三名中人与一名代笔人落款，有花码计数，盖官印、骑缝章。

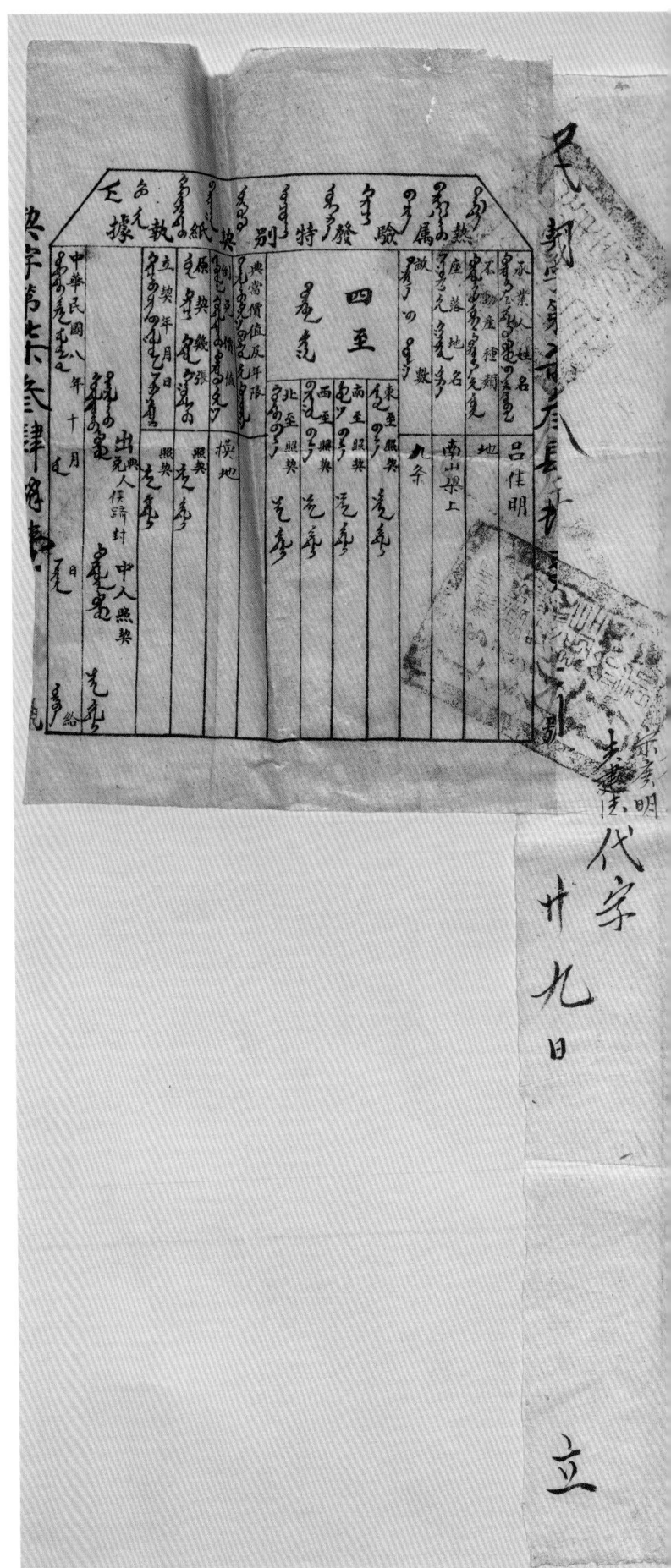

立燒契文約人侯踫封因為不便今將自己家南山梁子計壟九條靠南恆垃擁共内石垃堆東南北通直計開四至東至契主南契主北至契主西至分明自有中人說允情願燒契寫清明名下耕種永遠為業言明燒契無價此係兩家情願各無反悔恐口無憑立燒契文約為証

中人
 芦奎萌
 宋宝合
 清國釜
 劉占餘
 何廣叔
 劉占楊
 步建昌
 付彥朔

候踫封